# 금융투자
## 분석사

2

## 자격시험 안내

### 1. 금융투자분석사의 정의

투자매매업 또는 투자중개업을 인가받은 금융투자회사에서 특정 금융투자상품의 가치에 대한 주장이나 예측을 담고 있는 자료(조사분석자료)를 작성하거나 이를 심사·승인하는 업무를 수행하는 인력

### 2. 응시자격

금융회사 종사자, 학생, 일반인 등

### 3. 시험과목 및 문항수

| 시험과목 | | 세부 교과목 | 문항수 |
|---|---|---|---|
| 제1과목 | 증권분석 기초 | 계량분석 | 5 |
| | | 증권경제 | 10 |
| | | 기업금융·포트폴리오 관리 | 10 |
| 소 계 | | | 25 |
| 제2과목 | 가치평가론 | 주식평가·분석 | 10 |
| | | 채권평가·분석 | 10 |
| | | 파생상품평가·분석 | 10 |
| | | 파생결합증권평가·분석 | 5 |
| 소 계 | | | 35 |
| 제3과목 | 재무분석론 | 재무제표론 | 10 |
| | | 기업 가치평가·분석 | 10 |
| 소 계 | | | 20 |
| 제4과목* | 증권법규 및 직무윤리 | 자본시장 관련 법규 | 10 |
| | | 회사법 | 5 |
| | | 직무윤리 | 5 |
| 소 계 | | | 20 |
| 시험시간 | | 120분 | 100 문항 |

\* 2009년 2월 4일 이후 시행된 증권투자상담사 시험 및 증권투자권유자문인력 적격성 인증시험 합격자에 대해서는 증권법규 및 직무윤리과목(제4과목)을 면제

## 4. 시험 합격기준

70% 이상(과목별 40점 미만 과락)

- 한국금융투자협회는 금융투자전문인력의 자격시험을 관리·운영하고 있습니다.
  금융투자전문인력 자격은 「자본시장과 금융투자업에 관한 법률」 등에 근거하고 있으며,
  「자격기본법」에 따른 민간자격입니다.

- 자격시험 안내, 자격시험접수, 응시료 및 환불 규정 등에 관한 자세한 사항은
  한국금융투자협회 자격시험접수센터 홈페이지(https://license.kofia.or.kr)를 참조해
  주시기 바랍니다.
  (자격시험 관련 고객만족센터: 02-1644-9427, 한국금융투자협회: 02-2003-9000)

# contents

**part 02**

**채권평가·
분석**

# part 01

# 주식평가 · 분석

certified research analyst

# chapter 01

# 주식과 주식시장

## section 01 주식

어느 증권이든지 그 증권의 투자가치는 발행조건별 법률적 성격과 경제적 특성에 의해서 좌우된다. 투자대상으로써 주식은 높은 수익이 기대되지만 위험 또한 높은 특성을 지닌다. 주식은 대표적으로 보통주와 우선주로 구분되는데 이하에서는 이들 주식의 특성을 발행조건별로 살펴본다.

### 1 보통주

보통주(Common stock)는 발행기업에 안정적인 자기자본 조달의 수단이 되고, 투자자에게는 일정 지분의 소유권을 나타내는 소유증서로써 크게 두 가지의 권리를 지닌다. 즉, 회사의 관리와 경영에 참여할 수 있는 권리와 경제적 이익을 얻을 수 있는 권리이다.

전자는 주주총회에서의 의결권, 이사·감사의 선임과 해임청구권을 행사하거나 주주총회 소집청구권 등을 행사함으로써 기업경영에 관여하는 것이다. 이 권리는 경영자들이 주주들의 이익을 위해서 회사를 경영하도록 하고 부실한 경영을 예방하거나 사후구제하는 최소한의 장치로써 주식회사제도의 근간이 된다.

후자의 권리는 이익배당청구권, 잔여재산분배청구권, 신주인수권, 주식전환청구권 등 경제적 이익을 얻을 수 있는 권리를 말한다. 보통주가 투자대상으로써 지니는 기본적 특성은 잔여지분에 대해서 청구권을 행사(residual claim)할 수 있다는 점과 인수가액을 한도로 유한책임(limited liability)을 진다는 점이다. 회사로부터 이익을 배당 받거나 회사 정리 시 재산권을 행사할 때 순서상 세무당국, 종업원, 채권자, 하도급업체들이 먼저 권리를 행사하고 보통주 주주는 마지막으로 잔여지분에 대해서 청구권을 행사하게 된다. 그러나 이익이 발생했을 때는 이익배당에 무제한적으로 참여할 수 있다.

보통주는 이익배당청구나 재산권 행사가 마지막으로 행사된다는 점에서 위험부담이 크지만, 미래 이익에 대한 무제한적인 참여가 가능하여 상당한 자본이득을 기대할 수 있다.

따라서 대표적인 위험증권(risky securities)으로써 보통주는 투자결정 시에 발행기업의 이익발생 능력, 배당성향, 성장성 그리고 위험성 등을 종합적으로 평가할 필요가 있다.

## (1) 액면주식과 무액면주식

액면주식은 주권상 액면가액이 표시되어 있는 주식이며, 무액면주식은 액면가액이 표시되어 있지 않고, 주식수만 표시되어 있는 주식이다. 미국이나 일본 등에서는 무액면주식의 발행이 일반화되어 있지만 우리나라에서는 1주의 액면가를 100원 이상으로 정하도록 함으로써 액면주식의 발행만을 허용하고 있다. 액면가가 5,000원인 주식이 주를 이루지만, 최근에는 1주당 액면가가 100원, 500원 등인 주권발행이 증가하고 있다.

잔여재산에 대한 청구권과 관련하여 보통주는 회사의 자기자본 전체(우선주 제외)에 대해서 청구권을 가지고 있기 때문에 액면가액은 큰 의미가 없다. 보통주 투자에서의 관심 대상은 기업에 대한 객관적인 평가를 보여주는 시장 가격이다.

## (2) 기명주와 무기명주

기명주는 주권과 주주명부에 주주의 이름이 명시된 주식이고, 무기명주는 표시되지 않은 주식이다. 기명주는 회사가 현재의 주주 현황을 명확하게 파악할 수 있기 때문에 편리하지만 거래할 때마다 명의를 변경해야 하는 불편이 있다.

우리나라의 개정 상법에서는 양도인의 기명날인 없이 주식양도를 가능하게 함으로써 무기명주의 발행을 인정하고 있다. 다만 배당이나 주주총회 및 유무상증자 등 주주권의 권리행사자를 확정할 필요가 있을 때 회사가 '주주명부 폐쇄 및 명의개서 정지일'을 공고하여 이날을 기준으로 주권을 소지한 사람의 이름으로 명의개서를 하여 주주의 권리를 행사한다.

### (3) 의결권주식과 무의결권주식

의결권이 부여된 의결권주식이 보통주의 전형적 형태이다. 반면에 의결권이 없는 무의결권주식은 우리 상법의 경우 정관으로 배당우선주에 대하여 소정의 우선적 배당이 이루어지고 있는 기간에 한하여 의결권이 정지되는 것을 인정하고 있다. 상장법인의 무의결권주 주식총수는 발행주식 총수의 2분의 1을 초과하지 못하도록 규정하고 있다.

### (4) 신주, 구주, 유상주, 무상주

회사가 설립되어 그간 발행한 주식을 구주라 하고, 새로이 증자하여 발행되는 주식을 신주라 한다. 기업성장을 위해 계속적인 증자가 이루어져 신·구주의 구분이 곤란할 경우에는 전 회계기간의 종료 이전에 발행된 주식을 구주라 하고, 당해 회계기간 중에 발행된 주식을 신주라고 한다. 이와 같은 신·구주를 구별하는 이유는 신주 발행일자에 따라 구주식과 배당기산일을 달리하여 배당하기 위함이다. 현재 우리나라는 1997년부터 발행기업의 정관에 신주의 구주발행 조항이 있을 경우 유·무상증자 등으로 인해 발행된 신주를 구주와 별도 구분하지 않고 모두 구주로 인정하고 있어 당해연도에 발행된 주권의 경우에도 구주와 동일한 배당금을 받을 수 있도록 하였다.

신주의 발행은 유상주와 무상주에 의해서 교부되는데, 유상주는 현금증자를 하면서 이에 대해 교부되는 신주권을 가리킨다. 반면 무상주는 실질적인 주식출자금의 납부 없이 잉여금(자산재평가적립금, 자본준비금, 이익준비금)을 자본금으로 전입하면서 무상으로 발행(무상증자)되는 신주권을 뜻한다.

---

### 2  우선주

우선주(preferred stock)는 이익이나 이자의 배당 또는 잔여재산의 분배와 같은 재산적 이익을 받는데 있어서 사채 소유자보다 우선 순위가 낮지만 보통주 주주보다는 우선하는 것이 기본적인 특징이다.

우선주는 일반적으로 고정적인 배당률을 정해 놓지만 무배당도 가능하며, 의결권이 제한되어 있다. 따라서 우선주는 사채의 성격과 보통주의 성격이 복합된 증권이라고 할 수 있다.

투자대상으로써 우선주는 장점보다도 단점이 많다는 지적도 있다. 우선주는 일반적으로 의결권이 제한되어 있고, 추가적인 이익참여가 제한된다는 점에서 사채의 단점을 지니고 있으며, 무배당의 가능성과 추가 이익참여의 제한이라는 측면에서는 보통주보다 열위에 있기 때문이다.

우선주는 이 같은 단점을 보완하기 위해서 다양한 조건으로 발행되고 있으므로 발행조건별로 투자가치를 평가하여야 할 것이다.

### (1) 누적적 우선주와 비누적적 우선주

우선주의 배당은 원칙적으로 예정 배당률로 지급되어야 하나 기업의 영업실적이 좋지 못한 이유 등으로 배당을 하지 못하는 경우가 있다. 이 때 당기에 지급하지 못한 배당을 차기에 누적하여 지급하도록 되어 있는 우선주를 누적적 우선주라 하고, 지급하지 못한 배당은 해당기로서 완료되고 다음 기로 누적되지 않은 우선주를 비누적적 우선주라 한다. 누적적 우선주가 상대적으로 투자위험이 낮으므로 수익률도 낮다.

### (2) 참가적 우선주와 비참가적 우선주

우선주는 일정한 예정 배당액만을 지급받고, 예정 배당액 이외에 보통주의 배당에 참가하지 못하는 비참가적 우선주가 일반적이다. 반면 기업의 이익상태가 양호하여 보통주 주주에 대한 배당액 이상의 배당을 지급할 경우 그 초과 배당에 같이 참여할 수 있는 우선주가 참가적 우선주이다.

### (3) 의결권부 우선주와 무의결권 우선주

우선주는 의결권 부여에 따라서 의결권부 우선주와 무의결권 우선주로 구분된다. 우리나라에서는 그간 우선주의 대부분이 참가적·누적적이며 의결권이 있는 우선주로 발행되어 왔으나, 외환위기 이후 금융권의 자본조달수단으로 무의결권 우선주 발행사례가 늘어나고 있다.

### (4) 전환우선주와 비전환우선주

일정 시기에 일정한 가격으로 보통주로 전환할 수 있는 권리가 부여된 옵션(option)부 우선주를 전환우선주라 한다. 이 밖에도 미리 정하여진 상환일에 일시상환이 이루어지도록 규정된 일반적인 상환우선주와 기업의 자금사정에 따라 수시로 상환할 수 있는 수의상환우선주가 있다. 수의상환우선주를 상환함에 있어서는 우선주 주주들로 하여금 상환에 응하도록 유도하기 위하여 우선주 액면가보다 높은 금액으로 상환하는 것이 일반적이다.


## section 02 ┃ 증권시장의 기능


국민경제의 발전을 위해서는 양질의 재화나 용역을 생산하고, 생산 활동에 참여한 경제주체들 사이에 소득이 적절히 배분되는 실물경제의 발전이 중요하다. 그러나 실물경제의 발전은 이를 뒷받침하는 금융시장의 발전 없이는 기대할 수 없다.

본 절에서는 증권시장에 대한 이해를 돕기 위하여 금융시장과 금융기관의 기능을 살펴보고, 증권시장의 특성에 대하여 살펴본다.


### 1 ┃ 금융시장과 금융기관의 기능


금융시장(financial market)이란 자금 수요자와 공급자 사이에 금융거래가 이루어지는 장소를 말한다. 이는 한국거래소와 같이 구체적인 형태를 지닌 시장만을 의미하는 것은 아니며 거래가 이루어지는 장외시장을 포함한 추상적 의미의 시장도 포함한다.

금융시장의 주요 기능은 〈그림 1-1〉의 국민경제의 자금순환모형에서 알 수 있듯이 자금의 공급자와 수요자 사이의 자금의 매개기능이다.

자금흐름 면에서 경제주체를 나누어 보면 자금잉여 주체와 자금부족 주체로 나눌 수 있다. 자금잉여 주체(surplus unit)는 가계부문처럼 소득 가운데 일부는 소비하지 않고 미래에 보다 많은 소득을 얻고자 저축하는 경제주체를 말한다.

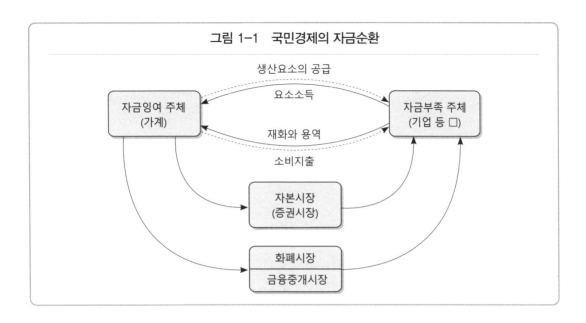

그림 1-1  국민경제의 자금순환

생산요소의 공급
요소소득
재화와 용역
소비지출

자금잉여 주체
(가계)

자금부족 주체
(기업 등 □)

자본시장
(증권시장)

화폐시장
금융중개시장

반대로 자금부족 주체(deficit unit)는 기업부문이나 정부부문처럼 소득보다 소비나 투자지출이 많기 때문에 부족자금을 외부로부터 조달해야 하는 경제주체이다. 특히 기업부문은 대표적인 자금부족 주체인데, 일정기간 동안의 영업활동 결과 발생한 이익 중에서 배당지급한 나머지를 기업 내부에 유보하여 자체 자금수요에 충당하지만, 내부금융만으로는 부족하므로 외부로부터 자금을 조달해야 한다. 금융시장은 자금잉여 주체(가계)에서 자금이 부족한 자금부족 주체(기업)로 자금의 이전·배분이 효율적으로 이루어지도록 자금중개기능을 수행한다. 이는 금융시장이 집합적으로 거래 가격을 결정할 수 있도록 가격 탐색의 장(場)을 제공하기 때문에 가능하다. 거래규칙에 의해 공정한 거래의 이행을 보장하는 것도 금융시장의 중요한 기능이다.

금융기관(financial institutions)은 금융시장에서 금융이 원활하게 이루어지도록 하는 역할을 한다. 금융기관의 기능은 개별 경제주체들의 거래비용 절감, 차입·대출과 관련한 정보의 생산, 만기 및 금액 변환, 다양화를 통한 위험의 감소, 소규모 금융으로의 분할 및 다양한 상품개발을 통한 유연성 제공 및 지급결제수단 제공 등으로 요약할 수 있다.

금융기관은 자금의 공급자와 수요자가 보다 적은 비용으로 금융거래를 할 수 있도록 해준다. 금융기관은 수많은 자금의 공급자 및 수요자와 규칙적, 반복적으로 거래를 하고 예금, 대출, 투자, 신용정보수집 및 분석, 법률서비스에 관한 전문인력을 보유하고 있으므로 금융거래에서 규모의 경제와 범위의 경제를 가진다.

금융기관은 다양한 만기와 금액의 자금을 모아 자금 수요자에게 필요한 자금을 일정기간 안정적으로 공급해준다. 또한 채무불이행에 따른 위험과 투자자산의 가격 변동에 따른 위험을 축소시켜 주며, 다양한 지급결제수단을 제공하여 금융기관과 고객 간, 금융기관 간, 고객과 고객 간 대차관계를 금융거래에 의해 종결시킴으로써 경제활동을 촉진시킨다.

## 2 금융시장의 종류

자금의 여유가 있는 투자자들은 다양한 금융욕구(needs)를 지닌다. 투자자마다 원하는 투자기간, 투자규모, 기대수익, 투자위험, 세금, 유동성 요구 등이 제각기 다르다.

금융시장의 고유한 자금중개기능은 개개의 금융기관들이 투자자들의 다양한 금융욕구를 충족시키기 위하여 다양한 금융상품을 여러 형태의 금융시장을 통하여 공급함으로써 이루어진다.

금융시장은 거래되는 상품의 성격이나 금융중개기관 경유 여부 등에 따라 다양하게 분류하는데 〈표 1−1〉과 같이 나누어 생각해볼 수 있다.

**표 1−1  금융시장의 분류**

| | | |
|---|---|---|
| **거래상품 성격에 따른 분류** | 자본시장 | 장기자금조달 수단인 주식 및 채권이 거래되는 시장으로서 협의의 증권시장 |
| | 단기금융시장 (화폐시장) | 콜, CP 등 만기 1년 미만의 단기 자금조달수단이 거래되는 시장 |
| | 예금 · 대출시장 | 금융중개기관을 통해 예금상품 및 대출상품이 거래되는 시장 |
| | 외환시장 | 외국과의 무역 및 자본거래에 따른 국제 간 자금결제를 위해 서로 다른 두 가지 통화를 교환하는 시장 |
| | 파생상품시장 | 금융수단을 보유하는 데에 따르는 금리 · 주가 · 환율 변동 위험을 회피하기 위해 형성된 시장 |
| **금융중개기관에 따른 분류** | 직접금융시장 | 자금의 최종 수요자가 발행한 채무증서나 회사채 등 직접증권 또는 본원적 증권(primary securities)을 자금 공급자가 직접 매입하는 형태의 거래가 이루어지는 시장으로서 발행시장과 유통시장으로 구분한다. |
| | 간접금융시장 | 은행과 투자신탁회사와 같은 금융중개기관이 예금증서나 수익증권과 같은 간접증권(secondary securities)을 발행하여 조달한 자금으로 자금의 최종 수요자가 발행하는 직접증권을 매입하여 자금을 공급하는 시장 |

앞에서 설명한 여러 가지 금융시장 가운데서 투자론의 주된 관심이 되는 증권시장은 거래 상품인 증권(주식·회사채·국공채 등) 자체가 지니는 여러 가지 특징 때문에 고유한 자금매개 기능을 지니고 있다. 이하에서는 증권시장의 고유한 기능이 발휘되는 근간이 되는 증권제도에 대해서 설명하고, 증권시장의 국민경제적인 역할에 대해서 논의한다.

## 1) 증권제도

자금순환 면에서 볼 때 대표적인 자금수요자인 기업은 기업운용에 필요한 자금을 자기자본이나 타인자본에 의존하여 조달한다. 자본비용을 최소화시키고, 설비증설 혹은 사업다각화에 필요한 대규모의 자금을 장기간 안정적인 방법으로 충당하기를 원한다.

반면에 자금공급자인 개별 투자자는 이와는 상반된 목표를 지닌다. 개별 투자자는 투자대상으로부터의 투자수익을 극대화하기를 원하며, 소액으로도 투자가 가능하고 환금성이 높은 투자대상을 요구한다. 이처럼 양자의 입장은 상충되기 마련인데, 이것이 적절히 조정되지 않으면 민간부문의 유휴자금은 산업자금화되기 어렵다.

증권제도는 상충되는 양자의 입장이 조화될 수 있는 제도이다. 왜냐하면 증권제도는 다음과 같은 세 가지 특징을 지니고 있기 때문이다.

첫째, 주식·회사채·국공채 등의 유가증권을 발행하고 계약내용을 명시하여 재산권·미래이득청구권·잔여재산분배청구권·의결권의 행사에 관한 규정을 통해 이해관계를 조정한다. 투자자에게 고수익이 가능한 금융상품으로 발행하면 자금수요자에게는 낮은 비용으로 자금을 조달할 수 있는 금융수단이 될 수 있다.

둘째, 증권의 액면을 소단위(주식같으면, 주당 5,000원 또는 500원 등)로 분할 발행하면 소액투자자의 투자대상이 되고 이것이 모아져 기업의 대규모 자금 공급원 구실을 한다.

셋째, 언제든지 원하면 제3자에게 넘길 수 있는 자유양도성을 보장하면 위험이 분산되고 환금성이 높아지므로 기업의 자금운용에 영향을 주지 않으면서 투자자에게는 좋은 투자대상이 된다.

증권시장이 한 나라 경제의 근간으로 저렴하고 장기 안정적인 자본조달의 창구가 될 수 있는 것은 이와 같은 증권제도가 갖는 장점 때문인 것이다.

## 2) 증권시장의 기능

증권시장은 금융시장의 하나이므로 일반적으로 금융시장에서 기대되는 여러 가지 기능을 수행한다. 증권시장에서 거래되는 여러 가지 유가증권에 투자함으로써 투자자는 현재와 미래의 소비 사이에서 소비패턴을 조정할 수 있으며, 자금 매개기능이 이루어짐으로써 실물경제의 발전에 기여하는 점 등은 일반적으로 기대할 수 있는 기능이다.

그러나 증권시장은 다른 금융시장에서 기대하기 어려운 여러 가지 고유한 기능을 수행한다. 증권시장을 증권이 발행 매출되는 발행시장과 발행된 증권이 거래되는 유통시장으로 나누어 주요 기능을 살펴보면 다음과 같다.

### (1) 발행시장의 기능

발행시장(primary market)은 기업, 정부 등 자금 수요자가 자본을 조달하기 위하여 발행주체가 되어 유가증권을 투자자에게 최초로 매각하는 시장이다. 이미 발행된 증권이라 하더라도 기업의 대주주나 정부가 일반투자자에게 소유하고 있는 증권을 매각하는 경우도 발행시장을 통하여 이루어지고 있다. 발행시장은 다음과 같은 중요한 기능을 수행한다.

첫째, 일반투자자들의 유휴자금이 장기의 안정성 있는 생산자금화된다. 특히 금융중개기관을 통한 간접금융의 방법과는 달리 증권시장을 통한 직접금융의 방법에 의하면 통화증발 없이 비인플레적 방법으로 생산자금화된다는 특징을 지닌다. 소요자금만큼 증권을 발행하여 직접 조달하기 때문이다.

둘째, 발행시장을 통하여 기업이 자기자본을 조달함으로써 재무구조를 개선시켜 기업의 체질과 대외경쟁력을 강화시킬 수 있으며 부채차입에 따른 이자부담을 줄일 수 있으므로 경기침체기에 야기되는 재무위험을 줄일 수 있다.

셋째, 증권시장에서 많은 기업의 주식이 공개되어 거래됨으로써 투자자에게는 분산투자를 통한 투자위험을 크게 줄일 수 있다. 결과적으로 위험 보상률이 낮아지고, 기업의 자기자본비용이 절감된다.

넷째, 공개기업이 많아지고 대주주의 소유지분이 낮아지면 주식회사제도에 있어서 소유와 경영이 분리되어 경영 전문화를 통한 경영효율성의 제고를 기대할 수 있다.

다섯째, 개인은 발행된 증권의 매입을 통하여 그 기업의 생산활동에 간접적으로 참여함으로써 기업의 성과배분에 참여할 수 있게 된다. 주식분산이 골고루 잘 되어 있는 경우는 소득재분배의 효과를 기대할 수 있고 이른바 증권 민주화가 가능해질 수 있다.

그러나 이와 같은 긍정적인 측면의 기능과는 달리 증권제도는 적은 자본으로 많은 기업을 지배·소유하는 증권대위의 방편으로 악용될 수도 있다. 대기업으로의 경제력 집중화, 독점화에 대한 우려도 있다.

## (2) 유통시장의 기능

증권의 유통시장(circulating market, secondary market)이란 발행된 증권이 매매·거래되는 곳으로써 투자자가 증권을 취득하여 투자자금을 운용하거나 또는 보유 증권을 처분하여 투자자금을 회수하는 조직적·구체적 시장이다. 유통시장은 신규증권이 발행되는 발행시장과는 달리 누구나 매매주체로 참여할 수 있으며 다수의 매매 당사자를 위해 편의상 중개인(위탁매매인)이 개입하여 매매거래를 원활하게 한다. 우리나라의 경우 한국거래소가 대표적인 조직화된 유통시장이다.

유통시장은 발행된 증권의 시장성(marketability)과 유동성(liquidity)을 높임으로써 거래를 활발하게 하여 발행시장이 제기능을 하도록 돕는 역할을 하는데 구체적으로는 다음과 같은 기능을 수행한다.

첫째, 유통시장은 증권(금융상품)에 유동성을 부여함으로써 새로운 증권의 발행을 통한 자금 수요자(기업 등)의 자금조달 능력을 향상시키는 기능을 수행한다. 앞에서 설명한 것처럼 발행시장의 중요한 기능은 원활한 거래가 성립되어 소유하고 있는 증권이 쉽게 현금화되고 증권이 다른 증권으로 전환되는 등 유동성을 높여주는 유통시장이 없다면 기대할 수 없는 것들이다. 만약 투자자가 원하는 시기에 증권을 얼마든지 매각할 수 있는 발달된 유통시장이 존재하지 않는다면, 발행시장에서 새로운 증권을 매입하려는 투자자는 많지 않을 것이다.

둘째, 유통시장은 증권의 공정한 가격 형성 기능을 통하여 증권발행 주체의 경영효율성을 유도하는 역할을 수행한다. 발행된 기존 증권이 유통시장에서 계속해서 자유경쟁적으로 매매되는 과정에서 증권 가격은 각 증권이 지니는 장래의 수익과 위험에 대한 적정한 평가에 근거하여 결정된다. 투자자들은 국민경제, 산업, 기업 등에 대한 정보를 수집·분석하여 증권의 투자가치를 평가하므로 효율적인 경영을 하는 발행주체의 증권 가격은 높게 형성될 것이고, 그렇지 못한 발행주체의 증권 가격은 낮게 형성될 것이다.

더욱이 유통시장에서 형성된 가격으로 새로운 증권을 발행하는 시가발행제도하에서는 효율적인 경영활동을 해 온 기업들이 그렇지 못한 기업보다 유리한 조건으로 자본조달을 많이 할 수 있기 때문에 자원의 효율적 배분과 경영의 효율성이 보장된다. 산업의 미래 전망에 따라 수익성과 생산성이 높고 경쟁력이 있는 곳으로 자금이 이동하므로 산업구조의 개선을 기할 수도 있다.

채권시장에서는 발행기업의 신용위험에 따라 채권수익률이 다르게 형성되는데, 신용도가 좋은 기업일수록 유리하게 타인자본을 사용하게 된다. 결과적으로 유통시장에서의 공정한 가격형성기능은 자원의 효율적 배분을 가능케 한다.

이러한 측면에서 투자론에서 핵심적으로 투자자산에 대한 가치평가와 적정 가격(제값)의 문제를 다루는 것은 거시경제적 관점에서도 의의가 큰 것이다.

셋째, 투자자는 유통시장이 발달할수록 다양한 포트폴리오 구성이 가능해지므로 위험분산 투자효과가 커진다. 이와 함께 파생상품(옵션, 선물 등) 시장이 발달함으로써 투자위험을 헤징하거나 가격 변동으로부터 발생할 수 있는 손실을 보전하는 보험기능이 발휘된다.

넷째, 유통시장의 발달은 투자자산에 대해 가치평가할 수 있는 정보들이 신속하게 집적·분석·분배되므로 자산가치평가의 객관적 기준이 되며 정보시장의 발전을 도모한다. 상장회사에 대한 신용평가가 객관적으로 이루어지고 새로운 증권의 발행 시에는 가격결정의 기준을 제공한다.

다섯째, 유통시장은 유가증권의 시장성 제고를 통하여 유가증권의 담보력을 높여주므로 자금의 융통을 촉진시킨다.

## section 03 증권의 발행제도

특정 증권이 거래소 시장에서 유통 거래되기 위해서는 먼저 기업공개가 이루어지고 거래소에 상장되어야 한다. 이 과정을 담당하는 것이 발행시장의 역할이다. 또한 증권의 발행시장은 증권업의 인수업무와 연관되어 있다.

본 절에서는 먼저 증권의 발행형태에 대해 살펴보고, 거래소 시장에서 거래되기 위해서 필요한 기업공개와 상장제도에 대해서 설명한다. 끝으로 기업의 유상증자, 무상증자가 주주의 부에 미치는 영향에 대하여 다룬다.

**1**     **증권의 발행형태**

  증권이 새로이 발행되어 일반투자자의 투자대상이 되는 경로는 증권의 발행과 모집방법에 따라서 차이가 있다. 증권의 발행방법은 발행에 따른 위험부담을 누가 지느냐에 따라서 직접발행과 간접발행으로, 발행된 증권의 수요자를 구하는 방법에 따라서 공모발행과 사모(비공모)발행으로 구분된다.

## (1) 직접발행과 간접발행

  직접발행은 〈그림 1-2〉에서 보는 것처럼 발행회사가 일반 공중에게 직접증권을 발행하고 발행예정액이 전액 소화될 수 없을 때 야기되는 자금조달 계획의 차질 위험(발행 위험)을 자신이 부담하는 방법이다.

  직접발행방법은 발행사무의 담당 주체에 따라 발행회사가 스스로 발행사무를 담당하는 자기모집과 증권회사와 같은 제3자에게 발행사무를 대행시키는 위탁모집으로 나누어진다.

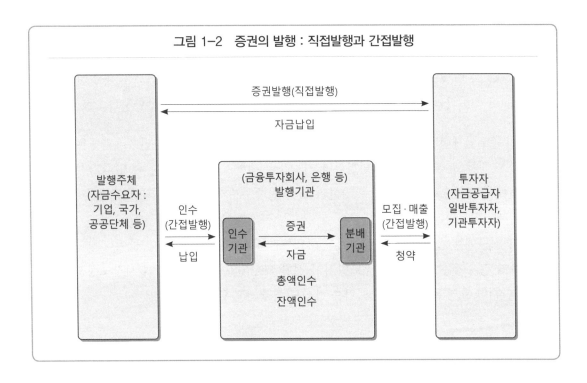

그림 1-2   증권의 발행 : 직접발행과 간접발행

반면에 간접발행은 증권의 발행위험이나 발행사무를 계약에 의해 제3의 인수기관이 맡는 방법이다. 인수업무를 전문적으로 취급하는 기관으로는 미국의 투자은행(investment bank)이나 우리나라의 금융투자회사(금융투자업자, 구체적으로는 투자매매업자) 등이 있다. 인수업자는 인수기능을 통하여 발행자의 증권발행에 따른 위험을 회피하게 할 뿐만 아니라 증권의 발행시기, 발행규모, 증권의 종류 및 발행조건에 대한 조언을 행하고 나아가서는 경영전반에 대한 자문에 응하기도 한다.

간접발행은 인수기관의 인수방법에 따라서 총액인수, 잔액인수, 모집주선의 세 가지로 나눌 수 있다.

❶ 총액인수(firm commitment) : 인수기관이 증권발행에 대한 모든 위험을 부담하고 증권발행 총액을 인수하여 인수회사의 자기 책임하에 투자자에게 매출하는 방법이다. 만약 증권 가격이 발행 가격 이하로 떨어질 경우 이로 인한 모든 손실을 인수회사가 떠안게 된다.

❷ 잔액인수(stand-by agreement) : 일정기간 동안은 발행자를 대신하여 신규로 발행되는 증권의 모집 혹은 매출을 위탁판매하지만 기간이 경과한 후에는 신규 발행 증권의 미매각분이 있을 경우 이를 발행자로부터 미리 정해진 발행 가격으로 인수하여 자기 책임하에 투자자에게 매각하는 방법이다.

❸ 모집주선(best-effort basis) : 인수기관이 발행에 따른 위험을 부담하지 않고 모집에 대한 주선과 발행업무만을 담당하여 단순히 발행증권의 매출을 도와주는 방법이다. 발행증권의 미매각분은 인수회사가 떠안는 것이 아니라 발행주체가 부담한다.

과거의 증권발행방법은 주로 모집주선에 의해 이루어져 왔기 때문에 인수기관들은 단지 발행사무를 대행할 뿐 본래의 인수 위험부담 기능을 수행하지 못했다고 할 수 있다. 인수기관이 모집주선에 주력함으로써 발행과 관련한 위험을 발행주체가 부담하게 되어 안정적인 자금조달에 차질을 빚게 되는 경우가 많았다.

그러나 최근에는 증권발행 총액 중에서 대표주관회사에 대한 배정분이 늘어나는 추세이다. 유상증자의 경우에는 주주 우선 공모방식이 점차 확산되고 주간사회사의 시장조성책임 강화를 위해 단순한 모집 주선 외에 잔액인수 방식도 병행되고 있는 추세이다.

## (2) 비공개모집(사모)과 공개모집(공모)

사모(private placement, direct placement)는 직접모집, 연고모집이라고도 하는데, 발행주체가 특정 기관투자가나 소수의 투자자를 대상으로만 증권을 발행하는 방법이다. 채권 발행 시 소수의 기관투자가에게 채권을 인수시키는 경우나 주식회사가 새로 설립될 때 사모의 방법이 이용된다. 유상증자가 구주할당(주주배정방식)의 방법으로 이루어지면 비공개 사모의 방법이 된다. 사모는 발행절차가 간편하고 발행비용이 적게 드는 이점이 있다. 사모는 발행자가 발행위험을 부담하고 발행실무 모두를 담당하는 직접발행의 방법을 주로 이용한다.

'공모'는 일반적으로 증권을 일반투자자에게 분산취득시키기 위한 행위를 말하는데, 「자본시장과 금융투자업에 관한 법률」(이하 '자본시장법'이라 한다)에서는 공모를 모집과 매출로 정의하고 있다.

먼저 모집은 대통령령으로 정하는 방법에 따라 산출한 50인 이상의 투자자에게 새로 발행되는 증권의 취득의 청약을 권유하는 것을 말한다(법 제9조 제7항). 신규로 발행되는 증권의 취

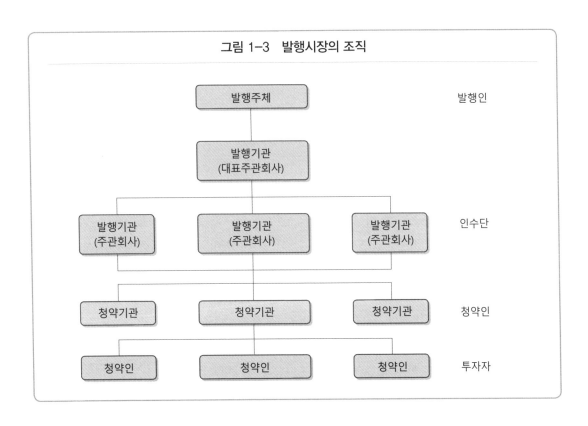

그림 1-3  발행시장의 조직

득, 청약을 권유하는 날로부터 과거 6개월 이내에 해당 증권과 동일한 종류의 증권에 대하여 모집이나 매출에 의하지 아니하고 청약의 권유를 받은 자를 합산하여 50인 이상의 투자자를 대상으로 취득의 청약을 권유하는 행위를 말한다.

매출은 대통령령으로 정하는 방법에 따라 산출한 50인 이상의 투자자에게 이미 발행된 증권의 매도의 청약을 하거나 매수의 청약을 권유하는 것을 말한다(법 제9조 제9항). 매도 청약이나 매수 청약의 권유를 하는 날로부터 과거 6개월 이내에 해당 증권과 동일한 종류의 증권에 대하여 모집이나 매출에 의하지 아니하고 청약의 권유를 받은 자를 합산하여 50인 이상의 투자자를 대상으로 청약을 권유하는 행위를 말한다. 매출에 대하여 합산하는 경우에는 증권시장 밖(법 제78조 제1항에 따라 상장주권의 매매가 중개되는 경우에는 제외)에서 청약의 권유를 받은 자를 기준으로 그 수를 산출한다.

이와 같이 자본시장법에서는 모집과 매출에 대해 과거 6개월을 통산하여 불특정 다수인에게 한 청약의 권유를 말하며, 이때 불특정 다수란 모집과 매출의 상대방이 50인 이상이 되는 것을 의미한다. 한편 자본시장법 시행령에서는 통상 50인의 산정 시에 제외되는 자를 크게 전문가와 연고자로 구분하여 열거하고 있다(시행령 제11조 제1항 제1호, 제2호).

모집과 매출의 차이는 공모대상인 증권이 신규로 발행되는 것인지(모집), 아니면 이미 발행된 것인지(매출)에 있다. 모집을 하는 주체는 발행인임에 반해 매출을 하는 주체는 증권의 보유자가 된다. 모집과 매출에 해당하는지 여부를 따지는 실익은 증권신고서 제출과 같은 발행공시의무를 부과할 것인지를 결정하는 데 필요하다.

증권 발행에 있어서 발행기관의 역할은 매우 중요하다. 증권의 발행에 따르는 책임과 위험을 지며, 불특정 다수인으로부터 증권을 모집·매출하는 등 간사기능·인수기능·청약대행 기능을 수행하기 때문이다. 이러한 책임과 위험을 분산하고 발행증권의 매출을 원활히 하기 위하여 여러 발행기관이 공동으로 하나의 증권의 발행에 참여하는 것이 보통인데, 이와 같이 공동으로 참여한 발행기관의 집단을 인수단(syndicate)이라고 하며, 발행기관은 주관회사, 좁은 의미의 인수단, 청약기관으로 그 역할을 달리하고 있다.

주관회사는 증권의 발행자와 투자자 사이에서 원활한 증권의 이전 및 배분이 이루어지도록 인수단을 구성하고 증권발행에 따른 사무처리, 발행자에 대한 조언 및 사무절차를 대행하는 기관을 말한다. 주관회사는 그 역할에 따라 주무를 담당하는 대표주관회사와 주관회사로 구분되는데, 현재 금융투자회사(금융투자업자, 구체적으로는 투자매매업자), 한국산업은행이 주관회사

의 자격을 갖고 있다.[1]

좁은 의미의 인수단은 발행기관의 가장 중요한 기능을 하는 발행기관의 집단으로서 증권을 발행자로부터 직접 매입하는 인수기능을 수행하고 있다. 현재 인수단의 자격은 앞에서 언급한 주관회사군의 자격을 가진 기관과 은행의 신탁계정에게 부여하고 있다.

청약기관(청약단)은 불특정 다수를 대상으로 모집하여 청약을 대행해 주는 기관이다.[2] 따라서 청약기관은 단순히 청약만을 대행하며 모집내역을 집계하여 인수단에게 직접청약하는 역할을 수행한다. 청약기관에는 특별한 자격이 없어 불특정 다수인을 모집할 수 있는 기관이면 청약단의 자격을 부여받을 수 있는데, 현재 실제로는 금융투자회사(금융투자업자, 구체적으로는 투자매매·중개업자)가 청약단의 역할을 대행하고 있다.

## 2 기업공개

증권이 거래소 시장에서 투자대상으로서 자유롭게 거래되기 위해서는 기업공개가 이루어지고 발행증권이 상장되어야 한다. 기업공개가 이루어질 때는 일반적으로 증권회사나 투자은행 등 인수전문기관에 의해서 발행증권이 일반대중에게 동일한 조건으로 공모된다.

### (1) 기업공개의 의의

기업공개(going public)란 주식회사가 새로이 발행한 주식을 일반투자자로부터 균등한 조건으로 모집하거나, 이미 발행되어 대주주가 소유하고 있는 주식(구주)의 일부 또는 전부를 공개시장에서 불특정 다수에게 매출하여 주식소유가 분산되도록 하는 것을 뜻한다.

기업공개는 소수의 대주주에 의해서 독점되었던 기업소유권을 일반대중에게 분산시키는 것으로써 기업내용이 일반에게 알려지고 평가받아 공적 기업이 됨을 의미한다.

일반투자자에게 기업공개가 이루어져 주식소유가 분산되기 위해서는 주식의 자유 양도성과 시장성이 확보되어야 한다. 이를 위해서는 공개기업의 주식이 거래소시장에 상장(listing)되어 자유롭게 거래될 수 있어야 한다. 따라서 기업공개는 발행주식을 거래소에 상장하는 방법

---

1  종합금융회사가 주식발행 시 주관회사 역할을 수행한 경우는 거의 없으며, 한국산업은행의 경우도 사채권 회사채에 한하여 주관회사의 자격을 갖고 있다.
2  청약은 인수기관에게 매입수량만큼 매출할 것을 요청하는 것으로, 인수와 달리 자기의 책임과 계산으로 하지 않고 투자자를 대신하여 매입이 이뤄진다.

으로 이루어진다.

한편, 기업공개는 거시경제적인 관점에서 볼 때 기업의 경영성과를 소액주주들도 균점토록 하여 부의 재분배를 돕고, 소유와 경영의 분리를 통한 경영전문화를 기할 수 있다는 점에서 국민경제적인 의의가 크다고 할 수 있다. 또한 발행기업의 입장에서는 기업공개를 통하여 대규모 자금을 장기간 동안 저렴하고 안정적으로 조달할 수 있게 된다.

### (2) 기업공개의 요건

공개된 기업의 증권거래는 일반투자자의 재산에 미치는 영향이 지대할 수 있으므로 일정한 요건을 갖춘 기업에 한하여 공개가 이루어지도록 규정되어 있다.

기업공개를 위해서는 상장규정상의 요건과 인수업무규정에서 정한 요건이 충족되어야 한다. 이를 요약하면 〈표 1-2〉에 나타난 바와 같다.

표 1 − 2  기업공개의 요건(유가증권시장)

| 요건 | | 일반회사 |
|---|---|---|
| 규모요건<br>(모두 충족) | 기업규모 | 자기자본 300억 원 이상 |
| | 상장주식수 | 100만 주 이상 |
| 분산요건<br>(모두 충족) | 주식수 | 다음 중 택일<br>① 일반주주소유비율 25% 이상 또는 500만 주 이상(상장 예정주식수 5천만 주 이상 기업은 상장예정주식수의 10% 해당 수량)<br>② 공모주식수 25% 이상 또는 500만 주 이상(상장 예정주식수 5천만 주 이상 기업은 상장예정주식수의 10% 해당 수량)<br>③ 자기자본 500억 원이상 법인은 10% 이상 공모하고 자기자본에 따라 일정 규모이상 주식 발행<br>　－자기자본 500억~1,000억 원 또는 기준시가총액 1,000억~2,000억 원 : 100만 주 이상<br>　－자기자본 1,000억~2,500억 원 또는 기준시가총액 2,000억~5,000억 원 : 200만 주 이상<br>　－ 자기자본 2,500억 원 이상 또는 기준시가총액 5,000억 원 이상 : 500만 주 이상<br>④ 국내외 동시공모법인은 공모주식수 10% 이상 & 국내공모주식수 100만 주 이상 |
| | 주주수 | 일반주주 500명 이상 |
| | 양도제한 | 발행주권에 대한 양도제한이 없을 것 |
| 경영성과요건<br>(택1) | 매출액 및<br>수익성 | 매출액 1,000억 원 이상 및 3년 평균 700억 원 이상 &<br>최근 사업연도에 영업이익, 법인세 차감전계속사업이익 및 당기순이익 각각 실현 &<br>다음 중 하나 충족<br>① ROE : 최근 5% & 3년 합계 10% 이상<br>② 이익액 : 최근 30억 원 이상 & 3년 합계 60억 원 이상<br>③ 자기자본 1천억 원 이상 법인 : 최근 ROE 3% 또는 이익액 50억 원 이상이고 영업현금흐름이 양(＋)일 것 |
| | 매출액 및<br>기준시가총액 | 최근 매출액 1,000억 원 이상 &<br>기준시가총액 2,000억 원 이상 |
| | 기준시가총액<br>및 자기자본 | 기준시가총액 5,000억 원 이상 &<br>자기자본 1,500억 원 이상 |
| | 기준시가총액 | 1조 원 이상 |
| 안정성 및<br>건전성 요건 | 영업활동기간 | 설립후 3년 이상 경과 & 계속적인 영업활동<br>(합병 등이 있는 경우 실질적인 영업활동 기간 고려) |
| | 감사의견 | 최근 적정, 직전 2년 적정 또는 한정(감사범위 제한에 따른 한정의견 제외) |
| | 매각제한<br>(보호예수) | • 최대주주 등 소유주식 & 상장예비심사청구전 1년 이내 최대주주등으로부터 양수한 주식 : 상장 후 6월간<br>• 상장예비심사청구전 1년 이내 제3자 배정 신주 : 발행일로부터 1년간(그 날이 상장일로부터 6월 이내인 경우에는 상장 후 6월간) |

표 1-2    기업공개의 요건(코스닥시장 및 코넥스시장)

| 구분 | 코스닥 | | | | 코넥스 |
|---|---|---|---|---|---|
| | 일반기업(벤처 포함) | | 기술성장기업 | | |
| | 수익성 · 매출액 기준 | 시장평가 · 성장성기준 | 기술평가특례 | 성장성추천 | |
| 주식 분산 (택일) | 소액주주 500명 이상(신청일 기준) & ① or ②<br>① 소액주주 25% 미만 소유시(청구일 기준) : 공모 10% 이상 & 소액주주 지분이 25% 이상<br>② 소액주주 25% 이상 소유시(청구일 기준) : 공모 5% 이상(10억 원 이상)<br>소액주주 500명 이상(신청일 기준) & 공모 10% 이상 & 공모주식수가 일정 주식수 이상<br>소액주주 500명(신청일 기준) & 공모 25% 이상<br>소액주주 500명(신청일 기준) & 국내외 동시공모 20% 이상 & 국내공모주식수 30만 주 이상<br>청구일 기준 소액주주 500명 & 모집에 의한 소액주주지분 25%(or 10% 이상 & 공모 주식수가 일정주식수 이상) | | | | 아래 사항을 충족할 것<br>－주권의 양도 제한이 없을 것<br>－최근 사업연도 감사의견 적정<br>－지정자문인 1사와 선임계약 체결<br>－중소기업기본법 제2조에 따른 중소기업에 해당<br>－액면가가 아래 중 하나일 것 (액면주 해당)<br>• 100원/200원/ 500원/1,000 원/5,000원 |
| 경영 성과 및 시장 평가 (택일) | 법인세차감전 계속사업 이익 20억 원(벤처 : 10 억 원) & 시총 90억 원 이상 | 시총 500억 원 & 매출 30억 원 & 최근 2사업 연도 평균 매출증가율 20% 이상 | 자기자본 10억 원 이상 | | |
| | 법인세차감전계속사업 이익 20억 원(벤처 10 원) & 자기자본 30억 원 (벤처 15억 원) 이상 | 시총 300억 원 & 매출 액 100억 원 이상(벤처 50억 원) | 시가총액 90억 원 이상 | | |
| | 법인세차감전계속사업 이익 있을 것 & 시총 200 억 원 & 매출액 100억 원(벤처 50억 원) 이상 | 시총 500억 원 & PBR 2배 이상 | 〈공통요건〉 전문평가기관의 기술 등에 대한 평가를 받고 평가 결과가 A 등급이 상일 것 | 〈공통요건〉 상장주선인이 성 장성을 평가하여 추천한 중소기업 일 것 | |
| | 법인세차감전계속사업 이익 50억 원 이상 | 시총 1,000억 원 이상 | | | |
| | | 자기자본 250억 원 이상 | | | |
| 감사 의견 | 최근사업연도 적정 | | | | |
| 경영 투명성 | 상법상 사외이사, 상근감사 충족 | | | | |
| 기타 요건 | 주식양도제한이 없을 것 | | | | |
| 질적 요건 | 기업의 성장성, 계속성, 경영의 투명성 및 안정성, 기타 투자자보호, 코스닥시장의 건 전한 발전, 업종별 특성, 고용창출효과 및 국민경제적 기여도 등을 종합 고려 | | | | |

## 3   무상증자와 유상증자

증권의 발행은 회사 설립 시의 주식발행 외에 자본금 증자 시에도 이루어진다. 자본금의 증자는 무상증자와 유상증자 두 가지 방법을 통해서 이루어지는데 유상증자는 신주발행방법과 발행 가격에 따라서 주주의 부가 영향받을 수 있다.

### 1) 무상증자

무상증자는 주주들의 실질적인 주금(株金)의 납부 없이 회사의 자본준비금을 자본금으로 전입하는 방법으로 자본금을 증가시키는 것이다. 무상증자의 구체적인 재원으로는 자본잉여금(자산재평가적립금, 주식발행초과금)이 활용된다.

무상증자가 이루어지면 기업자산가치는 실질적으로 변하지 않고 발행주식수만 증가하므로 한주당 이론 권리락 가격은 다음과 같이 하락한다. 무상증자 전·후의 주주의 부(총시장가치 = 주당 가격×소유주식수)가 동일하여야 하기 때문이다.

$$권리락\ 주가 = \frac{권리부\ 주가}{1 + 무상증자비율} \qquad (1-1)$$

예를 들어 자본금이 5억 원인 A기업이 25%의 무상증자를 결의하였다고 하자. 현재 A기업의 주가가 20,000원이라면 무상증자 전·후의 시장가치는 다음과 같다.

$$A기업의\ 권리락\ 주가 = \frac{20,000}{1.25} = 16,000원$$
$$무상증자\ 전\ 시장가치 = 100,000주 \times 20,000원 = 20억\ 원$$
$$무상증자\ 후\ 시장가치 = 125,000주 \times 16,000원 = 20억\ 원$$

그러나 현실적으로 실제 권리락 가격이 이론 권리락 가격보다 높은 것이 일반적이다. 이는 무상증자가 가지는 실질적인 가치보다 기업의 전망에 대한 기대심리, 소유주식의 증가에 따른 배당수입 증대 기대와 같은 무상증자가 가져오는 여러 효과로 보아야 할 것이다.

주식배당(stock dividend)은 주식회사가 주주에게 현금으로 배당하는 대신 그에 상당하는 신주를 발행하여 지급하는 것을 말한다. 개정 상법에서는 주주총회에서의 이익처분에 관한 결의시 주주에게 배당할 이익을 이익배당총액(비상장법인은 이익배당총액의 1/2 이내) 내에서 주식으로 대신 지급할 수 있도록 하고 있다. 주식배당은 재원이 이익잉여금인 반면에 무상증자의 재원은 자본잉여금이라는 차이가 있을 뿐 경제적 효과는 거의 같다고 할 수 있다.

### 2) 유상증자

#### (1) 유상증자 배정방식

유상증자는 현금으로 주금의 납입을 받고 자본금을 증가시키는 것을 말한다. 유상증자는 〈표 1−3〉에서 보는 것처럼 증자되는 물량을 어떻게 소화시키느냐에 따라서 사모(구주할당, 연고자할당)와 공모(주주우선공모, 일반공모)로 나눌 수 있다.

이 가운데서 일반공모는 일반투자자를 대상으로 공개적으로 신주를 모집하는 것이므로 자본조달 가능액이 극대화된다는 장점이 있다. 그러나 전문인수기관을 통하여 증자물량을 소화시켜야 하므로 발행비용이 사모보다도 많고 기존 주주의 이익이 침해될 수 있다.

**표 1−3  유상증자 배정방식**

| 배정방식 | | 내용 |
|---|---|---|
| 사모 | 구주할당<br>(주주배정) | 발행주식의 20%를 우리 사주 조합에 배정하고 나머지 80%를 기존 주주에게 소유주식수에 비례하여 배정 |
| | 연고자할당<br>(제3자 배정) | 주총의 특별결의가 있거나 정관에 제3자 배정이 명시되어 있을 경우 종업원, 임원 등 특정인에게 배정 |
| 공모 | 주주우선공모 | 주주와 우리 사주 조합에 배정한 후 권리포기로 인한 실권분을 인수단이 인수한 후 일반에게 공모 |
| | 일반공모 | 불특정 다수인을 상대로 모집 혹은 매출하는 방법으로 주총의 특별결의가 있거나 정관에 주주의 신주인수권 배제에 관한 규정이 있는 경우에 한함 |

#### (2) 유상증자 신주발행 가격

유상증자를 실시할 경우 투자자의 이해관계에 직접 영향을 미칠 수 있는 것은 신주의 발행가격 수준이다. 신주의 발행은 발행 가격 기준으로 볼 때 액면가로 발행되는 액면발행과 그 주식의 현재 시가로 발행되는 시가발행 그리고 시가에서 일정한 율을 할인하여 발행하는 시가할인발행으로 구분된다.

  그간 우리나라 주식시장에서 유상증자가 이루어질 때 1984년 이전까지 액면발행제도에 기초하였다. 이후 시가에서 일정한 비율을 할인하는 시가할인 발행을 실시하다가 1991년 6월 이후에는 할인율에 대한 제한이 철폐되었다.

  시가발행제도는 현재 시장 가격을 기준으로 증자하므로, 전망이 밝은 기업은 높은 발행 가격으로 많은 자금을 조달할 수 있고 내용이 좋지 못한 기업은 낮은 발행 가격으로 적은 자금밖에 조달할 수 없어 증권시장의 최적 자원배분 기능을 수행하게 한다. 이처럼 시가발행제도 하에서는 발행시장과 유통시장의 유기적인 관련성이 높아져 증권시장의 제기능이 원활하게 발휘될 수 있다.

  증권의 발행 및 공시 등에 관한 규정 제5-18조에 의하면 유상증자 발행가격은 주주배정의 경우 발행가액을 자율결정할 수 있고, 제3자 배정은 기준주가에 10% 할인된 가격 이상, 일반 공모증자는 기준주가에 30% 할인된 가격이상으로 결정하여야 한다.

  일반공모 시의 유상증자 발행 가격은 청약일전 과거 제3거래일부터 제5거래일까지의 가중산술평균주가(총 거래금액/ 총 거래량)를 기준주가로 주권 상장법인이 정하는 할인율을 적용하여 산정한다.

$$신주발행\ 가격 = 기준주가 \times (1 - 할인율)$$

  구주 주주 입장에서 보면 신주배정 기준일 전과 후의 주가, 즉 권리부 주가와 권리락 주가는 다음의 관계를 갖는다. 유상증자 전의 총시장가치(부)와 유상증자 후의 총시장가치(부)는 동일하여야 하기 때문이다.

$$권리락\ 주가 = \frac{기준주가 + 주당\ 납입금(= 증자비율 \times 신주발행\ 가격)}{1 + 증자비율} \qquad (1-2)$$

  유상증자 시에 구주 주주의 소유 지분율에 변함이 없도록 증자를 받으면 유상증자 전후의 투자자의 부는 발행 가격에 관계없이 동일하다. 권리락 주가가 하락한 만큼 소유주식의 증가가 있기 때문이다.

## section 04 | 증권매매거래제도

발행된 증권이 유통시장에서 원활하게 매매되는 것은 증권의 유동성을 높여 발행시장의 제 기능이 발휘되도록 도울 뿐만 아니라 적정 가격의 형성을 통한 자원의 최적 배분을 기대할 수 있게 한다.

그러나 유통시장에서 증권 가격이 공정하게 형성되기 위해서는 증권의 매매거래제도가 잘 정비되어 있어야 한다. 거래소는 증권거래가 질서 있게 이루어지도록 여러 가지 규칙과 규제를 정해놓고 있다. 투자자들은 발행시장보다 유통시장과 지속적인 관계를 맺기 때문에 유통시장의 조직과 제도, 증권거래와 관련된 규칙, 규제방법에 대한 이해가 요구된다.

### 1 유통시장의 구조

증권의 매매거래가 이루어지는 유통시장은 〈표 1-4〉와 같이 일차적으로 조직화된 시장과 조직화되지 않는 시장으로 구분할 수 있다.

### (1) 유가증권시장

조직화된 시장은 일정한 시설과 장소를 갖추고 일정한 매매원칙에 따라 계속적으로 매매거래가 이루어지는 시장을 말한다. 우리나라의 경우에는 한국거래소의 유가증권시장(KOSPI), 코스닥시장 및 코넥스(KONEX)와 금융투자협회의 K-OTC시장 등이 있다.

유가증권시장에서는 한국거래소의 상장절차를 밟은 상장유가증권을 대상으로 경쟁매매의 방식으로 매매거래가 이루어진다. 우리나라의 증권거래소인 한국거래소는 일정한 자격을 갖춘 회원(증권회사)만이 참여하는 회원제로 운영되고 있다. 한국거래소는 공정한 거래를 형성시키기 위해서 일정한 규정하에 운영되며, 회원인 증권회사(브로커와 딜러)에게 거래를 행할 수 있는 구체적인 장소와 통신설비를 제공하고 이러한 브로커와 딜러는 전국적인 조직망을 가지고 고객으로부터 주문을 받아 경매과정을 통하여 집단적인 거래를 한다.

표 1-4 유통시장 구조

| 구분 | 규제 영역 | | | | | 비규제 영역 |
|---|---|---|---|---|---|---|
| | 조직화된 시장 | | | | 조직화되지 않은 시장 | |
| | 유가증권시장 | 코스닥 | 코넥스 | K-OTC시장 | 금융투자회사 장외거래 | 기타 장외거래 |
| 거래대상 | • 상장주식<br>• 상장채권<br>• 선물·옵션 | • 상장주식 | • 상장주식 | • 등록/지정 주식 | • 채권<br>• 주식(단주) | • 투자자 간 직접 거래<br>• 비상장·비등록주식 |
| 참가자 | • 거래소 회원 | • 거래소 회원 | • 투자자 | • 투자자 | • 금융투자회사<br>• 투자자 | • 투자자 |
| 매매방법 | 경쟁매매 | 경쟁매매 | 경쟁매매 | 상대매매 | 상대매매 | 상대매매 |
| 가격발견 | ○ | ○ | ○ | ○ | △* | × |
| 운영주체 | 거래소 | 거래소 | 거래소 | 협회 | 금융투자회사 | - |
| 감독기관 | • 기획재정부<br>• 금융위 | • 기획재정부<br>• 금융위 | • 기획재정부<br>• 금융위 | • 기획재정부<br>• 금융위 | • 금융위 | • (금융위) |

* 채권 장외거래의 경우, 부분적인 가격발견 가능

## (2) 코스닥시장

코스닥(KOSDAQ)시장은 유망 중소기업, 벤처기업 등의 지원을 위해 '97년 4월 새롭게 구축된 조직화된 증권시장으로 세계 제2의 증권시장으로 성장한 미국의 NASDAQ 시장을 모델로 하고 있다. 지금의 코스닥시장의 모태는 '87년 4월에 비상장 유망 중소기업 등에 직접금융 이용기회를 제공하고자 개설된 기존의 장외시장이다. 그러나 이 장외시장은 매매거래가 구체적인 시설 없이 상대매매방식으로 이루어지는 등 문제점이 많았다.

'96년 7월 (주)코스닥증권시장이 설립되면서 경쟁매매시스템이 도입되고 증권거래법상 독립된 조직화된 시장으로서 법제화되었으며, 2005년 1월 한국증권선물거래소가 출범하면서 통합되었다.

## (3) 코넥스(KONEX, Korea New Exchange)

코넥스는 코스닥시장 상장요건을 충족시키는 못하는 초기 중소기업에 대해 자본시장을 통한 지원을 강화하기 위하여 2013년 7월에 개장하였다. 코넥스의 출범은 중소기업의 자금조달이 대부분 은행대출에 편중되어 있고, 직접금융(주식발행)을 통한 자금조달은 매우 낮아, 중소기업의 재무부담이 큰 반면에 기존의 코스닥시장이나 프리보드의 기능이 미흡했기 때문이다. 코넥스는 코스닥시장의 상장 요건의 1/3~1/10 수준을 충족시키면 되고, 자본전액 잠식과 영업손실 5년 이상 발생 등과 같은 재무적인 문제가 발생해도 상장폐지를 피할 수 있다.

## (4) K-OTC시장

K-OTC시장은 유가증권상장법인 및 코스닥상장법인 이외의 법인이 발행한 비상장주식의 매매거래를 위해 금융투자협회가 개설, 운영하는 제도화, 조직화된 장외시장이다. 금융투자협회는 비상장 중소, 벤처기업의 자금조달 활성화를 위해 2005년 7월 이후 프리보드를 운영하였으나, 거래대상 기업이 소수의 중소기업에 한정되고 2013년 7월에 코넥스가 개설되면서 역할이 모호해졌다. 그래서 2014년 8월에 K-OTC시장을 출범시키면서 비신청지정제도 신설, 진입·퇴출 요건 강화, 매매제도 개선, 투자자 유의사항 고지제도 신설, 부정거래 예방조치 제도 등을 도입하였다.

## (5) 장외시장

장외시장은 일반적으로 유가증권시장, 코스닥시장, 코넥스, K-OTC시장과 같이 조직화된 시장에 대한 상대적 개념으로써 일정한 장소와 시설을 갖추지 않은 비조직적인 시장을 말한다. 즉, 거래소시장(유가증권시장, 코스닥시장, 코넥스) 및 K-OTC시장의 호가중개시스템을 거치지 않고 이루어지는 시장을 말한다.

장외시장에서는 주로 상장주권의 단주(기본 거래단위 미만의 증권)와 비상장주권 및 채권이 상대매매방법으로 거래된다.

현재 장외시장은 점두거래와 직접거래로 나누어 볼 수 있다. 전자는 금융투자회사의 창구에서 금융투자회사와 고객 간에 유가증권의 상대 매매거래가 이루어지는 것을 말하고, 후자는 금융투자회사의 개입 없이 매매당사 간에 개별적으로 매매거래가 이루어지는 것을 말한다.

## 2 　증권매매거래의 일반절차

　증권매매거래의 절차는 〈그림 1-4〉와 같이 요약할 수 있다. 먼저 투자자가 거래소 시장에서 매매거래를 하기 위해서는 투자매매·중개업자(금융투자회사)에게서 매매거래계좌를 개설해야 하며, 계좌를 개설한 투자매매·중개업자를 통하여 주문을 제출하여야 한다. 거래소 시장에 직접 매매 주문을 낼 수 있는 자는 거래소의 회원 금융투자회사에 한정된다. 비회원사는 회원사를 통하여 주문을 제출하여야 하고, 외국인 투자자의 주문은 금융감독원의 외국인 한도 관리시스템을 경유하여야 한다.

　회원으로부터 거래소에 제출된 주문은 거래소가 업무규정에 정한 원칙에 따라 매매체결되며, 거래소는 체결 결과를 회원에게 통보하고 회원은 이를 다시 고객에게 통지한다. 투자자는 매매체결분에 대하여 매매체결일 기준 3일 후까지 위탁 금융투자회사에 매수대금 또는 매도증권을 납부하여야 하고, 이를 거래소(예탁결제원)를 통하여 결제함으로써 매매거래가 완료된다.

　외국인 투자한도는 증권시장 개방 초기에는 종목별로 1인당 한도액이 설정되었으나, '98년 5월부터는 일반기업에 대한 투자한도가 완전 폐지되었고, 공공법인 등 관리종목에 한하여 30~49.99%(일부는 정관상 한도 적용, 1인당 한도는 당해 법인의 정관에서 정한 한도)를 적용하고 있다.

　다음은 증권매매거래방법과 관련된 주요 사항들이다.

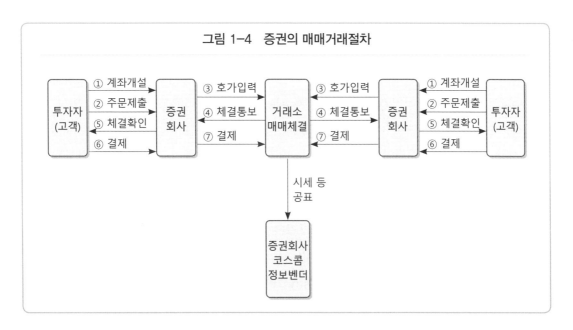

그림 1-4　증권의 매매거래절차

## (1) 매매거래시간

증권의 매매거래는 1998년 12월 7일부터 토요일은 휴장하고 평일에는 오전장과 오후장을 구분하여 이루어졌다. 2000년 5월 22일부터는 중식시간에도 거래를 할 수 있게 되어 정규시장은 09:00~15:00의 6시간이 되었다. 2016년 8월 1일부터는 거래시간이 30분 연장(09:00~15:30)되었고, 2019년 4월 29일부터 시가결정을 위한 호가접수시간을 1시간(8:00~9:00)에서 30분(8:30~9:00)으로 단축하였으며, 장개시전 시간외시장 시간을 1시간 30분에서 1시간으로 단축하여 시간외시장은 장 개시 전 08:00~09:00, 장 종료 후 15:40~18:00이다.

## (2) 호가와 매매수량단위

호가(quote)란 투자매매 · 중개업자가 거래소에 자기명의로 시장에서 매매거래를 하기 위한 매도 또는 매수의 의사표시를 말한다. 특정 종목을 사거나 팔고자 할 때 제시하는 가격에는 기본단위인 호가단위가 있다. 1주당 주식 가격에 따라 호가단위는 1원(주가 2,000원 미만), 5원(5,000원 미만), 10원(5,000원~20,000원), 50원(20,000원~50,000원), 100원(50,000원~200,000원), 500원(200,000원~500,000원), 1,000원(500,000원 이상)으로 되어 있다.

한편 거래수량의 기본단위, 즉 수량단위(round lot unit)는 현재 주식(액면 5,000원 기준)에 대해서는 1주 단위이고, 일반 채권에 대해서는 액면 10만 원(소액채권은 액면 1,000원) 단위로 하고 있다. 이 기본 수량단위에 미달하는 단주(odd lot)는 장외시장에서 별도로 거래된다.

## (3) 매매 가격의 지정

투자자가 금융투자회사에 매매거래를 위탁할 때의 가격 지정은 지정가주문, 시장가주문, 조건부지정가주문, 최유리지정가주문, 목표가주문, 경쟁대량매매주문 등의 방법이 있다.

지정가주문은 종목, 수량, 가격을 투자자가 지정하는 가장 일반적인 주문형태로서 투자자가 지정한 가격 또는 그보다 유리한 가격으로 매매거래를 하고자 하는 주문이다. 지정된 가격은 매매거래가 가능한 가격의 한도를 의미하므로 매수주문의 경우는 지정된 가격이나 그보다 낮은 가격, 매도주문의 경우에는 지정한 가격이나 그보다 높은 가격이면 체결된다.

시장가주문은 종목과 수량은 지정하되 가격은 지정하지 않는 유형으로 현 시점에서 가장 유리한 가격조건 또는 시장에서 형성되는 가격으로 즉시 매매거래를 하고자 하는 주문을 말한다. 일반적인 시장가주문은 지정가주문에 우선하여 매매체결되고 주문수량 전량이 해소될 때까지 가장 우선하는 상대방 주문부터 순차적으로 체결이 이루어진다.

조건부지정가주문은 매매거래시간 중에는 지정가주문으로 참여하지만 매매체결이 이루어지지 않은 잔여수량은 종가결정(장 종료 전 10분간 단일가 매매) 시에 시장가주문으로 자동 전환되는 방법이다.

최유리지정가주문은 상대방 최우선호가로 즉시 체결이 가능하도록 하기 위해 주문접수 시점의 상대방 최우선호가 가격으로 지정되는 주문형태이다. 매도는 해당 주문의 접수 시점에 가장 낮은 매도주문의 가격, 매수는 당해 주문 시점에 가장 높은 매수주문의 가격으로 지정한 것으로 간주하여 매매체결에 참여하는 주문이다.

목표가 주문은 투자자가 특정 지정 가격이 아닌 당일의 거래량가중평균 등 향후에 결정될 가격 또는 그와 근접한 가격으로 매매체결을 원하는 경우, 회원의 재량으로 투자자가 목표로 하는 가격에 최대한 근접하여 체결될 수 있도록 하는 방법이다. 다만 목표가 주문과 관련된 호가유형은 별도로 존재하지 않기 때문에 회원사가 목표가 달성을 위해 투자자 주문을 지정가호가 또는 시장가호가 등의 형태로 분할하여 제출해야 한다.

경쟁대량매매주문은 투자자가 종목 및 수량은 지정하되 당일의 거래량 가중평균 가격으로 매매거래를 하고자 하는 유형이다. 이는 시장 충격을 최소화하는 대량매매제도의 한 유형으로서 최소 수량요건 등이 적용되며 정규시장과는 별도의 시장에서 비공개로 매매체결이 이루어진다.

## (4) 집중거래제도와 계속거래제도

한편 증권거래주문의 체결은 개별 경쟁매매 방법에 의하지만 호가된 주문의 처리에 있어서 단일 가격에 의한 집중거래방법과 복수 가격에 의한 계속거래방법이 사용된다.

전자는 일정 시간 동안 접수된 호가를 동일 시간에 접수한 호가로 보고 매도호가와 매수호가의 합계수량이 합치하는 가격에서 단일 가격이 형성되는 방법이다. 반면에 후자는 가격 조건이 부합하는 경우마다 개개의 가격으로 매매체결을 하기 때문에 복수의 가격이 형성되는 방법이다. 우리나라에서는 장중에는 계속거래방법인 접속매매를 채택하고 있으나 예외적으로 08:30~09:00, 15:20~15:30 사이에는 집중거래방법인 동시호가 매매를 적용하고 있다.

복수 가격에 의한 개별 경쟁매매가 이루어질 때는 다음과 같이 가격, 시간, 수량기준으로 매매거래가 체결된다.

❶ 가격우선의 원칙 : 팔자(매도)의 주문은 낮은 가격의 주문일수록 우선한다. 반면에 사자(매수)의 주문은 높은 가격의 주문일수록 우선한다.

❷ 시간우선의 원칙 : 동일 가격의 호가에 대하여는 호가가 행하여진 시간선후에 따라 먼저 접수된 호가가 나중에 접수된 호가보다 우선한다.

❸ 수량우선의 원칙 : 같은 가격의 주문이면서 동시호가인 경우는 수량이 많은 것이 수량이 적은 것보다 우선한다.

❹ 위탁매매 우선의 원칙 : 고객이 주문한 위탁매매의 호가가 증권회사의 자기매매의 호가에 우선한다.

## 3   증권매매의 결제

### (1) 매매거래의 결제방법

증권의 매매거래형태는 일반적으로 결제방법과 결제기간을 기준으로 하여 실물거래와 선물거래로 구분된다. 선물거래 또는 청산거래(futures transactions or clearance transactions)는 매매계약의 시기와 현금 및 증권의 수도기일 사이에 일정한 시차가 있어서 결제기일 전에 증권의 반대매매(전매 또는 환매)를 하여 그 차금을 수수하는 거래를 말한다.

실물거래(cash transactions)는 선물거래에 반대되는 것으로 현물거래 또는 즉시거래라고도 하는데, 매매계약 체결일과 결제일과의 시간적 간격에 따라 당일결제거래와 보통거래로 구분된다. 우리나라에서는 보통거래제도를 채택하고 있는데, 보통거래라 함은 매매계약을 체결한 날로부터 3일째 되는 날(다만, 거래소가 시장 관리상 특히 필요하다고 인정하여 지정한 종목의 경우에는 14일 이내에서 거래소가 지정한 날)에 수도결제하는 것을 말한다. 만약 수요일에 주식매도가 이루어졌을 경우 매매대금은 금요일에 받는다.

증권매매거래의 최종적인 체결수행은 증권대체결제제도를 통하여 이루어진다. 즉, 증권의 매매가 있을 때마다 모든 거래에 대하여 증권현물과 현금을 수수하는 불편을 없애고, 금융투자회사 또는 기관투자자들이 미리 증권을 예탁한 후 예탁자 장부상의 계좌에서 차이가 나는 금액이나 증권 즉, 순감소액이나 순증가액만을 대신 결재하는 방법으로 이루어진다. 우리나라에서는 예탁결제원이 이 기능을 수행하고 있다.

### (2) 신용거래

신용거래(margin transactions)란 실물거래(실수급)에 적당량의 투기적 요소(가수요)를 도입하는 수단으로 고객의 보통거래의 매매위탁을 받은 증권회사가 일정한 보증금(신용거래보증금)을 받고 매수에 대해서는 융자를, 그리고 매도에 대해서는 매도증권을 대출하여 매도결제하는 매매거래를 말한다. 상환은 일정기간 내에 반대매매(전매 또는 환매)에 의하거나 현금(현물)의 상환에 의한다. 일반적으로는 반대매매에 의한 상환방법이 사용되고 있다. 신용거래는 금융투자회사가 증권의 매매와 관련하여 고객에게 금전의 융자 또는 증권의 대부의 방법으로 신용을 공여하여 수행되는 거래이지만, 일반적으로는 증권회사는 자금의 대부분을 증권금융회사에서 차입하고 있다.

따라서 개인투자자의 입장에서 신용거래는 일정 금액(현금)을 대출(융자)받아 자기자금 이상으로 증권을 매입·보유하는 거래(long position)와 증권을 대출받아 이를 매도하는 거래가 있다. 후자는 투자자가 보유하고 있지 않은 증권을 매도하는 것으로 공매 또는 대주거래(short selling, short position)라고 한다.

공매도는 투자자(매도인)가 보유하고 있지 않은 증권을 매도하는 것으로 다른 제3자로부터 증권을 일정기간 동안 빌려서 팔고 일정기간이 경과한 후에 그 증권을 시장에서 매입하여 상환해 주어야 한다. 따라서 공매는 증권을 빌려서 매도하는 것이므로 차입매도라고 할 수 있으며, 증권을 빌려주는 제3자의 입장에서는 대주라고 할 수 있다. 이 같은 공매는 증권 가격이 하락되리라 예상되는 상황에서 매매시세차익을 얻기 위해 이용되는 신용거래이다.

일반투자자가 신용거래를 하기 위해서는 최소한의 신용거래보증금을 예치해야 한다. 이 보증금은 매매거래의 수량과 그 지정 가격(지정 가격이 없을 때는 그 당시의 시세)에 신용거래보증금률을 곱한 금액 이상이다. 이 신용거래보증금률은 최저 40%로 하되 보증금은 대용증권으로 대신할 수 있다.

### (3) 위탁증거금과 수수료

투자매매업자 또는 중개업자는 매매거래의 위탁을 받았을 때 매수의 경우는 현금, 매도의 경우는 당해 매도증권 또는 현금을 각각 위탁증거금으로 징수한다. 위탁증거금은 각 금융투자회사별로 자율적으로 정할 수 있다. 위탁증거금은 현금 대신 대용증권으로 납부할 수도 있는데, 이 경우 거래소에서는 종목별로 신용증권의 납부한도를 정할 수 있다.

증권을 사고 팔 때 투자자들은 일정한 위탁수수료를 부담하여야 하는데, 위탁수수료의 징수율과 징수방법은 회원(금융투자업자)이 자율적으로 결정하도록 되어 있다.

거래소를 통하여 매매가 원활하고 공정하게 이루어지도록 하여 적절한 가격 형성 기능이 발휘될 때 유통시장은 제역할을 다하게 된다. 그러나 투자자의 저변이 얕고, 증권의 거래물량이 크지 않은 경우는 가격 조작 등이 용이하여 투기장화할 가능성이 있다. 이러한 위험을 방지하고 선의의 투자자를 보호할 목적으로 증권거래에 관한 여러 가지 관리와 규제방법이 사용되고 있다.

### (1) 가격 제한폭의 설정과 매매거래중단제도

가격 제한폭제도는 급격한 가격 변동으로 인한 거래질서의 혼란을 막기 위해 하루 동안 변동할 수 있는 최대 가격 변동폭을 설정하고 이 범위 내에서만 거래가 이루어질 수 있도록 허용하는 제도이다. 전일의 종가 기준으로 당일 오를 수 있는 가격폭까지 오른 시세를 상한가라 하고, 가격폭의 하한까지 떨어진 시세를 하한가라고 하는데, 우리나라 주식시장에서는 1998년 12월 7일부터 상하한가의 변동폭의 변동비율이 전일종가 ±15%로 설정되었으나, 2015년 6월 15일부터 ±30%로 확대되었다.

한편 가격 제한폭이 확대됨에 따라 나타날 수 있는 시장의 과민반응을 진정시키고 시장 실패의 가능성을 최소화하기 위한 제도적 장치인 주식시장의 매매거래중단제도를 1998년 12월 7일부터 도입하였다.

주식시장의 매매거래중단(circuit breakers)은 증권시장의 내·외적인 요인에 의한 갑작스런 주가 급락에 따라 증권시장이 크게 불안정화되어 하루 중 지수가 일정 수준 이상 급락하는 경우, 투자자들에게 냉정한 투자판단 시간을 제공하기 위하여 시장에서의 모든 매매거래를 일시적으로 중단하는 제도이다. 주식시장의 매매거래 중단 시 선물·옵션시장도 매매거래를 중단하고 있으며 이와는 별도로 선물시장은 독자적인 매매거래중단제도를 채택하고 있다.

### (2) 불공정거래행위에 대한 규제

유통시장에서 공정한 가격형성기능이 발휘되기 위해서는 무엇보다도 수요와 공급 간의 공정한 경합을 제한하는 불공정거래행위가 규제되어야 한다. 대표적인 불공정거래행위로는 내부자거래, 증권관계 임직원의 매매, 시세조종, 자기계약 등을 들 수 있다.

내부자거래는 직무수행과정에서 얻은 일반인에게 공개되지 않은 정보를 이용하여 해당 증권을 거래함으로써 부당하게 이득을 얻는 행위이다.

자본시장법에서는 특정 회사와 직접적인 관련이 있는 회사 임직원, 주요 주주, 관련 증권회사 임직원뿐만 아니라 업무처리과정에서 내부정보를 입수할 수 있는 관련 공무원이나 감독기관의 임직원, 회계사, 변호사, 관련 거래은행 임직원 그리고 직·간접으로 이같은 내부정보를 입수한 자를 준내부자의 범위에 포함시키고 있다.

이들 내부자들이 합병, 영업양수도, 증자, 재해발생 등 투자자의 투자판단에 중요한 영향을 미칠 수 있는 공개되지 않은 정보를 이용하여 부당이득을 얻은 증권매매를 하였을 때는 단기매매차익반환이나 형사상 처벌과 같은 방법으로 규제하고 있다.

이 밖에도 증권거래에서 투자자로 하여금 그 거래가 성황을 이루고 있는 듯이 오인하게 하거나 그릇된 판단을 하게 할 목적으로 행하는 통정매매, 가장매매와 같은 시세조정행위도 목적범적 행위로 보고 강력하게 규제하고 있다.

## (3) 관리종목, 투자경고, 투자위험종목의 지정

시장 관리상 투자자에게 주의를 환기시킬 필요가 있는 종목들은 관리종목, 투자경고 또는 투자위험 종목으로 지정하여 규제하고 있다. 관리대상 종목이 되는 것은 기업경영이 부진하거나 부도 발생, 또는 회사정리 절차 개시 등 상장폐지에 해당되는 사유가 발생하였을 경우이다.

주가가 비정상적으로 급등한 경우 투자자에게 주의를 환기 시키고 불공정거래를 사전에 방지하기 위하여 투자경고종목(과거 감리종목)으로 지정한다. 투자경고종목 지정에도 불구하고 투기적인 가수요 및 뇌동매매가 진정되지 않고 주가가 지속적으로 상승할 경우 투자위험 종목으로 지정한다. 관리종목, 투자경고종목 및 투자위험종목으로 지정되면 신용거래나 위탁증거금 제한 및 대용증권 불인정 등 추가적인 제한을 가한다.

## (4) 위탁증거금 · 신용거래에 대한 규제

우리나라의 증권거래에서는 보통 주문 전에 예상 매입금액의 40%를 위탁증거금으로 증권회사에 예치한다. 그러나 증권시장이 과수요로 과열되는 경우 이 증거금률을 높임으로써 수요를 진정시키는 방법으로 이용되고 있다.

때로는 신용거래에 대해서도 자금의 융자액을 줄이거나 정지시키고 신용거래 보증금률을 인상시키는 규제방법으로 시장 안정화 조치를 취하기도 한다.

주가지수

투자결정을 위해서는 증권시장의 전반적인 동향을 판단할 수 있는 증권시장지표가 필요하다. 이 가운데서 주식의 주가 변동을 지수로 표시한 주가지수가 대표적인 증권시장지표로 이용되고 있다.

## 1 주가지수의 의의와 작성방법

주가지수는 증권시장의 전반적인 동향을 판단하는 데 사용되지만 투자결정에 다음과 같은 측면에서도 이용된다.

❶ 미래의 경제를 예측하는 선행지표(leading indicator)로 이용된다.
❷ 주가지수는 평균적인 주가 상승의 정도를 나타내는 것이므로 개별 투자자의 투자성과를 평가하는 기준이 된다.
❸ 주가지수의 기술적 분석은 과거 일정기간 지수의 변동 추세를 보아 미래의 주가 예측, 시장 동향을 분석한다.
❹ 포트폴리오 분산투자 위험을 평가할 때 시장수익률의 대용치(proxy)로 사용한다.

주가지수(stock price index)는 어느 기준 시점에서의 주식시장 전체의 가격 수준을 100으로 하여 비교 시점에서의 가격 수준을 100에 대한 상대치로 환산하여 표시하는 방법이다. 즉,

$$\text{주가지수} = \frac{\text{비교 시점에서의 시장 전체의 주가 수준}}{\text{기준 시점에서의 시장 전체의 주가 수준}} \times 100 \qquad (1-3)$$

따라서 주가지수의 작성을 위해서는 특정 시점의 주식시장 전체의 주가를 어떤 방법으로 측정하느냐가 중요하다. 각 시점에서 주식시장 전체의 주가 수준을 측정하는 것은 ① 상장주식 중에서 지수산정에 포함할 종목 선정과 관련된 표본주식 선택방법과, ② 주가의 평균 수준을 계산할 때의 가중방법에 따라 차이가 있다.

## 2 채용종목의 선택

주가지수의 산정에 포함시킬 채용종목은 전반적인 주가 움직임을 잘 대변하는 종목이어야 한다. 16~32개의 종목을 무작위로 뽑으면 전체를 대표할 수 있다고 하나 그 정확성에 문제가 있을 수 있다. 미국에서 1896년부터 사용되고 있는 다우존스 산업주가지수(Dow-Jones Industrial Average : DJIA)의 채용종목은 NYSE에서 거래되는 주식 중에서 각 산업에서 선도기업의 주식(blue-chips) 30개이다. 장기간에 걸쳐 일관성이 있는 지수로 인정되고 있지만, 채용종목이 적어서 미국 증권시장의 전반적인 동향을 엄격하게 반영하는 데는 한계가 있을 수 있다.

반면에 채용종목이 많아지면 계산의 신속성과 경제성이 저하될 우려가 있다. 그러나 요즈음은 컴퓨터의 발달로 인하여 채용종목이 많아지는 것이 문제가 되지 않는다. 우리나라의 종합주가지수는 전종목을 채용하고 있다.

## 3 가중방법

주가지수는 가중방법의 차이에 따라 크게 다를 수 있다. 가중방법에는 ① 주식 가격에 가중하는 방법, ② 주식의 총시장가치에 가중하는 방법, ③ 동일 가중치로 평균하는 방법이 있다. 실제로는 주로 ①과 ②의 방법이 이용된다.

### (1) 주식 가격 가중방법

주식 가격에 가중(price-weighted average)하는 방법은 어느 특정 시점의 주가 평균을 단순히 채용종목의 주가를 합한 다음 이를 종목수로 나누어 지수로 나타낸다. 즉,

$$I_t = \frac{\left(\sum_{i=1}^{n} P_{it}\right)/n}{\left(\sum_{i=1}^{n} P_{io}\right)/n} \times 100 \tag{1-4}$$

여기서, $I_t$ : $t$시점에서의 주가지수

$P_{io}$ : 기준 시점($O$)에서의 $i$주식의 주가

$P_{it}$ : 비교 시점($t$)에서의 $i$주식의 주가

$n$ : 채용종목수

| 표 1-5 | 주식 가격에 가중평균하는 지수의 작성 | |
|---|---|---|
| | 기준 시점($t_0$)에서의 주가 | 비교 시점에서의 주가 |
| A 주식 | 40,000원 | 60,000원 |
| B 주식 | 30,000원 | 40,000원 |
| C 주식 | 20,000원 | 20,000원 |
| 주가 평균 | 90,000÷3=30,000원 | 120,000÷3=40,000원 |

〈표 1-5〉에 예시된 세 주식을 대상으로 하면 기준 시점의 주가 평균은 30,000원이고, 비교 시점의 주가 평균은 40,000원이다. 따라서 주가지수($I_t$)는 133이 된다.

이처럼 주식 가격에 가중하는 주가지수는 계산상의 특성 때문에 몇 가지 문제점을 지니고 있다.

첫째, 무상증자 등의 경우처럼 채용종목들의 발행주식수에 변동이 생기면 지수작성의 일관성을 유지하기 위하여 보통 나누어 주는 수인 제수(divisor)를 수정하는데 이 같은 제수수정방법은 현실과의 괴리감을 초래할 수 있다.

둘째, 이 지수작성방법은 단순 주가에 가중하는 방법이므로 고가 주식의 가격 변동이 저가 주식의 가격 변동보다 지수에 더욱 큰 영향을 준다는 문제점을 지닌다.

셋째, 고가 주식일 때는 지수에 큰 영향을 미치지만 주식분할 등으로 단순 주가가 하향조정되면 지수에서의 비중이 낮아지므로 지수의 일관성이 유지되지 않는다는 점이다.

이처럼 주식 가격에 가중하는 주가지수 중에서 대표적인 것은 앞서 설명한 다우·존스산업 주가지수(DJIA), Nikkei 225 등이 있다.

## (2) 시가총액 가중방법

앞에서 설명한 것처럼 주식 가격으로 가중치로 삼는 방법은 계산이 간단하고 편리성은 높지만 여러 가지 문제점을 지닌다.

이와 같은 문제점을 해결해 주는 한 방법은 주식의 총시장가치에 가중하는 방법이다. 이를 시가총액식 주가지수(market value weighted index)라고 하는데, 기업의 발행주식수에 주식의 시장가격을 곱한 총시장가치에 비례하여 가중하는 방법이다. 총시장가치에 가중하는 방법을 사용하는 지수로는 미국의 S&P 500지수와 한국거래소의 종합주가지수 그리고 KOSPI 200 등이 있다. 이들 지수의 계산방법은 다음과 같다.

$$I_t = \frac{\left(\sum\limits_{i=1}^{n} P_{it}Q_{it}\right)}{\left(\sum\limits_{i=1}^{n} P_{io}Q_{io}\right)} \times 100 \qquad (1-5)$$

여기서, $P_{io}$ : 기준 시점에서의 주식 $i$의 가격

$Q_{io}$ : 기준 시점에서의 주식 $i$의 발행주식수

$P_{it}$ : 비교 시점($t$)에서의 주식 $i$의 가격

$Q_{it}$ : 비교 시점($t$)에서의 주식 $i$의 발행주식수

$I_t$ : 비교 시점($t$)에서의 주가지수

이 지수작성방법하에서는 주식분할이나 그 외 어떤 자본의 변화에도 자동적인 조정이 가능하다. 또한 규모가 큰 회사의 일정 비율의 가격 변동은 작은 회사의 그것과 영향이 같다. 이처럼 주식의 총시장가치로 가중치로 삼는 방법에 의하면 경제적 비중이 높은 주식이 지수에 높게 반영된다는 장점을 지니고 있다.

〈표 1-5〉의 예에서 제시된 주식 A, B, C의 발행주식수와 총시장가치가 〈표 1-6〉과 같다면 지수의 상승률은 20%가 된다. 주식 가격에 가중치를 줄 경우 지수 상승률은 33%가 되는데 이에 비하면 낮은 상승률이다. 이유는 주가 상승이 없었던 주식 C가 단순 주가는 20,000원으로 낮으나 발행주식수가 많아 시가총액은 높은 데 기인한다. 총시장가치에 가중하는 방법에는 이처럼 규모(시가총액)가 큰 주식의 비중이 높아진다. 기업규모가 크다는 것은 증권시장에서의 중요성이 크다는 것을 뜻하므로 규모에 따라 주가지수의 비중이 결정되는 시가총액법의 타당성이 인정된다.

표 1-6 시가총액식 주가지수

| 주 식 | 발행주식수 | 기준 시점 | | 비교 시점 | |
|---|---|---|---|---|---|
| | | 주 가 | 시가총액 | 주 가 | 시가총액 |
| 주식 A | 100,000주 | 40,000원 | 40억 원 | 60,000원 | 60억 원 |
| 주식 B | 200,000주 | 30,000원 | 60억 원 | 40,000원 | 80억 원 |
| 주식 C | 500,000주 | 20,000원 | 100억 원 | 20,000원 | 100억 원 |

$$I_t = \frac{60억 + 80억 + 100억}{40억 + 60억 + 100억} \times 100 = \frac{240억}{200억} \times 100 = 120$$

시가총액주가지수의 대표적인 것으로는 미국의 S&P 500, New York Stock Exchange Index, 한국의 종합지수가 있다.

## (3) 동일가중방법

이 밖에도 주가지수의 작성방법으로는 표본에 포함된 모든 주식의 중요도를 동일하게 가중하는 방법(equally weighted indexes)이 있다. 즉,

$$I_t = \frac{1}{n} \sum \frac{P_{it}}{P_{io}} \times 100 \qquad\qquad (1-6)$$

여기서, $n$ : 표본에 포함된 주식의 수

위에서 예로 든 경우 동일 가중치의 주가지수는 다음과 같이 구해진다.

$$I_t = \left[ \left( \frac{60,000}{40,000} + \frac{40,000}{30,000} + \frac{20,000}{20,000} \right) \div 3 \right] \times 100$$
$$= [(1.5 + 1.33 + 1.0) \div 3] \times 100$$
$$\fallingdotseq 127.7$$

이 방법은 실제로는 별로 이용되고 있지 않지만, 포트폴리오를 구성하는 데 있어서 무작위로 주식을 선택하여 모든 주식에 균등한 금액을 투자를 하려는 투자자에게 유익한 지수가 될 수 있다. 이와 같은 지수로는 1966년 미국의 피셔(L. Fisher)가 작성한 피셔지수(Fisher Index)가 있다.

우리나라의 주가지수는 1964년 1월부터 1982년 말까지 다우존스 방식에 의해 계산하여 왔다. 이 기간 중 1979년 1월 4일 개편된 종합주가지수의 경우는 채용종목이 153개이며 기준 시점은 1975년 1월 4일이고, 주가에 의해 가중방법을 사용하였었다.

따라서 단순 주가에 가중하는 주가지수(다우존스식 주가지수)가 지니는 여러 가지 단점을 지니고 있었다. 고가 주식의 영향이 크므로 시황변동을 잘 나타내지 못하는 점, 일관성의 결여 등의 단점이 지적되었다. 또한 채용종목의 빈번한 교체와 채용종목의 대표성에 대하여 문제점이 제시되었다.

그래서 1983년 1월 4일부터 보다 합리적인 주가지수의 산출을 위해서 시가총액식 주가지수방식을 채택하였다. 현행 한국종합주가지수(Korea Composite Stock Price Index)는 기준 시점을 1980년 1월 4일로 삼고, 전종목을 채용종목으로 하는 시가총액식 주가지수로서 다음과 같이 산정한다.

$$\text{KOSPI 주가지수} = \frac{\text{비교 시점의 시가총액}}{\text{기준 시점의 시가총액}} \times 100 \qquad (1-7)$$

만약 시가총액이 시황 변동 이외의 사건(신규 상장, 유상증자, 합병, 상장폐지, 우선주의 보통주로의 전환, 전환사채의 보통주전환 등)으로 변할 경우에는 지수의 연속성을 위하여 기준 시점의 시가총액을 다음과 같이 수정한다.

$$\text{(신) 기준시가총액} = \text{(구) 기준시가총액} \times \frac{\text{변동 전일의 시가총액} \pm \text{시가총액 변동액}}{\text{변동 전일의 시가총액}} \qquad (1-8)$$

이 방법에 의하면 앞서 설명한 주식 가격에 가중치를 둔 단순종합지수의 한계점이 극복될 수 있으며, 지수의 연속성 유지가 보다 용이하고 다른 일반 경제지표와 밀접한 연관성을 갖는다는 장점을 지닌다.

또한 한국거래소에서는 종합주가지수를 작성한 것과 동일한 방법으로 대형주, 중형주, 소형주의 규모별 지수 및 산업별지수도 작성 · 발표하고 있다.

우리나라의 공식적인 주가지수는 한국거래소에서 발표하는 종합주가지수 이외에도 KOSPI 200이 있다. KOSPI 200지수는 주가지수선물과 주가지수옵션 시장이 개설됨에 따라 이들 파생상품의 매매거래대상지수를 산출하기 위해 1994년 6월부터 발표하기 시작한 주가지수이다.

KOSPI 200은 거래소가 상장증권 중 200종목을 시가총액방식으로 산출하는 지수로서 1990년 1월 3일 기준일을 100으로 시작되었다.

구성종목은 관리종목을 제외한 전체 상장종목 중에서 산업별 분류를 기준으로 시가총액, 거래량 순을 원칙으로 하여 구성종목의 시가총액이 전체 시가총액의 70% 이상이 되도록 선정되고 있다.

그러나 관리종목의 편입에 따라 200종목에서 탈락되는 예처럼 KOSPI 200에 변동사항이 생길 때마다 구성종목의 변경이 있을 수 있다.

# chapter 02

# 경제·산업·기업분석

**증권분석의 체계**

주식의 투자가치는 그 주식으로부터 발생하는 미래 현금흐름의 현재가치에 의해 결정된다. 즉, 해당 기업의 미래 기대이익과 투자위험을 반영하는 할인율에 의해서 주식의 투자가치가 결정된다고 할 수 있다.

통상적으로 주식의 투자가치 결정을 위해 주식 가격을 예측하는 방법에는 기본적 분석과 기술적 분석에 의한 접근방법이 있다. 기본적 분석에서는 시장에서 형성되는 주식의 가격이 그 주식을 발행한 기업의 가치에 의하여 결정된다고 본다. 현재 수익성이 우수하고 미래 성장 가능성이 높은 기업의 주식은 시장에서 높은 가격으로 거래가 될 것이고 수익성도 낮고 성장 잠재력도 부족한 기업이 발행한 주식은 낮은 가격으로 거래가 된다는 의미이다. 주식의 시장 가격은 기업의 가치를 반영한다고 보는 것이다.

그래서 기본적 분석은 기업의 진정한 가치—이것을 기업의 내재가치(intrinsic value) 또는 본질가치(fundamental value)라고 한다—를 찾아내고 이렇게 찾아낸 진정한 가치가 시장에 반영될 것으로 기대한다. 예를 들어 A기업의 내재가치가 1,000원인데 이 기업이 발행한 주식의 시장 가격이 800원이라면 시장 가격은 기업의 내재가치를 반영하기 위하여 1,000원으로 상승할 것이라 판단한다. 그래서 기본적 분석에서는 내재가치에 영향을 미칠 수 있는 거시경제변수, 산업변수, 기업 자체 변수들을 살펴보게 된다.

반면에 기술적 분석에서는 주가가 시장에서의 수요와 공급에 의해서 결정되며, 수요와 공급은 시장에 참여하는 투자가들의 심리상태에 의하여 결정된다고 본다. 따라서 기술적 분석은 시장에서 나타나는 거래량이나 가격의 변화 등을 살펴봄으로써 향후 수요와 공급의 변화를 예측한다. 또한 기술적 분석에서는 주가 움직임이 일정한 패턴을 가지고 있기 때문에 과거 주가 움직임을 분석함으로써 미래 주가의 변동을 예측할 수 있는 것으로 가정한다.

본 절에서 설명하고자 하는 기본적 분석으로 돌아와 살펴보면 기업의 미래 이익흐름은 그 기업이 생산하는 제품들의 판매량, 판매 가격 및 제반 원가에 영향을 받는다.

기업의 이익흐름을 좌우하는 이 같은 요소들에 영향을 주는 원천적 요인들은 다음과 같이 3가지 측면으로 나누어 볼 수 있다(〈그림 2-1〉 참조).

첫째는 거시경제적 요인들이다. 이를테면 그 나라 경제의 경기순환 국면, GDP 증가율, 1인당 국민소득, 주요 원자재 가격, 인플레이션, 이자율 등은 기업의 매출액과 매출 원가에 영향을 주어 궁극적으로 기업의 이익 흐름에 영향을 미친다.

둘째는 산업적 요인들이다. 특정 기업이 속하는 산업의 수요 증가율, 시장규모, 경쟁구조, 비용구조, 제품 수명 사이클의 단계, 정부의 지원, 노사관계 등의 요인들은 산업의 유망성을 결정하고 궁극적으로는 이익 흐름에 영향을 준다.

셋째는 기업적 요인들이다. 유망한 산업에 진출하고 있더라도 기업의 경쟁력, 생산성, 자산이용의 효율성, 재무 효율성 등에 따라 이익창출 능력은 큰 차이를 보인다.

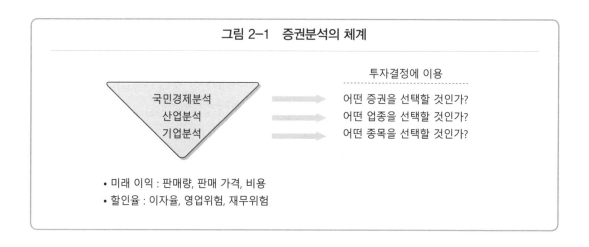

그림 2-1   증권분석의 체계

이 같은 이익 흐름 뿐만 아니라 이익의 불확실성 또한 여러 가지 국민경제, 산업, 기업적 요인들에 영향을 받는다.

따라서 기본적 분석의 목적인 과소 또는 과대평가된 증권을 판별해 내기 위해서는 당해 주식의 미래 이익흐름과 그 불확실성을 추정할 필요가 있는데, 이를 위해서 원천적인 요인이 되는 경제─산업─기업적 요인들을 다각적으로 고려해야 한다.

이러한 측면에서 기본적 분석에서는 경제─산업─기업분석의 체계(economy─industry─company framework)에 따라 증권분석을 행하고 있다.

주식을 발행한 기업의 본질(내재)가치를 찾아내기 위하여 우리는 기업 자체에 대한 분석(기업분석), 해당 기업이 속한 산업에 대한 분석(산업분석), 그리고 산업이 영위되는 경제에 대한 분석(경제분석)을 한다. 분석의 과정에서 기업분석 → 산업분석 → 경제분석의 순으로 분석을 행하는 것을 bottom─up 방식이라 하고, 반대로 경제분석 → 산업분석 → 기업분석의 순으로 행하는 것을 top─down 방식이라 한다. 이것을 기업가치 분석의 3단계 분석(three stage analysis)이라 하는데, 일반적으로 top─down 방식을 따른다. 대개 경제분석을 통하여 경제의 흐름과 증권시장의 움직임에 대해 이해하고, 산업분석을 통하여 유망한 업종을 선택하고, 기업분석을 통하여 유망한 종목을 선정한다.

기본적 분석에서 경제─산업─기업의 증권분석체계를 중요시하는 또 다른 이유는 투자결정의 여러 국면에서 기초자료로 활용되기 때문이다. 다시 〈그림 2─1〉에서 보는 것처럼 투자결정의 첫 국면은 채권, 주식, 부동산 등 여러 가지 투자자산들로 어떠한 포트폴리오를 구성(자산배분)하며 주식에 대한 투자비중을 얼마로 하느냐를 결정하는 것이다. 이를 위해서는 경기순환, GDP증가율, 이자율 등에 대한 분석과 예측이 필요하므로 경제분석의 내용이 중요한 정보로 활용된다. 투자결정의 다음 국면은 주식을 투자대상으로 결정한 경우 어떤 산업의 주식이 유망하고, 과소·과대평가되어 있는지를 판단하는 것이다. 따라서 산업분석이 중요해진다.

끝으로 투자결정의 마지막 국면은 특정 산업 내에서 특정 주식의 선택으로 좁혀진다. 이를 위해서는 업계에서의 경쟁적 지위, 경영능력 등을 평가하여 어떤 특정 기업의 주식이 동종 산업 내에서 투자가치가 높은가를 판단(종목 선정)하는 기업분석이 철저히 이루어질 필요가 있다.

증권분석에서의 경제분석(economy analysis)은 기업의 미래 이익 흐름과 주가에 영향을 주는 미래 국민경제의 총체적 활동 수준과 경기변동의 방향을 예측하는 데 초점이 모아지고 있다. 본 절에서는 미래 이익 흐름과 주가에 영향을 주는 주요 거시경제변수에 대해서 살펴본다.

## 1 국내총생산(GDP)

국내총생산은 일정기간 동안 일국의 경제활동에 의해서 창출된 최종 재화와 용역의 시장 가치로서 그 나라의 경제력, 경제성장률, 국민소득 평가의 기초가 된다. 또한 국민경제의 흐름을 일관성 있고 체계적으로 나타내므로 경제동향을 분석하는 대표적인 도구가 되고 있으며, 주식 가격의 움직임과 연관이 깊다. 제조부문으로 좁혀서 경제활동을 측정하는 것으로는 산업생산(industrial production)이 있다.

장기간에 걸친 연평균 주가 상승률은 이론적으로 보면 명목 GDP 증가율(물가상승률을 고려하지 않고, 당해연도의 가격을 평가한 GDP증가율)에 접근할 것으로 기대할 수 있다. 명목 GDP 증가율은 개념상 실질 GDP 증가율과 물가상승률의 합으로 추정할 수 있다.

주가 상승률＝명목 GDP 성장률＝실질 GDP 성장률＋물가상승률

왜냐하면 이익평가모형(주가＝예상 이익/할인율)식을 국민경제 전체로 확대하면 이론적인 주가는 명목 GDP 증가율만큼 상승할 것이기 때문이다.

과거 35년간의 통계에 의하면 실질 GDP 증가율은 연평균 6.5%, 물가상승률은 4.5%, 주가 상승률은 13.9%였다. 주식시장 동향을 예측하는 데 실질 GDP 성장률과 인플레이션율의 추정이 중요함을 알 수 있다.

## 2   이자율

투자결정 시 가장 중요하게 고려되는 거시경제변수 가운데 하나는 시중이자율이다. 시중이자율의 상승은 주식의 대체투자수단의 수익률이 높아짐을 의미하므로 주식의 투자매력도가 떨어진다. 또한 이자율이 상승(하락)하면 요구수익률 즉, 할인율이 상승(하락)하게 되므로 주식가격이 하락(상승)하는 효과도 있다.

또한 이자율은 기업의 금융비용에 영향을 주므로 기업의 미래 이익을 결정짓는 요소 가운데 하나이다. 타인자본 의존도가 높은 기업은 경기상황이나 성장전망에 따라서 이익에 큰 변동성을 보인다.

그러면 시중이자율의 수준과 변동은 어떤 요인에 의해서 영향을 받는가? 이자율모형에 관한 여러 가지 주장들을 종합하여 보면 시중금리는 시중자금에 대한 수요와 공급에 의해서 결정되는데 시중자금의 수급은 다음과 같은 요인들에 영향을 받는다.

### (1) 투자자들의 소비에 대한 시차선호도

이자율이 높을수록 미래소비의 선호도가 높아져 자금잉여 주체, 일반소비자(가계)와 같은 자금공급자들은 현재 소비를 줄이고 저축을 늘린다. 반대로 이자율이 낮으면 현재 소비를 늘리고 저축을 줄일 것이다.

### (2) 기업들이 생산기회에 대해서 갖는 자본의 한계효율

기업과 같은 자금부족 주체의 입장에서는 이자율이 낮을수록 수익성이 높아지므로 자금수요가 많아진다.

### (3) 국내총생산(미래소득)

국내총생산의 증가는 기업의 투자와 가계 소비의 증가를 의미하므로, 국내총생산이 증가할 것으로 예상되면 시중이자율이 상승한다.

### (4) 통화공급량을 결정하는 정부의 재정금융정책

시장의 자금공급은 원천적으로 중앙은행의 통화공급량에 좌우되므로 정부의 금융정책은 이자율에 중요한 영향을 미친다.

## (5) 구매력 감소를 가져오는 미래 기대 인플레이션

지속적인 물가상승이 예상되면 화폐의 구매력이 감소되어 채권과 같이 고정적인 현금흐름을 발생시키는 자산의 가치가 떨어진다. 채권 가치(가격)의 하락은 시중금리의 상승을 의미하므로 기대 인플레이션이 상승하면 이자율이 상승한다.

---

**3　인플레이션**

인플레이션이란 일반적으로 물가가 지속적으로 상승하는 현상을 말한다. 물가란 화폐로 표현되므로 인플레이션은 화폐가치의 지속적인 하락을 의미하고, 화폐의 구매력을 감소시킨다. 인플레이션은 시중이자율을 상승시켜 주식 가격을 하락시킬 수도 있다. 주식투자는 인플레이션 헤지(inflation hedge)역할을 하는 것으로 믿어져 왔지만 이에 반하는 여러 가지 증거들이 제시되고 있다.

### (1) 명목 수익률과 실질 수익률

인플레이션이 주가에 미치는 영향을 분석하기 위해서는 먼저 명목 수익률과 실질 수익률의 관계를 파악할 필요가 있다. 명목 수익률(nominal rate of return)은 인플레이션에 의한 화폐가치의 변동이 고려되지 않은 현금흐름으로부터 계산된 명목상의 투자수익률이다. 반면 실질 수익률(real rate of return)은 화폐가치의 변동(구매력 감소)을 고려하여 계산된 투자수익률을 말한다.

이 두 가지 수익률의 관계를 보기 위해서 기초 물가지수를 $C_o$, 기말 물가지수를 $C_1$, 명목 수익률을 $R^N$, 실질 수익률을 $R^r$, 물가상승률을 $C(=C_1/C_o-1)$라고 표시하면 다음 관계가 성립한다.

$$
\begin{aligned}
1+R^r &= \frac{C_o(1+R^N)}{C_1} = \left(\frac{1}{1+C}\right)(1+R^N) \\
&\therefore (1+R^N) = (1+R^r)(1+C) \\
R^N &= R^r + C + R^r \cdot C
\end{aligned}
$$

(2-1)

식 (2−1)의 우변 마지막 항의 값 $R^r \cdot C$는 매우 미미한 값이므로 무시하면 다음과 같이 바꿔 쓸 수 있다. 즉, 명목 수익률은 실질 수익률과 기대 인플레이션의 합으로 이루어지는데 이것을 피셔 효과(Fisher effect)라고 한다.

명목 수익률 ≈ 실질 수익률 + 기대 인플레이션          (2−2)

투자자들의 관심은 명목 수익률보다는 화폐가치의 변동이 감안된 실질 수익률에 있는데, 투자자들의 기대 실질 수익률은 식 (2−2)에 기초하여 볼 때 기대 명목 수익률에서 기대 인플레이션을 뺀 값이 되어야 한다.

## (2) 인플레이션과 주식가치평가

인플레이션만큼 기업의 명목 현금흐름이 증가하는 한 주식 가격은 인플레이션에 영향을 받지 않는다. 그러나 투자수익의 구성내용, 자기자본순이익률, 사내유보율, 주가수익비율(PER)은 인플레이션에 영향을 받는다. 먼저 투자수익의 구성내용에 관해서 보면 명목 성장률이 증가되므로 시세차익 수익률의 증가가 필요하다.

한편 명목 매출액은 인플레이션율만큼 증가하더라도 매출 원가는 역사적 취득원가 기준으로 기록되므로 회계보고이익은 과대계상이 되어 결과적으로 자기자본순이익률(ROE)이 증가하고, 사내유보율은 명목 성장률의 증가 때문에 증가될 필요가 있다. 주가수익비율(PER)은 주당이익이 과대계상되므로 하락한다.

한편 인플레이션이 투자자산의 가치에 미치는 영향은 인플레이션의 크기 못지 않게 실제 인플레이션(real inflation)이 기대 인플레이션(expected inflation)과 어느 정도 차이가 나느냐에 달려 있다. 왜냐하면 양자에 차이가 생기면 투자수익이 화폐성 자산(monetary asset)으로 고정되어 있는 투자자는 그렇지 않은 투자자보다 훨씬 큰 영향을 받기 때문이다.

실제 인플레이션이 기대 인플레이션보다 높은 경우, 순화폐성 자산가치(=화폐성 자산−화폐성 부채)가 정(+)인 기업이나 개인은 순채권자 입장이 되어 부가 감소하고, 순화폐성 자산가치가 부(−)이면 순채무자 입장이 되므로 이득을 보게 된다.

환언하면 실제 인플레이션이 기대 인플레이션을 초과하면 채권자는 손실을 보고, 채무자는 이득을 보는데, 이때 차이가 커질수록, 장기화 될수록 득실 폭은 커진다. 물론 실제 인플레이션이 기대 인플레이션보다 낮아 지면 반대의 상황이 된다.

## 4    환율, 무역수지

환율은 자국 통화와 다른 나라 통화와의 교환비율이다. 환율이 변동하면 자국 생산제품의 국제경쟁력에 영향을 주므로 환율은 개별 기업 수익성의 주요 결정요인이 된다.

환율은 기본적으로 외환시장에서의 수요뿐만 아니라 국제수지, 물가, 금리 등의 복합적인 요인에 의해 결정된다.

일반적으로 자국 통화가 평가절하되면 자국 소비자들이 외국 수입품에 대해 지불하는 대가는 늘지만, 반대로 타국 소비자들은 동일한 구매에 대해서 작은 대가를 지불하게 된다. 결과적으로 통화가치의 절하는 수입을 감소시키고 수출을 증가시키는 효과가 있다. 따라서 통화가치가 하락하면 수출비중이 높은 기업은 대외경쟁력 및 채산성이 강화되는 장점이 있다.

반면에 환율은 인플레이션에도 영향을 미치는데, 통화가치가 절하되면 수입제품의 원가 상승, 국내 제품 가격의 상승을 거쳐 인플레이션율을 높인다. 특히 달러화 표시 부채가 많은 기업은 급격한 통화가치 절하로 인하여 상당한 환차손을 부담하게 된다.

한편 일국의 무역에 있어서 수출과 수입 사이에 불균형이 발생하는 것은 환율의 움직임에 영향을 받기도 하지만, 반대로 무역적자나 흑자가 환율의 변화에 영향을 주어 기업 수익성을 좌우하기도 한다. 이를테면 계속된 무역적자는 무역결제에 있어서 자국 통화에 대한 수요보다도 타국 통화에 대한 수요가 많은 것을 뜻하므로 자국 통화의 가치를 하락시킨다. 결과적으로 제품 가격과 인플레이션율에 영향을 주어 기업 수익성을 좌우하게 된다.

환율과 주가는 일반적으로 부(−)의 상관관계가 있는 것으로 나타나고 있다.


## 5    정부 경제정책

앞으로 전개될 거시경제의 상황에 대한 예측을 위해서는 앞서 설명한 거시경제변수 자체에 대한 분석과 함께 국내생산과 소비, 이자율, 물가 등에 영향을 주는 정부의 경제정책에 대한 고려가 필요하다. 정부의 경제정책은 재정정책과 통화정책으로 나누어 검토해 볼 수 있다.

### (1) 재정정책

정부지출과 세제변화와 관련되는 정부의 재정정책은 경제의 수요측면에 영향을 줌으로써 경기활성화를 촉진시키거나 경기과열을 진정시킨다. 정부가 사회간접자본에 대한 투자를 크게 늘리는 등 적자예산을 편성하여 세출을 증가시키고, 세입은 줄이면 수요를 진작시킨다. 반면에 정부차입을 증가시키는 재정적자는 민간부문의 차입기회를 감소(crowd out)시킴으로써 이자율을 상승시키는 작용을 할 수 있으므로 경제에 미치는 순효과는 상반되게 나타나기 쉽다.

## (2) 통화정책

통화정책은 정책금리나 시중통화량의 조절을 통하여 이자율에 영향을 줌으로써 투자와 소비수요를 변경하는 것을 목표로 하고 있다. 통화공급의 증가는 시중이자율을 하락시킴으로써 투자와 소비수요를 증가시킨다. 그러나 통화공급의 증가는 물가상승을 유발하므로 장기적으로는 효과가 상쇄된다. 통화정책의 수단으로는 정책금리의 변경, 국채의 매각과 매입, 시중은행의 지불준비금의 변경 등이 이용되고 있다.

## 6   경기순환

## (1) 경기순환

주가는 경제활동의 광범위한 움직임과 연관되어 변동하므로 앞으로 전개될 경기순환 사이클을 예측하여 주가를 예측하고자 노력한다.

한 나라의 국민경제 활동은 반복적인 규칙성을 지니고 변동하는 경향이 있는데 이를 경기순환(business cycle)이라고 한다. 일반적으로 경기순환 국면은 〈그림 2-2〉와 같이 호황과 불황 또는 확장과 수축의 2개 국면으로 나누고, 세분하면 회복 → 활황 → 후퇴 → 침체의 4개 국면으로 나눌 수 있다.

이 같은 경기순환은 여러 가지 유형이 있다. 기업의 재고증감과 관련이 있다고 보는 단기순환, 설비투자의 변동과 관련이 있다고 보는 중기순환, 획기적인 기술혁신에 의해서 야기된다고 보는 장기순환 등으로 구분하기도 한다.

경기순환을 초래하는 원인에 대해서는 여러 가지 학설이 있지만, 국민경제의 총수요의 변화와 생산주체의 비용함수나 생산함수의 변화가 가져오는 경제의 수급 불균형이 주된 경기순환의 원인이라고 할 수 있다.

경기순환의 각 국면은 여러 가지 특성을 지니는데 일반적으로 다음과 같이 요약할 수 있다.

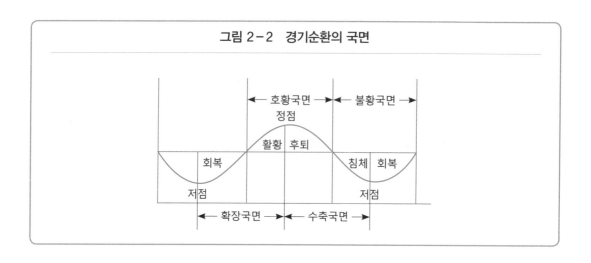

그림 2-2   경기순환의 국면

경기회복이 시작되기 전에는 매출액과 재고가 불황 수준에 머물러 있고 상당한 초과 설비 능력이 존재한다. 경기후퇴가 계속됨에 따라 통화당국의 주도로 신용조건이 완화되고 이자율이 하락한다. 경기 진작을 위한 정부지출의 증가는 경제운영에 강력한 지주역할을 하며, 주식시장도 침체기를 마치고 안정기에 접어든다. 곧이어 소비자는 최악의 상태가 끝났다고 인식하고 긴축생활을 완화한다. 그래서 새로운 경기회복이 시작되면 매출액이 증가하기 시작하고 이익에 대한 기대가 호전됨에 따라 경영자는 생산증대계획을 세우기 시작하여 작업시간과 고용을 늘린다. 이에 따라 근로자의 소득이 증가하고 개인의 소비지출이 늘어난다. 또한 매출액과 이익이 증가함에 따라 경영자는 생산시설을 확장한다.

이에 따른 경영자의 자본재 구입은 자본재산업에 더 많은 고용기회와 수입의 기회를 제공하고 근로자에 의한 소비를 창출한다. 이와 같은 경제활동의 확장 상황은 계속 누적된다.

이제 노동력, 기계 그리고 원재료가 최대한으로 이용되면서 공장가동률은 최고에 달한다. 이들 생산요소에 대한 수요는 가격과 임금에 상승압박을 가한다. 경영자는 재고와 매출채권, 고정자산으로 인한 소요자금 조달을 위해 차입을 증가시킨다. 이로 인해 이자율이 상승하고 비용이 판매 가격보다 빠른 속도로 상승하여 수지가 악화된다. 이는 생산능력이 잠재적 수요를 넘어섰다는 것을 의미하므로 경영자는 공장설비에 대한 주문을 줄임과 아울러 재고비율을 감소시키며 근로자수를 줄인다. 소비자는 수입이 감소함에 따라 내구재의 구입을 억제한다. 이 같은 경제수축의 누적된 과정은 경기후퇴의 방향으로 움직인다.

## (2) 주가의 경기순환에의 선행성

주가는 경기변동이 있기 수개월 전부터 이를 반영하는 것으로 알려져 있다. 증시의 약세시장에 뒤이어 경기후퇴가 일어나고 강세시장에 뒤이어 경기회복이 일어났던 실증적 증거가 많다. 따라서 경기후퇴 또는 경제성장의 둔화가 예측된다면 투자자는 경기후퇴 수개월 앞서서 증권시장의 침체가 선행될 가능성이 높다고 판단할 수 있다. 반대로 경기회복이 예측된다면 이에 앞서서 증권시장이 강세시장으로 전환될 것으로 판단할 수 있다. 결국 정확한 경기예측이 이루어지면 주가 동향 예측이 가능해질 수 있는 것이다.

---

## section 03 | 산업분석

주식의 투자가치를 결정짓는 원천적 요인의 두 번째 것은 산업적 요인이다. 각 산업마다 경쟁의 강도나 경기변동에 대한 대응능력에 차이가 나므로 산업적 요인들이 경영성과를 크게 좌우하며, 산업 간의 투자수익률도 뚜렷한 차이를 보이는 경우가 많다. 기업의 장기적 수익성과 위험, 경쟁력은 원천적으로 그 기업이 속한 산업의 여러 가지 특성에 의해 결정되는 부분이 커 최근에는 증권분석에서 산업분석을 중요시하고 있다.

주식투자에서 산업분석은 여러 산업 중에서 어떤 업종이 경쟁력이 높고 유망한 것인지에 대한 평가기준을 마련해 주며, 특정 산업 내에서 어떤 경쟁업체가 더욱 유망한지에 대한 비교기준을 제공해준다. 본절에서는 먼저 산업분석의 이론적 틀이 된다고 볼 수 있는 산업의 경쟁구조분석과 제품 수명주기 이론에 대하여 설명한다.

### 1 산업의 경쟁구조 분석

기업이 속해 있는 특정 산업은 그 기업의 경영성과를 좌우하는 중요한 기업환경이다. 산업의 경쟁 강도에 따라 기업의 성장성, 수익성 그리고 위험이 큰 영향을 받는다.

따라서 기업의 미래성과를 예측하기 위해서는 산업의 경쟁강도를 결정짓는 구조적 요인

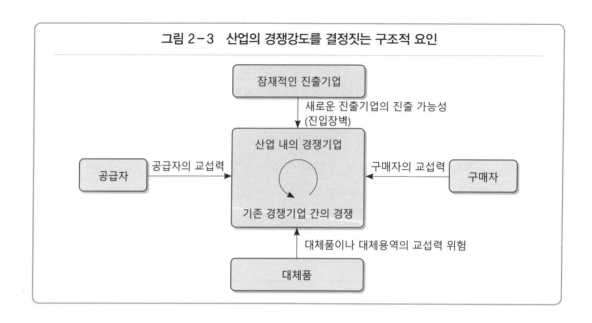

그림 2-3 산업의 경쟁강도를 결정짓는 구조적 요인

에 대한 분석이 중요하다.

포터(M. E. Porter)는 특정 산업의 경쟁강도가 〈그림 2-3〉에 예시된 5가지의 구조적 경쟁요인들에 의해 좌우된다고 보고 있다. 이들 5가지 구조적 경쟁요인들 — 진입장벽, 대체 가능성, 현존 경쟁업체 간의 경쟁 치열도, 구매자의 교섭력, 공급자의 교섭력 — 의 총체적인 힘에 의해서 그 산업에서 기대할 수 있는 궁극적인 이윤 잠재력이 결정된다고 보고 있다.

## (1) 진입장벽

진입장벽(barriers to entry)이란 신규 진입을 막는 장애요인으로, 특정 산업에 새로 진출하고자 하는 기업들의 진입을 어렵게 만드는 장벽을 의미한다. 따라서 진입장벽이 높을수록 이미 진출해 있는 기업들이 수익성과 영업위험 측면에서 유리하다. 다음과 같은 경우는 진입장벽이 높은 것으로 알려지고 있다.

❶ 규모의 경제가 잘 나타나는 경우
❷ 제품 차별화가 잘 이루어지는 경우
❸ 진출에 소요자본이 막대한 경우
❹ 기존 판매망이 견고한 경우
❺ 기존 진출업체의 절대비용 우위가 큰 경우
❻ 정부의 규제가 많은 경우

## (2) 현존하는 경쟁기업 간의 경쟁강도

특정 산업 내의 기존 경쟁기업들은 가격 경쟁, 신제품 소개, 대고객 서비스의 강화나 품질 보증 등 여러 가지 방법을 통하여 시장에서의 유리한 위치를 차지하기 위한 경쟁을 벌인다. 다음과 같은 경우는 기존 경쟁업체 간의 경쟁강도가 높은 경향이 있다.

❶ 경쟁기업의 수가 많은 경우
❷ 산업의 성장이 완만한 경우
❸ 가격 경쟁의 가능성이 높거나 제품 차별화가 잘 이루어지지 않는 경우
❹ 고정비가 높은 비중을 차지하는 경우
❺ 시설확장이 대규모로 이루어질 수밖에 없는 경우

## (3) 대체 가능성

특정 산업에서 경영활동을 벌이는 기업들은 넓은 의미에서 대체품을 생산하는 산업들과 경쟁을 벌이고 있는 셈이다. 대체품은 기업의 가격을 결정하는 데 일정한 상한선을 제시하며 이로 인해 그 기업이 속한 산업의 이익 잠재력을 제한한다.

그리고 대체품의 품질이 우수할수록 그 산업에 가해지는 대체품의 가격 상한선의 압력이 더욱 강해지는 것이다.

## (4) 구매자의 교섭력

구매자(최종 소비자나 중간단계의 생산·판매업)들은 구매 가격을 인하시키거나 품질향상 및 서비스 증대를 요구하고 공급기업들을 서로 경쟁시키는 방법 등으로 구매대상 산업과의 경쟁을 벌인다. 이러한 행위는 그 산업의 수익성을 감소시키는 결과를 초래한다. 구매자 산업과 공급자 산업과의 관계에서 어느 쪽이 가격 결정, 품질조건, 결제조건 등에 있어서 교섭력(bargaining power)이 강한지에 따라서 해당 산업의 수익성은 구조적으로 영향을 받을 수밖에 없다.

다음과 같은 경우는 구매자 집단(산업)의 교섭력이 강력하다고 볼 수 있다.

❶ 구매자의 집중도가 공급자 집중도에 비하여 높은 경우
❷ 제품이 규격화되어 있거나 제품 차별화가 거의 되어 있지 않을 경우
❸ 구매자의 후방적 계열화 가능성이 높을 경우

### (5) 공급자의 교섭력

공급자(산업)는 매출 공급 가격의 인상이나 제품 및 서비스의 질을 하락시키는 위협 등으로 교섭력을 강화시킬 수 있는데, 그만큼 상대 산업의 이익 잠재력은 잠식된다. 특히 구매업자가 비용 상승분을 제품 가격 인상으로 흡수할 수 없는 경우는 공급자의 교섭력이 크게 강화된다.

공급자의 교섭력을 강화시키는 여건은 다음과 같이 구매자들을 강력하게 만드는 경우와 반대의 상황이 될 것이다.

❶ 공급능력이 소수기업에 의해 집중되어 있고 구매자 산업보다 집중되어 있을 경우
❷ 공급자의 제품이 차별화되어 있거나 교체비용이 소요될 경우
❸ 공급자에게 전방적 계열화(forward integration)의 가능성이 높을 경우

### 2 제품 수명주기 이론에 의한 산업분석

어느 제품이든 시간이 경과함에 따라 해당 산업의 경쟁상태, 제품의 기술, 소비자의 기호 등이 변하기 때문에 해당 산업의 이윤 잠재력이나 사업위험도가 달라진다. 그래서 새로운 경쟁상황의 전개와 같은 여건변화가 특정 제품의 수익성과 위험에 미치는 영향은 몇 단계로 나누어 대조적으로 식별될 수 있다. 이러한 관점에서 탄생한 학설이 제품 수명주기(product life cycle: PLC)이론이다.

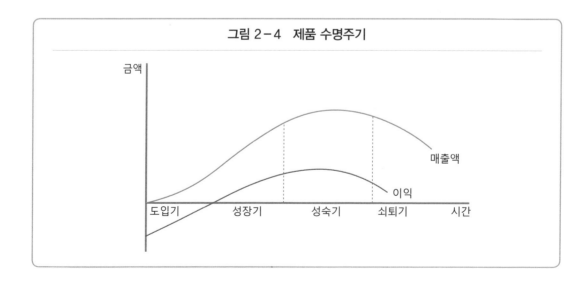

그림 2-4 제품 수명주기

표 2-1　제품 수명주기(PLC)상 단계별 특징

| 단계<br>특징 | 도입기 | 성장기 | 성숙기 | 쇠퇴기 |
|---|---|---|---|---|
| 제품 | • 품질이 열악함<br>• 제품설계와 개발이 중요<br>• 제품의 표준화가 안됨 | • 제품이 기술 및 기능상 차별화되기 시작함<br>• 제품에 대한 신뢰성이 성공요인<br>• 경쟁적 제품개선으로 품질향상이 계속됨 | • 품질이 최고 수준에 달함<br>• 차별화가 적어지고 표준화됨<br>• 제품의 변화가 줄어듦 | • 차별화가 거의 없음<br>• 품질이 저하됨 |
| 마케팅 | • 판매에 대한 광고비율이 높고, 마케팅 비용(A/S 등)이 많이 발생 | • A/S비율이 도입기보다도 낮으나 여전히 높음<br>• 기술적 차별화가 되지 않는 제품은 광고와 유통부문이 매우 중요 | • 시장 세분화가 가속화되고, 제품라인이 많아짐<br>• 라이프 사이클을 늘려 제품 다양화 시도<br>• 포장·서비스가 중요해지고 광고경쟁이 치열<br>• A/S는 낮아짐 | • 광고 및 마케팅 활동을 하지 않음<br>• 마케팅 비용 감소 |
| 제조 및 유통 | • 가동률이 낮고 생산원가가 높음<br>• 제조기술의 변경을 위한 투자필요<br>• 협소한 판매망을 이용 | • 조업도가 높음, 과소설비의 문제대두<br>• 대량생산체제<br>• 대량유통채널구축, 유통경로확보 경쟁치열 | • 조업도가 약간 낮아짐. 부분적 설비과잉 발생<br>• 제조과정이 안정됨<br>• 정기적 설비운행<br>• 제품이 다양해져 물적 유통비용이 많이발생<br>• 대량유통체제 | • 조업도가 현저히 낮아짐<br>• 과잉설비<br>• 유통경로의 축소 |
| 경쟁<br>사업위험 | • 참여기업이 극히 적음<br>• 사업위험이 높음 | • 신규 업체 참여로 경쟁업체 증가<br>• 성장률이 높아지면서 사업위험 감소 | • 가격 경쟁<br>• 개별 상표가 증가하고 일부는 철수<br>• 업계 재편성이 이루어지기 시작함 | • 철수기업이 늘어남<br>• 경쟁이 크게 줄어듦 |
| 제품<br>마진과<br>수익성 | • 높은 가격과 높은 마진<br>• 낮은 수익성<br>• 가격 탄력성은 크지 않음 | • 수익성이 높아짐<br>• 가격은 높은 수준이나 도입기보다 낮아짐 | • 가격 하락<br>• 제품마진·수익성 모두 감소<br>• 유통업체 마진도 감소 | • 낮은 가격과 낮은 마진<br>• 가격의 지속적 하락 |

일반적으로 제품 수명주기는 〈그림 2-4〉에 나타나 있는 것처럼 도입기, 성장기, 성숙기, 쇠퇴기 등 4단계로 나누어 볼 수 있다.

각 단계별로 제품경영관리 기능, 경쟁, 사업위험, 제품마진, 수익성면에서의 특징은 〈표 2-1〉

와 같이 요약될 수 있는데, 분석대상 기업의 산업이 어느 단계에서 있는지를 확인하여 산업의 유망성을 평가할 수 있다.

**기업분석**

특정 기업의 주식가치에 영향을 주는 미래 이익과 성장은 앞의 제2, 3절에서 설명한 거시경제적 요인과 산업적 요인에 영향을 받지만, 기업의 경쟁력이나 재무적 건전성과 같은 기업 특유의 요인에 의해서도 결정된다.

뿐만 아니라 포트폴리오 구성에서 산업분석을 통하여 장기적으로 유망한 업종(산업)이 판별되었으면 마지막 단계로 종목 선택을 위하여 해당업종 내에서 우량기업을 선별하는 기업분석(company analysis)이 필요하다. 특정 종목에 대한 기업분석은 업계에서의 경쟁적 지위분석, 제품구성별 성장 잠재력 분석 등으로 나누어 살펴볼 수 있다. 이 중에서 본 절에서는 재무 건전성의 평가에 집중하기로 한다.

## 1 재무적 건전성의 평가

유망하고 투자가치가 높은 투자기업을 선정하기 위해서는 기업의 재무건전성이 어떤 상태인지 평가하는 것이 필수적이다. 특정 기업의 재무적 건전성을 평가하는 것은 기본적으로 재무제표에 의존한다. 손익계산서, 재무상태표 등의 재무제표는 몇 가지 한계점이 존재함에도 불구하고 기업의 경영성과와 재무상태를 체계적으로 전달해 주는 정보원이 된다.

재무제표에 기초하여 기업의 재무건전성을 평가하는 방법은 전통적으로 재무비율분석이 이용되어 왔다. 이 밖에도 이익창출 능력의 원천을 평가하는 ROE(Return On Equity) 변동원인 분석과 EVA(Economic Value Added)분석은 투자대상 기업 선정에 유용한 재무분석기법이다.

## (1) 주요 재무비율과 경영분석

재무비율을 투자가가 필요한 정보내용을 중심으로 분류하면 〈표 2-2〉에서 보는 것처럼 수익성비율, 활동성비율, 성장성비율, 안전성비율, 유동성비율 등으로 나눌 수 있다.

이러한 재무비율을 측정하여 재무적 강약점을 평가하기 위해서는 상호 비교분석과 추세분석 등의 경영분석기법을 활용해야 한다. 상호 비교분석은 산업평균비율이나 경쟁업체비율과 상호 비교하여 재무건전성의 양호·불량을 평가하는 것을 말한다. 반면에 추세분석은 특정 재무비율의 과거 수년간의 증감 추세를 분석하여 재무적 건전성이 개선되고 있는지 악화되고 있는지를 평가하는 것이다.

## (2) ROE 변동원인 분석

순이익을 자기자본으로 나눈 자기자본순이익률(ROE)은 주주의 몫에 대한 순수한 경영성과를 나타내는 재무비율로서 투자자 입장에서 가장 중요한 수익성 비율이라고 할 수 있다. 원가통제의 효율성을 나타내는 매출액순이익률, 자산이용의 효율성을 나타내는 총자산회전율, 그리고 자본조달의 안정성 정도를 나타내는 부채비율의 결합에서 ROE의 변동원인을 분석할 수 있다.

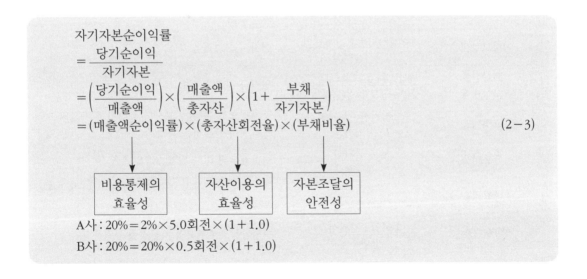

이와 같은 ROE분석을 Du Pont system 분석이라고도 하는데, ROE를 이들 세 가지 대표적인 재무비율의 결합관계에서 분석하면서 경쟁기업과 상호 비교하거나 과거 수년간의 추세를

표 2-2   주요 재무비율의 정보내용

| | 주요 재무비율 | 계산방법 | 정보내용 |
|---|---|---|---|
| 수익성비율 | 자기자본순이익률 | $\dfrac{당기순이익}{자기자본}$ | 주주의 지분에 대한 자본사용의 효율성을 측정 |
| | 총자본영업이익률 | $\dfrac{당기순이익}{총자본}$ | 타인자본 의존도(재무구조)에 관계없이 투하총자본에 대해 영업활동상의 이익창출 능력을 측정 |
| | 매출액영업이익률 | $\dfrac{영업이익}{매출액}$ | 매출액 대비 영업 활동상의 효율성을 측정 |
| | 매출액순이익률 | $\dfrac{당기순이익}{매출액}$ | 매출에 대한 순마진의 크기, 재무 효율성을 측정 |
| | 주당이익 | $\dfrac{순이익-우선주배당금}{발행주식수}$ | 보통주 1주당 순이익의 크기, 이익발생 능력을 측정 |
| 활동성비율 | 매출채권회전율 | $\dfrac{매출액}{매출채권}$ | 매출채권의 현금화 속도, 효율적 이용도를 측정 |
| | 매출채권 평균회수기간 | $\dfrac{매출채권}{매출액}\times365$ | 매출채권의 현금화 속도, 효율적 이용도를 날짜수로 측정 |
| | 재고자산회전율 | $\dfrac{매출 원가}{재고자산}$ | 재고자산의 현금화 속도, 효율적 이용도를 날짜수로 측정 |
| | 총자산회전율 | $\dfrac{매출액}{총자산}$ | 총자산이 수익창출에 이용되는 효율성 정도를 측정 |
| 안전성비율 | 부채비율(D/E) | $\dfrac{총부채}{자기자본}$ | 부채 의존도(재무구조의 건전성)를 측정 |
| | 이자보상비율 | $\dfrac{영업이익+감가상각비}{지급이자}$ | 이자지급 능력을 측정 |
| | 현금흐름 보상비율 | $\dfrac{영업이익+금융비용+감가상각비}{금융비용+당기요상환부채액/(1-t)}$ | 원리금 상환 능력을 측정 |
| | 고정비율 | $\dfrac{고정자산+투자자산}{자기자본}$ | 장기적으로 자금이 고착되는 장기성 자산의 자본조달원의 안전성을 측정 |
| 유동성비율 | 유동비율 | $\dfrac{유동자산}{유동부채}$ | 단기채무에 대한 변제능력을 측정 |
| | 당좌비율 | $\dfrac{당좌자산}{유동부채}$ | 재고자산의 유동성이 의문시될 경우 단기 유동성을 측정 |
| | 주당현금흐름 | $\dfrac{순이익+감가상각비}{발행주식수}$ | 기업활동으로부터의 자금창출 능력을 측정 |
| 성장성비율 | 매출액증가율 | $\dfrac{당기매출액}{전기매출액}-1$ | 외형적인 신장률, 시장점유율의 상대적 증가율을 측정 |
| | 총자산증가율 | $\dfrac{기말총자산}{기초총자산}-1$ | 총투자규모의 신장률을 측정 |
| | 순이익증가율 | $\dfrac{당기순이익}{전기순이익}-1$ | 이익발생 능력의 개선 정도를 측정 |

분석하면 이익창출 능력의 원천과 수익성 변동원인을 평가할 수 있다. 한 예로서 위에 제시된 A사와 B사의 자료를 보면 양사 모두 자기자본이익률(ROE)이 20%로 동일하지만 A사의 이익 발생 능력은 자산이용의 효율성이 높은 데 기인하지만, B사는 높은 마진에 기인함을 볼 수 있다. 한편 ROE 변동원인 분석은 다음 식 (2-4)에서 보는 것처럼 위의 세 가지 재무비율 이외의 (1)의 세금 부담률(tax-burden ratio)과 (2)의 이자부담률(interest-burden ratio)까지 고려하여 다섯 가지 지표의 결합관계에서 이익창출 능력의 원천을 평가할 수 있다.

$$\underset{}{\frac{순이익}{자기자본}} = \left(\underset{(1)}{\frac{순이익}{납세전 \ 순이익}}\right) \times \left(\underset{(2)}{\frac{납세전 \ 순이익}{영업이익}}\right) \times \left(\underset{(3)}{\frac{영업이익}{매출액}}\right) \times \left(\underset{(4)}{\frac{매출액}{총자산}}\right) \times \left(\underset{(5)}{1 + \frac{부채}{자기자본}}\right)$$

$$= [세금 \ 부담률] \times [이자 \ 부담률] \times [영업 \ 효율성] \times [자산 \ 이용 \ 효율성]$$
$$\times [부채 \ 레버리지] \qquad\qquad\qquad (2-4)$$

## 2  EVA분석

경제적 부가가치는 가치창출의 체계적인 관리를 위해서 자기자본 비용까지 반영한 성과지표로 새롭게 제시되고 있다. 이 성과지표는 기업이 자본비용보다 높은 수익률을 제공하는 사업에 투자할 때 새로운 가치가 창출될 수 있다는 개념에 근거하고 있다. 구체적으로 경제적 부가가치(economic value added : EVA)는 세후 영업이익에서 자본비용(=타인자본비용+자기자본비용)을 차감하여 추정하거나 투자수익률과 자본비용의 차이에 투자자본을 곱하여 추정한다.

$$EVA = NOPAT - k \cdot IC$$
$$= (r - k) \cdot IC \qquad\qquad\qquad (2-5)$$

여기서, EVA : 경제적 부가가치
NOPAT : 세후 영업이익(net operating profit after tax)
즉, 영업이익에서 법인세를 차감한 것
$k$ : 자본비용
IC : 투자자본(invested capital)
$r$ : 투자자본이익률

여기서 기업의 자본비용($k$)은 부채비용과 자기자본비용을 추정한 다음 이를 자본구성비에 따라 가중 평균하여 구한 것이다. 한편 투자자본(IC)은 본업활동과 연관된 순운전자본, 고정자산, 기타영업자산을 합한 것이고, 세후 영업이익(NOPAT)는 법인세를 차감한 영업이익을 말한다. 투자자본수익률($r$)은 양자를 비율로 측정한 세후 투자자본영업이익률을 말한다.

만약 기업의 투자자본이익률($r$)이 자본비용($k$)보다 높다면 기업가치는 창출되고 있는 것이며, 재무적 건전성이 양호한 것으로 평가할 수 있다. 따라서 투자자본이익률과 자본비용의 크기를 서로 비교하는 것은 재무적 건전성 분석에서 핵심이 된다. 이러한 측면 때문에 주가 변동의 설명요인으로 회계지표보다 EVA가 설명력이 높은 것으로 나타나고 있다.

## section 05 미래이익 예측

### 1 이익 예측의 의의

증권투자자에게 있어서 초과수익을 높이는 방법의 하나는 증권의 내재가치를 정확히 추정하여 과대평가 혹은 과소평가된 종목을 식별해 내는 것이다. 그런데 증권의 내재가치에 영향을 미치는 가장 결정적 요소는 기업의 미래 이익이다.

실증적으로도 주가 변동은 기업의 미래 이익 변화와 가장 밀접한 관계가 있음이 밝혀지고 있다. 기업의 이익 변화가 큰 종목일수록 주가 변동이 큰 것으로 나타나고 있다.

그런데 이용 가능한 정보가 신속·정확하게 주가에 반영되는 효율적 시장에서는 이익의 시장 평균 예측치는 이미 주가에 반영되어 있으므로, 시장 평균보다도 더 잘 예측할 수 있어야 초과수익이 가능하다. 특히, 미래 이익의 변화방향과 그 크기를 시장 평균보다도 정확히 예측할 수 있을 때, 초과 수익을 얻을 수 있다. 이는 증권분석에서 예측력이 높은 이익 예측이 얼마나 중요한지를 말해준다.

증권분석의 관점에서도 주식가치에 영향을 미치는 질적 측면을 모두 고려하여 이익 예측이라는 양적정보를 생산하는 것이 무엇보다도 중요하다. 즉, 앞의 2~4절에서 경제−산업−기업적 요인을 분석할 때 주로 질적, 비계량적 측면을 고려했는데, 이들 모두를 고려하여 계량적 미래예측으로 바꿀 때 증권분석이 마무리 될 수 있는 것이다.

## 2 이익 예측 시의 고려사항

기업의 미래 이익을 예측하는 경우에는 다음 사항을 고려해야 할 필요가 있다.

첫째, 미래 이익 예측의 대상은 경제적 이익이 아니라, 회계적 이익이라는 점이다. 이론적으로 보면 일정한 회계기준과 수익 · 비용대응의 원칙에 따라 측정되는 회계적 이익보다 시장가치기준으로 실질적인 부의 변동액을 측정한 경제적 이익이 예측의 기준으로 더 적절한 면이 있다. 그러나 경제적 이익은 측정상의 어려움이 있고, 회계적 이익과 경제적 이익과는 상관관계가 높다는 전제하에서 회계적 이익을 기준으로 예측한다.

둘째, 회계적 이익기준으로 미래 이익을 추정할 때, 회계처리방법의 다양성 문제를 염두에 두어야 한다. 여러 가지 선택 가능한 회계처리 방법 중에서 어느 회계방법이 적용되느냐에 따라서 상대적으로 비용이 과대 · 과소계상되어 이익이 과소 · 과대계상되는 결과가 나타난다. 따라서 최종 이익의 추정에 얼마나 보수적인 기준을 적용할 것인지를 염두에 두어야 한다.

셋째, 미래의 이익 예측을 위해 과거의 이익 자료에만 의존하지 말고, 여러 가지 질적 요인을 충분히 감안하여야 한다. 제2, 3절에서 살펴보았듯이, 기업의 이익은 개별 기업 특성요인뿐만 아니라, 국민경제적 요인과 산업적 요인에 의해서 크게 영향을 받는다. 실증적 연구에 의하면, 기업이익 변동의 40~60% 정도가 국민경제적 요인과 산업적 요인에 의해서 영향받는 것으로 나타나고 있으므로, 이익 예측 시에는 이러한 측면을 충분히 감안해야 한다. 즉, 앞으로 예상되는 경기변동, 당해 산업의 경쟁구조의 변화 가능성, 기업의 경쟁적 지위나 제품믹스의 변화 가능성, 경영전략, R&D나 신규 투자의 변화 등을 복합적으로 고려할 필요가 있다.

넷째, 과거의 회계정보자료를 이용하여 미래 이익을 예측하고자 할 때는 이익 예측의 신뢰성을 높이기 위하여 정상적 주당이익에 근거하여 추정할 필요가 있다. 정상적 주당이익(Normalized EPS)이란 그 기업이 정상적인 상황에서의 영업활동으로부터 기대할 수 있는 주당이익을 말한다. 이 같은 개념의 주당이익 예측이 필요한 것은 구체적으로 다음과 같은 회계적 문제를 조정하여 이익 예측의 신뢰성을 높이기 위함이다.

❶ 미래에 반복될 경상적 항목을 근간으로 예측하는 것이다. 과거의 영업성과에 영향을 미친 항목 중에는 미래에도 계속될 것으로 볼 수 있는 반복적 항목과 일시적이고 비반복적 항목으로 나눌 수 있다. 전자는 주된 영업활동인 생산·판매·구매와 관련된 경상적 수익·비용항목이고, 후자는 기업합병이나 자산매각 등과 같은 특수거래와 관련된 항목이다. 미래 예측은 정상적 주당이익 예측을 근간으로 하여야 함은 당연하다.

❷ 보수적 회계처리방법을 근간으로 예측할 필요가 있다. 회계보고서 작성 시 특히 매출액·재고자산·연구개발비·감가상각비·이연자산평가 시에 어떤 회계처리방법이 선택되었느냐에 따라서 경영성과는 달라진다. 이는 특정 기간 동안에 회계처리방법을 변경할 경우 그러하다. 따라서 신뢰성 있는 미래 예측을 위해서는 얼마나 보수적인 회계처리방법을 사용하였는지가 고려되어야 한다. 다음은 이익 예측의 신뢰성을 높이는 방향에서 보수적으로 회계처리를 한 경우이다.

ㄱ. 물가상승의 경제하에서 후입선출법으로 재고자산평가

ㄴ. 불량매출채권과 관련하여 과감한 대손처리

ㄷ. 초기에 감가상각비를 많이 인식하는 가속상각, 특별상각법 이용

ㄹ. 영업권이나 무형고정자산에 대한 조기 상각

ㅁ. 창업비와 같은 항목에 대하여 가급적 비용처리

ㅂ. 재무상태표에 표시되지 않는 자금조달의 최소화

ㅅ. 수익인식에서 보수주의적 처리

ㅇ. 특별이익이나 비현금성이익항목 계상의 억제

❸ 기업의 장기 수익력과 밀접한 관계가 있는 임의적 비용지출의 크기와 시기에 주의하여 분석할 필요가 있다.

기업이 지출하는 비용은 강제적 비용과 임의적 비용으로 나눌 수 있다. 전자는 재료비나 인건비처럼 정상적인 영업활동을 위해서 그때 그때마다 지출해야만 하는 비용을 말하고, 후자는 지출을 연기할 수도 있고 당장 집행할 수도 있는 비용을 말한다. 임의적 비용항목으로는 고정설비투자지출(감가상각비), 수선비지출, 연구개발비지출, 인력개발비지출 등을 들 수 있다. 그 기업의 미래 수익력 증가와 밀접한 관계가 있는 것은 이 임의적 비용항목이므로, 미래 이익 예측에는 이와 같은 임의적 비용항목이 적절히 지출되고 있는지를 분석하여 정상적이고 장기적인 수익력을 평가할 필요가 있다.

# chapter 03

# 주식가치평가모형

## section 01 경제분석

주식에 대한 기본적 분석(fundamental analysis)은 몇 가지 특징을 지닌다.

첫 번째 특징은 적극적 투자관리의 일환으로 시장에서 잘못 평가된 주식을 찾기 위해서 내재가치(intrinsic value)를 분석하는 데 있다. 따라서 기본적 분석의 초점은 주식의 내재가치를 결정짓는 요인인 주당이익, 배당, 재무구조, 업계에서의 경쟁적 지위, 성장성, 사업위험, 경영능력 등의 분석에 맞춘다.

기본적 분석의 또 하나의 특징은 증권분석이 개별 종목 하나하나에 대해서 개별적으로 행해진다는 점이다. 반면 포트폴리오 분석은 둘 이상 복수의 증권들 간의 결합관계에서 투자가치를 평가하고, 특히 개별 증권은 포트폴리오 전체의 위험에 공헌하는 정도에 따라 평가된다는 점에서 대조적이다. 그래서 포트폴리오 분석에서는 기업 외적인 시장요인들의 분석이 중요시되나, 기본적 분석에서는 기업 내적 요인이 중요시된다.

기본적 분석은 이처럼 초과 수익의 정도가 크다고 예상되는 증권들을 개별적으로 분석하는 것이므로 구체적인 개별 종목 선택(securities selection)의 기초정보로 이용된다.

과대 혹은 과소평가된 보통주를 찾기 위해서 보통주의 내재가치를 추정하는 모형은 다음과 같이 나누어 볼 수 있다.

모형을 구분하는 기준은 기업이 앞으로 계속적인 영업을 한다는 계속기업(going concern)의 가정을 전제하느냐 여부이다. 먼저, 계속기업의 가정하에 기업의 가치를 가장 잘 측정할 수 있는 방법은 투자로 인한 미래 현금흐름의 현재가치 즉, 수익가치를 구하는 것이다.

미래 배당수입이나 처분 가격(시세차익)과 같은 현금흐름을 현재 시점의 가치로 할인한 현재가치를 구하여 보통주의 이론적 가치로 삼는 방법이다. 이러한 의미에서 현금흐름할인모형(Discounted Cashflow Model : DCF)이라고 한다.

이 같은 주식평가모형으로는 배당평가모형과 이익평가모형, FCF 모형을 들 수 있다. 배당

---

**표 3-1 보통주 평가모형의 종류**

```
┌ 현금흐름할인(DCF)모형(계속기업의 가치)
│       1) 수익가치에 근거한 보통주 평가
│                       ┌ 정률성장모형
│           ① 배당평가모형 ─ 제로성장모형
│                       └ 고속성장모형
│           ② 이익평가모형
│       2) 잉여현금흐름 평가모형(FCF)
├ 자산가치에 근거한 보통주 평가(청산가치)
└ 주가배수주식평가모형 : PER, PBR, PSR, EV/EBITDA
```

---

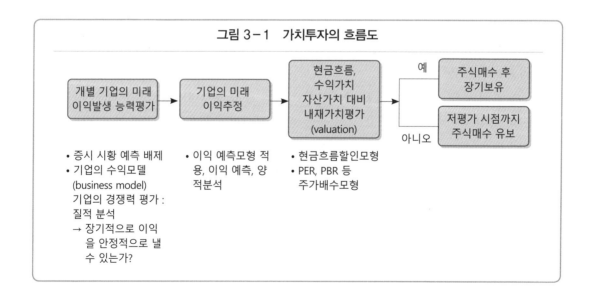

**그림 3-1 가치투자의 흐름도**

개별 기업의 미래 이익발생 능력평가 → 기업의 미래 이익추정 → 현금흐름, 수익가치 자산가치 대비 내재가치평가 (valuation)

예 → 주식매수 후 장기보유

아니오 → 저평가 시점까지 주식매수 유보

• 증시 시황 예측 배제
• 기업의 수익모델 (business model) 기업의 경쟁력 평가 : 질적 분석
→ 장기적으로 이익을 안정적으로 낼 수 있는가?

• 이익 예측모형 적용, 이익 예측, 양적분석

• 현금흐름할인모형
• PER, PBR 등 주가배수모형

평가모형은 다시 성장률의 가정에 따라서 정률성장모형, 제로성장모형, 고속성장모형으로 세분하여 살펴볼 수 있다.

실용적인 주식평가모형으로는 제4절에서 설명할 PER, PBR, PSR 등을 이용한 주가배수모형이 있다.

이들 보통주의 내재가치를 추정하여 투자결정하는 접근방법은 실무에서 가치투자(value investment)로 적용되기도 한다.

보통주의 투자가치를 추정하는 다른 방법은 기업의 청산가치(liquidation value)에 근거하여 평가하는 것이다. 보통주가 지니는 최소한의 가치는 청산을 전제로 한 자산가치라고 할 수 있으므로 발행기업의 주당순자산을 구하여 이론적 투자가치를 평가할 수 있다.

그러나 투자로 인한 미래 현금흐름의 현재가치를 구하거나 자산가치를 구하여 보통주의 내재가치로 보는 방법은 실용적이지 못할 때가 많다.

좁은 의미의 가치투자는 PER, PBR과 같은 주가비율이 낮은 가치주에 투자하여 투자성과를 높이는 방법이다. 넓은 의미에서는 다음과 같은 투자과정에서 저평가주식을 발굴하여 투자성과를 높이고자 하는 접근방법이다.

## section 02   현금흐름할인모형

기본적 분석에서 보통주의 이론적 투자가치를 평가하는 대표적 방법은 계속기업을 전제로 앞으로의 수익가치에 근거하여 평가하는 것이다. 수익가치는 투자자에게 돌아오는 미래의 투자수입을 적절한 할인율로 할인한 현재가치(discounted cashflow)를 구하여 추정하는 것이 주를 이루고 있다.

본 절에서는 먼저 현재가치를 구하여 보통주가 지니는 내재가치를 평가하는 일반적 절차를 설명하고, 이러한 방법 중에서 전통적으로 많이 활용되어 왔던 평가모형인 여러 가지 배당평가모형과 이익평가모형에 대하여 다룬다. 이들 모형은 주주에게 직접 돌아가는 현금흐름을 주주들의 요구수익률(기회 투자수익률)로 할인한 현재가치에 근거하여 평가한다는 점이 특징이다. 끝으로 자산가치에 근거하여 평가하는 방법을 설명한다.

<br>

## 1    내재가치 = 현재가치

투자자가 어느 증권에 일정 금액을 투자할 때 투자행위에 가치를 부여할 수 있는 근거는 미래 예상되는 투자수입이다. 그런데 투자수입은 현재가 아닌 미래의 서로 상이한 시점에서 발생하고, 불확실성의 정도가 다른 현금흐름이다.

따라서 현재의 경제적 희생(투자액)과 미래의 경제적 이득(투자수입)을 비교평가하기 위해서는 현금흐름의 시차를 조정하는 것과 미래 투자수입의 불확실한 정도를 반영시키는 두 가지 작업이 필요하다.

기본적 분석에서 증권이 가지는 내재가치를 구하고자 할 때는 미래 현금흐름(투자수입)을 현금흐름의 시차와 불확실성이 반영된 요구수익률로 할인한 현재가치를 구하여 추정한다.

현재가치란 미래에 발생할 현금흐름을 현재 시점의 가치로 평가한 금액을 말하는데, 투자대상의 가치평가를 위해서 서로 다른 시점에서 발생하는 경제적 희생과 이득을 시차 조정을 통해서 비교 가능한 동일 시점의 가치로 환산하는 것을 뜻한다. 즉, 화폐의 가치는 시간의 경과에 따라 변하므로 화폐의 시간가치(time value of money)를 고려하는 것이다.

예를 들어, 이자율(기회 투자수익률)이 10%라고 가정하면 현재의 투자자금 100만 원은 1년 후에 110만 원, 2년 후에 121만 원의 가치(미래가치 : future value)를 가진다. 역으로 1년 후의 110만 원, 2년 후 121만 원의 현재가치(present value)는 100만 원이 된다. 그러므로 미래 $n$시점의 투자수입($FVn$)의 현재가치($PV_o$)는 이자율이 $i$일 때 다음과 같이 구할 수 있는 것이다.

$$\text{현재가치 } PV_o = FVn(1+i)^{-n}$$

한편 미래의 투자수입이 연금처럼 일정기간($n$) 동안 매년 일정한 금액의 수입이 있을 경우 연금의 현재가치(present value of annuity)는 다음과 같이 구해진다.

연금의 현재가치($PVIFA$)

$$= \frac{A}{(1+i)} + \frac{A}{(1+i)^2} + \frac{A}{(1+i)^3} + \cdots + \frac{A}{(1+i)^n}$$

$$= A\left[\frac{(1+i)^n - 1}{i(1+i)^n}\right]$$

여기서, $A$ : 일정 연금액

$i$ : 이자율

## 예시

시중이자율이 10%로 일정하다는 가정 하에서, ① 5년 후에 예상되는 투자수입 1,000만 원의 현재가치와 ② 앞으로 5년간 매년 1,000만 원의 투자수입이 예상될 때의 현재가치는?

(풀이)

① 현재가치 : $= 1,000 \times (1+0.1)^{-5} = 1,000 \times 0.6209 = 620.9$(만 원)

② 연금의 현재가치 : $= \frac{1,000}{(1.1)} + \frac{1,000}{(1.1)^2} + \cdots + \frac{1,000}{(1.1)^5}$

$$= 1,000 \times 3.7908$$

$$= 3,790.8(만 원)$$

\* 이자율 $i$ 수준에서 $n$년 후의 투자수입의 현재가치 계산을 위해서는 권말부록에 있는 현재가치 계수표와 연금의 현가계수표를 이용하면 쉽게 계산된다.

이처럼 미래의 투자수입을 적절한 이자율 혹은 기회 투자수익률로 할인하면 그에 상응하는 현재가치가 구해지는데 이를 그 투자대상의 내재가치로 본다. 미래 현금흐름의 불확실성이 높은 경우는 주로 할인율(요구수익률)에 이를 반영하여 현재가치를 구하는 방법을 사용한다.

현재가치를 구함으로써 보통주가 지니는 내재가치를 평가하는 DCF 모형의 절차를 요약하면 다음과 같다.

❶ 기업의 미래 기간별 주당이익을 추정한 다음 배당성향을 고려하여 주당배당을 예측한다.

❷ 이 현금흐름은 불확실하므로 그 불확실성을 반영한 요구수익률을 추정한다.

❸ 현금흐름을 요구수익률로 할인하여 현재가치를 구한다.

이하에서 설명할 대부분의 보통주 평가모형은 이와 같이 현재가치를 구하여 내재가치를 추정하는 모형들이다.

<br>

**2**　**수익가치평가모형**

수익가치에 근거하여 보통주의 내재가치를 추정하는 방법에는 배당평가모형과 이익평가모형이 있다.

### 1) 배당평가모형(dividends valuation model)

주식투자자가 투자가치를 부여할 수 있는 근거가 되는 미래 현금흐름은 투자기간 중에 지급받는 배당의 크기와 매각 시점의 처분 가격이 얼마인가에 달려 있다. 따라서 미래 이득흐름인 배당수입과 매각 시점의 처분 가격 그리고 요구수익률이 적절히 평가되었다고 가정하면 식 (3−1)처럼 보통주의 내재가치는 미래 현금흐름의 현재가치로 표시할 수 있다.

$$v_o = \frac{d_t}{(1+k)} + \frac{d_2}{(1+k)^2} + \cdots + \frac{d_n}{(1+k)^n} + \frac{P_n}{(1+k)^n} \qquad (3-1)$$

여기서, $v_o$ : 현재 시점에서의 주식의 이론적 가치

　　　　$d_t$ : $t$기에서의 배당수입

　　　　$k$ : 주식투자자들의 요구수익률

　　　　$P_n$ : $n$시점에서의 처분 가격

여기서 $n$년도의 처분 가격 $P_n$은 $(n+1)$년도 이후의 배당수입에 대한 현재가치와 같다. 즉,

$$P_n = \frac{d_{n+1}}{(1+k)} + \frac{d_{n+2}}{(1+k)^2} + \cdots\cdots + \frac{d_\infty}{(1+k)^\infty}$$

이므로 주식의 내재가치는 식 (3−2)처럼 영속적인 배당수입에 대한 현재가치라고 할 수 있다.

$$v_o = \frac{d_t}{(1+k)} + \frac{d_2}{(1+k)^2} + \cdots + \frac{d_{n+1}}{(1+k)^n} + \frac{P_{n+2}}{(1+k)^{n+1}} + \cdots$$

$$= \sum_{i=1}^{\infty} \frac{d_t}{(1+k)} \qquad\qquad (3-2)$$

결국 식 (3-2)에서 보는 것처럼 증권의 내재가치는 영속적인 미래 배당흐름을 요구수익률로 각각 할인한 현재가치로 표시되는데, 이를 배당평가모형, 또는 배당할인모형(dividends discount model)이라고 한다.

### 예시

주식 A의 금년도 주당이익($EPS_0$)은 4,000원이고 배당성향은 40%($d_0 = 1,600$원)이다. 주식투자자의 요구수익률(기회 투자수익률)은 12%이다. 증권분석가들은 배당성향이 40%로 유지될 경우 1년 후의 주당배당($d_1$) = 1,720원, 2년 후의 주당배당($d_2$) = 1,840원, 3년 후의 주당배당($d_3$) = 1,900원으로 예측하고 있다. 또한 3년 말의 주가는 33,650원 수준이 될 것으로 예상하고 있다. 주식 A의 이론적 가치는?

(풀이)

$$v_o = \frac{1,720}{(1.12)} + \frac{1,840}{(1.12)^2} + \frac{1,900}{(1.12)^3} + \frac{33,650}{(1.12)^3} = 28,306원$$

이제 식 (3-2)의 배당평가모형은 미래 배당흐름의 성장률에 대한 가정에 따라서 다음에 설명하는 것과 같이 정률성장모형, 제로성장모형, 고속성장모형으로 나누어 볼 수 있다.

## (1) 정률성장모형(constant growth model)

미래의 배당흐름이 매년 일정하게 성장한다고 가정한다면, 상술한 배당평가모형의 현실적인 응용성은 높아진다. 만약 기업의 이익과 배당이 매년 g%만큼 일정하게 성장하고, 요구수익률($k$)이 일정하다고 가정할 경우 주식의 내재가치는 다음과 같이 표시된다.

$$v_o = \frac{d_0(1+g)}{(1+k)} + \frac{d_0(1+g)^2}{(1+k)^2} + \frac{d_0(1+g)^3}{(1+k)^3} + \frac{d_0(1+g)^3}{(1+k)^3} + \cdots\cdots + \frac{d_0(1+g)^{\infty}}{(1+k)^{\infty}}$$

$$= \sum_{t=1}^{\infty} \frac{d_0(1+g)^t}{(1+k)^t} \qquad\qquad (3-3)$$

여기서 만일 $k$가 $g$보다 크다(즉 $k>g$)라고 가정하면, 식 (3-3)은 공비가 $(1+g)/(1+k)$인 무한등비수열이므로 이의 합을 내는 공식을 이용하여 다음과 같이 압축할 수 있다.

$$v_o = \frac{d_1}{k-g} = \frac{d_0(1+g)}{k-g} \qquad (3-4)$$

식 (3-4)는 기업의 이익과 배당이 매년 g%만큼 일정하게 성장한다고 가정할 경우의 주식의 이론가치를 나타낸 것으로써 정률(항상)성장모형, 또는 고든(Myron J. Gordon)모형이라고 한다.

이 모형에 의하면 ① 기대배당이 클수록, ② 요구수익률은 낮을수록, ③ 배당의 기대 성장률은 높을수록 주식가치는 높게 된다.

이 정률성장모형은 배당흐름이 매년 일정한 율로 계속 성장한다는 가정 이외에도 다음과 같은 가정을 하고 있으므로 이 모형의 이용에 주의할 필요가 있다.

❶ 성장에 필요한 자금을 내부자금(internal financing)만으로 조달한다.
❷ 투자자금의 재투자수익률($r$)이 항상 일정하다.
❸ 사내유보율($f$)과 배당성향($1-f$) 또한 일정하다.
❹ 결과적으로 내부금융만으로 성장할 경우의 성장률($g=f \cdot r$)도 변함이 없다.
❺ 요구수익률(할인율, $k$)이 일정하며, $k>g$이다.

한편 내부금융에만 의지한 성장률($g$)은 사내유보율($f$)과 재투자수익률($r$)의 곱($f \cdot r$)으로 표시할 수 있으므로 식 (3-4)는 다음과 같이 바꿀 수 있다.

$$v_o = \frac{d_0(1+g)}{k-f \cdot r} = \frac{E_0(1+g)(1-f)}{k-f \cdot r} \qquad (3-5)$$

여기서, $E_0$ : 0기에서의 주당이익

## 예시

현재 2,000원의 배당금($d_0$)을 지급하고 있는 S 기업이 앞으로 계속적으로 10%의 성장을 하리라고 전망된다. 요구수익률이 20%라면 이 주식의 이론적 주가는?

(풀이)

$$v_o = \frac{d_1}{k-g} = \frac{2,000(1.01)}{0.20-0.10} = 22,000원$$

## (2) 제로성장모형(zero growth model)

기업이 성장 없이 현상 유지만 하는 경우, 즉 배당이 당기의 수준($d_0$)에서 변하지 않고, 요구수익률 또한 일정하게 유지될 것으로 예상되는 제로성장기업에 대한 평가모형은 식 (3−4)에서 $g = 0$인 경우이므로 다음과 같이 표시된다.

$$v_o = \frac{d_0}{k} \tag{3-6}$$

## (3) 다단계성장모형(supernormal growth model)

미래 배당흐름의 성장률이 일정하다고 가정하는 정률성장모형은 비현실적일 때가 많다. 기업의 성장률은 취급하는 제품의 라이프 사이클에 따라 몇 단계로 구분되어 변화하는 것이 일반적이다.

통상적으로 처음 수년간은 높은 성장률을 기록하다가 점차 유망한 투자기회를 찾는 것이 어려워지므로 성장률은 둔화된다. 따라서 배당평가모형에 이같은 몇 단계의 성장률 변화를 반영시키면 투자결정에 보다 유용하게 활용할 수 있을 것이다. 이처럼 몇 단계의 성장률 변화를 감안한 평가모형을 다단계성장모형(supernormal or multi−stage growth model), 또는 고속성장모형이라고 한다.

이제 기업성장이 두 단계로 나뉘어 초기 $n$년 동안은 고속성장하여 $g_1$%만큼 성장하고, 그 이후에는 평균 성장률 $g_2$% 수준으로 일정하게 계속 성장한다고 가정하면 그 평가모형은 다음처럼 표시된다.

$$v_o = \sum_{t=1}^{n} \frac{d_0(1+g_1)^t}{(1+k)^t} + \sum_{t=n+1}^{\infty} \frac{d_0(1+g_1)^n(1+g_2)^{t-n}}{(1+k)^t} \qquad (3-7)$$

여기서 $n+1$년 이후 $g_2$%의 일정한 성장기간에 대한 가치는 식 $(3-4)$에 의해서 압축될 수 있으므로 다음과 같이 표시된다.

$$v_o = d_0(1+g_1)\left| \frac{1 - \left(\frac{1+g_1}{1+k}\right)^n}{k-g_1} \right| + \frac{d_0(1+g_1)^n(1+g_2)}{(1+k)^n(1+g_2)} \qquad (3-8)$$

> **예시**

A 주식의 최근 주당이익은 3,600원이고, 주당배당이 1,920원이며, 요구수익률($k$)이 9%이다. 앞으로 처음 3년간의 성장률은 20%이고, 그 이후로는 4%로 일정하게 성장할 것으로 전망되는 경우에 이 주식의 이론적 가치는?

(풀이)

$$v_0 = \sum_{t=1}^{n} \frac{1,920(1+0.2)^t}{(1.09)^t} + \sum_{t=n+1}^{\infty} \frac{1,920(1.20)^3(1.04)}{(1.09)^3(0.09-0.04)}$$

$$= \frac{2,304}{(1.09)} + \frac{2,765}{(1.09)^2} + \frac{3,318}{(1.09)^3} + \frac{3,450}{(1.09)^3(0.05)}$$

$$= 60,280원$$

## 2) 이익평가모형(earning valuation model)

미래 배당수입의 현재가치로 주식가치를 평가할 때 문제가 되는 것은 배당을 하지 않거나 적게 하는 기업의 주식은 어떻게 평가하느냐 하는 점이다.

이러한 경우 보통주를 평가하는 근본적인 한 방법은 배당도 궁극적으로 기업의 이익에서 지급되므로 주당이익을 기초로 하여 내재가치를 구하는 것이다.

$t$기의 주당이익을 $E_t$라고 하고 $k_e$를 주당이익에 대한 요구수익률이라고 하면 현재 시점의

주식가치는 다음과 같이 표시할 수 있다.

$$v_o = \frac{E_1}{(1+k_e)} + \frac{E_2}{(1+k_e)^2} + \cdots\cdots + \frac{E_n}{(1+k_e)^n} + \cdots\cdots$$
$$= \sum_{t=1}^{\infty} \frac{E_t}{(1+k_e)^t} \tag{3-9}$$

여기서, $E_t$ : $t$기의 주당이익

$k_e$ : 주당이익에 대한 요구수익률

물론 여기에서 사용되는 요구수익률 $k_e$은 배당평가모형에서 사용되었던 요구수익률과 상이하다. 왜냐하면 배당흐름과 이익흐름의 위험도가 각기 다르기 때문이다.

## (1) 성장기회가 없는 경우

가장 간단한 이익평가모형은 성장이 없는 것으로 보고 평균적인 주당이익 수준이 매기에 일정하다고 가정하는 것이다. 이제 매기의 이익흐름이 평균적으로 $E$수준이라고 하고 이에 대한 자본환원율을 $k_e$라고 하면, 이론적인 주식가치는 다음과 같이 표시된다.

$$v_0 = \frac{E}{k_e} \tag{3-10}$$

이 모형에서 매기의 주당이익이 $E$수준에 머물 것으로 가정한 것은 사실 기업의 재투자수익률($r$)이 요구수익률($k$)과 동일한 수준이어서 실질적으로 성장기회가 없는 것을 가정한 것이다.

## (2) 성장기회를 고려할 경우

기업의 재투자수익률이 요구수익률을 상회함으로써 일정한 성장기회를 기대할 수 있는 경우는 이론적 주식가치가 상승한다.

모딜리아니 · 밀러(F. Modigliani & M. Miller)는 이와 같이 이익이 일정한 비율로 성장하는 경우를 감안하여 식 (3-11)과 같은 이익의 정률성장모형을 제시하고 있다.

$$v_0 = \text{현존자산으로부터의} + \text{미래 투자기회로부터의}$$
$$\qquad \text{이익의 현재가치} \qquad \text{현재가치}(PVGO)$$

$$= \frac{E_1}{k} + \frac{E_1}{k}\left[\frac{f(r-k)}{k-f\cdot r}\right] \qquad\qquad (3-11)$$

여기서, $v_0$ : 이론적 주식가치

$\qquad\quad E_1$ : 기말 예상 주당이익

$\qquad\quad k$ : 요구수익률

$\qquad\quad f$ : 사내유보율

$\qquad\quad r$ : 재투자이익률

이 모형은 두 부분으로 구성되는데, 앞 부분($E_1/k$)은 성장기회가 없는 경우(즉, 주당이익을 모두 배당하여 재투자하지 않는 경우)의 현재가치를 나타내고, 뒷 부분은 이익의 일부를 사내유보시켜 요구수익률을 상회하는 재투자수익률을 가져오는 성장기회에 재투자하는 경우로써 성장기회의 현재가치(present value of growth opportunity : PVGO)를 나타낸다.

 **예시**

지금 A, B사 모두 기말 주당이익($E_1$)은 500원이 예상된다. 그러나 A사는 재투자수익률과 요구수익률이 12.5%로 동일하고, 이익의 전부를 배당지급한다. 반면에 B사는 재투자수익률이 15%(사내유보율 60%)로써 이익성장의 기회를 가지고 있다.

① A사의 주식가치는?

② B사의 성장률과 주식가치는 얼마인가? 성장기회의 현재가치는?

③ 만약 A사가 B사처럼 이익의 60%을 사내유보(배당성향 40%)시킨다면 성장률은 얼마이고 주식가치는 어떻게 달라지는가?

(풀이)

① A사는 $k = r = 12.5\%$로서 성장기회가 없으므로

$$v_0 = \frac{E_1}{k} = \frac{500}{0.125} = 4,000 \text{ 원}$$

② B사의 성장률 : $g = f \cdot r = 0.6 \times 0.15 = 0.09$

$$주식가치\ v_0 = 성장기회가\ 없는\ 경우의\ 현재가치 + 성장기회의\ 현재가치$$

$$= \frac{E_1}{k} = \frac{E_1}{k}\left[\frac{f(r-k)}{k-f\cdot r}\right]$$

$$= 4,000 + 4,000\left[\frac{0.6(0.15-0.125)}{0.125-0.09}\right]$$

$$= 4,000 + 1,714 = 5,714원$$

성장기회의 현재가치 : 1,714원

③ A사가 사내유보율을 높일 경우 성장률 : $g = f\cdot r = 0.6 \times 0.125 = 0.075$

그러나 기대배당($d_1$)은 $d_1 = E_1(1-f) = 500(0.4) = 200원$이므로

$$\therefore v_0 = \frac{d_1}{k} = \frac{200}{0.125-0.075} = 4,000원$$

$k = r$인 경우는 사내유보율을 높이더라도 주식가치에는 변함이 없다.


| 3 | 자산가치평가모형 |
|---|---|

이상에서 살펴본 배당평가모형이나 이익평가모형은 수익가치에 근거한 DCF 모형이라고 할 수 있다. 이와는 전혀 다른 관점에서 주식가치를 평가하는 다른 방법의 하나는 주주들에게 귀속되는 자산가치에 근거하여 평가하는 방법이다.

만약 주식회사가 청산되는 상황이 되면 재산권 행사의 우선순위는 채권자들의 몫, 곧 채무가 먼저 변제되고 주주에게는 잔여재산이 돌아간다. 주주들에게 돌아갈 잔여재산의 크기를 대차대조표상에서 추정한다면 기업의 총자산 중에서 채권자의 몫인 총부채를 차감한 순자산(net worth)이 된다. 따라서 순자산(=총자산−총부채)을 발행주식수로 나눈 주당순자산가치를 계산하여 보통주 한 주에 귀속될 자산가치로 평가하고 있다. 이를 주당장부가치(book value per share : BPS)라고도 한다.

이처럼 일정한 회계적 기준에 의하여 작성된 대차대조표로부터 보통주 주주에게 귀속될 자산가치를 추정하는 것은 기업의 청산을 전제로 한 청산가치(liquidation value)에 근거한 것이다.

만약 주당순자산이 장부가치 기준이 아니고 시장가치 기준으로 측정된 청산가치라면 주식 내재가치의 하한 가격이 될 수 있다.

그러나 이 평가방법은 역사적 취득 원가회계 등 일정한 회계적 관행에 의해서 순자산가치가 장부가치 기준으로 추정되면 실제의 주가와 큰 차이를 보일 수 있는 문제점이 있다. 주당순자산가치는 근본적으로 미래의 수익 발생 능력을 반영한 것이 아니기 때문이다. 더욱이 자산가치는 개별 자산의 단순한 합계에 지나지 않기 때문에 기업의 원천적 수익력을 평가할 수 없다는 문제점이 있다.

이러한 이유 때문에 주관적이기는 하지만 미래 수익력에 근거한 내재가치를 추정하는 평가방법이 중요시 되고 있다. 증권시장에서 증권의 내재가치는 실제의 수요와 공급의 균형에 의한 가격기구를 통하여 객관화되는 과정을 거치므로 전항에서 설명한 평가모형들이 의미를 지니게 된다.

주당순자산가치의 한계점을 보완하는 한 방법은 순자산의 대체 원가(replacement cost)를 추정하는 것이다. 순자산의 대체원가는 주식의 시장가치와 크게 차이가 나는 경우가 많지 않은 것으로 받아들여지고 있다. 만약 양자 간에 큰 차이를 보이면 기업인수의 표적이 되거나, 새로운 기업들이 진입하여 시장가치에 변화가 초래되기 때문이다. 이 양자를 비율(주식의 시장 가격 ÷ 대체 원가)로 표시한 것을 "토빈의 $q$비율"이라고 하는데, 이 비율이 1과 얼마나 괴리가 있는지가 바로 이러한 측면을 나타내게 된다.

## 4 공모주식 발행 가격의 결정

신규 상장기업의 신규 공모주식(initial public offerings : IPO)이 얼마의 가격으로 발행되어야 하는지는 증권투자자, 증권회사, 발행회사, 증권감독기관 모두에게 중요한 문제이다. 너무 높은 가격으로 발행되면 발행회사는 유리할지 모르지만, 투자자나 증권회사는 손실이나 자금부담과 같은 위험이 높아진다. 낮은 가격으로 발행하면 반대의 상황이 될 것이다.

우리나라에서 공개 예정기업의 공모 가격을 결정하는 것은 원칙적으로 발행회사와 주간사가 시장 상황 등을 감안·협의하여 자율적으로 결정하도록 하고 있다. 「유가증권 인수업무에 관한 규정」에 의하면 본질가치(자산가치와 수익가치의 가중평균)와 상대가치를 추정하여, 이를 참고로 공모 희망 가격을 제시하고, 기관투자가들을 대상으로 일차 수요예측(book-building)을 한 다음, 최종 공모 가격을 협의·결정하도록 되어 있다. 이 과정에서 공모 가격 추정에 근간이 되는 것은 수익가치, 자산가치, 상대가치 추정인데, 이의 추정방법들은 식 (3-13), 식 (3-14),

식 (3-15)에서 보는 것처럼 앞의 항에서 설명한 여러 가지 주식평가모형을 활용하고 있다. 이같이 추정되는 자산가치, 수익가치는 예비상장심사 시에 기본요건으로 평가되기도 하고, 코스닥시장에서는 등록 후 최초 매매기준 가격 결정 시의 기준 가운데 하나로 활용되고 있다.

구체적으로 보면 식 (3-12)와 같이 자산가치와 수익가치를 구한 다음 동일한 가중치를 주어 본질가치를 구하고 있다.

$$본질가치 = 자산가치(0.4) + 수익가치(0.6) \qquad (3-12)$$

여기서 자산가치와 수익가치는 다음과 같이 추정된다.

$$1주당\ 자산가치 = \frac{순자산가치}{발행주식수} \qquad (3-13)$$

여기서, 순자산 = 최근 사업연도의 총자산 - (실질가치가 없는 무형 고정자산 및 이연자산 + 부채총계 + 법인세 + 임원 상여금 + 배당금 + 특별손익 + 퇴직급여충당금…)

$$1주당\ 수익가치 = \frac{주당\ 추정이익}{자본환원율} \qquad (3-14)$$

여기서, 주당 추정이익 : [추정 경상이익 - (우선주배당조정액 - 법인세) ÷ 발행주식총수]

추정 경상이익 : 기업의 향후 2년간의 추정 재무제표 작성에 의하여 산출(향후 1차연도에 3, 2차연도에 2의 가중치 부여)

자본환원율 : 분석 당시 금융기관의 1년 만기 정기예금 이자율의 1.5배

여기에서 추정하고 있는 자산가치는 앞에서 설명한 주당순자산가치와 같은 내용이다. 또 수익가치는 이익평가모형과 유사한 내용이다. 최종 사정가액은 아래와 같이 구해지는 상대가치도 고려하여 분석기관, 발행회사 등과의 협의를 거쳐 결정된다.

$$1주당 \ 상대가치 = 유사기업의 \ 주가 \times \left| \dfrac{발행기업의 \ 주당경상이익}{유사기업의 \ 주당경상이익} \right.$$

$$\left. + \dfrac{발행기업의 \ 주당순자산}{유사기업의 \ 주당순자산} \right| \div 2 \qquad (3-15)$$

여기서, 유사회사의 주가 : 분석기준일의 전일 소급 1월간의 종가의
산술평균 주가와 분석기준일 전일의 종
가 중 낮은 것을 기준으로 함.

상대가치가 유사회사 주가 평균을 상회하면 유사회사 주가 평균을 기준

유사회사 : 1) 주당경상이익이 액면가의 10% 이상

2) 주당순자산 > 액면가

<br>

## section 03   FCF모형에 의한 가치평가

앞 절에서는 주주에게 직접 돌아가는 현금흐름에 근거하여 주식가치를 평가하는 모형에 대하여 살펴보았다.

본 절에서는 영업활동에서 벌어들이는 영업현금흐름에 근거하여 기업 전체 가치를 구한 다음, 주식가치를 평가하는 FCF모형에 대하여 설명한다.

### 1   FCF모형의 의의

### (1) FCF모형의 개관

잉여현금흐름(free cashflow : FCF)모형은 국내외 증권 전문기관의 증권 애널리스트들 사이에서 확산되고 있는 기업가치평가방법이다. 먼저 전반적인 체계를 개관하면 다음과 같다.

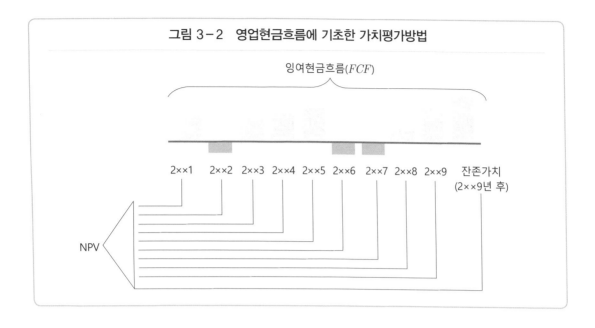

그림 3-2 영업현금흐름에 기초한 가치평가방법

잉여현금흐름(FCF)

2××1 2××2 2××3 2××4 2××5 2××6 2××7 2××8 2××9 잔존가치
(2××9년 후)

NPV

FCF모형에서는 식 (3−16)과 〈그림 3−2〉에서 보는 것처럼 미래 예측기간 $t$기간에 걸친 잉여현금흐름($FCF_t$)을 추정하여, 이것을 가중평균 자본비용($WACC$)으로 할인한 현재가치, 예측기간 이후의 잔존가치($CV$)를 $WACC$로 할인한 현재가치 그리고 영업외 가치 등 3가지 종류의 가치를 모두 합산하여 기업 전체 가치($V_0$)를 추정한다. 주당주식가치(적정 주가)는 기업 전체 가치($V_0$)에서 부채가치($B_0$)를 차감한 후 이를 발행주식수로 나누어 추정한다.

$$V_0 = \sum_{t=1}^{\infty} \frac{FCF_t}{(1+WACC)^t} + \frac{CV}{(1+WACC)^n} + 영업외\ 가치 \qquad (3-16)$$

$$\therefore\ 주당주식가치 = \frac{(V_0 - B_0)}{발행주식수}$$

주주에게 직접 돌아오는 배당이나 이익흐름에 근거하여 주식가치를 추정하는 방법을 자금조달접근법(financing approach)이라고 하고, 영업활동에서 창출되는 현금흐름에 근거하여 추정하는 방법을 영업흐름접근법(operating approach)이라고 하는데 후자의 방법은 다음과 같은 장점을 지닌다.

❶ 영업활동에서 창출되는 현금흐름이 기업가치를 좌우하는 원천적 현금흐름이다. 영업현

금흐름에서 주주와 채권자에게 배당이나 이자 등을 지급한다.

❷ 주주 몫의 현금흐름(배당 등)은 배당정책 등에 영향을 받는다.

❸ 영업현금흐름은 재무구조(부채비율)의 차이에 영향을 받지 않는다.

❹ 영업현금흐름에 근거한 가치평가방법은 전체 기업에서 특정 부문이나 특정 사업부의 가치를 부문별로 추정할 수 있는 유연성이 있다.

❺ 실증적으로 영업현금흐름은 어느 지표보다 주가와 높은 상관관계를 보인다.

## (2) FCF의 의의

잉여현금흐름(free cashflow : FCF)은 본업활동에서 창출해낸 총영업현금흐름(gross cashflow)에서 신규 총투자액(gross investment)을 차감한 금액을 말한다. 잉여현금흐름 추정에서 핵심이 되는 개념은 다음과 같이 요약할 수 있다.

❶ 기업가치를 결정짓는 순현금흐름은 현금유입에서 현금유출을 차감한 것인데, 현금유입은 영업현금흐름으로, 현금유출은 신규 총투자액으로 측정한다.

❷ 기업가치에 영향을 주는 현금유출입을 추정할 때 핵심 경영활동, 즉 생산·판매·관리의 주된 영업활동과 연관된 현금흐름을 중심으로 추정한다. 재무활동으로 인한 현금흐름을 제외한다.

❸ 미래 가치 창출에 필요한 신규 투자액까지 차감한 금액으로 추정한다. 신규 투자액은 투하자본 증가액($\Delta$영업순운전자본+$\Delta$영업고정자산)으로 다음 연도 이후에 부가가치 창출력을 유지하기 위한 금액이다. 신규 투자액(투하자본 증가액)까지 차감한 잉여현금흐름은 자본제공자(채권자와 주주)들이 당해연도 말에 자신의 몫으로 분배받을 수 있는 자금이 된다.

## (3) FCF의 구성요소

잉여현금흐름(FCF)은 총영업현금흐름에서 총투자액을 차감하여 추정한다.

> **잉여현금흐름(FCF) = 총영업현금흐름 − 총투자액**

여기서 총영업현금흐름(gross CF)은 영업활동과 관련된 현금유입액으로 세후 영업이익(net operating profit less adjusted taxes : NOPLAT)에 감가상각비를 합하여 측정한다.

> 총영업현금흐름 = 세후 영업이익 + 감가상각비

그리고 총투자액(gross investment)은 영업활동에 현금유출된 투하자본으로 순투자액인 투하자본 증가액($\Delta$IC)에 당해연도의 감가상각비를 합하여 측정한다.

> 총투자액 = 투하자본 증가액 + 감가상각비

따라서, FCF추정은 다음과 같이 요약되는데, 세후 영업이익(NOPLAT)과 투하자본 증가액($\Delta$IC)을 측정하는 일이 주된 과제가 된다.

> $FCF$ = 총영업현금흐름 − 총투자액
> = (세후 영업이익 + 감가상각비) − ($\Delta$투하자본 + 감가상각비)
> = 세후 영업이익 − $\Delta$IC

| 현금흐름 | 재무제표 | 재구성 기준 |
|---|---|---|
| 현금유입 | 손익계산서로부터 | 세후 영업이익(NOPLAT) 기준으로 재구성 |
| 현금유출 | 대차대조표로부터 | 영업자산과 비영업자산으로 구분 |

우리가 회계 관련 보고서나 자료에서 통상 볼 수 있는 재무제표는 현금주의 기준이 아니고 발생주의 기준으로 작성된 것들이다. 따라서 FCF 측정에 그대로 이용할 수 없으므로 FCF 측정에 적합하도록 재무제표를 재구성해야만 한다.

구체적으로 FCF 측정단계에서 현금유입 정보(NOPLAT)를 얻기 위해서는 손익계산서(I/S)를 세후 영업이익(NOPLAT)기준으로 재구성하고 현금유출 정보(IC)를 얻기 위해서는 대차대조표(B/S)를 영업자산과 비영업자산으로 구분하여 재구성할 필요가 있다.

이하에서는 FCF의 구성요소인 투하자본, 세후 영업이익, 자본비용, 잔존가치의 측정방법에 대하여 자세히 살펴본다.

## 2 　투하자본의 측정

### (1) 투하자본의 정의

*FCF* 측정의 첫 단계는 투하자본을 측정하는 일이다. *FCF* 측정에서의 투하자본(invested capital : IC)은 앞서 간단히 언급한 것처럼 기업이 영업이익을 벌어들이기 위해 기업의 핵심 경영활동 즉, 생산·판매·관리 등의 영업활동에 투하된 자금의 의미로 사용되고 있다.

> (영업 관련) 고정자산＝(영업 관련) 순운전자본
> 　　　　　＝영업고정자산＋(매출채권＋재고자산－비이자발생 유동부채)

### (2) 투하자본의 계산

*FCF* 측정에서는 다음과 같이 투하자본을 측정한다.

투하자본(IC)을 측정하기 위해서는 먼저, 대차대조표의 자산을 영업(본업)과 직접 관련된 영업자산과 그렇지 않은 비영업자산으로 구분해야만 한다. 여기서 비영업자산이란 영업활동에 직접 투여되지 않은 자산으로서, 고정자산 중에서는 투자자산(투자 부동산, 출자금, 관계회사주식 등), 건설중인자산, 이연자산 등을 말하며, 유동자산 중에서는 시장성 유가증권, 적정시재 이상의 예금 등을 말한다. 각각 유동자산과 고정자산 중에서 어떤 항목들이 비영업자산에 속하는지 분명히 하여 이를 제외시켜야 한다.

그러나 이 같은 비영업유동자산을 제외한 자산이 모두 영업활동에 투자되었다고 볼 수는 없다. 왜냐하면 유동부채 중에서 외상매입금, 미지급금 등의 항목과 같은 비이자발생부채는 투하자금의 부담을 줄여주었기 때문이다.

## 3 　세후 영업이익의 측정

### (1) NOPLAT의 의의

세후 영업이익(net operating profit less adjusted tax : NOPLAT)은 영업활동(생산·판매·관리)에서 벌어

들인 영업이익(EBIT)을 납세 후 기준으로 측정한 금액이다. 여기서 주목해야 할 것은 영업이익(EBIT)은 다른 이익개념과는 달리 가치 창출의 원천을 영업활동에만 한정한 것으로써, 자본구조(재무활동)의 영향을 전혀 받지 않은 경영성과라는 점이다. NOPLAT은 이 EBIT에서 조정된 세금을 차감하여 측정된 것이다.

### (2) NOPLAT의 측정

NOPLAT은 다음과 같이 측정한다.

핵심적인 것은 영업이익(EBIT)에서 EBIT 대비 조정된 법인세를 차감한다는 점이다. 여기서 EBIT 대비 조정 법인세란 손익계산서상의 법인세액이 아니라 영업이익 기준으로 산정한 법인세를 말한다.

EBIT 대비 조정된 법인세는 다음과 같이 측정한다. 손익계산서상의 법인세 예정액으로부터 소급 추정한다면 이자비용의 법인세 절감액(=이자비용×유효법인세율)은 순이익기준일 때는 현금유출을 줄여준다. 그러나 영업이익 기준으로 계산한다면 반대로 법인세 예정액에 가산(＋)해 주어야 한다. 반면에 수입이자로 인한 법인세 증가액은 영업이익 기준으로 할 경우에 법인세 예정액에서 차감(－)해 주어야 한다.

$$NOPLAT = EBIT - EBIT\ 대비\ 조정\ 법인세(영업이익 \times 법인세율)$$

### **4** FCF의 측정

이제 투하자본(IC)과 세후 영업이익(NOPLAT)이 계산되었으므로 FCF를 계산할 수 있다. 잉여현금흐름(FCF)의 의의에 대해서는 이미 앞에서 상세히 살펴본 바 있다. 가장 핵심적인 내용은 FCF가 총영업현금흐름(gross CF : 현금유입액)에서 기간 중 총투자액(gross investment : 현금유출액)을 차감한 것으로, 기업의 주된 영업활동에 초점을 맞추어 NOPLAT에서 미래 가치 창출을 위하여 투자된 신규 운전자본과 고정설비자산 투자액을 합한 것을 차감한 것이라는 점이다. 여기서 주의해야 할 점은 차감하는 투하자본액(총투자액)은 기말잔액이 아니라 기간 중의 증감액이라는 점이다.

$$FCF = 총영업현금흐름 - 총투자액 \qquad\qquad (3-17)$$
$$= (NOPLAT + 감가상각비) - (\Delta운전자본 + \Delta고정자산)$$
$$= (NOPLAT + 감가상각비) - (\Delta IC + 감가상각비)$$
$$= NOPLAT - \Delta IC$$

미래 FCF를 예측하는 데는 앞에서 추정된 과거의 FCF의 추세를 면밀히 분석하는 것이 큰 도움이 될 수 있으나, 미래 예측의 신뢰성을 높이기 위해서는 FCF를 발생시키는 가치 창출 요인(Value driver)을 원천적으로 규명하여 이들 요인들의 추세나 변동 가능성을 감안하여 미래 FCF를 예측하는 것이 가장 좋은 방법이다.

궁극적으로 FCF 변동을 초래하는 요인은 ROIC(투하자본 세후 영업이익률)를 분해 분석함으로써 밝혀질 수 있다. ROIC(return on invested capital)는 앞에서 측정한 IC와 NOPLAT를 각각 분모, 분자에 대응시켜 계산하는 재무비율이다. 즉, ROIC는 영업활동에 투자된 투하자본(IC)으로 세후 기준으로 얼마나 많은 세후 영업이익(NOPLAT)을 올렸는지 그 수익성(이익창출 능력)을 평가할 수 있는 지표가 된다.

$$ROIC = \frac{NOPLAT(세후 \ 영업이익)}{IC(투하자본)} \qquad\qquad (3-18)$$

통상 특정 기업의 기업내용, 특히 수익성을 평가할 때 총자본영업이익률(ROA)을 많이 사용한다. 그런데 다음과 같이 영업마진(비용효율성)의 정보를 나타내는 매출액영업이익률과 자산투자의 효율성을 나타내는 총자산회전율 등 2가지 부분으로 분해하여 그 변동원인을 분석할 수 있다.

$$ROA \left( \frac{영업이익}{총자본} \right) = \underset{\substack{(영업마진) \\ (비용효율성)}}{\frac{영업이익}{매출액}} \times \underset{\substack{(총자산회전율) \\ (자산투자의 \ 효율성)}}{\frac{매출액}{총자산}} \qquad (3-19)$$

ROIC도 ROA와 마찬가지 방법으로 2가지 비율로 분해하여 이익창출 능력의 원천을 평가할 수 있다. 다만, 분자가 ROA에서의 영업이익이 아니라 세후 영업이익(NOPLAT)이므로 (1 - 유효법인세율)을 곱해주어야만 한다.

$$ROIC\left(\frac{\text{세후 영업이익}}{\text{투하자본}}\right)$$
$$= \frac{\text{영업이익}}{\text{매출액}} \times \frac{\text{매출액}}{\text{투하자본}} \times (1 - \text{유효법인세율}) \tag{3-20}$$

여기에서 보다 근본적인 이익창출 능력의 원천이 무엇인가를 밝히기 위해서 매출액영업이익률과 투하자본회전율의 구체적인 구성요소들의 변동내역을 파악하는 것이 필요하다. 즉, 〈그림 3 - 3〉과 같이 ROIC나무(tree)를 만들어 매출액영업이익률의 변동내역에 대해서는 주요 비용 항목의 매출액구성비를 살펴보고, 투하자본회전율에 대해서는 주요 투자자산 항목의 매출액 구성비(이의 역수는 이들 자산의 회전율 비율이 됨)를 분석한다.

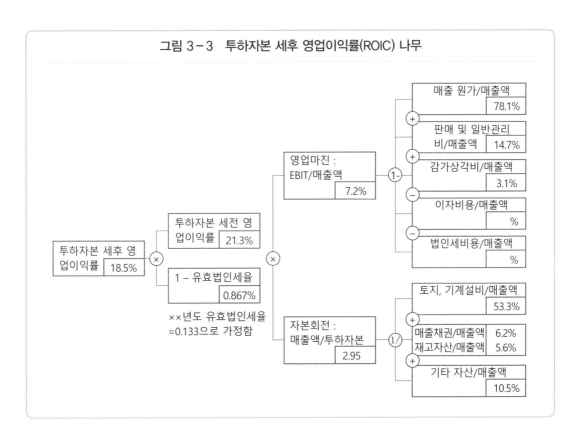

그림 3 - 3 투하자본 세후 영업이익률(ROIC) 나무

## 5   자본비용의 추정

### 1) 자본비용의 의의

자본비용(cost of capital)이란 기업이 조달한 자본에 대해 사용대가로 지불하는 비용을 말한다.

> 자본비용 = 지급대가/조달자본액

한편, 기업이 일정한 대가를 치르고 필요한 투자자본을 조달하기 위해서는 자본 제공자(채권자와 주주)의 기회 투자수익률을 충족시켜야 한다. 즉, 자본 제공자들이 투자자본을 위험도가 동일한 다른 투자대상에 투자하였을 때 얻을 수 있는 기회 투자수익률 수준이 되어야 한다. 자본 제공자 입장에서 보면 자본비용은 기회 투자수익률이다.

> 자본비용 = 기회 투자수익/자본 제공액

따라서 기업이 자본 제공자들의 기회 투자수익을 만족시키는 수준의 지급대가를 치르고 투자자본을 조달하였으면, 그 투자자본에 대해서는 최소한 자본비용 수준의 투자수익을 올려야 한다. 결국, 자본비용은 투자사업에 대한 요구수익률(required rate of return)이 된다.

물론 자본비용은 사후적으로 측정하기도 한다. 사후적 자본비용은 실제 조달했던 자본액에 대하여 명시적 비용 즉, 지급이자의 비율을 구하여 측정한다. 그러나 앞으로의 투자결정에 적용할 자본비용은 사전적 비용으로 기회비용의 의미를 지니며, 명시적 비용뿐만 아니라 묵시적 비용까지도 포함하여야 한다.

가중평균 자본비용(WACC)은 식 (3−21)과 같이 원천별 자본비용에 그 자본조달원의 조달비중에 따라 가중한 것이다.

$$WACC = k_d(1-t) \cdot \left( \frac{B}{B+S} \right) + k_e \cdot \left( \frac{S}{B+S} \right) \qquad (3-21)$$

여기서, $k_d$ : 세전 부채비용

$k_e$ : 자기자본비용

$t$ : 법인세율

$B$ : 부채의 시장가치

$S$ : 자기자본의 시장가치

FCF모형에 의해서 기업가치를 구할 때, WACC의 측정상 유의점을 정리하면 다음과 같다.

❶ 추정될 FCF의 현재가치를 구할 때 사용되는 할인율은 개별 자본비용(자기자본비용 혹은 부채비용)이 아니라 WACC라는 점이다. 왜냐하면, 분자의 FCF가 모든 자본 제공자(채권자와 주주)에게 이용 가능한 현금흐름이기 때문이다. 만약 분자의 CF가 주주에게 돌아가는 현금흐름으로 측정되어졌다면 할인율은 자기자본비용이 되어야 할 것이다. 요약하면, FCF를 WACC로 할인해야 분자와 분모의 일관성이 유지된다.

❷ 납세후 기준으로 측정한다는 점이다. 마찬가지 논리로 분자의 FCF가 납세후 기준으로 측정되었기 때문이다.

❸ 명목가치 기준으로 측정한다는 점이다. 자본비용 측정시에 실질 이자율에 기대 인플레이션이 합해진 명목자본비용으로 측정되어야 한다. 분자의 FCF 측정도 마찬가지이다.

❹ 가중평균을 할 때, 시장가치에 따라 가중치를 주어야 한다. 그 이유는 각 자본 제공자들이 주장하는 금액이 시장가치이기 때문이다.

## 2) 부채비용의 측정

부채비용을 측정하는 방법은 다음 3가지를 들 수 있다.

### (1) 만기수익률의 계산

당해 기업이 발행하고 있는 채권의 만기수익률은 결국 채권자의 기회 투자수익률을 뜻하므로, 만기수익률을 부채비용으로 사용할 수 있다.

만기수익률의 계산은 채권의 현재 시장 가격과 채권 투자수입(정기적 이자수입과 만기 시의 원금액)의 현재가치를 일치시키는 내부수익률이다. 예를 들어 10년 만기, 원금 100,000원에 연 10% 이자를 후급하는 회사채의 현재 시장 가격이 95,196원일 경우 다음 식에서 내부수익률을 구하면 12%가 된다. 따라서 이 기업의 부채비용을 12%로 측정하는 것이다.

$$95,196원 = \frac{10,000}{(1+r)} + \frac{10,000}{(1+r)^2} + \cdots + \frac{110,000}{(1+r)^{10}} \qquad (3-22)$$

### (2) 무위험이자율에 일정한 스프레드를 더해서 계산

회사의 채권자는 당해 기업이 지니는 영업위험과 재무위험이 높으면 원리금 상환능력이 의문시되므로 무위험이자율보다도 높은 일정한 스프레드(프리미엄)를 요구한다. 채권자의 입장에서 평가된 당해 기업의 신용도(원리금 상환능력)는 여러 가지 신용평가전문기관이 내리는 신용등급(bond rating)으로 나타난다. 채권시장에서는 채권의 신용등급별로 비슷한 만기수익률을 형성한다.

다음은 하나의 예이다.

| 채권 | | 수익률(%) | 국채 대비 회사채 스프레드 (bp) |
|---|---|---|---|
| 국고채3년 | | 1.64 | – |
| 회사채3년 | AAA | 1.87 | 23 |
| | AA$^0$ | 2.01 | 37 |
| | A$^0$ | 3.01 | 137 |
| | BBB$^0$ | 6.90 | 526 |
| | BB$^0$ | 11.50 | 986 |
| | B$^0$ | 16.66 | 1,502 |

부채비용을 측정하는 한 방법은 기업의 회사채 등급이 어느 그룹에 속해 있는지를 확인하여, 그 등급 회사채의 만기수익률, 즉 무위험이자율에 그 신용등급의 스프레드를 더하여 계산하는 것이다.

$$부채비용 = 무험이자율 + 유사 회사채 신용등급의 스프레드 \qquad (3-23)$$

### (3) 지급이자/이자지급부채의 계산

위의 (1) 방법이나 (2)의 방법이 여의치 못하면 부채비용을 구하는 마지막 방법은 명시적 비용인 지급이자액을 이자지급부채의 크기로 나누어 측정할 수밖에 없다. 여기서 이자지급부채는 매입채무와 같은 무이자부채를 제외시키고, 리스계약과 같은 부채성 항목은 포함시켜 측정한다.

(1), (2)의 경우도 마찬가지이지만, 부채비용은 앞에서 구한 부채비용에 (1−유효법인세율)을 곱하여 세후 기준으로 측정해야 한다. 왜냐하면, 부채사용에 대한 대가인 지급이자는 손비 처리되어 절세효과가 있기 때문이다. 절세된 크기는 (이자비용×유효법인세율)만큼이므로 이를 차감해야 한다.

$$\text{부채비용}=\text{세전 부채비용}\times(1-\text{유효법인세율}) \tag{3-24}$$

### 3) 자기자본비용의 측정

자기자본비용은 주주의 자본을 사용하는 것에 대한 지급대가를 말한다. 자기자본비용은 다음과 같이 증권시장에서 주주들의 기회 투자수익률을 기준으로 측정하는 방법을 사용하고 있다.

#### (1) 배당평가모형의 이용

정률배당성장모형이 적정하고, 현 시장 가격을 균형 가격($P_0$)으로 가정하여 역으로 기회 투자수익률을 계산하는 방법이다.

$$S_0 = \frac{d_1}{k_e - g} \qquad k_e = \frac{d_1}{P_0} + g \tag{3-25}$$

즉, 기업의 배당수익률($d_1/P_0$)과 이익성장률(시세차익 수익률)을 합하여 자기자본비용으로 측정한다.

#### (2) 이익평가모형의 이용

성장성을 가정하지 않은 이익평가모형이 성립한다고 보고, 역으로 현 시장 가격으로부터 기회 투자수익률을 계산하는 방법이다.

$$S_0 = \frac{E}{k_e} \cong P_0 \qquad k_e = \frac{E}{P_0} \qquad\qquad (3-26)$$

즉, 당해 기업의 PER의 역수(E/P)를 측정하여, 자기자본비용으로 계산한다.

### (3) CAPM의 이용

현대 자본시장이론에 의하면, 주주들의 요구수익률은 무위험이자율(risk-free rate)에 적정한 위험 보상률을 더해야 되는데, 적정한 위험 보상률은 분산투자를 하더라도 제거가 불가능한 체계적 위험을 반영하는 것이어야 한다. 이 체계적 위험의 정도는 시장수익률과의 관계에서 기울기로 계산되는 베타($\beta$)계수로 측정될 수 있기 때문에, 주주의 기회 투자수익률은 다음과 같이 시장위험 보상률($E(R_m) - R_f$)에 베타계수를 곱하여 구해진다.

$$k_e = R_f + \left[ E(R_m) - R_f \right] \cdot \beta \qquad\qquad (3-27)$$

위 모형을 이용하여 자기자본비용을 측정하자면 $R_f$, ($E(R_m) - R_f$), $\beta$ 등의 투입정보가 추정되어야 하는데, $R_f$는 장기 국공채 수익률을 많이 사용한다. 시장위험 보상률($E(R_m) - R_f$)은 미국시장 같은 경우는 역사적 시계열 자료상의 측정에 근거하여 4.5~5.0%인 것으로 보고 있다.

한편, 전 세계적으로 자본시장이 글로벌화됨에 따라서 펀드매니저의 자산 선택 범위도 전 세계적으로 확대되는 경향을 감안하여 다음과 같이 글로벌 위험 보상률(global risk premium)과 국가위험 보상률(country risk premium)을 반영하는 방법이 고려될 수 있다.

$$k_e = R_f + (\text{글로벌 위험 보상률} + \text{국가위험 보상률}) \qquad\qquad (3-28)$$

우리나라 증권시장에서의 위험을 감안한 위험 보상률은 6~8%가 적절한 것으로 추정된다.

마지막으로, $\beta$계수 추정은 개별 증권수익률과 시장수익률에 대하여 일별, 주별, 월별 수익률 자료를 사용할 수 있는데, 만약 $\beta$의 불안정성이 크면 산업평균 베타계수의 사용이 권장된다.

## 4) 목표 자본구조

원천별 자본비용들이 계산되면, 이들의 자본구성에 따라 가중치를 주어 가중평균하여 WACC를 추정한다. 그러면 어떤 방법으로 가중치를 주어야 하는가?

이론적으로는 부채와 자기자본의 시장가치를 구하여 이에 따라 가중치를 주어야 한다. 그러나 이 방법은 다음과 같은 문제점이 있어서 목표 자본구조(target capital structure)에 따라 가중치를 주는 방법이 선호된다.

① 부채와 자기자본의 시장가치는 계속적으로 변한다.
② 현재의 자본구조는 미래의 자본구조를 대표하지 못한다.
③ 할인율로 사용되는 WACC는 기간별로 다른 값을 사용하는 것이 아니라, 1개의 WACC를 사용한다. 따라서 장기적 목표치를 사용하는 것이 합리적이다.
④ 시장가치 기준을 적용할 때는 순환성의 문제가 야기된다. 즉, 자기자본의 시장가치를 모르면 WACC 계산이 불가능하고, 또 WACC를 모르면 자기자본의 시장가치를 측정할 수 없다.

따라서 현실적으로는 자본 구성비대로 가중치를 둘 때는 다음 3가지를 복합적으로 고려하는 방법이 합리적이다.

① 현재의 시장가치 기준의 자본구조
② 비교 가능 기업의 자본구조
③ 재무정책을 감안한 목표 자본구조

## 6 잔존가치의 추정

미래 현금흐름의 현재가치에 근거하여 기업가치를 평가할 때, 당면하는 문제 가운데 미래 현금흐름을 추정하는 기간을 얼마나 길게 잡느냐 하는 것과 예측기간 이후의 현금흐름의 가치를 어떻게 고려하여야 하는가이다.

## (1) 명시된 예측기간의 설정

잔존가치(continuing value : CV)란 명시적 예측기간 이후 현금흐름의 현재가치를 말하는데 존속 가치라고도 부른다. 잔존가치를 추정하기 위해서는 명시적 예측기간(explicit forecast horizon)이 설정되어야 한다. 이와 관련해서는 2가지 측면이 고려되어야만 한다.

첫째, 명시적 예측기간이 길고 짧아짐에 따라 기업가치는 달라지는가의 문제이다. 결론적으로 말하면, 예측기간이 얼마나 긴가는 최종적인 기업가치 추정에 영향을 주지 않는다. 예측기간이 길어지면 명시된 예측기간의 FCF의 현재가치가 커지는 반면 잔존가치는 작아진다. 만약 예측기간이 짧아지면 반대 현상이 나타나게 될 뿐이다.

둘째, 예측기간을 설정하는 현실적인 기준은 무엇인가 하는 것이다. 예측기간을 설정하는 기준으로 다음과 같은 항목들을 생각할 수 있다.

❶ 경쟁우위 유지 가능 기간
❷ ROIC＝WACC 되는 시점
❸ 고속성장 후 안정적(steady) 성장 수준을 유지하기 시작하는 시점

## (2) 잔존가치의 추정방법

예측기간 이후에 $FCF$가 $g$%만큼 정률로 성장한다고 가정하면 주식의 정률배당성장모형에서와 같이 $n$시점의 잔존가치는 다음과 같이 추정된다.

$$CV_n = \frac{FCF_{n+1}}{WACC - g} \tag{3-29}$$

이 추정방식을 가치 창출 요인들(value drivers)을 반영시켜 다시 표현하면 다음 식과 같이 된다.

$$CV_n = \frac{NOPLAT_{n+1} \cdot \left[1 - \left(\frac{g}{ROIC}\right)\right]}{WACC - g} \tag{3-30}$$

만약 예측기간 이후에 성장률이 0%로 정체될 것으로 예상되면 잔존가치는 다음과 같다.

$$CV_n = \frac{NOPLAT_{n+1}}{WACC} \qquad\qquad (3-31)$$

이 밖에도 잔존가치 추정 시 활용될 수 있는 방법으로는 다음과 같은 것이 있다.

❶ 예측기간 최종 수년간($n$)의 $FCF$의 평균 수준을 영구히 유지한다고 가정한 추정방법 : 식 (3−31)의 한 응용으로써 예측기간 마지막 수 년간 $FCF$의 평균 수준에서 0%의 성장을 영구히 한다고 가정하면 잔존가치는 다음과 같이 추정된다.

$$CV_n = \frac{FCF\ 최종\ 수년\ 평균}{WACC} \qquad\qquad (3-32)$$

❷ 대체원가, 청산가치 기준 : 예측기간 끝 시점에서 예상되는 자산의 대체 원가나 청산가치를 잔존가치로 보는 방법이다.

❸ PER모형 이용법 : 적정 $PER$에 주당이익을 곱하면 적정 주가가 구해지는 관계를 이용하여, 예측기간 말 예상되는 $PER$에 그 시점의 예상 주당이익을 곱하는 방법이다.

❹ PBR(M/B)모형 이용법 : 마찬가지 방법으로 예측기간 말 예상되는 $PBR$에 그 시점의 예상 주당순자산을 곱하는 방법이다.

### 7　적정 주가의 추정

이상에서 예측기간 동안의 $FCF$, $WACC$, 잔존가치의 추정방법에 대해서 살펴보았다. 이제 최종적인 적정 주가를 추정하는 데 남은 추정작업은 다음 $FCF$모형에서 보는 것처럼 영업외가치와 부채가치를 추정하는 것이다.

$$v_0 = \sum_{t=1}^{n} \frac{FCF_t}{(1+WACC)^t} + \frac{CV_n}{(1+WACC)^n} + 영업외\ 가치 \qquad\qquad (3-33)$$

$$S_0 = \frac{V_0 - 부채가치}{발행주식수} \tag{3-34}$$

## (1) 영업외 가치

영업외 가치(non-operating value)란 기업의 핵심 경영활동 이외의 부문에서 지니고 있는 가치를 말한다. 기업 전체 가치($V_0$)를 추정하는 최종단계에서 영업외 가치가 더해지는 이유는 예측기간의 $FCF$의 현재가치와 잔존가치의 현재가치는 기업의 본업(영업)활동에 한정하여 창출되는 가치만을 측정하였기 때문이다. 그러나 영업가치를 추정하는 단계에서 제외되었던 시장성 유가증권, 투자자산 등도 기업가치를 구성하는 중요한 부문이다.

따라서 영업가치를 추정할 때, 제외되었던 영업외 자산(non-operating assets)을 합하여 기업 전체 가치 추정에 포함되도록 해야 한다.

## (2) 부채가치의 계산과 적정 주가의 추정

기업 전체 가치($V_0$ : firm value)가 추정되었으면 부채가치($B_0$ : debt value)를 차감하여 자기자본가치(equity value)를 구하는 작업이 이루어져야 한다. 부채가치는 기업이 창출한 가치에 대한 청구권을 주주보다 먼저 행사하는 채권자 지분을 말한다. 회사채, 차입금의 시장가치, 우선주의 시장가치, 외부 주주 지분(minority interests), 운영리스, 스톡옵션 등이 이에 해당된다.

최종적으로 주당 주식가치는 기업 전체 가치($V_0$)에서 부채가치($B_0$)를 차감한 자기자본가치를 발행주식수로 나누어 추정한다.

$$주당 주식가치 = \frac{V_0 - B_0}{발행주식수}$$

## (3) 시나리오 · 민감도 분석과 종합 결론

지금까지 아래와 같은 단계를 거쳐, $FCF$모형에 의한 적정 주가의 추정방법을 설명하였다.

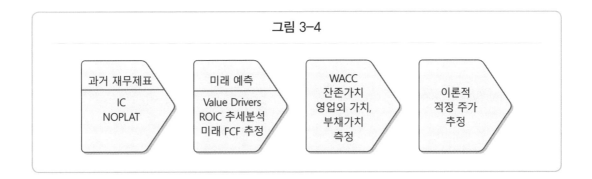

그림 3-4

| 과거 재무제표<br><br>IC<br>NOPLAT | 미래 예측<br><br>Value Drivers<br>ROIC 추세분석<br>미래 FCF 추정 | WACC<br>잔존가치<br>영업외 가치,<br>부채가치<br>측정 | 이론적<br>적정 주가<br>추정 |

이러한 과정을 밟아 적정 주가를 추정하기 위해 주요 투입정보에 대하여 여러 가지 가정을 하였다. 미래의 성장은 불확실하므로 투자결정의 유연성을 높이기 위해서는 주요 투입정보의 가정이 달라질 경우의 추정값(기업가치 혹은 이론적 적정 주가 추정치)을 구해보는 것이 큰 도움이 된다. 즉 시나리오·민감도 분석을 실시하는 것이다. 또한 추정의 신뢰성을 높이기 위해서는 추정과정에서의 항목 간 논리적 연계성과 일관성 등이 평가되어야 한다.

민감도 분석(sensitivity analysis)은 설명변수(여기서는 가치 창출 요인 변수들)가 달라질 때 결과값(여기서는 기업가치)이 어느 정도 영향을 받는지 민감도를 측정하는 계량적인 측정방법이다. 기업가치에 영향을 주는 영업마진, 자산 효율성, ROIC, WACC, 성장률 등은 미래 상황 전개에 따라 얼마든지 달라질 수 있다. 미래에 전개될 상황은 이들 가치 창출 요인들에 가장 크게 영향을 주는 구성요소들을 중심으로 몇 가지 시나리오를 예상할 수 있다.

## section 04  주가배수 평가모형

3절에서는 미래 기대 현금흐름과 적정한 할인율의 추정을 전제로 주식의 내재가치를 구하여 투자결정의 기준으로 삼는 방법에 대해서 설명하였다. 그러나 이 방법은 실용적이지 못한 면이 많다. 주식분석의 출발과 근간이 되지만, 미래 현금흐름을 예측하고 적정한 할인율을 추정하는 과정은 주관적이고 불확실성이 커서 오류가 수반되기 쉽다.

오래 전부터 증권실무에서는 이러한 분석상의 제약점을 극복하는 방법으로 PER(이익 승수,

주가수익비율)과 PBR(주당순자산비율) 등 주가배수(multiples) 평가방법을 많이 사용하고 있다.

## 1 PER 평가모형

### (1) PER의 의미

주가수익비율(price earning ratio : PER)은 현주가(price)를 주당순이익(EPS)으로 나눈 것이다. 이 지표는 일차적으로 기업이 벌어들이고 있는 한 단위의 이익에 대해 증권시장의 투자자들이 얼마의 대가를 지불하고 있는가를 뜻한다. 즉, 기업의 단위당 수익력(수익가치)에 대한 상대적 주가 수준을 나타낸 것이다. 주당이익에 비하여 주가가 몇 배인지를 나타낸다는 의미에서 이익 승수(earnings multiplier)라고도 한다.

예를 들어, S전자(주)의 경우 주당이익이 3,000원이고, 현재의 주가는 30,000원이라면 PER은 10배가 된다. 이는 S사의 1원의 수익력에 대해서 투자자들이 10배의 대가를 지불하고 있음을 뜻한다.

그런데 PER은 동종 산업 내의 기업이라도 큰 차이를 보일 수 있다. S사와 동종 산업에 속한 A전자(주)의 경우 주당이익이 2,000원이고 현재의 주가가 40,000원이라면 A사의 PER은 20배가 된다. 왜 A사의 주당이익은 S사보다 낮은데 주가는 높아 PER이 높은가?

이처럼 주당이익 1원은 명목상 화폐가치로 볼 때 똑같겠지만 시장이 보상하는 가격이 다른 것은 PER이 각 기업이 지니는 수익력의 질(earning quality)의 차이를 반영하기 때문이다. 앞의 예에서 PER에 차이가 있는 것은 A사가 벌어들이는 주당이익 1원의 질이 S사보다도 높게 반영된 것으로 볼 수 있다.

구체적으로 각 주식들 간에 PER이 차이가 나는 원인(cross-sectional difference)은 다음과 같이 수익력의 질적 차이를 가져오는 요인들에 의해서 설명될 수 있다.

❶ 기업의 미래 성장률의 차이
❷ 영업위험, 재무위험의 차이
❸ 회계처리방법(이익추정의 일관성, 예측 가능성)의 차이
❹ 시장에서의 경쟁적 지위의 차이
❺ 이윤 잠재력을 극대화시킬 수 있는 경영자 능력의 차이

이처럼 PER은 각 증권의 수익력에 대한 질적 평가가 반영된 것이므로 그 증권에 대한 투자자의 신뢰도를 나타낸 것으로도 해석할 수 있다. 앞에서 본 예의 경우 A사가 미래 성장률, 여러 가지 위험, 회계적 이익이 과대계상되는 정도 등의 면에서 수익력에 대한 신뢰도가 S사보다 높다고 해석할 수 있다. 이러한 의미에서 PER은 신뢰도 지수(confidence index)의 의미도 있다. 그래서 증권시장 전체의 평균 PER이나 특정 산업의 평균 PER은 투자자의 증권시장 전체, 특정 산업에 대한 종합적인 신뢰도를 반영한 것으로 볼 수 있다.

## (2) PER을 이용한 이론 주가의 추정

PER을 주식가치평가에 활용하는 것은 다음과 같이 PER에 주당이익을 곱하면 주가가 되는 관계에 근거한 것이다.

$$P(주가) = \frac{P}{E}(주가수익배율) \times E(주당이익) \qquad\qquad (3-35)$$

이 관계를 이용하여 특정 시점의 이론 주가를 구하는 것은 다음과 같이 특정 시점의 주당이익에 정상적 PER을 곱하는 것이 된다.

$$
\begin{aligned}
P_0^* &= P / E^* \times E_0 \\
P_n^* &= P / E^* \times E_n
\end{aligned} \qquad\qquad (3-36)
$$

여기서, $P_0^*$ : 현재 시점의 이론적 주가

$P_n^*$ : $n$시점의 이론적 주가

$P/E^*$ : 정상적 이익 승수(PER)

$E_0$ : 현재 시점의 주당이익

$E_n$ : $n$시점의 주당이익 $E_0(1+g)n$

따라서 PER모형을 투자결정에 이용하기 위해서는 정상적 이익 승수(normalized PER)를 구하는 것이 핵심이 된다.

PER을 이용하여 적정 주가를 추정함에 있어서는 식 (3-35), 식 (3-36)에서 보는 것처럼 정상적 PER(P/E*)을 추정하는 것이 분석의 요체가 된다. 정상적 PER을 구하는 데는 다음과 같은 방법이 이용되고 있다.

❶ 동류 위험을 지닌 주식들의 PER을 이용하는 방법 : PER은 수익력의 질적 측면을 나타내는 지표이므로 위험이 비슷한 주식군의 경우는 같은 수준의 PER이 유지될 것으로 볼 수 있다. 여러 증권에 대한 주관적인 위험평가에 기초하여 분석대상 주식과 가장 유사한 성격을 지닌 주식들의 PER을 대용 PER로 이용한다.

❷ 동종 산업의 평균 PER을 이용하는 방법 : 앞의 방법대로 위험도와 영업 성격이 비슷한 주식군을 발견하는 것이 실제로는 용이한 일이 아니다. 현실적으로 위험도와 영업 성격이 비슷한 주식군은 주로 동종 산업 내의 경쟁업체이므로 산업평균 PER을 사용한다.

❸ 과거 수년간의 평균 PER을 이용하는 방법 : PER은 결국 투자자들의 그 증권에 대한 신뢰도를 나타내므로 특정 증권의 과거 일정기간(5~10년)의 평균 PER은 평균적인 신뢰도를 보여준다. 따라서 정상적 PER은 과거의 평균적인 신뢰도 수준을 유지하는 것으로 보고 과거 평균 PER을 이용한다.

❹ 배당평가모형을 이용하여 PER을 구하는 방법 : 주식의 이론적 균형 가치는 배당평가모형에 의해서 결정된다고 보고 이를 이용하는 방법이다. 즉 항상성장모형은 식 (3−37)로 표시되는데 이로부터 P/E은 식 (3−38)과 같이 결정됨을 알 수 있다.

$$P_0 = \frac{d_1}{k-g} = \frac{E_1(1-f)}{k-g} = \frac{E_1(1-f)}{k-f \cdot r} \tag{3−37}$$

$$\frac{P_0}{E_1} = \frac{1-f}{R-g} = \frac{1-f}{R-f \cdot r} \qquad \text{또는} \qquad \frac{P_0}{E_0} = \frac{(1-f)(1+g)}{R-f \cdot r} \tag{3−38}$$

여기서, $f$ : 사내유보율

$1-f$ : 배당성향

$r$ : 재투자수익률(ROE)

따라서 이 방법을 이용하려면 $g$, $1-f$, $k$의 추정이 필요하다.

> **예시**

B사의 현재 주가는 18,000원이고 주당이익은 3,000원이다. B사는 매년 10%의 성장을 계속하고, 40%의 배당성향을 유지할 것으로 전망된다. 또 투자자들의 요구수익률은 15%이고 내년도 주당이익

은 3,300원으로 예상된다.

한편 동종 산업 내의 경쟁업체 평균 PER은 9배이고 과거 5년간의 평균 PER은 10배였다. B사의 1년 후 주가를 얼마로 예측할 수 있는가?

(풀이)

현재 PER = 18,000/3,000 = 6배수

1년 후 주당이익 = 3,000(1 + 0.1) = 3,300원

① 산업평균을 이용할 경우

$$P_1 = \frac{P}{E^*} \times E_1 = 9 \times 3,300 = 29,700 \, 원$$

② 과거 평균을 이용할 경우

$$P_1 = \frac{P}{E^*} \times E_1 = 10 \times 3,300 = 33,000 \, 원$$

③ 배당평가모형을 이용할 경우

$$\frac{P_0}{E_1} = \frac{P}{E^*} = \frac{1-f}{k-g} = \frac{0.4}{0.15 - 0.1} = 8.0$$

$P_0 = 8.0 \times 3,300 = 26,400원$

$P_1 = 26,400원 \times 1.1 = 29,040$

## (3) PEG 비율, 상대적 PER 평가

PER을 이용하여 증권의 과소·과대 여부를 평가하는 한 방법으로 PEG 비율과 상대적 PER 평가방법을 사용할 수 있다.

각 주식들 간에 PER이 차이가 나는 원인은 여러 가지가 있지만, 가장 큰 원인은 각 기업의 미래 성장률의 차이라고 할 수 있다. 기대 성장률의 차이가 PER에 적절히 반영되고 있는지를 판단할 수 있는 방법은 PER을 기대 성장률로 나누어 측정한 PEG(PER to growth rate) 비율을 비교해보는 방법이다.

$$PEG \text{ 비율} = \frac{PER}{\text{기대 성장률}}$$

만약 A기업의 PER이 20배이고 기대 성장률이 10%, B기업의 PER이 30배이고 기대 성장률이 20%라면, B기업이 기대 성장을 감안하면 과소평가되었다고 판단할 수 있다.

한편 PER은 기업의 1단위 수익력에 대한 질적평가 내지는 신뢰도를 뜻한다. 따라서 여러 증권들의 PER을 비교하거나 서로 다른 시점의 PER 변화를 비교하면 상대적인 주가 수준을 평가하는 방법이 된다.

상대적으로 평가할 때는 보통 개별 증권의 PER과 증시 전체의 평균 PER 혹은 산업평균 PER을 상호 비교하여 주가 상승 혹은 하락 가능성을 평가한다. 또한 현재의 PER과 과거 일정 기간의 평균 PER을 상호 비교함으로써 주가의 상대적인 회복 수준을 평가하기도 한다.

이를테면 어느 개별 증권의 PER이 과거 평균 PER보다 50% 정도 높아졌더라도, 산업평균 PER이나 증시 전체의 PER은 100% 정도 상승하였고, 수익력에 근본적인 변화가 없었다면 그 증권의 주가 상승은 상대적으로 낮다고 해석할 수 있다. 다음 구체적 예를 통해 상대적 주가 수준을 평가하는 방법을 보기로 하자.

한편 PER의 변동에 근거하여 주가의 과소·과대평가 여부를 파악하는 방법은 주당이익과 주가 변화의 시계열 자료를 통해서 시도할 수 있다. 즉, 주당이익의 증가율보다 주가의 상승률이 낮다면 PER은 낮아질 것인데 이러한 종목이 있다면 적극적인 투자대상이 될 수 있다.

## (4) PER의 유용성과 한계점

PER모형은 이상에서 설명한 바와 같이 적정 주가 수준을 추정하거나 수익가치를 감안하여 상대적 주가 수준을 평가할 때 매우 유용하게 사용될 수 있다. 그 동안 실제 증권투자의 시장이 비효율적인 것을 전제하여 저(低)PER주식의 포트폴리오가 투자수익이 높다고 보고 PER의 크기에 기초한 투자전략이 구사되기도 하였다.

이는 학계의 실증분석 연구결과에 의해서 뒷받침되고 있는데, 바수(S. Basu) 등은 저PER 주식일수록 투자수익률이 높아지는 것을 실증적으로 분석하였다.

한편 PER모형이 증권분석에 더욱 유용하게 쓰이기 위해서는 PER의 계산상의 문제점을 이해하고 계산방법을 개선하여 주가 예측의 신뢰성을 높이는 방법을 강구하는 것이 필요하다.

먼저 PER을 계산하는 데는 다음과 같은 문제점이 제기될 수 있는데, PER의 유용성을 높이는 여러 가지 방법이 강구될 수 있다.

❶ 분자의 주가 자료로 어느 일자의 주가를 선택하느냐의 문제이다. 회계연도 마지막 날의 종가를 사용하거나 이익발표 직전 일정기간 동안의 주가 평균을 사용하는 방법이 있는

데, 후자의 방법이 분모의 주당이익에 정보내용을 적절히 반영시킨다는 장점이 있다.

❷ 분모의 주당이익 자료로 어느 기간의 주당이익을 사용하느냐의 문제이다. 분기별, 반기별 주당이익 자료가 있으면 최근 12개월의 평균 주당이익을 이용하는 것이 정확할 것이다. 더욱 바람직한 것은 당해연도의 예측된 주당이익을 이용하는 것이 논리적으로 합당할 것이다. 왜냐하면 주가는 미래 예상되는 이익을 반영한 것이기 때문이다.

❸ 주당이익을 계산할 때 어떤 이익을 기준으로 할 것인가의 문제이다. 납세 후 순이익을 사용할 수도 있지만 비경상항목인 특별손익을 제외한 경상이익을 이용하면 PER의 유용성을 높일 수 있다. 납세후 순이익보다 경상이익은 특별손익 항목이 제외되어 항구적인 수익력을 평가하는 기준이 되기 때문이다.

❹ 발행주식수에는 보통 현재 발행주식수를 기준으로 하지만, 전환증권의 발행이 있으면 희석화(diluted)되는 주식수를 포함시키는 것이 합리적이다.

❺ 음(−)의 주당이익을 처리하는 문제이다. 주당이익이 음(−)이면 PER도 음(−)이 되는데, 산업평균 PER을 계산할 때 이러한 음(−)의 PER기업도 포함시킬 것인지가 문제가 된다. 포스터(G. Foster)에 의하면 음(−)의 PER도 미래 이익에 대한 시장의 기대치로써 정보가치가 있기 때문에 그대로 사용할 것을 제안하고 있다.

❻ PER의 크기는 분자보다는 분모(주당이익)의 크기에 따라 민감하게 변동하는 경향이 있는데, 경기순환에 취약한 기업의 PER이나 적은 이익을 낸 기업의 PER은 그만큼 변동성이 커서 PER의 신뢰성이 떨어진다.

❼ PER의 국제 비교를 통하여 주가 수준을 상대평가할 때는 여러 가지 한계점을 인식할 필요가 있다. 특히 국가 간에 회계처리방법이나 세제 등 기업환경의 차이가 클 수 있으므로 주의해야 한다.

❽ PER지표의 근본적인 문제점의 하나는 분모에 경제적 이익보다는 역사적 취득 원가에 기초한 회계적 이익을 사용한다는 점이다. 결과적으로 인플레이션이 높은 경제하에서는 회계적 이익이 과대계상되어 PER이 낮아지는 경향이 있다.

## (1) PBR의 의의

주당순자산비율(PBR)은 주가를 주당순자산, 즉 자기자본의 주당장부가치(BPS=[총자산−총부채]/발행주식수)로 나눈 비율이다. 보통주의 주당 가치를 평가함에 있어서 시장 가격(분자)과 장부가치(분모)의 괴리 정도를 평가하는 자기자본 평가지표(equity valuation index)인 것이다. 총액기준으로 M/B이라고도 한다.

$$PBR = \frac{주가(price)}{주당\ 순자산(BPS)} = \frac{주당\ 시장\ 가격}{주당\ 장부가치} \tag{3-39}$$

PER이 수익가치와 대비한 상대적 주가 수준을 나타내는 지표인 반면에 PBR은 자산가치와 대비한 상대적 주가 수준을 측정한 지표라는 데 근본적인 차이점이 있다. 또한 PER이 주가와 수익의 플로우(flow)관계를 나타내는 데 비하여 PBR은 주가와 순자산의 스톡(stock)관계를 나타내는 지표가 된다.

근래에 투자판단 지표로 PBR에 대한 관심이 높아지는 데는 몇 가지 이유가 있다. 그 하나는 1980년대 후반 이후 각국이 고주가 시대를 맞으면서 PER이 높아지고 변동성이 커지면서 투자판단 지표로써의 유효성이 떨어진 반면에 PBR은 그렇지 않기 때문이다. 많은 경우 PBR은 세 배 이하인 것으로 나타나고 있다. 이 밖에 인플레이션 경제하에서, 산업에 따라서 자산가치가 중요해지는 데도 이유가 있다.

본래 대차대조표상에 보통주 한 주에 귀속되는 주당순자산가치(장부가치)가 실질가치를 정확히 반영하면 PBR은 1이 되어야 한다. 그러나 대부분 기업들의 PBR은 주가(시장 가격)와 주당순자산(장부가치)이 같지 않으므로 1이 아니다.

기업 간의 PBR이 차이를 보이는 것은 기업의 주당순자산의 질적차이를 반영한 것이다. 시장의 경쟁상황, 위험의 변화로 기업마다 미래 현금흐름, 주요 자산들에 대한 효율적 이용도, 자산의 노후화 정도, 부외부채의 크기 등이 다르기 때문이다.

## (2) PBR의 투자결정에의 이용

PBR을 이용하여 주식의 이론적 가치를 추정하는 방법은 PER이용방법과 동일하다. 정상적 PBR에 BPS를 곱하여 이론적 가치를 추정한다.

$$P_0^* = P / B \times BPS \qquad\qquad\qquad (3-40)$$
여기서, $P/B$ : 정상적 주당순자산배율(PBR)
$BPS$ : 주당순자산

정상적 PBR을 추정하는 작업은 앞에서 설명한 PER 추정방법과 동일하게 구할 수도 있고 다음 식 (3−41)과 같이 자기자본순이익률(ROE)에 PER을 곱하여 추정할 수도 있다.

$$
\begin{aligned}
PBR &= \frac{\text{자기자본 시장 가격}}{\text{자기자본 장부가액}} \qquad\qquad (3-41)\\[2mm]
&= \frac{\text{순이익}}{\text{자기자본장부가액}} \times \frac{\text{자기자본 시장 가격} \div \text{발행주식수}}{\text{순이익} \div \text{발행주식수}}\\[2mm]
&= (\text{자기자본 순이익률}) \times (P/E)\\[2mm]
&= \frac{\text{순이익}}{\text{매출액}} \times \frac{\text{매출액}}{\text{총자본}} \times \frac{\text{총자본}}{\text{자기자본}} \times (P/E)\\[2mm]
&= (\text{마진}) \times (\text{활동성}) \times (\text{부채 레버리지}) \times (\text{이익 승수})
\end{aligned}
$$

한편 위의 식에서 이론적 PER은 $(1-f)/(k-g)$이고 $g = f \cdot ROE$이므로 PBR(또는 M/B비율)은 다음 관계에서 평가될 수 있다.

$$
\begin{aligned}
PBR(M/B) &= ROE \times (P/E)\\[2mm]
&= \frac{ROE \times (1-f)}{k-g} = \frac{ROE - f \cdot ROE}{k-g}\\[2mm]
&= \frac{ROE - g}{k-g}
\end{aligned}
$$

여기서 PBR의 구성요소를 보면 ROE의 결정요소인 기업의 마진, 활동성, 부채 레버리지 그리고 기업 수익력의 질적 측면(PER)이 반영된 지표인 것을 알 수 있다.

특히 ROE가 PBR에 미치는 영향이 큰데 다음 그림과 같이 고ROE·저PBR주식은 저평가, 저ROE·고PBR 주식은 고평가된 것으로 판단할 수 있다.

| 고ROE | 저평가 | |
|---|---|---|
| 저ROE | | 고평가 |
| | 저PBR(M/B) | 고PBR(M/B) |

## 3 PSR, EV/EBITDA, PCFR 평가모형

근래 벤처기업에 대한 관심이 높아지면서 PSR(주당매출액배율)을 주식평가에 활용하는 경우가 많아지고 있다.

PSR(price sales ratio)은 주가를 주당매출액으로 나눈 것으로 기업의 외형적인 성과척도인 주당매출액에 비교하여 상대적 주가 수준을 평가하는 지표로 사용되고 있다.

$$\frac{P}{S} = \frac{주가}{매출액 \div 발행주식수}$$

벤처산업에서는 처음 수년간 이익을 내지 못하는 경우가 많으므로 앞에서 소개한 수익가치평가모형이나 PER모형 또는 PBR모형을 적용하기 어렵다. 이들 기업은 초기에 외형의 성장이나 빠른 시장점유 확보가 장기적 이익 창출로 이어진다는 가정에서 주당매출액을 중시하는 것이다.

PSR을 이용하여 주가를 예측하는 것은 앞의 PER, PBR평가모형과 같다. 정상적 P/S 비율에 주당매출액(S)을 곱한다.

$$P^* = \frac{P}{S} \times S$$

정상적 P/S 비율은 매출액순이익률(=순이익/매출액)을 $M$이라 하면 배당성장모형에서 다음과 같이 결정됨을 알 수 있다.

$$P_0 = \frac{E_o \times (1+g)(1-f)}{k-g}$$

$$= \frac{S \times M \times (1+g)(1-f)}{k-g}$$

$$(\because 주당이익(E_0) = 주당매출액(S) \times 매출액순이익률(M))$$

$$\frac{P}{S} = \frac{M \times (1+g)(1-f)}{k-g}$$

$\dfrac{P}{S}$ 비율은 마진(매출액 순이익률)에 따라 크게 영향을 받음을 알 수 있다.

다음 그림처럼 고마진·저P/S 주식은 상대적으로 저평가, 저마진·고P/S 주식은 상대적으로 고평가된 것으로 판단할 수 있다.

| 고마진 | 저평가 | |
|---|---|---|
| 저마진 | | 고평가 |
| | 저PSR | 고PSR |

주식가치나 기업가치 평가에서 현금흐름의 중요성이 높아지면서 EV/EBITDA, PCFR비율의 사용이 증가하고 있다.

EV/EBITDA비율은 다음과 같이 기업 전체 가치(enterprise value)를 EBITDA(earning before interest, tax, depreciation & amortization)로 나눈 것이다.

$$\frac{EV}{EBITDA} = \frac{기업가치}{이자 \cdot 세금 \cdot 감가상각비 \text{ } 차감전 \text{ } 이익}$$

여기서, $EV$(기업가치) : 주식의 시가총액(=주가×발행주식수)+순차입
금(=총차입금−현금·투자유가증권)

$EBITDA$ : 이자비용, 법인세비용, 유·무형자산 감가상각이전
상각 차감전 순이익

EBITDA는 세전 영업이익(EBIT)에 비현금성비용 항목인 감가상각비를 합한 것이므로 세전

영업현금흐름을 측정한 것이다. 따라서 현금흐름의 크기를 감안할 경우 기업가치가 상대적으로 얼마나 높은지를 평가할 수 있다.

회계적 순이익은 회계처리방법(감가상각방법 등)과 영업외적 요인에 의해서 크게 영향을 받을 수 있으나 EBITDA는 이러한 요인에 의해서 영향받지 않는다는 장점이 있다.

PCFR비율은 다음과 같이 주가를 주당현금흐름으로 나눈 것이다.

$$\frac{P}{CF} = \frac{주가}{주당현금흐름}$$

여기서, 현금흐름($CF$): 당기순이익 + 현금유출 없는 비용(감가상각비 등) −
현급유입 없는 수익

투자결정 지표로써의 의미는 EV/EBITDA와 유사하게 현금흐름을 감안한 상대적 주가 수준을 평가할 수 있는 지표라는 점이다. 감가상각비가 많은 장치산업의 주식평가에 유용성이 높다.

# 현가표 및 연금현가표(부록)

$$P = \frac{1}{(1+r)^n}$$

## 1. 현가표

기간이자율($r$)

| 기간수 ($n$) | 1% | 2% | 3% | 4% | 5% | 6% | 7% | 8% | 9% | 10% |
|---|---|---|---|---|---|---|---|---|---|---|
| 1 | .9901 | .9704 | .9709 | .9615 | .9524 | .9434 | .9646 | .9259 | .9174 | .9091 |
| 2 | .9803 | .9612 | .9426 | .9246 | .9070 | .8900 | .8734 | .8573 | .8417 | .8264 |
| 3 | .9706 | .9423 | .9151 | .8890 | .8638 | .8396 | .8163 | .7938 | .7722 | .7513 |
| 4 | .9610 | .9238 | .8885 | .8548 | .8227 | .7921 | .7629 | .7350 | .7084 | .6830 |
| 5 | .9514 | .9057 | .8626 | .8219 | .7835 | .7473 | .7130 | .6806 | .6499 | .6209 |
| 6 | .9420 | .8880 | .8375 | .7903 | .7462 | .7050 | .6663 | .6302 | .5963 | .5645 |
| 7 | .9327 | .8706 | .8131 | .7599 | .7107 | .6651 | .6227 | .5835 | .5470 | .5132 |
| 8 | .9235 | .8535 | .7894 | .7307 | .6768 | .6274 | .5820 | .5403 | .5019 | .4665 |
| 9 | .9143 | .8368 | .7664 | .7026 | .6446 | .5919 | .5439 | .5002 | .4604 | .4241 |
| 10 | .9053 | .8203 | .7441 | .6756 | .6139 | .5584 | .5083 | .4632 | .4224 | .3855 |
| 11 | .8963 | .8043 | .7224 | .9496 | .5847 | .5268 | .4751 | .4289 | .3875 | .3505 |
| 12 | .8874 | .7885 | .7014 | .6246 | .5568 | .4970 | .4440 | .3971 | .3555 | .3186 |
| 13 | .8787 | .7730 | .6810 | .6006 | .5303 | .4688 | .4150 | .3677 | .3262 | .2897 |
| 14 | .8700 | .7579 | .6611 | .5775 | .5051 | .4423 | .3878 | .3405 | .2992 | .2633 |
| 15 | .8613 | .7430 | .6419 | .5553 | .4810 | .4173 | .3624 | .3152 | .2745 | .2394 |
| 16 | .8528 | .7284 | .6232 | .5339 | .4581 | .3936 | .3387 | .2919 | .2519 | .2176 |
| 17 | .8444 | .7143 | .6052 | .5134 | .4363 | .3714 | .3166 | .2703 | .2311 | .1978 |
| 18 | .8360 | .7002 | .5874 | .4936 | .4155 | .3503 | .2959 | .2502 | .2120 | .1799 |
| 19 | .8277 | .6864 | .5703 | .4746 | .3957 | .3305 | .2765 | .2317 | .1945 | .1635 |
| 20 | .8195 | .6730 | .5537 | .4564 | .3769 | .3118 | .2584 | .2145 | .1784 | .1486 |
| 21 | .8114 | .6598 | .5375 | .4388 | .3589 | .2942 | .2415 | .1987 | .1637 | .1351 |
| 22 | .8034 | .6468 | .5219 | .4220 | .3418 | .2775 | .2257 | .1839 | .1502 | .1228 |
| 23 | .7954 | .6324 | .5067 | .4057 | .3256 | .2618 | .2109 | .1703 | .1378 | .1117 |
| 24 | .7876 | .6217 | .4919 | .3901 | .3101 | .2470 | .1971 | .1577 | .1264 | .1015 |
| 25 | .7798 | .6095 | .4776 | .3751 | .2953 | .2330 | .1842 | .1460 | .1160 | .0923 |
| 26 | .8820 | .5976 | .4637 | .3604 | .2812 | .2198 | .1722 | .1352 | .1064 | .0839 |
| 27 | .7644 | .5859 | .4502 | .3468 | .2678 | .2074 | .1609 | .1252 | .0976 | .0763 |
| 28 | .7568 | .5744 | .4371 | .3335 | .2551 | .1956 | .1504 | .1159 | .0895 | .0693 |
| 29 | .7493 | .5631 | .4243 | .3207 | .2429 | .1846 | .1406 | .1073 | .0822 | .0630 |
| 30 | .7419 | .5521 | .4120 | .3083 | .2314 | .1741 | .1314 | .0994 | .0754 | .0573 |
| 35 | .7059 | .5000 | .3554 | .2534 | .1813 | .1301 | .0937 | .0676 | .0490 | .0356 |
| 40 | .6717 | .4529 | .3066 | .2083 | .1420 | .0972 | .0668 | .0460 | .0318 | .0221 |
| 45 | .6391 | .4102 | .2644 | .1712 | .1113 | .0727 | .0476 | .0313 | .0207 | .0137 |
| 50 | .6080 | .3715 | .2281 | .1407 | .0872 | .0543 | .0339 | .0123 | .0134 | .0085 |
| 60 | .5504 | .3048 | .1697 | .0957 | .0535 | .0303 | .0173 | .0099 | .0057 | .0033 |

| 기간수 (n) | 11% | 12% | 13% | 14% | 15% | 16% | 17% | 18% | 19% | 20% |
|---|---|---|---|---|---|---|---|---|---|---|
| 1 | .9009 | .8929 | .8850 | .8772 | .8696 | .8621 | .8547 | .8475 | .8403 | .8333 |
| 2 | .8116 | .7972 | .7831 | .7695 | .7561 | .7432 | .7305 | .7182 | .7062 | .6944 |
| 3 | .7312 | .7118 | .6931 | .6750 | .6575 | .6407 | .6244 | .6086 | .5934 | .5787 |
| 4 | .6587 | .6355 | .6133 | .5921 | .5718 | .5523 | .5337 | .5158 | .4987 | .4323 |
| 5 | .5935 | .5674 | .5428 | .5194 | .4972 | .4761 | .4561 | .4371 | .4190 | .4019 |
| 6 | .5346 | .5066 | .4803 | .4556 | .4323 | .4104 | .3898 | .3704 | .3521 | .3349 |
| 7 | .4817 | .4523 | .4251 | .3996 | .3759 | .3538 | .3332 | .3139 | .2959 | .2791 |
| 8 | .4339 | .4039 | .3862 | .3506 | .3269 | .3050 | .2848 | .2660 | .2487 | .2326 |
| 9 | .3909 | .3606 | .3329 | .3075 | .2843 | .2630 | .2434 | .2255 | .2090 | .1938 |
| 10 | .3522 | .3220 | .2946 | .2697 | .2472 | .2267 | .2080 | .1199 | .1756 | .1615 |
| 11 | .3173 | .2875 | .2607 | .2366 | .2149 | .1954 | .1773 | .1619 | .1476 | .1346 |
| 12 | .2858 | .2567 | .2307 | .2076 | .1869 | .1685 | .1520 | .1372 | .1240 | .1122 |
| 13 | .2575 | .2292 | .2042 | .1821 | .1625 | .1452 | .1299 | .1163 | .1042 | .0935 |
| 14 | .2320 | .2046 | .1807 | .1597 | .1413 | .1252 | .1110 | .0985 | .0876 | .0779 |
| 15 | .2090 | .1827 | .1599 | .1401 | .1229 | .1079 | .0949 | .0835 | .0736 | .0649 |
| 16 | .1883 | .1631 | .1415 | .1229 | .1069 | .0930 | .0811 | .0708 | .0618 | .0541 |
| 17 | .1696 | .1456 | .1252 | .1073 | .0929 | .0802 | .0693 | .0600 | .0520 | .0451 |
| 18 | .1523 | .1300 | .1103 | .0946 | .0803 | .0691 | .0592 | .0508 | .0437 | .0376 |
| 19 | .1377 | .1161 | .0981 | .0829 | .0703 | .0596 | .0506 | .0431 | .0367 | .0313 |
| 20 | .1240 | .1037 | .0863 | .0723 | .0611 | .0514 | .0433 | .0365 | .0303 | .0261 |
| 21 | .1117 | .0926 | .0768 | .0633 | .0531 | .0443 | .0370 | .0309 | .0259 | .0217 |
| 22 | .1007 | .0326 | .0680 | .0560 | .0462 | .0382 | .0316 | .0262 | .0218 | .0181 |
| 23 | .0907 | .0738 | .0601 | .0491 | .0402 | .0329 | .0270 | .0222 | .0183 | .0151 |
| 24 | .0817 | .0659 | .0532 | .0431 | .0349 | .0284 | .0231 | .0188 | .0154 | .0126 |
| 25 | .0736 | .0588 | .0471 | .0378 | .0304 | .0245 | .0197 | .0160 | .0129 | .0105 |
| 26 | .0663 | .0525 | .0417 | .0331 | .0264 | .0211 | .0169 | .0135 | .0109 | .0087 |
| 27 | .0597 | .0469 | .0369 | .0291 | .0230 | .0182 | .0144 | .0115 | .0091 | .0073 |
| 28 | .0538 | .0419 | .0325 | .0255 | .0200 | .0157 | .0123 | .0097 | .0077 | .0061 |
| 29 | .0485 | .0374 | .0289 | .0224 | .0174 | .0135 | .0105 | .0082 | .0064 | .0051 |
| 30 | .0437 | .0334 | .0256 | .0196 | 0151 | .0116 | .0090 | .0070 | .0054 | .0042 |
| 35 | .0259 | .0189 | .0139 | .0102 | .0075 | .0055 | .0041 | .0030 | .0023 | .0017 |
| 40 | .0154 | .0107 | .0075 | .0053 | .0037 | .0026 | .0019 | .0013 | .0010 | .0007 |
| 45 | .0091 | .0061 | .0041 | .0027 | .0019 | .0013 | .0009 | .0006 | .0004 | .0003 |
| 50 | .0054 | .0035 | .0022 | .0014 | .0009 | .0006 | .0004 | .0003 | .0002 | .0001 |
| 60 | .0019 | .0011 | .0007 | .0004 | .0002 | .0001 | .00008 | .00005 | .00003 | .00002 |

$$PA_n = \sum_{t=1}^{n} \frac{1}{(1+r)^t}$$

## 2. 연금현가표

| 기간수 (n) | 1% | 2% | 3% | 4% | 5% | 6% | 7% | 8% | 9% | 10% |
|---|---|---|---|---|---|---|---|---|---|---|
| 1 | 0.9901 | 0.9804 | 0.9616 | 0.9615 | 0.9524 | 0.9434 | 0.9346 | 0.9259 | 0.9174 | 0.9091 |
| 2 | 1.9704 | 1.9416 | 1.9165 | 1.8861 | 1.8594 | 1.8334 | 1.8080 | 1.7833 | 1.7591 | 1.7355 |
| 3 | 2.9410 | 2.8839 | 2.8286 | 2.7751 | 2.7232 | 2.6730 | 2.6243 | 2.5771 | 2.5313 | 2.4868 |
| 4 | 3.9020 | 3.8077 | 3.7171 | 3.6299 | 3.5460 | 3.4651 | 3.3872 | 3.3121 | 3.2397 | 3.1699 |
| 5 | 4.8534 | 4.7135 | 4.5797 | 4.4518 | 4.3295 | 4.2124 | 4.1002 | 3.9927 | 3.8897 | 3.7908 |
| 6 | 5.7655 | 5.6014 | 5.41721 | 5.2421 | 5.0757 | 4.9173 | 4.7665 | 4.6229 | 4.4859 | 4.3553 |
| 7 | 6.7282 | 6.4720 | 6.2303 | 5.7864 | 5.7864 | 5.5824 | 5.3803 | 5.2064 | 5.0330 | 4.8684 |
| 8 | 7.6517 | 7.3522 | 7.0197 | 6.4632 | 6.4632 | 6.2098 | 5.9713 | 5.7466 | 5.5348 | 5.3349 |
| 9 | 8.5660 | 8.1622 | 7.7861 | 7.1078 | 7.1078 | 6.8017 | 6.5152 | 6.2469 | 5.9952 | 5.7590 |
| 10 | 9.4713 | 8.9826 | 8.5302 | 7.7217 | 7.7217 | 7.3601 | 7.0236 | 6.7101 | 6.4177 | 6.1446 |
| 11 | 10.368 | 9.7868 | 9.2526 | 8.3064 | 8.3064 | 7.8869 | 7.4987 | 7.1390 | 6.8052 | 6.4951 |
| 12 | 11.255 | 10.575 | 9.9540 | 8.8633 | 8.8633 | 8.3838 | 7.9427 | 7.5361 | 7.1607 | 6.8137 |
| 13 | 12.134 | 11.348 | 10.635 | 9.3936 | 9.3936 | 8.8527 | 8.3577 | 7.9038 | 7.4869 | 7.1034 |
| 14 | 13.004 | 12.106 | 11.296 | 9.8986 | 9.8986 | 9.2950 | 8.7455 | 8.2442 | 7.7862 | 7.3667 |
| 15 | 13.865 | 12.849 | 11.938 | 10.380 | 10.380 | 9.7122 | 9.1079 | 8.5595 | 8.0607 | 7.6061 |
| 16 | 14.718 | 13.578 | 12.561 | 10.838 | 10.838 | 10.106 | 9.4466 | 8.8514 | 8.3136 | 7.8237 |
| 17 | 15.562 | 14.292 | 13.166 | 11.274 | 11.274 | 10.477 | 9.7632 | 9.1216 | 8.5436 | 8.0216 |
| 18 | 16.398 | 14.992 | 13.756 | 11.690 | 11.690 | 10.828 | 10.059 | 9.3719 | 8.8556 | 8.2014 |
| 19 | 17.226 | 15.679 | 14.324 | 12.085 | 12.085 | 11.158 | 10.336 | 9.6036 | 8.9501 | 8.3649 |
| 20 | 18.046 | 16.351 | 14.877 | 12.462 | 12.462 | 11.470 | 10.594 | 9.8181 | 9.1285 | 8.5136 |
| 21 | 18.857 | 17.011 | 15.415 | 12.821 | 12.821 | 11.764 | 10.835 | 10.017 | 9.2922 | 8.6487 |
| 22 | 19.660 | 17.658 | 15.937 | 13.163 | 13.163 | 12.042 | 11.061 | 10.201 | 9.4424 | 8.7715 |
| 23 | 20.456 | 18.292 | 16.444 | 13.489 | 13.489 | 12.303 | 11.272 | 10.371 | 9.5802 | 8.8832 |
| 24 | 21.243 | 18.914 | 16.935 | 13.799 | 13.799 | 12.550 | 11.469 | 10.529 | 9.9066 | 8.9847 |
| 25 | 22.023 | 19.524 | 17.413 | 14.094 | 14.094 | 12.783 | 11.654 | 10.675 | 9.8266 | 9.0770 |
| 26 | 22.795 | 20.121 | 17.877 | 14.375 | 14.375 | 13.003 | 11.826 | 10.810 | 9.9290 | 9.1609 |
| 27 | 23.560 | 20.707 | 18.327 | 14.643 | 14.643 | 13.210 | 11.987 | 10.935 | 10.027 | 9.2372 |
| 28 | 24.316 | 21.281 | 18.764 | 14.898 | 14.898 | 13.406 | 12.137 | 11.051 | 10.116 | 9.3066 |
| 29 | 25.066 | 21.844 | 19.188 | 15.141 | 15.141 | 13.591 | 12.278 | 11.158 | 10.189 | 9.3696 |
| 30 | 25.808 | 22.397 | 19.600 | 15.373 | 15.373 | 13.765 | 12.409 | 11.258 | 10.274 | 9.4269 |
| 35 | 29.409 | 24.999 | 21.487 | 16.374 | 16.374 | 14.498 | 12.948 | 11.655 | 10.567 | 9.6442 |
| 40 | 32.835 | 27.356 | 23.115 | 17.159 | 17.159 | 15.046 | 13.332 | 11.925 | 10.757 | 9.7791 |
| 45 | 36.095 | 29.490 | 24.519 | 17.774 | 17.774 | 15.456 | 13.605 | 12.108 | 10.881 | 9.8628 |
| 50 | 39.196 | 31.424 | 25.730 | 18.256 | 18.256 | 15.762 | 13.801 | 12.233 | 10.962 | 9.9148 |
| 60 | 44.955 | 34.761 | 27.676 | 18.929 | 18.929 | 16.161 | 14.039 | 12.376 | 11.048 | 9.9671 |

| 기간수 (n) | 11% | 12% | 13% | 14% | 15% | 16% | 17% | 18% | 19% | 20% |
|---|---|---|---|---|---|---|---|---|---|---|
| 1 | 0.9009 | 0.8929 | 0.8850 | 0.8772 | 0.8696 | 0.8621 | 0.8547 | 0.8475 | 0.8403 | 0.8333 |
| 2 | 1.7125 | 1.6901 | 1.6681 | 1.6467 | 1.6257 | 1.6052 | 1.5852 | 1.5656 | 1.5465 | 1.5278 |
| 3 | 2.4437 | 2.4018 | 2.3612 | 2.3216 | 2.2832 | 2.2459 | 2.2096 | 2.1743 | 2.1399 | 2.1065 |
| 4 | 3.1024 | 3.0372 | 2.9745 | 2.9137 | 2.8550 | 2.7982 | 2.7432 | 2.6901 | 2.6386 | 2.5887 |
| 5 | 3.6959 | 3.6048 | 3.5172 | 3.4331 | 3.3522 | 3.2743 | 3.1993 | 3.1272 | 3.0576 | 2.9906 |
| 6 | 4.2305 | 4.1114 | 3.9975 | 3.8887 | 3.7845 | 3.6847 | 3.5892 | 3.4976 | 3.4098 | 3.3255 |
| 7 | 4.7122 | 4.5638 | 4.4226 | 4.2883 | 4.1604 | 4.0385 | 3.9224 | 3.8115 | 3.7057 | 3.4046 |
| 8 | 5.1461 | 4.9676 | 4.7988 | 4.6389 | 4.4873 | 4.3436 | 4.2072 | 4.0776 | 3.9544 | 3.8372 |
| 9 | 5.5370 | 5.3282 | 5.1317 | 4.9464 | 4.7716 | 4.6065 | 4.4506 | 4.3030 | 4.1633 | 4.0310 |
| 10 | 5.8892 | 5.6502 | 5.4262 | 5.2161 | 5.0188 | 4.8332 | 4.6586 | 4.4941 | 4.3389 | 4.1925 |
| 11 | 6.2065 | 5.9377 | 5.6869 | 5.4527 | 5.2337 | 5.0286 | 4.8364 | 4.6560 | 4.4865 | 4.3271 |
| 12 | 6.4924 | 6.1944 | 6.9176 | 5.6603 | 5.4206 | 5.1971 | 4.9884 | 4.7932 | 4.6105 | 4.4392 |
| 13 | 6.7499 | 6.4235 | 6.1218 | 5.8424 | 5.5831 | 5.3423 | 5.1183 | 4.9095 | 4.7147 | 4.5327 |
| 14 | 6.9819 | 6.6282 | 6.3025 | 6.0021 | 5.7245 | 5.4675 | 5.2293 | 5.0081 | 4.8023 | 4.6106 |
| 15 | 7.1909 | 6.8109 | 6.4624 | 6.1422 | 5.8474 | 5.5755 | 5.3242 | 5.0916 | 4.8759 | 4.6755 |
| 16 | 7.3792 | 6.9740 | 6.6039 | 6.2651 | 5.9542 | 5.665 | 5.4053 | 5.1624 | 4.9377 | 4.7296 |
| 17 | 7.5488 | 7.1196 | 6.7291 | 6.3729 | 6.0472 | 5.7487 | 5.4746 | 5.2223 | 4.9897 | 4.7746 |
| 18 | 7.7016 | 7.2497 | 6.8399 | 6.4674 | 6.1280 | 5.8178 | 5.5339 | 5.2732 | 5.0333 | 4.8122 |
| 19 | 7.8393 | 7.3658 | 6.9380 | 6.5504 | 6.1921 | 5.8775 | 5.5845 | 5.3162 | 5.077 | 4.8435 |
| 20 | 7.9633 | 7.4694 | 7.0248 | 6.6231 | 6.2593 | 5.9288 | 5.6278 | 5.3527 | 5.1009 | 4.8696 |
| 21 | 8.0751 | 7.5620 | 7.1015 | 6.6780 | 6.3125 | 5.9731 | 5.6648 | 5.3837 | 5.1263 | 4.8913 |
| 22 | 8.1757 | 7.6446 | 7.1695 | 6.7429 | 6.3587 | 6.0113 | 5.6964 | 5.4099 | 5.1486 | 4.9094 |
| 23 | 8.2664 | 7.7184 | 7.2297 | 6.7921 | 6.3988 | 6.0442 | 5.7234 | 5.4321 | 5.1668 | 4.9245 |
| 24 | 8.3481 | 7.7843 | 7.2829 | 6.8351 | 6.4338 | 6.0726 | 6.7465 | 5.4509 | 5.1822 | 4.7371 |
| 25 | 8.4217 | 7.8431 | 7.3300 | 6.8729 | 6.4641 | 6.0971 | 5.7662 | 5.4669 | 5.1951 | 4.9476 |
| 26 | 8.4881 | 7.8957 | 7.3717 | 6.9061 | 6.4906 | 6.1182 | 5.7831 | 5.4804 | 5.2060 | 4.9563 |
| 27 | 8.5478 | 7.9426 | 7.4086 | 6.6352 | 6.5135 | 6.1364 | 5.7975 | 5.4919 | 5.2151 | 4.9636 |
| 28 | 8.6016 | 7.8744 | 7.4412 | 6.9607 | 6.5335 | 6.1520 | 5.8099 | 5.5019 | 5.2223 | 4.9697 |
| 29 | 8.6501 | 8.0218 | 7.4701 | 6.9830 | 6.5509 | 6.1656 | 5.8204 | 5.5390 | 5.2292 | 4.9747 |
| 30 | 8.6938 | 8.0552 | 7.4957 | 7.0027 | 6.5660 | 6.1772 | 5.8294 | 5.5168 | 5.2347 | 4.9789 |
| 35 | 8.8552 | 8.1755 | 7.5856 | 7.0700 | 6.6166 | 6.2153 | 5.8582 | 5.5386 | 5.2512 | 4.9915 |
| 40 | 8.9511 | 8.2433 | 7.6344 | 7.1050 | 6.6418 | 6.2335 | 5.7813 | 5.5482 | 5.2582 | 4.9966 |
| 45 | 9.0079 | 8.2825 | 7.6609 | 7.1232 | 6.6543 | 6.2421 | 5.8773 | 5.5523 | 5.2611 | 4.9986 |
| 50 | 9.0147 | 8.3045 | 7.6572 | 7.1327 | 6.6605 | 6.2463 | 5.8801 | 5.5541 | 5.2623 | 4.9995 |
| 60 | 9.0736 | 8.3240 | 7.6873 | 7.1401 | 6.6651 | 6.2491 | 5.8819 | 5.5553 | 5.2630 | 4.9999 |

01 **다음 중 증권제도의 특징이 아닌 것은?**
  ① 재산권 · 미래 이득청구권 등에 대한 계약
  ② 소단위의 분할성
  ③ 자본비용의 최소화
  ④ 자유 양도성

02 **다음 중 증권시장이 제 기능을 다하기 위하여 갖추어야 할 조건이 아닌 것은?**
  ① 기업의 대규모화
  ② 적절한 가격 형성 기능
  ③ 거래비용의 최소화
  ④ 신속 · 정확 · 충분한 증권정보의 전파

03 **다음 중 유통시장의 기능으로 볼 수 없는 것은?**
  ① 적정 가격 형성 기능
  ② 재무구조의 개선
  ③ 환금성의 제고
  ④ 위험분산

04 **다음 중 증권매매제도로서 일정 시간 동안에 들어온 주문에 대하여 단일 가격으로 매매체결시키는 제도의 범주에 들지 않는 것은?**
  ① 동시호가제도
  ② 집중거래제도
  ③ 단일 가격 매매제도
  ④ 계속거래제도

---

**해설**

01  ③ 자본비용의 최소화는 자본조달기업의 재무적 과제이지 증권제도의 요건은 아니다.

02  ① / ②, ③은 배분 효율성, ④는 정보 효율성에 관련된 것으로서 증시가 제기능을 하는데 필요한 요건이다.

03  ② / ①, ③, ④는 유통시장의 기능임. 재무구조개선은 발행시장을 통하여 자기자본조달이 이루어질 때 기대할 수 있다.

04  ④ 단일 가격으로 매매체결시키는 제도는 동시호가제도, 집중거래제도이다.

05 다음 중 복수 가격에 의한 개별 경쟁매매가 이루어 질 때 매매주문체결의 우선원칙으로 옳은 것은?

① 가격 – 시간 – 수량 – 위탁매매
② 시간 – 가격 – 수량 – 위탁매매
③ 가격 – 수량 – 시간 – 위탁매매
④ 시간 – 수량 – 가격 – 위탁매매

06 다음 중 우리나라에서 증권매매에 대한 결제방법으로 채택되고 있는 제도는?

① 실물거래
② 선물거래
③ 청산거래
④ 보통거래

07 (주)○○테크의 발행주식수는 50,000주로서 현재시장에서 50,000원에 거래되고 있다. 이제 이 회사는 25,000주의 신주발행을 계획하고 발행 가격을 40,000원으로 하기로 하였다. (주)갑을의 이론권리락 가격은?

① 46,667원
② 50,000원
③ 43,333원
④ 40,000원

08 다음 중 시가총액식 주가지수에 대한 설명으로서 적절하지 않은 것은?

① 주식분할들의 사건이 발생하더라도 일관성 있게 지수가 작성된다.
② 다우·존스식 주가지수처럼 제수에 의한 수정을 필요치 않는다.
③ 신규 상장, 유상증자 등의 사건이 있으면 신기준시가총액을 수정한다.
④ 주가가 높은 주식의 가격 변동이 상대적으로 큰 영향을 준다.

**09** 다음 중 두 기관 간의 주식거래를 무엇이라고 하는가?

① 대량거래                 ② 제3시장

③ 제4시장                 ④ 장외거래

**10** XYZ 회사주식의 최근 시장가는 4,000원이다. 4,500원에 팔도록 주문을 내는 것은 다음 중 어디에 해당하는가?

① 매수주문                ② 정지주문

③ 지정가 주문             ④ 시장가 주문

---

**※ 아래 자료를 이용하여 다음 문제를 풀어 보시오(11~12).**

> 한 투자자가 주당 50천 원인 주식 100주를 산다. 개시증거금 요구액은 40%이고 유지증거금 요구액은 30%이다.

**11** 이 거래를 위해 투자자는 증거금 계좌에 얼마를 가지고 있어야 하는가?

① 2000천 원            ② 3000천 원

③ 4000천 원            ④ 5000천 원

**12** 투자자가 마진콜을 당하게 될 가격은?

① 35.71천 원         ② 53.85천 원

③ 57.69천 원         ④ 69.33천 원

---

**해설**

09  ③ 중간 브로커 없이 이루어지는 기업 당사 간의 거래는 제4시장에서 이루어진다.

10  ③ 가격을 45%에 제한하였으므로 지정가 주문에 해당한다.

11  ① $50,000 \times 100 \times 0.4 = 2,000,000$

12  ② $(50 \times 1.4)/1.3$

13 **다음 중 시장 지수를 만들 때 고려하여야 할 요소가 아닌 것은?**

① 표본기업의 선정

② 자료의 수집

③ 가중치의 부여

④ 샘플을 결합하기 위해 요구되는 계산 과정


14 **다음 중 단순 주가 가중방법의 주가지수는?**

① NYSE index

② S&P 500

③ 밸류 라인 합성 지수

④ 다우 존스 산업 평균


15 **다음 중 주식분할이 하향 편의의 원인으로 작용하는 가중방법은?**

① 주가 가중방법

② 시가총액 가중방법

③ 동일 가중방법

④ S&P 500지수


16 **어떤 투자자가 다음과 같은 주식을 보유하고 있다.**

| 주식 | 1월 3일<br>시가총액 | 12월 31일<br>시가총액 |
|---|---|---|
| R | $5,000 | $3,000 |
| S | $5,000 | $1,500 |
| T | $5,000 | $500 |

**시가총액식 주가지수 작성방법에서 시초의 지수가 100이었다. 12월 31일의 지수는?**

① 33

② 50

③ 100

④ 500

해설

13   ④ 주가지수를 만들 때 고려하여야 할 사항−표본, 가중방법, 자료 등

14   ④ 가격 가중치 지수:다우존스 산업 평균, 니케이⋯⋯

15   ① 주가 가중방법은 하향 편의의 원인으로 작용한다.

16   ① $\dfrac{(3,000+1,500+500)}{15,000} \times 100 = 33.3$

**17** 다음 중 하향식 가치평가과정으로 옳은 것은?

① 경제분석 → 산업분석 → 기업분석

② 기업분석 → 산업분석 → 경제분석

③ 경제분석 → 기업분석 → 산업분석

④ 경제상황이나 산업상황을 고려하지 않고 가장 좋은 주식을 임의로 선택

**18** 다음 중 이자율결정원리에 대한 설명으로 적절하지 않은 것은?

① 이자율이 높아지면 자금잉여주체들이 현재 소비를 줄이고 자금공급을 많이 하려고 한다.

② 이자율이 낮을수록 자본의 한계효율이 높아지므로 자금수요가 적어지게 된다.

③ 인플레이션이 높은 것으로 기대되면 이자율이 상승한다.

④ 자금의 공급은 중앙은행의 통화공급에 의해서 좌우된다.

**19** 다음 중 인플레이션하에서의 주식평가와 관련하여 적절한 설명이 아닌 것은?

① 기업의 명목 자본비용을 상승시키므로 투자규모를 줄이게 하는 영향을 가져온다.

② 인플레이션은 납세 후 실질 투자수익률을 낮춘다.

③ 회계보고 이익은 과소계상되고 수익성 지표는 감소하는 것으로 나타난다.

④ 명목 성장률, 명목 요구수익률이 실질가치에 변함이 없도록 조정되면 주식가치는 변함이 없다.

20 주가는 경기순환에 선행하는 경향이 있으므로 경기예측을 실시하는데, 경기예측을 위해서 작성되는 경기종합지수에 관한 설명으로 옳지 않은 것은?

① 추세 변동의 영향을 제거하기 위해서 동행지수의 순환변동치를 사용한다.

② 경기를 나타내는 고용, 투자 등의 각 부문의 23개 지표를 선정하여 작성한다.

③ 경기와의 시차 정도에 따라서 선행지표, 동행지표, 후행지표가 모두 포함된다.

④ 구성지표에 대하여 전년 대비 동월 증감률을 계산하고 이에 따라 가중치를 주어 평균을 구한다.

21 현재 4,000원의 배당금($d_o$)을 지급하고 있는 S기업이 앞으로 계속적으로 10%의 성장을 하리라고 전망된다. 요구수익률이 20%라면 이 주식의 이론적 주가는?

① 20,000원          ② 22,000원

③ 40,000원          ④ 44,000원

22 최근의 주당이익($EPS_0$)이 3,600원이고, 주당배당($DPS_0$)이 1,920원이며 요구수익률(k)이 9%인 주식이 있다. 앞으로 처음 3년간의 성장률은 20%이고, 그 이후로는 4%로 일정하게 성장할 것으로 전망될 경우 이 주식의 이론적 가치는?

① 69,000원          ② 60,280원

③ 54,000원          ④ 49,300원

23 투자지표로서 PER(주가수익비율)과 PBR(주당순자산배율)에 관한 설명으로 적절하지 않은 것은?

① PER은 수익가치, PBR은 자산가치를 고려한 상대적 주가 수준을 평가할 수 있다.

② PBR의 차이는 자산의 효율적 이용도, 부외부채 등을 반영한 것이다.

③ PBR은 자기자본순이익률과 PER 수준에 좌우된다.

④ PER은 자기자본비용의 역수이다.

**해설**

20 ④ 기본적으로 전월대비 증감률 기준으로 계산

21 ④ $V_o = 4,000(1.1)/(0.2-0.1) = 44,000$원

22 ② $V_o = \dfrac{2,304}{(1.09)^1} + \dfrac{2,765}{(1.09)^2} + \dfrac{3,318}{(1.09)^3} + \dfrac{3,450}{0.09-0.04} + \left[\dfrac{1}{(1.09)^3}\right] = 60,280$원

23 ④ 제로성장기업의 경우임

24    ㈜병정의 보통주에 대한 할인율은 13%이다. 기대 ROE는 15%, 기대 EPS는 1,000원, 사내유보율이 60%이다. 배당성장모형이 타당하다고 가정할 때 적정 P/E ratio는?

① 8.5                                      ② 10.0

③ 15.0                                     ④ 18.0


25    다음 중 정률성장배당모형의 가정이 아닌 것은?
① 주식은 일정한 비율로 성장하는 배당금을 지급한다.
② 항상성장률은 무제한의 기간동안 계속된다.
③ 주식은 매년 같은 수준의 배당금을 지급한다.
④ 요구수익률은 성장률보다 커야 한다.


26    다음 중 정률성장배당모형은 다른 조건들이 동일하다면 어떤 조건에서 주식의 가치가 커질 것인가?

① 예상된 배당금이 클수록                    ② 기대 성장률이 클수록

③ 요구수익률이 작을수록                      ④ 모두다


27    A회사는 100,000주를 발행하고 있다. 당신은 이 회사의 잉여현금흐름이 1년 후 10,000,000원, 2년 후 15,000,000원, 3년 후 20,000,000원이 될 것으로 예상한다. 또한 이 회사는 3년 후에 잉여현금흐름의 10배의 승수로 팔 것으로 예상하고 할인율이 12%라면 이 주식의 적정가는?

① 17,700원                                 ② 1,775원

③ 2,049원                                  ④ 4,225원

**해설**

24   ② $P/E = (1-f)/(k-g) = 0.4/[0.13-(0.15 \times 0.6)] = 10.0$

25   ③ 항상성장배당모형에서는 배당금이 일정한 비율로 증가함을 가정

26   ④ 다른 조건들이 동일하다면 모두 다 주식 가격이 높아진다.

27   ② 3년 후 회사의 가치는: $10 \times 20,000,000 = 200,000,000$  $V_0 = 10,000,000/(1.12) + 15,000,000/(1.12)^2 + 20,000,000$
     $(1.12)^3 + 200,000,000/(1.12)^3 = 177,490,000$
     주당가치 $= 177,490,000/100,000 = 1,775$원

28 ABC 회사는 앞으로 3년 동안 25%씩 성장할 것이다. 그리고 이 기간동안 배당은 하지 않을 것으로 예상된다. 그 후 성장률은 6%로 떨어질 것이고 이때부터 이익의 40%를 배당으로 지불할 예정이다. 만약 이때의 배당을 주당 200원으로 예상된다면, 이 기업의 주당 가치는? (단, 요구수익률은 10%)

① 3,757원 　　　　　　　　　　② 4,166원
③ 4,800원 　　　　　　　　　　④ 5,000원


29 다음 중 배당의 성장률을 계산하는 방법으로 옳은 것은?

① ROE에 기업의 이익유보율을 더해 준다.
② ROE에서 이익유보율을 빼준다.
③ ROE에 의해 이익유보율을 나누어 준다.
④ ROE에 이익유보율을 곱해 준다.


30 다음 중 ROE에 대한 설명으로 옳은 것은?

① (순이익/매출액)(매출액/총자산 회전율)(총자산/매출액)
② (매출액/순이익)(매출액/총자산 회전율)(총자산/자본)
③ (순이익/매출액)(매출액/총자산 회전율)(총자산/자본)
④ (순이익/매출액)(총자산회전율/매출액)(총자산/자본)

28 ① 이 문제는 필요 이상의 정보를 주었다는 것에 주의하라. $200/(0.1-0.06)/(1.1)^3=3,757$원

29 ④ $g=$유보율×ROE

30 ③ ROE는 다음과 같이 분류될 수 있다. ROE=(profit margin)(전체 자산회전율)(재무 레버리지)

31 모든 조건들은 같다고 가정하자. 다음 중 시장의 P/E 비율을 감소시키는 항목은?

① 배당성장률의 증가

② 배당성향의 증가

③ 요구수익률의 증가

④ 시장의 ROE가 증가할 것으로 기대됨

32 애널리스트들은 기업의 성장률이 급격하게 증가할 것으로 예상하였다. 이 경우, 기업의 P/E 비율이 어떻게 변하겠는가?

① 증가할 것이다.

② 감소할 것이다.

③ 변화하지 않을 것이다.

④ 아주 작은 감소가 일어날 것이다.

33 적정 PER은 10X, 차기 EPS는 4,500원으로 예상된다. 이 주식이 현재 40,000원에 거래되고 있고, 2,000원의 배당이 지급될 것으로 예상된다면, 기대수익률은?

① 10.0%  ② 12.5%

③ 17.5%  ④ 20.0%

34 NOPLAT−EVA=?

① EBITDA  ② 장부가치

③ 시장 부가가치(MVA)  ④ 자본비용

---

31  ③ 만약 요구수익률이 증가한다면, P/E 비율을 감소시킬 것이다.

32  ① 성장률이 증가한다면 이는 분모인 $k-g$를 감소시킬 것이고, 따라서 $P/E$ 비율을 증가시킬 것이다.

33  ③ 종가=(10)(45), 이익률=(450+20−400)/400

34  ④ NOPLAT−자본비용=EVA

35 EVA로 측정하는 것은?

    ① 경영 성과                       ② 자본투자에 대한 기업의 수익률

    ③ 기업의 대외적 주가 성과         ④ 경쟁회사에 대한 기업의 상대적 성과


36 A회사의 현 (기준)주가는 20,000원이고, 발행주식수는 100,000주이다. 이제 25%의 유상증자를 하고자 한다.

    (1) 발행 가격이 10,000원과 15,000원인 경우 권리락 주가는?

    (2) 이 두 가지 발행 가격이 유상증자 전·후의 시장가치에 미치는 영향을 평가하면?


37 주식회사 아이젠은 지난해 주당 1,000원을 배당금으로 지불하였고 앞으로 이익의 30%를 배당금으로 지불하고자 한다. 새로운 투자사업에 대한 ROE를 10%라고 하자. 만약 이 주식에 대한 요구수익률이 13%라고 한다면 주식의 가치는?


38 현재는 배당을 지불하고 있지는 않지만 5년 내에 배당을 지불할 것으로 예상되는 기업에 대해 투자자들은 어떠한 모델을 사용하여 가치평가를 할 수 있을까?

---

해설

35 ① EVA는 투자결정을 통하여 기업 경영성과를 측정한다.

36 (1) 권리락 주가

    1) 발행 가격 10,000원 : 권리락 주가 $= \dfrac{20,000 + (10,000 \times 0.25)}{1.25} = 18,000$원

    2) 발행 가격 15,000원 : 권리락 주가 $= \dfrac{20,000 + (15,000 \times 0.25)}{1.25} = 19,000$원

  (2) 유상증자 전·후의 시장가치

    1) 발행 가격이 10,000원인 경우

    유상증자 전의 시장가치 = 구주의 가치 + 유상증자 배정분 납입금액 = (20,000원 × 100,000주) + (10,000원 × 25,000주) = 2,250,000,000원

    유상증자 후의 시장가치 = 18,000원 × 125,000주 = 2,250,000,000원

    2) 발행 가격이 15,000원인 경우

    유상증자 전의 시장가치 = (20,000원 × 100,000주) + (15,000원 × 25,000주) = 2,375,000,000원

    유상증자 후의 시장가치 = 19,000원 × 125,000주 = 2,375,000,000원

37 $g = 0.7 \times 0.1 = 7\%$, $P_0 = 1,000(1.07)/(0.13 - 0.07) = 17,833$원

38 다단계 성장모형(고속성장모형) : 만약 기업들이 현재 배당을 하지 않지만 가까운 미래에 배당을 할 예정이라면 다단계성장모형을 사용하는 것이 좋다.

39  A 회사의 이익과 배당금이 앞으로 2년 동안 25%씩 성장할 것이고 그 이후 6%씩 계속 성장할 것으로 예상된다. 예상 시장이자율(k)는 10%이고 A회사의 최근 배당금은 1,000원이다. 이 회사 주식의 가치는? (단, 다단계성장모형을 사용)

40  전년도에 배당을 2,000원 지불한 주식이 있다. 다음 연도 배당은 10% 더 증가할 것이고, 주식은 다음 연도 말에 40,000원에 거래될 것이라고 투자자는 예상하였다. 무위험이자율이 8%이고, 시장수익률은 13%이며, 주식의 베타는 1.2이다. 주식의 가치는?

41  한 투자자는 이익보유율이 60%인 기업을 분석하고 있다. 이 기업의 ROE는 15%이고 이 기업의 주식에 대한 베타는 1.2이다. 명목 무위험이자율이 8%이고 기대 시장수익률이 13%일때, 만약 다음 해의 주당순이익이 3,000원이라면 이 주식의 가치는?

42  A기업에 대한 분석 결과 다음과 같은 추정치를 얻었다.

> 배당성향 = 50%, 요구수익률($k$) = 14%, 성장률($g$) = 5%

이후 배당성향이 40%, $k$는 12%로 그리고 $g$는 7%로 바뀔 것으로 예상된다. 이익 승수는?

---

**해설**

39  $\dfrac{1,000(1+0.25)}{(1.1)} + \dfrac{1,000(1+0.25)^2}{(1.1)^2} + \dfrac{1,000(1.25)^2(1.06)}{(1.1)^2(0.1-0.06)} ≒ 36,640$원

40  CAPM을 통하여 요구수익률을 구한다. CAPM: $k = 0.08 + (0.13-0.08) \times 1.2 = 14\%$. $V0 = [40,000 + 2,000 \times 1.1]/1.14 = 37,020$원

41  $g = 0.6 \times 0.15 = 9\%$  $k = 0.08 + 1.2(0.13-0.08) = 14\%$, $P0 = (3,000 \times 0.4)/(0.14-0.09) = 24,000$원

42  $0.4/(0.12-0.07) = 8X$

**43** 다음 내용에 기초하여 차기년도 시장 주가를 추정하시오.

| | |
|---|---|
| ㉠ 차기연도 EPS | 3,500원 |
| ㉡ 배당성향 | 60% |
| ㉢ ROE | 15% |
| ㉣ 요구 수익률 | 13% |

**44** 애널리스트는 기업의 주가 이익 승수가 $12X$가 될 것이라고 예상하였다. 이 주식으로 400원을 벌어들일 것으로 예상되며, 그에 대해 배당은 250원으로 예상된다. 이 애널리스트가 이 주식을 4,500원에 샀을 경우 그 수익률은?

**45** 투자자들은 ROE가 15%가 될 것으로 예상하였다. 배당지급률은 40%, 그리고 시장에서의 요구수익률은 13%이다. 투자자의 목표 배당 성장률은?

**46** 애널리스트는 (주)무궁화에 대해 다음과 같이 추정하였다.

| | |
|---|---|
| ㉠ 주당 감가상각 : 500원 | ㉡ 주당 매출액 : 5,000원 |
| ㉢ 주당 이자비용 : 100원 | ㉣ 세금 : 40% |
| ㉤ EBIT : 매출액의 25% | |

이 회사의 EPS 추정치는?

---

**해설**

**43** $g = (1 - 0.6)(0.15) = 0.06$ $P/E = 0.6/(0.13 - 0.06) = 8.57$ 주가 $= (3,500)(8.57) = 30,000$원

**44** 종가 $= (12)(400) = 4,800$, 수익률 $= (250 + 4,800 - 4,500)/4,500 = 12.20\%$

**45** $g = (0.15)(0.6) = 9.0\%$

**46** $[(0.25 \times 5,000) - 500 - 100](0.6) = 390$원

**47** A기업에 대한 자료가 다음과 같을 때 A기업의 예상 성장률은?

> ㉠ 배당성향: 40%　　　㉡ 매출액영업이익률: 15%
>
> ㉢ 총자산회전율: 1.5X　　㉣ 총자산/자기자본 레버리지 요소: 2

**48** 재무자료가 다음과 같을 때 이 기업의 P/B 비율은?

> ㉠ 시장가치: $500　　　㉡ 매출액: $2,000
>
> ㉢ 이익: $50　　　　　㉣ 장부가치: $250
>
> ㉤ 현금흐름: $50

---

해설

47　$ROE = (0.15)(1.5)(2.0) = 0.45$, $g = 0.45 \times 0.60 = 27\%$

48　23 시가/장부가 = 500/250 = 2

part 02

# 채권평가·
# 분석

certified research analyst

# chapter 01

# 채권의 기초

## 채권의 의의

수많은 가계와 기업 그리고 정부를 포함한 경제주체들로 이루어진 시장경제는 자금의 잉여와 부족을 겪는 경제주체들이 공존하게 마련이다. 경제 전체적 관점에서 볼 때 일반적으로 자금부족 주체는 기업부문, 자금잉여 주체는 가계부문으로 대별될 수 있으나, 개별 경제주체별로 보면 해당 경제주체의 상황에 따라 자금의 잉여 상태 혹은 자금부족 상태에 있을 수도 있다.

전체 경제주체들을 자금의 과부족 상태에 따라 구분할 경우 자금부족 주체는 부족자금의 조달 필요성이 있는 반면, 자금잉여 주체들은 잉여자금을 운용할 필요가 있다고 하겠다. 금융은 자금잉여 주체들의 잉여자금을 자금부족 주체들에게 이전시켜 주는 과정을 포함함으로써, 경제 내의 모든 경제주체들의 자금에 대한 상호 필요성, 즉 금융 욕구(financial needs)를 충족시켜 주는 역할을 한다.

이 경우 자금잉여 주체(자금공급자)는 자금부족 주체(자금수요자)에게 자금을 대여하는 대신, 자금수요자는 자신이 차입한 자금에 대한 청구권을 자금공급자에게 지급하게 된다.

이 청구권은 자금수요자에게는 금융부채가 되는 반면, 자금공급자에게는 금융자산이 되는데, 이와 같은 금융 청구권은 자금공급자와 자금수요자의 금융 욕구를 반영하게 된다. 그런데 금융 욕구란 자금융통의 대상, 자금융통의 기간 및 이자율, 융통된 자금에 대한 이자 및 원금의 지급방식 등에 따라 금융 주체별로 다양한 측면을 지니게 되기 때문에 이를 반영하는 금융 청구권(financial claims)의 종류도 다양해지는 것이다.

이와 같은 금융 청구권 중 정해진 자금의 융통기간 동안 일정한 이자 및 원금의 지급을 약속하는 것을 확정이자부 증권(fixed-income securities)이라고 하고, 이는 다시 자금융통기간의 장·단기에 따라서 CP, CD 등과 같은 단기 확정이자부 증권과 채권과 같은 장기 확정이자부 증권으로 나눌 수 있다.

따라서, 채권이란 일반적으로 비교적 장기의 자금조달을 목적으로 하는 경제주체가 차입기간 동안 약속된 방식에 의해 확정이자 및 원금의 지급을 약속한 금융상품이라고 할 수 있다.

금융시장에서는 다양한 유형의 금융 청구권들이 창출되어 거래되는데, 이들 중 채권의 신규창출 및 매매가 이루어지는 시장을 채권의 발행시장과 유통시장이라고 한다. 즉, 채권의 신규창출을 통해 비교적 장기의 자금을 조달하고자 하는 경제주체에 의한 채권공급과 이 신규 창출된 채권을 인수하고자 하는 자금공급 경제주체에 의한 채권수요가 균형을 이루어 채권의 가격과 거래량이 결정되는 메커니즘을 채권 발행시장이라고 한다.

이에 반해 기발행된 채권을 통하여 투자목적을 달성했거나 또는 자금조달을 필요로 하는 채권의 소유자에 의한 채권의 공급과 이들 채권들에 대한 투자를 목적으로 자금의 신규 공급자들에 의한 채권의 수요가 균형을 이루어 채권의 시장 가격과 거래량이 결정되는 메커니즘을 채권 유통시장이라고 한다.

## 1 채권의 기본적 구조

### (1) 채권의 정의

채권이란 정부, 지방자치단체, 특별법에 의해 설립된 법인 및 상법상의 주식회사 등이 투자자들로부터 비교적 장기의 자금을 일시에 대량으로 조달하기 위해 발행하는 채무표시 증권이다. 채권은 기업어음과 함께 「자본시장과 금융투자업에 관한 법률」(이하 '자본시장법'이라 한다)의 분류상 채무증권에 포함된다(법 제4조 제3항).

### (2) 채권의 기본적 특성

❶ 발행자격의 법적 제한
❷ 이자지급 증권
❸ 기한부 증권
❹ 장기증권

### (3) 채권 관련 기본용어

❶ 액면가 : 채권의 권면에 표시된 금액으로, 지급이자 산출을 위한 기본단위가 된다.
❷ 표면이율 : 발행 시점에 결정되어 채권 권면에 기재된 이율로 발행자가 액면금액에 대해 연단위로 지급하는 이자율을 의미한다.

　채권의 대부분은 고정된 표면이율을 가지고 있으며, 이 경우 채권에서 발생하는 현금흐름은 발행 시점에 확정지어진다. 채권이 일반적으로 고정소득증권(fixed income securities)로 간주되는 것은 이 때문이다. 표면금리라고도 불리기도 하며 할인방식에 의한 채권의 경우 발행이율 혹은 발행할인율로 지칭되기도 한다.
❸ 발행일과 매출일 : 채권의 신규 창출 기준일을 발행일이라고 한다면, 매출일은 실제로 채권이 신규 창출된 날짜를 의미한다. 예컨대 제1종 국민주택채권의 발행일은 매월 말일이지만 실제 특정 월 발행 제1종 국민주택채권의 매출은 그 달의 초일부터 말일까지 이

루어진다. 이 경우 해당 월에 신규 창출된 채권은 동일한 발행일을 가지나 매출일은 서로 다르다. 또한 통화안정증권은 발행일을 포함하여 일정기간 동안 후매출하기도 한다.

❹ 만기(기간) : 채권의 발행으로부터 원금상환이 이루어지기까지의 기간

❺ 경과기간 : 채권의 발행일 혹은 매출일로부터 매매일까지의 기간

❻ 잔존기간 : 기발행된 채권을 매매할 경우 매매일로부터 만기일까지의 기간

❼ 이자지급 단위기간 : 표면이율이 동일할 경우에도 실제 이자는 만기에 한꺼번에 상환되기도 하지만 경우에 따라서는 일정한 단위기간마다 나누어 상환되기도 한다. 이 경우 이자가 나뉘어 상환되는 단위기간을 이자지급 단위기간이라고 한다. 예컨대 표면이율이 6%인 채권의 경우 이자지급 단위기간이 6개월이면 매 6개월마다 3%씩의 이자가 지급되며, 이자지급 단위기간이 3개월이면 매 3개월마다 1.5%씩의 이자가 지급된다.

❽ 만기수익률 : 시장수익률, 유통수익률 혹은 수익률이라고 불리는데, 이는 채권의 수급에 의해 시장 가격을 결정하는 이자율의 일종이다. 주식시장에서 주식 가격이 계속 변하듯 채권시장에서는 만기수익률이 계속해서 변하면서 채권 가격을 변화시킨다.

❾ 단가 : 채권시장에서 형성된 만기수익률에 의해 결정된 채권 매매 가격을 의미하며, 일반적으로 액면 10,000원을 기준으로 산정·표시된다.


## 2 채권의 종류

채권의 발행조건인 발행주체, 원리금 상환기간, 이자지급방법, 원금상환방법, 발행통화의 종류 및 보증여부 등은 분류기준이 된다. 채권 발행 시 특별히 첨부된 옵션이 없는 한 이들 발행조건들은 발행 시점에서 만기 시까지 유지되는 채권의 기본구조를 결정지을 뿐만 아니라 채권매매 시 채권 가격을 결정짓는 기본정보를 내포하게 된다.

### (1) 발행주체에 따른 분류

채권을 신규 창출함으로써 필요자금을 조달할 수 있는 법적 지위가 부여된 경제주체별 분류를 의미하는데, 발행주체의 특성은 채권투자 시 채권의 신용 수준을 평가하는 중요한 기준이 된다. 자본시장법에서는 국가, 지방자치단체, 특별법에 의해 설립된 법인 그리고 기업 등을 채권의 발행주체로 명시하고 있다

**❶ 국채** : 국채법 등에 의거하여 국회의 동의를 받고 정부가 발행하는 채권이다. 일반적으로 공공사업 및 사회복지정책 등을 위한 재정지출이 증가할 때 재원조달수단으로 국채 발행이 증대되는 경향이 있다. 우리나라 최초의 국채는 1950년에 발행된 건국국채이며, 1973년부터는 국민주택채권이 발행되었다. 국채발행의 중심을 이루는 국고채는 1998년부터 발행되었다.

**표 1-1** 국채의 종류

| 구분 | 발행목적 | 발행방법 | 만기 | 표면이자 |
|------|----------|----------|------|----------|
| 국고채 | 재원 조달 | 경쟁입찰 | 2, 3, 5, 10, 20, 30, 50년 | 입찰 시 결정 |
| 재정증권 | 일시 부족 자금 조달 | 경쟁입찰 | 1년 이내 | 0% |
| 외국환평형<br>기금채권 | 민간의 원활한 외화채권 발행<br>여건 조성 | 경쟁입찰 | 발행 시 결정 | 발행 시 결정 |
| 국민주택채권 | 국민주택사업 재원 조달 | 첨가소화 | 5년 | 1% |

**❷ 지방채** : 중앙정부가 아닌 지방자치단체가 재원확보를 목적으로 발행하는 채권으로 현재 각 시·도에서 발행하는 지역개발공채와 서울도시철도공채 및 인천, 대구, 대전, 광주 등의 도시철도공채가 있다. 도시철도채권은 「도시철도법」에 따라 지하철 건설자금을 조달하기 위하여 지방자치단체가 발행하는 채권이다. 채권의 발행주체는 지하철공사가 아닌 지방자치단체가 된다.

지역개발채권은 「지방자치법」, 「지방공기업법」, 「지역개발기금설치조례」 등에 의거하여 지역개발기금의 재원조달용으로 발행되는 채권이다.

**❸ 특수채** : 특별법에 의해 설립된 법인이 발행한 채권들을 의미한다. 특수채는 다양한 특성을 지닌 발행주체들에 의해 발행되고 있기 때문에 여러 기준에 의해 세분될 수 있겠으나, 일반적으로 특별법에 의해 설립된 금융기관이 발행한 채권은 금융특수채로 분류하고 있으며 그 밖의 특별법인이 발행한 채권은 특수채로 분류하고 있다.

　ㄱ. 비금융특수채 : 특별법에 의해 설립된 법인들 중 한국전력(주), 한국토지주택공사 등과 같이 비금융 특별법인이 발행한 채권을 의미한다. 그 밖의 비금융특수채로는 한국전기통신공사채권, 한국도로공사채권, 한국수자원공사채권, 한국가스공사채권, 한국자산관리공사채권, 예금보험(상환)기금채권 등이 있다.

ㄴ. 금융특수채 : 특별법에 의해 설립된 금융기관이 발행한 채권들을 의미한다. 산업금융채권, 중소기업금융채권, 수출입은행채권, 농협과 수협 발행채권이 이에 해당된다. 한국은행이 발행하는 통화안정증권도 금융채이나, 거래소에서는 통화안정증권을 다른 금융채와는 별도로 구분하여 분류하고 있다.

일반적으로 발행인의 내용이 잘 알려져 있거나, 정형화된 유가증권으로 공시를 강제하지 않더라도 투자자에게 피해가 없는 증권들은 발행 시 증권신고서의 제출이 면제된다. 이러한 증권들로 간주되는 채권들로는 국채, 지방채 그리고 앞에서 설명된 특수채들이 있다.

그밖에 카드, 리스, 할부금융사들에 의해 발행되는 채권, 또한 일반 은행들에 의해 발행되는 은행채 등은 여신전문업법, 은행법 등 관련 법률이 존재하여 과거에는 특수채로 간주되었다. 그러나 자본시장법 발효(2009년) 이후부터 이들 채권들은 회사채 중 금융회사채로 분류되기 시작하였다. 이들 역시 회사채와 마찬가지로 발행 시 증권신고서를 제출해야 한다.

❹ 회사채 : 상법상의 주식회사가 자금을 조달하기 위해 발행하는 채권이다. 정부, 지방자치단체 혹은 특별법에 의해 설립된 법인들에 의해 발행되어 사실상 국가에 의해 직·간접적으로 원리금 지급이 보장되는 국공채와는 달리 회사채는 원리금 적기상환능력이 채권 발행기업 간에 크게 차이가 날 수 있다. 따라서 회사채는 발행총액의 제한을 받게 된다.

비금융회사가 발행하는 일반회사채와 금융회사가 발행하는 금융회사채로 나눌 수 있다. 금융회사채는 발행주체에 따라 은행채와 기타 금융회사채로 나뉜다. 기타 금융회사채는 주로 카드채와 캐피탈회사채로 구성된 여전채가 대부분을 차지하고 있다.

## (2) 보증 여부에 따른 분류

원리금의 적기상환이 이루어지지 않을 때 발행자 이외에 제3자가 원리금 상환을 보장하느냐에 따른 분류이다. 제3자의 원리금 상환보장이 된 회사채를 보증사채, 그렇지 않은 회사채를 무보증사채라고 한다. 그밖에 부동산이나 유가증권 등을 원리금 지급의 담보로 제공하는 담보부사채도 있다.

❶ 보증사채 : 원금상환 및 이자지급을 발행회사 이외의 금융기관 등 제3자가 보장하는 회사채를 의미한다.

우리나라의 경우 1998년 초반까지는 대부분의 기업들이 보증사채를 발행하여 왔으나, IMF금융위기 이후 보증금융기관의 신뢰문제가 대두되면서 1998년 중반 이후부터는 우량 대기업을 중심으로 한 무보증사채의 비중이 사채발행의 대부분을 차지하게 되었다.

❷ 무보증사채 : 원리금 상환에 대하여 금융기관의 보증이나 물적 담보의 공여 없이 발행회사가 자기신용을 근거로 발행하는 회사채이다.

무보증사채는 일반적으로 보증사채나 담보부사채에 비해 원리금 적기 지급 안정성이 떨어진다고 간주되므로 신용도가 우수한 기업에 의해서만 발행되는 경향이 있다.

이때 기업의 신용도는 객관적인 신용평가기관에 의하여 평가되며, 우리나라의 경우 무보증사채를 발행하기 위해서는 2개 이상의 복수평가를 받아야 한다. 이들에 의한 신용평가는 회사채 투자 시 채무불이행 위험을 판단하는 지표가 된다.

원리금의 적기상환능력 우열도에 의해 결정되는 사채의 등급은 AAA에서 D까지 구분되며, 일반적으로 AA등급에서 (최대) CCC등급까지 당해 등급 내에서 상대적 위치에 따라 + 또는 −부호를 첨부한다.

## (3) 이자 및 원금지급방법에 따른 분류

이자지급방법과 원금상환방법은 채권의 현금흐름을 결정하는 요인이다. 채권의 현금흐름은 현시점에서 향후 만기 시점까지 각 시점마다 지급되는 이자 및 원금의 크기를 나타내기 때문에 투자의 기본적 결정요인일 뿐만 아니라 시장만기수익률로 할인되어 채권 가격을 결정하는 기초정보이기도 하다.

우리나라에서 일반적으로 채권에 적용하고 있는 이자지급방법은 만기일에 이자를 일시에 지급하는 복리채 및 단리채, 이자 선지급방식에 의한 할인채 그리고 일정기간마다 이자를 지급하는 이표채 등이 있다.

이와 같은 이자지급방식을 사용하는 대부분의 채권들은 그 원금이 모두 만기 시에 지급되는 형태를 띠고 있다.

그밖에 원금상환방식에 따라 만기상환일 이전이라도 발행자가 원금을 임의로 상환할 수 있는 채권과 채권의 보유자가 발행자에게 원금의 상환을 요구할 수 있는 채권이 있다. 전자를 수의상환채권(callable bond), 후자를 수의상환청구채권(putable bond)이라고 한다.

❶ 복리채 : 가장 일반적인 이자지급방식 중의 하나로 채권발행 후 만기까지 이자지급 단위기간의 수만큼 복리로 이자가 재투자되어 만기 시에 원금과 이자가 한꺼번에 지급되는

채권이다. 연단위로 표시되는 채권의 표면이율이 동일하더라도 자동재투자 횟수가 커지면 채권의 만기상환금액은 증가한다.

ㄱ. 연단위 재투자복리채 : 전환기간이 1년인 복리채로서 제1종 국민주택채권, 지역개발채권 등이 이에 해당된다. 액면금액 $F$, 연단위 표면이율 $i$, 그리고 만기연수가 $N$인 채권의 만기상환금액($S$)은

$$S = F \times (1+i)^N$$

예컨대 제1종 국민주택채권은 만기기간 5년, 표면금리 1%(2019. 8. 8 이후)인 연단위 복리채인데, 액면금액 10,000원을 기준으로 한 이 채권의 만기상환 원리금액은

$$10,000 \times (1+0.01)^5 = 10,510(원 미만 절사)$$

ㄴ. 3개월 단위 재투자복리채 : 전환기간 3개월, 전환횟수 연 4회인 복리채로서 금융채들 중에서 복리채로 발행되는 채권들이 이에 해당된다. 액면금액 $F$, 연단위 표면이율 $i$, 재투자 횟수 $m$번, 그리고 만기연수가 $N$인 채권의 만기상환금액($S$)은

$$S = F \times 1 + \left(\frac{i}{m}\right)^{m \times N}$$

예컨대 만기기간 3년, 표면이율 8%, 액면 10,000원인 3개월단위 재투자복리채의 만기상환 원리금액은

$$10,000 \times 1 + \left(\frac{0.08}{4}\right)^{4 \times 3} = 12,683(원 미만 절상)$$

으로 동일한 만기기간 및 표면이율을 지닌 연단위 재투자 복리채의 만기상환금액인 12,597.12[$= 10,000 \times (1+0.08)^3$]보다 큼을 알 수 있다. 과거에는 산업금융채권 등과

같은 금융특수채들이 3개월 복리방식으로 많이 발행되었으나 최근에는 거의 발행되고 있지 않다.

❷ 단리채 : 발생된 이자가 재투자되는 과정을 거치지 않는, 즉 단리방식에 의한 이자금액이 원금과 함께 만기에 일시에 지급되는 원리금 지급방식이다. 액면금액 $F$, 연단위 표면이율 $i$, 그리고 만기연수가 $N$인 채권의 만기상환금액($S$)은

$$S = F(1 + i \times N)$$

예컨대 표면이율 8%인 3년 만기 단리채의 만기상환금액은 이자 2,400원(= 10,000원 × 8% × 3년)과 원금 10,000원의 합인 12,400원이다. 이 단리방식에 의한 지급이자는 이자에 대한 이자가 발생하지 않기 때문에 만기와 표면이율이 같더라도 복리방식에 의한 이자금액보다 적다.

❸ 할인채 : 만기 시까지의 총이자를 채권 발행 혹은 매출 시에 미리 공제하는 방식으로 선지급하는 형태의 채권이다. 따라서 만기 시에는 채권의 투자원금에 해당하는 액면금액만을 지급한다. 이와 같은 채권에는 할인방식으로 발행되는 통화안정증권, 금융채 등이 있다.

예컨대 표면이율이 8%이고 만기기간이 3년인 할인채에 대한 이자는 액면 10,000원당 2,400원이 된다. 그런데 이 채권의 이자는 발행일에 선지급되므로 액면금액 10,000원에서 선지급되는 이자 부분을 제외한 7,600원으로 발행시장에서 실질적으로 취득 가능하다. 일반적으로 액면 10,000원을 기준으로 할 때 발행기관에서 취득할 수 있는 할인채의 발행 가격은 다음과 같은 방식으로 구해진다.

$$\text{발행 가격} = 10,000 \times (1 - i \times N)$$

앞에서 설명된 복리채, 단리채 및 할인채는 일단 발행이 되면 만기 시점에만 현금흐름이 발생한다. 그러나 이표채는 만기 이전에도 이자 혹은 원금이 지급됨으로써 만기 시점 이외의 시점에서도 여러 차례의 현금흐름이 발생한다.

❹ 이표채 : 정해진 단위기간마다 이자를 주기적으로 지급하는 방식의 채권이다. 실제로 채

권의 권면에 이표가 붙어 있고 매 이자지급일에 이 이표를 떼어내서 이자를 지급받는 형태를 취하고 있다. 국채, 금융채, 대부분의 회사채가 이표채의 형태를 취하고 있다.

우리나라의 일반사채와 이표채로 발행되는 통화안정증권은 주로 매 3개월 단위로 이자가 지급되므로, 매기 지급되는 이자액은 표면이율의 1/4에 해당하는 금리가 액면에 적용된 금액이다. 예컨대 표면이율이 10%이고 만기가 3년인 회사채의 경우 매 3개월마다 지급되는 이자금액은 액면 10,000원을 기준으로 250원(=10,000×0.1/4)이므로 이 채권의 발생이자 및 지급원금에 의한 현금흐름은 다음과 같다.

전통적인 일반사채와는 달리 자산유동화증권(Asset-Backed Securities)은 이자지급 단위기간이 1개월인 경우가 많다. 이에 비해 국고채와 같은 주요 국채를 이표채로 발행할 경우는, 과거에는 이자지급 단위기간이 일반적으로 3개월이었으나 2003년 3월 발행분부터는 이자지급 단위기간을 6개월로 하고 있다.

따라서 2019년 3월 10일 발행된 만기기간 20년인 이표채의 현금흐름은 다음과 같이 시간선상에 표시할 수 있다. 이 채권의 표면이율이 2.00%이면 이 채권을 발행 후 만기까지 보유하면 매 6개월마다 $50.0원 = \left( 10,000 \times \dfrac{0.02}{4} \right)$의 이자와 만기 시 10,000원의 액면금액을 지급받게 된다.

## (4) 만기기간에 따른 분류

채권의 발행 이후 만기까지의 기간을 기준으로 나눈 분류이다. 우리나라의 경우 통상적으로 발행 이후 만기기간이 1년 이하인 채권을 단기채라고 하고, 1년 초과, 10년 미만의 채권을 중기채라고 하며, 10년 이상의 채권을 장기채라고 한다.

❶ 단기채 : 통화안정증권, 금융채 중 일부가 있다.
❷ 중기채 : 대부분의 회사채 및 금융채를 포함한 특수채와 제1종 국민주택채권과 국고채권 중의 일부를 포함한다.
❸ 장기채 : 국고채권(10년, 20년, 30년물, 50년물) 중의 일부가 이에 속한다.

그러나 원래는 장기채권이라고 할지라도 발행 이후 시간이 경과하여 만기까지의 잔존기간이 줄어들면 중기채 혹은 단기채라고 지칭하기도 하기 때문에 채권의 실제 투자 시에는 채권의 발행일 및 만기일을 확인할 필요가 있다.

### (5) 표시통화에 의한 분류

❶ 자국 통화표시 채권 : 발행 국가의 법정통화로 채권의 권리를 표시한 채권으로 우리나라의 경우 원화표시에 의해 채권이 발행된다. 우리나라에서 발행되더라도 내국인들에 의해 발행되는 원화표시 채권인 국내채(domestic bond)와는 달리 외국인들에 의해 발행되는 원화채권이 외국채(foreign bond)이다. 국내 발행 외국채를 아리랑본드(Arirang Bond)라고 부르고 있는데 국가마다 자국 내에서 외국인이 발행하는 자국 통화 표시 외국채를 구분하는 고유한 명칭이 있다. 미국의 양키본드(Yankee bond), 중국의 팬더본드(Panda bond), 일본의 사무라이본드(Samurai bond), 영국의 불독본드(Bulldog bond) 등이 대표적이다.

❷ 외화표시 채권 : 자국 통화 이외에 타국의 통화로 채권에 관련된 권리를 표시한 채권이다. 국내에도 원화 이외에 달러, 엔화 그리고 유로 등 해외통화 표시로 채권들이 발행되는데 이들 채권은 광의의 유로본드(Euro bond)에 속한다. 유로본드는 자국 내에서 발행되는 타국 통화표시 채권들을 포함하는데 이를 발행하는 국가별로 통용되는 명칭이 있다.

우리나라의 경우 김치본드(Kimchi Bond), 일본의 쇼군본드(Shogun 또는 Geisha bond) 등이 이에 해당된다. 중국의 딤섬본드(Dim sum bond)는 중국 이외의 지역에서 위안화 표시로 발행되는 채권을 포괄적으로 의미한다. 이와 같은 유로본드와 외국채를 포괄하여 국제채(International bond)라고 한다.

### (6) 자산유동화증권

1998년 9월에 제정된 「자산유동화에 관한 법률」에 따라 1999년부터 발행되고 있는 자산유동화증권(Asset-Backed Securities : ABS)은 유동화의 대상이 되는 각종 채권 및 부동산·유가증권 등의 자산에서 발생하는 집합화된 현금흐름을 기초로 원리금을 상환하는 증서이다. 자산유동화증권에 대한 상세한 내용은 제7장 기타 채권 및 관련 금융투자상품에서 살펴보도록 한다.

### (7) 금리변동부채권

금리변동부채권(floating rate note : FRN)은 일정 단위기간마다 정해진 기준금리에 연동된 표면이율에 의해 이자를 지급하는 채권이다. 이 채권은 지금까지 설명된 전형적인 일반채권과는 달리 기준금리의 변동에 따라 매 단위기간마다 표면이율이 변화하기 때문에, 표면이율에 의해 결정되는 미래 이자금액에 의한 현금흐름이 발행 시에는 확정될 수 없는 채권이다.

연동되는 기준금리로는 CD(양도성 예금증서), 국고채 3년물 및 5년물의 시장수익률이 주로 사용되며, 기준금리에 일정한 스프레드가 가감되어 표면이율이 결정되는 방식을 띠고 있다.

예컨대 매 3개월 단위 3년 만기 이표채가 CD수익률을 기준으로 0.6%(60 basis points)의 가산금리가 붙는 방식으로 표면이율이 결정되는 금리변동부 이표채일 때, 발행 시 기준금리 결정 시점의 CD수익률이 6%라면 발행 3개월 후 첫 번째 이표일에 지급받는 이자금액은 액면 10,000원당 165원$\left(=10,000\times\dfrac{0.06+0.006}{4}\right)$이다.

두 번째 이표이자금액은 발행 시점에서는 알 수 없고, 두 번째 이표이자 기준일(첫 번째 이표이자 지급일 직전)의 CD수익률에 따라 결정되며, 두 번째 이표일날(발행 후 6개월 시점) 지급된다. 그 이후의 이표이자도 기준금리가 정해지는 각 시점의 CD수익률 수준에 따라 결정된다.

이처럼 금리변동부채권의 이자율은 시장의 기준이 되는 지표금리의 변동에 연동되기 때문에 표면이율이 확정되어 있는 일반채권에 비해 수익률 변동 위험에서 벗어날 수 있는 장점이 있다.

그러나 이것이 수익률 변동에서 발생하는 모든 위험에서 벗어날 수 있음을 의미하는 것은 아닌데, 이는 채권 발행자의 신용변동 때문이라고 할 수 있다. 즉, 금리변동부채권의 지표금리에 가산되는 금리는 지표금리가 되는 채권의 발행자와 금리변동부채권의 발행자의 신용위험의 차이 때문이라고 할 수 있는데 일반적으로 이 가산금리는 금리변동부채권의 발행 시점에 확정되어 만기까지 유지된다. 그러나 금리변동부채권의 발행 이후 채권 발행자의 신용위험이 발행 시점보다 더 커지게 되면 가산금리가 실제로 높아져야 하나 가산금리 자체는 고정되어 있기 때문에 변동금리부채권의 가격 하락을 발생시킨다.

이와 같은 금리변동부채권은 다양한 방식으로 변용되기도 하는데, 이들로는 역금리변동부채권(Inverse FRN), 양기준 금리변동부채권(Dual Indexed FRN), 그리고 디지털옵션 금리변동부채권(Digital Option FRN) 등을 들 수 있다.

이들은 전통적인 채권과 파생상품이 혼합된 구조적 특성을 가지고 있기 때문에 구조화채권(Structured Note)으로 분류되기도 한다. 특히, 금리 관련 상품이기 때문에 금리연계채권(Interest Rate-Linked Note)이라고도 불린다.

# chapter 02

# 발행시장과 유통시장

section 01 **발행시장**

### 1    채권 발행시장의 개요

채권의 발행시장에서 자금을 조달하려는 채권 발행자는 신규 창출한 채권을 직접 투자자에게 매각하거나, 전문적인 발행기관에게 전반적인 발행업무를 의뢰하여 이 발행기관이 발행채권을 투자자들에게 매출하게 한다. 전자를 직접발행 그리고 후자를 간접발행이라고 한다.

따라서 발행시장에서의 채권투자는 채권 발행자 혹은 발행기관을 통하여 이루어질 수 있다.

## (1) 채권 발행자

정부, 지방자치단체, 특별법에 의해 설립된 법인 그리고 주식회사 등 채권의 신규 창출을 통하여 자금을 조달하려는 금융주체를 의미한다.

## (2) 발행기관

채권 발행에 대한 제반 업무를 수행하고 발행에 수반된 위험과 판매기능을 담당하는 전문기관으로 다음과 같이 구성되어 있다.

❶ 주관회사 : 채권 발행에 대한 사무처리, 발행과 관련된 자문 등 채권 발행업무를 총괄하며 인수단을 구성하는 역할을 한다. 발행규모가 클 경우 주관회사들이 공동으로 간사업무를 수행하는데, 이 중 가장 중요한 역할을 담당하는 회사를 대표주관회사, 그 밖의 회사를 공동주관회사라고 한다. 주관회사 자격을 지닌 금융기관으로는 산업은행, 증권회사가 있다.

❷ 인수기관 : 주관회사와 협의하여 발행 채권을 직접 매입하는 인수기능을 수행함으로써 채권 발행자로 하여금 거액의 자금조달을 가능하게 하는 기관들이다. 이들은 인수채권을 자신들이 보유하기도 하지만 그 밖의 투자자들에 매도하는 도매역할을 하기도 한다. 인수업무 또한 주관회사들로 구성된 금융기관들에 의해 수행된다.

❸ 청약기관 : 인수에 따르는 위험을 부담하는 인수단과는 달리 신규 발행 채권을 매입하고자 하는 불특정 다수의 투자자들에 대한 청약업무만을 대행한다. 청약업무는 일반적으로 인수업무를 허가받은 증권사들의 본·지점망을 통하여 이루어지고 있다.

## 2 채권의 발행방법

채권의 발행방법은 발행 채권에 대한 투자자의 대상 범위에 따라 사모발행과 공모발행으로 구분된다. 발행방식은 발행기관의 발행업무 대행 여부 및 발행기관의 미발행 채권에 대한 위험부담 여부 등에 따라 세분된다.

## (1) 사모발행

채권 발행자가 직접 소수의 투자자와 사적 교섭을 통하여 채권을 매각하는 방법이다. 이 경우 투자자는 주로 은행, 투자신탁회사, 보험회사 등과 같은 기관투자자들이 일반적이며, 발행자는 유동성이 낮은 회사채의 발행기업인 경우가 많다. 자본시장법에 따르면 발행을 위한 모집의 대상이 50인 미만일 경우에는 사모로 간주된다. 다만 금융투자상품에 대한 전문성과 일정한 자산규모 등을 갖춰 위험감수능력을 갖춘 전문투자자는 사모 여부 판단기준인 50인에 포함되지 않는다. 대표적인 전문투자자로는 금융기관과 연기금 등 기관투자자들이 있다.

## (2) 공모발행

불특정 다수의 투자자를 대상으로 채권을 발행하는 방법인 공모는 투자자에게 직접 채권을 매출하는 직접발행방식과 발행기관을 통한 간접발행방식으로 이루어진다.

❶ 직접발행 : 채권의 발행조건을 발행 전에 미리 결정하고 발행하는지 여부에 따라 매출발행과 공모입찰발행으로 나뉜다.

ㄱ. 매출발행 : 채권의 만기기간, 발행이율, 원리금지급방법 등 발행조건을 미리 정한 후 일정기간 내에 개별적으로 투자자들에게 매출하여 매도한 금액 전체를 발행총액으로 삼는 방식이다. 산업금융채권 등 금융채가 발행기관에 의해 창구매출된다.

ㄴ. 공모 입찰발행 : 미리 발행조건을 정하지 않고 가격이나 수익률을 다수의 투자자들로부터 입찰 응모를 받아, 그 결과를 기준으로 발행조건을 결정하는 방법이다.

이 방식으로 발행하는 대표적인 채권들로는 국고채 및 통화안정증권 등이 있으며 이 채권들에 대한 입찰 응모자격은 정부로부터 국채딜러로 지정되거나 한국은행과 약정을 맺은 금융기관들로 한정되어 있다.

입찰방식은 크게 경쟁입찰과 비경쟁입찰로 나누어지며, 경쟁입찰은 다시 복수 가격(수익률) 경매방식과 단일 가격(수익률) 경매방식으로 분류된다.

a. 복수 가격(수익률) 경매방식 : Conventional Auction 혹은 American Auction이라고 불리는 방식으로 내정 수익률 이하에서 각 응찰자가 제시한 응찰 수익률을 낮은 수익률(높은 가격) 순으로 배열하여 최저 수익률부터 발행예정액에 달할 때까지 순차적으로 낙찰자를 결정하는 방법이다. 낙찰자는 응찰 시 제시한 수익률로 채권을 인수하게 되므로 복수의 낙찰 가격이 발생하게 된다. 2000년 8월 16일 이전에 국고채권 등의 발행 시 사용되었다.

b. 단일 가격(수익률) 경매방식 : 발행기관이 내부적으로 정한 내정 수익률 이하에서 낮은 수익률 응찰분부터 발행예정액에 달하기까지 순차적으로 낙찰자를 결정한다. 이때 모든 낙찰자에게는 낙찰된 수익률 중 가장 높은 수익률이 일률적으로 통일 적용됨으로써 단일한 가격으로 발행이 이루어진다. Dutch Auction으로 불리는 이 방식은 국고채권의 입찰 시 사용되었다.

c. 차등 가격 경매(낙찰)방식 : 발행자의 입장에서 볼 때 단일 가격 경매방식은 평균 낙찰 수익률보다 높은 발행수익률을 적용해야 하기 때문에 상대적으로 더 많은 채권 발행비용을 지불해야 하는 문제점을 발생시킨다. 한편 복수 가격 경쟁방식은 평균 낙찰 수익률보다 낮은 수익률로 낙찰되는 것을 원치 않는 잠재적 응찰자들의 응찰 의욕을 감퇴시켜 발행시장을 위축시킬 가능성을 낮게 된다.

이에 대한 개선방안으로 2009년 10월부터 차등 가격 낙찰방식의 경매제도가 국고채 발행에 도입되었다. 이 방식은 최고 낙찰 수익률 이하 응찰 수익률을 일정 간격으로 그룹화하여 각 그룹별로 최고 낙찰 수익률을 적용하는 방식이다. 차등 가격 입찰방식은 처음에는 3bps 단위로 그룹화하였으나 2013년부터는 2bps로 바뀌었다.

예컨대 응찰수익률의 간격을 2bps(베이시스 포인트 : 0.01%)로 할 경우 최고 낙찰수익률이 5.050%이고 응찰수익률을 (5.055%~5.040%), (5.035%~5.020%), (5.015%~5.000%) 등으로 그룹화할 경우 경매방식별 낙찰수익률은 다음 표와 같다.

| 기관 | 응찰 금리 | 낙찰 금리 | | |
|------|-----------|-----------|------|-------------|
| | | 차등 가격 낙찰방식 | Dutch | Conventional |
| A | 5.005% | A, B : 5.015% | 모두 5.055% | A : 5.005% |
| B | 5.010% | | | B : 5.010% |
| C | 5.025% | C, D : 5.035% | | C : 5.025% |
| D | 5.030% | | | D : 5.030% |
| E | 5.040% | E, F, G : 5.055% | | E : 5.040% |
| F | 5.050% | | | F : 5.050% |
| G | 5.055% | | | G : 5.055% |

d. 비경쟁입찰 : 당해 경쟁입찰에서 국고채를 인수한 국고채전문딜러는 경쟁입찰 시행일부터 3영업일까지 비경쟁입찰을 통해 국고채를 인수할 수 있는 권한을 부여받는다. 경쟁입찰과 달리 비경쟁입찰에서는 해당 입찰 최고낙찰금리로 국고채를 인수받을 수 있다.

일반인도 국고채전문딜러로 지정된 기관에 계좌를 개설한 후 국고채전문딜러를 통해 국고채 인수를 신청할 수 있다. 일반인의 최소응찰금액은 10만 원이며,

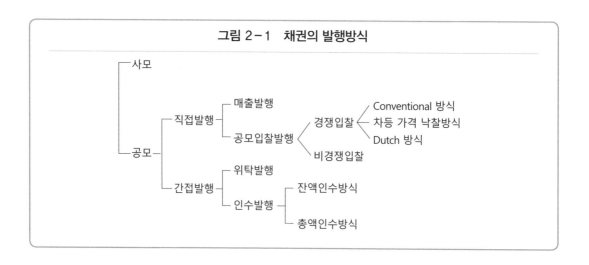

그림 2-1   채권의 발행방식

최대응찰금액은 10억 원으로 그 금액에 제한이 있다. 정부는 응찰에 참여한 일반인에게 발행예정금액의 20% 범위 내에서 국고채를 우선적으로 배정한다.

❷ 간접발행 : 발행기관을 통하여 불특정 다수의 투자자들에게 채권을 발행하는 간접모집 방식은 발행 매출액이나 모집액이 발행하고자 했던 총액에 미달되는 부분에 대한 부담을 누가 지느냐에 따라 위탁모집, 잔액인수방식과 총액인수방식으로 나뉜다.

ㄱ. 위탁발행 : 발행인의 대리인 자격 또는 발행기관 자신의 명의로 채권을 발행하는 이 방식은 모집 혹은 매출된 채권액이 발행하고자 했던 총액에 미치지 못할 경우 이 부분을 발행자가 부담한다.

ㄴ. 잔액인수발행 : 발행기관에 의하여 발행자 명의로 된 채권을 모집, 매출하는 것으로 만약 매출 또는 모집액이 발행하고자 했던 총액에 미달할 때에는 발행기관이 그 잔액을 책임인수한다는 계약하에 이루어지는 채권 발행방식이다.

ㄷ. 총액인수발행 : 발행 채권 총액을 발행기관이 모두 인수한 후 이 기관들의 책임하에 모집 또는 매출하는 방식이다.

발행조건과 모집 또는 매출 시의 가격차이에 의하여 발생하는 손익은 인수발행기관에 귀속된다. 2012년 도입된 수요예측제도로 공모회사채 발행 시에 발행기관이 실질적으로 부담해야 할 인수물량은 수요예측 미달분에 국한되게 되었다.

## 3 채권 발행 추이와 주요 제도

신규채권 발행규모는 전체적으로 증대되고 있으며 특히 IMF 금융위기와 글로벌 금융위기시엔 통화안정증권을 중심으로 전체 신규 발행액이 급격히 증가하였다. 다만 2010년대 중반 들어서는 증가세가 둔화되었으며 일반회사채와 금융채의 신규발행 비중이 점증하는 추세를 보이고 있다. 특히 코로나19 사태로 2020년부터 국채발행이 급증하였다.

전체 채권 발행잔액은 매우 안정적 증가세를 보여 왔다. 2000년 말 기준 약 475조 원이었던 전체 채권발행 잔액은 2021년 말에 약 2,463조 원으로 증대해, 이 기간 중 연평균 20% 수준의 증가세를 보였다. 그 중 국고채권을 포함한 국채의 발행 잔액 증가가 가장 두드러져 2000년 약 15% 수준이었던 발행잔액 비중은 2021년 말 약 38%까지 커졌다. 이와는 반대로 일반회사채의 비중은 같은 기간 약 32%에서 15%수준으로 감소하였다.

한편 통화안정증권은 신규발행액에서 차지하는 비중이 높음에도 불구하고 발행잔액에서 차지하는 비중은 상대적으로 낮아 전체 발행잔액 중 약 6%(2021년 말 기준) 수준이다. 이는 통화안정증권의 경우 신규발행액 중에서 1년 미만 단기채의 비중이 매우 높기 때문이다.

### (1) 국고채전문딜러

국고채는 대규모로 발행이 되기 때문에 이를 일정 규모 이상 인수할 수 있는 능력을 갖춘 기관투자자들만이 발행에 참여할 수 있는 자격이 주어지는데, 이 기관투자자들을 국고채전문딜러(Primary Dealer, PD)라고 한다. 국고채전문딜러 혹은 예비 국고채전문딜러(Preliminary PD)는 국채 투자매매업(인수업 포함)의 인가를 받은 기관들 중 일정 수준의 재무건전성 요건과 인력 및 경력 기준과 실적 기준을 충족한 기관들 중에서 선정된다. 1999년 처음 도입된 국고채전문딜러는 2021년 12월 기준 18개(은행 7, 증권 11)의 PD사와 3개(은행 1, 증권 2)의 PPD사로 운영되고 있다.

이들은 국고채 발행시장에서 독점적으로 국고채 입찰에 참여할 수 있는 권한을 부여받는 대신 유통시장에서 매도·매수호가를 제시하는 등 시장조성(market making)의무를 수행한다.

또한 PD에게는 국고채 비경쟁인수권한이 부여된다. 이는 경쟁입찰일 직후 3영업일 동안에 경쟁입찰 최고 낙찰금리로 해당 종목을 추가적으로 인수할 수 있는 권한이다. 실적이 우수한 PD들에게는 국고채를 담보로 저리로 자금을 대여해 주는 국고채 전문딜러 금융지원제도도 운영되고 있다.

### (2) 수요예측제도

주로 총액인수방식으로 이루어지고 있는 우리나라의 회사채 발행 과정에는 거쳐야 할 제도적 절차들이 있다. 특히 회사채 발행의 상당 부분을 차지하고 있는 공모회사채 발행을 위해서는 기업 실사(Due Diligence)와 수요예측과정(Book-building Process)을 거쳐야 한다. 수요예측제도는 회사채 발행시장 개선방안에 따라 무보증 공모회사채 발행을 주관하는 증권사의 수요예측 시행을 의무화하는 하는 방식으로 2012년에 도입되었다.

회사채 발행에 있어 수요예측이란 무보증사채를 공모함에 있어 공모금리를 결정하기 위하여 대표주관회사가 공모예정기업의 공모희망금리를 제시하고, 금리 및 물량 등의 수요상황을 파악하는 것을 말한다.

수요예측은 발행회사의 의사가 반영된 발행물량과 함께 공모희망금리(혹은 금리 밴드)를 주관 증권사가 제시하고 다수의 수요예측 참여자들의 신청물량과 금리를 기초로 발행회사와 주관 증권사가 협의하여 결정하여 물량을 배정하는 방식으로 이루어진다.

---

## section 02 유통시장

### 1 채권 유통시장의 개요

채권은 일반적으로 은행예금과는 달리 만기 전까지 채권 발행자에게 원금의 상환을 요구할 수 없다. 따라서 채권 투자자는 투자한 채권을 현금화할 수 있는 기능이 필요하다. 채권의 유통시장은 채권의 만기 전에 투자 채권을 현금화하려는 기존 투자자들과 이들에 의해 공급되는 채권에 투자하려는 새로운 투자자들 간의 수요에 의해 채권의 거래가 이루어지는 메커니즘을 의미한다. 발행시장을 제1차 시장이라고 한다면 유통시장은 제2차 시장이라고 할 수 있다.

일반적으로 채권 유통시장은 첫째, 채권의 유동성을 부여해 주고, 둘째, 채권의 공정한 가격 형성을 가능하게 하며, 셋째, 발행시장에서 신규로 창출되는 채권의 가격결정에 지표를 제공하는 등의 기능을 수행한다.

## 3 채권의 매매방법

채권을 거래하기 위해서는 증권회사에서 계좌 개설 후 장내거래 혹은 장외거래를 통하여 매매할 수 있다. 채권거래는 주식거래와는 달리 장외거래의 비중이 높은 것이 특징이다.

### (1) 국채전문유통시장

국채딜러란 국채시장조성을 위해 국채를 대량으로 매매할 수 있는 금융투자회사 및 은행들로 구성된 국채의 자기 매매인가 기관투자자들을 의미한다. 이 국채딜러들을 중심으로 거래소시장을 통하여 이루어지는 경쟁매매 메커니즘이 1999년 3월에 개설된 국채전문유통시장이다.

❶ 시장참가자 : 국채전문유통시장의 참가자는 거래소의 채무증권회원인가를 취득한 은행과 금융투자회사이고, 연금, 보험, 기금 등의 기타 금융기관 및 일반투자자도 위탁 참여가 가능하다.

❷ 거래대상채권 : 국채전문유통시장에서 거래되는 채권은 국고채권(외평채 포함)뿐만 아니라 통화안정증권, 예금보험기금채권인데, 국고채권은 시장조성을 위해 특별하게 취급되는 지표종목과 비지표종목으로 구분된다. 지표채권은 유동성이 풍부하여 유통시장을 통한 지표금리의 형성에 가장 적합하다고 판단되는 채권으로, 경쟁입찰을 통하여 발행된 국고채권 중 만기별로 가장 최근에 발행된 종목과 물가연동국고채권 중 가장 최근에 발행된 종목을 말한다.

❸ 호가 및 매매수량단위 : 국채전문유통시장은 지정가호가방식을 채택하고 있다. 호가 가격단위는 잔존만기별로 다르며, 잔존만기가 10년 이상일 경우 1원, 2년 이상 10년 미만

일 경우는 0.5원, 2년 미만일 경우 0.1원이다. 호가수량단위는 액면 1만 원이며 매매수량단위는 10억 원이다.

❹ 매매체결 : 인터넷 주문환경의 KTS(KRX Trading System for government securities)에 의한 완전자동매매체결방식을 이용한 복수 가격에 의한 개별 경쟁매매원칙(동시호가제도 없음)에 따라 체결이 이루어진다.

❺ 매매확인 및 결제 : 다자간 차감결제 및 집중결제방식에 의한 익일 결제방식을 택하고 있다. 다만, 결제일이 기준일 마감일일 경우에는 결제일의 다음 영업일을 결제일로 한다.

ㄱ. 대금결제 : 한국은행 BOK−Wire 자금이체방식

ㄴ. 국채결제 : 증권예탁결제원 예탁자 계좌 간 대체방식

## (2) 일반채권시장

거래소에 상장된 국채, 지방채, 특수채, 전환사채, 신주인수권부사채, 교환사채, 일반사채권 등 모든 채권이 거래되는 시장으로 시장참가에 자격 제한이 없어 모든 투자자가 참여할 수 있는 시장이다. 2007년 8월 소규모 금액으로도 거래가 가능한 소매채권시장을 개설하였으나, 소매채권과 일반채권시장에서 동일 채권이 동시에 거래됨에 따른 유동성 분산, 가격발견기능 저하 등을 해소하기 위하여 2014년 3월부터 양 시장을 통합 · 운영하고 있다.

❶ 매매시간 : 주식의 장내거래와 마찬가지로 토요일과 공휴일이 제외된 거래일의 오전 9시에서 오후 3시 30분까지 개장된다.

❷ 호가 및 가격폭 제한 : 채권에 대한 매매거래를 하기 위하여 매도 또는 매수의 의사표시를 하는 행위를 호가라고 하는데, 장외시장에서는 호가가 수익률로 이루어지는 것이 일반적이다. 이에 비해 거래소시장에서는 채권에 대한 매매호가가 액면 10,000원 기준으로 가격호가로 이루어진다. 한편 채권시장은 주식시장과는 달리 가격 제한폭제도가 없는 것이 특징이다. 그러나 주문자의 입력 오류를 방지하기 위하여 호가입력제한을 두고 있다.

❸ 매매수량단위 : 매매수량단위란 거래소 채권시장에서 거래될 수 있는 최저 액면금액인 동시에 그의 정수배를 의미한다. 현재 거래소에서는 1,000원 단위로 매매를 체결한다.

❹ 매매체결방법 및 거래의 결제 : 개별 경쟁매매방식으로 매매가 이루어지고 있으며 가격우선의 원칙, 시간우선의 원칙에 의해 매매가 이루어진다. 개별경쟁매매방식은 다시 단일 가격에 의한 개별 경쟁매매와 복수 가격에 의한 개별 경쟁매매로 구분된다. 단일가

매매는 수요와 공급을 집중시켜 균형 가격 형성의 필요성이 큰 경우에 이용되는 매매방법으로서 일정 시간 동안 매도·매수호가를 접수하여 가격 및 시간우선원칙에 따라 우선하는 호가 간에 하나의 가격으로 매매체결이 이루어지는 방식이다. 접속매매(복수 가격에 의한 개별 경쟁매매)는 매매거래시간 중에 매도호가와 매수호가의 경합에 의하여 가장 낮은 매도호가와 가장 높은 매수호가가 합치되는 경우 선행호가, 즉 먼저 접수된 호가의 가격으로 매매거래를 성립시키는 매매방법이다.

❺ 시장조성제도 : 일반채권시장에는 일반투자자의 채권매매가 원활하게 이루어질 수 있도록 유동성을 공급하는 시장조성자가 있다.

## (3) 장외채권거래 전용시스템(K-Bond)

❶ K-Bond 도입 연혁 : 장외매매는 투자자와 증권회사 혹은 증권회사와 증권회사 간의 상대매매를 통해 이루어지며 이와 같은 거래과정에는 유선 및 인터넷 메신저 등이 사용되어 왔다. 하지만 사설 메신저로 이루어지는 정보교환은 이해관계를 달리하는 시장참여자들 별로 구성된 메신저 그룹 간에 발생하는 폐쇄성에 가로 막혀 시장분할 및 거래 정보에 대한 투명성 문제를 발생시켰다. 따라서 장외 채권시장의 거래정보 투명성 제고를 위해 채권 장외거래 리포팅 시스템이 가동되게 되었다. 이 시스템은 사후적 투명성 확보를 위해 2000년 7월에 도입된 채권 장외거래 내역 통보 및 공시('15분 룰')와 사전적 투명성 확보를 위해 2007년 12월에 도입된 채권 장외호가 집중 시스템(Bond Quotation System : BQS)을 근간으로 운용되었다. 한편 2010년 4월에는 기존의 장외거래 관련 시스템을 발전시켜 국내 채권시장에 적합한 채권거래전용시스템인 프리본드를 도입하였다.

2017년 3월에는 채권 장외시장에서 가격발견 기능과 거래 효율성을 향상시켜 장외채권거래의 규모와 유동성을 높이는 채권거래지원시스템인 K-Bond를 도입하였다. K-bond는 기존 프리본드를 대체하는 거래시스템으로 시장 참여자들이 호가를 제시할 수 있는 메신저 기능, 제시되는 호가와 체결정보의 공시 기능, 채권의 발행정보 탐색 기능, 회사채 발행 가격결정을 위한 수요예측 기능 등을 제공하고 있다. K-Bond에서 시장참여자들이 제시하는 실시간 호가 정보 및 거래내역 등은 K-Bond 및 채권정보센터(www.kofiabond.or.kr)를 통해 공시되고 있다.

❷ 채권 장외거래 내역 통보 및 공시('15분 룰') : 증권회사가 장외시장에서 투자자와 채권을 거래한 경우, 매매계약 체결 시점부터 일정 시간(15분) 이내에 거래 관련 사항(종목명, 수익

률, 단가, 거래량, 거래 성격 등)을 협회에 통보한다.

또한 협회는 보고받은 채권 장외거래 관련 정보를 기초로 다음 정보를 공시한다.

ㄱ. 장외거래 대표수익률(거래대금 가중평균 수익률)

ㄴ. 종류별·잔존기간별 가중평균 수익률, 거래량, 거래대금

ㄷ. 종목별 수익률, 거래량, 거래대금

ㄹ. 기타 채권 장외거래 관련 정보

❸ K-Bond 주요 내용 : K-Bond는 채권 장외시장에서 금융투자회사 또는 주요 시장참여자 간의 매매·중개를 위한 호가 탐색과 거래상대방과의 협상을 지원하기 위한 시스템을 말한다. K-Bond는 트레이딩보드와 전용메신저로 구성되어 있다. 트레이딩보드는 채권거래를 위해 필요한 실시간 호가정보 확인, 수요예측, 다양한 분석·조회화면을 제공하고 있으며, 전용메신저는 현재 채권거래에 이용되는 참여자 간 의사소통이 가능한 대화방 기능을 제공한다.

## 4　채권의 거래절차

채권투자를 위한 계좌 개설 및 거래를 위한 기본 절차는 기본적으로 주식과 같은 여타 유가증권거래의 경우와 크게 다르지 않다. 일반투자자는 계좌를 개설한 증권회사를 통해 거래를 수행한다(HTS).

거래소의 일반채권시장을 이용하여 매매할 경우 당일 결제가 이루어진다. 또한 장외거래의 경우도 일반법인이나 개인투자자가 50억 미만의 소액거래를 할 경우에는 당일 결제를 할 수 있다.

## 5　유통시장 현황

### (1) 시장별 채권거래 추이

채권유통시장 거래는 대규모 자금거래를 수반하는 기관투자자들 간의 거래가 높은 비중을 차지하기 때문에 세계 어느 채권시장에서나 장외거래가 주를 이루는 경향이 있다. 우리나라

의 경우도 장외거래가 채권거래에 있어 높은 비중을 차지해 왔으며, 2000년대 초반의 장외거래는 전체 채권거래의 99%에 달하기도 하였다.

그러나 2002년 10월부터 국채 전문딜러들에게 부과된 국채 중 기준물에 대한 장내거래 의무화 방침 이후 국고채를 중심으로 한 주요 국공채의 장내거래 규모가 증가하는 양상을 보이고 있다. 이에 따라 최근의 채권시장은 국공채 위주의 시장에 의해 주도되고 있다. 특히 국고채와 통화안정증권의 거래가 전체 채권거래의 85% 이상의 압도적인 비중을 차지하고 있으며 회사채 거래는 2~3% 수준으로 매우 낮은 수준이다.

## (2) 기관투자가 중심의 시장

채권거래에 있어 절대적인 비중을 차지하는 것은 기관투자자들이다. 이와 같은 기관투자자들 중심의 시장 특성상 유통시장의 중심이 되고 있는 장외거래 시 기준 만기수익률에 거래되는 관행적인 기본 매매단위는 일반적으로 액면금액 100억 원이다. 이 수준 이하의 수량은 유통시장에서 유동성이 떨어지기 때문에 기준 만기수익률에 일정한 유동성 프리미엄을 요구받게 된다.

물론 장내거래의 경우 국채전문시장의 매매단위가 10억으로 낮아졌고, 일반채권시장은 소액거래도 가능해 일반투자자의 진입이 과거에 비해 용이해졌다. 하지만 채권거래는 기관들의 대규모 자금운용을 위한 수단의 성격이 강하고, 또한 우리나라 채권시장의 경우 딜러제도를 통한 소매채권거래가 상대적으로 취약하기 때문에 채권시장의 중심을 이루는 것은 금융기관 및 연기금 등의 대규모 기관투자자들이다.

2021년 이루어진 채권 장외거래 중 개인 및 일반 법인투자자의 거래액은 약 216.1조 원으로 전체 장외 거래액의 약 4.1% 수준이다. 기관투자자들 중에서는 증권사의 거래규모가 가장 컸고 다음으로 은행, 자산운용사, 보험사, 외국인 그리고 연기금 순으로 거래규모가 크게 나타났다.

## (3) 기타 채권 관련 제도의 도입

채권시장의 구조개선을 위하여 각종 제도의 도입과 개선이 이루어지고 있다. 기관투자자의 자산운용의 원활화를 위해 Repo거래제도와 채권의 대차거래제도가 활성화되고 있으며, 채권의 수요기반 확충과 시장조성 기능을 확대하기 위해 채권전문딜러제도가 도입되었다.

❶ Repo제도 및 채권대차거래 : Repo거래란 환매조건부 채권매매(Repurchase Agreement)라고

도 하며, 이는 미래의 일정 시점에 채권을 환매수(환매도)할 것을 약정하고 현시점(매매 시점)에서 유가증권을 매도(매수)하는 매매계약을 의미한다. Repo거래는 참여자에 따라 개인 및 일반법인을 대상으로 하는 대고객 Repo와 금융기관과 기관투자자 상호 간에 이루어지는 기관 간 Repo 등으로 나눌 수 있다.

이 중 대고객 Repo는 외형상으로는 채권거래의 형식을 띠고 있음에도 불구하고 일반투자자들에게는 채권을 담보로 한 저축의 성격을 띠고 있다. 이에 비해 최근 거래가 증대되고 있는 기관 간 Repo는 자금운용의 대상으로 뿐만 아니라, 상대적으로 저렴한 비용으로 채권의 조달도 가능하게 해준다.

채권의 대차거래는 채권의 보유기관이 투자전략을 위하여 채권을 필요로 하는 기관에게 채권을 빌려주고 일정기간 후에 상환받는 거래이다. 채권의 대여자는 대여수수료를 취득하고, 대여기간 동안의 보관비용을 절감할 수 있고, 차입자는 다양한 포트폴리오전략의 수행이나 결제 부족분을 충당할 수 있다. 증권사, 예탁결제원 및 증권금융을 통하여 대차거래가 중개된다.

이와 같은 Repo거래나 대차거래를 통한 채권조달 기능은 채권의 원활한 공매도를 가능하게 해 줌으로써 채권선물시장, 스왑시장 및 단기금융시장 등과 연계된 다양한 채권운용전략을 가능하게 해준다.

대차거래에 수반되는 비용은 대여수수료인 데 비하여, Repo거래의 비용은 매도·매수 가격의 차이로 나타난다. 또한 채권대차거래는 일반적으로 차입자에게 특정 유가증권이 대여되는 대신 다른 유가증권이 담보로 제공되기 때문에 일정기간 동안의 채권과 자금의 교환 성격이 강한 Repo와는 구별된다.

❷ 채권전문 자기 매매업자 : 채권전문 자기매매업자(채권전문딜러)란 시장조성 채권에 대하여 매도·매수수익률을 제시하는 방법으로 이들 채권에 대한 시장조성을 하는 증권사, 은행 등의 금융기관을 의미한다.

채권전문딜러는 채권 액면 10억 원 이상의 매매를 하는 거액투자자들에 대해서는 시장조성 채권 중 회사채 5종목 및 금융채 2종목 이상을 포함한 9종목 이상의 채권에 대한 매매호가를 지속적으로 제시하여 시장조성을 한다.

❸ 채권시가평가제도 : 채권시가평가는 채권가격이 매일 변동하는 시장금리에 따라 평가되는 제도이다. 채권시장구조 선진화 추진방안('2000. 5. 3)의 일환으로 민간 채권 평가기관이 제공하는 가격에 의해 채권을 시가평가 하도록 하였다. 이는 IMF 외환위기 이후 신탁

재산 운용의 투명성 및 신뢰성 확보와 금융기관의 자산건전성 제고를 위해 도입되었다.

채권평가사는 국내외 채권, 파생상품, 대체투자자산, 집합투자기구, 지수사업 등은 자본시장법(자본시장법 제263조, 제258조, 제238조 및 시행령 제125조와 제260조)에 근거하여 평가업무를 하고 있다.

# chapter 03

# 채권투자분석

**채권투자의 수익과 위험**

---

**1** **채권의 투자수익**

채권 역시 시장에서 거래되는 유가증권의 일종이므로, 채권의 투자수익은 채권의 매입(인수)금액과 채권의 매도(상환)금액과의 차이에 의해 좌우된다. 이러한 차이를 발생시키는 원인은 투자기간과 만기수익률의 변화라고 할 수 있다. 다만, 채권 중에서 일정기간마다 이자를 지급받는 채권에 투자했을 경우는 발생이자금액 및 이 이자를 재투자하여 추가로 발생하는 이자 부분도 투자수익의 결정요소로 간주한다.

## 2 채권투자의 위험

### (1) 채무불이행 위험

채권 발행자가 약속된 이자와 원금을 상환하지 않는 채무불이행 위험 혹은 신용위험이 클수록 채권 발행 시에 위험 프리미엄이 반영되어 발행수익률이 높아진다. 또한 발행 이후에 신용등급의 변화 등으로 발생하는 채무불이행 위험의 변화도 유통시장의 만기수익률에 반영되어 수익률 변화의 주요 원인이 된다.

### (2) 가격 변동 위험

채권의 시장 가격은 만기 시까지 약속된 이자와 원금의 흐름을 채권시장의 수요와 공급에 의해 결정되는 만기수익률로 할인한 것이라고 할 수 있다. 따라서 채권투자 후 만기수익률이 상승하면 채권 가격은 하락하고, 만기수익률이 하락하면 채권 가격이 상승하게 된다.

이는 채권투자 후 시장 만기수익률이 투자 시의 예측과 다르게 나타날 경우 가격 변동의 위험이 발생하고 예측에 대한 오차가 커질수록 이 위험은 더욱 증가함을 의미한다.

### (3) 재투자 위험

채권은 비교적 만기가 긴 금융 청구권이며, 이자지급방식도 다양하다. 원리금 일시상환채권과는 달리 만기까지 여러 번에 걸쳐 단위기간별로 이자지급이 이루어지는 채권은 중도에 지급받는 이자를 어떠한 수익률로 재투자하느냐에 따라 채권투자에 의한 최종 투자수익률에 차이가 발생한다. 수익률 변동 위험이라 함은 가격 변동 위험과 재투자 위험을 포함하는 개념이다.

### (4) 유동성 위험

유통시장의 시장참여자 수가 많지 않아 거래량이 크지 않고 거래 가격이 불연속적으로 형성되는 유가증권의 경우 투자유가증권을 현금화하는 데 어려움을 겪게 될 뿐만 아니라 거래 시 가격상의 불이익을 겪을 가능성이 커진다. 또한 시장 만기수익률의 기준이 되는 거래의 기본단위가 매우 큰 채권시장에서는 소액투자는 상대적으로 유동성 위험에 노출되는 경향이 있다.

### (5) 인플레이션 위험

만기까지의 수익률이 확정된 채권의 경우 인플레이션은 채권으로부터 얻어지는 이자수입의 실질가치, 즉 구매력을 감소시킨다. 이와 같은 위험은 채권의 만기가 길수록 커지는 경향이 있으며, 이 위험을 피하기 위해서는 확정금리 지급채권보다는 금리연동부 이자지급채권에 대한 투자가 유리하다. 우리나라에서도 다양한 금리변동부채권(FRN)들이 발행되어 왔으며 2007년 3월부터 물가연동국고채권도 인수단 방식으로 최초 발행되었다. 다만 이후 투자수요 부족 등으로 2008년 8월 발행을 일시 중단하였다가 2010년 6월부터 비경쟁인수방식으로 발행을 재개하였다. 변동금리국고채의 경우 발행 근거규정은 마련되어 있으나, 아직까지 발행된 사례는 없다.

### (6) 환율 변동 위험

투자한 채권의 가치가 외화로 표시된 경우 해당 외화의 가치가 변동하면 채권의 실질가치도 변동하게 된다. 예컨대 달러표시 채권에 투자한 후 달러의 가치가 상승하면 달러 가격에 의한 채권 가격에는 변화가 없더라도 원화에 의한 채권 가치는 증가하게 되고, 반대로 달러가치의 하락은 원화에 의한 채권 가치를 감소시키게 된다. 이러한 위험을 벗어나기 위해서는 투자한 채권에 대한 환헷지를 할 필요가 있다.

### (7) 수의상환 위험

일부 채권의 경우는 만기 전이라도 채권의 발행자가 원금을 상환할 수 있는 권리인 수의상환권(call option)이 부여되기도 한다. 이러한 수의상환권은 채권 발행 시 지급하기로 한 이자율보다 시장금리가 낮아질 경우 행사된다. 이 경우 투자자는 상환된 원금을 과거보다 낮은 금리로 운용해야 하며, 이는 투자수익에 대한 불확실성이 증대됨을 의미한다. 따라서 발행 시 결정되는 표면이율은 일반적으로 수의상환권이 없는 같은 조건의 일반채권보다 수의상환채권의 경우가 더 높게 형성된다. 이 금리 차이는 수의상환권을 보유하게 된 채권 발행자가 채권 투자자에게 지불하는 일종의 프리미엄(option premium)이라고 할 수 있다.

**채권 가격결정 과정**

일반 채권은 발행조건에 의해 결정된 확정된 현금흐름을 발생시키는 유가증권이다. 만기 이전에 채권을 거래하게 되면 이와 같은 현금흐름 수취권에 대한 가치 평가의 필요성이 생긴다. 현재 우리나라의 채권시장에서는 채권의 가치를 채권 가격보다는 만기수익률(Yield to Maturity : YTM)에 의해 호가될 뿐만 아니라 실제 거래를 한다. 따라서 우리나라의 채권 유통을 이해하기 위해서는 시장 만기수익률과 채권 가격의 관계를 명확히 이해할 필요가 있다.

## 1 채권 가격과 만기수익률

채권의 매입(매도)은 현재 일정한 원금을 조달해 주는(조달하는) 대가로 미래에 약속된 이자와 원금을 받는(주는) 대신 이를 대신할 금융 청구권을 양도받는(하는) 것이라고 할 수 있다.

즉 채권매매는 금융거래적 성격을 동반하고 있으며, 금융거래란 융통된 자금에 대한 이자 지급과 원금상환의 과정을 포함하게 된다.

예컨대 원금이 $P$, 기간이 $n$년, 연복리 이자율이 $r$이며, 만기상환금액을 S라고 하면

$$P \times (1+r)^n = S$$

의 관계가 성립한다. 이 경우 일반 금융거래는 차입할 원금($P$)이 주어질 경우 이자율($r$) 및 기간($n$)이 정해진 다음 만기 때 상환할 원리금($S$)이 결정되는 과정을 밟게 된다. 이에 비해 채권거래는 만기에 상환될 원리금(현금흐름 $S$)이 먼저 결정된 상태에서 이자율($r$) 및 기간($n$)이 정해진 다음 차입할 원금(가격 $P$)이 산출되는 과정을 밟게 되는 것이다.

$$P = \frac{S}{(1+r)^n}$$

여기서 $P$는 $n$년 후에 원리금으로 현금 $S$를 지급하는 대신에, $n$년 후에 $S$를 지급받을 수

있는 권리를 표시한 채권을 양도하고 현재 조달하는 원금이다.

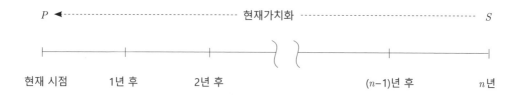

그런데 이와 같은 과정을 통해 도출된 $P$는 결국 $n$년 후의 만기상환금액 $S$를 일정한 할인율로 할인한 현재가치이자 이 채권의 가격(단가)이라고 할 수 있다. 이때 채권의 현금흐름을 현재가치화하는 할인율을 만기수익률이라고 한다.

이표이자 등에 의해 만기상환 전에도 현금흐름이 발생하는 경우까지 고려된 만기수익률의 개념은 '채권의 각 만기별 이자들 및 원금으로 이루어진 현금흐름의 현재가치의 합을 채권의 가격과 일치시키는 할인율'이다. 이때 할인의 대상이 되는 현금흐름은 채권 발행 시 이미 확정된 원리금의 지급방법과 만기까지의 잔존기간에 의하여 주어지게 된다. 이표채권 등과 같이 현금흐름이 복수로 발생하는 채권들은 앞에서 제시된 방식으로 각각의 현금흐름 기간을 감안하여 만기수익률로 할인 후 이들을 합한 값으로 표현될 수 있다.

궁극적으로 채권 가격은 일정한 할인율, 즉 만기수익률에 의해 결정된다고 할 수 있다. 이 경우 만기수익률은 이자율의 한 종류이기 때문에 거시적으로는 경제 전체의 이자율 결정과정에 의하여 영향을 받으나, 보다 직접적으로는 채권시장의 수요와 공급에 영향을 미치는 여러 가지 요인들에 의해 결정된다.

## 2 채권 가격의 계산

채권 가격의 산출이란 채권의 발행조건에 의해 만기까지 발생되는 현금흐름을 만기수익률로 할인하여 현재가치화시키는 과정으로 요약할 수 있다. 그런데 채권의 발행조건에서 살펴보았듯이 현재 우리나라에서 발행되는 채권들은 채권 발행 후 현금흐름이 만기에 한 번 발생하는 채권과 여러 번에 걸쳐 발생하는 채권으로 나뉜다.

연단위 복리채, 3개월 단위 복리채, 단리채, 할인채는 이자지급방식의 차이에도 불구하고 일단 채권이 발행되면 추후 발생되는 현금흐름이 오로지 만기 시에 한 번뿐인 만기 시 일시상환채권이다. 이에 비해 이표채 및 거치채는 만기까지 여러 번에 걸쳐 원리금의 현금흐름이 발생하는 복수 현금흐름 채권이다. 현재 우리나라에서 거래되고 있는 채권들은 위의 두 가지 분류에 의해 채권 가격 산정방법에 있어 차이를 보이고 있다.

또한 채권의 가격은 결제일을 기준으로 산정된다. 최근에 기관 투자자들 간에 일반적으로 이루어지는 익일 결제를 기준으로 할 경우, 매매에 대한 결정이 당일 이루어지더라도 매매 단가의 산정은 실제로 결제가 이루어지는 다음날을 기준으로 산출된다. 물론 당일 결제 매매의 경우는 당일을 기준으로 단가가 산정된다.

## (1) 만기 시 일시상환채권(복리채, 단리채, 할인채)

복리채, 단리채, 할인채는 만기까지 남은 잔존기간에 따라 연단위기간은 연단위 복리로, 나머지 연단위 미만 기간은 단리로 할인하여 채권 가격을 계산한다.

$$P = \frac{S}{(1+r)^n \left(1 + r \times \dfrac{d}{365}\right)}$$

즉, 현재 시점에서 만기까지의 기간이 $n$년 $d$일 남은 만기상환금액 $S$인 채권을 만기수익률 $r$로 할인한 채권 가격($P$)을 나타낸 것이다. 그리고 $D$는 연간 실제 일수를 나타낸다. 따라서 평년의 경우는 365일이지만 윤년의 경우는 366일이 된다.

이와 같은 방식은 채권시장에서 관행적으로 사용되고 있는 계산방법으로 차입원금($P$)에 대한 원리금($S$)의 지급을 주어진 이자율($r$)로 하되, 총 차입기간 중 연으로 정제되는 기간($n$)은 복리로, 그 나머지 잔여일수($d$)는 단리로 이자지급을 약속한 금융과정과 동일한 의미를 지니고 있다. 만약 $D = 365$, 즉 평년을 가정한다면

$$S = P \times (1+r)^n \left(1 + r \times \frac{d}{365}\right)$$

이와는 달리 이론적 방식으로 불리는 채권계산방법은 연단위 이하의 기간도 복리로 계산함

으로써 할인방식의 일관성을 꾀하고 있다.

$$P = \frac{S}{(1+r)^n (1+r)^{\frac{d}{365}}} = \frac{S}{(1+r)^{n+\frac{d}{365}}}$$

이 방식은 할인방식에 대한 논리적 일관성에도 불구하고 그 계산과정의 복잡성으로 일반 유통시장의 채권거래에서는 사용되지 않고 있다.

❶ 제1종 국민주택채권 2017－10을 2017년 10월 31일에 만기수익률 2.492%에 매입하여 2019년 8월 21일에 만기수익률 1.265%에 매도할 경우 매입 가격 및 매도 가격을 산출하시오.

- 발행일 : 2017년 10월 31일
- 만기일 : 2022년 10월 31일
- 표면이율 : 1.75%
- 원리금지급방법 : 연단위 복리, 만기 일시상환
ㄱ. 만기상환금액 : $10,906(원) = 10,000 \times (1+0.0175)^5$
ㄴ. 매입 가격 : 잔존기간이 5년 0일이므로

$$P = \frac{10,906}{(1+0.02492)^5} = 9,643 \ (원 \ 미만 \ 절사)$$

ㄷ. 매도 가격 : 만기일까지의 잔존기간이 4년 94일이므로

$$P = \frac{10,906}{(1+0.01262)^3 \left[1+0.01262 \times \frac{71}{365}\right]} = 10,477 \ (원 \ 미만 \ 절사)$$

10,477$(P)$ ----------------------> 10,906$(S)$

71일      3년

2019.8.21    2019.10.31    2020.10.31    2021.10.31    2022.10.31

❷ 단리채 : 다음 조건의 채권을 2019년 9월 18일에 시장 만기수익률 1.456%에 매매 시 매매 단가는?

• 발행일 : 2019년 8월 31일

• 만기일 : 2020년 8월 31일

• 표면이율 : 2.00%

• 원리금지급방법 : 단리식, 만기 일시상환

ㄱ. 만기상환금액 : 10,200(원) = 10,000 × (1+0.02×1)

ㄴ. 매입 가격 : 잔존기간이 348일, 연간 일수는 366일(2019년 9월 30일~2020년 9월 31일)이므로

$$P = \frac{10,200}{\left[1+0.01456 \times \dfrac{348}{366}\right]} = 10,060 \text{ (원 미만 절사)}$$

10,060$(P)$ <---------------------- 10,200$(S)$

348일

2019.8.31    2019.9.18(매매일)         2020.8.31

❸ 할인채 : 통화안정증권 DC019－1231－1820(182일물)을 2019년 8월 20일에 시장 만기수익률 1.310%에 매매 시 매매 단가는?(KR310101A977)

• 발행일 : 2019년 7월 2일

• 만기일 : 2019년 12월 31일

• 표면이율 : 1.528%

• 원리금지급방법 : 이자선지급, 원금 만기상환

ㄱ. 만기상환금액 : 10,000(원)

ㄴ. 매입 가격 : 발행일 이후 49일 경과하여 잔존기간이 133일이고, 연간 일수가 365

일이므로

$$P = \frac{10,000}{\left[1 + 0.01310 \times \frac{133}{365}\right]} = 9,952 \text{ (원 미만 절사)}$$

```
        9,952(P) ◄ ─ ─ ─ ─ ─ ─ ─ ─ ─ ─ ─ ─ ─ ─ ─ ─  10,000(S)
                                   133일
    ├──────────┼─────────────────────────────────────────┤
  2019.7.2   2019.8.20(매매일)                          2019.12.31
```

## (2) 복수 현금흐름 채권(이표채, 거치채 등)

원리금 지급에 의해 만기까지 여러 번 현금흐름이 발생하는 이표채와 거치채 같은 복수 현금흐름 채권의 가격 계산은 기본적으로 만기 시 일시상환채권의 계산방법을 현금흐름의 횟수만큼 반복적으로 시행하여 합산하는 방법을 사용한다. 다만, 이자지급 단위기간이 1년 이하인 경우는 각 현금흐름별로 이자지급 단위기간으로 정제되는 잔존기간에 대해서는 이자지급 단위기간의 복리로 현재가치화하고, 이자지급 단위기간 이하의 나머지 잔존기간에 대해서는 이자지급 단위기간에 대한 단리로 할인한다.

❶ 연단위 이자지급 이표채

• 표면이율 : 10%,
• 이자지급 단위기간 : 매 1년 후급
• 만기기간 : 3년 만기

위와 같은 조건을 지닌 이표채가 잔존기간 2년 100일 남았을 때 시장 만기수익률 11.5%로 거래하는 매매가격을 산출해 보자.

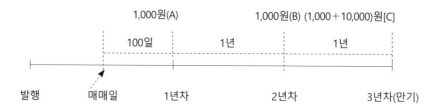

매매일을 기준으로 볼 때 첫 번째 현금흐름 1000원[A]은 100일 후에, 현금흐름 1000원[B]은 1년 100일 후, 현금흐름 11,000원[C]은 2년 100일후에 발생된다. 이자지급 단위기간이 1년이므로 이들 현금흐름을 연단위 잔존기간에 대하여서는 복리방식으로, 연단위 이하의 잔존기간에 대하여서는 단리방식으로, 각각을 만기수익률로 현재가치화하여 합하면 다음과 같다.

$$P_A = \frac{1,000}{\left[1 + 0.115 \times \dfrac{100}{365}\right]} = 969.455원$$

$$P_B = \frac{1,000}{(1 + 0.0115)^1 \left[1 + 0.0115 \times \dfrac{100}{365}\right]} = 869.467원$$

$$P_C = \frac{11,000}{(1 + 0.0115)^2 \left[1 + 0.0115 \times \dfrac{100}{365}\right]} = 8,577.699원$$

$$P(채권가격) = P_A + P_B + P_C = 10,416원 \ (원 미만 절사)$$

### ❷ 6개월 단위 이자지급 이표채

6개월 단위 이자후급 이표채로 가장 대표적인 채권은 국고채이다. 기준물 국고채인 10년물은 총 20회, 만기기간이 50년인 국고채는 발행이후 총 100번의 현금흐름이 발생한다.

▶ 국고채권 01875 − 2906(19−4) KR103502G966

다음 채권을 2019년 8월 20일 시장 만기수익률 1.250%로 거래하는 세전 매매 가격을 산출해 보자.

- 발행일 : 2019년 6월 10일
- 만기일 : 2029년 6월 10일
- 표면이율 : 1.875%
- 이자지급 단위기간 : 매 6개월 후급
- 매기 이자지급금액 : 93.75원

만기일까지 총 20번의 현금흐름이 발생하고, 매매일에서 첫 번째 이자락(2019년 12월 10일)까지의 잔여일수가 112일, 매매일이 포함되는 이자지급 단위기간의 총 일수가 183일이므로, 이 채권의 세전 단가는

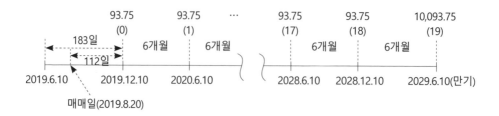

매매일을 기준으로 볼 때 첫 번째 현금흐름 93.75원이 112일 이후 발생하고 이후 만기까지 매 6개월마다 93.75원의 이자와 만기시 원금 10,000원이 발생한다. 이자지급 단위기간이 6개월(연 2회 지급)이므로, 각기의 현금흐름을 6개월 단위기간으로 남은 잔존기간에 대하여서는 복리방식으로, 6개월 이하인 112일에 대하여서는 단리방식으로 $\frac{\text{만기수익률}}{\text{이자지급 횟수}}$의 할인율로 현재가치화하여 이들을 모두 합하면

$$
P = \frac{93.75 + \dfrac{93.75}{\left[1 + \dfrac{0.01250}{2}\right]^1} + \dfrac{93.75}{\left[1 + \dfrac{0.01250}{2}\right]^2} + \cdots + \dfrac{93.75}{\left[1 + \dfrac{0.01250}{2}\right]^{18}} + \dfrac{10,093.75}{\left[1 + \dfrac{0.01250}{2}\right]^{19}}}{\left[1 + \dfrac{0.01250}{2} \times \dfrac{112}{183}\right]}
$$

$$= 10,611 \text{ (원 미만 절사)}$$

이 된다.

❸ 3개월 단위 이자지급 이표채

대부분의 회사채와 통화안정증권의 일부가 3개월 단위 이자지급 이표채로 발행된다.

▶ SK텔레콤76－1(KR6017671977)
- 발행일 : 2019년 7월 29일
- 만기일 : 2022년 7월 29일
- 표면이율 : 1.404%
- 이자지급 단위기간 : 매 3개월 후급
- 신용등급 : AAA

- 매기 이자지급금액 : $35.1\left[= 10,000 \times \dfrac{0.01404}{4}\right]$

위 채권을 2019년 8월 20일 만기수익률 1.374%로 매매할 경우 세전 단가를 구하면 매매일로부터 이자지급일까지의 잔존일수가 70일, 매매일이 속한 이자지급 단위기간의 총 일수가 92일이므로

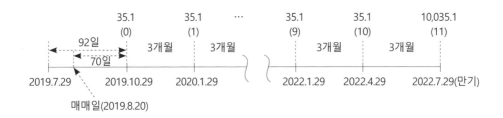

$$P = \frac{35.1 + \dfrac{35.1}{\left[1 + \dfrac{0.01374}{4}\right]^{1}} + \dfrac{35.1}{\left[1 + \dfrac{0.01374}{4}\right]^{2}} + \cdots + \dfrac{35.1}{\left[1 + \dfrac{0.01374}{4}\right]^{10}} + \dfrac{10,035.1}{\left[1 + \dfrac{0.01374}{4}\right]^{11}}}{\left[1 + \dfrac{0.01374}{4} \times \dfrac{70}{92}\right]}$$

$= 10,017$ (원 미만 절사)

이 된다.


### 3 채권 가격 정리

채권 가격은 채권에서 발생되는 현금흐름, 잔존기간 및 만기수익률에 의해 영향을 받는다. 이 중 현금흐름은 발행시장에서 결정된 표면이자율, 원리금 지급방식에 의해 결정된다.

이와 같은 요인들의 변화가 채권 가격의 변동에 미치는 영향은 말킬(B. Malkiel : 1962)에 의해 '채권 가격의 정리'로 제시되었다.

(정리 1) 채권 가격은 수익률과 반대방향으로 움직인다.

동일한 조건을 지닌 채권의 경우 수익률이 오르면 채권 가격은 하락하고 수익률이 내리면 채권 가격은 상승한다. 잔존기간 5년, 표면이율 10%, 매 3개월 후급 이자지급 이표채의 수익

률과 채권 가격의 관계는 다음과 같이 나타난다.

(정리 2) 채권의 잔존기간이 길수록 동일한 수익률 변동에 대한 가격 변동률은
        커진다.

동일한 채권이라도 발행 후 시간이 경과하여 잔존기간이 짧아진 채권은 잔존기간이 오래
남아 있는 경우보다 동일한 수익률 변동에 대하여 가격 변동률이 작다. 표면이율이 10%인 3
개월 후급 이표채가 수익률 10%에서 8%로 하락한 경우 및 12%로 상승한 경우의 잔존기간별
가격 변동폭 및 가격 변동률은 〈표 3 – 2〉와 같다. 잔존기간이 5년 남아 있을 때에는 수익률이
10%에서 8%로 하락하면 가격 변동률이 8.17%나 되지만 잔존기간이 1년인 채권은 동일한 수
익률 변화에 가격 변동률이 1.9%에 지나지 않음을 알 수 있다.

표 3 – 1

| 수익률(%) | 채권 가격(원) |
|---|---|
| 7 | 11,256 |
| 8 | 10,817 |
| 9 | 10,399 |
| 10 | 10,000 |
| 11 | 9,619 |
| 12 | 9,256 |
| 13 | 8,909 |

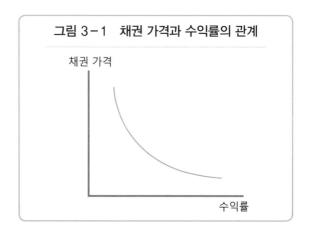

그림 3 – 1  채권 가격과 수익률의 관계

채권 가격

수익률

표 3 – 2

| 잔존<br>기간(년) | 가격(A)<br>$r$=8% | 상승액<br>(A – B) | 변동률<br>(A – B)/B | 가격(B)<br>$r$=10% | 하락액<br>(C – B) | 변동률<br>(C – B)/B | 가격(C)<br>$r$=12% |
|---|---|---|---|---|---|---|---|
| 1 | 10,190 | 190 | 1.90% | 10,000 | − 186 | − 1.86% | 9,814 |
| 2 | 10,366 | 366 | 3.66% | 10,000 | − 351 | − 3.51% | 9,649 |
| 3 | 10,528 | 528 | 5.28% | 10,000 | − 498 | − 4.98% | 9,502 |
| 4 | 10,678 | 678 | 6.78% | 10,000 | − 629 | − 6.29% | 9,371 |
| 5 | 10,817 | 817 | 8.17% | 10,000 | − 744 | − 7.44% | 9,256 |

(정리 3) 채권의 잔존기간이 길어짐으로써 발생하는 가격 변동률은 체감한다.

〈표 3-2〉에서 볼 수 있는 바와 같이 잔존기간이 증가하면 가격 변동폭의 크기는 증가되나 그 변동률은 잔존기간의 변동률보다 적어진다. 예컨대 수익률이 10%에서 8%로 하락하는 경우 잔존기간이 1년에서 3년으로 3배 증가하면 가격 상승률은 1.90%에서 5.28%로 약 2.78배 증가하며, 잔존기간이 5년으로 5배 증가하더라도 가격 상승률은 8.17%로 약 4.3배 증가하는 데 그쳐 잔존기간의 증가에 대해 가격 상승률은 체감함을 알 수 있다.

(정리 4) 동일한 크기의 수익률 변동 발생 시, 수익률 하락으로 인한 가격 상승폭은 수익률 상승으로 인한 가격 하락폭 보다 크다.

동일한 조건을 지닌 채권의 경우, 일정 수익률에서 동일한 크기의 수익률 상승과 하락이 발생한다고 할 때 수익률 하락에 의한 채권 가격 상승률은 수익률 상승에 의한 채권 가격 하락률보다 크다. 〈표 3-2〉는 수익률이 10%에서 각각 2%씩 하락과 상승한 경우, 비록 잔존기간이 동일하더라도 수익률 하락(8%)에 의한 가격 상승률이 수익률 상승(12%)에 의한 가격 하락률보다 큼을 보여주고 있다.

(정리 5) 표면이율이 높을수록 동일한 크기의 수익률 변동에 대한 가격 변동률은 작아진다.

〈표 3-3〉은 표면이율이 각각 8%, 10%, 그리고 12%인 3개월 후급 이표채권들이 잔존기간이 5년인 상태에서 수익률이 12%에서 8%로 동일하게 하락한 경우를 나타낸 것이다. 수익률

표 3-3

| 표면이율(%) | 수익률(%) | 가격(원) | 가격 변동폭(원) | 가격 변동률(%) |
|---|---|---|---|---|
| 8 | 12 | 8,512 | 1,488 | 17.48 |
| | 8 | 10,000 | | |
| 10 | 12 | 9,256 | 1,561 | 16.86 |
| | 8 | 10,817 | | |
| 12 | 12 | 10,000 | 1,635 | 16.35 |
| | 8 | 11,635 | | |

의 변동이 동일하더라도 표면이율이 높은 채권(12%)의 가격 변동률이 가장 작음을 알 수 있다. 수익률의 변동이 동일하더라도 표면이율이 높은 채권(12%)의 가격 변동률(16.35%)이 표면이율이 10%, 8%인 경우의 가격 변동률(16.86%, 17.48%)보다 작게 나타남을 볼 수 있다.

# chapter 04

# 채권투자의 위험도와
# 수익성 측정

**채권의 투자위험도 측정**

　채권투자에 수반되는 각종 위험요인들은 수익률 변화를 통해 채권의 가격 변동을 야기시킨다. 따라서 채권투자의 위험도는 채권 가격의 결정요인에 미치는 영향이 변화하였을 때 채권 가격이 변동하는 정도를 통하여 측정할 수 있다.

　이와 같이 채권 가격의 변화정도를 측정할 수 있는 척도로는 투자한 채권의 잔존기간이나 혹은 채권에서 발생하는 원리금의 기간별 가중평균치를 원리금의 합계로 나눈 가중평균 현금흐름 등이 사용되기도 한다. 그러나 이들은 화폐의 시간가치를 무시하여, 채권 가격의 변동성을 측정하는 데 한계를 지닌다.

**1　듀레이션**

## (1) 듀레이션의 필요성

현실적으로 채권투자 시에는 채권 가격 변동요인의 크기가 서로 다른 채권들을 비교하여 투자결정을 내려야 하는 경우가 일반적이다. 이 경우 '다른 조건이 일정하다고 가정할 경우' 잔존기간의 크기가 채권 가격의 변동에 미치는 영향 혹은 '다른 조건이 일정하다고 가정할 경우' 표면이율의 크기가 채권 가격의 변동에 미치는 영향 등을 제시한 말킬의 정리는 잔존기간과 표면이율의 크기를 동시에 고려하여 채권을 선택해야 하는 현실적 투자선택의 상황에서는 한계를 지니게 된다.

예컨대 잔존기간은 길고 표면이율이 높은 채권과 잔존기간은 짧으나 표면이율이 낮은 채권을 놓고 선택해야 한다면, 이들 중 어느 채권의 가격 변동성이 더 큰가를 결정해야 하는 딜레마에 부딪히게 된다. 따라서 채권의 가격 변동에 미치는 여러 요인을 동시에 고려하여 채권수익률의 변화가 채권 가격의 변동에 미치는 영향을 측정할 수 있는 개념이 필요하며, 이는 1938년 매콜리(F. R. Macaulay)에 의해 듀레이션(Duration)의 개념으로 체계화되었다.

## (2) 듀레이션의 정의와 특성

듀레이션(또는 매콜리 듀레이션)이란 채권에서 발생하는 현금흐름을 이들이 각기 발생하는 기간으로 가중하여 현재가치한 합을 채권의 가격으로 나눈 것이며, 이는 채권에 투자된 원금의 가중평균 회수기간이라고 할 수 있다.

$$Duration = \frac{\sum_{t=1}^{n}\dfrac{t \cdot CF_t}{(1+r)^t}}{\sum_{t=1}^{n}\dfrac{CF_t}{(1+r)^t}} = \frac{\sum_{t=1}^{n}\dfrac{t \cdot CF_t}{(1+r)^t}}{P} \qquad (4-1)$$

여기서, $n$ : 만기까지의 이자지급 횟수
$t$ : 현금흐름 발생기간 ($t = 1, 2, 3, \cdots, n$)
$CF_t$ : 채권에서 발생하는 각 기의 현금흐름
$r$ : 채권의 만기수익률
$P$ : 채권의 가격

또한 듀레이션은 이 정의를 도출하는 수학적 관계를 통하여 다음과 같이 수익률 변동에 대한 채권 가격 민감도의 개념으로도 표현할 수 있다.

$$Duration = -\frac{\dfrac{dP}{P}}{\dfrac{dr}{(1+r)}} = -\frac{\dfrac{dP}{dr}}{\dfrac{P}{(1+r)}} = -\frac{dP}{dr} \cdot \frac{(1+r)}{P} \qquad (4-2)$$

여기서, $dP$ : 채권 가격의 변화

$dr$ : 채권의 만기수익률 변화

$P$ : 채권의 가격

$r$ : 채권의 만기수익률

듀레이션의 정의에서 볼 수 있는 바와 같이 듀레이션은 만기 및 표면이율에 의해 결정되는 현금흐름의 크기, 그리고 만기수익률의 수준 등이 동시에 고려된 개념이라고 할 수 있다.

 예시

잔존기간이 3년, 표면이율 8%인 연단위 후급 이자지급 이표채의 만기수익률이 10%일 경우 이 채권의 듀레이션을 구하면

$$듀레이션 = \frac{26{,}392.19}{9{,}502.63} = 2.78(년)$$

| $t$ | $CF_t$ | $CF_t/(1+r)^t$ | $t \times CF_t/(1+r)^t$ |
|---|---|---|---|
| 1 | 800 | $727.27 = 800/(1+0.1)^1$ | $727.27 = 727.27 \times 1$ |
| 2 | 800 | $661.16 = 800/(1+0.1)^2$ | $1{,}322.32 = 661.16 \times 2$ |
| 3 | 10,800 | $8{,}114.20 = 10{,}800/(1+0.1)^3$ | $24{,}342.60 = 8{,}114.20 \times 3$ |
| 합계 | | 9,502.63 | 26,392.19 |

듀레이션에 영향을 주는 요인들과 듀레이션과의 관계는 다음과 같다.

❶ 만기 시 일시상환채권의 듀레이션은 이 채권의 잔존기간과 동일하다 : 만기 시 일시상환채권은 만기 이전에는 현금흐름이 발생하지 않기 때문에 만기 시 발생하는 현금흐름을 $S$ 라고 할 때 만기 시 일시상환채권의 듀레이션은 다음과 같다.

$$Duration = \frac{\dfrac{S}{(1+r)^t} \cdot t}{\dfrac{S}{(1+r)^t}} = t$$

여기에서 $t$는 채권의 잔존기간이기 때문에 만기 시 일시상환채권의 잔존기간이 곧 듀레이션이 되는 것이다.

❷ 이표채는 표면이율이 낮을수록 듀레이션이 커진다. 그러나 듀레이션이 커지더라도 채권의 잔존기간보다는 작다 : 이표채는 현금흐름이 각각의 이자지급 시점으로 분산되어 있기 때문에 상대적으로 만기 시 발생 현금흐름의 비중이 축소될 수밖에 없다.

그러나 표면이율이 작을수록 만기 시의 현금흐름 비중이 높아지게 되며, 따라서 듀레이션도 증가한다. 그러나 표면이율이 0%가 아닌 이상 현금흐름의 비중이 만기 시에 완전히 몰려 있을 수 없기 때문에 이표채의 듀레이션은 해당 이표채의 잔존기간보다 클 수는 없다. 만기 시 일시상환채의 듀레이션이 잔존기간과 동일한 것은 현금흐름의 비중이 만기에 100% 몰려 있기 때문이다.

앞에서 예시된 연단위 이자지급 이표채의 표면이율은 8%이며 이때의 듀레이션은 2.78(년)이었다. 다른 조건은 동일하되 표면이율이 4% 및 12%인 채권의 듀레이션은 다음과 같이 산출된다.

ㄱ. 표면이율 4% 경우 : $\dfrac{\displaystyle\sum_{t=1}^{3} \dfrac{400 \cdot t}{(1+0.1)^t} + \dfrac{10,000 \cdot 3}{(1+0.1)^3}}{\displaystyle\sum_{t=1}^{3} \dfrac{400}{(1+0.1)^t} + \dfrac{10,000}{(1+0.1)^3}} = 2.88(년)$

ㄴ. 표면이율 12% 경우 : $\dfrac{\displaystyle\sum_{t=1}^{3} \dfrac{1,200 \cdot t}{(1+0.1)^t} + \dfrac{10,000 \cdot 3}{(1+0.1)^3}}{\displaystyle\sum_{t=1}^{3} \dfrac{1,200}{(1+0.1)^t} + \dfrac{10,000}{(1+0.1)^3}} = 2.70(년)$

❸ 이표채는 만기수익률이 높을수록 듀레이션은 작아진다 : 동일 조건의 이표채라도 낮은 수익률 수준에서 일정 크기의 수익률이 변동할 때에 나타나는 가격 변동성이 높은 수익률 수준에서 동일한 크기의 수익률 변동에 의한 가격 변동성보다 크게 나타난다.

예시된 바와 같이 2.78(년)이 산출되었던 연단위 이표채의 듀레이션 산출수익률은 10%였다. 이 채권과 다른 조건은 일정하나 수익률이 5%일 경우와 15%일 경우의 듀레이션은 다음과 같이 산출된다.

ㄱ. 수익률 5% 경우 :

$$\frac{\sum_{t=1}^{3} \frac{800 \cdot t}{(1+0.05)^t} + \frac{10,000 \cdot 3}{(1+0.05)^3}}{\sum_{t=1}^{3} \frac{800}{(1+0.05)^t} + \frac{10,000}{(1+0.05)^3}} = 2.79(년)$$

ㄴ. 수익률 15% 경우 :

$$\frac{\sum_{t=1}^{3} \frac{800 \cdot t}{(1+0.15)^t} + \frac{10,000 \cdot 3}{(1+0.15)^3}}{\sum_{t=1}^{3} \frac{800}{(1+0.15)^t} + \frac{10,000}{(1+0.15)^3}} = 2.76(년)$$

❹ 일반적으로 잔존기간이 길수록 듀레이션은 커진다 : 예시에서와 같이 잔존기간이 3년인 경우 듀레이션이 2.78년인 연단위 이표채가 다른 조건은 일정하되 잔존기간이 2년인 경우는 듀레이션은 1.92년, 잔존기간이 4년인 경우는 듀레이션이 3.56년이 되어 잔존기간과 듀레이션은 일반적으로 정의 관계를 보임을 알 수 있다.

그러나 표면이율이 매우 낮은 반면 수익률이 매우 높은 이표채의 경우에는 이와 같은 관계가 성립하지 않기도 하다.

이와 같은 특성들은 듀레이션에는 채권 가격 변동요인들이 채권 가격 변화에 미치는 영향에 관한 총체적 정보가 반영되어 있음을 보여주고 있다.

## (3) 듀레이션과 채권 가격의 관계

식 (4-2)로 제시된 듀레이션의 개념은 듀레이션이 채권 가격 및 그 변동성과 어떠한 관계를 지니고 있는가를 보여준다. 먼저 듀레이션이 주어질 때 수익률의 변동에 따른 채권 가격의 변동률은

$$\frac{\Delta P}{P}(채권 \ 가격 \ 변동률) = -\frac{Duration}{(1+r)} \times \Delta r$$
$$\Delta r : 시장 \ 만기수익률의 \ 변동폭$$

이다. 이 관계에서 우항의 $\dfrac{Duration}{(1+r)}$은 수정 듀레이션으로 표현된다.

$$\text{수정 듀레이션}(Modified\ Duration) = D_M = \dfrac{Duration}{(1+r)}$$

따라서 수익률 변동에 의한 채권 가격 변동폭과 변동률은

$$\Delta P(\text{채권 가격 변동폭}) = -D_M \times \Delta r \times P$$
$$\dfrac{\Delta P}{P}(\text{채권 가격 변동률}) = -D_M \times \Delta r$$

로 표현된다.

이 식들은 수정 듀레이션($D_M$)을 알면 수익률 변화에 대한 채권 가격 변동성을 용이하게 알 수 있음을 보여준다. 예컨대 수정 듀레이션이 2.53이라면 수익률이 1%포인트 변할 때의 채권 가격 변동률이 0.0253(= 2.53×0.01)이기 때문에 백분율로 계산된 채권 가격 변동률은 2.53%(0.0253×100)가 된다. 따라서

$$\dfrac{\Delta P}{P} = -D_M \times (0.01) = -D_M(\%)$$

로 나타낼 수 있다. 이는 수정 듀레이션이 수익률 1%포인트(100 basis points)가 변화할 때의 백분율로 표현된 가격 변동률의 추정치임을 나타내는 것이다.

결과적으로 채권 가격 변동요인들이 채권 가격 변화에 미치는 영향에 관한 총체적 정보를 반영하고 있는 듀레이션의 크기는 채권의 가격 변동률 및 가격 변동폭과 정의 관계를 가지고 있음을 볼 수 있다.

 예시

잔존기간이 3년, 표면이율 8%인 연단위 후급 이표채의 만기수익률이 10%일 경우 이 채권의 가격 은 9,502.63원이며 듀레이션은 2.78년이다. 이 채권의 만기수익률이 8%로 하락 시 듀레이션을 이용

하여 추정된 채권 가격의 ① 변동률, ② 채권 가격 변동폭 및 ③ 채권 가격은?

① 채권 가격 변동률 : $\dfrac{\triangle P}{P} = -\dfrac{2.78}{(1+0.10)} \times (-0.02) = 0.0505$, 즉 5.05%

② $D_M = \dfrac{2.78}{(1+0.10)} = 2.528$이므로

　　　채권 가격 상승폭 : $\triangle P = -2.528 \times (-0.02) \times 9,502.63 = 480.45$(원)

③ 수익률 8% 시의 채권 가격 : 9,983.08(원) = 9,502.63(원) + 480.45(원)


## (4) 듀레이션의 한계와 볼록성

수익률 변동에 의한 채권 가격 변동을 추정하는 데 사용되는 듀레이션은 채권 가격결정요인들에 대한 포괄적 정보를 포함하는 유용한 개념이다. 그러나 듀레이션을 이용하여 추정된 채권 가격의 변동은 수익률 변동폭이 작은 경우에는 실제 가격 변동과 큰 차이가 없으나, 수익률 변동폭이 커질수록 실제 가격 변동치와 비교해 오차가 증가하는 경향이 있다.

이와 같은 결과가 나오는 것은 일반적으로 실제 채권 가격과 만기수익률은 원점에 대하여 볼록한 곡선모양의 관계를 갖는데 비해, 듀레이션을 이용하여 추정된 채권 가격과 만기수익률

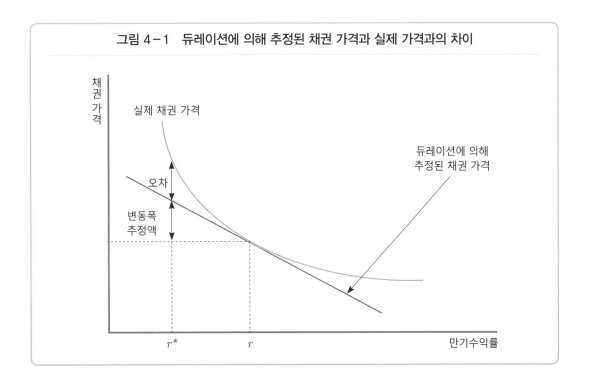

그림 4-1　듀레이션에 의해 추정된 채권 가격과 실제 가격과의 차이

의 관계는 듀레이션 산출의 기준이 되는 만기수익률을 접점으로 선형관계를 보이기 때문이다.

듀레이션을 이용하여 추정된 채권 가격 변동폭은 만기수익률이 하락하는 경우에는 실제 채권 가격 상승폭보다 과소평가되는 반면, 만기수익률이 상승하는 경우에는 실제 채권 가격 하락폭보다 과대평가되며, 이러한 경향은 수익률 변동폭이 확대될수록 증가한다. 따라서 듀레이션에 의한 가격 변동 산출에서 발생하는 추정 오차를 감소시킬 필요성이 야기되며, 이는 볼록성(Convexity)의 개념을 통해 이루어진다.

## 2 볼록성

### (1) 볼록성의 정의와 특징

채권 가격 변동에 대한 추정 오차는 궁극적으로 실제 채권 가격과 만기수익률의 관계가 원점에 대해 볼록한 비선형적 관계를 갖기 때문이다. 이러한 볼록한 비선형성의 크기는 각 채권마다 다르기 때문에 이를 측정할 필요가 있으며, 다음과 같이 정의되는 볼록성(Convexity)에 의해 측정된다.

$$볼록성(Convexity) = \frac{\frac{d^2P}{dr^2}}{P}$$

$$여기서, \ \frac{d^2P}{dr^2} = \sum_{t=1}^{n} \frac{t(t+1)CF_t}{(1+r)^{t+2}}$$

볼록성은 만기수익률에 대한 채권 가격 함수의 2차 도함수를 채권 가격으로 나누어 준 것이다. 이는 듀레이션이 (채권 가격－수익률 곡선의 기울기)를 나타내는 데 비해, 볼록성이란 (채권 가격－수익률 곡선 기울기의 변화)를 나타냄을 의미한다.

이와 같은 볼록성은 채권 가격의 결정요인들과 다음과 같은 관계를 가진다.

❶ (만기수익률과 잔존기간이 일정할 경우) 표면이율이 낮아질수록 볼록성은 커진다.
❷ (만기수익률과 표면이율이 일정할 경우) 잔존기간이 길어질수록 볼록성은 커진다.
❸ (표면이율과 잔존기간이 일정할 경우) 만기수익률의 수준이 낮을수록 볼록성은 커진다.

예시

잔존기간이 3년, 표면이율 8%인 연단위 후급 이자지급 이표채의 만기수익률이 10%일 때 가격은 9,502.63원이다. 이 채권의 볼록성은?

| $t$ | $CF_t$ | $t(t+1)CF_t$ | $t(t+1) \times CF_t/(1+r)^{t+2}$ |
|---|---|---|---|
| 1 | 800 | $1{,}600 = 1 \cdot 2 \cdot 800$ | $1202.10 = 1600/(1+0.1)^{(1+2)}$ |
| 2 | 800 | $4{,}800 = 2 \cdot 3 \cdot 800$ | $3278.46 = 4800/(1+0.1)^{(2+2)}$ |
| 3 | 10,800 | $129{,}600 = 3 \cdot 4 \cdot 10{,}800$ | $80{,}471.40 = 129{,}600/(1+0.1)^{(3+2)}$ |
| 합계 | | | 84,951.96 |

$$볼록성(Convexity) = \frac{84{,}951.96}{9{,}502.63} = 8.94$$

## (2) 볼록성에 기인한 채권 가격 변동

볼록성 효과로 인한 채권 가격의 변동폭은 다음과 같이 산출된다.

$$\Delta P = \frac{1}{2} \times P \times Convexity \times (\Delta r)^2$$

따라서 볼록성에 기인한 채권 가격 변동률은 다음과 같다.

$$\frac{\Delta P}{P} = \frac{1}{2} \times Convexity \times (\Delta r)^2$$

위의 예시에서 산출된 볼록성(8.94)을 지닌 채권의 만기수익률이 10%에서 9%로 1%포인트 하락할 때 볼록성에 기인한 가격 변동폭과 가격 변동률은 다음과 같이 산출된다.

$$\Delta P = \frac{1}{2} \times 9{,}502.63(원) \times 8.94 \times (0.01)^2 \approx 4(원)$$

$$\frac{\Delta P}{P} = \frac{1}{2} \times 8.94 \times (0.01)^2 = 0.000447 \quad 따라서 약 0.045\%$$

따라서 앞의 듀레이션에 관련된 예시에서 제시된 채권의 만기수익률이 1%(10% → 9%) 하락할 때 발생하는 실제 전체 채권 가격 변동폭 244원 중 240원은 듀레이션의 개념을 통해 설명되고, 과소평가되었던 나머지 부분 4원은 볼록성의 개념을 통해 설명됨을 알 수 있다.

결과적으로 볼 때 전체 채권 가격 변동폭과 변동률은 듀레이션과 볼록성의 개념을 동시에 감안하여 다음과 같이 추정함으로써 실제치에 가까운 근사치를 얻을 수 있음을 알 수 있다.

$$\Delta P \text{ (채권 가격 변동폭)} \approx [-D_M \times \Delta r \times P] + \left[\frac{1}{2} \times P \times Convexity \times (\Delta r)^2\right]$$

$$\frac{\Delta P}{P} \text{ (채권 가격 변동률)} \approx [-D_M \times \Delta r] + \left[\frac{1}{2} \times Convexity \times (\Delta r)^2\right]$$

위의 실례를 전체적으로 정리하면 다음과 같다.

$$\text{가격변동폭}: 244 \approx \left[-\frac{2.78}{(1+0.1)} \cdot (-0.01) \cdot 9502.63\right]$$

$$+ \left[\frac{1}{2} \cdot 8.94 \cdot (-0.01)^2 \cdot 9502.63\right] = 240 + 4 = 240 + 4$$

볼록성에 의해 설명되는 수익률 변화에 대한 채권 가격 변동분은 수익률의 변동폭이 커질 경우에는 그 크기와 비중이 증가한다. 하지만 수익률의 변동폭이 작아지면 그 크기뿐만 아니라 비중도 축소되고 축소되는 속도 역시 증가한다.

앞에서 제시된 채권의 수익률이 10%수준에서 2%포인트 변동할 경우 전체 가격 변동폭 498원 중에서 볼록성에 기인하는 가격 변동액은 약 17원으로 전체 변화의 3.4%를 설명한다. 그러나 수익률 변동이 1%포인트로 줄어들면 금액이 4.25원으로 감소할 뿐만 아니라 이를 통하여 설명할 수 있는 부분도 1.7%로 감소한다.

또한 수익률 변동이 0.1%포인트(10bps)이 되면 볼록성에 의해 설명되는 비중은 0.2%에 불과하고 0.01%포인트(1bp)가 되면 그 비중은 거의 무시할 수 있는 수준이 되어 버린다. 결과적으로 볼 때 수익률 변동이 크기가 크지 않다면 볼록성으로 설명되는 가격 변동의 비중이 크지 않기 때문에 듀레이션의 가격 변동만을 고려해도 실제 가격 변동과 큰 오차는 발생하지 않는다는 것을 의미한다.

| 표 4-1 | 표면이율 8%, 잔존기간이 3년인 연단위 후급 이표채, 기준 수익률 수준은 10% | | | | | | |
|---|---|---|---|---|---|---|---|

| 수익률 변동 | 듀레이션에 기인한 부분(A) | | Convexity에 기인한 부분(B) | | 전체적 변동(A+B) | |
|---|---|---|---|---|---|---|
| %포인트 | 금액(원) | 비중(%) | 금액(원) | 비중(%) | 금액(원) | 비중(%) |
| 2.00 | 479.86 | 96.6 | 16.99 | 3.4 | 496.85 | 100.0 |
| 1.00 | 239.93 | 98.3 | 4.25 | 1.7 | 244.18 | 100.0 |
| 0.10 | 23.99 | 99.8 | 0.04 | 0.2 | 24.04 | 100.0 |
| 0.01 | 2.40 | 100.0 | 0.00 | 0.0 | 2.40 | 100.0 |

## section 02 채권의 투자수익성 측정

채권투자의 목적은 수익을 얻고자 하는 것이라고 할 수 있다. 채권에서 얻어지는 수익은 채권의 종류에 따라 다양한 구성요인에 의하여 결정된다. 이 요인들로는 가격 손익, 표면이자수익 그리고 재투자수익을 들 수 있다.

이러한 요인들에 의하여 형성된 채권의 투자수익은 투자기간이 고려된 수익률의 개념으로 측정됨으로써 여러 투자대안들 간의 비교를 가능하게 해준다. 그런데 이러한 채권의 투자수익률은 그 이용목적과 산출방법의 차이에 따라 여러 방식으로 나눌 수 있다.

## 1 채권의 수익 구성요인

### (1) 가격 손익

투자채권에 대한 매도(만기)금액과 매입(인수)금액과의 차이를 의미한다.

| 가격 손익 = 채권 매도(만기)금액 − 채권 매수(인수)금액 |
|---|

가격 손익은 매입한 시점의 만기수익률보다 매도한 시점의 만기수익률이 높을 경우 음의 값을 가지기도 한다. 특히 할인채, 단리채 그리고 복리채와 같이 발행 이후 현금흐름이 만기 시 한 번만 발생하는 채권들의 경우는 가격 손익만으로 투자수익이 결정된다.

### (2) 표면이자수익

발행 후 만기 시까지 복수의 현금흐름이 발생하는 이표채 등에 투자하는 경우 채권 취득 후 매도(만기)기간 사이, 즉 투자기간 동안 표면이율에 의해 일정기간마다 발생되는 이자도 투자의 수익요인이다.

### (3) 재투자수익

투자기간 동안 발생된 표면이자수익을 또다시 투자함으로써 발생되는 수익이다. 재투자수익은 표면이자수익과 합해져 채권의 매도(만기)금액과 함께 투자채권의 최종 총수입을 결정짓는다.

┌만기 시 일시상환채권(복리채, 단리채, 할인채)
│                    : 가격 손익 = 매도(만기)금액 − 매입(인수)금액
│            ┌가격 손익 = 매도(만기)금액 − 매입(인수)금액
└이표채 ─┼표면이자수익
             └재투자이자

 예시 1

**만기 시 일시상환채권의 투자수익**

다음 표는 만기상환금액 12,762원인 만기 시 원리금 일시상환채권을 만기수익률 10%, 15% 그리고 20%일 경우 잔존기간별 가격을 산출한 것이다.

| 잔존<br>기간(년) | 수익률<br>10%(A) | 수익률<br>15%(B) | 수익률<br>20%(C) |
|---|---|---|---|
| 5 | 7,924 | 6,344 | 5,128 |
| 4 | 8,716 | 7,296 | 6,154 |
| 3 | 9,588 | 8,391 | 7,385 |
| 2 | 10,547 | 9,649 | 8,862 |
| 1 | 11,601 | 11,097 | 10,635 |
| 0 | 12,762 | 12,762 | 12,762 |

① 잔존기간이 4년 남은 채권을 수익률 15%에 매입하여 2년 경과(잔존기간 2년) 후 수익률 10%
에 매도하면 투자의 최종 총수입은 10,547원이므로,

$$투자수익 : 3,251(원) = 10,547(원) - 7,296(원)이다.$$

② 잔존기간이 5년 남은 채권을 수익률 10%에 매입하여 2년 경과(잔존기간 3년) 후 수익률 20%
에 매도하면 투자의 최종 총수입은 7,385원이므로,
$$투자수익 : -539(원) = 7,385(원) - 7,924(원)이다.$$

 **예시 2**

이표채의 투자수익

잔존기간이 3년 남은 표면이율 8%인 연단위 이표채를 만기수익률 10%, 단가 9,502원에 매입하여
만기상환을 받는다면 이때 투자수익은?

① 가격 손익 : $498(원) = 10,000(원) - 9,502(원)$
② 표면이자수익 : $2,400(원) = 800 \times 3$
③ 재투자수익(재투자수익률 10% 가정) : $248(원) = 800 \times (1+0.1)2 + 800 \times (1+0.1) + 800 - 2,400$

따라서 총투자수익 : $3,146(원) = 498(원) + 2,400(원) + 248(원)$이고
또한 투자의 최종 총수입 : $12,648(원) = 9,502(투자원금) + 3,146원(총투자수익)$이다.

## (1) 실효수익률

실효수익률($r_e$)이란 전체 투자기간($n$년) 동안 모든 투자수익요인들에 의해 발생된 최종 총수입(ending－wealth value)의 투자원금(principal : $P$)대비 수익성을 일정기간 단위 복리방식으로 측정한 투자수익률이다. 일반적으로 채권투자에서 발생된 최종 총수입에 의한 채권의 최종 가치($FV$)에 대한 수익성은 연단위를 기준으로 측정되므로 실효수익률은

$$r_e = \sqrt[n]{\frac{FV}{P}} - 1$$

로 정의된다. 따라서 앞에서 제시된 〈예시 1〉의

$$①의 \ 실효수익률 : r_e = \sqrt[2]{\frac{10,547}{7,296}} - 1 = 0.2023, \ 즉 \ 20.23\%$$

$$②의 \ 실효수익률 : r_e = \sqrt[2]{\frac{7,385}{7,924}} - 1 = 0.0346, \ 즉 \ -3.46\%$$

$$〈예시 \ 2〉의 \ 실효수익률 : r_e = \sqrt[3]{\frac{12,648}{9,502}} - 1 = 0.10, \ 즉 \ 10.00\%$$

## (2) 만기수익률

만기수익률은 '채권의 만기까지 단위기간별 원리금액에 의한 현금흐름의 현재가치 합을 채권의 가격과 일치시키는 할인율'로 정의된다. 만기수익률은 채권시장에서 거래호가 및 가격 계산을 위해 사용되는 가장 일반적인 개념이기는 하나, 만기수익률에 의해 투자된 채권의 투자수익률이 만기수익률과 동일하다는 것을 의미하는 것은 아니다. 만기수익률이 실현되기 위해서는 다음과 같은 두 가지 조건을 충족해야 한다.

첫째, 투자채권을 만기까지 보유하여야 한다.

둘째, 표면이자 등 만기 전까지 발생되는 현금흐름을 최초 투자 시의 만기수익률로 재투자하여야 한다.

만기 시 일시상환채권의 경우는 채권투자 후 만기까지 보유하면 실효수익률이 만기수익률과 일치한다. 또한 〈예시 2〉처럼 이표채의 경우도 재투자수익률이 최초 만기수익률과 같고 만기 시까지 채권을 보유할 경우에는 실효수익률이 만기수익률과 같아진다. 즉,

$$\frac{800}{(1+0.1)^1}+\frac{800}{(1+0.1)^2}+\frac{10,800}{(1+0.1)^3}=9,502$$

의 양변에 $(1+0.1)^3$을 곱하면

$$800\times(1+0.1)^2+800\times(1+0.1)^1+10,800=9,502\times(1+0.1)^3$$

이 된다. 이는 각 기의 현금흐름을 만기수익률로 만기까지 재투자한 실효수익률이 곧 만기수익률과 일치함을 보여준다.

그러나 만기 시 일시상환채권이라도 만기 전에 매도하거나, 이표채의 경우 만기까지 보유하더라도 재투자수익률이 만기수익률과 다를 경우에는 만기수익률과 실효수익률은 차이가 난다. 이표채의 경우 수익률 간의 관계는 다음과 같이 나타난다.

❶ 재투자수익률＞만기수익률이면

　　만기수익률＜실효수익률＜재투자수익률

❷ 재투자수익률＜만기수익률이면

　　만기수익률＞실효수익률＞재투자수익률

❸ 재투자수익률＝만기수익률이면

　　만기수익률＝실효수익률＝재투자수익률

## (3) 연평균 수익률

연평균 수익률($r_s$)이란 전체 투자기간($n$년) 동안 발생된 총수입(ending-wealth value)인 채권

의 최종 가치($FV$)를 투자원금(principal : $P$)인 채권의 현재 가격으로 나눈 후 이를 투자연수로 나눈 단리 수익률을 의미한다.

$$r_S = \frac{1}{n}\left(\frac{FV}{P} - 1\right)$$

연평균 수익률은 단순하고 쉽게 이해될 수 있는 개념이어서 널리 사용되고 있다. 그러나 연평균 수익률은 연단위기간 이상의 투자 시에는 연단위 복리개념에 근거한 투자수익률에 비해 투자 수익성을 과대계상하는 문제점을 지니고 있다. 이는 복리의 개념에 근거한 실효수익률($r_e$)과 단리의 개념에 근거한 연평균 수익률의 관계에서 비롯된다. 즉,

$$r_S = \frac{[(1 + r_e)^n - 1]}{n}$$

에서 볼 수 있듯이 $r_e$가 일정하더라도 $n(>1)$이 커지면 분모는 산술급수적으로 증가하는 데 비해 분자는 기하급수적으로 커지는 경향이 있기 때문이다. 따라서 앞에서 제시된 예시에서 연평균 수익률을 산출하면

$$\langle 예시\ 1\rangle 의\ ① : r_S = \frac{1}{2}\left(\frac{10,547}{7,296} - 1\right) = 0.2228,\ 즉\ 22.28\%$$

$$\langle 예시\ 2\rangle : r_S = \frac{1}{3}\left(\frac{12,648}{9,502} - 1\right) = 0.1104,\ 즉\ 11.04\%$$

따라서 실효수익률($r_e$)에 비해 연평균 수익률이 높게 나타남을 볼 수 있다.

## (4) 세전 수익률과 세후 수익률

세전 수익률이란 채권에서 발생하는 소득에 대한 세금을 고려치 않은 상태에서 채권에서 발생하는 최종 총수입과 투자원금 간의 비율을 수익률로 표시한 것인데 반해, 세후 수익률이

란 채권에서 발생하는 소득에서 세율에 따른 세금을 공제한 최종 총수입과 투자원금 간의 비율을 수익률로 표시한 것이다. 세전 수익률이 높더라도 세율이 높아지면 세후 수익률은 낮아지게 된다.

# chapter 05

# 채권투자환경

## section 01 | 수익률 곡선의 의의

채권에 대한 투자 역시 여타 유가증권에 대한 투자와 마찬가지로 주어진 위험 제약 하에서 투자수익률을 극대화하기 위한 과정으로 볼 수 있다. 채권의 투자수익은 채권시장 내적 혹은 외적으로 작용하는 수많은 채권 가격의 변동요인들에 의해 영향을 받는다. 이처럼 채권시장 내적 혹은 외적으로 작용하는 요인들이 서로 다른 만기를 가진 채권들의 가격구조에 미치는 영향에 관한 정보가 총체적으로 반영된 것이 수익률 곡선이라고 할 수 있다.

동일한 발행주체에 의해 발행된 채권의 잔존기간과 수익률과의 관계를 나타내는 개념을 수익률의 기간구조(term structure of interest rate)라고 한다. 그리고 이를 그래프로 나타낸 것을 수익률 곡선(yield curve)이라고 한다.

많은 경우 수익률 곡선은 대표적인 채권(예컨대 국고채)의 잔존기간과 이 잔존기간을 지닌 채권의 수익률과의 괘적으로 표현된다. 이러한 수익률 곡선을 만기수익률 곡선(YTM curve 혹은 Par yield curve)이라고 부른다(Par yield curve는 채권단가를 액면금액과 동일하게 하는 YTM curve이다). 그러나 이런 채권들은 이표채인 경우가 많으며 이 경우 만기기간이 서로 다르게 발행된 채권들은 잔존기간이 동일하더라도 표면이율이 달라 현금흐름이 다를 수도 있다.

따라서 현금흐름에서 나타나는 차이를 배제시켜 잔존기간과 수익률 간의 관계를 나타낼 필요가 있는데 이와 같은 것을 현물 수익률 곡선(spot rate curve)이라고 부른다. 이자율의 기간구조란 만기수익률, 현물 수익률 그리고 추후에 설명될 선도 수익률과 잔존기간과의 관계를 표현하는 포괄적 개념으로 생각할 수 있다.

시장을 통해서 얻을 수 있는 수익률 곡선은 전체적인 수익률의 기간구조를 추정 가능하게 하여 줌으로써, 채권의 장·단기 수익률을 상대적으로 비교 가능케 해주고 미래 단기 수익률의 기대에 대한 정보를 제공해 주기도 한다.

한편 서로 다른 발행주체별 수익률 곡선들은 발행 주체별 채권의 잔존 기간과 수익률 간의 관계뿐만 아니라 발행주체의 신용 수준 등이 감안된 리스크 프리미엄이 반영되어 형성된다. 따라서 잔존기간이 같더라도 신용 수준에 따라 달리 형성되는 수익률 수준을 비교 가능하게 해준다. 이는 투자 대상 채권들의 잔존기간뿐만 아니라 리스크 수준이 반영된 총체적 관점에서 수익률 분석을 가능하게 해 준다.

따라서 수익률 곡선은 현시점에서 투자할 채권을 선택하는 데 있어서 뿐만 아니라, 투자된 채권의 향후 운용전략을 결정하는 데 중요한 기준이 되고 있다.

## section 02　수익률 곡선의 종류

우리나라에서는 채권에 대한 매매호가를 수익률로 하기 때문에 채권의 잔존기간별 호가 및 매매 수익률이 발표되고 있으며, 이 중 채무 불이행 가능성이 가장 낮은 국채의 잔존기간과 수익률 간의 관계는 그 밖의 채권들의 수익률 산정에 기준을 제공한다.

이 경우에 사용되는 호가는 만기수익률이며, 이와 같은 만기수익률과 잔존기간과의 관계를 그래프로 나타낸 것을 만기수익률 곡선 혹은 수익률 곡선이라 부른다.

채권시장에서 차지하는 비중이 높은 증권회사들에 의해 작성되어 금융투자협회를 통해 발표되는 대표적 채권들의 '시가평가기준수익률(Matrix Pricing Table)'은 수익률 곡선의 한 예이다.

그런데 국채 중에서 발행비중이 가장 높은 국고채는 대부분이 이표채로 발행되고 있으며, 일반적으로 이들 간의 표면이율은 동일하지 않다. 뿐만 아니라 다른 종류의 국채인 제1종 국민주택채권은 만기 시 원리금 일시급의 형태로 발행되고 있다. 이는 국채들이 동일한 잔존기간을 가지고 있더라도 만기까지 동일한 현금흐름을 가지고 있다고 볼 수 없음을 의미한다.

국채와 같이 동일 주체에 의해 발행되어 채무불이행 위험의 수준이 동일한 채권들이더라도 이처럼 채권들 간에 현금흐름의 차이가 있으면 일정기간 동안의 투자수익률을 동일한 기준으로 측정, 비교하는 것이 어려워진다.

이와 같은 문제를 해결하기 위해서는 시장에 존재하는 채권들 중에서 동일한 복수의 현금흐름을 지닌 채권들만을 분류하여 이들 채권들로만 잔존기간과 수익률 간의 관계를 비교할 수 있겠으나, 이와 같은 조건을 가진 충분한 숫자의 채권들을 시장에서 발견하기란 실질적으로 거의 불가능하다.

이에 비해 만기 시에 현금흐름이 한 번만 발생하는 만기 시 일시상환채권들 간의 잔존기간과 수익률 간의 관계를 도출하는 것은 상대적으로 용이하다.

이처럼 만기 시 일시상환채권들의 잔존기간과 수익률 간의 특정 시점에 있어서의 관계를 그림으로 나타낸 것을 현물 수익률 곡선(spot rate curve)이라고 한다. 따라서 이표채와는 달리 만기 시 일시상환채권의 경우는 현물 수익률 곡선과 만기수익률 곡선이 동일하다.

## section 03 수익률 곡선의 유형

### 1 상승형

단기채권의 수익률보다 장기채권의 수익률이 높은 형태로, 일반적으로 금리가 낮은 수준의 안정된 금융시장에서 나타나는 수익률 곡선의 유형이다.

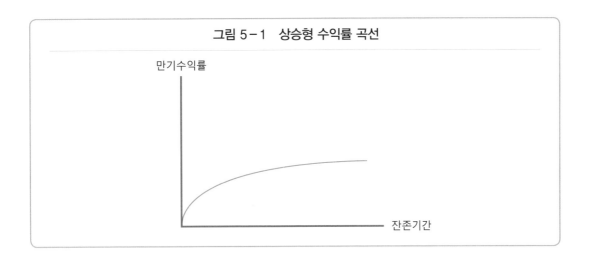

그림 5-1  상승형 수익률 곡선

만기수익률

잔존기간

## 2  하강형

단기채권의 수익률이 장기채권의 수익률보다 더 높은 형태로, 전반적으로 고금리 상태에 있는 금융시장에서 나타나는 경향이 있다.

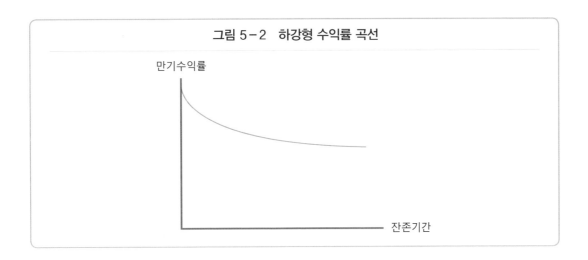

그림 5-2  하강형 수익률 곡선

만기수익률

잔존기간

### 3 수평형

단기채권의 수익률과 장기채권의 수익률의 차이가 없는 형태로 향후의 수익률 수준이 현재수준과 다르지 않을 것으로 기대되거나, 하강형에서 상승형 또는 상승형에서 하강형으로 변화될 때 일시적으로 나타나는 경향이 있다.

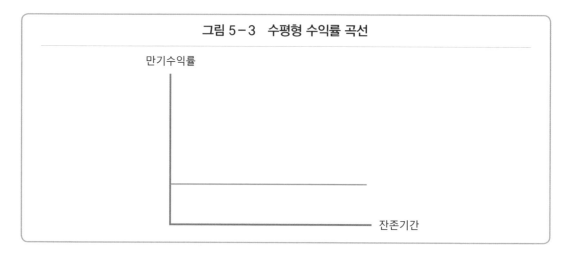

그림 5-3  수평형 수익률 곡선

### 4 낙타형

중기채의 수익률이 단기채나 장기채의 수익률보다 높게 나타나는 형태로 자금사정의 일시적인 악화로 단기적으로는 금리가 높아지지만 장기적으로는 금리가 안정된다고 기대되는 상황에서 나타나는 경향이 있다.

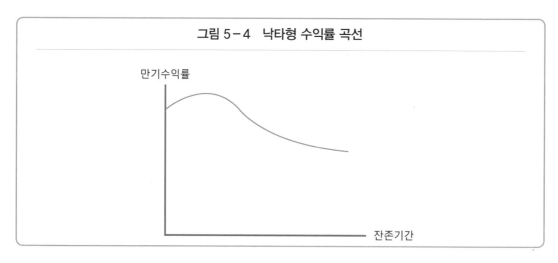

그림 5-4  낙타형 수익률 곡선

**수익률 곡선에 대한 이론**

수익률 곡선의 구조를 이해하기 위해서는 먼저 선도 이자율(수익률)의 개념을 이해할 필요가 있다. 선도 이자율이란 미래 일정 시점에서의 단위기간 동안의 이자율을 의미한다. 예컨대 앞으로 1년 후의 시점에서 향후 1년간의 이자율이 선도 이자율이며, $_1f_1$이라고 표시할 수 있다. 따라서 $n$년 후의 1년 동안의 이자율은 $_nf_1$으로 표시된다. 이와 같은 선도 이자율은 미래의 이자율이기 때문에 현재 시점에서는 명시적으로 알 수가 없다. 그러나 현물 수익률 곡선을 통해 미래 각 시점에 대한 현물 이자율을 알 수 있다면 선도 이자율을 도출해 낼 수가 있다.

예컨대 현시점에서 만기가 1년인 이자율을 $_0R_1$, 만기가 2년인 현물이자율을 $_0R_2$라고 하자. 이때 선도 이자율인 $_1f_1$은 $_0R_1$과 $_0R_2$의 관계에서 다음과 같이 도출된다.

$$(1+ _1f_1) = \frac{(1+ _0R_2)^2}{(1+ _0R_1)^1}$$

따라서 현시점에서 $n$년 후 시점의 1년 동안의 선도 이자율은

$$(1+ _nf_1) = \frac{(1+ _0R_{n+1})^{n+1}}{(1+ _0R_n)^n}$$

으로 표시될 수 있다. 이와 같은 선도 이자율을 현물 수익률 곡선의 관계에서 도출되었기 때문에 내재 선도 이자율(implied forward rate)이라고도 한다.

그런데 시장에서 실제 관찰 가능한 수익률은 현물 수익률이 아닌 만기수익률인 경우가 대부분이다. 왜냐하면 국고채를 포함한 대부분의 채권들은 현금흐름이 복수로 발생하는 이표채이기 때문이다. 〈표 5-1〉에 제시된 수익률들로 만기수익률이다. 이 경우 국민주택채권과 같이 발행 후 현금흐름이 한번 발생하는 채권의 경우는 만기수익률이 현물 수익률이기도 하다.

이 경우에 선도 수익률을 구하기 위해서는 만기수익률을 현물 수익률로 전환해야 하며 이 과정 속에서 이표효과를 제거할 수 있다. 이표효과란 동일 만기기간과 만기수익률을 가진 채권들이더라도 표면이율이 달라 현금흐름에 차이가 날 때 현물 수익률이 다르게 나타나는 현

상이다. 만기수익률을 현물 수익률로 전환할 때는 다음 예제에서 제시된 바와 같은 보간법 (interpolation)을 일반적으로 사용한다.

| 잔존기간 | 1년 | 2년 | 3년 |
|---|---|---|---|
| 만기수익률 | 3.00% | 3.50% | 4.00% |

연단위 이표채들에 대한 만기수익률이 위 표와 같이 주어졌을 때 만기기간 1년, 표면이율 3.00%인 연단위 이표채권의 경우 채권 가격은 $\frac{10,300}{(1+0.0300)} = 10,000$(원)이 된다. 이는 수익률 3.00%가 만기수익률이자 현물 수익률($_0R_1$)임을 의미한다.

이 경우 만기기간 2년인 현물 수익률은 표면이율인 3.50%인 이표채권의 현금흐름과 가격 간의 관계에서 구해질 수 있다.

$$\frac{350}{(1+0.0350)} + \frac{10,350}{(1+0.0350)^2} = 10,000 = \frac{350}{(1+0.0300)} + \frac{10,350}{(1+{_0R_2})^2}$$

$_0R_2 = 0.0359$, 즉 만기기간 2년인 현물 수익률은 3.509%이다. 만기기간 3년인 현물 수익률 역시 다음 관계에서 구해질 수 있다.

$$\frac{400}{(1+0.0400)} + \frac{400}{(1+0.0400)^2} + \frac{10,400}{(1+0.0400)^3} = 10,000$$

$$= \frac{400}{(1+0.0300)} + \frac{400}{(1+0.03509)^2} + \frac{10,400}{(1+{_0R_3})^3}$$

$_0R_3 = 0.04027$, 즉 만기기간 3년인 현물 수익률은 4.027%가 된다.

시장 만기수익률에 대한 자료는 민간채권평가사를 통해 제공되고 있으며 금융투자협회 채권정보센터의 시가평가기준 수익률 테이블로 공시된다.

이 가설은 현재의 수익률 곡선에는 미래의 단기 수익률들에 대한 기대가 반영되어 있으며, 이는 각기의 내재 선도 수익률이 미래 각 시점의 단기 수익률들의 기댓값이라는 것이다. 즉, 현재로부터 $t$시점의 1기간 동안의 임의의 단기 현물 수익률(random spot rate)을 $_1r_1$라고 할 때 $_tf_1 = E(_tr_1)$이라는 것이다.

따라서 이론에 의하면 장기채권의 수익률은 미래의 단기채권들에 예상되는 수익률들의 기하평균과 같아진다. 즉 향후 $n$년 후에 만기가 되는 채권의 수익률($_0R_n$)은

$$(1+{_0R_n})^n = (1+{_0R_1})(1+E(_1r_1))(1+E(_2r_1))\cdots(1+E(_{n-1}r_1))$$

로 나타낼 수 있으며, 따라서

$$_0R_n = \sqrt[n]{(1+{_0R_1})(1+E(_1r_1))(1+E(_2r_1))\cdots(1+E(_{n-1}r_1))} - 1$$

이 된다.

이 불편 기대가설은 다양한 형태의 수익률 곡선을 설명 가능하게 해준다. 만약 현재의 1년 만기 현물 수익률이 6%인데 2년, 3년 및 4년만기 현물 수익률이 7%, 8% 그리고 9%를 나타내는 우상향하는 형태의 수익률 곡선이 있다면

$$_0R_2 = 0.07 = \sqrt[2]{(1+0.06)(1+E(_1r_1))} - 1$$
$$_0R_3 = 0.08 = \sqrt[3]{(1+0.06)(1+E(_1r_1))(1+E(_2r_1))} - 1$$
$$_0R_4 = 0.09 = \sqrt[4]{(1+0.06)(1+E(_1r_1))(1+E(_2r_1))(1+E(_3r_1))} - 1$$

의 관계가 성립함을 의미하므로, 위 식을 풀면

$$_1f_1 = E(_1r_1) = 0.08$$
$$_2f_1 = E(_2r_1) = 0.10$$
$$_3f_1 = E(_3r_1) = 0.12$$

가 된다. 이는 언급된 수익률 곡선의 형태가 나타나는 것은 시장의 참여자들이 1년 후, 2년 후 및 3년 후의 각 1년간의 단기이자율을 각각 8%, 10% 및 12%로 기대하고 있다는 의미로 해석할 수 있다.

결과적으로 불편 기대가설은 시장참여자들의 미래의 단기이자율에 대한 기대를 안다면 수익률 곡선의 형태를 알 수 있음을 의미한다. 앞의 예에서 나타난 것처럼 매년의 단기 수익률이 8%, 10%, 12%로 상승하리라 기대한다면 $_0R_1$, $_0R_2$, $_0R_3$, $_0R_4$로 나타나는 수익률 곡선은 상승형을 띠게 되는 것이다.

이에 비해 만약 시장참여자들이 단기 수익률이 현재 12%에서 12%, 10%, 8% 그리고 6%로 하락하리라 예상한다면 수익률 곡선은 하강형을 보이게 된다. 한편, 미래의 단기 수익률들이 현재의 단기 수익률과 변화를 보이지 않을 것으로 기대한다면 수익률 곡선은 현재 1년 만기채권의 수익률($_0R_1$)과 수평으로 나타날 것이다. 또한 현재 12%인 1년 단기 수익률($_0R_1$)이 14%로 상승했다가 다시 10%, 8% 그리고 6%로 하락하리라 예상된다면 수익률 곡선은 낙타형을 띠게 된다.

이처럼 불편 기대가설은 다양한 형태의 수익률 곡선을 설명할 수 있는 장점을 지니고 있으나, 한편으로는 선도 수익률에는 시장참여자들의 미래의 단기이자율에 대한 기대만이 반영되어 있다는 제한된 가정에 의존하는 한계를 지니고 있다.

또한 이러한 가정은 궁극적으로 위험중립형의 시장참여자들을 전제로 함을 의미하는데, 이와 같은 가정과 전제는 미래의 단기 수익률들의 실현치와 이들에 대한 기댓값과의 오차를 설명하기 힘든 한계를 지니게 된다.

## 2 유동성 선호가설

불편 기대가설에 따르면 선도 수익률에는 미래의 수익률에 대한 시장참여자들의 기대가 반영되어 있다. 그런데 장기채에 투자하기 위해서는 유동성을 포기해야 하므로 이에 대한 보상

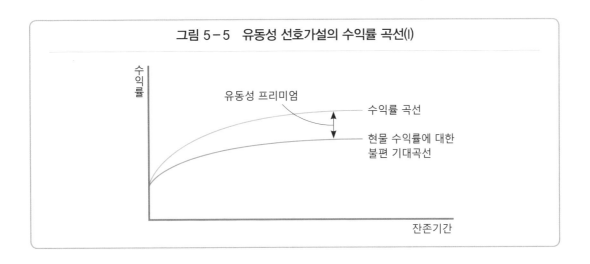

그림 5-5 　유동성 선호가설의 수익률 곡선(I)

수익률

유동성 프리미엄

수익률 곡선

현물 수익률에 대한
불편 기대곡선

잔존기간

을 제공받고자 한다. 또한 채권의 만기가 길어질수록 유동성을 포기해야 하는 기간도 길어지므로 이에 대한 프리미엄도 증가되어야 한다.

　따라서 Hicks(1946)는 시장에 나타난 수익률 곡선에는 시장참여사들의 수익률에 대한 기대뿐만 아니라 유동성 상실에 대한 보상도 반영되어 있다는 유동성 선호이론을 제시하였다. 이는 $t$기의 유동성 프리미엄을 $_tL_1$이라고 할 때

$$_tf_1 = E(_tr_1) + {}_tL_1, \qquad 단, {}_tL_1 > 0$$

임을 의미한다. 따라서 현재 시점으로부터 $n$기의 수익률은

$$_0R_n = \sqrt[n]{(1 + {}_0R_1)(1 + E(_1r_1) + {}_1L_1)(1 + E(_2r_1) + {}_2L_1) \cdots (1 + E(_{n-1}r_1) + {}_{n-1}L_1)} - 1$$

이고, 수익률 곡선은 각 시점의 수익률들의 궤적을 연결한 것으로 볼 수 있다. 따라서 수익률 곡선은 미래의 현물 수익률에 대한 불편 기대 부분과 유동성 프리미엄이 동시에 반영되어 나타난 결과라고 할 수 있기 때문에 이 이론에 근거한 수익률 곡선의 형태는 〈그림 5-5〉와 같이 나타낼 수 있다.

　그런데 불편 기대가설의 한계를 보완한 것으로 볼 수 있는 유동성 선호가설에 따르면 선도

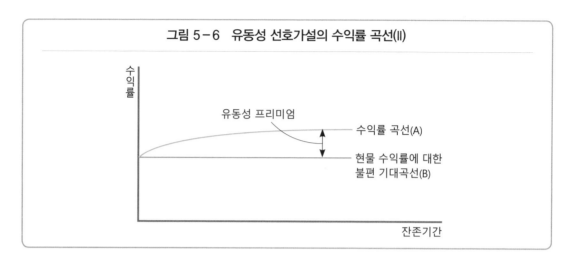

그림 5-6   유동성 선호가설의 수익률 곡선(II)

수익률에는 유동성 프리미엄이 포함되어 있기 때문에 내재 선도 수익률을 단순히 미래 단기 수익률에 대한 불편기대치로 볼 수는 없게 된다. 예컨대 수익률 곡선이 우상향하는 형태로 나타나더라도 시장참여자들이 단기 수익률이 향후에 상승한다고 기대한다고는 단언할 수 없다는 것이다. 설령 시장참여자들이 미래에 단기 수익률이 하락하리라 기대하더라도 만기기간에 비례하여 증가하는 유동성 프리미엄이 반영된다면 수익률 곡선이 우상향하는 상태로 나타날 수도 있기 때문이다.

〈그림 5-6〉의 그래프에서 볼 수 있듯이 비록 수익률 곡선($A$) 자체는 우상향하는 형태를 보이고 있더라도 유동성 프리미엄이 배제되어 미래의 단기 수익률에 대한 불편기대만으로 형성된 곡선($B$)부분은 우하향하는 형태를 나타낼 수도 있다.


## 3   시장분할 가설

법적, 제도적 요인 등에 의한 구조적 경직성이 존재함으로써 채권시장이 몇 개의 하위시장으로 분할되어 채권 수익률과 잔존기간 간에 어떤 체계적 관계가 존재하지 않는다는 가설이 시장분할 이론(market segmentation theory)이다. 이런 현상은 채권시장이 기관투자자들 중심으로 구성되어 있는 경우에 강하게 나타난다.

기관투자자들의 경우 영업의 성격, 운용대상 자산에 대한 법적 제약, 그리고 자산과 부채구조 등의 요인에 따라 그들이 선호하는 만기의 채권이 결정되어 있다.

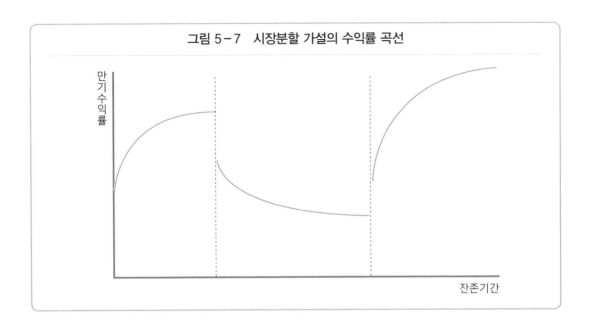

그림 5-7 시장분할 가설의 수익률 곡선

이 경우 특정 만기채권의 수익률은 이들 만기를 선호하는 투자자들 간의 수급에 의하여 결정되며, 그 밖의 만기의 채권들에 대해서는 비록 비정상수익이 주어진다고 하더라도 투자에 참여하지 않는다는 것이다. 예컨대 비교적 단기예금을 재원으로 자산운용을 해야 하는 은행들은 그 운용기간이 단기화되어야 되기 때문에 그들이 거래하고자 하는 채권의 종류는 단기채에 국한될 수밖에 없다.

이에 비해 연기금이나 장기 저축성 보험상품을 다루는 보험회사들의 재원은 장기간에 유입되는 보험료들이고, 보험금의 지급도 비교적 먼 미래에 이루어질 것이다.

이 경우 이들이 참여하는 채권시장은 장기채시장일 수밖에 없는 것이다. 이처럼 시장분할 가설하에서는 단기채, 중기채, 장기채시장 등이 별도로 형성되고 채권의 수익률은 각 하위시장 내에서 수요와 공급에 의하여 결정되는 것이다.

**4   선호 영역 가설**

시장분할 가설은 특정한 만기의 채권별로 이를 선호하는 투자자 집단들이 존재하고 이들 투자자 집단은 선호하는 만기 이외의 채권에는 투자하지 않는다고 본다.

그러나 현실적으로는 투자자들이 비록 특정 만기의 채권을 선호한다고 하더라도 다른 만기 채권의 수익률이 충분히 높다면 이들 채권에 투자하기도 한다. 이처럼 투자자들 특히 기관투자자들은 특정한 만기를 지닌 채권을 선호하나, 충분한 대가가 주어진다면 그 외 만기의 채권에도 투자한다는 것이 선호 영역 가설(preferred habitat theory)이다.

<br>

## section 05 | 수익률의 위험구조

수익률의 기간구조는 채권의 잔존기간과 수익률 간의 관계를 나타낸다. 그런데 채권들 간에 동일한 잔존기간을 가지고 있다고 하더라도 채권의 발행주체가 다르면 채권 수익률 간에 차이를 보인다. 이와 같은 수익률의 차이는 주로 채권 발행자의 원리금 상환능력의 격차에 기인한 신용위험의 차이에 기인한다.

국공채는 일반적으로 국가 그 자체 혹은 국가의 출자에 의해 설립된 발행주체에 의해 발행되므로 이들 채권들의 원리금의 상환위험은 직·간접적으로 국가의 신용과 관련이 있다. 이에 비해 일반 기업에 의해 발행되는 회사채는 발행기업의 재무상태에 따라 원리금의 상환능력의 현격한 차이가 날 수 있다. 이처럼 발행주체들의 원리금 상환능력의 차이에서 발생하는 투자위험(default risk)의 차이가 수익률의 차이에 반영되는 현상을 수익률의 위험구조(risk structure of interest rate)라고 한다.

이 경우 발행자의 신용등급의 차이에서 기인하는 수익률 간의 차이, 즉 수익률 스프레드를 원리금 상환위험 프리미엄(default premium)이라고 한다. 이 프리미엄은 신용위험이 커질수록 더욱 커지게 된다. 수익률 스프레드의 크기는 항상 동일 수준을 유지하는 것이 아니라 경제상황 등 제반 여건의 변화에 따라 변동하게 된다.

투자대상 채권의 수익률 곡선은 국고채와 같은 지표채권의 수익률 수준뿐만 아니라 해당 채권의 위험이 반영되어 형성된다. 채권, 기업어음과 같은 채무증권 특성상 이들에 대한 투자위험은 본질적으로 신용에 대한 판단을 기초로 이루어지며, 분석된 위험의 수준이 수익률 형성에 반영된다.

투자대상 채권에 대한 신용판단은 원칙적으로 투자자가 해야 한다. 하지만 이를 위해서 다양한 신용정보가 필요하며, 현실적으로 신용평가기관의 신용평가정보가 사용된다. 특히 IMF 금융위기 이후 무보증사채의 발행이 일반화되면서 신용평가기관의 역할은 매우 광범위해졌으며, 이들 기관의 신용평가는 회사채 투자에 있어 기초적인 지표가 되는 경향이 있다.

신용평가제도는 자금공급자(투자자)와 자금조달자(발행자) 간 정보 비대칭성을 완화시켜, 발행자 자금조달 비용을 줄여주고, 자본시장을 통한 효율적 자원배분을 추구하는 금융인프라라고 할 수 있다. 현재 무보증사채 공모발행 시에도 신용평가등급은 필수적일 뿐만 아니라, 주요 기관투자자들은 신용평가기관이 부과한 일정 수준 이상의 신용등급을 투자 여부의 기본 조건으로 삼는 경우가 일반적이다.

채무증권에 대한 신용평가는 무보증 공모사채 발행에만 국한되는 것이 아닐 뿐만 아니라, 발행 이후에도 지속적으로 이루어진다. 따라서 수익률 곡선을 포함한 채권투자 분석을 위해서는 신용평가 제도 및 과정에 대한 이해를 필요로 한다.

## (1) 신용평가의 의의

신용평가란 자금조달목적으로 발행하는 채무증권의 발행자가 채권 등에 대하여 원리금이나 이자를 약정 기일에 제대로 상환할 수 있는가를 분석하여 이를 일정한 기호를 이용하여 등급화하는 것을 의미하며, 신용평가를 업으로 하는 기관을 신용평가회사라고 한다.

자본시장법 제9조 26항은 신용평가업을 금융투자상품 혹은 기업, 집합투자기구 혹은 대통령령이 정하는 자에 대하여 신용상태를 평가하여 그 결과를 기호 숫자 등으로 표시한 신용등급을 부여하여 이를 인수자, 투자자 등 이해관계인에게 제공하는 것을 영업으로 하는 것으로 정의하고 있다.

이때 대통령령이 정하는 자(자본시장법 시행령 제14조의 3, 신용평가의 대상)는 다음과 같다.

❶ 국가

❷ 지방자치단체

❸ 법률에 따라 직접 설립된 법인

❹ 민법, 그 밖의 관련 법령에 따라 허가, 인가, 등록 등을 받아 설립된 비영리법인

이처럼 규정상으로는 신용평의 대상이 광범위하나, 실제로는 지방자치단체, 사단법인 그리고 재단법인 등에 대한 신용평가 수요가 많지 않기 때문에, 신용평가대상은 주로 자금조달이 활발한 기업체들 및 금융기관들이다. 특히 무보증사채가 증권사에 인수될 수 있기 위해서는 둘 이상의 신용평가를 받아야 하기 때문에 현실적으로 무보증사채 발행에 있어 신용평가는 필수적이라고 할 수 있다.

## (2) 신용평가의 유형

❶ 신용평가 대상별

ㄱ. 발행자 평가(Issuer Rating) : 채무증권 발행자의 모든 금융상 채무에 대한 전반적인 신용도를 평가하는 것이다. 보증, 담보설정, 변제순위 등 채무들의 특성과 이에 따른 회수 가능성의 개별적 차이를 고려하지 않고, 채무자의 모든 금융상 채무에 대한 전반적인 채무상환 가능성을 평가한다. 발행자 신용등급은 개별 채무에 대한 신용등급 부과 시 기준이 되기 때문에 신용평가 전반의 시작점이라고 할 수 있다.

ㄴ. 발행물 평가(Issue Rating) : 발행자 평가등급을 기초로 개별 금융투자상품의 약정내용(Covenants)과 파산 혹은 청산 시의 지급 우선순위, 보증 혹은 신용보강 등과 같은 채무특성을 고려하여 채무불이행 위험(default risk)과 궁극적 손실위험(risk of loss)을 동시에 감안하여 행하는 개별 발행물에 대한 신용등급 평가이다. 일반적인 평가 대상으로는 회사채, 기업어음, 전자단기사채, 구조화금융증권(유동화증권, 신용연계채권 등) 등이 포함된다.

❷ 신규 등급부여 평가

ㄱ. 본평가 : 신용평가대상 또는 그 대리인과의 계약에 의거해 발행자 또는 특정 발행채무에 대해 신용등급을 신규로 부여하는 것을 말한다.

ㄴ. 예비평가 : 채권 등의 채무에 대한 구체적 발행계획 또는 조건이 확정되지 않은 상황에서 일정조건으로 발행하는 경우를 전제로 하여 평가대상의 등급을 예비적으로 평가하는 것을 말한다. 다만, 예비평가 등급은 미공시 등급이기 때문에 법적으로 의

무효화되어 있는 신용등급으로 사용할 수 없다.

**❸ 사후관리 평가**

ㄱ. 정기평가 : 기 공시된 회사채의 신용등급을 1년 단위로 결산 재무자료 등을 기준으로 재검토하는 평가이다.

ㄴ. 수시평가 : 기 공시된 등급에 영향을 줄 수 있는 중대한 상황 변화가 발생할 경우, 투자자들에게 변화된 신용평가정보를 보다 빠르게 전달하기 위해 실시하는 평가이다.

ㄷ. 등급감시대상(Watch List) 등록 : 수시평가의 일환으로 기업환경 변화의 신속한 반영을 위하여 평가사가 부여한 등급에 신용상태 변화요인이 발생할 경우 등급변경 검토에 착수하였음과 등급조정의 검토방향(상향검토, 하향검토, 미확정검토)을 외부에 공시하는 제도이다. 합병, 유상감자, 제도 변화, 채무내용의 급격한 변화 등이 등급감시대상 등재사유가 될 수 있다.

**❹ 의뢰인 여부**

ㄱ. 외뢰평가(solicited rating),

ㄴ. 무의뢰평가(unsolicited rating)

**❺ 등급전망(Rating Outlook)제도** : 발행자 또는 특정 채무의 신용등급에 대하여 향후 6개월(혹은 1년)에서 2년 이내의 등급 방향성을 평가 시점에서 전망하는 것을 말한다. (등급변경 검토에 착수하였음을 알리는 Watch List 등록과는 달리) 등급전망은 신용등급에 대한 보조지표일 뿐 신용등급 변경을 위한 절차상의 예고가 아니다. 따라서 Rating Outlook에 따라 신용등급 변동이 꼭 일어나는 것은 아니다.

Outlook(등급전망)은 회사채 등 장기 채권에만 적용되며 기업어음, ABS, 부도 · 워크아웃 · 구조조정촉진법 대상 채권 등은 제외된다. 또한 Watchlist에 등록된 경우에도 Outlook이 부여되지 않는다. 등급전망은 다음과 같이 4가지로 나뉜다.

**표 5-1 등급전망**

| 기호 | 의미 |
|---|---|
| Positive(긍정적) | 중기적으로 등급의 상향 가능성이 있음 |
| Negative(부정적) | 중기적으로 등급의 하향 가능성이 있음 |
| Stable(안정적) | 중기적인 등급의 변동 가능성이 낮음. 그러나 사업의 안정성을 의미하는 것은 아님 |
| Developing(유동적) | 불확실성이 높아 중기적인 등급의 변동방향을 단정하기 어려움 |

## (3) 신용평가 등급

신용등급은 발행 채무증권의 만기기간을 기준으로 장기신용등급과 단기신용등급으로 나뉜다. 일반적으로 만기 1년 초과는 장기신용등급, 1년 이하는 단기신용등급으로 구분한다. 이에 따라 채권신용등급의 기초가 되는 채무자 신용등급도 장기와 단기로 나뉜다.

❶ 장기신용등급 : 1년을 초과하는 만기기간을 가진 채무증권의 상대적 신용위험에 대한 의견, 혹은 1년 초과기간에 대한 채무자의 상대적 신용위험을 나타낸다.

채무불이행 위험과 손실위험의 정도에 따라 신용도를 차등화 하는 장기신용등급비계는 일반적으로 AAA, AA, A, BBB, BB, B, CCC, CC, C, D(AA등급에서 CCC등급까지는 +, −를 첨부하여 동일 등급 범주 내에서 차등화)로 10개의 범주로 구분하고 있다.

| 표 5-2 | 장기신용등급표 |

| 등급 | 내용 |
| --- | --- |
| AAA | 원리금 지급능력이 최상급임. |
| AA | 원리금 지급능력이 매우 우수하지만 AAA의 채권보다는 다소 열위임. |
| A | 원리금 지급능력은 우수하지만 상위등급보다 경제여건 및 환경악화에 따른 영향을 받기 쉬운 면이 있음. |
| BBB | 원리금 지급능력이 양호하지만 상위등급에 비해서 경제여건 및 환경악화에 따라 장래 원리금의 지급능력이 저하될 가능성을 내포하고 있음. |
| BB | 원리금 지급능력이 당장은 문제가 되지 않으나 장래 안전에 대해서는 단언할 수 없는 투기적인 요소를 내포하고 있음. |
| B | 원리금 지급능력이 결핍되어 투기적이며 불황 시에 이자지급이 확실하지 않음. |
| CCC | 원리금 지급에 관하여 현재에도 불안요소가 있으며 채무불이행의 위험이 커 매우 투기적임. |
| CC | 상위등급에 비하여 불안요소가 더욱 큼. |
| C | 채무불이행의 위험성이 높고 원리금 상환능력이 없음. |
| D | 상환 불능상태임. |

❷ 단기신용등급 : 1년 이내의 만기기간을 가진 채무증권의 상대적 신용위험에 대한 의견, 혹은 1년 이내 기간에 대한 채무자의 상대적 신용위험을 나타낸다.

기본적으로 A1, A2, A3, B, C, D의 6개 등급으로 구성되나 'A2'등급에서 'B'등급까지의 3개 등급에는 그 상대적 우열 정도에 따라 +, − 기호가 첨부되어 총 12개의 단계로 구분된다. 단기신용등급은 기업어음(Commercial Paper), 전자단기사채(Short Term Bond) 및 자산유동화기업어음(Asset-backed Commercial Paper : ABCP)등의 평가에 사용된다.

**표 5-3 단기신용등급**

| 구분 | 평가등급 | 등급 정의 |
|---|---|---|
| 투자등급<br>(investment<br>grade) | A1 | 적기상환능력이 최고 수준이며, 현 단계에서 합리적으로 예측 가능한 장래의 어떠한 환경 변화에도 영향을 받지 않을 만큼 안정적임. |
| | A2 | 적기상환능력이 우수하지만 A1등급에 비해 다소 열등한 요소가 있음. |
| | A3 | 적기상환능력이 양호하지만 장래 급격한 환경 변화에 따라 다소 영향을 받을 가능성이 있음. |
| 투기적 등급<br>(speculative<br>grade) | B | 적기상환능력은 인정되지만 투기적 요소가 내재되어 있음. |
| | C | 적기상환능력이 의문시 됨. |
| | D | 지급불능 상태에 있음. |

# chapter 06

# 채권투자전략

## section 01 채권투자전략 개요

　채권의 투자목적(수익성, 유동성, 안정성 등)은 채권에 투자하는 자금의 성격에 의해 좌우되며, 이 목적에 따라 투자전략도 결정되게 된다. 일반적으로 투자전략은 크게 적극적 전략(active strategies)과 소극적 전략(passive strategies)으로 나누고 상황에 따라 이들의 혼합전략이 추가되기도 한다. 이 중 적극적 투자전략은 향후의 수익률, 수익률의 변동성이나 혹은 수익률 간의 스프레드 등과 같이 채권 가격에 영향을 미치는 요인들을 예측하고, 이러한 예측을 근거로 채권 운용을 하는 방법이다. 이에 비해 소극적 투자전략은 채권 가격에 영향을 미치는 요인들에 대한 예측을 최소함으로써 예측에 수반된 위험을 최소화하려는 전략이다.

　따라서 적극적 투자전략은 기본적으로 현재 형성되어 있는 채권 가격에 모든 시장정보가 충분하게 반영되지 못하기 때문에, 우월한 정보나 예측능력을 이용해 초과수익을 올릴 수 있다는 관점을 기반으로 하게 된다. 이 전략은 주로 단기적인 예측을 통해 위험을 감수하더라도 투자수익을 극대화하려는 투자자들에게 채택되는 경향이 있다. 이에 비해 소극적 투자전략은 정보나 예측능력을 이용하더라도 지속적인 초과수익의 획득은 어렵다는 관점을 기반으로 하고 있다. 따라서 소극적 투자전략은 위험이 수반되는 투자 수익성의 추구보다는 투자자산의 유동성이나 안정성 측면에 상대적으로 높은 비중을 두는 경향이 있다.

사용되고 있는 다양한 투자전략 중에서 수익률 예측에 의한 채권교체 전략은 적극적 전략의 대표적인 예라고 할 수 있고, 만기보유 전략(buy-and-hold)과 사다리형 전략(ladder strategy) 등은 대표적인 소극적 전략의 예라 할 수 있다. 이들 전략들의 혼합전략의 대표적인 예로는 상황적응적 면역전략(contingent immunization)을 들 수 있다. 이와 같이 대부분의 전략들은 적극적, 소극적 혹은 혼합형의 유형으로 명확히 분류될 수 있으나 경우에 따라서는 이들 유형 중의 한 가지로 분류하기 어려운 경우도 있다. 왜냐하면 투자전략을 분류하는 사람마다 투자전략의 분류방식이 다를 수 있고, 또한 투자결과상 나타나는 채권 포트폴리오가 동일한 형태를 띠고 있더라도 투자목적이나 투자환경에 대한 가정이 다를 수 있기 때문이다.

다음에 제시되는 각 전략들은 채권 가격에 영향을 미치는 요인들을 예측하고, 이러한 예측을 근거로 채권운용을 하는가의 여부를 기준으로 적극적 전략과 소극적 전략, 그리고 혼합전략으로 분류하여 설명한다.

## section 02 적극적 투자전략

### 1 수익률 예측전략

수익률 하락 예측 시 채권의 매입, 수익률 상승 예측 시 보유채권을 매각하는 방법으로 기대수익률도 높지만 수반되는 위험도 큰 운용전략이다. 이 전략은 듀레이션이 큰 채권을 이용한다. 예컨대 향후 수익률 곡선의 전반적인 하향이동을 예상한다면 만기기간이 길고 표면이율이 낮은 채권을 매입한다. 반대로 수익률 곡선의 상향이동을 예상한다면 보유하고 있던 만기기간이 길고 표면이율이 낮은 채권을 매각하고 현금이나 유동자산의 보유비중을 늘인다. 국채에 투자할 경우엔 현물채권 대신 국채선물을 이용하여 투자할 수도 있는데, 이는 현물국채 가격과 국채선물 가격 간의 상관계수가 매우 높기 때문이다. 따라서 시장 만기수익률 하락이 예상되면 국채선물 매수, 시장 만기수익률 상승이 예상되면 국채선물을 매도하는 방식으로 투자한다. 한국거래소에는 3년, 5년, 10년물 국채선물이 상장되어 거래되고 있다.

## 2 채권 교체 전략

### (1) 시장 불균형을 이용한 동종 채권 간 교체 전략

발행조건, 시장성, 질적 등급 등 거의 모든 조건이 상호 대체될 수 있는 동질적인 채권들이면서도 그 중 한 채권이 일시적인 발행물량 증대와 같은 단기적인 시장의 불균형으로 다른 채권과 서로 다른 가격을 형성할 때, 가격이 낮게 형성된 채권으로 교체하는 전략으로 일종의 재정거래라고 할 수 있다. 이 전략은 현재 나타나고 있는 수익률의 차이가 향후에는 수렴할 수 있는 동질적인 채권들 간에서만 수행할 수 있다.

### (2) 스프레드를 이용한 이종 채권 간 교체 전략

채권들의 질적 등급 등에 따른 만기수익률 간의 스프레드가 일시적으로 확대되거나 축소될 경우 이 시점을 이용하여 교체매매를 하는 전략이다. 만약 수익률 스프레드가 확대되면 상대적으로 만기수익률이 낮아진(채권 가격이 높아진) 채권을 매각하고, 상대적으로 만기수익률이 높아진(채권 가격이 낮아진) 채권을 매입하였다가 스프레드가 다시 줄어들면 매각한 채권은 매입하

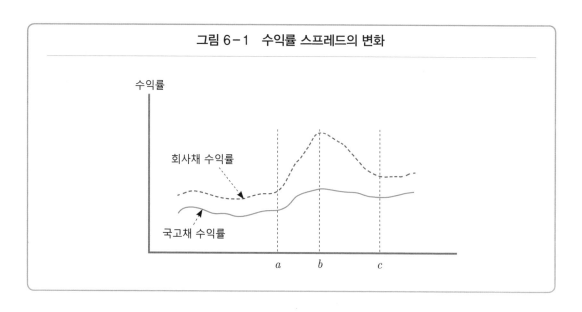

그림 6-1 수익률 스프레드의 변화

고 매입했던 채권은 매각한다. 반대로 수익률 스프레드가 축소되게 되면 앞의 경우와 반대의 포지션을 취하는 교체매매를 함으로써 투자수익을 극대화할 수 있다.

일반적으로 경기가 악화되고 자금수요가 증대되면 수익률이 전반적으로 상승할 뿐만 아니라, 비교적 일정하게 유지되던 국채와 회사채의 수익률 스프레드[이와 같은 스프레드를 신용스프레드(credit spread)라고도 함]가 확대되는 경향이 있다. 이 경우 국채를 매각하고 회사채를 매입한 후 경기가 회복되어 수익률 스프레드가 축소되면 다시 국채를 매입하고 회사채를 매각하는 교체매매를 통하여 투자수익을 확보할 수 있다. 위의 〈그림 6-1〉을 보면 $a$시점부터 확대되기 시작한 국채와 회사채의 수익률 스프레드가 $b$시점에서 최대화된다. 이 시점에 국채를 매도하고 회사채를 매입한 후 다시 수익률 스프레드가 안정적으로 축소된 $c$시점에 회사채를 매도하고 국채를 매입하는 교체를 시행하면 원래의 국채 포트폴리오를 그대로 유지함과 함께 수익률 스프레드 변경에 의한 차익도 실현할 수 있는 것이다.

이와 같은 전략의 핵심은 채권교체를 위한 수익률 스프레드의 수준을 결정하는 것이라고 할 수 있는데, 이를 위해서는 통계적인 판단을 필요로 한다. 이를 위하여 먼저 일정기간 동안의 대상 채권들의 수익률 자료들을 이용하여 이들 수익률 간의 스프레드 데이터를 구한다. 이 데이터가 일정한 통계분포를 지니고 있다는 가정하에 이들의 평균($\overline{M}$)과 표준편차($\sigma$)를 구한다. 만약 수익률 스프레드 데이터가 정규 분포를 띠고 있다고 가정할 경우 구해진 평균에서 일정 수준을 벗어난 수익률 스프레드가 발생하면 채권교체를 시행하고 시간 경과 후 스프레드가 일정 범위 내에 들어오면 원래의 포지션으로 돌아오는 것이다.

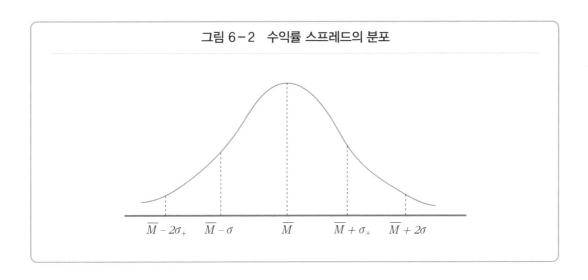

그림 6-2   수익률 스프레드의 분포

이때 수익률 스프레드가 일정 수준 이상 벌어져 향후 스프레드의 축소가 될 것으로 판단하여 시행하는 교체 전략을 수익률 획득 교체 전략(yield pick-up swap)이라 한다. 반대로 현재의 스프레드가 지나치게 축소되어 향후에는 점차 확대될 것으로 판단하여 시행하는 교체 전략을 수익률 포기 교체 전략(yield give-up swap)이라고 한다.

이처럼 통계적 방법에 의해 교체 전략을 시행하더라도 이에는 몇 가지 문제들이 수반된다.

첫째, 교체를 시행할 스프레드의 기준 설정이 주관적일 수밖에 없다는 점이다. 결과적으로 보다 적극적인 투자자는 보다 작은 표준편차 범위 내의 스프레드에서도 교체 전략을 시행할 가능성이 높아진다.

둘째, 데이터의 기간 선택을 어떻게 하느냐에 따라 채권 교체의 기준을 제공하는 통계적 추정량들의 값이 달라진다는 것이다. 데이터 기간 선택 역시 채권운용자의 주관적 판단에 좌우될 가능성이 크다.

셋째, 교체를 시행할 스프레드의 기준을 제공하는 통계 자료들이 과거의 데이터에 의존한다는 것이다. 이 자료로는 금융시장의 구조적 변화에 의한 스프레드 분포의 구조적 변화를 반영할 수 없다는 한계에 놓이게 된다.

이 같은 채권 교체 전략의 기초가 되는 스프레드의 크기는 지금까지 설명한 바와 같이 스프레드 간의 차를 이용할 수도 있으나, 이 자체를 지수화한 비율로 변형해 사용하기도 한다. 이와 같은 측도로는 상대 수익률 스프레드(relative yield spread)와 수익률 비율(yield ratio)이 있다.

$$\text{상대 수익률 스프레드} = \frac{\text{채권 } A\text{의 수익률} - \text{채권 } B\text{의 수익률}}{\text{채권 } B\text{의 수익률}}$$

$$\text{수익률 비율} = \frac{\text{채권 } A\text{의 수익률}}{\text{채권 } B\text{의 수익률}}$$

### 3  수익률 곡선의 형태를 이용한 전략

수익률의 전반적인 상승이나 하락과 같은 비교적 단순한 예측에 기초를 두는 수익률 예측 전략에 비해, 이 전략들은 수익률 곡선 자체의 이동이나 형태의 변화에 대한 예측을 기초로 채권 포트폴리오를 교체하여 투자수익을 높이려는 전략들이다.

## (1) 수익률 곡선 타기 전략

만기(잔존기간)가 커질수록 우상향하되 증가율은 체감하는 수익률 곡선의 형태가 투자기간 동안 변동 없이 유지되거나 최소한 하향이동한다고 예상할 때 사용하는 전략이다.

이 경우 투자기간과 만기가 일치하는 장기채를 매입하여 만기상환받는 것보다 매입한 채권을 일정기간 후에 매각한 후 다시 장기채를 재매입하는 투자를 반복하면 투자수익률을 증대시킬 수 있다. 예컨대 10년 투자 시, 10년 만기 채권에 투자하여 만기상환받을 경우는 매입 시의 만기수익률만이 실현되나 이 채권을 1년 경과 후 매각하여 다시 10년 만기채권에 재투자하여 다시 1년 보유 후 매각하는 방법을 반복하면 채권의 보유에 의한 이자소득 외에 10년 만기채가 1년 경과 후 나타나는 만기수익률 하락에 의한 가격 차익도 반복적으로 획득할 수 있다. 이러한 투자효과를 롤링효과(rolling effect)라고 한다.

또한 투자기간 동안 수익률 곡선의 변동이 없다고 예상할 때 투자 후 일정기간 경과 시 수익률의 하락이 더 큰 채권에 투자하여 투자수익을 높이는 것이 숄더효과(shoulder effect)를 이용한 투자이다. 예컨대 일정기간 투자하려고 할 경우 장기채권인 채권 A에 투자할 경우 수익률 하락폭은 ΔA이고, 이보다는 잔존기간이 짧은 채권 B에 투자할 경우 수익률 하락폭은 ΔB라고 할 때 비록 잔존기간은 상대적으로 짧지만 수익률 하락폭이 더 커 가격 상승률이 더 크다면 채권 B에 투자해야 수익의 극대화를 이룰 수 있다. 이 같은 수익률 곡선 타기 전략들은 수익률 곡선의 형태가 예측대로 유지되어야만 투자목표의 실현이 가능하다는 한계를 지니고 있다.

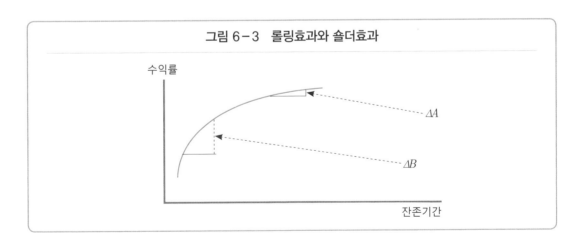

그림 6-3    롤링효과와 숄더효과

## (2) 나비형 투자전략

현재 평평한 형태를 띠고 있는 수익률 곡선이 향후 중기물의 수익률은 상승하고 단기물과 장기물의 수익률은 상대적으로 하락함으로써 수익률 곡선의 형태가 나비형 모양을 나타낼 것으로 예측할 때 취하는 전략이다.

포트폴리오에서 장·단기물의 비중을 늘리고 중기물을 매도함으로써 중기물의 비중을 축소시키는 방식을 취한다. 이처럼 단기물과 장기물의 비중이 매우 높고 중기물의 비중이 매우 낮은 포트폴리오를 바벨형 포트폴리오(barbell portfolio)라고 한다.

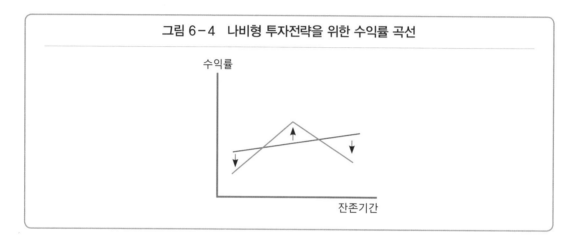

**그림 6-4   나비형 투자전략을 위한 수익률 곡선**

## (3) 역나비형 투자전략

현재 평평한 형태를 띠고 있는 수익률 곡선이 향후 중기물의 수익률은 하락하고 단기물과

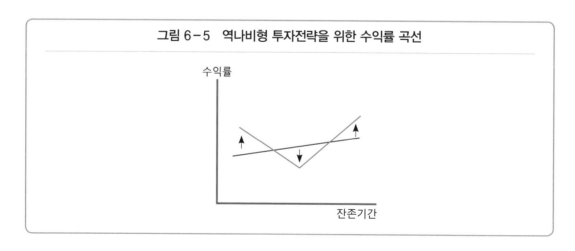

**그림 6-5   역나비형 투자전략을 위한 수익률 곡선**

장기물의 수익률은 상대적으로 상승함으로써 수익률 곡선의 형태가 역나비형 형태를 띨 것으로 예측할 때 취하는 전략이다.

포트폴리오에서 장·단기물의 비중을 줄이고 중기물을 매입함으로써 중기물의 비중을 확대시키는 방식을 취한다. 다른 잔존기간을 지닌 채권의 보유없이 중기물과 같이 특정 잔존기간을 지닌 채권들로만 포트폴리오를 구성한 경우를 불릿형 포트폴리오(bullet portfolio)라고 한다.


## section 03 소극적 투자전략


### 1 만기보유전략

채권 매입 후 만기까지 보유하는 매우 단순한 전략이다. 수익률 예측이 특별히 필요치 않고, 특정 포트폴리오를 전제로 하지도 않는다. 이 전략은 수익률이 비교적 안정적인 시장구조하에 있고, 현금의 순유입이 지속적으로 발생하는 금융기관에서 시장의 평균적인 수익률을 얻고자 할 때 선호되는 전략이다.


### 2 사다리형 및 아령형 운용전략

#### (1) 사다리형 운용전략

전통적으로 간편하게 사용되어 온 전략으로 투자기간 동안의 수익률 예측 없이 단순히 포트폴리오의 채권별 비중을 각 잔존기간별로 동일하게 유지하는 방법이다. 매 기마다 포트폴리오 내의 일정 비중의 채권이 만기상환되므로 일정한 유동성을 확보할 수 있고, 만기상환된 금액은 다시 장기채권에 투자됨으로써 투자기간 동안 평준화된 투자수익률의 확보가 가능해진다. 예컨대 5년이라는 투자기한이 설정되었을 경우 잔존기간이 1, 2, 3, 4, 5년인 채권이 각각 20%씩인 포트폴리오를 구성한다.

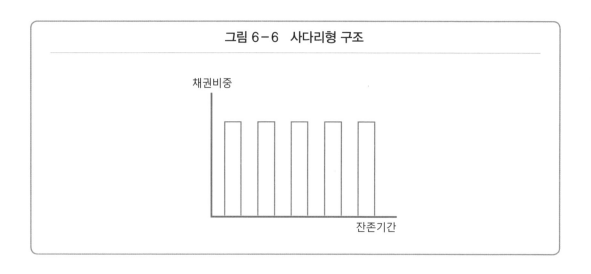

그림 6-6 사다리형 구조

채권비중

잔존기간

## (2) 바벨형 운용전략

비교적 장기의 투자기간을 지니게 될 경우 사다리형 운용전략을 구사하기 위해서는 다양한 만기의 채권들이 필요하다. 그러나 이와 같은 채권 포트폴리오 구성을 위한 채권 취득이 용이하지 않거나, 가능하더라도 높은 비용이 수반될 수 있다. 이 경우 보유채권 만기의 단순화를 통해 포트폴리오 구성비용을 최소화함과 함께 사다리형 전략에서와 같이 미래 수익률의 예측 없이도 투자기간 동안의 평균적인 수익률을 달성하려고 할 때 사용할 수 있는 전략이 바벨형 운용전략이다.

바벨형 운용전략은 채권 포트폴리오에서 중기채를 제외시키고 단기채와 장기채 두 가지로

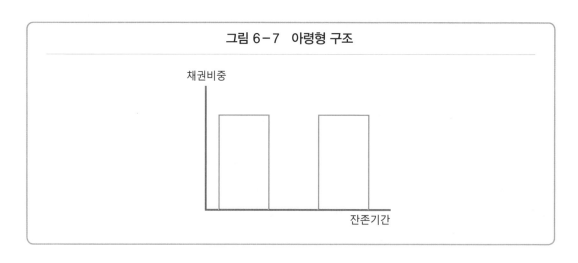

그림 6-7 아령형 구조

채권비중

잔존기간

만 만기를 구성하는 전략이다. 이는 기대수익률과 위험은 낮은 대신 유동성이 큰 단기채와 위험은 크나 높은 수익률의 확보가 가능한 장기채의 장점을 동시에 이용하여 투자기간 동안의 평균적인 수익을 얻기 위해서이다.

이와 같이 만기구조를 단순화시킴에도 불구하고, 이 운용전략이 궁극적으로 사다리형 운용전략과 마찬가지로 미래 수익률에 대한 예측 필요성 없이 투자기간 동안의 평균적인 수익률을 달성하기 위한 목적일 경우에는 소극적 혹은 방어적인 투자전략으로 간주된다. 그러나 적극적·소극적 전략의 분류가 미래 수익률의 예측 여부라는 점을 감안하면, 비록 포트폴리오가 바벨형으로 나타나더라도 나비형 투자전략의 경우와 같이 장·단기물의 수익률 하락, 중기물의 수익률 상승의 예측을 전제로 한 것이라면 이는 소극적 혹은 방어적인 투자전략으로 간주할 수 없다.

## 3 인덱스 전략

채권의 인덱스 전략(indexing)이란 채권투자의 성과가 일정한 채권지수를 따를 수 있도록 채권 포트폴리오를 구성하는 것이다. 미국의 경우 1980년대 초반에 시작되어 1990년대에 이르러 활성화된 인덱스 전략은 다음과 같은 배경에서 비롯되었다.

첫째, 경험적으로 볼 때 적극적 전략을 이용한 채권운용성과가 채권지수보다 좋지 않았다는 것이다.

둘째, 그럼에도 불구하고 적극적 운용전략의 경우 투자자문 수수료나 기타 관련 비용이 인덱스화된 펀드를 운용하는 경우보다 더 많이 들며, 셋째, 투자자의 입장에서 보면 적극적 전략에 의해 운용되는 펀드들보다, 인덱스 전략에 의해 운용되는 펀드가 보다 객관적인 운용통제가 가능하기 때문이다.

운용대상 채권 포트폴리오가 추구하는 채권지수는 시장 전체 채권들을 대상으로 하는 지수(Broad-Based Market Indexes), 일정 분야별(발행주체별, 발행지역별, 고수익고위험별 등) 채권들을 대상으로 하는 지수(Specialized Market Indexes), 투자자들이 원하는 투자목적에 맞추어진 채권들로 이루어진 지수들(Customized Benchmarks) 중에서 선택할 수 있다.

포트폴리오를 구성하는 채권의 수가 일정 수준을 넘어서면 채권 인덱스펀드는 복제하고자 하는 지수의 수익률을 따라가는 경향이 있지만, 주가지수 인덱스펀드에서와 같이 추적오차(tracking error)가 발생한다. 이러한 에러가 발생하는 원인은 첫째, 주가지수 인덱스펀드에서와 같이 인덱스를 구성하는 종목과 인덱스펀드에 편입되는 종목과 차이가 나고, 둘째, 인덱스펀드에 유가증권을 편입하기 위해 발생하는 비용 등에 기인한다. 또한 주식과는 달리 채권은 시장에서 모든 종목의 시세가 연속성 있게 명시적으로 형성되지 않는 경우가 많기 때문에 인데스를 구성하는 데 사용되는 채권 가격과 인덱스펀드에 편입되거나 평가받는 채권의 가격에 차이가 날 수 있기 때문에 추적오차가 발생할 여지가 있는 것이다.

그밖에 인덱스펀드 전략은 적극적 전략을 행할 경우 얻을 수도 있는 초과수익의 기회를 상실하거나, 추구하고자 하는 지수 자체가 투자자의 원래 목적에 적합한 것이냐 등의 문제점을 안고 있을 수 있으나 앞에서 제시된 적극적 전략의 단점을 극복하는 전략으로 간주되어 일반화되는 경향을 보이고 있다.

인덱스 전략은 추구하는 인덱스를 구성하는 채권들과 완전히 동일한 포트폴리오를 구성하려고 할 경우에는 높은 거래비용이 수반될 수 있는 반면, 비용 때문에 구성종목이 지나치게 제약될 경우 채권지수를 모방하기 힘들게 된다. 따라서 인덱스 포트폴리오는 편입될 채권의 수를 적절히 함으로써 인덱스 수익률을 추구하면서 비체계적 위험을 최소화하는 방식으로 구성되어야 한다.

지금까지 제시된 소극적 전략들은 가격에 영향을 주는 수익률과 관련된 예측을 하지 않아도 된다는 점에서는 적극적 전략과는 구별되지만 이들 전략들은 채권투자의 재원을 제공하는 투자자 혹은 투자기관(sponsoring institution)들이 원하는 구체적인 금융 욕구를 충족시키는 데 한계를 보일 수 있다. 따라서 소극적 투자전략 가운데에도 이러한 금융 욕구를 충족하는 전략의 필요성이 제기된다.

일반적으로 채권시장의 주요 참여자들은 기관투자자들이며 구체적으로는 은행, 투자신탁, 보험사 및 연기금 등이 포함된다. 채권시장의 절대적인 비중을 차지하는 이들 기관투자자들의 경우도 채권의 투자 재원은 궁극적으로는 이들이 취급하는 각종 금융상품의 예금, 보험료 등에 의해 구성되는 것이다. 이러한 재원은 결국 기관들에게는 부채가 되며, 부채는 본질적으로 일정한 기한과 원리금의 반환을 전제로 한다.

따라서 이와 같은 성격의 재원으로 투자되어 구성되는 채권 포트폴리오는 부채의 성격에 영향을 받지 않을 수가 없으며, 부채의 성격은 기간별, 금액별 등 여러 가지 기준에 의해 특성을 달리 할 수 있으나 어떠한 경우에든 부채의 안정적인 상환은 필수적이라 할 수 있다. 따라서 채권투자에서 발생하는 현금흐름을 부채의 현금흐름보다 많거나 최소한 같도록 함으로써 안정적인 자산부채관리(asset/liablity management)가 이루어질 수 있는 투자전략이 선호될 수 있다. 이러한 전략으로는 면역전략과 현금흐름 일치전략이 있다.

## 4 면역전략

매입 후 만기까지 보유하면 매입 시의 만기수익률이 실현되는 만기 시 일시상환채권은 채권의 잔존기간과 투자기간을 일치시킴으로써 투자목표를 달성할 수 있을 뿐만 아니라 투자기간 동안 발생할 수 있는 수익률 변동에 의한 가격 변동 위험도 피할 수 있다. 그러나 이표채와 같이 투자기간 동안 현금흐름이 여러 번 발생하는 채권에 투자해야만 하는 경우는 채권의 잔존기간과 투자기간을 일치시키더라도 수익률 변동의 위험을 완전히 제거할 수 없다.

이와 같은 수익률 변동 위험을 제거하고 투자목표를 달성하기 위한 방법이 면역전략이다. 레딩턴(F. M. Reddington, 1952)에 의해 체계화되기 시작한 면역적략은 투자기간과 채권 포트폴리오의 (매콜리)듀레이션을 일치시킴으로써 수익률 상승(하락) 시 채권 가격 하락(상승)분과 표면이자에 대한 재투자수익 증대(감소)분을 상호 상쇄시켜 채권투자 종료 시 실현수익률을 목표수익률과 일치시키는 구조를 기본으로 하고 있다.

예컨대 어떤 금융기관에서 연복리 8%의 8년 만기예금을 유치하였다고 가정하면 만기 시 금융기관이 갚아야 할 금액은 원금의 185.09%[$=(1+0.08)^8$]가 된다. 이 경우 예치된 자금으로 표면이율이 8%인 8년 만기 연단위 후급 이표채를 시장 만기수익률 8%에 매입하였다고 가정하자. 이 경우 채권에서 매년 발생하는 표면이자를 재투자할 수 있는 시장 만기수익률이 8년 동안 8%로 변동이 없다면 만기 시 투자된 채권으로부터 발생된 최종 총수입은 만기 시 지급하기로 한 예금의 원리금과 일치한다.

그러나 투자기간 중 시장 만기수익률이 6%로 하락한다면 채권에서 발생하는 원금 및 표면이자는 동일하더라도 표면이자에 대한 재투자수익률이 낮아짐으로써 최종적으로 지급하기로 한 예금의 원리금을 충당하지 못한다.

〈표 6-1〉에서 볼 수 있는 바와 같이 3년차부터 발생하는 이자의 이자인 재투자수익률이 이전에 비해 감소하여 최종적으로 이자 및 재투자수익의 합계와 만기 시 받는 액면금액을 합친 총수익이 원금의 179.407%에 불과하여 부채상환을 위한 금액에 미치지 못함을 알 수

표 6-1 **액면 10,000원 기준에 의한 투자 종가**

| 연차 | 만기 일치 투자 시 | | | 듀레이션 일치 투자 시 | | |
|---|---|---|---|---|---|---|
| | 현금흐름 | 재투자율 | 종가 | 현금흐름 | 재투자율 | 종가 |
| 1 | 800 | – | 800.0 | 800 | – | 800.0 |
| 2 | 800 | 0.08 | 1,664.0 | 800 | 0.08 | 1,664.0 |
| 3 | 800 | 0.06 | 2,563.8 | 800 | 0.06 | 2,563.8 |
| 4 | 800 | 0.06 | 3,517.7 | 800 | 0.06 | 3,517.7 |
| 5 | 800 | 0.06 | 4,528.7 | 800 | 0.06 | 4,528.7 |
| 6 | 800 | 0.06 | 5,600.5 | 800 | 0.06 | 5,600.5 |
| 7 | 800 | 0.06 | 6,736.5 | 800 | 0.06 | 6,736.5 |
| 8 | 10,800 | 0.06 | 17,940.7 | 11,334 | 0.06 | 18,474.7 |

주) 이자금액 800원과 잔존기간이 3년 남은 채권의 가격 10,534원임

있다.

이번에는 투자기간과 채권의 만기기간을 일치시키는 대신 투자기간을 듀레이션과 일치되는 투자대상 채권을 선택해 보도록 한다. 표면이율이 8%인 연단위 후급 11년 만기 이표채를 매입할 경우 현재의 수익률 수준에서 산출된 이 채권의 (매콜리)듀레이션은 약 8년(7.7년)이 된다.

이 채권에 투자한 경우에도 2년 동안은 수익률이 그대로 유지되고 그 이후 수익률이 6%로 하락한다는 가정은 그대로 유지된다고 하자.

이 경우 투자시한인 8년이 될 때까지는 이 채권에서 발생하는 현금흐름과 앞에서 제시된 잔존기간 8년인 채권에서 발생한 현금흐름과 차이가 없음을 알 수 있다. 그러나 투자시한인 8년이 되었을 때, 앞에서 제시된 채권은 만기가 도래함에 따라 액면금액을 상환받음에 비해 듀레이션이 8년인 채권은 만기 시에도 아직까지 잔존기간이 3년 남은 채권의 형태로 남아 있게 된다. 따라서 예금에 대한 원리금을 상환하기 위해서는 이 채권을 매도해야 하며 매도 가격은 수익률 6%에 의해 산정된 10,534원이 되어 액면금액보다 534원이 많음을 알 수 있다.

따라서 기존의 이자 및 재투자수익과 채권 매도대금을 합친 최종 금액은 부채 상환금액에 접근함을 알 수 있다. 이처럼 이표채에 투자할 경우 투자기간을 채권의 듀레이션에 맞추게 되면 이 예에서 볼 수 있는 바와 같이 수익률이 변동하더라도 목표수익률에 근접한 투자성과를 얻을 수 있음을 알 수 있다. 만약 수익률이 하락하면 예에서 나타난 것과 같이 재투자수익은 감소하더라도 투자 종료 시 채권을 매입수익률보다 낮게 매각함으로써 가격 이익을 보게 되

어 재투자수익 감소분을 상쇄하게 된다.

반대로 수익률이 상승하게 되면 재투자수익은 증가하는 대신 수익률 상승에 의한 채권 가격의 하락으로, 재투자이익과 매매손실이 상쇄됨으로써 목표수익률을 달성하게 되는 것이다.

이처럼 면역전략이 수익률 변동 위험에 대응할 수 있는 방법이기는 하지만 채권투자 시한과 듀레이션을 일치시켜다는 것으로 면역의 달성을 보장하는 것은 아니다.

앞에서 제시된 예는 투자 후 한 번의 수익률 변동을 가정하였으나 실질적으로 수익률의 변동은 지속적으로 발생하고, 또한 시간이 경과하는 것만으로도 듀레이션과 투자기한과의 불일치가 야기되기 때문이다.

따라서 투자기한에 듀레이션을 지속적으로 맞춰나가는 재조정(rebalancing)의 과정을 거쳐야만 면역의 목적을 달성할 수 있는데, 목적을 달성하는 데는 여러 가지 현실적인 제약이 따른다.

첫째, 투자기한과 일치되는 듀레이션을 가진 채권을 시장에서 지속적으로 발견하는 것이 쉽지 않으며, 둘째, 이들로 교체하기 위한 채권거래에 수반되는 비용도 면역달성에 영향을 미칠 수 있는 요인들이다.

특히 빈번하게 투자대상 채권의 듀레이션을 조정해 주어야만 면역의 목적을 달성할 수 있는 상황에서 재조정에 수반되는 비용이 크다면 면역전략을 유지해야 하는 채권운용자에게는 더욱 부담이 될 수 있다.

지금까지의 설명은 현금흐름이 한 번 발생하는 부채의 면역에 대한 것이라고 할 수 있다. 그러나 복수의 현금흐름이 발생하는 부채에 대한 면역 역시 필요할 경우가 있다. 이처럼 미래의 수익률이 변하더라도 복수의 현금흐름이 발생하는 부채에 대한 원리금을 확보하기 위한 전략을 다기간 면역전략(multiperiod immunization)이라고 한다.

이 전략이 실현되기 위해서 한 기간 면역전략보다 많은 조건들이 충족될 필요가 있다.

첫째, 수익률 곡선의 변화가 수평적이어야 한다.

둘째, 채권 포트폴리오의 듀레이션이 부채의 듀레이션과 같아야 한다.

셋째, 채권 포트폴리오에 포함되어 있는 개별 채권들의 듀레이션의 분포가 채권의 경우에 비해 넓게 퍼져 있어야 한다.

넷째, 채권 포트폴리오의 현금흐름의 현재가치와 부채흐름의 현재가치의 합이 같아야만 한다.

면역전략의 필요성은 부채의 현금흐름과 채권의 현금흐름을 일치시키기 어렵다는 데에 기인한다. 그러나 만기 시 일시상환채권이 다양한 만기에 걸쳐 존재한다면 부채에 대한 현금흐름과 채권자산의 현금흐름을 일치시킬 수가 있을 것이다.

이처럼 채권에서 발생하는 수입의 현금흐름이 채권투자를 위해 조달된 부채의 상환흐름과 일치하도록 채권 포트폴리오를 구성하는 전략을 현금흐름 일치전략(cash flow matching)이라고 한다. 이 전략은 일치시켜야 할 현금흐름이 단순할수록 효과적인 포트폴리오를 구성할 수 있고, 일단 구성된 포트폴리오는 이를 변경시킬 필요가 없다는 장점이 있다. 그러나 부채의 현금흐름이 복잡할 경우에는 이에 일치되는 채권을 구하기 어려울 수가 있고, 해당 채권의 취득비용도 높을 수 있다는 문제점도 있다.

현금흐름 일치라는 제약조건은 무엇보다도 부채의 현금흐름과 채권의 현금흐름을 정확히 맞추는 것이기 때문에 이 제약을 어느 정도 완화시키면 전략의 구사가 보다 용이해진다. 이는 채권의 현금흐름에 대한 단기적인 운용과 부채상환을 위한 단기적인 차입을 가능케 하는 것인데, 이러한 전략을 대칭적 현금일치전략(symmetric cash matching)이라고 한다.

현금흐름 일치전략은 면역전략과도 함께 사용되어 면역전략의 효과를 높일 수가 있다. 이와 같은 전략을 혼합일치전략(combination matching 혹은 horizon matching)이라고 하는데 이는 초기의 일정기간 동안에 대한 포트폴리오는 현금흐름 일치를 시키고 그 이후에는 면역전략이 구사되는 포트폴리오를 구성하는 것이다. 이는 면역전략의 문제인 수익률 곡선의 단기부분에서 주로 발생하는 비평행적 이동의 문제를 현금일치로 해결할 수 있기 때문이다.

## section 04 | 복합전략

### 1 | 강화된 인덱스 전략

일반적인 인덱스 전략('plain vanilla' indexing)이 단순히 채권투자의 성과를 일정한 채권지수에 따를 수 있도록 채권 포트폴리오를 구성하는 것임에 반해 강화된 인덱스 전략(enhanced indexing strategy 혹은 indexing plus)이라고 불리는 전략은 일정 채권지수가 추구하는 목표라기보다 달성해야 할 최소한의 투자수익의 기준으로 작용하는 전략이다. 이 전략은 채권지수에 의해 달성되는 투자수익 이외에 자산운용에 관련된 제반 비용 이상을 수익으로 창출하려고 하기 때문에 당연히 적극적 전략의 사용이 병행된다.

사용되는 적극적 전략들은 인덱스에 포함되는 채권상품들을 이용하되 상대적으로 위험이 크지 않은 방식들을 선택하는 경향이 있으나 자산운용자가 투자수익증대에 필요하다고 생각할 경우 인덱스에 포함되지 않는 채권복합상품들을 운용대상으로 삼기도 한다.

### 2 | 상황대응적 면역전략

상황대응적 면역전략(contingent immuninzation)은 Leibowitz와 Weinberger(1982)에 의해 처음 제시된 전략이다. 이 전략은 포트폴리오가 목표로 하는 최소한의 투자목표를 설정해 놓고 현재의 투자성과가 이 목표달성을 하는데 초과적인 여유 수익이 있는 수준이라면 적극적인 전략을 구사하며, 또한 투자 종료 시까지 초과수익이 계속될 경우 적극적인 전략이 계속 유지된다. 그러나 현재의 투자성과에서 추가적인 손실이 발생하면 목표로 하는 최소한의 수익달성이 불가능해질 경우 바로 면역전략을 구사함으로써 이룩하고자 하는 최소한의 투자 수익목표를 면역하는 혼합전략이다.

예컨대 현재 100억 원을 투자하는 투자자가 3년 만기 6%의 연복리수익률 이상이면 만족한다고 하자. 따라서 3년 후 이 투자자가 얻고자 하는 최소 수익은 $119.1[=100\times(1+0.06)^3]$억 원이다. 그런데 현재 복리채의 시장수익률이 7%라고 하면 이 최소 수익을 실현하기 위하여

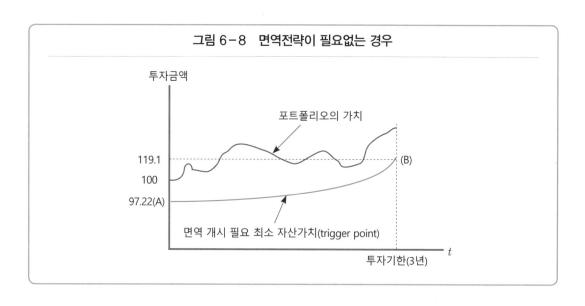

**그림 6-8 면역전략이 필요없는 경우**

투자금액

포트폴리오의 가치

119.1
100
97.22(A)

(B)

면역 개시 필요 최소 자산가치(trigger point)

투자기한(3년)

$t$

투입하여야 할 채권의 투자원금은 $97.22\left[=\dfrac{119.1}{(1+0.07)^3}\right]$억 원이 된다.

따라서 투자자는 처음에는 100억 원을 가지고 적극적인 투자전략을 구사한다. 그리고 이러한 전략을 통해서 포트폴리오의 가치가 면역전략을 필요로 하는 최소 자산가치선[AB] 이상을 유지할 수 있다면 〈그림 6-8〉에서 보는 것처럼 투자기한까지 적극적인 투자전략을 유지할 수 있고 이를 통하여 목표로 했던 최소한의 투자수익(110억) 이상의 수익을 실현할 수 있을 것이다.

그러나 〈그림 6-9〉에서 보는 것과 같이 적극적인 투자전략의 수행 결과 투자손실이 발생하여 면역전략을 필요로 하는 최소 가산가치선[AB]에 도달하면 더 이상의 적극적 전략의 수행이 불가능해진다. 이 경우에는 목표로 했던 최소한의 투자수익(119.1억 원)의 확보를 위하여 바로 면역전략으로 들어가는 것이다. 이 경우 면역필요를 위한 최소 자산가치선[AB]은 시간에 따라 달라짐을 명심해야 한다. 왜냐하면 시간가치선 AB는 $t$가 투자 후 경과시간을 의미할 때 식 $97.22\times(1+0.07)^t$을 따라 움직이는 궤적이기 때문이다. 따라서 2년 경과 후에 적극적 전략에 의한 달성해야 할 투자수익은 최소 104.03억 원$[=97.22\times(1+0.07)^1]$이 되어야 하는 것이다.

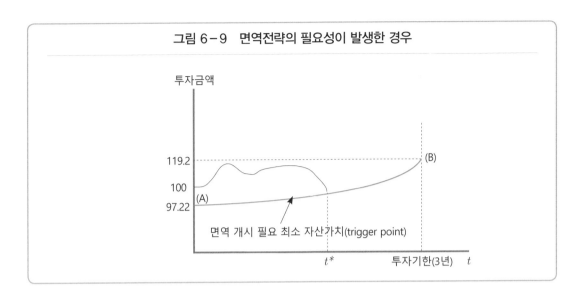

그림 6-9    면역전략의 필요성이 발생한 경우

투자금액

119.2

100

97.22

(A)

(B)

면역 개시 필요 최소 자산가치(trigger point)

$t^*$

투자기한(3년)    $t$

# chapter 07

# 기타 채권 및 관련 금융투자상품

수의상환채권(수의상환청구채권)

## 1 수의상환채권

수의상환채권(callable bond)은 채권의 만기일 이전에 당해 채권을 매입할 수 있는 권리를 채권 발행자에게 부여한 채권으로, 채권 발행자가 원리금을 조기에 상환할 수 있는 권한을 부여한 채권이다. 수의상환채권은 수의상환권(call option)을 부여하고 있기 때문에, 투자자의 입장에서 볼 때는 일반채권의 투자 시에는 존재하지 않는 불리한 점이 작용한다. 이는 채권의 시장수익률이 해당 채권의 발행수익률보다 낮아지면 채권의 발행자가 수의상환권을 행사할 가능성이 커지기 때문이다.

예컨대 채권의 발행수익률이 10%일 경우 수의상환권이 존재하지 않는다면 채권수익률이 6%로 하락한다 하더라도 채권의 인수자는 만기까지 10%의 투자수익을 확정적으로 누릴 수 있다. 그러나 이 채권에 수의상환권이 첨부되어 있다면 채권 발행자는 이 채권을 수의상환하고 6%에 다시 자금조달을 하여 자금조달 비용을 절감할 것이다. 이와 같은 상황은 원리금을 조기상환받은 채권투자자가 나머지 기간동안 낮아진 수익률인 6%로 운용해야 함을 의미하므로 이는 매입(혹은 인수) 시점부터 만기까지 확정된 10%의 투자수익을 얻을 수 있는 일반채권에 대한 투자보다 불리한 투자결과를 낳게 되는 것이다.

만약 채권의 발행자가 수의상환권을 행사하지 않더라도 수익률의 하락이 채권 가격에 미치는 영향은 수의상환채권과 일반채권이 다르게 나타난다. 수익률의 하락이 곧 가격 상승을 의미하는 일반채권과는 달리 수의상환채권(callable bond)은 수익률이 하락하더라도 채권의 가격이 일정한 수준, 즉 수의상환 가격(call price) 이상으로는 상승할 수 없는 한계에 놓인다. 수의상환채권의 이러한 성격을 음의 볼록성(negative convexity)이라고 한다.

〈그림 7-1〉에 나타난 곡선 $ABA'$는 옵션이 첨부되지 않는 일반채권의 가격과 수익률 간의 관계를 보여준다. 이에 비해 $ABC$는 수의상환권이 첨부되었을 때의 가격과 수익률 간의 관계를 나타낸다. 만약 수의상환채권의 발행이후 시장수익률이 이 채권의 발행수익률보다 높게 형성된다면 채권 발행자는 구태여 콜옵션을 행사하지 않을 것이다. 왜냐하면 자금을 계속 차입해야 하는 상황에서 옵션 행사를 통해 기존의 부채를 상환해 버리게 되면 다시 자금을 조달하기 위해서는 기존에 옵션을 행사했던 채권의 발행수익률보다 더 높은 수익률로 채권을 다시 발행해야 자금을 조달할 수 있기 때문이다.

이처럼 채권 발행자가 옵션을 행사할 가능성이 희박할 경우(발행수익률<시장수익률)에는 수의상환채권의 가격/수익률의 관계도 일반채권과 다를 바가 없는 것이다. 이와 같은 상황은 〈그림 7-1〉에서 $r^*$ 이상의 수익률 수준에서의 수익률과 채권 가격 간의 관계($AB$)에 나타나 있다.

그러나 시장수익률이 낮아지는 경우, 발행수익률에 거의 근접하는 일정 수익률($r^*$) 수준부터는 시장수익률이 추가로 낮아진다고 하더라도 일반채권과 같은 정도로 수의상환채권의 가격이 상승하지는 않는다. 시장수익률이 낮아질 경우 일반채권과 같은 정도로 수의상환채권의 가격도 상승하고 만약 어떤 투자자가 이 높아진 가격으로 수의상환채권을 시장에서 매입했다고 가정해 보자.

이러한 상황에서 채권 발행자가 수의상환권을 행사하게 되면 시장에서 매입했던 채권의 가격이 수의상환권 행사 시 지급하는 수의상환 가격보다 높더라도 투자자는 오로지 수의상환 가격만을 보상받게 된다. 따라서 수의상환채권의 가격은 콜옵션의 행사 시 채권 발행자가 투자자에게 지불하는 수의상환 가격(call price) 이상으로 상승할 수 없으며, 결과적으로 수익률

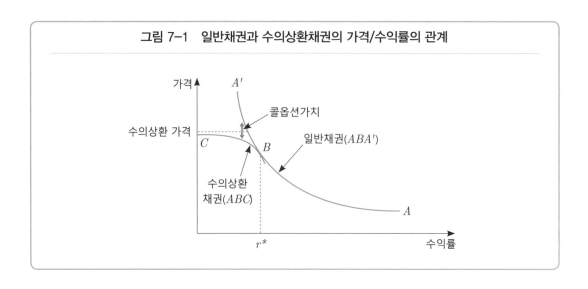

그림 7-1    일반채권과 수의상환채권의 가격/수익률의 관계

($r^*$) 이하에서의 가격/수익률 곡선은 원점에 오목한 형태인 $BC$로 나타나는 것이다.

투자자가 수의상환채권에 투자할 경우에는 일반채권의 가치를 지불해야 함과 함께, 콜옵션 행사에 응해야 하는 의무를 보상받아야 하므로 수의상환채권의 가치는 다음과 같이 나타낼 수 있다.

> 수의상환채권의 가치 = 일반채권의 가치 − 콜옵션 가치
> (Callable bond price = Noncallable bond price − Call option price)

수의상환채권의 발행 이후에 콜옵션의 가치는 시장수익률의 변화에 따라 변화하게 되는데 시장수익률이 하락할수록 콜옵션의 가치는 상승한다. 그림에서 볼 수 있는 바와 같이 시장수익률이 하락할수록 $BC$와 $BA^*$의 차이가 더 벌어지는데 이 차이가 곧 콜옵션의 가치를 반영하는 것이다.

### 2    수의상환청구채권

수의상환청구채권(putable bond)은 만기일 이전에 채권 투자자가 채권의 발행자에게 당해 채

권을 매도할 수 있는 권리를 지님으로써, 채권 원리금의 수의상환을 요구할 수 있는 권한을 지닌 채권이다. 투자자가 수의상환청구채권에 투자한다는 것은 일반채권과 이 채권을 주어진 기간 동안 일정한 가격에 채권 발행자에게 되팔 수 있는 풋옵션(put option)을 동시에 취득하는 것이라고 할 수 있다. 따라서 채권 투자자가 수의상환청구채권을 취득할 때는 일반채권에 대한 가격뿐만 아니라 취득한 풋옵션에 대한 가격도 지불해야 하는 것이다. 따라서 수의상환청구채권의 가치는 다음과 같이 나타낼 수 있다.

수의상환청구채권의 가치 = 일반채권의 가치 + 풋옵션 가치
(Putable bond price = Nonputable bond price + Put option price)

〈그림 7-2〉의 곡선 $ABA'$는 일반채권 그리고 $ABC$는 수의상환청구채권의 가격과 수익률 간의 관계를 나타낸다. 만약 수의상환채권의 발행 이후 시장수익률이 이 채권의 발행수익률보다 낮게 형성된다면 채권 투자자는 구태여 풋옵션을 행사하지 않을 것이다. 왜냐하면 자금을 계속 운용해야 하는 상황에서 옵션 행사를 통해 투자자금을 회수해 버리면 이 회수자금을 원래 투자했던 채권의 수익률보다 낮은 수익률에 운용해야 하기 때문이다.

이처럼 채권 투자자가 옵션을 행사할 가능성이 희박할 경우(발행수익률 > 시장수익률)에는 수의상환청구채권의 가격/수익률의 관계도 일반채권과 다를 바가 없다. 이와 같은 상황은 위의 그림에서 $r^*$ 이하의 수익률 수준에서의 수익률과 채권 가격 간의 관계(AB)에 나타나 있다.

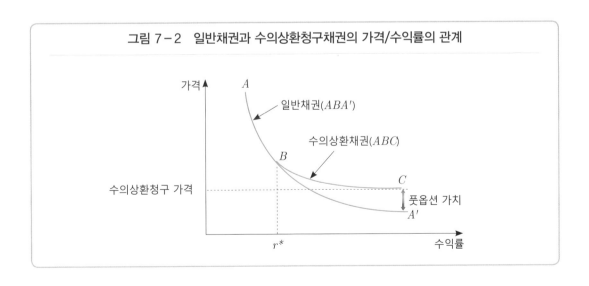

그림 7-2 일반채권과 수의상환청구채권의 가격/수익률의 관계

그런데 시장수익률이 높아질 경우에는 일정 수익률($r^*$) 수준부터는 시장수익률이 추가로 높아지더라도 일반채권과 같은 정도로 수의상환청구채권의 가격이 하락하지는 않는다. 수의상환청구채권의 가격은 풋옵션의 행사 시 채권 발행자가 투자자에게 지불해야 하는 수의상환청구 가격(put price) 이하로 하락할 수 없으며, 결과적으로 수익률($r^*$) 이하에서의 가격/수익률 곡선은 $BC$의 형태로 나타나는 것이다.

이 그림에서 알 수 있듯이 수익률이 상승할수록 $BC$와 $BA'$의 차이는 더 벌어진다. 이 차이는 풋옵션의 가치를 반영하는 것으로 시장수익률이 상승할수록 풋옵션의 가치가 더 증가함을 의미한다.

<br>

## section 02 전환사채

전환사채(convertible bonds)란 전환사채를 보유한 투자자가 일정기간 동안 일정한 가격으로 발행기업의 주식으로 바꿀 수 있는 권리가 부여된 유가증권이다. 이 경우 주식으로 바꿀 것인가의 여부는 투자자에 의해 결정되고 만약 주식으로 바꾸지 않은 채 전환사채를 계속 보유하면 일반채권과 마찬가지로 일정기간마다 이자와 원금을 지급받게 된다. 따라서 전환사채란 채권과 주식의 성격을 동시에 지니고 있는 복합 유가증권이라고 할 수 있다.

투자자의 입장에서 보면 투자기간 동안 전환대상이 되는 주식의 가격이 상승하면 전환권의 행사를 통하여 주가 상승의 효과를 누릴 수 있고, 반대로 주가가 낮은 상태로 있으면 확정된 표면이자 및 만기상환금액에 의한 안정적 투자수익을 획득할 수 있다. 전환사채 발행기업의 입장에서 보면 주가 상승 시 일반채권이 지니지 못한 주가 상승 차익실현의 기회를 투자자에게 제공하는 대신 일반적으로 일반채권에 비해 상대적으로 낮은 표면이자를 지급함으로써 자금조달 비용을 낮추는 장점을 지닐 수 있는 것이다.

따라서 전환사채에 대한 투자 여부는 궁극적으로 전환대상 주식의 미래 가격에 대한 예측에 달려있다고 볼 수 있으며 전환사채에 대한 투자는 사실상 전환대상 주식의 간접투자라고 할 수 있다.

결과적으로 전환사채의 투자가 지니는 의미를 파악하기 위해서는 전환대상 주식에 직접 투자하는 것과 비교 가능해야 하는데, 이를 위해서는 전환주수와 Parity에 대한 기본개념을 중심으로 한 전환사채 관련 각종 투자지표들을 이해해야 한다.

## 1 전환사채의 기본개념들

### (1) 액면금액(Par value)

권면에 표시된 금액으로 일반채권과 마찬가지로 이자지급 및 만기상환 시의 만기보장상환액의 산출의 기준이 될 뿐만 아니라 채권에서 주식으로 전환 가능한 대상금액의 기준이 된다.

### (2) 전환 가격(Conversion price)과 전환주수(Conversion ratio)

전환 가격(혹은 전환가액)이란 전환사채를 주식으로 전환할 때 전환대상 주식 1주당 지불하여야 할 가격을 의미하며, 전환주수는 일정한 액면금액당 전환되는 주식의 숫자를 의미한다. 즉,

$$전환주수 = \frac{액면금액}{전환\ 가격}$$

으로 표현된다. 이때의 전환 가격을 액면 전환 가격(Par conversion price)이라고도 한다. 예컨대 액면 100,000원인 전환사채의 (액면)전환 가격이 5,000원이면 전환주수는 20주가 된다. 액면 전환 가격은 전환사채의 발행 시에 결정되며, 이 경우 전환 가격은 일반적으로 전환대상주식의 시세보다 높게 책정된다. 그렇지만 유상증자, 무상증자 및 주식배당이 이루어질 경우 등에는 전환 가격이 조정되기 때문에 동일한 액면금액으로 전환되는 전환주수 역시 변경된다. 또한 주가 변동이나 자본거래 후에 전환권의 경제적 가치가 유지될 있도록 전환 가격을 조정할 수 있는 조항이 전환사채 발행 조건에 포함되기도 하는데 이러한 조항을 리픽싱조항(refixing clause)이라고 한다.

일반적으로 이론서들에서는 전환비율(conversion ratio)을 전환사채를 주식으로 전환할 때 전환되는 주식수로 표현하고 있다. 그러나 우리나라 인수실무에서는 전체 발행된 전환사채 중에서 주식으로 전환될 수 있는 전환사채의 비율도 전환비율로 표현하고 있기 때문에 용어

의 혼란을 피하기 위하여 전자는 전환주수, 후자는 전환 가능 비율로 나타내기로 한다. 이 경우 전환 가능 비율이 100% 이내이면 부분 전환도 가능함을 의미한다. 만약 전환 가능 비율이 50%일 경우, 액면금액이 100,000원이고 전환가액이 10,000원이면 전환청구 시 5주만이 발행되고 나머지 금액은 채권으로 존속한다. 그러나 실제로는 전환 가능 비율 100% 전환으로 발행하는 경우가 대부분을 차지하고 있다.

## (3) 전환가치(Conversion value)

전환가치(패리티가치라고도 함)는 전환된 주식들의 시장가치를 나타내며 전환주식의 시가를 전환주수로 곱한 것으로 표시된다. 만약 액면 10,000원인 전환사채의 전환주수가 2주일 때 주당 시가가 4,500원이라면 전환가치는 9,000원이 된다. 즉,

$$
\begin{aligned}
전환가치(Conversion\ value) &= 패리티가치(Parity\ value) \\
&= 주식의\ 시장\ 가격 \times 전환주수 \\
&= 4,500(원) \times 2 = 9,000(원)
\end{aligned}
$$

## 2 전환지표

### (1) 전환 프리미엄

전환사채의 거래가 활발하여 전환사채의 시장 가격이 형성되어 있다면 전환사채의 투자비용인 전환사채의 가격과 현재 전환을 한다고 가정하였을 때 전환을 통해 얻을 수 있는 수입인 전환가치를 비교하여 전환사채의 투자 여부를 결정할 수 있다. 이 경우 직접적인 판단지표로 사용되는 것이 실무에서 괴리라고도 하는 전환프리미엄(Conversion Premium) 혹은 시장 전환 프리미엄(Market Conversion Premium)으로, 이는 전환사채의 시장 가격과 전환가치와의 차이를 나타낸 것이다. 예컨대 앞에서 제시된 전환사채를 발행시장에서 액면금액으로 취득했다면 전환 프리미엄은 1,000원이다. 즉,

$$\text{전환 프리미엄} = \text{시장 전환 프리미엄} = \text{괴리}$$
$$= \text{전환사채의 시장 가격} - \text{전환 가치}$$
$$= 10,000 - 9,000 = 1,000$$

이 된다. 이는 전환사채를 통해 간접 매입하는 경우 전환대상 주식을 유통시장에서 직접 매입하는 것보다 주당 500원의 프리미엄을 지불한 것이라고 할 수 있다.

그러나 만약 이 전환사채를 유통시장에서 11,000원에 매입하였으며 이때의 주가가 5,300원이라면 전환 가치는 10,600원이어서 전환 프리미엄은 400원이다. 이 경우는 전환대상 주식을 유통시장에서 직접 매입하는 것보다 주당 200원의 프리미엄을 지불한 것이라고 할 수 있다.

전환 프리미엄을 전환가치로 나눈 것을 전환 프리미엄율 혹은 괴리율이라고 한다. 앞에서 제시된 경우 발행시장에서 취득한 경우는 괴리율이 $11.11\% \left[ = \dfrac{1,000}{9,000} \times 100 \right]$이고, 유통시장에서 매입한 경우의 괴리율은 $3.78\% \left[ = \dfrac{400}{10,600} \times 100 \right]$이다.

괴리율이 음의 값이 나온다는 것은 전환사채에 투자한 후 곧바로 전환하여 전환차익을 볼 수 있는 재정거래가 가능함을 의미한다. 그러나 대부분의 경우는 예제에서 볼 수 있는 바와 같이 괴리(율)는 양의 값을 띄고 있는데 이는 전환대상 주식을 직접 사는 것보다 전환사채를 통한 투자를 할 때 현재 주식 가격에 일정한 프리미엄을 지불함을 의미한다.

그러면 전환사채의 경우 왜 일반적으로 양의 전환 프리미엄이 발생하며, 또한 이 프리미엄의 성격은 어떠한가를 규명할 필요가 있다. 이는 주식 가격이 상승하여 전환 차익을 볼 경우에만 전환권이 행사될 것이며 그렇지 않을 경우에는 전환권이 행사되지 않아도 되는 특징에 기인한다. 이와 같은 특징은 결국 전환권이 하나의 옵션임을 의미하며 따라서 전환 프리미엄의 성격은 미래에 오를 수 있는 주식 가격의 가능성을 취득한 권리 비용인 옵션 프리미엄과 동일한 것이라고 간주할 수 있다.

## (2) 패리티

전환사채 자체의 거래가 활발하지 않아 전환사채의 가격 형성이 잘 이루어지지 않으면 전환 프리미엄의 크기를 근거로 투자판단을 하기가 힘들어진다. 그러나 전환대상 주식의 거래가 활발하다면 형성된 주가와 액면 전환 가격의 비율인 parity가 이용한 지수와 전환사채의 호가와 비교함으로써 전환사채에 대한 투자판단을 할 수 있다.

패리티(Parity)란 전환대상 주식의 시가대비 전환 가격을 백분율로 나타낸 것으로 액면금액으로 취득한 전환사채를 전환할 경우의 투자수익률을 나타낸 것이다.

$$\text{패리티}(Parity) = \frac{\text{주식의 시장 가격}}{\text{전환 가격}} \times 100$$

만약 (액면) 전환 가격이 5,000원인데 주가가 5,300원이면 패리티는 $106\left[= \frac{5,300}{5,000} \times 100\right]$이 된다. 이는 전환에 의한 수익률이 6%임을 의미한다.

만약 어떤 전환사채의 가격이 액면 10,000원 기준으로 표시된다면 $\frac{\text{액면금액}(10,000\text{원})}{\text{전환 가격}} =$ 전환주수이기 때문에

$$
\begin{aligned}
(parity \times 100) &= \left[\frac{\text{주식의 시장 가격}}{\text{전환 가격}} \times 100\right] \times 100 \\
&= \text{주식의 시장 가격} \times \left[\frac{10,000(\text{액면금액})}{\text{전환 가격}}\right] \\
&= \text{주식의 시장 가격} \times \text{전환주수} = \text{전환 가치}
\end{aligned}
$$

가 된다.

전환사채의 가치에는 전환권의 가치가 반영되어야 한다는 점을 감안하면, 액면이 10,000원인 전환사채의 가격은 parity에 100을 곱한 값보다 커야 됨을 알 수 있다. 만약 전환사채의 가격이 (parity×100)보다 작다면 인수 직후 전환하여 전환 차익을 볼 수 있는 차익거래가 가능하기 때문이다. 결과적으로 위에서 예시된 전환사채의 값은 액면 10,000원당 10,600원 이상은 되어야 함을 의미한다. 따라서 액면이 10,000원인 전환사채의 투자자는 (parity×100)에 대해 추가적으로 지불해야 하는 금액크기의 적정성을 판단해야 하는데 이는 결국 전환권의 프리미엄(전환 프리미엄)의 크기를 결정하는 것과 동일한 의미를 갖는 것이라고 할 수 있다.

또한 parity 지수는 투자된 전환사채를 전환할 것인가의 여부도 결정하는 지표로도 사용된다. 만약 발행시장에서 전환사채를 액면 가격으로 취득했다면 parity가 100을 넘을 경우 전환 차익이 발생하겠지만, 만약 유통시장에서 다른 가격으로 취득하였다면 이 가격과 비교하여야 한다. 만약 전환사채를 액면 10,000건당 12,000원에 매입하였다면 120 이상이 되어야 전환 차익이 발생한다.

이는 액면 10,000원당 전환주수가 2주일 때 액면 전환 가격은 주당 5,000원이더라도 시장

전환 가격$\left[ = \dfrac{\text{전환사채의 시장 가격}}{\text{전환주수}} \right]$은 주당 6,000원이기 때문이다. 이 경우 전환사채 투자 후 전환까지의 소요기간 동안 발생하는 금융비용을 감안하지 않더라도 전환에 의한 차익이 발생하려면 전환대상 주식의 가격이 최소 6,000원 이상이 되어야 함을 의미한다.

## 3 신주인수권부사채

신주인수권부사채(Bond with Warrants : BW)는 채권의 발행회사가 발행하는 신주식을 일정한 가격(행사 가격)으로 인수할 수 있는 권한이 부여된 회사채를 말한다. 신주인수권부사채의 소유자는 발행회사의 주식을 일정한 가격으로 취득할 수 있는 권한을 가진다는 점에서 전환사채와 동일한 권리를 가지기 때문에 신주인수권부사채의 가치평가를 위한 분석은 전환사채의 분석방법을 대부분 원용할 수 있다.

그러나 전환권 행사 후 사채가 소멸되는 전환사채와는 달리 신주인수권부사채는 신주인수권의 행사 후에도 일반적으로 사채가 존속한다. 따라서 신주인수권 행사를 위해서는 일반적으로 별도의 주금이 필요하다. 또한 사채가 존속하기 때문에 신주인수권만을 별도로 분리하여 양도할 수도 있다. 우리나라도 1999년 1월부터 분리형 신주인수권부 사채의 발행이 허용되고 있다. 신주인수권부사채 발행조건에도 행사 가격을 조정할 수 있는 리픽싱조항(refixing clause)이 포함될 수 있다.

**표 7-1  CB와 BW의 차이점**

| 구분 | 전환사채(CB) | 신주인수권부사채(BW) |
|---|---|---|
| 부가된 권리 | 전환권 | 신주인수권 |
| 권리행사 후 사채권 | 전환권 행사 후 사채 소멸 | 신주인수권 행사 후에도 사채 존속 |
| 추가 자금 소요 여부 | 전환권 행사 시 추가 자금 불필요 | 신주인수권 행사를 위한 별도의 자금 필요 |
| 신주 취득 가격 | 전환 가격 | 행사 가격 |
| 신주 취득의 한도 | 사채 금액과 동일 | 사채 금액 범위 내 |
| 권리의 이전 | 사채와 일체로 봄 | 비분리형은 사채와 일체로 보나 분리형은 채권과 분리된 인수권의 양도 가능 |

교환사채(Exchangeable Bond : EB)는 사채 소유자에게 사채발행 후 일정기간이 경과하면 사채의 만기 전 일정기간까지 교환 가격으로 사채를 발행한 회사가 보유하고 있는 주식으로 사채를 교환청구할 수 있는 권리가 부여된 채권이다. 교환시에는 발행사가 보유한 자산(보유주식)과 부채(교환사채)가 동시에 감소하는 특징을 지니고 있다.

따라서 권리행사 시 추가적인 자금이 소요되지 않는다는 점에서 신주인수권부사채와는 차이가 있다. 또한 권리가 행사되더라도 발행회사의 자본금 증대가 일어나지는 않는다는 점에서 전환사채와도 차이가 있다. 일반적으로 교환사채의 교환대상 주식은 한 종류이지만 교환대상 주식이 두 종류 이상인 경우도 있는데 이러한 교환사채를 오페라본드(opera bond)라고 부른다.

**5**   조건부자본증권

앞에서 제시된 CB, BW 그리고 EB같은 옵션첨부채권들은 투자자가 행사하는 권한(옵션)을 통해 자본의 변화를 일으키는 채무증권들이다. 그러나 조건부자본증권은 특정 사유에 의해 채무가 자본으로 바뀌는 성격을 가진 채권이다. 즉 자본잠식이 심해지는 등의 사유가 발생하는 자본으로 전환되는 채권을 의미한다.

코코본드(CoCoBond, Contingent Convertible Bond)라고 불리기도 하며 주로 은행이나 금융지주회사가 발행한다. 이 채권은 은행의 높은 크레딧에도 불구하고 후순위채보다 상환 순위가 낮아 상대적으로 높은 금리를 취할 수 있다는 장점이 있다. 그러나 은행의 자본력이 약해질 경우에는 이자지급이 정지되거나 주식에 투자한 것보다 먼저 전액 손실을 인식할 수 있다는 문제점이 있다.

단기 확정이자부 유가증권

　　현재 금융시장에서 CD(양도성 정기예금증서) 및 CP(기업어음)는 채권에 비해 상대적으로 짧은 만기를 지니고 있으나 확정이자부 증권이라는 점에 있어 채권과 많은 유사점을 지니고 있다. 일반적으로 채권은 장기 확정이자부 증권으로 간주되나 채권 역시 발행 후 시간이 경과하여 만기가 다가오면 단기증권이 되는데, 이에 따라 단기화된 채권과 CD, CP는 상호 대체증권으로 간주되기도 한다.

**1** 양도성 정기예금증서

　　은행이 발행하는 무기명식 정기예금증서로, 원칙적으로 만기 전에는 발행은행에서 중도 환매가 불가능하다. 그 대신 채권과 같이 유통시장에서의 거래를 통하여 유동성을 확보할 수 있다.

(1) 일반적 특징

❶ 발행기관 : 은행
❷ 발행(표면)이율 : 제한 없음
❸ 발행방식 : 할인발행
❹ 만기 : 대체로 3개월 혹은 6개월 만기물이 주종임

(2) 매매방식

매매단위를 액면금액을 기준으로 한다는 점을 제외하고는 기본적으로 일반 채권들 중 할인채권의 유통시장 단가 계산방식 및 매매방식과 동일하다.

기업어음(Commercial Paper : CP)은 기업들이 단기 운용자금을 조달하기 위하여 발행하는 어음을 의미하며, 이들 중 증권회사 및 종금사에 의해 거래되는 투자대상 어음은 일정한 등급 이상의 신용평가를 받은 기업들에 의해 발행된 것들이다.

자본시장법에서는 일정요건을 갖춘 기업어음을 여타 채권들과 같이 하나의 채무증권으로 명시하고 있다(법 제4조 제3항). 기업어음 역시 만기 전에는 발행기업으로부터의 중도환매가 불가능하기 때문에 유통시장의 거래를 통하여 유동성을 확보하게 된다.

## (1) 일반적 특징

❶ 발행기관 : 신용평가기관 중 2개 이상의 기관으로부터 복수 신용평가등급 B급 이상을 받은 유가증권상장법인(혹은 코스닥상장법인).

원리금의 적기 상환 능력 우열도에 의해 신용평가기관의 단기신용등급 기준에 따라 결정되는 CP의 등급은 A1등급에서 D등급까지 구분되며, A2등급에서 B등급까지는 당해 등급 내에서 상대적 위치에 따라 + 또는 −부호를 첨부한다.

❷ 발행(표면)이율 : 채권과는 달리 표면이율이 없음

❸ 만기 : 만기에 제한은 없으나 대체로 1년 이내로 발행

## (2) 매매방식과 과세방식

❶ 매매 가격 = 액면금액 $\times \left( 1 - 할인율 \times \dfrac{잔존일수}{365} \right)$ (원 미만 절상)

❷ 세금은 매매 시 선취된다.

실물로 거래되는 기업어음의 문제점을 개선하고 단기금융시장의 구조개선을 위해 2013년 1월부터 시행된 「전자단기사채등의 발행 및 유통에 관한 법률」에 따라 전자단기사채의 발행이 활성화되기 시작하였다. 사채란 명칭이 붙어있음에도 불구하고 만기 3개월 이내의 전자단

기사채(전단채)에 대해서는 증권신고서 제출의무가 없어 기존 CP의 역할을 급속히 대체하기 시작하였다.

**표 7－2　기업어음과 전자단기사채**

| 구분 | 기업어음(CP) | 전자단기사채 |
|---|---|---|
| 개념 | 기업이 자금조달을 목적으로 발행한 약속어음(실물) | 만기 1년 이하 등 일정한 설립요건을 갖추고 전자적 방식으로 발행되는 사채(실물 없음) |
| 근거 | 자본시장법 | 전자증권법(전자단기사채법) |
| 발행 | 전량 종이어음으로 발행 | 등록기관(예탁결제원)의 전자단기사채시스템을 통해 전자적으로 발행 |
| 유통 | 금융투자회사를 통해 유통되는 경우 예탁원에 집중예탁되며, 그 외 별도의 규제 없음 | 등록기관 또는 계좌관리기관 계좌부상 대체기재 방식<br>• 1억 원 이상 분할유통 가능<br>• 질권설정, 신탁재산표시 가능 |
| 결제 | 예탁 CP에 한하여 CP와 대금의 동시결제(DVP) 가능 | 동시결제(DVP) 가능 |
| 발행정보 공개 | 예탁결제원, 은행연합회 등 | 예탁결제원 홈페이지를 통해 상시 공개 |

전자단기사채는 사채권으로 발행금액 1억 원 이상, 만기 1년 이내 등 전자단기사채법에서 정한 요건을 갖추고 전자적 방식으로 등록한 채무증권을 말한다. 만기 1개월 이내로 발행되는 전자단기사채 투자에서 발생하는 소득은 원천징수 대상이 되지 않는다. 전자단기사채는 전자적으로 등록되기 때문에 실물증권 발행이 금지된다.

전자단기사채는 기업어음을 대체하기 위한 목적이 크기 때문에 유통시장에서 산정되는 가격계산 방식과 거래관행은 기업어음과 대동소이하다. 전자단기사채법은 2019년 9월 폐지되고 관련 내용은 전자증권법(주식·사채 등의 전자등록에 관한 법률)에 흡수되었다.

자산유동화증권(ABS)과 이중상환청구권부채권(Covered Bond)

1998년 9월에 제정된 「자산유동화에 관한 법률」에 따라 1999년부터 발행되고 있는 자산유동화증권(Asset-Backed Securities : ABS)은 유동화의 대상이 되는 각종 채권 및 부동산·유가증권 등의 자산에서 발생하는 집합화된 현금흐름을 기초로 원리금을 상환하는 증서이다.

채권 발행자의 자기신용이나 금융기관의 지급보증을 기초로 원리금 지급이 이루어지는 전통적인 채권과는 달리 자산유동화증권은 원리금의 지급이 유동화대상 자산에서 발생되는 현금흐름을 기초로 하여 발생된다는 점을 특징으로 하고 있다.

한편 이중상환청구권부채권(커버드본드, Covered Bond)은 발행기관이 담보로 제공하는 기초자산집합에 대하여 제3자에 우선하여 변제받을 권리와 함께 발행기관에 대한 상환청구권도 가지는 채권이다. 즉 발행기관 파산 시 담보자산이 발행기관의 도산절차로부터 분리되어 투자자는 담보자산에 대한 우선변제권을 보장받을 수 있을 뿐만 아니라, 담보자산의 상환재원이 부족하면 발행기관의 다른 자산으로부터 변제받을 수 있다.

우리나라에서는 2014년 1월 「이중상환청구권부 채권 발행에 관한 법률」('커버드본드법')을 제정됨으로써 커버드본드의 발행이 시작되었다.

## 1 자산유동화 개요

### (1) 기본개요

자산유동화는 일반적으로 자산보유자(originator)가 보유한 자산을 SPV(Special Purpose Vehicle) 혹은 SPC(Special Purpose Company)라고 불리는 유동화전문회사에 양도하고 유동화전문회사는 이 자산을 기초로 하여 자산유동화증권(ABS)을 발행하여 투자자(investor)에게 판매하는 과정을 밟게 된다. 유동화전문회사는 양도받은 유동화자산을 관리·운용 처분한 수익이나 차입금을 원리금이나 배당금의 형태로 투자자에게 지급한다.

## (2) 유동화증권의 발행 효과

유동화증권에 대한 투자수익은 기초자산 보유자와는 분리·독립된 유동화증권 기초자산 자체의 현금흐름에 의해 좌우된다. 따라서 유동화증권의 신용 수준 역시 자산보유자의 신용과는 별도로 형성된다(Risk Remoteness). 또한 유동화증권에 대한 신용보강이 가능하기 때문에 유동화증권의 신용은 자산보유자의 신용보다 더 높게 형성되는 경향이 있다.

자산보유자는 자산유동화를 통하여 다양한 재무적 이점을 누릴 수 있는데 무엇보다도 대출과 같은 비유동성 자산을 유동화함으로써 자금조달을 원활히 하고 자금조달 수단을 다변화할 수 있다. 둘째, 자산보유자는 자체 신용으로 채권을 발행하는 것보다 자금 조달비용을 줄일 수 있다. 셋째, 이를 통해 궁극적으로 자산보유자는 재무비율 관리를 원활히 할 수 있다.

투자자 역시 일반 채권이외에 유동화증권에 투자할 기회를 갖게 되어 투자의 다양성을 확보할 수 있다. 특히 유동화 대상이 되는 기초 자산의 종류가 매우 폭넓기 때문에 자산유동화증권의 투자에서는 일반채권의 투자에서는 누리기 힘든 투자대상 선택의 다양성이 존재할 수 있다.

## (3) 유동화증권의 기초자산과 발행형태

유동화의 대상 기초자산은 매우 다양하지만 이들 자산은 기본적으로 현금흐름을 창출시켜야 하고 또한 이러한 미래 현금흐름은 예측 가능한 것이어야 한다. 그리고 이들은 양도가 가능한 것이어야 한다. 자산유동화증권은 기초자산의 종류에 따라 구체적으로는 다음과 같이 다양하게 불린다.

❶ CBO(Collateralized Bond Obligation) : 기존에 발행된 회사채를 기초자산으로 한 ABS는 Secondary CBO(Collateralized Bond Obligation), 신규 발행 회사채를 기초자산으로 한 ABS는 Primary CBO라고 한다.

❷ CLO(Collateralized Loan Obligation) : 은행 등 금융기관의 대출채권을 기초자산으로 한 ABS이다. CDO(Collateralized Debt Obligation)은 CLO와 CBO를 포함한 개념으로 볼 수 있다.

❸ MBS(Mortgage Backed Securities) : 주택저당채권(Mortgage)이 기초자산인 ABS로 2004년부터 한국주택금융공사의 출범으로 활성화되기 시작하였다.

❹ SLBS(Student Loan Backed Securities) : 2005년부터 발행되기 시작한 학자금 대출을 기초로 한 ABS이다.

❺ 장래채권 ABS : 운송요금 등 장래의 일정기간 동안 발생할 채권을 기초자산으로 한 ABS

이다.

❻ Credit Card ABS : 카드매출채권, 현금서비스채권 및 카드론을 기초로 한 ABS이다.

❼ 부동산 PF(개발금융) ABS : 부동산 개발에서 발생하는 현금흐름을 기초로 한 ABS이다.

ABS는 사채의 형태로도 많이 발행되지만 수익증권이나 출자증서 등의 형태로도 발행된다. 최근 유동화되는 자산별로 볼 때 주택금융공사가 발행하는 주택저당채권을 기초자산으로 하는 MBS의 비중이 가장 높은 상황이다.

---

**2      자산유동화증권의 발행구조**

## (1) 발행 참여자

❶ 자산보유자(Originator) : 보유하고 있던 기초자산을 특수목적기구(SPV)에 양도하여 특수목적기구로 하여금 자산유동화증권을 발행할 수 있게 하고 특수목적기구로부터 양도한 기초자산에 대한 대가를 수취함으로써 자금을 조달하는 주체이다.

    금융기관, 일반기업이나 공공법인들이 이에 포함된다. 금융기관에는 은행, 금융투자회사, 보험사, 여신전문금융회사 그리고 상호저축은행 등이 포함된다. 일반기업은 신용도가 우량한 기업들을 의미하며 공공법인에는 주택금융공사, 자산관리공사, 토지주택공사 등이 포함된다.

❷ 특수목적기구(Special Purpose Vehicle) : 기초자산에 대한 증권화는 자산보유자의 대차대조표에서 기초자산이 되는 자산을 분리하여 자산보유자와는 격리되는 특수자회사를 설립하여 자산을 양수하는 절차를 통해 이루어진다. 이 경우 자산을 양수받아 자산유동화증권을 발행하는 특수자회사를 유동화전문회사, 즉 특수목적기구(SPC)라고 한다.

    SPC는 자산보유자와 기초자산의 법률적 관계를 단절하기 하기 위한 서류상의 회사(paper company)로 우리나라에서는 유한회사의 형태의 설립되며 자산유동화증권의 발행 및 상환과 이와 관련된 부수업무만을 수행한다.

❸ 자산관리자(Servicer 또는 Administrator) : SPC는 실체가 없는 서류상의 회사이기 때문에 이를 대신하여 기초자산을 관리하는 역할을 하는 기구이다. 즉 자산관리자는 SPC를 대신하여 실질적으로 수금, 채권보전 행위를 하는 등 채무자 관리를 담당하는 기구라고 할 수 있다.

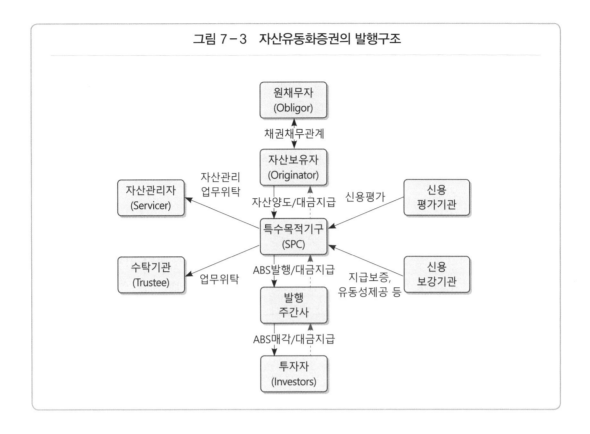

그림 7-3  자산유동화증권의 발행구조

우리나라의 경우 자산보유자나 신용정보업자 등이 자산관리자가 될 수 있다. 그런데 채무자와 직접 대출관계에 있는 자산보유자의 경우는 대출관련 정보가 축적되어 있어 대출관리에 있어 경제성이 높기 때문에 자산보유자가 자산관리자가 되는 것이 일반적이다.

❹ 수탁기관(Trustee 혹은 Custodian) : 기초자산을 안전히 보관하는 한편 자산유동화증권의 원리금 상환하는 등 SPC를 대신하여 실무업무를 담당한다. 일반적으로 신용도가 높은 은행이 수탁기관이 된다.

❺ 신용평가기관(Rating Agency) : 자산유동화증권을 공모하려면 신용평가기관의 신용평가를 받아야 한다. 신용평가기관은 기초자산의 기대손실 및 신용보강기관의 신용도를 평가하여 자산유동화증권의 신용 수준을 투자자자들이 이해할 수 있는 신용등급체계로 표시함으로써 유동화증권의 유동성을 높이는 역할을 한다.

❻ 신용보강기관(Credit Enhancer와 Liquidity Provider) : 자산유동화증권의 원리금 상환은 기본적으로 기초자산의 현금흐름에서 발생하나 이 현금흐름이 자산유동화증권의 원리

금의 상환에 불충분할 수 있다. 이 경우를 대비하여 일정 한도 내에서 자산유동화증권의 전부 혹은 일부에 대하여 신용을 공급함으로써 자산유동화증권의 상환 안정성을 높이는 역할을 하는 기구가 신용보강기관이다. 이를 통하여 자산보유자가 원하는 신용평가등급을 획득할 수 있는 역할을 하기도 한다.

❼ 발행 주간사(Lead Manager 또는 Arranger) : 발행절차상 유관기관들의 의견을 조율하고 실무적 절차를 처리한다. 또한 투자자를 확보하여 원활하게 유동화증권을 발행하는 역할을 한다.

## (2) 자금이체방법상의 분류

유동화전문회사가 기초자산에서 발생하는 현금흐름을 유동화증권 투자자에게 어떻게 상환하는가 하는 것이다. 유동화증권에서 발생할 현금흐름의 형식을 나타내는 것이기 때문에 투자자의 입장에서는 투자대상 자산을 선택할 때 중요한 의사결정 기준이 된다.

❶ 패스-스루(pass-through)방식 : 기초자산에서 발생하는 현금흐름이 그대로 투자자에게 이전되는 방식이다. 기초자산에서 현금흐름이 발생하면 투자자는 곧바로 이 현금흐름을 투자지분만큼 수익으로 얻게 된다. 이는 또한 투자자가 원리금 상환과 관련된 위험(신용위험 혹은 조기상환위험 등)을 직접적으로 부담하게 됨을 의미한다.

수익증권이나 출자증권 형태의 유동화증권에 이용될 수 있지만 우리나라에서는 일부 사모자산유동화증권을 제외하고는 잘 사용되지 않는 방식이다.

❷ 페이-스루(pay-through)방식 : 기초자산에서 발생하는 현금흐름을 기초로 하되 유동화전문회사가 적립·조정한 현금흐름을 투자자에게 지급하는 방식이다. 이 방식은 현재 우리나라에서 가장 일반적으로 사용되는 형태로 통상적으로 복수 트랜치(multi-tranche) 구조를 띠게 된다.

이는 유동화 전문회사가 만기와 이자율 등이 서로 다른 트랜치의 원리금 상환에 사용될 수 있도록 기초자산의 현금흐름을 적립·조정하는 구조라고 할 수 있다. 투자자의 입장에서 보면 각각의 트랜치는 별개의 유가증권이라고 볼 수 있으며 실제 우리나라에서는 각 트랜치가 각각의 일반채권과 같은 형태로 발행되는 비중이 월등히 높다.

예컨대 총 N년 동안 연 단위로 만기가 돌아오는 N개의 트랜치로 구성되는 페이-스루방식의 자산유동화증권이 있다고 할 경우 투자자에게는 만기별로 선택 가능한 유가증권이 N개가 존재하는 것으로 간주된다. 이 트랜치들은 만기뿐만 아니라 이자율 혹은 원리금 지급방식도 차이가 있을 수 있다.

이 경우 기초자산으로부터 초기에 발생하는 현금흐름은 최초에 만기가 도래하는 트랜치에 대한 원리금뿐만 아니라 추후에 만기가 돌아오는 트랜치에 대한 원리금 지급을 위해 적립·조정된다. 시간이 경과하여 첫 번째 트랜치에 대한 원리금 지급이 종료되면 다음에 발생하는 현금흐름은 기존에 적립되었던 현금흐름과 함께 두 번째 및 세 번째 트랜치 등 총 (N−1)개 트랜치의 원리금 상환을 위해 적립·조정된다. 이와 같은 같은 과정은 N번째 트랜치가 만기될 때까지 계속된다. 수의상환권(call option)이 있을 경우에는 조기상환이 가능한 트랜치들이 존재한다.

## (3) 신용보강(Credit Enhancement)

원리금 지급이 발행자(혹은 지급보증기관)의 신용에 좌우되는 일반 채권과는 달리 자산유동화증권은 주로 기초자산의 신용에 원리금 지급이 좌우된다. 그런데 기초자산에서 예정된 현금흐름은 원래 약정된 일정 시점들에 발생하기도 하지만 실제로는 조기상환율, 연체율, 대손비율, 대손이후 회수율 그리고 재투자 이자율 등 각종 상환 및 신용위험에 의해 영향을 받는 것이 일반적이다.

유동화증권은 이와 같은 기초자산의 각종 위험에 기인한 자산유동화증권의 원리금 지급 위험에 대비할 수 있는 신용보강을 필요로 한다. 유동화증권의 신용보강방식은 크게 내부적 신용보강과 외부적 신용보강으로 나눌 수 있다.

먼저 내부적 신용보강으로는 첫째, 기초자산에서 발생하는 현금흐름을 상환받는 순위를 설정하는 방식(subordination)이 있다. 이 경우 선순위(senior) 증권투자자는 후순위(junior 또는 subordinate) 증권투자자에 비해 원리급지급에 우선권을 가진다.

둘째, 현금흐름 차액적립(Excess spread)으로 이는 자산유동화 증권에 대한 지급이자액이 기초자산에서 발생되는 현금흐름보다 다소 작도록 유동화증권을 설계하는 방식이다. 이 차액은 계속 적립되어 유사시 유동화증권의 현금 상환력을 보강하는 데 사용된다.

셋째, 풋백옵션(Put−back option)이 있다. 이는 기초자산의 신용 수준이 저하하는 등 자산유동화증권의 원리금 상환에 문제가 발생하는 상황이 생기면 기초자산의 원 자산보유자가 자산유동화증권을 재매입하도록 의무화시키는 것이다.

넷째, 초과담보(Over−collateralization)를 설정한다. 이는 자산유동화를 통해 조달하는 금액보다 SPV가 양도받는 기초자산의 가치를 더 크도록 설계함으로써 기초자산 중 일부가 부실화되더라도 유동화증권의 원리금 상환에 문제가 없도록 하는 방식이다.

외부적 신용보강방식 중 대표적인 것은 은행을 포함한 신용보증기관에 의한 지급보증(Guarantee)이다. 그 밖에도 기초자산의 현금흐름과 자산유동화증권의 원리금이 일치하지 않을 경우 은행이 SPV에 단기적으로 유동성을 공급하는 신용공여(Credit Line) 등이 있다.

## 3    이중상환청구권부채권(Covered Bond)의 특징

커버드본드는 법에서 정한 적격발행기관이 발행할 수 있으며 이들은 주로 금융회사, 즉 은행, 산업은행, 수출입은행, 기업은행, 농협은행, 수산업중앙회 및 주택금융공사 등이다(법 제2조). 이중상환청구권부 채권의 담보가 되는 기초자산에는 주택담보대출채권, 국가, 지방자치단체 또는 법률에 따라 직접 설립된 법인에 대한 대출채권, 그리고 채권과 유동성 자산이 포함된다.

다만 이중상환청구권부 채권의 원리금 상환을 담보하는 자산인 기초자산집합(커버풀, Cover Pool)은 평가총액이 이중상환청구권부채권 총채권액의 100분의 105 이상(최소담보비율)이어야 하고 유동성 자산은 기초자산집합 평가총액의 100분의 10을 초과할 수 없다.

01 **다음 중 채권에 대한 설명으로 옳지 않은 것을 묶은 것은?**

> ㉠ 잔존기간은 발행일에서 만기일까지를 의미한다.
> ㉡ 만기수익률이란 채권 발행 시에 발행자가 지급하기로 한 이자율을 의미한다.
> ㉢ 단가란 액면 10,000원당 시장에서 거래되는 가격이다.
> ㉣ 선매출이란 발행일 이전에 일정기간 동안 채권이 판매되는 것을 의미한다.

① ㉠, ㉡                    ② ㉡, ㉢
③ ㉢, ㉣                    ④ ㉣, ㉠


02 **다음 중 이표채권에 대한 설명으로 옳지 않은 것을 묶은 것은?**

> ㉠ 일정기간마다 채권의 매도자가 표면이자를 지급한다.
> ㉡ 일반 회사채는 이표채 형태의 발행비중이 가장 크다.
> ㉢ 투자 시 가격 변동 위험과 재투자위험이 존재한다.
> ㉣ 지급이자는 매입 시의 만기수익률을 기준으로 산정된다.

① ㉠, ㉡                    ② ㉡, ㉢
③ ㉢, ㉣                    ④ ㉣, ㉠


**해설**

01  ① ㉠ 발행일에서 만기일까지의 기간은 만기기간이다. ㉡ 채권 발행 시에 발행자가 지급하기로 한 이자율은 표면이율이다.
    ㉢ 단가란 액면 10,000원당 시장에서 거래되는 가격이다. ㉣ 선매출이란 발행일 이전에 일정기간 동안 채권이 판매되는 것을
    의미한다.

02  ④ ㉠ 이표채에 대한 표면이자는 채권의 매도자가 아닌 발행자가 지급한다. ㉡ 일반회사채는 이표채의 형태로 발행되며, 할
    인, 복리 등의 원리금 만기 시 일시상환방식이 사용되지 않는다. ㉢ 이표채에 투자하면 수익률 변동 시에 채권의 가격 변동 위
    험과 채권에서 발생된 표면이자에 대한 재투자위험이 발생한다. ㉣ 지급이자는 채권 발행 시에 결정된 표면이율에 따라 지급
    된다.

**03** 다음 중 채권 발행방식에 대한 설명으로 옳지 않은 것들로만 묶여진 것은?

> ㉠ Dutch방식은 경쟁입찰방식 중의 한 가지이다.
> ㉡ 무보증회사채는 매출발행의 비중이 가장 높다.
> ㉢ Conventional방식은 복수의 낙찰 수익률이 생긴다.
> ㉣ 총액인수방식은 직접발행방식이다.

① ㉠, ㉡                    ② ㉡, ㉢
③ ㉢, ㉣                    ④ ㉡, ㉣


**04** 다음 중 우리나라의 국채시장에 관한 설명으로 옳지 않은 것을 묶어 놓은 것은?

> ㉠ 국고채는 발행기관들에 의한 총액인수방식으로 발행된다.
> ㉡ 국고채권, 국민주택채권은 대표적인 국채이다.
> ㉢ 국채통합발행제도(fungible issue)가 도입되어 있다.
> ㉣ 국고채는 동일조건의 일반회사채보다 높은 수익률로 거래된다.

① ㉠, ㉡                    ② ㉡, ㉢
③ ㉢, ㉣                    ④ ㉠, ㉣


---

**해설**

03  ④ ㉠ Dutch방식은 conventioal방식과 함께 경쟁입찰방식이다. ㉡ 회사채는 간접모집의 일종인 총액인수방식에 의해 발행된다. ㉢ Conventional방식은 복수의 낙찰 수익률이 생긴다. ㉣ 총액인수방식은 발행의 위험을 발행기관이 지는 간접발행방식이다.

04  ④ ㉠ 국고채는 직접모집방식에 의해 발행된다. ㉡ 재정증권, 국고채, 국민주택채권 등은 대표적인 국채이다. ㉢ 국채통합발행제도(fungible issue)가 도입되어 있다. ㉣ 국채는 신용위험이 낮기 때문에 동일조건의 일반회사채보다 낮은 수익률로 거래된다.

**05** 다음 중 6개월 단위 이자후급 국고채권에 대한 설명으로 옳지 않은 것을 묶은 것은?

> ㉠ 국채전문유통시장(IDM)에서만 거래할 수 있다.
> ㉡ 만기기간이 20년인 채권도 발행되고 있다.
> ㉢ 같은 조건의 일반회사채보다 낮은 수익률로 거래된다.
> ㉣ 매입 후 만기보유하면 매입 시의 만기수익률이 실현된다.

① ㉠, ㉡
② ㉡, ㉢
③ ㉢, ㉣
④ ㉣, ㉠

**06** 다음 채권의 발행 당일 수익률이 10%일 때의 듀레이션은 2.78년이다. 다른 조건은 이 채권과 동일하나 표면이율이 10%인 채권의 듀레이션은?

> ㉠ 발행일 : 2××2년 6월 22일  ㉡ 만기일 : 2××5년 6월 22일
> ㉢ 표면이율 : 8%  ㉣ 이자지급방법 : 매년단위 후급

① 3.0년
② 2.83년
③ 2.78년
④ 2.74년

05  ④ ㉠ 최근 발행된 기준물 등 의무적으로 장내거래를 해야 하는 종목들이 있으나, 모든 국고채를 국채전문 유통시장에서 거래해야 하는 것은 아니다. ㉡ 2006년부터는 만기기간이 20년인 최장기 국고채권도 발행되기 시작하였다. ㉢ 국고채는 신용위험이 회사채보다 작기 때문에 동일조건의 일반회사채보다 낮은 수익률로 거래된다. ㉣ 이표채의 경우는 매입 후 만기보유하더라도 재투자수익률이 매입 시 만기수익률과 동일하지 않으면 매입 시의 만기수익률이 실현되지 않는다.

06  ④ 이표채의 듀레이션은 다른 조건이 일정할 경우 표면이율이 커질수록 감소한다. 따라서 이 문제 예제의 채권의 표면이율이 8%이고 이 채권의 듀레이션이 2.78년인데, 알고자 하는 채권의 표면이율은 10%이므로 2.78년보다 작아야 한다.

07 다음 보기에 제시된 채권들은 연단위 후급이표채들이다. 듀레이션이 작은 채권의 순서대로 나열된 것은?

| | 표면이율(%) | 잔존기간 (년) | 시장수익률(%) |
|---|---|---|---|
| ㉠ 채권 A | 5 | 4 | 5 |
| ㉡ 채권 B | 6 | 4 | 5 |
| ㉢ 채권 C | 6 | 4 | 6 |
| ㉣ 채권 D | 6 | 3 | 6 |

① ㉠ < ㉡ < ㉢ < ㉣
② ㉣ < ㉡ < ㉠ < ㉢
③ ㉣ < ㉢ < ㉡ < ㉠
④ ㉣ < ㉠ < ㉡ < ㉢

08 잔존기간이 4년 남은 복리채권이 수익률 7.0%일 때의 단가가 9,736원이다. 수익률이 0.5%포인트 상승할 경우 듀레이션의 개념을 이용해 추정한 이 채권의 가격 변동폭($\Delta P$)은?

① $\Delta P = -\dfrac{4}{(1+0.07)} \times 0.005 \times 9,736$

② $\Delta P = \dfrac{4}{(1+0.07)} \times 0.005 \times 9,736$

③ $\Delta P = -\dfrac{3.87}{(1+0.07)} \times 0.005 \times 9,736$

④ $\Delta P = \dfrac{3.87}{(1+0.07)} \times 0.005 \times 9,736$

---

해설

07 ③ 이표채의 듀레이션은 잔존기간이 작을수록, 표면이율이 높을수록, 시장수익률이 높을수록 작게 나타난다. 실제 이들 채권의 듀레이션을 산출해 보면 채권A=3.72(년), 채권B=3.68(년), 채권C=3.67(년), 채권D=2.83(년)이다.

08 ① $(Macaulay)\ Duration = -\dfrac{\dfrac{\Delta P}{P}}{\dfrac{\Delta r}{1+r}}$ 로 정의된다. 따라서 $\Delta P = -\dfrac{Duration}{(1+r)} \times \Delta r \times P$ 이다. 그런데 문제의 채권

은 만기 시 일시상환채권이므로 잔존기간과 듀레이션은 동일하다. 따라서 위 조건에서 듀레이션=4, 1+r=1+0.07, $\Delta r$=0.005로 주어진 것이다.

**09** 다음 중 볼록성에 대한 설명으로 중 옳지 않은 것들로만 묶여진 것은?

> ㉠ 다른 조건이 일정하다면 수익률의 수준이 낮을수록 볼록성은 작아진다.
> ㉡ 특정 수익률 수준에서 산출된 듀레이션이 같은 두 채권의 경우, 수익률이 상승하게 되면 볼록성이 큰 채권이 볼록성이 작은 채권보다 높은 가격을 갖게 된다.
> ㉢ 다른 조건이 일정하다면 표면이율이 낮은 이표채가 표면이율이 높은 이표채보다 볼록성이 크다.

① ㉠

② ㉡

③ ㉠, ㉡

④ ㉡, ㉢

**10** 표면이율이 8%인 할인채를 잔존기간이 3년 남은 시점에서 8,150원에 매입 후 만기상환받았다. 이 투자의 연단위 실효수익률은?

① $\sqrt{\dfrac{8,150 \cdot (1+0.08)^3}{10,000} \times \dfrac{1}{3}}$

② $\dfrac{10,000 - 8,150}{8,150} \times \dfrac{1}{3}$

③ $\sqrt[3]{\left[\dfrac{8,150 \cdot (1+0.08)^3}{10,000} - 1\right]}$

④ $\sqrt[3]{\dfrac{10,000}{8,150}} - 1$

09 ① ㉠ 볼록성은 수익률의 수준이 낮을수록 커진다. ㉡ 특정 수익률 수준에서 산출된 듀레이션이 같은 두 채권의 경우, 볼록성이 큰 채권이 볼록성이 작은 채권보다 수익률이 올라가던, 떨어지던 높은 가격을 갖게 된다. ㉢ 다른 조건이 일정하다면 표면이율이 낮은 이표채가 표면이율이 높은 이표채보다 볼록성이 크다.

10 ④ 연단위 실효수익률은 투자금액($P$)대비 투자종료시 실현된 금액($FV$)을 복할인한 개념이고 다음과 같은 산식에 의해 산출된다. $r_e = \sqrt[n]{\dfrac{FV}{P}} - 1$
이 채권은 할인채이므로 $FV$=10,000원, $P$=8,150원이고, $n$=3이다.

11  다음 중 만기수익률(Yield to Maturity)에 대한 설명으로 옳은 것들만을 모두 묶어 놓은 것은?

> ㉠ 채권에서 발생하는 현금흐름의 현재가치를 채권의 가격과 일치시키는 할인율로도 정의된다.
> ㉡ 모든 채권은 매입 후 만기까지 보유할 경우 매입 시의 만기수익률이 실현된다.
> ㉢ 할인채는 만기수익률과 현물 수익률(spot rate)이 동일하다.

① ㉠, ㉡                              ② ㉡, ㉢
③ ㉠, ㉢                              ④ ㉠, ㉡, ㉢


12  잔존기간이 3년 남은 할인채를 만기수익률 5%에 매입하여 2년이 경과한 후 만기수익률 7%에 매도하였다. 액면 10,000원 단위로 산정한 손익금액은? (가장 가까운 값을 구하시오.)

① 707원 수익 발생                       ② 21원 수익 발생
③ 21원 손실 발생                        ④ 707원 손실 발생


13  현시점에서 만기가 2년인 이자율($_0R_2$)이 7%, 만기가 3년인 이자율($_0R_3$)이 8%라고 하면 향후 2년 후의 1년만기 내재선도이자율($_2f_1$)은?

① 7.53%                              ② 8.89%
③ 9.08%                              ④ 10.03%


---

해설

11  ③ ㉠ 만기수익률에 대한 정의를 설명한 것이다. ㉡ 이표채는 만기 전에 발생되는 이자를 어떻게 재투자하느냐에 따라 실효(현)수익률이 달라지기 때문에 비록 매입 후 만기까지 보유한다고 하더라고 매입시 만기수익률이 실현된다고 보장할 수 없다. ㉢ 할인채와 같이 현금흐름이 한번 발생하는 채권의 만기수익률은 곧 현물 수익률이다.

12  ① 매입단가: $P_b = -\dfrac{10,000}{(1+0.05)^3} = 8,638.38$   매도단가: $P_b = -\dfrac{10,000}{(1+0.07)^1} = 9,345.79$

따라서 액면 10,000원당 707원[= 9,345 − 8,638] 수익발생

13  ④ $(1+{_2f_1}) = \dfrac{(1+{_0R_3})^3}{(1+{_0R_2})^2} = \dfrac{(1+0.08)^3}{(1+0.07)^2} = 0.10028$이므로 2f1는 10.03%이다.

14 다음 중 추후 수익률 곡선의 수평적 하락이동을 확신할 경우 투자수익률 극대화를 위해 취하는 적극적 채권운용방식은?

① 현금 및 단기채의 보유비중을 늘린다.

② 국채선물의 매도 포지션을 늘린다.

③ 표면이율이 낮은 장기채의 보유비중을 증대시킨다.

④ 채권 포트폴리오의 듀레이션을 감소시킨다.

15 다음 중 채권운용전략에 대한 설명으로 옳지 않은 것들로만 묶여진 것은?

> ㉠ 나비형 투자전략을 수행하려면 중기물을 중심으로 한 불릿(bullet)형 포트폴리오를 구성하여야 한다.
> ㉡ 현금흐름 일치전략은 향후 예상되는 현금유출액을 하회하는 현금유입액을 발생시키는 채권 포트폴리오를 구성하는 전략이다.
> ㉢ 면역전략은 투자시한과 채권의 듀레이션을 일치시켜 운용수익률을 목표 시점까지 고정시키려는 전략이다.
> ㉣ 수익률 곡선 타기 전략은 수익률 곡선이 우하향할 때 그 효과가 극대화된다.

① ㉠, ㉡, ㉢

② ㉡, ㉢, ㉣

③ ㉠, ㉡, ㉣

④ ㉠, ㉡, ㉢, ㉣

**해설**

14 ③ ① 현금 및 단기채와 같은 유동성이 높은 자산의 비중증대는 수익률 상승이 예상될 때 취해야 할 전략이다. ② 국채선물의 매도 포지션을 늘리는 것은 듀레이션을 줄이는 효과를 가져온다. ③ 수익률 곡선의 수평적 하락이동은 채권의 가격 상승을 의미한다. 이 경우 가격 상승 효과가 가장 높은 채권은 표면이율이 낮고 잔존기간이 긴 장기채라고 할 수 있으며, 이는 곧 듀레이션이 큰 채권들이라고 할 수 있다. ④ 포트폴리오의 듀레이션 감소는 가격 상승 효과를 감소시켜 투자수익을 감소시킨다.

15 ③ ㉠ 나비형 투자전략을 수행하려면 바벨(barbell)포트폴리오를 구성해야 한다. ㉡ 현금흐름 일치전략은 향후 예상되는 부채의 현금유출액 이상이 되도록 현금유입액을 발생시켜 부채상환의 위험을 최소화시키는 채권 포트폴리오를 구성하는 전략이다. ㉢ 면역전략은 투자시한과 채권의 듀레이션을 일치시켜 운용수익률을 목표 시점까지 고정시키려는 전략이다. ㉣ 수익률 곡선 타기전략은 수익률 곡선이 우상향할 때 그 효과를 볼 수 있다.

16 다음 중 옳지 않은 설명들로만 짝지어진 것은?

> ㉠ 전환사채의 전환권 행사 시에는 신규로 주금을 납입하여야 한다.
> ㉡ 우리나라에서는 분리형 신주인수권부 사채가 발행된다.
> ㉢ 교환사채는 발행회사가 보유하고 있는 주식으로 교환할 수 있는 권리가 부여된 채권이다.
> ㉣ 수의상환채권(callable bond)이란 채권 보유자가 채권의 발행자에게 조기상환을 청구할 수 있는 권리가 첨부된 채권이다.

① ㉠, ㉡                    ② ㉡, ㉢
③ ㉢, ㉣                    ④ ㉣, ㉠


17 패리티(Parity)가 140인 전환사채의 전환대상 주식의 주가가 7,000원이라면 이 전환사채의 액면 전환 가격은?

① 5,000원                    ② 7,000원
③ 10,000원                   ④ 14,000원


18 다음 중 수의상환채권(callable bond) 및 수의상환청구채권(putable bond)에 대한 설명으로 적절하지 않은 것은?

① 수의상환채권의 수의상환권은 채권 투자자에게 부여된 권리이다.
② 수의상환청구채권의 수의상환청구권은 금리가 상승할수록 행사 가능성이 커진다.
③ 다른 조건이 같다면 수의상환청구채권의 가치는 일반채권의 가치보다 크다.
④ 금리가 하락할수록 수의상환권의 가치는 증가한다.

---

해설

16  ④ ㉠ 전환사채의 전환권 행사 시에는 주금이 사채금액으로 대체된다. ㉡ 우리나라에서는 분리형 신주인수권부 사채가 발행된다. ㉢ 교환사채는 발행회사가 보유하고 있는 주식으로 교환할 수 있는 권리가 부여된 채권이다. ㉣ 수의상환채권(callable bond)이란 채권 발행자가 채권의 보유자에게 조기에 원리금을 상환할 수 있는 권리가 첨부된 채권이다.

17  ① $parity = \dfrac{\text{전환대상 주식의 주가}}{\text{전환 가격}} \times 100 = \dfrac{7,000}{\text{전환 가격}} \times 100 = 140$  따라서 전환 가격은 5,000원임

18  ① 수의상환채권의 수의상환권은 채권 발행자에게 부여된 권리이다. ② 금리가 상승하면 수의상환권을 행사하여 원금을 회수한 후 보다 높은 수익률로 투자가 가능해지기 때문에 수의상환권 행사 가능성이 높아지게 된다. ③ 수의상환청구채권의 가치 = 일반채권의 가치 + 수의상환청구권(풋옵션)의 가치 ④ 금리가 하락할수록 수의상환권의 가치는 증가한다.

19    만기기간이 5년이고 표면이율이 3%인 연단위 복리채의 만기상환금액은?(단, 액면금액 10,000
      원 단위로 산출, 원 미만 절사)


20    만기가 3년이고 표면이율이 6%인 3개월 단위 복리채의 만기상환금액은?(단, 액면 10,000원
      단위로 산출, 원 미만 절상)


21    표면할인율이 6%인 3년 만기 할인채의 액면 10,000원당 발행금액은?


22    표면이율 7%, 만기기간 2년인 단리채의 만기상환금액은?


23    만기상환금액이 11,592원인 연단위 복리채권을 잔존기간이 2년 15일 남았을 때 시장수익
      률 8%로 매매할 경우 관행적 방식에 의한 세전 단가는?


24    만기기간 3년, 표면이율 6.5%인 3개월 단위 복리채의 만기상환금액은? (단, 원 미만 절상)


25    잔존기간이 2년 15일 남은 할인채권을 시장수익률 5.5%로 매매할 경우 관행적 방식에 의
      한 세전 단가는?

---

**해설**

19    11,592원

20    11,957원

21    8,200원

22    11,400원

23    $9,905.7(원) = \dfrac{11,592}{(1+0.08)^2 \left(1+0.08 \times \dfrac{15}{365}\right)}$

24    $12,135(원) = 10,000 \times \left(1 + \dfrac{0.065}{4}\right)^{12}$

25    $8,964.2(원) = \dfrac{10,000}{(1+0.055)^2 \left(1+0.055 \times \dfrac{15}{365}\right)}$

26 표면이율 8.0%, 이자지급 단위기간 3개월, 만기기간 3년인 이표채의 발행 당일 수익률이 8.0%일 때의 세전 단가 산정식은?

27 표면이율 5.0%, 이자지급 단위기간 6개월, 만기기간 5년인 이표채의 잔존기간이 92일 남았을 때 수익률 5.5%에서의 세전 단가는? (단, 이자지급 단위기간은 182일)

28 잔존기간 5년, 표면이율 3%인 연단위 복리채의 듀레이션은?

29 어떤 채권의 수정 듀레이션이 2.53년일 때 수익률이 1%포인트 하락하면 추정되는 채권 가격 변동률은?

30 매입 후 3년 만기 시에 13,310원을 원리금으로 받는 채권의 매입금액이 10,000원이라면 이 채권투자의 실효수익률 및 연평균 수익률은?

31 2년 만기 현물이자율이 6%, 3년 만기 현물이자율이 7%라면 2년 후 1년 만기 내재 선도이자율은?

---

**해설**

26 $P = \sum_{t=1}^{12} \dfrac{200}{\left(1 + \dfrac{0.08}{4}\right)^t} + \dfrac{10,000}{\left(1 + \dfrac{0.08}{4}\right)^{12}}$

27 $P = \dfrac{10,250}{\left(1 + \dfrac{0.055}{2} \times \dfrac{92}{182}\right)} = 10,109$

28 5년

29 2.53% 상승

30 10% $\left[ 0 1 = \sqrt[3]{\dfrac{13,310}{10,000}} - 1 \right]$, 11.30% $\left[ \dfrac{13,310 - 10,000}{10,000} \times \dfrac{1}{3} = 0.1103 \right]$

31 9.03%

# part 03

# 파생상품
# 평가·분석

certified research analyst

# chapter 01

# 금융선물 및 옵션거래의 개요

금융선물거래

## 1 금융선물거래의 개념

선물거래(futures transactions)는 매매계약 체결일로부터 일정기간 후에 거래 대상물(기초자산)과 대금이 교환되는 매매예약거래의 일종으로서 매매계약의 체결과 상품의 인도와 대금의 결제가 동시에 이루어지는 현물거래(spot 또는 cash transaction)에 대응되는 거래이다. 이와 같은 매매예약거래는 크게 선도거래(forward transactions)와 선물거래로 구분할 수 있다.

19세기 중엽 미국 시카고 지역의 농산물 거래자들은 거래소(exchange)라는 중앙집합 거래장소를 개설하여 전통적인 매매예약거래인 선도(forwards)거래가 이루어지도록 하였다. 그 결과 선도계약에 의하여 장래에 수확할 농산물을 적정한 가격으로 미리 매도하기를 원하는 농업생산자는 거래소에서 거래 상대방을 쉽게 만날 수 있었다. 그리고 이미 체결한 선도계약을 타인에게 양도하려는 경우에도 거래 상대방을 쉽게 찾을 수 있게 되었다. 특히 이들은 거래소에서 거래되는 모든 선도계약의 거래조건을 표준화시켰다. 즉, 매입자와 매도자는 표준화된 계약조건으로 거래를 할 수 있게 되어 계약조건을 일일이 신경 써야 하는 번거로움을 피할 수 있게 되었다. 이러한 표준화된 계약조건에는 거래대상 상품의 품질, 수량, 인수도 일자, 인수도 장소 등이 구체적으로 규정되어 있었다. 그러나 계약조건이 지나치게 경직적으로 설정되면 표준화되지 않은 거래를 희망하는 거래자가 늘어날 것이므로 이러한 거래자들의 불편을 해소하기 위해 표준물을 다양하게 설정하여 각각 서로 다른 가격으로 거래소 내에서 거래가 이루어지도록 하였다. 그리고 계약 이행의 신뢰성을 높이기 위해 거래소에서는 각 거래자들에게 신용보증을 위한 증권을 예치하도록 요구하였으며 공정한 거래관행을 정착시키기 위해 거래규칙을 제정하고 분쟁을 조정할 수 있는 제도를 마련하였다.

이와 같이 거래소(exchange)라는 공적인 장소에서 공개적으로 거래가 이루어지는 매매예약 거래를 사적으로 거래가 형성되는 선도거래(forward transaction)와 구분하여 선물거래(futures transaction)라고 부른다.

선도거래와 선물거래는 경제적인 기능면에서는 차이가 없으나 거래 실행의 제도적인 측면에서 상이한 특징을 지니고 있다. 선도거래는 선도금리계약(forward rate agreement : FRA)이나 선물환 거래(forward exchange transaction)와 같이 거래 당사자 간에 사적인 계약에 의해 자유롭게 거래가 이루어진다. 즉, 선도거래는 전화 또는 전자통신수단에 의하여 장외거래(Over The Counter : OTC)방식에 의하여 거래가 이루어지며 일반적으로 계약 만기일에 매매 대상물과 대금이 인수도됨으로써 계약이 종결된다. 또한 계약이행 여부는 오직 거래당사자의 신용에 의해 결정된다.

이에 반하여 선물거래는 공인된 거래소 내에서 표준화된 상품(표준품 : standards)을 대상으로 공개경쟁입찰 방식에 의해 거래가 이루어지며 청산소(clearing house)라는 공적기구에 의해 계약의 이행이 보증된다. 선물거래에서는 계약의 만기일에 상품을 인수도하고 대금을 결제하거나 만기일 이전이라도 언제든지 반대 매매를 통해 계약을 청산(off-set)하고 매매 가격의 차액을 정산함으로써 계약을 종결시킬 수 있다. 일반적으로 금융선물거래는 계약 시점에서 합의된 가격과 인수도일 이전 특정 시점에서의 시장 가격의 차액을 획득하기 위한 거래가 대부분을 차지한다. 따라서 거래 대상인 채권이나 통화 등이 실제로 만기일에 인수도되는 경우는 극히 드물고 대부분이 만기 이전에 반대거래에 의해 계약이 소멸된다.

이러한 선물거래는 거래대상물에 따라 상품선물(commodity futures)거래와 금융선물(financial futures)거래로 나누어진다. 금융선물거래는 전통적인 상품선물거래방법을 채권, 외국 통화 등 금융상품거래에 응용한 금융거래기법의 하나이다. 따라서 매매 대상물이 금융상품이라는 점을 제외하고는 농축산물, 비철금속 등을 대상으로 하는 상품선물과 크게 다를 바가 없다. 금융선물거래에는 거래대상에 따라 주요국 통화를 대상으로 하는 통화선물(currency futures)거래, 각종 주가지수를 대상으로 하는 주가지수선물(stock index futures)거래, 각종 채권을 거래대상으로 하는 금리선물(interest rate futures)거래, 그밖에 금융선물 그 자체를 대상으로 선택권을 부여하여 거래하는 금융선물옵션거래(financial futures options) 등이 있다.

금융선물거래에 대한 이해를 돕기 위하여 선물거래가 선물환 거래나 선도금리계약(FRA) 등 선도거래와 구체적으로 어떻게 다른가를 살펴보면 다음과 같다.

첫째, 금융선물거래는 계약 체결방법이 정형화되어 있다. 즉, 거래단위, 만기, 거래대상물 등 계약조건이 표준화(standardization)되어 있다. 반면에 선도거래는 계약금액, 만기 등의 계약조건이 매매 당사자 간의 합의에 의한 사적 거래이기 때문에 거래 당사자가 원하는 조건에 합의만 있으면 다양한 거래를 할 수 있다.

둘째, 금융선물거래는 대부분 만기일 이전 반대거래에 의하여 청산되기 때문에 만기일에 실물이 인수도 되는 경우는 극히 드물다. 그러나 선도거래의 경우에는 반대거래를 하기 위해서 거래상대방의 허락을 받아야 하고 또한 새로운 거래상대방을 찾아야 하기 때문에 청산거래를 한다는 것이 현실적으로 매우 어렵다. 따라서 선도거래는 일반적으로 만기일에 실물의 인수도에 의해 결제된다.

셋째, 금융선물거래는 거래소(exchange)라는 공인된 시장의 매장(trading pit)에서 공개경쟁입찰방식에 의해 거래가 이루어진다. 이에 반하여 선도거래는 장외시장에서 은행 간 전화 또는 전자통신수단을 이용하여 매매 당사자 간에 직접 계약을 체결하는 형태로 거래가 이루어진다.

넷째, 금융선물거래에서는 매입자와 매도자 사이에 청산소(clearing house)가 개입하여 거래의 이행을 보증하고 결제 및 인수도 업무를 담당한다. 거래자는 신용위험을 보증받는 대가로 청산소에 거래액의 일정률에 해당하는 증거금(margin)을 예치하여야 한다. 따라서 선물거래에서는 거래에 따른 신용위험이 거의 발생하지 않는 데 반하여 선도거래는 오직 계약 상대방의 신용에만 의존해야 하기 때문에 계약불이행 위험이 항상 수반된다.

다섯째, 금융선물거래는 계약만기 이전이라도 반대거래를 통하여 포지션을 청산할 수 있지만 선도거래는 일단 거래가 성립되면 거래쌍방의 상호 합의에 의해서만 포지션을 청산할 수 있다.

여섯째, 금융선물거래에서는 일부 금융선물상품의 경우에 매일 형성되는 선물 가격의 변동폭이 설정되어 있는 데 반하여 선도거래에서는 이러한 제한이 전혀 존재하지 않는다.

일곱째, 금융선물거래에는 비교적 소규모 기업이나 개인도 소액의 거래를 위하여 참여할 수 있으나 선도거래는 신용이 어느 정도 담보된 기관투자가 또는 은행 등에 의해 주로 거액의 거래만 이루어진다.

## 2 금융선물거래의 특성

선물거래란 표준화된 선물계약을 매매하는 거래형태이며 선물계약(futures contract)은 표준화된 특정 상품을 공인된 선물거래소(futures exchange)에서 현재 합의된 가격으로 미래 특정 시점에 인수도할 것을 약속하는 법적 구속력을 갖는 계약이다.

### (1) 조직화된 거래소

선물거래는 반드시 조직화된 거래소에서 자격 있는 회원의 중개를 통하여 거래된다. 회원의 자격은 거래소마다 차이는 있지만 개인 또는 법인의 경우에 일정 자격요건을 갖추는 경우에 취득할 수 있으며 거래소 회원은 독점적인 중개권과 더불어 거래소 운영에 관여할 수 있는 권리를 갖는다. 그리고 거래소 회원은 거래소가 지정한 거래시간 동안 공개호가방식 또는 전산거래방식을 통하여 반드시 장내에서 자기거래 및 고객의 위탁거래를 수행하게 된다.

### (2) 표준화된 계약조건

선도계약의 경우에서는 계약조건이 계약 당사자 간의 합의에 의하여 정해지지만 선물거래는 거래 대상품의 규격 및 품질, 거래단위, 인수도 방법 및 시기, 호가단위 등 계약조건이 거래소가 정한 표준화된 선물계약을 기준으로 거래가 이루어진다. 이러한 선물계약의 표준화로 인하여 선물거래는 선도거래의 경우와 달리 매 거래 시마다 거래상대방을 찾아 계약조건을 협의해야 하는 번잡함을 줄일 수 있다. 또한 선물시장 참여자로 하여금 계약조건에 대한 명확한 이해를 가능하게 하여 대량의 거래를 할 수 있을 뿐만 아니라 시장 유동성을 높임으로써 반대매매가 용이하다.

### (3) 청산기관

선물거래의 원활한 계약이행 보증을 위해 선물거래소는 공통적으로 청산기관을 운영하고 있다. 운영형태는 거래소 내의 부서, 별도 자회사 또는 청산 전문기관에 의뢰하는 방식으로 거래소의 청산기능을 수행하고 있다. 청산기관의 역할은 매입자와 매도자의 중간에서 거래상대방의 역할을 맡아 계약이행을 책임지는 역할을 하며 이 역할은 재무적 건전도가 충실한 청산회원들에 의하여 수행되고 있다. 청산회원은 결과적으로 자기 또는 고객중개 거래분을 포함하여 계약이행을 재정적으로 보증하게 됨으로써 선물계약의 확실성을 기하고 있다. 이와 같이 선물거래의 경우에는 거래소의 청산소(clearing house)에서 선물계약의 이행을 보증하기 때문에 선도거래에서와 같이 거래상대방의 신용상태에 대해 염려할 필요가 없다. 또한 모든 거래가 거래소 내에서 이루어지기 때문에 선물중개회사에 수수료만 지급하면 거래금액의 크기에 관계없이 가장 유리한 시장 가격으로 거래를 실행할 수 있다.

### (4) 일일정산제도

선물거래를 하고자 하는 고객이나 회원들은 의무적으로 거래소가 지정하는 일정액의 증거금(margin)을 납부하게 된다. 계약이행의 보증 성격을 갖는 이 증거금의 수준은 거래대상 상품의 일일 가격 변동 허용 폭의 크기와 비슷한 수준으로 거래소는 증거금의 적절한 관리를 통해 매일매일 가격 변동에 따른 매입자와 매도자의 손익으로부터 발생되는 일일대차를 정산하여 0으로 만들고 있다. 만일 손실이 발생한 고객이 요구증거금을 추가로 납부하지 않을 경우에는 다음날 해당 고객의 포지션에 대한 강제 청산을 통해 고객 손실액을 최초의 고객 위탁증거금에서 정산하는 방식으로 계약이행의 안전성을 확보한다.

### (5) 레버리지(leverage) 효과

선물거래는 소액의 증거금만 예치하면 현물거래와 동일한 금액의 거래를 할 수 있기 때문에 현물거래에 비하여 투자금액에 대한 기대수익률이 매우 높다. 예를 들어 KRX의 미국달러 선물을 거래할 경우에 요구되는 개시증거금(initial margin)은 계약금액의 5%이기 때문에 동일한 투자금액으로 현물거래의 약 20배에 해당되는 규모의 거래를 할 수 있다.

## 3 주요 계약조건

### (1) 기초자산(underlying asset)

선물계약의 거래대상이 되는 상품에는 특별한 제한이 있는 것은 아니지만 현재 미국을 비롯한 세계 각국의 선물거래소에서는 그 거래소의 특성에 맞는 품목을 상장 품목으로 선정하여 거래를 하고 있다. 어떤 상품이 선물거래소에 상장되어 거래되기 위해서는 상품의 품질 및 저장성, 가격 구조 및 가격 변동의 정도, 헤징의 수요, 현물시장의 규모 등 여러 가지 조건이 고려되어야 한다. 그러나 최근에는 각종 통신기술의 발달과 금융기법의 고도화로 유형, 무형의 다양한 상품을 선물거래 대상으로 선정하는 데 걸림돌이 되고 있는 한계점을 빠른 속도로 극복하고 있다. 예를 들어 주가지수선물은 이미 활발한 거래와 함께 대표적인 선물상품으로 부각되고 있으며 경기선행지수, 소비자물가지수, 오염 배출권, 기온 등에 대해서도 선물거래가 이루어지고 있다.

거래대상 상품에 따라 선물계약은 크게 전통적인 상품선물(commodity futures)과 금융선물(financial futures)로 구분할 수 있다. 상품선물은 농축산물 및 임산물, 비철금속, 귀금속, 에너지 상품 등 실물상품(actual commodity)을 대상으로 거래한다. 그리고 금융선물은 통화, 금리, 주가지수 등 금융상품을 거래대상으로 한다.

### (2) 계약단위(contract size)

계약단위란 선물거래에서 거래되는 상품의 기본거래단위로서 선물계약 1건의 크기를 나타낸다. 즉 하나의 거래단위를 1계약(contract)이라 한다. 모든 선물거래소에서는 거래가 신속하게 이루어질 수 있도록 하기 위하여 거래대상 상품별로 계약단위를 표준화하여 거래하고 있다.

### (3) 결제월(delivery month)

결제월이란 선물계약이 만기가 되어 실물의 인수도가 이루어지는 달을 말하며 인도월(delivery month)이라고도 한다. 각 선물거래소에서는 선물계약을 상장시킬 때 거래 유동성을 높이기 위해 그 상품의 특성에 맞추어 일 년 중 4~6개의 달을 결제월로 지정하고 있다. 예외적으로 뉴욕상업거래소(NYMEX)의 원유선물계약과 같이 당월로부터 18개월까지의 모든 달이 결제월로 지정되어 있는 경우도 있으나 금융선물거래의 경우에는 통상 일 년 중 3, 6, 9, 12월 물로 구분되는 것이 일반적이다. 현재 시점에서 거래 가능한 최장 결제월은 통상 1~2년 이내 지만 예외적으로 시카고상업거래소(CME)의 유로달러선물과 같이 시장 유동성이 높은 품목은 최장 10년 이상까지 결제월이 설정되기도 한다.

### (4) 가격 제한폭(price limit)

가격 제한폭이란 전일의 결제 가격을 기준으로 당일 거래 중 등락할 수 있는 최대한의 가격 변동 범위를 의미한다. 각 선물거래소에서는 시장 상황이 과열되는 것을 방지하기 위하여 상 품별로 가격 제한폭을 설정해 놓고 있지만 경우에 따라서 가격 제한폭이 적용되지 않는 상품 도 있다. 그리고 시카고상품거래소(CBOT) 등 일부 거래소에서는 변동 가격제한제도(variable price limit system)를 적용하고 있는데 어느 한 상품의 3개 이상 결제월물 가격이 어느 한 영업일 을 포함하여 3일간 연속해서 상한가(up-limit) 또는 하한가(down-limit)를 기록할 경우에는 변 동 가격제한제도가 효력을 발휘하여 다음날부터 가격 제한폭이 종전 가격 제한폭의 150%로 확대된다. 만약 그 다음날에도 같은 현상이 발생할 경우에는 다시 전일 가격 제한폭의 150% 로 가격 제한폭이 확대된다.

### (5) 최소 호가단위(tick)

선물계약의 매입, 매도 주문 시 제시 가격의 최소 가격 변동단위이며 각 선물거래소마다 상 품별로 그 크기를 표준화시켜 놓고 있다. 여기에 계약단위(contract size)를 곱하면 최소 호가단 위가 1단위 변동할 때 계약당 손익금액이 산출된다.

---

**4    선물거래의 경제적 기능**

금융선물거래는 가격 변동 위험의 전가, 미래 시장 가격에 대한 정보제공, 금융상품거래의 활성화, 금융시장의 효율적인 자원배분 등 다양한 경제적, 사회적 기능을 지니고 있다.

## (1) 가격 변동 위험의 전가(risk transfer)

선물거래의 가장 중요한 경제적 기능은 위험 전가기능이다. 가격 변동 위험을 회피하려는 헤저(hedger)는 선물거래를 이용하여 가격 변동 위험을 감수하면서 보다 높은 이익을 추구하려는 투기자(speculator)에게 위험을 전가시킬 수 있다. 위험 회피거래자는 현물시장에서 현재 보유하고 있거나 장래에 보유할 예정인 금융자산이나 부채의 가격 변동에 따른 위험을 선물시장에서 반대포지션을 설정하여 미래의 현물시장에서 발생하는 손실을 선물시장에서 얻어지는 이익으로 상쇄시키는 이른바 헤징(hedging)을 활용할 수 있다. 헤저가 회피한 위험을 인수하는 투기자는 자신의 가격 전망에 기초하여 예상되는 가격 변화로부터 이익을 얻을 수만 있으면 위험을 기꺼이 인수하면서 선물시장에서 포지션을 취득할 것이다. 따라서 가격 변동 위험은 헤저로부터 투기자로 전가될 뿐이지 소멸되는 것은 아니다. 이와 같이 선물계약은 위험을 회피하고자 하는 헤저로부터 이익을 얻기 위하여 그러한 위험을 기꺼이 감수하려는 투기자에게 효율적으로 위험을 이전시키는 메커니즘을 제공한다.

이러한 선물시장이 갖는 위험 전가 기능을 통하여 창출되는 헤징기회의 제공은 실수요자들로 하여금 자기가 처한 가격 변동 위험을 효율적으로 관리할 수 있는 수단을 제공하고 한 걸음 더 나아가 현물시장의 유동성과 안정성을 향상시킴으로서 사회 전체적인 효용의 증대에 기여한다.

## (2) 가격발견 기능(price discovery)

선물시장에서 결정되는 선물 가격은 해당 상품의 수요와 공급에 관련된 각종 정보가 집약되어 결정되므로 선물 가격은 현재 시점에서 미래의 현물 가격에 대한 수많은 시장참가자들의 일치된 견해를 반영하고 있다. 시간의 흐름에 따라 새로운 수급요인을 반영하여 시장참가자들의 미래에 대한 예측이 변동하면 선물 가격도 변동하게 된다. 그러나 선물 가격이 미래의 시장 가격을 언제나 정확히 예측한다는 것은 아니다. 선물 가격은 단순히 미래의 환율 및 금리 수준에 관한 현재의 기대치를 나타내는 것일 뿐이다. 그렇지만 선물 가격은 모든 다양한 시장참가자들의 분산된 견해를 측정 가능한 지표에 의해 하나로 집약함으로써 미래 시장 가격에 대한 유용한 정보를 제공한다. 이와 같이 현재의 선물 가격이 미래의 현물 가격에 대한 가격발견 기능을 수행함으로써 현재 시점에서 생산자, 소비자 등 각 경제주체들의 의사결정에 커다란 영향을 미치게 되고 미래 가격 변동의 불확실성을 어느 정도 제거함으로써 현물시장의 수급에 영향을 미쳐 현물 가격의 변동을 안정화시키는 기능을 수행하게 된다.

### (3) 금융상품거래의 활성화 기능

선물거래는 소액의 증거금만으로 거액의 거래가 가능하기 때문에 투자원금에 대한 손익의 레버리지(leverage) 효과가 매우 크다고 할 수 있다. 따라서 위험을 감수하고서라도 적은 자금으로 높은 수익을 얻고자 하는 투기자에게는 선물거래가 유리한 투자수단이 된다. 결과적으로 선물거래는 투기성 자금의 시장 유입을 촉진하여 시장을 활성시키는 경제적 기능을 한다. 한편으로 선물시장은 현물시장과의 차익(arbitrage)거래 기회를 제공함으로써 현물시장의 거래를 촉진한다. 특히 채권의 인수자 또는 딜러는 금리선물거래를 이용하여 현물 포지션을 헤지할 수 있기 때문에 채권거래가 원활히 이루어질 수 있다. 그 결과 금융선물시장은 현물시장의 안정성과 유동성을 제고함으로써 금융상품거래의 활성화에 기여한다.

### (4) 금융시장의 효율적인 자원배분 기능

투기자는 헤저가 회피한 위험을 적극적으로 인수하면서 미래의 환율 및 금리전망을 토대로 금융선물시장에서 매입(long) 또는 매도(short) 포지션을 취득함으로써 이익을 얻으려고 한다. 투기자는 헤저로부터 위험을 인수하기 때문에 자기가 인수한 포지션에 대한 시장여건의 변동에 따른 위험부담을 최소화하려고 노력한다. 이를 위해 수시로 시장의 수급동향, 금융정책방향 등에 관한 정보를 수집 분석하며 그 결과는 선물 가격에 즉각 반영된다. 따라서 시장정보의 수집 면에서 열세에 있는 기업, 가계 등의 경제주체도 선물 가격을 통하여 미래의 현물 가격을 용이하게 예측할 수 있기 때문에 투자 및 소비활동을 합리적으로 행할 수 있게 된다. 또한 선물시장에서는 다수의 시장참가자가 경쟁함에 따라 독점력이 감소되어 금융시장의 자원배분 기능이 보다 효율적으로 이루어질 수 있다.

## 5   선물 가격의 특성

일반적으로 선물 가격은 선물시장에 상장된 정형화된 품목을 대상으로 공개경쟁방식에 의하여 결정되는 가격이다. 이론적으로 선물 가격은 현물 가격에 계약 시점으로부터 약정된 인도 시점까지 해당 현물을 보관하는 데 드는 비용, 즉 재고 유지비용(cost of carry)을 합하여 계산할 수 있다. 여기서 재고 유지비용은 이자, 보관료, 보험료 등으로 구성된다.

한편 선물 가격은 해당 인도 기일이 가까워질수록 재고 유지비용이 감소함으로써 현물 가격에 접근하게 되어 인도 시점에서는 현물 가격과 일치하게 된다. 왜냐하면 선물시장에서 인도 기일이 도래한 선물(expiring futures)은 사실상 현물과 동일하기 때문이다. 만약 인도 시점에서도 선물 가격이 현물 가격보다 높다면 거래자들은 시장에서 현물을 매입하여 선물로 매도함으로써 차익을 얻을 수 있게 된다. 이와 같은 차익거래는 현물의 수요증대와 선물의 공급증대를 초래하여 현물 가격은 상승하고 선물 가격은 하락함에 따라 결과적으로 두 가격은 일치하게 된다. 또한 선물 가격은 전반적으로 가격이 하락하는 추세에서는 현물 가격보다 더 빨리 하락하고 가격이 상승하는 추세에서는 현물 가격보다 더 느리게 상승하는 특성을 가지고 있다.

그리고 금융선물 가격은 기본적으로 선물시장의 수급에 의하여 결정되지만 단순히 기대에 의하여 형성되는 미래의 예상 가격이 아니라 현물시장에서처럼 순금융비용에 입각한 이론적 가격을 기준으로 결정된다. 따라서 선물 가격이 이론 가격으로부터 계속적으로 괴리되지는 않는다. 그러나 때때로 선물 가격은 이론 가격으로부터 큰 폭으로 괴리되어 현물시장에 교란적인 영향을 미치는 경우도 있는데 이것은 주로 다음과 같은 요인에서 비롯된다.

먼저 선물시장에서는 투기적인 기대요소가 작용한다. 미국의 경우 시카고 금융선물시장이 금융선물거래의 중심을 이루고 있는데 여기에서는 전통적인 상품거래를 배경으로 주로 차트분석(chart analysis)에 의존하는 다수의 국내 대중 투자자들이 참여하고 있기 때문에 선물 가격이 이론 가격에서 이탈되어 형성되는 경우도 있다. 또한 선물시장에서는 현물시장과의 차익거래(arbitrage transaction)에만 전념하는 청산회원이 있는데 이들은 현물과 선물의 종합포지션(over-all position)을 균형포지션(square position)으로 만드는 것이 의무로 되어 있기 때문에 이와 같은 포지션 조정거래도 현물시장에 영향을 미치게 된다.

그리고 금융선물시장의 거래량이 현물시장의 거래량을 크게 상회한다는 점을 들 수 있는데 거래량면에서 선물시장은 현물시장의 수급에 영향을 미쳐 현물시장의 가격을 선도하기도 한다.

## 6 금융선물거래의 활용

금융선물거래는 거래자의 거래참여 동기에 따라 크게 헤지(hedge)거래와 투기(speculation)거래로 구분할 수 있다.

헤지거래란 현재 보유하고 있거나 미래에 보유할 예정인 자산의 가치 하락을 초래하는 가격 변동 위험을 없애거나 축소하려는 거래행위로 정의할 수 있다. 선물거래를 통한 헤지거래의 기본원리는 현물 포지션(spot 또는 cash position)과 반대되는 포지션을 선물시장에서 취득하는 것이다. 그리고 투기거래는 미래의 가격 변동 방향을 예측하여 이를 토대로 선물을 매입 또는 매도함으로써 차익을 획득하려는 거래전략이다. 투기자(speculator)는 가격 변동 위험을 기꺼이 부담하면서 가격이 상승할 것으로 전망되면 선물을 매입하고 하락할 것으로 예상되면 선물을 미리 매도함으로써 시세차익을 얻으려는 거래자이다. 물론 당초 예상과는 반대로 가격이 변동할 경우에는 손실을 보게 된다.

## (1) 헤지거래

현물시장에서 가격 변동 위험을 관리하기 위하여 많은 거래자들은 선물시장을 이용하는데 이러한 거래자들을 헤저(hedger)라고 부르며 그들의 거래를 헤지거래라고 한다.

헤지거래란 현재 또는 예정된 현물 포지션에서 발생하는 가격 변동 위험을 없애거나 줄이기 위한 행위를 말한다. 선물을 이용할 경우 헤지거래는 현재 보유하고 있거나 장래 보유할 예정인 현물 포지션에 대해 선물시장에서 현물과 반대포지션을 취하는 거래를 말한다. 이러한 거래를 통하여 현물 포지션에서 발생할 수 있는 손실이나 이익을 반대포지션을 취한 선물에서 발생하는 이익이나 손실로 상쇄함으로써 가격을 고정시키는 것이다. 그 결과 헤저는 불리한 가격 변동 위험을 경감시키기 위하여 유리한 가격 변동으로부터 얻을 수 있는 기대이익을 포기하게 된다.

기본적으로 헤지거래에는 매도헤지(short hedge)와 매입헤지(long hedge)가 있다. 매도헤지는 현재 현물을 보유하고 있거나 미래에 현물을 불확실한 가격으로 팔아야 하는 상황에 있는 경우에 해당 현물에 대응하는 선물을 미리 팔기로 계약하는 것이다. 이는 현물 가격의 하락위험에 대비한 것으로써 가격 하락 위험이 실제로 발생하더라도 선물 가격은 당초 정한대로 유지되므로 현물 포지션의 손실을 상쇄하여 준다.

반대로 매입헤지는 미래에 현물을 불확실한 가격으로 매입할 상황에 있는 경우에 가격 상승에 대비하여 해당 선물을 매입하는 계약을 체결하는 것이다. 미래에 현물 가격이 상승할 경우에는 선물 가격도 같이 상승하기 때문에 선물 포지션에서 이익이 발생하여 현물 포지션의 손실을 보전해 주게 되는 것이다.

선물거래를 통하여 현물시장의 위험관리가 가능한 것은 현물 가격과 선물 가격이 같은 수

급변동 요인에 따라 동일한 방향으로 일정한 관계를 유지하면서 변동하기 때문이다. 만약에 선물 가격이 현물 가격과 무관하게 변동하거나 변동패턴에 큰 차이를 보인다면 헤지가 불가능하거나 헤지의 효율성이 상당히 떨어질 수밖에 없을 것이다.

### (2) 투기거래

투기거래란 장래 가격 변동을 예상하여 이익을 추구하면서 예상이 빗나갔을 때 입을 수 있는 잠재적 손실도 감수하는 거래로 정의한다.

선물거래는 대상현물의 가치에 비하여 현물시장에서의 신용거래보다도 낮은 증거금 수준(일반적으로 10% 이내)을 요구하기 때문에 현물거래에 비하여 손익 확대(leverage) 효과가 크다. 즉 시장 전망에 대한 예상이 맞을 때는 위험에 비례하여 높은 수익률을 얻을 수 있으나 반대의 경우 큰 손실을 입을 수 있기 때문에 선물거래를 투기목적으로 활용할 때에는 반드시 이점을 충분히 고려하여 의사결정을 해야 한다.

시장의 기능적인 측면에서 보면 투기거래자는 헤지거래자가 전가하려는 위험을 받아주며 시장에 유동성을 조성하는 중요한 역할을 담당한다.

선물시장에서 구체적인 투기거래방법은 대상 선물계약의 종류 수에 따라 크게 단순(outright) 투기거래와 스프레드(spread) 거래로 나눌 수 있다.

단순 투기거래는 한 종류의 선물계약을 거래대상으로 삼는 전략을 말하는 것으로서 장래의 선물 가격 변동을 예상하여 가격 상승이 예상되면 선물계약을 사고, 가격 하락이 예상되면 선물계약을 팔아서 추후 가격 변동 발생 후에 청산 또는 반대거래를 통하여 이익을 얻으려는 전략이다. 즉, 싸게 사서 비싸게 팔거나, 비싸게 판 후 싸게 사 갚으려는 목적으로 거래하는 단순한 형태이다. 이 거래는 해당 포지션을 취하면서 동시에 반대포지션을 취하지 않기 때문에 선물 가격의 변동폭이 그대로 거래손익으로 나타나게 된다. 따라서 높은 수익이 기대되는 만큼 손실을 입을 위험도 높은 거래전략이라고 할 수 있다.

한편, 스프레드 거래란 스프레드의 변동을 예상하여 동시에 하나의 선물을 사고 다른 선물을 파는 전략이다. 서로 반대되는 두 종류의 선물계약 포지션에서 한쪽은 이익이 발생하고 다른 쪽은 손실이 발생하게 되는데 이때 그 크기를 서로 다르게 하여 이익을 얻으려는 거래이다. 위험 측면에서 보면 단순 투기전략이 한 포지션만을 취함으로써 예상이 어긋나 손실이 발생할 때에는 절대 가격 변동액 전체에 대한 손실 위험을 보게 되지만 스프레드 거래에서는 두 가지 선물의 가격 차이, 즉 스프레드 변동액만큼의 손실 위험으로 크게 축소된다. 따라서 이

거래전략은 투기거래전략 중에서도 상대적으로 보수적인 투자자들에게 적절하며 실제로 거래할 때 요구되는 증거금 수준도 단순 투기거래에 비해 낮게 책정되어 있다.

section 02 옵션거래

## 1 옵션거래의 개념

옵션(option)이란 어떤 상품의 일정량을 정해진 가격으로 일정기간 내에 '매입할 수 있는 권리(call option)' 또는 '매도할 수 있는 권리(put option)'를 말하며 옵션거래는 해당 권리를 매매하는 것이다. 옵션거래는 권리를 행사할 수 있는 기간이 장래에 있기 때문에 광의의 선물거래라 할 수 있다. 옵션거래는 장래 대상물의 가격에 대한 예상이 적중할 경우 옵션권리를 행사함으로써 현물시장에서의 손실을 보전해 주는 헤지기능과 가격이 예상과 다른 방향으로 움직일 경우 옵션권리를 포기하고 현물 가격에 의한 거래를 통해 이익추구가 가능한 투자기능의 양면을 지니고 있기 때문에 특히 미래의 금융자산 가격이 불확실한 상황에서 매우 적합한 거래이다.

### (1) 콜옵션(call option)과 풋옵션(put option)

콜옵션이란 옵션 매입자에게 정해진 가격으로 일정한 기한 내에 일정액의 금융상품을 구입할 수 있는 권리를 부여하는 것으로서, 해당 금융상품의 현물시세가 옵션만기 또는 만기 이내에 적어도 행사 가격보다 강세를 보일 것으로 기대하는 투자자들에 의하여 보유된다. 만약 옵션 행사시 현물시세가 행사 가격보다 강세를 보일 경우 옵션 매입자는 옵션을 행사하게 되며 현물시세와 행사 가격의 차이에서 옵션 가격을 공제한 만큼 이익을 실현하게 된다.

반면, 현물시세가 행사 가격보다 약세를 보일 경우에는 옵션을 행사하지 않기 때문에 옵션 매입 가격만큼 손실이 발생한다. 따라서 콜옵션의 매입자는 옵션 행사시 현물시세가 행사 가격보다 높으면 높을수록 실현이익이 확대되어 옵션 가격만큼의 한정된 손실을 부담하는 대신

무한정의 이익실현 가능성을 갖게 된다. 이와는 반대로 콜옵션의 매도자에게는 매입자의 경우와 정반대의 손익이 발생한다.

한편, 풋옵션이란 옵션 대상물을 특정일까지 매도할 수 있는 권리를 옵션 매입자에게 부여하는 것으로서 향후 계약기간 내에 현물시세가 행사 가격보다 약세를 보일 것으로 기대하는 투자자들이 매입하게 된다. 만약 옵션 행사 시 현물시세가 행사 가격보다 약세를 보일 경우 풋옵션 매입자는 옵션을 행사하는 대가로 지급한 옵션 가격을 초과하는 부분만큼 이익을 실현하게 된다. 그러나 현물시세가 행사 가격보다 강세를 보일 경우에는 옵션 매입자는 옵션을 행사하지 않기 때문에 옵션 매입 가격만큼의 손실을 입게 된다.

따라서 풋옵션 매입자의 경우에는 옵션 행사 시 현물시세가 약세를 보이면 보일수록 실현이익이 확대된다.

## (2) 옵션 매입자와 옵션 매도자

옵션 매입자(option buyer)를 흔히 옵션홀더(option holder)라고도 칭하는데, 옵션을 매입하여 보유하는 사람을 말한다. 옵션 매입자는 옵션 매매 시 옵션 매도자(option seller)에게 옵션 프리미엄이라고 불리는 일정한 대금을 지불한다. 콜옵션 매입자는 콜옵션 매도자에게 옵션만기일 또는 옵션만기일 이전에 언제라도 옵션 행사 가격에 비하여 옵션 기초자산의 가격이 더 높을 경우 옵션 기초자산을 판매토록 요구함으로써 싼 옵션 행사 가격에 옵션 기초자산을 인수할 수 있다. 콜옵션 매입자는 옵션을 행사함으로써 옵션 행사 가격에 의하여 옵션 기초자산을 매입하게 된다. 그러나 옵션 행사 가격이 옵션 기초자산 가격보다 더 높은 경우 옵션 매입자는 높은 행사 가격에 의하여 기초자산을 매입할 필요가 없기 때문에 콜옵션을 행사하지 않고 포기함으로써 콜옵션을 무효화할 수 있는 권리가 있다. 즉 콜옵션 매입자는 매도자로부터 콜옵션 계약의 이행을 요구하거나 아니면 포기할 수 있는 권리를 부여받는다. 그 반면 콜옵션 매도자는 매입자가 옵션만기일 또는 옵션만기일 이전에 언제라도 콜옵션을 행사할 수 있는 경우 옵션계약 내용에 따라 매입자의 요구대로 옵션 기초자산을 행사 가격에 의하여 매도해야 할 의무가 있다. 이와 같이 매도해야 할 의무가 수반되어 불리한 조건을 감수해야 하는 옵션 매도자는 옵션 매입자로부터 옵션 프리미엄(옵션 가격)이라는 일정한 보상금을 받는다. 풋옵션의 경우도 콜옵션의 경우와 비슷한데 풋옵션에서는 매도자가 매입자에게 옵션 기초자산을 행사 가격에 매도하도록 요구할 수 있는 권리를 부여해 준다.

한편, 옵션 매도자는 흔히 Option Writer 또는 Option Grantor라고도 일컬어진다. 옵션 매도자는 옵션 매입자의 경우와 반대로 옵션계약의 실행을 요구하든가 아니면 포기할 수 있는 권리를 옵션 매입자에게 인가(Granting)해 주기 때문에 이러한 명칭이 붙었다. 콜옵션 매도자는 콜옵션 매입자가 콜옵션을 행사할 경우 옵션 기초자산을 현시가에 관계없이 옵션 행사 가격에 의하여 매도할 의무가 있으며 풋옵션일 경우에는 풋옵션 매입자가 풋옵션을 행사할 경우 옵션 행사 가격에 매입할 의무가 있다.

### (3) 옵션 기초자산(underlying asset)과 옵션 행사

옵션을 행사함으로써 취득하게 되는 현물 또는 선물은 옵션의 가치를 결정하는 기준이 되므로 기초자산이라고 한다. 즉 주식옵션(Stock Option)에서의 기초자산은 주식이 되며, 선물옵션에서의 기초자산은 선물계약이 된다.

한편 옵션 행사(Option Exercise)라 함은 기초자산의 현시가가 옵션 행사 가격에 비하여 유리할 때 옵션 매입자가 옵션 계약내용을 옵션 매도자에게 이행하도록 요구하는 법적 행위를 말한다. 만약 옵션 매입자가 옵션을 행사하지 않을 경우 그 옵션은 만기일이 지남에 따라 무효가 된다.

### (4) 옵션만기일

옵션만기일은 옵션계약이 만료되는 날을 말하는데, 만기일이 지난 옵션은 효력을 상실하여 무효화로 된다. 그러므로 옵션을 거래하는 사람은 옵션만기일을 항상 기억해 두어야 한다. 일반적으로 옵션만기일은 각 옵션계약의 성격에 따라 정해지는데, 예를 들어 CME에서 거래되는 옵션은 옵션만기일과 기초자산의 최종 거래일이 동일하다.

### 2 옵션거래의 발전과정

조직화된 거래소를 통한 옵션의 거래는 1973년 시카고옵션거래소(Chicago Board of Options Exchange : CBOE)가 처음으로 콜옵션의 거래를 개시하면서부터 시작되었다. 당초 시카고상품거래소(CBOT)는 농산물을 거래하는 선물시장으로서 상품거래법에 규제를 받고 있었기 때문에 미국증권감독위원회(SEC)가 규제하는 주식에 대한 옵션을 상장 거래할 수 없는 곤란한 입장에 처하게 되었다. 이에 따라 시카고상품거래소는 1973년 4월에 주식옵션거래만을 전담하는 시카고옵션거래소를 독립회사로 창설하였다. 이것이 세계 최초의 옵션거래소로, 여기서 16개의 우량주식을 기초자산으로 하는 콜옵션거래가 시작되었다. 이들 상장주식을 대상으로 하는 콜옵션에 대한 인기가 상승함에 따라 시카고옵션거래소가 개설된 지 5개월 후에는 총 32개 종의 주식에 대한 콜옵션을 거래하기에 이르렀다. 그 후 1976년 6월부터는 풋옵션도 시작되었다.

시카고옵션거래소가 급성장하는 데 영향을 받아 1975년 1월에는 뉴욕의 American Stock Exchange(AMEX), 같은 해 6월에 Philadelphia Stock Exchange(PHLX), 1976년 4월에 Pacific Stock Exchange(PSE), 그리고 1976년 12월에는 시카고의 Midwest Stock Exchange(MSE)가 각각 주식 콜옵션을 상장 거래하기에 이르렀다. 콜옵션이 미국의 각 거래소에서 활발하게 거래되자 미국 증권감독위원회에서는 1977년 6월을 기하여 모든 옵션거래소에 풋옵션을 상장 거래하도록 허가하였다. 이와 같이 옵션거래소가 속속 개설되면서부터 전통적인 옵션의 장외거래는 점차 줄어들었으며 옵션거래의 대부분이 조직화된 거래소를 통해 이루어지고 있다.

1980년대에 들어서면서 주식뿐만 아니라 채권, 주가지수, 채권지수, 선물, 통화 등에 대한 옵션도 발행되어 거래되기 시작함으로써 옵션시장의 범위가 점차 확대되고 있다.

우리나라에서도 1997년 7월에 증권거래소에서 KOSPI 200주가지수를 대상으로 콜옵션과 풋옵션거래를 동시에 개시하였다. 그 이후 KOSPI 200주가지수 옵션은 폭발적인 증가세를 나타내어 2000년대에는 거래규모면에서 우리나라 옵션시장이 세계 1위 시장으로 성장하였다. 이어 2002년 1월에는 개별 주식옵션 7종목이 상장되었다. 한편 1999년 4월에는 부산에 선물거래소가 창설되어 미국 달러화 통화옵션이 거래되기 시작하였으며 2002년 5월에는 국채선물옵션이 상장되었다.[1]

## 3 옵션의 종류

옵션이란 옵션 매입자가 옵션계약에 명시된 사항을 옵션만기일 이전에 옵션 매도자에게 이행토록 요구하거나 또는 요구하지 않아도 되는 두 가지 권리 중 하나를 택일할 수 있는 선택권이다. 옵션 매입자는 이러한 선택권을 보유하는 반면 옵션 매도자는 옵션 매입자의 요구에

---

1 거래부진으로 국채선물옵션은 2007년 12월 상장폐지됨.

응하여야 할 의무가 있으므로, 이에 대한 보상으로 옵션 매입자로부터 옵션 프리미엄을 수취하게 된다. 옵션 계약내용을 세분하여 보면 ① 기초자산이 무엇이냐, ② 언제 옵션을 행사할 수 있느냐, ③ 누가 옵션거래에 보증을 서느냐, ④ 어떻게 옵션거래에 따르는 담보금을 수수하느냐, ⑤ 매도권리를 매매하느냐 아니면 매입권리를 매매하느냐 등에 따라 옵션의 종류가 다양하게 분류된다.

첫째, 매입할 권리를 부여하느냐 아니면 매도할 권리를 부여하느냐에 따라 콜옵션(call option)과 풋옵션(put option)으로 구분된다.

콜옵션은 매입자가 콜옵션을 행사하면 매도자로부터 기초자산을 매입하는 결과가 나타나며 콜옵션 매도자는 기초자산을 매입자에게 매도하는 결과가 된다. 반면, 풋옵션은 매입자가 옵션을 행사하면 기초자산을 매도자에게 매도하는 결과가 나타나며 풋옵션 매도자는 매입자로부터 기초자산을 매입한 결과가 나타난다.

둘째, 옵션을 행사하였을 경우 기초자산이 무엇이냐에 따라 기초자산이 현물일 경우에는 현물옵션(physical option 또는 option on actuals)이라고 하며, 선물일 경우에는 선물옵션(futures option 또는 option on futures contracts)이라고 한다. 현물옵션과 선물옵션을 구분하는 이유는 옵션 가격 산정방법이 다르기 때문이다. 예를 들어 미국에서 거래되는 CBOE의 S&P500주가지수옵션은 옵션 행사일의 주가지수를 기준으로 하여 현금 청산이 되나 CME의 E-mini S&P500지수옵션은 주가지수선물 계약을 수수하게 된다.

셋째, 옵션의 행사기간이 어떻게 정해져 있느냐에 따라서 미국식 옵션(American Option)과 유럽식 옵션(European Option)으로 구분된다. 즉 미국식 옵션은 옵션만기일 이전에 언제든지 옵션을 행사할 수 있는 반면에 유럽식 옵션은 옵션만기일에만 옵션을 행사할 수 있다. 미국식 옵션은 그만큼 옵션을 행사할 기회가 유럽식 옵션보다 많기 때문에 유럽식 옵션 가격보다 비싼 것이 정상이다. 미국의 개별주식옵션은 미국식 옵션유형이며, 주가지수옵션은 유럽식 옵션으로 거래된다.

넷째, 옵션이 매매되었을 때 누가 보증을 서느냐에 따라 거래소 자체에서 청산소를 통하여 보증을 하면 거래소 옵션(Exchange Option)이라고 하고, 옵션 매매 당사자를 대표하는 딜러들이 보증을 서면 딜러옵션(Dealer Option)이라고 한다. 미국의 Mocatt사에서 거래하는 금과 은 옵션은 영국 LME의 금속 옵션과 더불어 딜러옵션의 대표적인 케이스인 반면, 미국 내 선물옵션은 거래소 옵션의 대표적인 케이스이다.

다섯째, 거래담보금(Margin Money)을 어떤 식으로 청산소에 적립하느냐에 따라 증권식 옵션

(Stock-style option)과 선물식 옵션(Futures-style option)으로 구분할 수 있다. 증권식 옵션은 거래 당시 옵션 프리미엄 전액을 청산소에 적립하는 옵션을 말하며 선물식 옵션은 선물거래에서 일일정산을 하는 것과 마찬가지로 매일 변동하는 옵션 프리미엄의 차액만큼 청산소에 적립하는 옵션을 말한다. 현재 미국 내에서 거래되는 선물옵션은 모두 미국 내 거래소 옵션으로 거래담보금을 증권식 옵션 방식에 따라 정산회사에 적립하고 있다. 미국 내에서 거래되는 주식의 옵션은 모두 현물옵션이며 미국식 옵션(American Option)이다. 미국에서 거래되고 있는 귀금속 옵션과 비철금속 옵션은 현물옵션과 선물옵션이 뒤섞여 있으나 거의 대부분이 유럽식 딜러옵션이다. 그러므로 세계 옵션시장에서 풋옵션과 콜옵션을 거래하려면 각 거래소에서 거래하는 옵션계약내용은 물론 옵션 가격 산정방식을 잘 이해하여야 한다.

## 4 옵션 가격의 결정

### 1) 프리미엄(옵션 가격)

옵션 가격은 프리미엄(Premium)이라고 불리며 보험료와 유사한 성격을 지니고 있다. 즉 피보험자가 위험으로부터 보호되는 대가로 보험료를 지급하듯이 옵션 매입자(Buyer)는 옵션의 권리행사를 결정할 수 있는 유리함을 대가로 옵션 매도자(seller 또는 writer)에게 프리미엄을 지급한다.

옵션 매도자는 매입자로부터 받는 프리미엄이 옵션 매도에 따른 손실 가능성을 상회한다고 보기 때문에 옵션 가격은 균형 가격변수로서 옵션에 대한 수요량과 공급량을 일치시키는 역할을 한다. 만약 옵션 가격이 낮아 옵션 매도자 리스크를 보전할 수 없다면 옵션의 공급량이 수요량보다 적게 되어 옵션 가격은 상승하게 된다.

실제로 옵션 가격인 프리미엄이 표시되는 방법은 다음과 같다. 예를 들어 June 100-00 T-Bond 선물 콜옵션의 프리미엄이 1-01이라고 하면 이는 $1+1/64$를 나타내는데 1,000달러를 기준으로 하여 그의 $1\frac{1}{64}$%에 해당하는 1,015.63달러를 의미한다. 즉 0-01은 1/64%를 나타내므로 15.63달러에 해당하고 0-02는 2/64%를 나타내므로 31.25달러에 해당한다. 각 옵션마다 프리미엄을 나타내는 방법은 조금씩 다른 경우가 있다.

## 2) 내재가치와 시간가치

내재가치(Intrinsic Value)는 옵션이 가지고 있는 현재의 행사 가치를 말한다. 즉 옵션을 지금 행사하였을 경우 기초자산의 현시세에 비추어 얼마만큼의 이익을 볼 수 있는가를 나타낸다. 예를 들어 March 98-00 T-Bond선물 콜옵션은 현재 March T-Bond선물(기초자산)시장 가격이 100-00이라면 선물 콜옵션을 행사할 경우 March T-Bond선물을 98-00에 구입할 수 있으므로 현시세인 100-00에 비해 2-00(즉 $2,000)의 이익을 보게 된다. 이와 같이 지금 당장 옵션을 행사할 경우 이익이 발생하는 옵션을 행사할 내재가치가 있다고 한다. 그 반면 March T-Bond선물의 현시세가 98-00이거나 또는 그보다 낮을 때에는 March 98-00 T-Bond선물 콜옵션은 행사할 가치가 없으므로 내재가치가 없다고 한다.

풋옵션의 경우에는 옵션 행사 가격이 기초자산의 현시세보다 높을 경우에만 옵션을 행사할 가치가 발생하므로 내재가치가 있다고 말한다. 즉 기초자산 현시세가 100-00이라면 March 102-00 T-Bond선물 풋옵션은 2-00($2,000)의 내재가치가 있는데, 그 이유는 현시세에 풋옵션을 행사함으로써 옵션 매입자는 옵션 매도자에게 옵션 행사 가격인 102-00에 March T-Bond선물을 매도하게 되기 때문이다. 그 반면 기초자산의 현시세가 102-00 또는 그 이상일 경우에는 March 102-00 T-Bond선물 풋옵션은 행사할 가치가 없으므로 내재가치가 없다고 한다.

한편 시간가치(Time Value)는 프리미엄에서 내재가치를 차감하여 계산할 수 있다. 시간이 흘러 옵션만기일이 가까이 오면 옵션이 가지고 있는 가치가 감소하게 되는데 시간이라는 변수가 옵션 가치(option premium)에 직접적인 영향을 끼치게 된다. 시간가치는 만기일까지의 기간이 길면 길수록 크며, 만기일에 가까워지면서 가속적으로 감소한다.

## 3) 내가격(ITM), 등가격(ATM, NTM), 외가격(OTM)

옵션은 내재가치 유무에 따라서 ITM(In-The-Money), OTM(Out-of-The-Money), ATM(At-The-Money), NTM(Near-The-Money) 옵션으로 구분하여 일컬어지고 있다. 먼저 ITM이란 옵션의 내재가치가 있는 상태를 말한다. 풋옵션은 기초자산의 현시세가 옵션 행사가치보다 낮을 때 내재가치가 발생하여 이런 상태를 ITM이라고 한다. 콜옵션의 경우에는 기초자산의 현시세가 옵션 행사 가격보다 높을 때 내재가치가 발생하며 이러한 상태를 ITM이라고 한다.

OTM이라 함은 옵션의 내재가치가 전혀 없는 상태를 말한다. 풋옵션은 기초자산의 현시세가 옵션 행사 가격보다 높을 때 OTM이라고 칭하며, 콜옵션은 기초자산의 현시세가 옵션 행사 가격보다 낮을 때 OTM이라고 칭한다.

ATM이라 함은 기초자산의 현시세가 옵션 행사 가격과 동일할 때를 말한다. 옵션이 ATM일 때에는 특별히 옵션을 행사할 이유가 없는데, 이것은 내재가치가 전혀 없기 때문이다.

NTM이란 옵션이 아직 정확하게 ATM의 상태를 도달하지 못하였을 때를 나타낸다. 즉 행사 가격이 100−00인 T-Bond선물옵션일 경우 기초자산의 현시세가 정확하게 100−00이면 ATM옵션이라고 할 수 있으나, 99−14와 같이 거의 100−00에 가까이 왔을 경우 이를 특별히 구분하고자 할 때 NTM이고 표현한다. 그러나 통상적으로는 ATM과 NTM을 별로 구분하지 않고 주로 ATM을 사용한다.

## 4) 옵션 가격결정요인 분석

옵션 프리미엄을 결정하는 요소는 ① 옵션 행사 가격(strike price 또는 exercise price), ② 옵션 기초자산의 현시가(current price of the underlying commodity), ③ 무위험 단기이자율(risk free short−term interest rate), ④ 옵션만기일까지의 잔존기간(time remaining to option maturity), ⑤ 옵션 기초자산의 가격 변동률(volatility of the underlying price)의 5개 요소로 구분되고 있다. 이 5개 요소가 어떻게 옵션 프리미엄을 결정하게 되는지 좀 더 자세히 살펴보기로 한다.

### (1) 옵션 행사 가격(strike price)

옵션 행사 가격은 옵션 매입자가 옵션 계약에 따라 옵션의 기초자산을 매매할 수 있는 가격을 말한다. 즉 78−00 December T-Bond선물 콜옵션(미국식 옵션유형)일 경우 매입자는 옵션만기일 이전에 T-Bond 선물계약을 78−00 포인트에 구입할 수 있게 된다. 그러므로 행사 가격이 높으면 높을수록 콜옵션 프리미엄은 낮아지고 풋옵션 프리미엄은 높아진다. 반면 행사 가격이 낮으면 낮을수록 콜옵션 프리미엄은 높아지고 풋옵션 프리미엄은 낮아진다. 콜옵션은 매입 권리이기 때문에 고가에 매입할 수 있는 권리를 부여하는 Higher Call Option은 Lower Call Option보다 가치가 낮다. 그 반대로 풋옵션은 매도 권리이기 때문에 고가에 매도할 권리를 부여하는 Higher Put Option은 Lower Put Option보다 가치가 더 높다. 그러므로 옵션 행사 가격의 높고 낮음에 따라 옵션 프리미엄이 결정된다.

## (2) 옵션 기초자산의 현시가

옵션을 행사하게 되면 행사 가격(strike price)에 기초자산(underlying asset)을 인수하거나 인도하게 된다. 그러므로 옵션을 행사하는 기본 조건은 행사 가격에 비하여 기초자산의 현시가가 어느 정도 있느냐에 좌우된다. 콜옵션은 행사 가격에 기초자산을 매입할 수 있는 권리이므로 기초자산의 현시가가 높아질수록 콜옵션의 가치는 커지게 된다. 반면 풋옵션은 행사 가격에 기초자산을 매도할 수 있는 권리이므로 기초자산의 현시가가 낮아질수록 풋옵션의 가치는 커지게 된다. 따라서 옵션 기초자산의 현시가의 변화에 따라 옵션 프리미엄이 달라지게 된다.

## (3) 무위험 단기이자율

무위험 단기이자율(risk-free short-term interest rate)은 옵션거래에서 발생하는 기회비용을 대표하는 요소이다. 하지만 다른 요인들과는 달리 이자율의 변화가 옵션 가격에 미치는 영향이 크지는 않다.

옵션의 매입자는 미래에 행사 가격을 지불하고 기초자산을 인수하거나 인도해야 한다. 콜옵션의 경우는 이자율이 높아질수록 미래에 기초자산을 매입하는 대가로 지불해야 하는 행사 가격의 현재가치가 낮아지게 되므로, 지불해야 하는 금액의 현재가치가 줄어들게 된다. 반면 풋옵션의 경우는 이자율이 높아질수록 미래에 기초자산을 매도하는 대가로 수취해야 하는 행사 가격의 현재가치가 낮아지게 되므로, 수취해야 하는 금액의 현재가치가 줄어들게 된다. 따라서 이자율의 상승은 콜옵션 매입자에게는 유리하며 풋옵션 매입자에게는 불리하게 된다. 즉 이자율이 상승할수록 콜옵션 프리미엄은 증가하는 반면 풋옵션 프리미엄은 감소하게 된다. 하지만 이자율의 변화가 옵션 프리미엄에 미치는 영향은 상대적으로 미미하다.

## (4) 잔존기간

옵션은 매입자에게 행사할 수 있는 권리를 부여하는 계약이므로 옵션만기일까지의 잔존기간이 길면 길수록 옵션 매입자에게는 유리하다. 즉 T-Bond선물의 현시가가 80-00이고 잔존기간은 하루밖에 안 남았을 경우 90 T-Bond선물 콜옵션이 ITM으로 될 확률은 거의 없지만 만약 잔존기간이 1년 또는 2년이라고 하면 기초자산의 가격이 90-00을 상회하여 90-00 T-Bond선물 콜옵션이 ITM으로 될 확률이 더 크게 된다. 이와 같이 잔존기간이 길면 길수록 옵션이 ITM이 될 확률이 커지므로 옵션 매입자는 프리미엄을 더 많이 지불하게 되며 옵션 매도자는 그만큼 위험성이 많아지므로 많은 프리미엄을 요구하게 된다. 즉 잔존기간이 길면 길수록 옵션 프리미엄이 높아진다. 그러나 옵션 프리미엄과 잔존기간은 정비례하지 않지만 잔존기간과 제곱근(Square Root of Time to Maturity)의 관계를 가지고 있다.

옵션 프리미엄이 잔존기간과 제곱근의 관계를 가지고 있는 근본적인 이유는 시간의 상대적 가치 때문이다. 잔존기간이 1,001일에서 1,000일로 줄었을 경우 보다 잔존기간이 2일에서 1일로 줄었을 경우 옵션의 가치에 주는 영향이 상대적으로 크다 할 수밖에 없다. 그러므로 잔존기간이 길면 길수록 시간이 옵션 프리미엄에 미치는 영향은 미미하지만 만기일이 가까워 올수록 시간이 옵션 프리미엄에 미치는 영향은 커지게 된다. 이와 같이 잔존기간이 옵션 프리미엄과 제곱근의 관계를 형성하면서 만기일에 임박하는 동안 옵션의 가치가 점차 소멸되는 현상을 Time Decay현상이라고 부른다. Time Decay는 옵션만기일이 가까워질수록 빠른 속도로 옵션 프리미엄을 소멸해 간다.

## (5) 옵션 기초자산의 가격 변동률

가격 변동률이 높으면 높을수록 옵션을 행사하여 이익을 얻을 확률이 높아진다. 예를 들어 가격 변동률이 전혀 없어서 T-Bond선물의 현시가가 80－00을 계속 유지한다면 80－00 T-Bond선물 콜옵션이나 풋옵션은 사실상 아무 가치가 없게 된다. 그 반면에 가격 변동률이 높아 현시세인 80－00을 중심으로 75－00에서 85－00 사이를 등락할 것으로 예상되면 80－00 T-Bond선물 콜옵션의 경우에는 5－00의 이익을 획득할 수 있는 기회를 가진다. 또한 84－00 T-Bond선물 콜옵션의 경우에도 1－00의 이익을 획득할 가능성이 있으므로 84－00 T-Bond선물 콜옵션이 거래될 뿐만 아니라 또한 옵션 프리미엄도 1－00 이상의 수준으로 형성될 것이다. 이와 마찬가지로 76－00 T-Bond선물 풋옵션의 경우 가격 변동폭이 75－00에서 85－00 사이라면 1－00이 이익을 볼 가능성이 있지만 가격 변동폭이 77－00에서 85－00이라고 하면 이익을 획득할 가능성이 전혀 없으므로 가격 변동폭이 얼마 되느냐에 따라 옵션 프리미엄의 높고 낮음이 결정된다. 옵션 매도자의 입장에서 보면 가격 변동폭이 높으면 높을수록 옵션이 ITM이 되어 행사될 가능성이 많아 그만큼 높은 보상을 요구하게 되므로 옵션 프리미엄이 상승하게 된다.

## 5) 옵션 가격 분석

옵션 가격을 결정하는 요소는 앞에서 설명한 바와 같이 다섯 가지로 구분이 되는데 이중 행사 가격과 기초자산의 현시가는 옵션의 내재가치(Intrinsic Value)를 결정하고 나머지 세 가지 요소인 무위험 단기이자율, 옵션만기일까지의 잔존기간과 기초자산의 가격 변동률은 시간가치 (Time Value)를 결정한다. 이것을 수식으로 나타내면 다음과 같다.

옵션 가격($OP$) = 내재가치($IV$) + 시간가치 ($TV$)

내재가치($IV$) = $f$[옵션 행사 가격($X$), 기초자산의 현시가($F$)]

시간가치($TV$) = $g$[무위험 단기이자율($r$), 만기일까지의 잔존기간($T$),

기초자산의 가격 변동률($V$)]

여기서 콜옵션의 내재가치는 기초자산의 현시가에서 콜옵션의 행사 가격을 차감한 것을 말하고 풋옵션의 내재가치는 풋옵션의 행사 가격에서 기초자산의 현시가를 차감한 것을 말한다. 즉 옵션의 내재가치는 옵션이 얼마만큼 내가격(In-The-Money) 상태에 있는가를 나타낸다.

## 5 옵션거래의 메커니즘

옵션의 매입자는 매입 포지션을 상쇄하기 위하여 다음과 같은 세 가지 거래를 선택할 수 있다.

첫째, 매입한 옵션과 동일한 옵션을 만기일 이전에 매도하는 방법, 둘째, 매입한 옵션을 만기일 이전에 행사하는 방법, 셋째, 매입한 옵션을 만기일을 넘김으로써 옵션을 무효화시키는 방법이다.

이와 같은 세 가지 방법에 대한 옵션거래 메커니즘을 살펴보면 다음과 같다.

첫째, 매입한 옵션과 동일한 옵션을 매도한다는 것은 콜옵션과 풋옵션이 상이하다는 것을 뜻한다. 즉 March 100-00 T-Bond선물 콜옵션을 매입한 사람은 그와 동일한 March 100-00 T-Bond선물 콜옵션을 매도함으로써 옵션 매입에 따른 포지션을 상쇄시킬 수 있다. 즉, 다른 만기인 March 100-00 T-Bond선물 풋옵션이나 March 102-00 T-Bond선물 콜옵션 또는 June 100-00 T-Bond선물 콜옵션을 매도할 경우에는 상기 March 100-00선물 콜옵션을 상쇄할 수가 없다.

둘째, 매입한 옵션을 만기일 이전에 행사하는 것이다(미국식 옵션유형에 한정). T-Bond선물옵션을 예로 들어 설명하면 다음과 같다. 옵션 매입자는 매입한 옵션의 행사 의사를 결정 당일 오후

5 : 30(시카고 시간)까지 청산회사에 통보해야 한다. 오후 5 : 30시까지 청산회사에 옵션 행사 의사(notice of intention to exercise)가 전달되면 청산회사에서는 무작위로 선택된 옵션 매도자에게 옵션 행사 통보가 전해짐과 동시에 옵션 행사 가격에 기초자산인 T-Bond선물을 매매된 것과 같이 청산회사에 기록된다. 즉 March 100 − 00 T-Bond선물 콜옵션이 행사되면 청산회사에서는 콜옵션을 행사한 매입자에게는 March T-Bond선물계약을 100 − 00에 판매한 것과 같이 청산회사 선물장부에 기록된다. 만약 그 날 March T-Bond선물계약의 결제 가격(settlement price)이 102 − 00이었다면 콜옵션을 행사한 매입자의 청산회사 선물장부에는 2 − 00의 이익이 기록되며 매도자의 청산회사 선물장부에는 2 − 00의 손실이 자동 기록된다. 이와 같이 옵션 매도자들은 행사를 당함으로써 상당한 손실을 보게 될 가능성이 있기 때문에 신용유지를 위하여 많은 금액을 청산회사에 입금해 두어야 한다.

옵션이 행사되었을 때에는 무작위로 선택된 옵션 매도자가 행사를 당하게 되기 때문에 옵션 매도자는 항상 옵션이 ITM이 될 때에는 행사당할 준비를 하여야 하며, 이에 대비하기 위하여 기초자산인 해당 선물을 미리 매입 또는 매도해 두는 경우가 있다.

셋째, 옵션의 만기일이 지나면 효력을 상실하게 되는 ITM옵션이 실수로 만기일에 행사되지 않는 것을 방지하기 위하여 T-Bond선물 옵션과 같은 경우에는 자동 행사(Automatic Exercise) 규정이 있다. 만기일에 옵션이 기초자산의 1일 가격 변동폭을 초과한 만큼의 내재가치가 있을 경우에는 자동 행사되도록 되어 있다. 다만, 어떤 특수한 경우 고의적으로 행사하지 않으려고 할 경우에는 옵션 매입자는 청산회사에 자동 행사금지 요청서를 제출하여 자동 행사를 중지할 수 있다.

## (1) 콜옵션의 매입자와 매도자

콜옵션은 매입할 권리를 부여하는 계약이다. 예를 들어 행사 가격이 100 − 00인 T-Bond선물 콜옵션을 1 − 100($1,000)만큼 프리미엄을 지급하여 매입한다고 가정한다. 만기일에 기초자산의 가격이 100 − 00이라고 하면 행사가치, 즉 내재가치가 없기 때문에 이미 지불한 옵션 프리미엄 1 − 00만큼 손해가 된다. 그러나 기초자산 가격이 101 − 00이라고 하면 내재가치가 1 − 00이 있기 때문에 지불한 옵션 프리미엄 1 − 00을 상쇄시켜 손익분기(break − even)가 된다. 만약 기초자산 가격이 101 − 00 이상을 초과하게 되면 이익이 발생하게 된다. 그 반면 기초자산 가격이 행사 가격인 100 − 00 미만일 경우에는 지불한 옵션 프리미엄만큼의 손실을 보게 된다.

콜옵션 매도자의 손익은 콜옵션 매입자의 손익과 정반대로 나타나는데 그 이유는 콜옵션 매입자가 이익을 볼 때에는 콜옵션 매도자는 이익에 해당하는 만큼 손실을 보며 콜옵션 매입자가 손실을 볼 때에는 콜옵션 매도자가 이익을 보게 된다. 따라서 콜옵션 매입자의 최대 손실액은 지불한 프리미엄으로 한정되어 있으므로 콜옵션 매도자의 최대 이익은 수령한 옵션 프리미엄으로 한정되게 된다. 그 반면 콜옵션 매입자는 기초자산 가격이 상승함에 따라 거의 무제한의 이익을 보게 되는데 이에 따라 콜옵션 매도자는 거의 무제한의 손실을 보게 된다. 바로 이 점 때문에 콜옵션을 매도하는 것은 위험하다고 볼 수 있다.

## (2) 풋옵션의 매입자와 매도자

풋옵션은 매도할 권리를 부여하는 계약이다. 예를 들어 행사 가격이 100−00인 T-Bond선물 풋옵션을 1−00($1,000)에 매입하였다면 만기일에 기초자산의 가격이 100−00일 경우에는 행사 가치, 즉 내재가치가 없기 때문에 이미 지불한 옵션 프리미엄 1−00만큼 손해가 된다. 그러나 기초자산의 가격이 99−00이라고 하면 행사 가치가 1−00이 되어 지불한 프리미엄 1−00을 상쇄시킬 수 있기 때문에 손익분기가 된다. 만약 기초자산의 가격이 99−00 이하로 내려가면 이익이 발생하게 된다. 그 반면 기초자산의 가격이 행사 가격인 100−00을 초과할 경우에는 옵션의 행사를 포기하고 지불한 옵션 프리미엄에 해당하는 손실을 보게 된다.

콜옵션 매입자와 콜옵션 매도자의 관계와 마찬가지로 풋옵션 매입자와 풋옵션 매도자의 손익발생은 정반대가 된다. 그 이유는 풋옵션 매입자가 이익을 볼 때에는 풋옵션 매도자가 손실을 보며 풋옵션 매입자가 손실을 볼 때에는 풋옵션 매도자가 이익을 보기 때문이다. 풋옵션 매입자의 최대 손실은 지불한 옵션 프리미엄으로 한정되므로 풋옵션 매도자의 최대 이익은 수령한 옵션 프리미엄으로 한정된다.

그 반면 풋옵션 매입자는 기초자산 가격이 하락함에 따라 비례적으로 이익을 보게 되어 풋옵션 매도자는 큰 손실을 보게 된다. 따라서 풋옵션을 매도하는 것은 위험하다고 볼 수 있다.

콜옵션 매입자는 기초자산의 가격이 상승할 때 이익이 발생하므로 가격 상승세가 기대될 때에는 콜옵션의 매입은 적합한 거래방법이다. 그 반면 콜옵션 매도자는 기초자산의 가격이 행사 가격을 하회할 때에 이익이 발생하므로 가격이 안정적이거나 하락세가 기대될 때에는 콜옵션의 매도는 적합한 거래방법이다.

풋옵션 매입자는 기초자산의 가격이 하락할 때 이익이 발생하므로 가격 하락세가 기대될 때에는 풋옵션의 매입이 적합한 거래방법이다. 그리고 풋옵션 매도자는 기초자산의 가격이 행사 가격을 상회할 때에 이익이 발생하므로 가격이 안정적이거나 상승세가 기대될 때에는 풋옵션의 매도가 적합한 거래방법이다.

# chapter 02

# 금융선물거래

section 01 금융선물거래의 주요 계약내용

## 1 통화선물계약

통화선물계약은 약정한 환율로 미래의 일정 시점에서 해당 통화를 표준화된 조건에 따라 인수도하는 계약이다. 1970년대 초 브레튼우즈체제(Breton Woods System)의 붕괴로 세계의 주요 국가들이 자국의 환율제도를 고정환율제에서 변동환율제로 전환하였다. 그 결과 극심한 환율 변동이 초래되어 다국적 기업이나 금융기관들은 환율 변동 위험에 대한 적절한 관리수단을 필요로 하게 되었다. 이러한 배경에서 1972년 5월에 시카고상업거래소(CME)가 국제통화시장(IMM)이라는 부설시장을 개설하여 통화선물거래를 처음 시작하게 되었다. 그 후 영국 등 여러 국가에서 잇따라 통화선물시장이 개설되어 기존의 선물환시장(forward exchange market)과 경쟁관계를 유지하면서 발전을 지속하여 왔다.

통화선물거래는 거래소 내에 상장된 상품통화만을 거래대상으로 하며 만기일 이전에 반대매매로 포지션의 대부분이 상쇄되는 특징을 가지고 있다. 현재 가장 대표적인 통화선물시장으로 성장한 시카고상업거래소(CME)의 국제통화시장(IMM)에서는 유로(Euro), 호주 달러(AD), 영국 파운드(BP), 캐나다 달러(CD), 일본 엔(JY), 스위스프랑(SF) 등을 대상으로 선물거래가 이루어지고 있다.

우리나라에서는 1999년 4월 23일부터 미국 달러선물이 상장되어 거래되어 왔다. 이후 외환자유화의 진전으로 원화에 대한 엔화와 유로화의 환율 변동폭이 커지고 엔화와 유로화에 대한 수요가 증가하면서 이들 통화를 기초자산으로 하는 통화선물의 도입 필요성이 꾸준히 제기되어 2006년 5월 26일 한국거래소(KRX)에 엔선물과 유로선물이 상장되었다. 이에 따라 국내 투자자들에게 낮은 거래비용으로 쉽게 시장에 접근할 수 있는 기회가 주어지면서 무역과 국제자본거래 시 미국 달러화에 집중되어 있던 결제통화를 일본 엔화와 유로화로 다양화할수 있는 계기가 마련되었다. 한편, 2015년 10월에는 위안화 선물이 상장되었다.

현재 한국거래소에서 거래되고 있는 통화선물의 거래단위는 미국 달러선물이 10,000달러, 엔선물이 1,000,000엔, 유로선물이 10,000유로 및 위안선물이 100,000위안으로 되어 있다. 가격표시방법은 외환시장에서 외국 통화 1단위에 대한 원화의 가치를 표시하는 방법과 마찬가지로 미국 달러선물은 1달러당 원화, 엔선물은 100엔당 원화, 유로선물은 1유로당 원화 및 위안선물은 1위안당 원화로 표시된 환율을 사용한다. 따라서 우리나라 통화선물시장에서는 외국 통화를 기준으로 매수 또는 매도를 결정하게 되고, 해당 외국 통화의 환율이 상승하면 선물 가격도 같은 방향으로 상승하므로 매수 포지션이 이익이 되고 매도 포지션에는 손실이 발생한다. 한편, 호가가격단위는 모두 0.1원(위안은 0.01원)이고 1틱(tick)의 가치는 1,000원이 된다.

우리나라 통화선물의 결제월 주기는 미국 달러선물의 분기월 12개 및 비분기월 8개 등 총 20개이고, 그 외 통화선물은 분기월 4개 및 비분기월 4개 등 8개로 되어 있다.

우리나라 통화선물의 최종 결제방법은 실물 인수도로서 최종 결제일에 해당 외국 통화와 원화를 교환하게 된다. 최종 거래일은 결제월의 세 번째 월요일이고, 최종 결제일은 국제적으로 현물거래의 결제가 거래일로부터 2영업일 후인 점을 감안하여 최종 거래일 이후 2영업일로 되어 있다.

일일정산은 장 종료 직전 10분 동안 단일 가격에 의한 개별 경쟁거래방법에 의해 형성된 종가를 정산 가격으로 한다. 거래시간은 다른 선물계약과 마찬가지로 오전 9시에서 오후 3시 45분으로 하되, 최종 거래일의 폐장시간은 현물시장에서의 가격 조작을 방지할 수 있도록 거래가 가장 활발한 오전 시간대 중에서 11시 30분으로 되어 있다. 이상 설명한 우리나라 통화선물의 계약명세를 정리한 내용이 〈표 2-1〉에 나타나 있다.

표 2-1 우리나라 통화선물의 명세

| 구분 | 미국 달러선물 | 일본엔선물 | 유로연합유로선물 | 중국위안선물 |
|---|---|---|---|---|
| 거래대상 | 미국 달러 | 일본엔 | 유로연합유로 | 중국 위안화 |
| 거래단위<br>(1계약당 금액) | US $ 10,000<br>(가격×거래승수) | JP¥1,000,000<br>(가격×거래승수) | EU€10,000<br>(가격×거래승수) | 100,000위안<br>(가격×거래승수) |
| 거래승수 | 10,000 | | | 100,000 |
| 결제월 | 매월 | | | |
| 상장결제월<br>(거래기간) | 분기월 12개(3년) 및<br>비분기월 8개(1년) | 분기월 4개(1년) 및 비분기월 4개(6개월) | | |
| 가격표시방법 | US $ 1당 원화 | JP¥100당 원화 | EU€1당 원화 | 1위안당 원화 |
| 호가가격단위 | 0.1원 | | | 0.01원 |
| 호가가격단위당<br>금액 | 1,000원<br>(10,000×0.1원) | 1,000원<br>(1,000,000/100×0.1원) | 1,000원<br>(10,000×0.1원) | 1,000원<br>(100,000×0.1원) |
| 가격제한폭 | 기준 가격대비<br>±4.5% | 기준 가격대비<br>±5.25% | | 기준 가격대비<br>±4.5% |
| 미결제약정<br>보유한도 | 없음<br>다만, 거래소가 필요하다고 인정할 경우 설정할 수 있음 | | | |
| 최종 거래일 | 결제월의 세 번째 월요일(당일이 휴장일인 경우 순차적으로 앞당김) | | | |
| 최종 결제일 | 최종 거래일로부터 계산하여 3일째 거래일 | | | |
| 최종 결제방법 | 인수도결제(physical delivery settlement)<br>최종 결제수량에 대하여 각 통화와 최종 결제대금을 수수 | | | |
| 최종 결제 가격 | 최종 거래일의 정산 가격으로 함<br>• 최종 결제대금 : 최종 결제 가격×거래승수×최종 결제수량<br>• 인수도결제대상 외화 : 미국달러 10,000달러*×최종 결제수량<br>　* 엔은 1,000,000엔, 유로는 10,000유로, 위안은 100,000위안 | | | |

출처 : www.krx.co.kr

---

## 2　단기금리선물계약

　　단기금리선물거래는 만기 1년 미만의 금리상품(money market instruments)을 대상으로 하는 선물계약이다. 미국에서 거래되는 주요 금리선물상품으로는 1개월 유로 달러(Libor), 30일 Federal Funds Rate, 3개월 T-bill, 3개월 유로 달러, 1년 T-bill을 대상으로 하는 선물계약을 들 수 있다.

여타 국가에서 거래되고 있는 단기금리선물계약은 일본의 3개월 및 1년 유로엔선물, 영국의 3개월 Short Sterling선물, 3개월 유로 스위스선물, 홍콩의 3개월 HIBOR선물 등을 들 수 있다.

최초의 단기금리선물은 시카고상업거래소(CME)의 국제통화시장(IMM)에서 1976년에 도입한 미국 단기재정증권(T-bill)에 대한 선물계약이다. T-bill선물은 1970년대 말에는 거래가 활발하였으나 1981년에 유로 달러(Eurodollar)에 대한 선물거래가 시작되면서부터 일평균 거래량이 3~4천 계약에 지나지 않을 정도로 거래가 크게 위축되었다. 유로달러 금리와 T-bill금리는 신용위험 스프레드(Credit Risk Spread) 밖에 차이가 없는데 이러한 스프레드는 일정한 범위 내에서 변동하므로 양자 간의 상관관계가 매우 높다. 따라서 T-bill 현물보유자들도 거래유동성이 높은 유로달러선물로 대체 헤지하는 경향이 있기 때문에 T-bill선물의 거래량은 크지 않다.

한편 1978년에 상장된 1년물 T-bill선물은 거래가 부진하여 폐장되었으나 당초의 실물 인수도 조건을 현금결제 조건으로 변경하여 1994년에 다시 상장되었다. 그러나 거래가 활발하지는 않다.

## 3  중장기금리선물계약

채권선물이라고도 불리는 장기금리선물은 현재 전 세계적으로 활발하게 거래되고 있으며 미국에서 장기금리선물은 주로 시카고상품거래소(CME)에서 거래되고 있다. 1975년 10월에 최초의 금리선물거래로 도입된 지니메이(Ginnie Mae)라고 불리는 주택저당채권(GNMA) 선물뿐만 아니라 중장기 재정증권(T-note, T-Bond)선물, 지방채지수(Municipal bond index)선물, 3년 및 5년 금리스왑선물 등도 CME에서 거래되고 있다. 일본에서는 일본거래소(JPX)에 상장된 10년 만기 일본국채(JGB)선물과 20년 만기 초창기 국채선물이 있으며 10년물의 거래가 비교적 활발하다. 영국에서는 영국 장기국채(Long Gilt)선물 등이 거래되고 있다. 독일에서도 독일 장기국채선물 및 독일 중기국채선물이 상장 거래되고 있다.

금리변동 시에 장기채권의 가격은 중기채에 비해 더 크게 변하게 된다. 금리변동에 따른 장기채권의 가격 변동성(volatility)이 더욱 확대되어 가격 변동에 대한 헤지수요가 커지게 되기 때문에 장기금리선물의 거래량이 크게 늘어나게 된다.

## (1) 국채선물 상품내역

한국거래소(KRX)는 1999년 9월 29일 정부에 의해 발행된 국고채를 기초자산으로 하는 3년 국채선물을 상장하였다. 이후 2003년 8월 22일 5년국채선물을 상장하였고, 2008년 2월 25일 10년국채선물을 상장하였다. 3년국채선물과 5년국채선물은 현금결제방식으로, 10년국채선물은 실물 인수도방식으로 상장하였으나, 장기 국채선물시장활성화방안(2010년 7월 25일)의 하나로 2010년 10월 25일부터 국채선물의 거래방식을 일원화하였다.[1] 따라서 모든 국채선물의 거래대상이 액면 100원, 표면금리 연 5%, 6개월 이표 지급방식의 가상국채이며, 현금결제(cash settlement) 방식을 택하고 있다.

최종 결제 가격의 기준이 되는 현물 바스켓(basket)은 'Fixed Basket'이란 방식으로 구성되며, 신규 결제월물 상장 전 시점에 기발행 현물 채권을 지정하여 선물만기일까지 바스켓을 고정하는 방식이다. 최종 결제 가격 산정 시 바스켓을 사용하는 이유는 국채선물의 거래대상이 되는 국채가 실질적으로 존재하지 않으므로 시장에 수익률이 없어 채권 가격을 계산할 수 없기 때문이다. 이를 해결하기 위해서 실제 발행되어 거래되고 있는 국고채로부터 수익률을 가져오게 되는데, 이때 거래소가 지정하는 국고채들을 바스켓 편입종목이라고 한다. 즉, 바스켓에 포함된 국채들의 평균수익률을 가상채권(거래대상)의 수익률로 사용하는 것이다.

현금결제를 위한 최종 결제 가격은 바스켓에 포함된 국채의 최종 거래일 유통수익률을 산술평균한 후 이를 표준물(5%)의 국채 가격 계산공식에 넣어 산출한다. 예를 들어, 3년 국채선물의 경우 최종 결제 가격은 다음과 같이 결정된다.

$$최종\ 결제\ 가격 = \sum_{t=1}^{6} \frac{5/2}{\left(1+\frac{r}{2}\right)^t} + \frac{100}{\left(1+\frac{r}{2}\right)^6}$$

이때 $r$은 최종 결제수익률이며 최종 거래일 10:00, 10:30, 11:00 수익률 중 중간수익률과 11:30 수익률의 산술평균이다. 선물만기일 기준으로 3년 만기, 5% 이표를 가진 국채는 실제로

---

1 2010년 10월 25일 이전에는 3년물과 5년물의 경우 거래대상이 표면금리 연 8%의 국고채가 거래대상이었고, 10년물의 경우 표면금리 연 5%의 국고채가 거래대상이었고 거래단위도 0.5억 원이었으나 1억 원으로 일원화되었다.

| 표 2-2 | 국채선물(3년물/5년물/10년물) 상품명세 |
| --- | --- |

| 구분 | 세부사항 |
| --- | --- |
| 거래대상 | 표면금리 연 5%, 6개월 이표지급 방식의 3년(5년/10년) 만기 국고채권 |
| 거래단위 | 액면가 1억 원 |
| 결제월주기 | 3, 6, 9, 12월 |
| 상장결제월 수 | 6월 이내의 2개 결제월 |
| 가격표시방법 | 액면가 100원을 기준으로 표시(소수점 둘째 자리까지 표시) 예) 101.50 |
| 최소 가격 변동폭 | 0.01(1틱의 가치＝1억 원×0.01×1/100＝10,000원) |
| 가격제한폭 | 기준 가격대비 3년물 ±1.5%(5년물 1.8%, 10년물 2.7%) |
| 거래시간 | 월~금 : 09:00~15:45(점심시간 없이 연속 거래) 최종 거래일 : 09:00~11:30 |
| 최종 거래일 | 결제월의 세 번째 화요일(공휴일인 경우 순차적으로 앞당김) |
| 최종 결제일 | 최종 거래일의 다음 거래일 |
| 최종 결제방법 | 현금결제(cash settlement) |

출처 : www.krx.co.kr

는 존재하지 않기 때문에 실제 거래되는 국채의 가격으로부터 가상채권의 가격을 산출해야 하는데, 바스켓에 포함된 국채들의 평균 수익률이 가상채권의 수익률이라고 가정하는 것이다.

국채선물의 거래단위는 액면가 1억 원이다. 이는 국채선물 1계약을 거래하는 것은 국고채 1억 원을 매매하는 것과 동일한 경제적 효과를 얻을 수 있다는 것이다. 거래시간은 9:00~15:45까지이며, 8:30~9:00, 15:35~15:45까지는 단일 가격으로 매매가 이루어진다. 국채선물의 최종 거래일은 결제월의 세 번째 화요일이며, 이날 만기도래하는 종목은 11:30분까지만 거래된다. 신규상장되는 종목은 최종 거래일 다음 날에 상장된다.

## (2) 국채선물의 이론 가격 산출과정

국채선물의 이론 가격은 다른 선물의 가격결정과 동일하게 보유비용모형에 의해 결정할 수 있으며, 바스켓에 편입된 채권의 수익률과 선도 가격에 근거하여 아래의 5단계를 거쳐 계산된다.

[1단계]  국채의 시장 가격 계산 : 바스켓을 구성하고 있는 각 국채의 시장수익률을 이용해서 해당 국채의 시장 가격을 구함

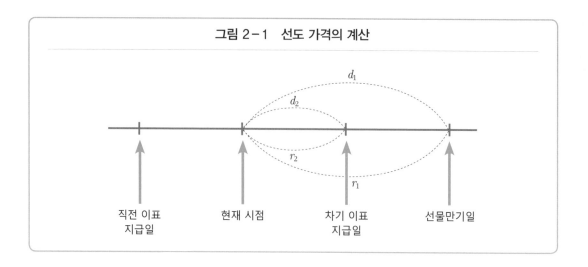

**그림 2-1  선도 가격의 계산**

$d_1$

$d_2$

$r_2$

$r_1$

직전 이표
지급일

현재 시점

차기 이표
지급일

선물만기일

[2단계]  국채의 선도 가격 계산：단기금리가 반영된 보유비용을 이용하여 각 국채의 선도 가격을 계산

[3단계]  국채의 선도수익률 계산：개별 국채의 선도 가격을 해당 국채의 가격 계산 공식에 역산입함으로써 도출

[4단계]  바스켓의 선도수익률 계산：개별 국채의 선도수익률을 단순 평균한 수치

[5단계]  국채선물 이론 가격 계산：바스켓의 선도수익률을 해당 국채선물의 표준물(표면금리 5%, 3년/5년/10년 만기)의 국채 가격 계산공식에 넣어 산출

이때 개별 국채의 선도 가격($F$)은 보유비용모형을 이용하여 다음과 같이 계산한다.

$$F = \left[ S - \dfrac{I}{1 + r_2 \times \dfrac{d_2}{365}} \right] \times \left( 1 + r_1 \times \dfrac{d_1}{365} \right)$$

$S$ : 바스켓 편입 국채의 시장 가격

$I$ : 선물만기일 이전 이표지급액

$r_1$ : 선물만기일까지의 이자율

$r_2$ : 선물만기일 이전 이표지급일까지의 이자율

$d_1$ : 선물만기일까지의 일수

$d_2$ : 선물만기일 이전 차기 이표지급일까지의 일수

## 5 주가지수선물계약 및 거래제도

### 1) 주가지수선물계약

주가지수선물은 증권시장에 상장되어 거래되고 있는 전체 또는 일부 종목 주식들의 대표적 가격 수준을 나타내는 특정 주가지수를 거래대상으로 하는 선물계약이다. 주가지수선물은 거래의 대상이 실물이 아니라 주식시장의 가격 수준을 나타내는 하나의 지표이기 때문에 선물계약의 만기일에 실물을 인수도하지 않고 현금에 의한 차액결제를 실시한다는 중요한 특징을 가지고 있다.

주가지수선물은 1982년 2월에 캔사스상품거래소(KCBT)에서 밸류 라인(Value Line)이라는 종합주가지수를 대상으로 최초로 거래가 시작되어 미국 내의 투자회사들로부터 크게 호응을 받았다. 그 후 시카고상업거래소에서 S&P 500지수 등을 대상으로 주가지수선물을 상장시키는 등 단기간 내에 주가지수를 대상으로 하는 선물거래가 급속히 확산되었다. 일본에서는 1988년 9월부터 동경증권거래소에서 '동증주가지수(TOPIX)' 등을 대상으로 선물거래가 이루어지고 있다.

우리나라에서도 1996년 5월부터 한국거래소에서 KOSPI 200지수를 대상으로 선물거래를 개시하여 현재는 선물시장의 규모가 현물시장을 압도하는 수준에까지 이르렀다.

이와 같은 주가지수선물거래를 이용하여 투자자들은 보유하고 있는 포트폴리오의 시장위험(market risk)을 관리할 수 있게 되었다.

### 2) 국내 주가지수선물 거래제도

#### (1) 매매제도

❶ 거래절차 : 주가지수 선물시장은 거래소회원인 금융투자회사를 통해 거래소 선물매매시스템에 주문이 전달되면 연속적으로 매매가 이루어지는 체계로 구성되어 있다. 주가지수선물 매매거래는 거래소가 자체 개발한 전산시스템에 의하여 체결되므로 금융투자회사 직원들이 직접 모여서 매매하는 구체적인 시장이나 피트(pit)는 없다. 거래소회원은 거래소 선물매매시스템에 접속된 자체 전산시스템을 통하여 고객의 주문을 전달하고 그 체결 결과를 통보 받는다.

❷ 회원제도 : 금융투자회사(투자매매·중개업자)가 주가지수선물시장에서 매매거래를 하기 위해서는 거래소의 회원이 되어야 한다. 거래소 회원이 선물시장에서 매매거래를 하기 위해서는 자본금 요건, 전산시스템, 인적 구성, 지점 요건 등 몇 가지 요건을 구비하여야 한다.

❸ 매매체결원칙 : 모든 주문은 다음과 같은 원칙으로 매매가 체결되며, 매매체결방법은 단일 가격에 의한 개별 경쟁매매와 복수 가격에 의한 개별 경쟁매매로 구별된다.

    ㄱ. 가격우선원칙 : 고가(저가)의 매수(매도)호가는 다른 호가에 우선함

    ㄴ. 시간우선원칙 : 가격이 동일할 경우 먼저 접수된 호가가 나중에 접수된 호가에 우선함(다만, 단일가 호가시간 중에 접수된 호가는 시간적으로 동일한 것으로 간주함)

❹ 단일 가격에 의한 개별 경쟁매매 : 단일가매매는 일정시간 동안 접수한 모든 호가를 동시에 접수된 것으로 보아 하나의 가격으로 매매체결시키는 방법이다. 단일가매매 시의 가격은 당해 가격보다 높은 가격의 모든 매수호가수량과 당해 가격보다 낮은 가격의 모든 매도호가수량이 동시에 매매체결 가능한 수준에서 하나의 가격으로 결정된다. 단일가매매는 장 개시 및 장 종료 시의 가격결정, 거래 중단 후 재개 시의 가격 결정 시 등에 적용된다.

❺ 접속매매 : 단일 가격에 의한 개별 경쟁매매로 가격을 결정한 직후부터 매매거래시간 중의 가격 결정방법으로서 가장 높은 매수호가의 가격이 가장 낮은 매도호가 가격 이상인 경우 먼저 접수된 호가 가격을 약정 가격으로 하여 '가격우선의 원칙'과 '시간우선의 원칙'에 따라 매매거래를 성립시킨다.

❻ 필요적 매매거래중단(Circuit Brakers) : 거래소는 주식시장이 일정한 수준 이상으로 과도하게 하락하는 경우 투자자가 시장상황을 냉정하게 판단할 수 있도록 주식시장 및 파생상품시장에서의 거래를 일시적으로 중단하는 필요적 매매거래중단(Circuit brakers)를 운용하고 있다.

    유가증권시장에서는 코스피지수(종합주가지수)가 8%(1단계), 15%(2단계), 20%(3단계) 이상 하락하고 이 상태가 지속되는 경우에는 모든 주식매매를 중단하게 된다. 1, 2단계에서 매매거래 중단이 발동되면 20분간 시장내 호가접수와 채권시장을 제외한 현물시장과 연계된 선물·옵션시장도 호가접수 및 매매거래를 중단한다. 각 단계별 발동은 1회로 한정하며 1,2단계는 장종료 40분전에는 적용하지 않으나 3단계의 경우에는 매매거래 중단 후 즉시 당일의 매매거래를 중단하며 매매거래종료 40분전에도 적용한다.

❼ 임의적 매매거래중단 : 거래소는 투자자 보호와 시장관리를 위하여 다음의 사유가 발생

할 경우에는 전부 또는 일부 종목의 매매거래를 중단할 수 있다.

첫째, 거래소 선물매매시스템의 장애가 10분 이상 발생하여 정상적으로 매매거래를 할 수 없는 경우이다.

둘째, 주식시장의 매매 시스템 장애가 10분 이상 발생하여 주가지수 구성종목 중 다음 의 종목수 이상에 대하여 매매거래를 할 수 없는 경우이다.

ㄱ. 코스피200지수의 경우 : 100종목

ㄴ. 코스닥150지수의 경우 : 75종목

ㄷ. KRX300지수의 경우 : 150종목

ㄹ. 섹터지수의 경우 : 섹터지수별 구성종목 수의 1/2 해당하는 종목

셋째, 기타 거래소가 효율적 시장관리상 필요하다고 인정하는 경우이다.

❽ 일일가격제한비율 제도 : 파생상품시장에서는 시세 급변에 따른 손실확대 방지 및 공정 한 거래형성을 위해 상품별로 일일가격제한비율을 다르게 정하고 있다. 가격제한비율은 주가지수선물거래는 1단계(8%), 2단계(15%), 3단계(20%)이고, 주식선물거래 및 ETF선 물거래는 1단계(10%). 2단계(20%), 3단계(30%)이며, 3년국채선물, 5년국채선물 및 10 년국채선물은 각각 1.5%, 1.8%, 2.7%이다.

❾ 실시간 가격제한 : 투자자 또는 회원의 착오거래로 인한 가격급변으로 발생하는 손실의 발생 및 시장혼란 등을 방지하기 위하여 실시간 가격제한제도가 도입되었다. 이 제도는 접속매매거래시간 중 거래가 체결될 때마다 그 약정가격을 기준으로 실시간 상·하한가 (직전약정가격 ±α)를 설정하고 이후 접수되는 실시간 상한가 초과의 매수호가와 실시간 하한가 미만의 매도호가의 접수는 거부한다. 2021년 9월말 기준으로 실시간가격제한제 도가 적용되는 파생상품으로는 지수선물거래(코스피200, 미니코스피200, 코스닥150), 국채선물 거래(3년, 10년), 미국달러선물거래와 위 거래와 관련된 선물스프레드거래 및 코스피200 옵션거래가 있다.

❿ 프로그램매매 규제(Side Car) : 프로그램매매는 차익거래와 코스피200 구성종목 중 15종 목 이상(코스닥지수의 경우는 구성종목 중 10개 이상)을 대상으로 동시에 거래하는 비차익거래 를 포함하고 있다. 선물시장에서 거래되는 코스피200에 대한 선물거래의 종목 중 직전 일의 거래량이 가장 많은 종목(기준종목)의 가격이 기준 가격 대비 5% 이상 상승(하락)하 여 1분간 지속되는 경우의 프로그램매매 매수(매도)호가는 5분간 효력이 정지된 후 접수 순에 따라 가격 결정에 참여할 수 있다. 프로그램매매 호가의 효력정지는 개장 후 5분

간, 장종료 40분 전 이후에는 적용되지 않는다.

⓫ 미결제약정수량 제한 : 미결제약정수량 제한은 거래서 파생상품시장에 참여하는 고객 및 회원에 적용된다. 최종거래일이 아닌 경우, 투자자별로 KOSPI 200 선물·옵션의 모든 종목을 대상으로 계산한 포지션 델타를 2만 계약(개인 : 1만 계약)으로 제한하되, 차익·헤지거래는 예외를 인정한다. 최종 거래일의 경우, 투자자별로 거래유형을 불문하고 최종 거래일이 도래한 KOSPI 200 선물·옵션종목을 대상으로 계산한 포지션 델타를 1만 계약(개인 : 5,000계약)으로 제한한다.

⓬ 시장정보의 공시 : 시장정보의 효율적 공시는 투자자가 시장 상황에 즉각적으로 대응할 수 있게 한다는 점에서 매매거래의 중요한 요소이다. 이러한 목적을 위해 거래소는 투자자가 시장정보에 접근하여 투자판단의 자료를 활용할 수 있는 여러 가지 수단을 제공하고 있으며, 이들 대부분은 전산시스템을 통해 실시간으로 제공되고 있다. 투자자는 회원이나 정보사업자를 통해 시장정보를 손쉽게 이용할 수 있으며, 해외투자자는 Reuters나 Bloomberg 등 국제 정보사업자를 통해 시장정보를 얻을 수 있다.

## (2) 결제 및 일일정산제도

시장참가자로부터 신뢰를 얻기 위해서는 효율적이고 정교한 결제 및 일일정산시스템이 필수적이다. 이에 따라 거래소는 결제 책임자(CCP, Central Counterparty)로서의 역할을 담당하고 있으며 결제불이행 사태를 방지하여 완전한 결제체제를 보장하기 위하여 여러 가지 제도적 장치를 시행하고 있다. 또한, 거래소는 'T+1' 결제제도 도입 및 매매거래 이익 인출 허용 등 결제의 효율성 제고를 위한 노력을 기울이고 있다.

❶ 결제기관 : 결제기관은 거래소에 소속된 기관으로서, 선물거래에 참가하는 회원 및 시장참가자가 안심하고 매매할 수 있도록 하기 위해서 거래당사자의 사이에서 결제를 보증하는 역할을 하는 기관이다. 구체적으로 결제기관은 선물시장에서 이루어지는 모든 매매거래의 미결제약정의 법적 상대방이 된다. 즉, 매도자와 매수자와의 계약관계를 매도자와 결제기관, 매수자와 결제기관의 관계로 바꿈으로서 결제이행을 보증하는 역할을 수행하고 있다.

❷ 증거금제도 : 선물 미결제약정을 갖고 있는 고객이 선물 가격이 자신에게 불리하게 변동되더라도 계약을 성실히 이행하겠다는 담보로 결제기관에 납부하는 금액으로서, 최소한의 증거금 이상을 유지하여야 한다. 거래소는 보유하고 있는 선물 및 옵션거래의 전체포

트폴리오를 고려하여 순위험방식으로 증거금을 산출한다. 산출방식은 주가지수, 주식, 채권, 통화 및 일반상품 등 기초자산의 특성이 유사한 상품군별 증거금을 산출한 후 상품군별 증거금을 단순합산하는 방식으로 한다.

❸ 거래증거금 : 거래증거금(exchange margin)은 결제회원이 자신의 명의로 결제하는 거래(매매전문회원 및 위탁거래 포함)에 대하여 성실한 계약이행을 보증하기 위하여 파생상품계좌별로 기초자산의 가격(수치)이 일정 수준으로 변동할 경우에 발생할 수 있는 최대 순손실 상당액 이상의 금액으로 거래소에 예치하는 금액이다.

매매전문회원은 거래증거금 이상에서 지정결제회원이 정하는 금액 이상을 매매전문회원증거금으로 해당 지정결제회원에게 예탁하여야 한다.

ㄱ. 거래증거금 산출방식 : KRX 거래증거금 산출방식은 파생상품계좌 내에서 거래되는 모든 선물·옵션의 포지션 집합체를 하나의 포트폴리오로 간주하고 계좌 내에서 발생할 수 있는 최대 예상 손실을 상품 간 손익의 연관관계를 종합적으로 고려하여 산출하는 포트폴리오위험기준 방식으로 사전증거금과 사후증거금의 혼합방식인 COMS(Composite Optimized Margin System)방식이다.

ㄴ. 거래증거금 예탁수단 : 회원은 거래증거금 전액을 현금, 대용증권 또는 외화로 회원의 재산과 회원이 아닌 자의 재산으로 구분하여 산출일의 다음 거래일 12시까지 예탁하여야 한다.

매매전문회원이 지정결제회원에게 매매전문회원증거금을 예탁하는 경우에는 다음 거래일의 12시 이내에서 결제위탁계약에서 정하는 시간까지 현금, 대용증권 또는 외화로 자기재산과 위탁재산으로 구분하여 예탁하여야 한다.

거래증거금(매매전문회원증거금)으로 예탁할 수 있는 외화는 다음과 같으며, 외화의 평가가격은 기준시세(외환시장에 지정·고시되는 날의 매매기준율)에 담보인정비율을 곱하여 산출한 가격으로 한다. 외화의 담보인정비율은 99%수준의 2일간의 가격변동과 원화로 환전하는 경우 발생할 수 있는 부대비용을 커버할 수 있는 수준으로 산출한다(최대 95% 상한선).

① 미국 달러화　　② 일본 엔화　　③ 유럽연합 유로화　　④ 영국 파운드화
⑤ 홍콩 달러화　　⑥ 호주 달러화　　⑦ 싱가포르 달러화　　⑧ 스위스 프랑화
⑨ 캐나다 달러화　　⑩ 중국위안화

거래증거금(매매전문회원증거금)으로 예탁할 수 있는 대용증권은 다음과 같으며, 거래소

는 환금이 제한되는 대용증권에 대하여 그 제한되는 기간 동안 대용증권의 효력을 인정하지 않을 수 있다.

ㄱ. 유가증권시장, 코스닥시장, 코넥스시장에 상장되어 있는 주권 및 상장외국주식예탁증권 중 유동화기간이 10일 이하 직전 1년간 거래성립일 비중 75% 이상인 종목. 다만, 관리종목, 정리매매종목, 상장폐지신청에 따른 매매거래정지종목, 투자위험종목 및 기타 매매거래정지종목 제외

ㄴ. 회사채 : 상장회사채(신용등급 BBB+이상)

ㄷ. 상장채권(국공채) : 국채, 지방채, 특수채

ㄹ. ETF : 지수자산 유형 중 원자재 또는 분류내용이 레버리지, 인버스 등 주식군(파생형)인 경우는 제외

ㅁ. ETN : 지수자산 유형이 채권형이 아니거나 분류내용이 레버리지, 인버스 등 주식군(파생형)인 경우는 제외

회원은 자기가 발행한 증권을 거래증거금 또는 매매전문회원증거금으로 예탁할 수 없으며(단, 위탁자로부터 예탁받은 증권이 자기가 발행한 증권인 경우는 제외), 결제회원은 자신을 지정결제회원으로 하는 매매전문회원이 매매전문회원증거금의 예탁을 위하여 사용할 수 있는 대용증권의 종류에 대하여 필요한 제한을 할 수 있다.

지정결제회원은 매매전문회원증거금으로 예탁받은 현금, 대용증권 및 외화를 해당 거래전문회원 이외의 자를 위하여 사용할 수 없다.

위 대용증권과는 별도로 외화증권 중 미국재무부국채(US Treasury Bill, Note, Bond)는 거래증거금으로 납부할 수 있다.

❹ 위탁증거금 : 위탁증거금은 위탁자가 회원에게 예탁하는 증거금으로, 증거금 수준에 따라 (개시)위탁증거금과 유지 위탁증거금으로 구분된다. 또한 위탁증거금의 납부 시점에 따라 사전 위탁증거금과 사후 위탁증거금으로 구분되며, 위탁증거금 중 반드시 현금으로 예탁하여야 하는 증거금을 현금 위탁증거금이라 한다.

사전 위탁증거금은 위탁자가 주문을 제출하기 전에 개시 위탁증거금 수준으로 현금 등으로 예탁하여야 하는 위탁증거금으로 가장 일반적인 형태의 증거금이다. 거래체결 후 일일정산에 의한 손실 발생 및 위탁증거금의 증가 등으로 인해 유지 위탁증거금 수준 이하로 예탁총액이 내려갈 경우에는 다시 개시 위탁증거금 수준까지 예탁총액이 보전되도록 위탁증거금을 추가 예탁하여야 한다.

**사전 위탁증거금 : 적격기관투자자 이외의 일반투자자**

| Ⓐ 주문분 증거금 | | Ⓑ 체결분 증거금 | | |
|---|---|---|---|---|
| ① 당해 주문분 증거금 + 기주문 증거금 | + | ② 미결제약정에 대한 순위험증거금 (전일 기준) | + ③ 당일 체결 순손실상당액 | + ④ 수수시한 전 순손실금액 |

사후 위탁증거금은 기관투자자 중에서 유형요건(은행, 보험사, 금융투자업자 등)과 자산규모요건(자산총액 5천억 원 이상 또는 운용자산총액 1조 원 이상)을 동시에 충족시키는 위탁자(적격기관투자자)에 한하여 거래가 체결된 후 다음 거래일의 10시 이내에서 개시 위탁증거금 수준으로 예탁하도록 하는 증거금이다. 사전 위탁증거금과 달리 주문분에 대한 증거금은 없다.

사후 위탁증거금은 미결제약정분에 장 종료 후 수수일 전 순손실금액만 고려하면 되므로 거래증거금과 유사하며(②+④), 사전 위탁증거금의 경우 미결제약정분 외에 주문분에 대한 주문증거금과 당일 체결분 순손실 상당액과 장중 수수시한 전 순손실금액을 고려하여야 한다(Ⓐ+Ⓑ).

**사후 위탁증거금 : 적격기관투자자**

| Ⓑ 체결분 증거금 | |
|---|---|
| ② 미결제약정에 대한 순위험증거금(당일 기준) | + ④ 수수시한 전 순손실금액(인수도 결제금액 제외) |

회원은 거래소가 정한 위탁증거금액을 최소 수준으로 위탁자의 신용상태, 투자목적, 시장 상황 등을 감안하여 위탁증거금률, 계약당 위탁증거금액 및 위탁증거금 부과방식 등을 회원별 · 고객별 차등징수가 가능하다.

❺ 결제불이행 시 조치 : 거래소는 결제를 이행하지 아니한 회원에 대하여 매매거래를 정지할 수 있다. 매매거래를 정지 당한 회원이 보유한 미결제약정수량은 거래소가 지정하는 다른 회원에게 인계할 수 있고, 포지션은 거래소에 의해 청산된다. 거래소는 특정결제회원이 결제불이행할 경우 결제이행재원을 사용하여 이를 충당하며, 결제이행재원의 사용순서는 다음과 같다.

ㄱ. 결제불이행 회원의 재산

ㄴ. 거래소의 1차 결제적립금(파생상품시장의 경우 400억원)

ㄷ. 정상회원의 손해배상공동기금

ㄹ. 거래소의 2차 결제적립금(파생상품시장의 경우 2,800억원)

ㅁ. 정상회원의 추가공동기금

ㅂ. 거래소의 재산

## (3) 국내 주가지수선물 상품명세

❶ KOSPI 200 지수선물 : 1996년 5월 4일에 KRX에 상장된 KOSPI 200 선물의 거래대상은 KOPSI 200이다. 계약금액은 KOSPI 200 선물 가격에 거래승수 25만을 곱하여 산출한다. 예를 들어, KOSPI 200 선물 가격이 200.00이면 계약금액은 1계약당 200.00×25만인 5천만 원이다. 최소 호가단위는 0.05포인트(25만×0.05＝12,500원)이다. 결제월은 3, 6, 9, 12월이며, 최종 거래일은 각 결제월의 두 번째 목요일(공휴일인 경우 순차적으로 앞당김), 최종 결제일은 최종 거래일의 다음 거래일이며, 결제방법은 현금결제방식을 택하고 있다. 시장 안정화 장치로서 가격 제한폭과 프로그램 매매호가를 일시적으로 중단하는 제도(circuit breakers, side car 등)가 있다.

참고로, 거래승수가 5만인 미니코스피200선물도 상장되어 있으며, 결제월은 매월(상장 결제월은 연속 6월)이며, 호가가격단위는 0.02포인트이다.

**표 2-3 KOSPI 200 지수선물**

| 거래대상 | 코스피200지수(유가증권시장본부 발표) |
|---|---|
| 거래단위 | 코스피200지수 선물 가격×25만(거래승수) |
| 결제월 | 분기월 4개(3, 6, 9, 12월) |
| 상장결제월 | 3년 이내 7개 결제월(3, 9월 각 1개, 6월 2개, 12월 3개) |
| 호가단위 | 0.05 포인트(25만×0.05＝12,500원) |
| 거래시간 | 09:00~15:45(최종 거래일 09:00~15:20) |
| 최종 거래일 | 각 결제월의 두 번째 목요일(공휴일인 경우 순차적으로 앞당김) |
| 최종 결제일 | 최종 거래일의 다음 거래일 |
| 결제방법 | 현금결제 |
| 가격 제한폭 | 기준 가격 대비 각 단계별로 확대 적용<br>① ±8%  ② ±15%  ③ ±20% |
| 단일 가격경쟁거래 | 개장 시(08:30~09:00) 및 거래 종료 시(15:35~15:45) |
| 필요적 거래중단<br>(circuit breakers) | 현물 가격 급변 시 선물거래 일시 중단 및 단일가로 재개 |

출처 : www.krx.co.kr

❷ 코스닥150지수선물 : 2015년 11월 23일 KRX에 상장된 코스닥150지수선물은 거래대상이 코스닥150지수(시장대표성, 섹터대표성, 유동성 등의 기준으로 선정된 150개 종목으로 산출)이다. 거래단위 승수는 1만 원이며 호가단위는 0.1포인트(1천 원)이다.

표 2-4  **코스닥150지수선물**

| 거래대상 | 코스닥150지수(코스닥시장본부 발표) |
|---|---|
| 거래단위 | 코스닥150지수 선물 가격×1만 원(거래승수) |
| 결제월 | 분기월 4개(3, 6, 9, 12월) |
| 상장결제월 | 3년 이내 7개 결제월(3, 9월 각 1개, 6월 2개, 12월 3개) |
| 호가단위 | 0.1 포인트(1만 원×0.1＝1,000원) |
| 거래시간 | 09:00~15:45(최종 거래일 09:00~15:20) |
| 최종 거래일 | 각 결제월의 두 번째 목요일(공휴일인 경우 순차적으로 앞당김) |
| 최종 결제일 | 최종 거래일의 다음 거래일 |
| 결제방법 | 현금결제 |
| 가격 제한폭 | 기준 가격 대비 각 단계별로 확대 적용<br>① ±8%   ② ±15%   ③ ±20% |
| 단일 가격경쟁거래 | 개장 시(08:30~09:00) 및 거래 종료 시(15:35~15:45) |
| 필요적 거래중단<br>(circuit breakers) | 현물 가격 급변 시 선물거래 일시 중단 및 단일가로 재개 |

출처 : www.krx.co.kr

## section 02  선물 가격의 형성

### 1  선물의 이론 가격

현물 가격과 마찬가지로 선물 가격도 선물시장에서 선물의 매입(수요)과 매도(공급)의 크기에 의하여 결정된다고 말할 수 있다. 선물의 수요는 미래의 가격 상승 위험을 회피하기 위한 목적의 매입(헤지)수요와 미래의 가격 상승을 예상하여 이익을 얻으려는 투기수요로 나눌 수 있다. 그리고 선물의 공급은 미래의 가격 하락 위험을 회피하려는 선물의 매도(헤지)거래와 미래의 가격 하락을 이용하여 이익을 얻으려는 투기거래로부터 발생한다. 그런데 선물의 수요와 공급에 영향을 미치는 헤지거래는 현물거래의 결과에 따라 사전적으로 결정되기 때문에 투기거래가 선물 가격의 형성에 더 많은 영향을 미친다고 볼 수 있다. 특히 선물거래에서는 거래금액에 비하여 실제로 투자되는 자금(증거금)의 규모가 매우 적기 때문에 투기적인 수요와 공급이 선물시장의 가격 형성에 미치는 영향이 더욱 커지게 된다.

한편 선물계약은 만기일에 대상 현물을 인수도하는 약정이므로 현재 거래 시점에서 형성되는 미래의 가격인 선물 가격은 현물 가격과 밀접한 연관성을 가지게 된다. 즉, 선물계약의 만기일이 되면 선물은 현물이 되기 때문에 만기일의 선물 가격은 현물 가격과 동일하게 된다. 그러나 장래 선물계약의 만기일에 형성되는 현물 가격은 그 시점에서의 수급요인에 의하여 결정되기 때문에 만기일 이전의 현재 시점에서는 알 수 없다. 따라서 현재의 선물 가격이 장래 만기일의 현물 가격과 같을 수는 없다.

만약 시장에서 수요와 공급의 변동으로 현물 가격이 변하게 되면 장래의 예상 현물 가격도 같이 변하게 되며 그 결과 선물 가격이 영향을 받게 된다. 선물 가격과 현물 가격의 관계는 이와 같이 선물 가격이 장래 예상 현물 가격이라는 관점에서도 설명할 수 있지만 다음과 같이 차익거래모델(Arbitrage Transaction Model)을 이용하여 설명될 수 있다.

## (1) 보유비용(cost of carry)

선물시장에서 현물 가격과 선물 가격의 차이를 '베이시스(basis)'라 하며 이것의 크기는 선물계약의 만기일까지 현물을 보유하는 데 따라 발생하는 비용에 의해 결정된다. 이 비용을 보유비용이라고 하는데 특정 자산을 보유하는 데 따른 투자비용을 의미한다. 투자비용이란 특정 자산에 투자함에 따라 발생하는 모든 기회비용을 의미하는데, 이것은 특정 자산의 구입자금에 대한 이자비용과 그 자산을 일정기간 보유함에 따라 발생하는 비용(창고료, 보험료 등)으로 구성된다. 다만, 금융자산인 경우에는 자산을 보유하는 데 따라 특별한 비용이 발생하지 않기 때문에 투자비용은 자산의 구입자금에 대한 차입 이자비용만 고려하면 된다.

그러나 현물을 유지 보관할 때 반드시 비용만 발생하는 것은 아니며 수익이 발생하는 경우도 있다. 일반적으로 특정 자산을 구입하여 일정기간 동안 보유할 때 투자대상 자산이 상품인 경우에는 이자, 창고료, 보험료 등 비용만 발생하지만 금융자산인 경우에는 비용과 수익이 동시에 발생한다.

## (2) 캐리모델(carry model)

선물과 현물에 대한 투자는 대상물의 인수도 및 대금 지불 시점만 다를 뿐 실질적으로 투자대상물이 동일하고 선물의 최종 결제일에는 선물과 현물의 구별이 없어지게 된다. 따라서 이론적으로 보면 선물의 계약 시점부터 만기일까지의 기간 동안 선물과 현물에 투자할 경우 양투자방법의 투자수익(손실)은 동일해야 한다. 그렇지 않을 경우에는 선물시장과 현물시장 간에 차익거래가 발생하여 양 시장 간의 투자수익률을 동일하게 만들 것이다. 선물과 현물의 이러한 관계로부터 현물 가격을 기초로 한 선물이론 가격을 도출해 낼 수 있는데 그 과정은 다음과 같다.

예를 들어서 1년 후에 금 1온스를 확보하려고 한다면 다음과 같은 두 가지 대안을 생각해 볼 수 있다. 첫째는 선물계약의 만기가 1년인 금선물을 매입하는 방법이고, 둘째는 금을 현물로 매입하여 1년간 보관하는 방법이다. 첫째 대안의 투자비용은 선물 매입대금(선물 가격)이며, 둘째 대안의 투자비용은 현물 매입대금(현물 가격), 현물 매입대금(차입금)에 대한 1년간 이자비용과 현물의 1년간 보관비용을 합한 금액이다. 이론적으로 두 가지 대안의 투자결과는 동일하므로 각각의 투자비용은 같아야 한다. 이에 따라 다음과 같은 등식을 도출할 수 있다.

선물이론 가격＝현물 가격＋(현물 가격×차입 이자율)＋보관비용＝현물 가격＋순보유비용

위 식에 의하면 선물 가격은 현물 가격에 순보유비용을 더한 값이 된다. 이 경우에서는 현물을 보유함에 따라 수익이 발생하지 않기 때문에 비용만을 고려한 것이지만 만약 현물 보유수익이 발생할 경우에는 비용에서 수익을 차감한 순보유비용을 현물 가격에 가산한 값이 선물 가격이 된다.

이와 같이 현물 가격에 보유비용을 감안하여 선물의 이론 가격을 산정하는 방정식을 캐리모델(carry model)이라고 부른다. 그러나 모든 상품에 캐리모델을 적용하여 선물의 적정 가격을 구할 수는 없다. 이 캐리모델은 현재로부터 선물계약의 만기일까지의 기간 동안 상품의 양과 질이 변하지 않고 보관이 가능한 상품에만 적용할 수 있다. 생돈, 생우와 같이 시간이 경과함에 따라 성장 등으로 인해 질과 양이 변동하는 상품이나 저장이 어려운 상품에는 이 모델을 적용할 수 없다. 그러나 대부분의 일반상품이나 금융상품에는 캐리모델을 적용하여 선물의 적정 가격을 산출할 수 있다.

캐리모델에서 캐리(carry)를 '수익 − 비용'으로 정의하고 비용은 음(−)으로 수익은 양(+)으로 표기한다.

캐리모델에 의한 금융선물 가격의 결정 메커니즘을 이해하기 위하여 간단한 무차별 분석(indifference analysis)의 예를 들어보면 다음과 같다.

지금부터 6개월 후에 $100의 채권을 보유하는 방법은 두 가지를 생각할 수 있다. 첫째는 현물 채권을 매입하여 6개월간 보유하는 방법(투자방안 I)이 있고 둘째는 6개월 후에 인도되는 채권선물을 매입하는 방법(투자방안 II)이 있다. 만약 채권의 표면금리(coupon)가 12%, 차입금리가 6%, 채권의 시장 가격이 $100이라면 현물 채권을 매입하여 6개월간 보유하는 투자방안(I)의 총 투자금액은 다음과 같이 계산할 수 있다.

> 현물 채권 매입자금＝$100
> 6개월간 차입 이자비용＝$100×0.06/2＝$3
> 6개월간 표면금리 수입＝$100×0.12/2＝$6
> → 투자방안(I)의 총 투자금액＝$100＋$3−$6＝$97

투자방안(II)의 경우에는 만기가 6개월인 채권선물을 매입하여 6개월 후에 현물 채권을 인수하는 방법으로서 6개월 후에 현물 채권을 보유할 수 있다는 점에서 투자방안(I)과 무차별(indifference)하다. 따라서 투자방안(II)의 투자금액인 채권선물의 가격은 투자방안(I)의 투자금액인 $97과 동일하여야 한다.

만약 채권선물시장에서 만기 6개월의 채권선물이 적정 가격($97)보다 높은 수준인 $98의 가격으로 거래된다면 다음과 같은 차익거래가 발생하게 된다. 차익거래자(arbitrager)는 '저가 매입 고가 매도(buy low, sell high)' 원칙에 의하여 상대적으로 가격이 비싼 채권선물을 매도하고 동시에 현물을 매입한 후 선물계약의 만기 시점에서 보유하고 있던 현물 기초자산을 인도해 줌으로써 선물의 숏포지션(short position)을 청산한다.

표 2-5 | 캐리의 구성

| 상품선물 | 금융선물 |
|---|---|
| ① 창고료 (−) | ① 기대수익(표면이자, 배당수입) (+) |
| ② 보험료 (−) | ② 자금차입비용 (−) |
| ③ 자금차입비용 (−) | |

그 결과 차익거래자는 당초 선물 가격이 현물 가격에 비하여 보관비용 이상으로 고평가된 만큼의 차익거래이익($1)을 위험부담 없이 획득할 수 있다. 이러한 거래전략을 매수차익(cash & carry) 거래전략이라고 부른다. 가격의 불균형 상태를 이용하여 무위험(risk−free) 수익($1)을 획득하려는 차익거래자의 거래활동에 따라 현물시장에서는 현물에 대한 매입 수요가 증가함에 따라 현물의 가격은 상승하게 된다. 한편으로 선물시장에서는 선물의 공급이 늘어나면서 선물 가격이 하락하는 결과를 초래한다.

위와는 반대로 채권선물이 적정 가격($97)보다 낮은 수준인 $96의 가격으로 거래된다면 차익거래자는 상대적으로 가격이 싼 선물을 매입하는 동시에 현물을 매도하는 매도차익(reverse cash & carry) 거래전략을 통하여 무위험 수익을 획득할 수 있다. 이러한 매도차익거래에 따라 선물 가격은 상승하고 현물 가격은 하락하게 된다.

위와 같은 차익거래에 따른 가격의 조정과정은 선물 가격이 이론 가격(적정 가격)과 일치할 때까지 지속되어 결과적으로 선물 가격이 현물 가격에 순보유비용을 가산한 수준에 근접할 때에 비로소 현물시장과 선물시장이 균형 상태를 이루게 된다.

그러나 캐리모델은 선물시장과 현물시장 간의 차익거래 활동에 있어서의 제약조건에 따라 한계점을 갖는다. 예를 들어서 주가지수선물거래에서는 기초자산이 수많은 개별 주식으로 구성된 포트폴리오에 근거를 두고 있다. 이러한 주가지수선물계약의 경우에는 선물시장과 현물시장 간의 차익거래를 위하여 이론적으로 개별 주식을 모두 매매하여야 할 것이다. 그러나 지수구성 종목을 모두 한 번에 거래한다는 것이 불가능하기 때문에 차익거래를 실행하기 위해서는 주가지수의 변동과 밀접한 연관성을 가지고 있을 것으로 생각되는 소규모의 주식 포트폴리오(portfolio)를 구성하는 것이 상례이다. 차익거래자는 포트폴리오의 구성주식 종목 수를 가능한 축소하여 관리가 용이하게 하려고 할 것이지만 포트폴리오가 과도하게 축소되면 주가지수의 움직임을 제대로 반영하지 못하기 때문에 차익거래의 효율성이 크게 저하된다.

또한 주가지수선물시장의 현물/선물 차익거래는 비용이 많이 소요될 뿐만 아니라 상당히 복잡하기 때문에 현실적으로 많은 한계점을 갖는다. 이에 따라 지수선물의 가격은 전통적인 선물 가격 모델에 의하여 결정되는 이론적인 가격 수준과 상당히 괴리를 나타내는 것으로 알려져 있다. 그리고 현물 가격과 선물 가격의 불균형 상태를 이용하여 이익을 획득하려는 차익거래자는 차익거래에 소요되는 비용을 충분히 커버하고 난 후에 적정 수익을 얻을 수 있다는 확신을 가질 때 비로소 차익거래에 참여할 것이다. 따라서 실제로 시장에서 형성되는 선물 가격은 캐리모델에 의하여 계산된 이론 선물 가격에 차익거래비용을 가감한 범위 내에서 형성될 것이다.

이론 가격−차익거래비용≦선물 가격≦이론 가격＋차익거래비용

　일반적으로 주가지수선물의 차익거래에 소요되는 비용은 여타 금융선물의 차익거래비용보다 더 많기 때문에 주가지수선물 가격은 상대적으로 이론 가격으로부터 더 큰 괴리현상을 나타낸다. 실제로 선물시장에서 형성되는 선물 가격은 시장참가자들의 미래 주가 전망에 영향을 받아 강세(bullish)전망일 때는 상기 식의 상한선에 가깝게 형성될 것이며 약세(bearish)전망일 때는 하한선에 가깝게 형성될 것이다.

　이에 반하여 기대 가격 결정 모형(anticipatory pricing model)을 지지하는 사람들은 선물 가격이란 선물 계약 만기 시점의 현물 가격에 대한 선물시장 참가자들의 일치된 견해를 반영한 것이라고 주장한다.

## (3) 캐리의 특성과 시장 상황

　대부분의 일반상품선물이나 금융상품 중 주가지수선물, 저금리 국가 통화선물이 음(−)의 캐리값을 가지고 금리선물이나 고금리 국가 통화선물은 양(＋)의 캐리값을 가진다.

　먼저 일반상품의 경우에는 캐리(carry)를 구성하는 요소가 비용(−)만 있기 때문에 음(−)의 캐리값을 나타내며 주가지수선물의 경우에도 비용(−)인 단기자금 조달금리가 수익(＋)인 배당수익률보다 훨씬 크기 때문에 음(−)의 캐리값을 갖는다. 그리고 통화선물의 경우에는 선물거래 대상통화를 보유하기 위해서는 자국 통화의 단기금리만큼 투자기회를 포기해야 하기 때문에 캐리를 구성하는 비용(−)은 자국 통화의 단기 이자율이 되고 수익(＋)은 당해 통화의 단기 이자율이 된다. 따라서 자국 통화보다 낮은 금리의 통화선물은 음이 캐리값을 갖는다.

　한편 금리선물의 경우에는 정상적인 자금시장, 즉 정상 수익률 곡선(normal yield curve)하에서는 양의 캐리값을 갖는다. 장기채권(T-bond) 및 중기채권(T-note)선물에서는 캐리를 구성하는 수익(＋)은 채권의 표면금리(coupon rate)이고 비용(−)은 채권을 매입하기 위한 자금조달 금리이다. 표면금리는 장기금리이고 조달금리는 단기금리인데 일반적으로 정상적인 자금시장에서는 장기금리가 단기금리보다 높기 때문에 양(＋)의 캐리값을 갖는다. 그리고 단기채권(T-bill)이나 유로달러(Eurodollar)와 같은 단기금리선물의 경우에도 단기금리선물의 만기인 3개월물 금리가 1일물 등 초단기금리보다 높기 때문에 양(＋)의 캐리값을 갖는다. 마지막으로 자국 통화 금리보다 높은 고금리 통화선물의 경우에도 양(＋)의 캐리값을 갖는다.

## 표 2-6 선물거래대상 상품별 정상시장(normal market)

| 先高型 : 음의 캐리(negative carry) | 先低型 : 양의 캐리(positive carry) |
| --- | --- |
| ① 대부분의 일반상품선물<br>② 주가지수선물<br>③ 자국 통화에 비해 저금리 통화선물 | ① 금리(채권 및 단기금리)선물<br>② 자국 통화에 비해 고금리 통화선물 |

음(-)의 캐리값을 갖는 상품선물의 경우에는 캐리모형에 의해 선물 가격이 현물 가격보다 높고 선물 가격 중에서도 원월물이 근월물보다 높은 선고형(先高型)의 시장이 정상이고 양(+)의 캐리값을 갖는 상품의 경우에는 선물 가격이 현물 가격보다 낮고 선물 가격 중에서도 원월물로 갈수록 가격이 낮아지는 선저형(先低型)의 시장이 정상이다.

그러나 주가지수선물과 같이 이론적으로는 음(-)의 캐리값을 가져 현물보다는 선물이, 근월물(near-by months)보다 원월물(deferred months)이 높은 선고형의 시장이 정상임에도 불구하고 때로는 원월물로 갈수록 가격이 낮게 형성되는 경우가 있다. 이와 같은 시장 상황을 비정상시장(inverted market)이라고 한다.

〈표 2-6〉과 같이 대부분의 일반상품선물, 주가지수선물, 자국 통화 금리보다 저금리의 통화선물인 경우에는 이론적으로 선고(先高)상태가 정상시장(normal market)이라 할 수 있다. 그리고 T-bond선물 등 금리선물과 저금리 통화선물의 경우는 선저형 상태가 정상시장이다.

한편 어떤 선물시장에서도 실제 선물 가격이 캐리모형에서 구할 수 있는 이론적인 적정가치를 반영하여 형성되는 경우는 극히 드물다. 실제 선물 가격에는 적정가치에 반영되는 캐리(carry)외에도 결제월의 만기 시점에서 현물의 수급예상 등에 대한 시장의 기대(market expectations)가 주요 변수로 작용한다. 이에 따라 실제 선물 가격은 캐리모델에 의하여 계산되는 이론 선물 가격과 일치하지 않게 되며 선물시장에서 선물 가격이 현물 가격과 비정상적인 관계를 형성하게 된다. 그리고 선물계약의 만기일이 가까워질수록 캐리를 구성하는 비용과 수익의 크기가 감소(decay)하는 현상이 나타나기 때문에 선물 가격은 점차 현물 가격에 근접하게 된다. 결과적으로 만기일이 다가올수록 현물 가격과 선물 가격의 차이인 베이시스는 영(0)에 접근하게 되며 최종적으로 만기일이 되면 선물은 현물이 되기 때문에 선물 가격은 현물 가격과 동일하게 된다. 이러한 현상을 선물 가격의 현물 가격에 대한 수렴 현상(convergence)이라고 부른다.

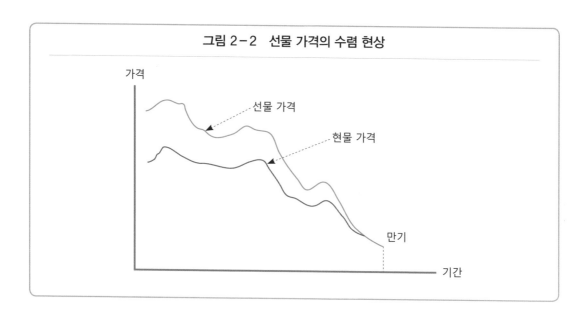

그림 2-2 선물 가격의 수렴 현상

가격

선물 가격

현물 가격

만기

기간

장기금리선물의 가격

장기금리선물의 가격결정 원리는 기본적으로 선물매입 순비용과 현물매입 순비용이 균형을 이루어 무차별해야 한다는 것이다. 즉, 장기금리선물의 균형 가격은 금리전망 등 기타 요인을 고려하지 않을 경우 현물 가격에서 표면금리와 단기차입금리의 차이를 가감한 것이 된다. 선물 매도자가 현물 채권을 매입하여 선물계약의 만기까지 보유한 후 선물계약의 만기 시에 선물 매입자에게 인도해 줄 경우 시장이 효율적이어서 균형 상태에 있다면 아무런 손익이 없을 것이기 때문이다.

이때 표면금리수입에서 단기차입금리를 차감한 값을 현물보유손익(cost of carry)이라고 한다. 따라서 이론선물 가격은 현물 가격에서 현물 보유손익을 차감한 값이 된다.

현물 보유손익＝표면이자 수입(coupon)－차입금융비용(financing cost)
이론선물 가격＝현물 채권 가격－보유손익
　　　　　　＝현물 채권 가격－(표면이자수입－차입금융비용)
　　　　　　＝현물 가격＋차입금융비용－표면이자수입

한편 보유손익(carry)이 양(+)일 경우, 즉 이자수입이 차입금융비용보다 클 경우 선물 가격은 현물 가격보다 작게 된다. 이처럼 현물 채권 매입자금의 조달금리가 최저가 인도 채권(CTD)의 표면금리보다 낮은 포지티브 캐리(positive carry)상황에서 선물 가격은 원월물로 갈수록 낮아지게 된다.

반대로 표면금리가 단기조달금리보다 작을 경우 보유손익은 음(−)이 되는데 이를 네거티브 캐리(negative carry)라고 한다. 일반적으로 조달금리는 RP를 기준으로 하는데 이는 채권딜러가 CTD채권을 매입한 후 이를 담보로 RP거래를 이용하여 현물 채권 매입자금을 조달할 수 있기 때문이다.

선물 가격과 인도 가능한 현물 채권의 가격은 서로 밀접한 연관이 있지만 이들 가격 간에는 항상 차이가 발생한다. 이 차이가 현물 보유손익(cost of carry)을 반영하는 것이다. 앞에서 설명한 바와 같이 캐리모형에서는 선물 가격에 선물계약 만기일까지 당해 현물을 보유하는 데 따른 보유손익을 차감한 것이 선물 가격이라고 본다. 즉, 캐리모델에서는 예상 선물 가격($F$)은 당해 현물을 선물계약의 만기까지 보유하는 데 수반되는 손익을 포함한 현물 가격($S$)과 동일하다고 가정한다. 즉, 이것은 현물 가격에 금융비용($r$ : 단기 시장이자율)을 가산하고 현물 보유수입이자($d$ : 현물 보유이자율)를 차감한 후 잔존만기까지의 시간적 가치($t$)를 고려하는 것이다. 단리(simple interest)조건하에서 캐리모형은 다음과 같이 계량화할 수 있다.

$$F = S[1 - (-r + d)t]$$

여기서, $F$ : 예상 선물 가격

$S$ : 현물 가격

$r$ : 단기 시장이자율(금융비용)

$d$ : 채권 표면이자율

$t$ : 선물계약기간

### 예시

표면금리가 12%($d$)인 채권이 현물시장에서 \$100에 거래되고 있으며 단기 시장이자율이 6%($r$)일 때 선물계약 만기까지 6개월($t = 0.5$년) 남았다면 이 채권의 예상 선물 가격은 다음과 같이 산출된다.

$$F = \$100[1 - (-0.06 + 0.12) \times 0.5] = \$97$$

그러나 연속적 복리(continuous compounding)조건하에서 캐리모형은 다음과 같이 변형된다.

$$F = Se^{(r-d)t}$$

상기 예제에서 이자를 연속적 복리로 계산한다면 예상 선물 가격은 다음과 같이 산출된다.

$$F = \$100e^{(0.06-0.12)0.5} = \$97.04$$

이와 같이 연속적 복리계산방법을 적용하게 되면 포지티브 캐리시장에서는 현물 가격에 대한 선물 가격의 할인폭이 줄어들게 되고, 네거티브 캐리시장에서는 현물 가격에 대한 선물 가격의 할증폭이 커지게 된다. 다시 말해서 복리계산방식에 의하면 단리계산방식보다 예상 선물 가격이 약간 높게 나오기 때문에 현물 보유손익이 양인 경우 베이시스가 줄어들고 음의 경우 베이시스가 조금 크게 나타난다.

## 3 단기금리선물의 가격

단기금리선물의 가격은 시장참가자들의 미래 금리 수준에 대한 기대를 나타내는 수익률곡선(yield curve)의 만기별 금리구조를 분석함으로써 추정할 수 있다. 이자율의 만기구조(term structure of interest rates)는 발행자의 신용도 등 조건이 동일한 채권의 만기별 이자율을 도표로 나타낸 수익률 곡선의 형태로 표시할 수 있다. 유동성 선호(liquidity preference)이론에 의하면 정상적인 자금시장에서는 채권의 만기가 증가하면 수익률도 증가하며 초기의 만기에서는 수익률이 급격히 증가한다. 일반적으로 단기채권은 장기채권보다 위험이 적기 때문에 상대적으로 더 큰 가치를 가지게 되며 이에 따라 더 낮은 수익률을 나타내게 된다. 이러한 경우 수익률 곡선은 우상향을 보이는데 이를 정상 수익률 곡선(normal yield curve)이라고 한다. 반대로 단기자금시장에 극심한 자금수급 불균형 등에 따라 비정상적으로 장기금리가 단기금리보다 낮은 우하향의 역전 수익률 곡선(inverted yield curve)이 나타나는 경우도 발생한다.

이와 같은 수익률 곡선의 만기별 이자율 구조를 분석하면 미래의 이자율에 대한 시장의 기대치를 추정할 수 있다. 현재로부터 2년간 투자수익률과 1년간 투자수익률을 알고 있을 경우 지금부터 1년 후에 투자할 만기 1년의 채권에 대한 수익률은 다음과 같이 추정할 수 있다.

지금부터 2년간 채권에 투자하는 방법은 크게 두 가지 방안이 있다. 첫째는 1년물 채권에 투자하여 1년 후 만기 시점에서 취득한 원리금을 1년간 재투자하는 방법(투자방안 I )이 있다.

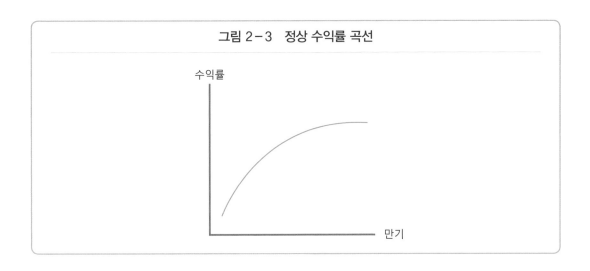

그림 2-3  정상 수익률 곡선

수익률

만기

둘째는 2년물 채권을 매입하여 한 번에 2년간 투자하는 방법이 있다(투자방안Ⅱ). 채권시장이 효율적이고 균형을 이루기 위해서는 위의 두 가지 투자방안으로부터 기대할 수 있는 수익률이 동일해야 한다. 만약 어느 한 쪽의 투자수익률이 다른 쪽보다 높거나 낮으면 무위험 수익을 획득하려는 차익거래가 발생하여 양 투자방안의 수익률을 동일하게 만들어 줄 것이다. 예를 들어서 투자방안Ⅰ의 수익률이 투자방안Ⅱ의 수익률보다 높다면 투자자들은 2년간 차입하여 투자방안Ⅰ과 같이 투자하려는 차익거래가 일어날 것이다. 그 결과 2년간의 이자율을 상승하게 되고 투자방안Ⅰ의 수익률은 하락하게 되는데 이러한 현상은 양 투자방안의 수익률이 동일하게 될 때까지 지속될 것이다. 그 반대의 경우에도 차익거래를 유발하여 균형 상태로 옮아가게 된다. 이에 따라 다음과 같은 균형식을 유도할 수 있다.

$$A(1+R_{0,1})(1+R_{1,1})=A(1+R_{0,2})^2 \qquad (2-1)$$

여기서, $R_{0,1}$ : 현재로부터 1년간 투자수익률

$R_{1,1}$ : 1년 후 1년간 투자수익률

$R_{0,2}$ : 현재로부터 2년간 투자수익률

$A$ : 투자금액

따라서 현재로부터 1년 후의 1년간 투자수익률은 다음과 같이 계산할 수 있다.

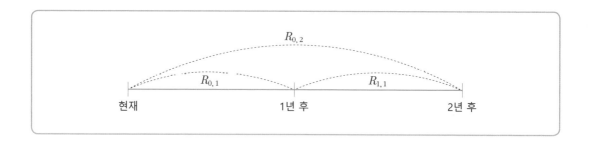

$$1 + R_{1,1} = \frac{(1 + R_{0,2})^2}{1 + R_{0,1}}$$

$$R_{1,1} = \frac{(1 + R_{0,2})^2}{1 + R_{0,1}} - 1$$

예를 들어서 현재 채권시장에서 만기 1년짜리 채권의 수익률이 8%이고 만기 2년짜리 채권의 수익률이 9%라면 지금부터 1년 후에 거래될 만기 1년짜리 채권의 수익률은 상기 공식을 이용하여 다음과 같이 계산할 수 있다.

$$R_{1,1} = \frac{(1 + 0.09)^2}{1 + 0.08} - 1$$
$$= 0.10009$$

이와 같이 현재 채권시장에서 형성된 만기가 상이한 2개의 채권의 수익률로부터 추정한 미래 일정기간의 기대 이자율을 내재선도금리(implied forward rate : IFR)라고 부른다. 내재선도금리는 다음과 같은 간편식을 이용하여 계산할 수 있다.

$$IFR = \frac{(L \times I) - (s \times i)}{L - s} \qquad (2-2)$$

여기서, $I$ : 장기채권의 수익률

$i$ : 단기채권의 수익률

$L$ : 장기채권의 만기

$s$ : 단기채권의 만기

앞의 예에서 이 간편식을 이용하여 내재선도금리를 계산해 보면 다음과 같다.

$$IFR = \frac{(2 \times 9\%) - (1 \times 8\%)}{2-1} = 10\%$$

앞서 보는 바와 같이 간편식 (2-2)를 이용하여 계산한 내재선도금리(10%)는 식 (2-1)을 이용하여 계산한 금리(10.009%)와 비슷한 수준이라는 것을 알 수 있다.

<br>

## 4 통화선물의 가격

### 1) 가격결정의 기본원리

자본 및 외환거래에 대한 제한이 없고 자국 통화가 국제화되어 있는 나라들에 있어서 선물환율은 현물환율을 기초로 하여 선물환 거래의 만기까지 양 통화의 금리차를 반영하여 결정된다. 일반상품의 선물 가격은 실물의 보관에 따르는 보험료, 보관료 등이 가격결정요소가 되는 데 비하여 통화선물시장에서는 차입 및 대여가 자유롭기 때문에 추가적인 보관비용이 발생하지 않고, 거래비용이 작아 대체로 양 통화의 금리차이만 선물환율에 영향을 주게 된다.

선물환율과 현물환율의 관계는 금리평가이론(Interest Rate Parity : IRP)에 의해 설명할 수 있다. 예를 들어 1억 원을 가지고 있는 투자자가 한국과 미국에 투자하는 방법을 생각해 보자. 만약 한국과 미국 간의 자금이동에 규제가 없다면 1억 원을 1년간 투자한 결과 양국에서의 투자수익은 동일해야 한다. 만약 양국의 투자수익이 서로 다를 경우에는 투자수익률이 상대적으로 낮은 국가에서 차입하여 투자수익률이 높은 국가에 투자함으로써 무위험 이익을 얻기 위한 차익거래가 발생할 것이다. 이에 따라 양국의 수익률은 동일한 수준으로 조정이 되어 균형 상태로 복귀하게 된다. 이것을 수식으로 설명하면 다음과 같다.

$$KRW\ 1억(1+i) = \frac{KRW\ 1억}{S}(1+i^*)F$$

$$단,\ i : 한국\ 금리$$

$$S : 현물환율(KRW/\$)$$

$$i^* : 미국\ 금리$$

$$F : 선물환율$$

$$\frac{F}{S} = \frac{1+i}{1+i^*}$$

$$\frac{F}{S} - 1 = \frac{1+i}{1+i^*} - 1$$

$$\frac{F-S}{S} = \frac{(1+i)-(1+i^*)}{1+i^*} = \frac{i-i^*}{1+i^*}$$

$$F = S + S(i-i^*)$$

$$(\because 1+i^* \fallingdotseq 1)$$

선물환 기간을 감안하여 위 식을 다시 정리하면 다음과 같다.

$$\frac{F-S}{S} = \frac{(i-i^*)d/360}{1+i^* \times d/360}$$

$$F = S + S\frac{(i-i^*)d/360}{1+i^* \times d/360}$$

상기 식에서 알 수 있는 바와 같이 선물환율은 양국의 금리 차이에 의하여 결정된다. 만약 미국 금리가 한국 금리보다 낮으면($i > i^*$) 선물환율은 현물환율보다 크게 되는데 이러한 경우를 선물환율은 현물환율에 프리미엄(premium)상태에 있다고 한다. 반대의 경우에는($i < i^*$) 선물환율은 현물환율에 디스카운트(discount)상태에 있다고 부른다. 현물 및 선물환율과 금리의 관계를 요약하면 저금리 통화의 선물환율은 현물환율에 프리미엄 상태로 형성되며 고금리통화의 선물환율은 현물환율에 디스카운트상태로 형성된다.

## 2) 통화선물의 이론 가격

선물환시장에서 현물환율과 선물환율의 차이를 포워드 마진(forward margin) 또는 포워드 디

퍼렌셜(forward differential)이라고 부르는데 국내 딜러들은 이것을 스왑레이트(swap rate)로 사용한다. 앞에서 설명한 금리평가이론에 따르면 이 스왑레이트는 환율에 관련된 양 통화국의 금리차이에 의하여 결정된다.

스왑레이트는 다음의 공식에 의하여 계산할 수 있다.

> 스왑레이트 = 현물환율 × (유로달러금리 − 유로통화금리) × $\dfrac{\text{만기일}}{360^*}$
>
> (*국제적인 관례에 따르면 유로(Euro), 일본 엔(JY), 스위스 프랑(SF)의 경우에는 1년을 360일로 계산하고 영국 파운드(BP), 오스트레일리아 달러(A\$), 캐나다 달러(C\$)의 경우에는 1년을 365일로 계산한다)

여기서 미국 입장에서 통화선물 가격은 미국식(American style)으로 표시되기 때문에 현물환율은 달러 이외의 통화 1단위에 대한 달러 가치로 표시한다. 유로달러와 유로통화(Euro−currency)의 금리는 선물계약의 만기일과 동일한 만기물의 통화에 대한 금리이다.

 예시 1

○○년 3월 19일 현재 유로달러 및 유로파운드화의 금리, 영국 파운드화의 현물환율이 아래와 같이 형성되어 있을 때 June British Pound 선물(계약 만기일 : ○○년 6월 18일)의 이론 가격은?

(풀이)

- 3개월 유로통화 금리

 Euro dollar : 7 11/16%

 Euro pound : 13 15/16%

- 영국 파운드의 현물환율 : \$1.9098

 먼저 June British Pound 선물 가격과 현물 가격의 차이인 스왑레이트는 다음과 같이 계산한다.

$$
\begin{aligned}
Swap\ rate &= 1.9098 \times (0.076875 - 0.139375) \times \frac{91}{365} \\
&= \frac{1.9098 \times (-0.0625) \times 91}{365} \\
&= -0.0298
\end{aligned}
$$

따라서 June British Pound 선물 가격은 1.8800(1.9098 − 0.0298)이 된다. 즉, 영국 파운드화가 고금리 통화이기 때문에 선물환율(가격)은 현물환율에 디스카운트로 형성된다.

위의 예에서는 환율과 금리가 단일 가격으로 표시된 경우이다. 그러나 실제 외환시장과 단기금융시장의 모든 자금거래에서는 매입자와 매도자 사이에 딜러(dealers)가 개재되어 가격이 복수로 고시(two-way quote)된다. 즉, 외환시장에서 환율은 매입율(bid rate)과 매도율(offer rate), 자금시장에서는 차입이자율과 운용이자율이 동시에 고시된다. 이와 같은 가격 구조 때문에 적정 선물 가격은 단일 가격으로 고시되기보다는 차익거래를 발생시키지 않는 일정한 가격 범위 내에서 형성된다.

현실적인 환율과 금리구조를 토대로 통화선물의 적정 가격을 계산해 보면 다음과 같다.

### 예시 2

○○년 5월 6일 현재 독일 마르크(DM)화 현물환율과 3개월 유로달러 및 마르크의 이자율이 아래와 같이 형성되어 있을 때 101일 후에 만기가 도래되는 December DM의 이론 가격은?

(풀이)

- 3개월 유로통화 금리

  Euro Dollar : 5.5625−5.6875%

  Euro Mark : 9.125−9.250%

- 현물환율(DM/$) : 1.7157−1.7162

통화선물의 가격이 금리평가이론에 근거한 적정 가격 범위를 벗어날 경우에는 무위험 차익을 획득하기 위한 차익거래가 발생하게 되는데 선물 가격이 적정 가격보다 과대평가되어 있는 경우와 과소평가되어 있는 경우로 나누어 보면 다음과 같다.

첫째, 선물 가격이 과대평가된 경우에는 현물 가격은 상대적으로 과소평가되어 있다는 것을 의미하기 때문에 '저가 매입 고가 매도(buy low, sell high)'원칙에 의하여 선물을 매도하는 동시에 현물을 매입하는 차익거래(cash & carry)가 발생한다.

둘째, 선물 가격이 과소평가된 경우에는 반대로 선물을 매입하는 동시에 현물을 매도하는 차익거래(reverse cash & carry)를 실행하게 된다.

### (1) 통화선물 가격의 과대평가 시 차익거래(DM선물 매도 & DM현물 매입)

위의 예시 2에서 DM현물을 매입하기 위해 필요한 $자금을 선물계약의 만기일까지 101일간 차입할 경우 원리금은 다음과 같다. 1달러를 차입한다고 가정할 경우 달러화의 차입금리는 딜러의 운용이자율(offer rate)인 5.6875%가 적용되며 유로시장에서는 1년을 360일로 계산한다 (money market basis).

$$1 + 0.056875 \times \frac{101}{360} = \$1.01596$$

그리고 위에서 차입한 1달러로 DM을 매입하여 101일간 보유할 경우에 적용환율은 딜러의 DM매도율($매입율)인 1.7157이 되고 DM 운용금리는 딜러의 차입이자율(bid rate)인 9.125%가 된다. 이에 따라 DM 현물보유에 따른 기대수익은 다음과 같이 계산된다.

$$1.7157 \left( 1 + 0.09125 \times \frac{101}{360} \right) = DM1.75962$$

만약 DM선물(만기 101일)을 매도함과 동시에 차입한 $를 DM(현물)으로 환전하여 선물계약의 만기까지 보유한다면 만기 시점에서 선물의 매도자는 DM(현물)을 인도하고 선물 가격에 상당하는 $를 받게 된다. 이와 같은 일련의 거래에서 차익이 발생하지 않는 균형 선물 가격은 $자금의 차입 원리금과 DM자금의 보유 기대수익을 동일하게 만들어 주는 환율, 즉 $\frac{1.75962}{1.01596}$ $= DM1.7320/\$$이 된다.

만약 선물계약의 만기 시점에서 DM선물의 매도자가 1.75962DM을 인도하는 대가로 1.01596달러 이상을 얻을 수 있다면 재정거래 이익이 발생하기 때문에 만기 101일의 $선물환율은 1.7320DM보다 커야 된다. 통화선물의 가격은 1DM당 $로 표시(American terms)되기 때문에 DM선물 가격은 1/1.7320 = 0.5774달러보다 낮아야 한다.

즉, 위와 같은 금리 및 환율구조 아래서 DM선물 매도 및 DM현물 매입의 차익거래의 기회가 존재하지 않기 위해서는 DM선물 가격이 0.5774달러보다 작아야 한다.

## (2) 통화선물 가격의 과소평가 시 차익거래(DM선물 매입 & DM현물 매도)

위의 예시 2에서 DM선물의 매입자는 먼저 DM현물의 매도 포지션(short position)을 창출하기 위해 DM(현물)을 차입하여 이 자금을 $를 대가로 매도한다. 그리고 이때 취득한 달러자금을 선물계약의 만기(101일)까지 운용한다. 선물계약의 만기일이 되면 DM선물 매입자는 매도자로

부터 DM을 인수하는 대가로 선물 가격에 해당하는 달러를 지급해야 한다. 따라서 DM선물 매입자는 그동안 운용한 달러자금의 원리금을 선물 매입자에게 지급하고 인수한 DM(현물)으로 차입금을 상환함으로써 현물과 선물의 모든 포지션이 청산된다.

❶ 먼저 1DM의 차입 원리금은 다음과 같이 계산할 수 있다.

$$1 + 0.0925 \times \frac{101}{360} = 1.02595 DM$$

❷ 현물환시장에서 1DM으로 0.5827달러$\left(\frac{1}{1.7162}\right)$를 매입할 수 있으며 이 자금을 101일간 운용한 수익은 다음과 같다.

$$0.5827\left(1 + 0.055625 \times \frac{101}{360}\right) = 0.5918달러$$

따라서 선물계약의 만기일(101일 후)에 선물 매도자가 매입자에게 0.5918달러를 지급하고 1DM의 차입 원리금인 1.02595DM 이상을 인수하게 되면 차익거래 이익이 발생한다. 그러므로 달러환율은 1.7336DM$\left(\frac{1.02595}{0.5918}\right)$보다 작아야 하며 DM선물 가격은 0.5768달러$\left(\frac{1}{1.7336}\right)$보다 높아야 한다.

❶, ❷의 경우를 종합해 보면 차익거래기회가 발생하지 않는 DM선물의 적정 가격은 0.5768~0.5774달러의 범위 내에서 결정되어야 한다.

---

| 5 | 주가지수선물의 가격 |

## (1) 가격결정의 기본원리

주가지수선물에서는 기초자산(underlying assets)이 해당 주가지수를 구성하는 주식들이기 때문에 현물 보유비용은 주식매입에 필요한 금융비용이 되며 보유수입은 선물계약의 만기 시점에서 환산된 미래가치인 배당수입이다. 따라서 순보유비용을 계산할 때에는 주식으로부터 배당수익이 발생하기 때문에 이자비용에서 배당수익을 차감한 잔액만을 고려하여야 한다. 주가지수선물의 이론 가격은 다음과 같이 정의할 수 있다.

주가지수선물의 이론 가격 = 현물 주가지수 − (배당수익 − 이자비용)

$$F = S_0 - S_0(d-r)\frac{t}{365} = S_0(1 + (r-d)\frac{t}{365})$$

여기서, $F$ : 주가지수선물 이론 가격

$S_0$ : 현물 주가지수

$r$ : 이자율

$d$ : 배당수익률

$t$ : 만기까지의 잔존일수

위의 계산식에 포함된 주가지수선물 이론 가격의 결정요소는 다음과 같이 주가지수의 변동에 영향을 미친다.

첫째, 현물 주가지수가 상승하면 이론 선물 가격도 상승한다.

둘째, 이자율이 높을수록 선물 가격도 상승한다.

셋째, 대상지수의 배당률이 높을수록 순보유비용의 크기가 작아지기 때문에 이론 선물 가격은 낮아진다.

넷째, 잔존만기일수가 길수록 선물 가격은 높아진다.

### 예시 1

현재 KOSPI 200지수가 100.07이고 3개월 만기 CD수익률이 15.2%, 배당수익률이 0.2%일 때 6월물 주가지수선물의 이론 가격($F$)은? (만기일 : 85일)

(풀이)

$$F = 100.07 - 100.07(0.002 - 0.152)85/365 = 103.57$$

이 주가지수선물의 9월물 이론 가격($F$)은 다음과 같이 계산된다(만기일수 : 196일).

$$F = 100.07 - 100.07(0.002 - 0.152)196/365 = 108.13$$

> **예시 2**

미래 특정 시점($T$)에 주식 포트폴리오를 보유하기 위해서는 다음과 같은 두 가지의 전략이 가능하다.

① 주식을 매입하여 $T$시점까지 보유하거나

② $T$시점이 만기(인수도일)인 주가지수선물의 매입계약을 체결하고 주식 매입대금은 $T$시점까지 무위험 자산에 투자한다.

전략 ①의 투자수익($R_1$) $= S_T - S_t + D$

전략 ②의 투자수익($R_2$) $= F_T - F_t + r \cdot S_t$

$S_T$ : $T$시점의 주가, $S_t$ : 현재의 주가, $D$ : $T$시점까지

$F_T$ : $T$시점의 선물 가격, $F_t$ : 현재의 선물 가격, $r$ : $(T-t)$기간의 이자율

①, ②의 투자전략은 투자비용과 위험이 같기 때문에 투자수익이 동일해야 한다. 만약 그렇지 않으면 무위험 이익을 얻을 수 있는 차익거래가 발생하고 이로 인하여 수익은 서로 같아진다.

$$S_T - S_t + D = F_T - F_t + r \cdot S_t$$

그런데 만기의 선물 가격($F_T$)은 현물 가격($S_T$)과 같기 때문에 주가지수선물 가격은 아래와 같이 정의할 수 있다.

$$F_t = S_t \cdot (1+r) - D$$

## (2) 베이시스와 주가지수선물 가격

베이시스(basis)란 선물지수와 현물지수의 차이를 말한다. 즉, $t$시점에서의 베이시스는 다음과 같이 정의할 수 있다.

$$B_t = F_t - S_t$$

시장이 균형 상태에서는 베이시스는 보유비용과 같아진다. 일반적으로 이자율은 배당수익률보다 크기 때문에 베이시스는 ( + )일 확률이 높다. 즉, 선물지수는 현물지수에 비해 프리미엄(premium)부로 거래된다. 이러한 시장을 정상적 시장(normal market)이라고 하며 이때의 베이시스를 콘탱고(contango)라고 한다. 반대로 베이시스가 ( − )일 때를 역조시장(inverted market)이라고 하며 이때의 베이시스를 백워데이션(backwardation)이라고 한다.

선물지수의 이론 가격의 공식을 보면 만기가 다가오면 이론 가격은 현물지수에 접근함을 알 수 있다. 이를 베이시스의 수렴(convergence)현상이라고 하며 지수선물의 만기에는 선물은 현물지수로 결제되기 때문에 만기에서의 베이시스는 '0'이 된다.

## (3) 거래비용과 주가지수선물의 가격

미국의 경우 1982년 주가지수선물거래가 거래된 이후 실제 지수선물의 가격 움직임은 이론 적인 선물지수와 유사한 움직임을 보였다. 그러나 가끔 선물 가격이 이론 가격으로부터 괴리 되어 움직이는 경우도 발생하였다. 이는 선물지수에 영향을 미치는 요인들을 보는 시각이 투 자자의 입장에 따라 다르게 나타나기 때문인데 가장 큰 요인은 거래비용(transaction cost)이라고 할 수 있다.

거래비용은 유가증권 매매 시 증권회사나 선물중개회사에 지불하는 위탁수수료(brokerage commission), 매수 ― 매도 호가차이(bid-ask spread)에 의한 시장압박비용(market impact cost) 등을 들 수 있다.

## (4) 배당과 지수선물의 가격

대부분의 주가지수는 배당을 고려하지 않기 때문에 배당은 선물지수의 가격에 복잡한 영향 을 미치게 된다. 특히 미국의 경우는 대부분의 기업이 1년에 배당을 4회 실시하기 때문에 배 당의 고려가 중요한 가격 결정요인으로 작용한다.

지수선물의 이론 가격 계산 시 고려하는 배당은 1년 보유를 전제로 한 평균배당수익률이 아니라 해당 선물의 만기까지의 배당수익률이다. 이를 고정만기 배당수익률(fixed-maturity dividend yield)라고 하며 지수선물의 만기까지 지수구성 전 종목의 각각의 배당액을 계산한다. 만약 많은 종목의 배당이 특정한 시점에 분포되어 있는 경우에는 일시적으로 배당수익률이 이자율을 초과할 수 있다. 이 경우에는 지수선물의 이론 가격은 현물지수보다 낮아야 한다. 이러한 상황에서는 근월물은 디스카운트로, 원월물은 프리미엄으로 거래되는 경우도 있다. 또한 고정만기 배당수익률의 예상치는 과거치에 의존하기 때문에 실제치와 차이가 나타날 수 있어서 더욱 문제를 복잡하게 만들 수 있다.

**선물거래의 활용**

금융선물거래는 거래자의 거래참여 동기에 따라 크게 헤지(hedge)거래와 투기(speculation)거래로 구분할 수 있다.

헤지거래란 현재 보유하고 있거나 미래에 보유할 예정인 자산의 가치 하락을 초래하는 가격 변동 위험을 없애거나 축소하려는 거래행위로 정의할 수 있다. 선물거래를 통한 헤지방법은 현물 포지션(spot 또는 cash position)과 반대되는 포지션을 선물시장에서 취득하는 것이다. 그리고 투기거래는 미래의 가격 변동 방향을 예측하여 이를 토대로 선물을 매입 또는 매도함으로써 차익을 획득하려는 거래전략이다. 투기자(speculator)는 가격 변동 위험을 기꺼이 부담하면서 가격이 상승할 것으로 전망되면 선물을 매입하고 하락할 것으로 예상되면 선물을 미리 매도함으로써 시세차익을 얻으려는 거래자이다. 물론 당초 예상과는 반대로 가격이 변동할 경우에는 손실을 보게 된다.

## 1 헤지거래

### 1) 선물헤지의 개념

현물시장에서 거래자가 직면하는 위험에는 다양한 종류가 있지만 특히 여기서 다루는 위험은 가격 변동으로부터 발생하는 위험을 말한다. 가격 변동 위험을 관리하기 위하여 많은 거래자들은 선물시장을 이용하는데 이러한 거래자들을 헤저(hedger)라고 부르며 그들의 거래를 헤지거래라고 한다.

헤지거래란 현재 또는 예정된 현물 포지션에 있어 발생하는 가격 변동 위험을 없애거나 줄이기 위한 행위를 말한다. 선물을 이용할 경우 헤지거래는 현재 보유하고 있거나 장래 보유할 예정인 현물 포지션에 대해 선물시장에서 현물과 반대포지션을 취하는 거래를 말한다. 이러한 거래를 통하여 현물 포지션에서 발생할 수 있는 손실이나 이익을 반대포지션을 취한 선물에서 발생하는 이익이나 손실로 상쇄함으로써 가격을 고정시키는 것이다. 그 결과 헤저는 불리한 가격 변동 위험을 경감시키기 위하여 유리한 가격 변동으로부터 얻을 수 있는 기대이익을 포기하게 된다.

## 2) 헤지의 종류

### (1) 매도헤지(short hedge)와 매입헤지(long hedge)

기본적인 헤지의 분류는 매도헤지와 매입헤지가 있다. 매도헤지는 현재 현물을 보유하고 있거나 미래에 현물을 불확실한 가격으로 팔아야 하는 상황에 있는 경우에 해당 현물에 대응하는 선물을 미리 팔기로 계약하는 것이다. 이는 현물 가격의 하락 위험에 대비한 것으로서 가격 하락 위험이 실제로 발생하더라도 선물 가격은 당초 정한대로 유지되므로 현물 포지션의 손실을 상쇄하여 준다.

반대로 매입헤지는 미래에 현물을 불확실한 가격으로 매입할 상황에 있는 경우에 가격 상승에 대비하여 해당 선물을 매입하는 계약을 체결하는 것이다. 미래에 현물 가격이 상승할 경우에는 선물 가격도 같이 상승하기 때문에 선물 포지션에서 이익이 발생하여 현물 포지션의 손실을 보전해 주게 되는 것이다.

### (2) 직접헤지(direct hedge)와 교차헤지(cross hedge)

직접헤지란 헤저가 현물시장에서 취급하는 현물상품과 동일한 상품이 선물시장에 상장되어 있는 경우에 그 선물상품을 이용하여 헤지를 수행하는 방법이다. 예를 들면 엔고현상에 따른 엔화표시 외상매입금 또는 차입금의 환차손을 경감시키기 위하여 엔화 통화선물을 이용하여 헤지거래를 하는 경우이다.

그러나 선물시장에 상장되어 있지 않은 상품을 취급하는 현물 거래자도 그 현물과 유사한 특성을 지닌 선물상품이 비슷한 가격 변동 패턴을 보인다면 선물시장을 통하여 헤지가 가능할 것이다. 이와 같이 현물상품과 선물상품이 일치하지 않는 경우에 이루어지는 헤지를 교차헤지라고 말한다. 예를 들면 단기자금조달을 위하여 CD를 발행하려고 하는 은행이나 CP를 발행하려는 회사가 T-bill선물을 이용하여 헤지하는 경우이다. 교차헤지의 전제조건은 거래자의 현물에 대한 직접적인 선물시장이 존재하지 않으며 현물과 선물상품이 서로 다르지만 가격 흐름상 유사한 추세를 가지고 움직여야 한다.

### (3) 현물헤지(spot hedge)와 선행헤지(anticipatory hedge)

현물로 보유하고 있는 기존의 포지션에 대한 위험을 제거하기 위하여 선물시장에서 포지션을 매입 또는 매도하는 것을 현물헤지라고 한다. 그리고 선행헤지는 아직 발생하지 않았으나 앞으로 발생할 것으로 예상되는 현물 포지션에 대한 헤지를 말한다.

### 3) 선물헤지의 원리

선물거래를 통하여 현물시장의 위험 관리가 가능한 것은 현물 가격과 선물 가격이 같은 수급변동 요인에 따라 동일한 방향으로 일정한 관계를 유지하면서 변동하기 때문이다. 만약에 선물 가격이 현물 가격과 무관하게 변동하거나 변동 패턴에 큰 차이를 보인다면 헤지가 불가능하거나 헤지의 효율성이 상당히 떨어질 수밖에 없을 것이다.

헤지의 원리를 〈그림 2-4〉에서 매도헤지를 중심으로 알아보자. 매도헤지는 현물의 매입 포지션(long position)에 대한 가격 하락 위험을 없애려는 거래전략이다. 따라서 〈그림 2-4〉에서와 같이 매도헤지를 한 경우에 현물 가격이 $P_0^s$에서 $P_1^s$으로 하락하면 현물 포지션에서는 $P_0^s - P_1^s$만큼 손실이 발생하게 된다. 그러나 현물 가격이 하락하면 선물 가격도 $P_0^f$에서 $P_1^f$으로 같이 하락하기 때문에 선물의 매도 포지션(short position)에서는 $P_0^f - P_1^f$만큼 이익이 발생한다. 결

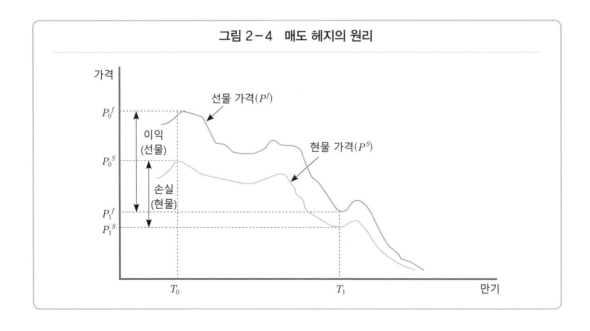

**그림 2-4  매도 헤지의 원리**

과적으로 현물 포지션에서의 손실은 선물 포지션에서의 이익으로 상쇄될 수 있다.

이 경우에 선물 가격의 하락폭과 현물 가격의 하락폭이 동일하다면 현물 포지션과 선물 포지션에서 각각 발생하는 손실규모와 이익규모가 동일하여 두 포지션 간의 손익이 완전히 상쇄될 것이다. 이러한 경우를 완전헤지(perfect hedge)라고 부르는데 현실적으로 완전헤지가 이루어지는 것은 거의 불가능하다. 왜냐하면 헤지대상이 되는 상품(기초자산)과 동일한 상품을 거래대상으로 하는 선물계약이 존재하지 않는 경우가 많으며 또한 선물계약조건이 표준화되어 있기 때문에 예정한 헤지기간과 일치하는 인도 시점을 가진 선물계약이 항상 거래되고 있다고 할 수 없기 때문이다. 그리고 현물시장과 선물시장의 수급상황이 다르기 때문에 현물 가격과 선물 가격의 차이가 시간의 흐름에 따라 변동하는 경우가 일반적인 현상인데 이에 따라 헤지 결과 당초 고정시키고자 한 목표 가격과 달라지게 된다. 이를 베이시스 위험(basis risk)이라 하는데 결과적으로 완전헤지가 거의 불가능하다는 점에서 헤지거래는 현물의 절대가격 변동 위험을 베이시스 변동 위험으로 바꾸는 효과를 가져온다고 볼 수 있다. 그러나 베이시스 위험은 절대 가격 변동 위험보다는 그 크기가 훨씬 적을 뿐만 아니라 관리가 가능하기 때문에 선물헤지를 통하여 헤저는 예측 불가능한 손익 범위를 통제 가능한 범위로 축소할 수 있다.

그리고 헤저(hedger)는 선물의 헤지거래를 통하여 불리한 가격 변동 위험을 경감시키기 위해 유리한 가격 변동으로부터의 기대이익을 포기하는 셈이 된다. 〈그림 2-5〉의 왼쪽 부분에서 보는 바와 같이 미래의 불리한 가격 변동으로 인하여 발생하는 현물 포지션의 손실을 선물 포지션의 이익으로 상쇄시킬 수 있지만 오른쪽 부분에서는 미래에 현물 포지션에서 이익이 발생하더라도 선물 포지션에서 손실이 발생하기 때문에 상쇄된다. 결과적으로 선물거래를 통

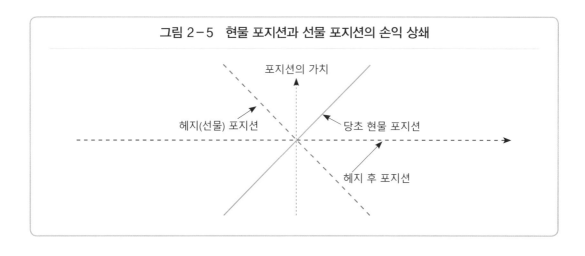

그림 2-5   현물 포지션과 선물 포지션의 손익 상쇄

한 헤지의 목적은 미래의 가격 변동에 관계없이 자산 또는 부채의 가치를 일정한 수준으로 확정(lock-in)시키는 데 있다.

### 4) 헤지거래의 절차

#### (1) 위험노출(risk exposures)의 파악

헤지거래에 관한 의사결정의 첫 단계는 거래자가 현물 포지션 또는 장래의 취득 예상 포지션(anticipatory position)에서 직면하고 있는 위험을 정확히 파악하는 것이다. 즉, 헤지거래를 하지 않을 때의 포지션(unhedged position)에서 발생하는 위험의 종류와 위험의 정도를 파악하는 것이다.

다음 단계는 헤저가 노출된(또는 노출이 예상되는) 위험을 어느 정도 감수하느냐를 결정하는 문제이다. 헤지거래는 위험을 제거 또는 축소하는 유리한 효과를 기대할 수 있는 반면에 항상 비용(hedging cost)이 발생하게 된다. 그리고 헤지거래는 잠재적 손실 가능성을 낮게 하지만 동시에 잠재적 이익 가능성도 상실될 수 있다. 따라서 헤지거래자의 위험에 대한 부담정도(risk tolerance)에 따라 헤지의 실행 여부 또는 헤지규모의 선택을 결정할 수 있다.

#### (2) 헤지수단의 선택

위험에 대한 파악이 된 후 매입헤지 또는 매도헤지를 결정하면 헤지거래 대상 선물계약을 선택하여야 한다. 이때 두 가지를 결정하여야 하는데 첫째는 헤지를 위한 선물계약 종목을 정하는 것이고, 다른 하나는 헤지대상 기간에 가장 적절한 결제월의 선물계약을 선택하는 것이다.

❶ 선물계약 종목의 선택 : 선물계약 종목의 선택기준은 헤지할 자산에 대하여 가격 변동 측면에서 상관관계가 가장 높은 자산을 기초자산으로 하는 선물계약을 선택하는 것이다. 동일한 자산에 대한 현물과 선물의 가격이 일반적으로 상관관계가 가장 높다. 그러나 헤지대상 자산과 동일한 자산을 기초자산으로 하는 선물계약이 존재하지 않을 때에는 다양한 선물계약들 중에서 가격 변동 면에서 헤지대상물과 가장 상관관계가 높을 것으로 추정되는 선물계약을 선택해야 한다.

❷ 결제월의 선택 : 기존의 상장된 선물계약들의 만기(결제월, 인도월) 중에 헤지 희망기간과 일치하는 것이 없을 때에는 상황에 따라 선택할 수 있는 방안이 여러 가지가 있다. 그

중 대표적인 방안으로 선물시장에 상장된 결제월이 헤지 희망기간보다 짧은 것을 이용하는 경우와 긴 것을 이용하는 경우를 생각해 보자.

먼저 결제월이 짧은 것을 구입하여 만기 직전에 청산한 후 또 다른 결제월을 매입하는 방법으로 짧은 만기의 선물계약을 연속적으로 이용하는 방식이다. 이때 연속적 결제월 중에 마지막 것이 헤지 희망기간과 일치하지 않는 경우에는 다시 두 가지 방안 중 하나를 선택하여야 한다. 하나는 희망 만기일을 넘는 계약을 매입하여 희망기간 종료 시점에 계약을 중도 청산하는 것이며 이는 베이시스 위험을 발생시키는 문제가 있다. 다른 하나는 희망 만기일보다 이르게 종료하는 계약을 매입하여 계약 종료 후 희망 만기 시점까지의 기간동안은 그대로 헤지하지 않고 가격 변동 위험을 감수하는 것이다.

선택한 선물계약의 결제월이 헤지 희망기간보다 긴 선물계약을 택할 경우에는 구입 후 헤지 희망기간 종료 시에 중도 청산하게 되는 것이다.

❸ 헤지비율(hedge ratio)의 결정 : 헤지수단으로 이용할 선물계약의 종류가 선택되었다면 그 다음 단계는 거래할 선물계약의 규모를 결정하는 것이다. 즉, 현물시장에서 초래되는 자산의 위험노출(long exposure) 또는 부채의 위험노출(short exposure)을 헤지하기 위하여 얼마나 많은 선물계약을 매입 또는 매도해야 하는가를 결정해야 하는데 이는 헤지비율(hedge ratio)을 계산함으로써 파악할 수 있다. 헤지대상 현물자산의 가격이 헤지수단인 선물의 가격과 밀접한 연관성을 가지고 변동한다면 이 두 가격 간의 상관관계를 계량적으로 파악할 수 있다.

헤지비율은 헤지수단으로 이용될 선물계약의 가치 변동액과 헤지대상 현물자산가치의 예상 변동액의 비율로 정의할 수 있다. 바꾸어 말하면 현물 포지션의 단위 수량당

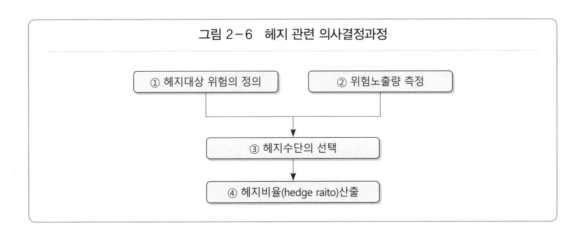

그림 2-6 헤지 관련 의사결정과정

① 헤지대상 위험의 정의    ② 위험노출량 측정

③ 헤지수단의 선택

④ 헤지비율(hedge raito)산출

헤지를 위하여 필요한 선물계약수를 말한다.

완전헤지가 이루어진다고 가정하면 다음의 관계식이 성립한다.

$$\text{현물 포지션의 가치 변동액} = \text{선물 포지션의 가치 변동액}$$

이 식을 수량과 가격으로 세분하여 정의하면,

$$\text{현물 포지션 구성 현물 수량}(Q_S) \times \text{단위 현물 가격 변동액}(\Delta_S)$$
$$= \text{선물계약수}(Q_F) \times \text{계약단위}(C_S) \times \text{단위 선물 가격 변동액}(\Delta_F)$$

위 식에서 선물계약수가 헤지비율(HR)이 되는데 이는 다음과 같이 계산할 수 있다.

$$\text{헤지비율(HR)} = \text{선물 계약수}(Q_F)$$
$$= \frac{\text{현물 수량}(Q_S) \times \text{단위 현물 가격 변동액}(\Delta_S)}{\text{계약단위}(C_S) \times \text{단위 선물 가격 변동액}(\Delta_F)}$$

실제로 헤지비율을 계산하는 데 있어서는 헤지 대상 현물의 가격과 선물의 가격이 유사한 움직임을 보인다고 가정하여 대상 현물과 동일한 선물계약으로 헤지를 수행하는 것이 가장 바람직할 것이다. 그러나 일반적으로 선물거래는 시장의 유동성 증대를 위하여 현물을 표준화시킨 가상적인 상품을 거래 대상으로 선정하기 때문에 위와 같이 헤지비율을 계산하는 것은 비현실적이라고 할 수 있다. 이에 따라 헤지 효율을 높이기 위한 다양한 수단이 개발되었는데 예를 들어 T-Bond선물을 이용하여 헤지하는 경우에는 Basis Point Value, Duration 등을 활용하며, 주가지수 선물을 이용한 헤지에서는 베타 계수를 적용하고, 옵션을 이용한 헤지에서는 델타 계수 등이 헤지비율의 결정과정에 활용된다.

## 5) 선물헤지거래 실무

### (1) 통화선물을 이용한 헤지

대외거래를 하는 모든 기업이나 개인은 항상 환율 변동 위험에 직면해 있다. 수출입업무를 수행하는 종합상사는 외국과 상품을 구매 또는 판매하는 과정에서 상품수출입 결제자금을 미래의 일정 시점에 외화로 지급 또는 수취한다. 그리고 다국적기업은 해외에 소재하는 자회사에 외국 통화로 환전하여 송금하거나 자회사로부터 외국 통화로 표시된 과실송금을 받을 경우도 있다. 이에 따라 모든 대외거래자는 예기치 못한 환율 변동으로부터 발생하는 위험을 회피하기 위한 금융수단을 필요로 하게 되는데, 통화선물계약은 이러한 환위험 헤지를 위한 가장 효율적인 수단으로 평가받고 있다.

통화선물계약의 거래 대상물인 통화는 동질성(homogeneity)이 있기 때문에 통화선물의 헤지방법은 장기금리선물 등 여타 선물거래를 이용하는 헤지에 비해 비교적 단순하다. 즉, 통화선물거래에 의한 헤지에서는 현물 가격과 선물 가격의 차이인 베이시스 위험(basis risk)만 존재한다.

여기서는 매입헤지와 매도헤지로 나누어 몇 가지 사례를 중심으로 통화선물의 헤지방법을 설명하려고 한다.

❶ 매입헤지 : 매입헤지는 가격 상승 위험을 회피하기 위한 위험관리방법이다. 특정 외국 통화의 가치가 상승하여 환위험이 발생할 경우에는 통화선물의 매입헤지를 통하여 환율 변동 위험을 제거 또는 축소할 수 있다.

 예시

매입헤지

미국의 다국적기업인 A회사는 6개월 후에 스위스 소재 자회사에 SFr250,000,000의 자금을 송금할 계획이다. 1월 12일 현재 스위스 프랑화의 환율시세가 다음과 같이 형성되어 있다.

(1월 12일 현재)

| 구분 | 가격 |
|---|---|
| 현 물 | 0.4935 |
| 3월물 | 0.5034 |
| 6월물 | 0.5134 |
| 9월물 | 0.5237 |
| 12월물 | 0.5342 |

위 표에서 선물환율은 만기가 길수록 높게 형성되어 있다는 것을 알 수 있다. 이에 따라 A상사는 미국 달러화에 대한 스위스 프랑화의 가치가 상승할 가능성에 대해 염려하여 6개월 후에 송금할 자

금의 매입환율을 현재의 선물환율로 확정시키기 위해 6월 만기 선물계약을 1스위스 프랑당 0.5134 달러에 2,000계약을 매입하였다.

> SFr통화선물의 필요 계약건수 = 250,000,000(송금액) ÷ 125,000(계약단위)
> = 2,000계약

만약 이 회사가 송금하는 날짜인 6월 16일에 당초 우려한 바와 같이 환율(U\$/SFr)이 상승하여 0.5211이 된다 하더라도 A상사는 선물시장에서 SFr통화선물을 1프랑당 0.5134달러에 2,000계약 (250,000,000프랑 상당)을 미리 매입해 두었기 때문에 선물의 만기일인 6월 16일에 선물대금 \$128,350,000을 지불하고 SFr250,000,000을 인수할 수 있게 된다. 만약 A상사가 통화선물시장을 이용하여 헤지를 하지 않고 6월 16일에 현물환시장에서 프랑화를 매입한다면 \$130,275,000를 지불해야 하지만 다행히 헤지를 함으로써 매입원가를 \$1,925,000만큼 절감할 수 있게 되는 것이다.

결과적으로 A상사는 환율 변동 위험에 노출되어 있었으나 통화선물을 이용함으로써 1프랑당 0.5134달러에 송금액을 미리 확보할 수 있다. 만일 이 회사가 6월 15일까지 기다렸더라면 1프랑당 0.5211달러를 지불해야만 했을 것이다. 그러나 달러 가치가 높아져서 0.5134달러보다 더 낮은 환율에 프랑화를 매입할 가능성도 있다. 어느 경우이든 선물시장을 이용하는 장점은 A회사가 송금에 필요한 스위스 프랑화를 매입하는 데 관련된 미래 환율의 불확실성을 제거할 수 있다는 것이다.

❷ 매도헤지 : 매도헤지는 가격의 하락 위험을 회피하기 위한 거래이다. 일정기간 후에 수출결제자금을 외화로 수취할 예정인 기업이나 현재 외화표시 채권에 투자하고 있는 투자자의 경우에는 해당 외국 통화의 가치가 하락하게 되면 환손실이 발생하게 된다. 이때는 통화선물의 매도헤지를 통하여 환율 변동 위험을 제거 또는 축소할 수 있다.

| | 현물시장 | 선물시장 |
|---|---|---|
| 1월<br>12일 | A상사가 6개월 후에 스위스 자회사에 SFr 250,000,000을 송금할 예정 | 통화선물시장에서 결제월 6월인 SFr선물 2,000 계약을 매입<br>매입대금 \$128,350,000 |
| 6월<br>16일 | \$/SFr 현물환율 : 0.5211<br>SFr250,000을 매입하는 데 \$130,275,000 소요 | 선물결제일에 \$128,350,000을 지불하고 SFr 250,000를 인수 |
| 헤지에 따른 비용절감 : \$135,275,000 − \$128,350,000 = \$6,925,000 | | |

## 예시

### 매도헤지

○○년 1월 10일 미국의 A상사는 10억 엔의 물품을 일본에 수출하고 그 대금을 2월 14일에 수취하기로 계약하였다. 그리고 이 회사는 8백만 달러의 부채를 2월 14일에 상환하려고 계획하고 있다.

현재 Yen/$ 현물환율은 125.00엔(1엔＝0.008달러)이며 3월물 Yen선물의 가격은 7981(1엔＝0.007981달러)이다. 그리고 2월 14일 만기 선물환율은 125.01엔이다. 이 경우에 A상사는 환율 변동 위험에 대한 헤지전략을 다음과 같이 수립할 수 있다.

① 헤지전략

　가. 1월 10일 현재 Yen 통화선물 3월물을 계약당 7981에 매도함

　　매도계약 수량 : 80계약(1,000,000,000÷12,500,000)

　나. 2월 12일에 가서 Spot Value Date가 2월 14일인 Yen 현물환 매도계약을 체결함과 동시에 이전에 매도한 선물 포지션의 청산거래를 실시함

　다. 2월 14일에 Yen 결제대금으로 현물환 매도계약을 이행함과 동시에 현물환 계약에 의해 수취한 미달러화로 부채를 상환함

② 변동상황

　2월 12일 현재, Yen/$ 현물환율 : 130Yen(1Yen＝0.007692달러)

　3월물 Yen 통화선물 가격 : 7680

③ 손익분석

1월 10일 현재 수출채권 달러 가치 : $8,000,000＝￥1,000,000,000÷125.0

2월 12일 현재 수출채권 달러 가치 : $7,692,307.69＝￥1,000,000,000÷130.0

따라서 외환차손이 $307,692.31 발생하였다. 그러나 선물거래 이익 $301,000 (￥1,000,000,000×(0.007981－0.007680))을 제외하면 헤지 후 순손실은 $6,692.31로 줄어든다. 여기서 헤지손실은 시간경과에 따른 베이시스 수렴현상 때문에 발생한 것이다. 즉, Yen 현물시세가 308틱(8000－7692) 하락하였는데 선물시세는 301틱(7981－7680) 하락함으로써 베이시스가 7틱 축소되었다.

### 표 2-7  베이시스 변동

| Center | 엔 현물 가격 | 엔 선물 가격 | 베이시스 |
|---|---|---|---|
| 1월 10일 | 8000 | 7981 | 19 |
| 2월 12일 | 7692 | 7680 | 12 |
| 차 이 | 308 | 301 | 7 |

결국 부채상환을 위해 조성된 자금은 수출채권 회수액 $7,692,307.69와 선물거래 이익 $301,000을 합쳐 $7,993,307.69에 불과하여 $6,692.31가 부족하게 된다.

그러나 이것은 헤지전략에 문제가 있었다기보다는 당초 수출채권 회수액을 과대하게 평가한 것이 문제였다. 1월 10일 현재 10억 엔은 당장 달러로 회수되지 않고 2월 14일에 가서 회수될 것이므로 이 수출채권의 달러 가액은 10억 엔을 현물환율 125.0으로 나눈 $8,000,000가 아니라 당시의 선물환율 125.10으로 나눈 $7,993,605로 보아야 합당하다. 그러므로 2월 14일의 $8,000,000 부채상환을 위해서 약 7,000달러를 별도로 조달하여야 할 것이다. 단, 선물환 가격과 선물 가격 간에 반올림 등의 차이 때문에 오차가 조금 발생할 수 있다.

## (2) 금리선물을 이용한 헤지

금리선물을 이용하는 헤지거래는 금리변동 위험에 노출된 현물 포지션의 가치를 안정적으로 유지하기 위한 목적으로 선물시장에서 현물 포지션과 반대되는 포지션을 취득하는 거래이다. 금리선물의 헤지거래자(hedger)는 헤지수단인 선물계약의 종류 및 계약건수, 헤지 시점 등을 결정하는 데 있어서 다른 선물의 헤지보다 더 많은 어려움을 느끼게 된다. 특히, 장기금리선물의 경우에는 선물계약의 표준물과 대부분의 헤지대상 현물 채권이 상이하기 때문에 헤지전략을 수립하는 것이 매우 복잡하다.

금리위험에 직면해 있는 금리선물 헤지거래자의 상황별 헤지전략을 요약하면 〈표 2−8〉과 같다.

금리선물을 통한 금리위험 헤지방법은 크게 미시헤지(micro−hedge)와 거시헤지(macro−hedge)로 나눌 수 있다. 미시헤지는 특정 자산, 부채 또는 금융계약을 개별적으로 헤지하는 방법이다. 그리고 거시헤지는 전체 포트폴리오의 금리위험을 감소시키기 위하여 선물 포지션을

**표 2−8  금리변동 상황별 헤지전략**

| 현물 포지션 상황 | 현물거래 형태 | 금리변동 위험 | 선물거래의 헤지전략 |
|---|---|---|---|
| 현재 포지션 보유 | 채권 투자 | 금리 상승 → 자산가치 하락 | 금리선물 매도 |
| | 고정금리 차입 | 금리 하락 → 기회비용 발생 | 금리선물 매입 |
| 장래 포지션 보유 예정 | 채권투자 예정 | 금리 하락 → 투자수익률 하락 | 금리선물 매입 |
| | 차입 예정 | 금리 상승 → 차입비용 상승 | 금리선물 매도 |

취득하는 것이다. 미시헤지는 특정 자산 또는 부채에만 연관된 위험관리방법이기 때문에 여타의 포트폴리오 구성요소를 무시함으로써 오히려 기업의 총위험을 증가시킬 가능성이 있다. 그리고 거시헤지에서는 헤지활동의 효율성을 유지하기 위한 감독이 어렵다는 문제점이 따른다.

헤지의 기본원리는 현물 포지션과 반대되는 선물 포지션을 취득함으로써 현물 및 선물의 가격 변동에 따라 발생하는 손익을 상쇄시키는 것이다. 따라서 적절한 헤지는 현물 가격의 변동을 선물 가격의 변동에 최대한 일치시킴으로써 손익의 상쇄효과를 극대화하는 것이다.

매도헤지는 현물에 대해 매입 포지션을 가지고 있을 경우 현물 가격의 예기치 않은 하락으로부터 발생하는 손실을 상쇄하기 위하여 선물의 매도 포지션을 취하는 것이다. 따라서 매도헤지에서 헤저는 보유하고 있는 현물증권을 나중에 매도하고 동시에 선물계약을 재매입해서 선물 매도 포지션을 상쇄시키려는 의도를 갖는다. 이 경우에 선물 가격의 하락은 선물 포지션에서 이익을 발생시켜 현물 가격의 하락으로 인한 현물 포지션의 손실을 상쇄하게 된다.

정상 수익률 곡선(normal yield curve)하에서는 금리선물의 가격은 현물 가격에 디스카운트(discount)로 형성된다. 이 경우에 매도헤지(short hedge)를 실행하게 되면 현물 가격이 선물 가격보다 빠르게 상승하거나 선물 가격이 현물 가격보다 빠르게 하락할 경우, 즉 베이시스가 증가할 경우에는 헤저는 순이득(net gain)을 얻게 된다. 반대로 베이시스가 감소하면 매도 헤저는 순손실을 입게 된다.

반대로 매입헤지(long hedge)는 현물의 매도 포지션을 보유하고 있는 경우에 예기치 않은 현

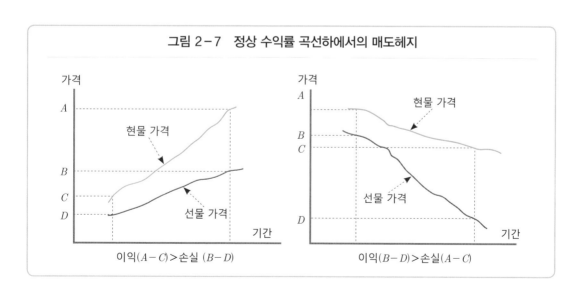

그림 2-7 정상 수익률 곡선하에서의 매도헤지

물 가격의 상승으로 인하여 발생하는 손실을 줄이기 위하여 선물에 대해 매입 포지션을 갖는 것을 말한다. 매입헤지에 있어서 헤저(hedger)는 나중에 현물을 매입하면서 선물계약을 재매도해서 선물 매입 포지션을 상쇄시키려는 의도를 갖는다. 따라서 매입헤지에 있어서는 현물 가격이 선물 가격보다 빠르게 하락하거나 선물 가격이 현물 가격보다 빠르게 상승할 경우(즉, 베이시스가 감소할 경우) 헤저는 순이익을 얻게 된다.

그러나 베이시스의 불리한 변동에 따라 헤지 후 순손실을 나타낼 경우에도 현물 포지션에서 발생한 손실이 선물 포지션에서 발생하는 이익으로 일부 상쇄된다. 따라서 헤지된 포지션의 가치 변동성은 단지 베이시스의 변화에 의해 발생하기 때문에 일반적으로 헤지된 포지션의 가치 변화는 헤지가 안 된 현물 포지션의 가치 변화보다 작게 나타난다. 그러므로 헤지를 효율적으로 관리하기 위해서는 베이시스의 변동에 의한 손실 및 이익 가능성을 면밀히 검토해야 한다.

❶ 단기금리선물 헤지

ㄱ. 금리 상승 위험에 대한 매도헤지 : 금리 상승에 따라 현물 포지션에서 손실이 발생할 가능성이 있는 경우에는 선물계약의 매도 포지션(short position)을 취함으로써 손실발생 위험을 줄일 수 있다. 매도헤지(short hedge)는 현물에 대해 매입 포지션(long position)을 가지고 있을 경우 현물 가격의 예기치 않은 하락으로부터의 손실을 상쇄하기 위하여 선물에 대해 매도 포지션(short position)을 취하는 것을 말한다. 매도헤지를 실행한 헤저는 헤지기간이 종료되면 보유하고 있는 현물 채권을 매도하고 동시에 선물계약을 재 매입해서 선물 매도 포지션을 상쇄시키게 된다. 그 결과 현물 가격의 하락에 따라 발생하는 현물 포지션의 손실은 선물 가격의 하락에 따른 선물 포지션의 이익으로 상쇄된다.

예를 들어 은행의 경우에는 단기 시장금리에 연동되어 있는 예금으로 자금을 조달하여 고정금리조건으로 중장기 대출을 하거나 투자를 할 경우 자산과 부채의 만기구조와 금리조건의 불일치로 인하여 금리 상승 위험에 노출되게 된다. 그리고 장래에 은행으로부터 차입을 하거나 채권을 발행하여 자금을 조달하려고 계획하고 있는 기업도 금리가 상승하면 차입비용이 증가하게 되는 위험에 직면한다. 이러한 경우에 선물의 매도헤지를 통하여 금리 상승 위험을 제거 또는 축소할 수 있다.

> ## 예시

○○년 3월에 A은행은 1,000만 달러의 단기 CD를 매출하였는데 CD소유자는 3개월 후에 이 CD를 만기 갱신(rollover)할 것으로 예상된다. 시장금리가 상승하면 A은행은 지금보다 더 높은 금리를 제공해야 하기 때문에 순이자마진을 감소시킬 위험에 직면하고 있다. 만약 금리가 상승하면 선물 가격이 하락하여 선물 매도로부터 이익을 얻을 수 있기 때문에 A은행은 단기국채(T-bill)선물을 매도함으로써 금리 상승 위험을 헤지하려고 한다.

CD금리가 8%에서 10%로 상승하였을 경우를 가정하여 손익을 분석하면 〈표 2-9〉와 같다. 이 표에서 금리 상승으로 3개월 후의 CD이자비용은 5만 달러 증가하였으나 6월인도 단기국채선물 10계약을 매도하고 6월에 이 포지션을 상쇄시키기 위하여 10계약을 재매입함으로써 얻은 5만 달러의 이익에 의하여 이자비용 증가가 상쇄되었다. 결국 A은행의 이자비용은 당초의 8%에 고정되고 이 은행의 영업이익은 금리 상승으로부터 보호되었다.

**표 2-9 매입 : 유로달러정기예금가입 및 금리 하락 예상**

| 일자 | 현물시장 | 선물시장 |
|---|---|---|
| ○○년 3월 | ① CD금리 = 8%<br>② 이자비용(3개월)<br>　= 1000만 달러×0.08/4<br>　= 20만 달러 | ① 6월인도 단기국채 선물<br>　할인수익률 = 8%<br>② 매도 계약수 = 10<br>③ 계약액 = 10×100만 달러×$(100-8/4)/100$ = 980만 달러 |
| ○○년 6월 | ① CD금리 = 10%<br>② 이자비용(3개월) = 25만 달러 | ① 6월인도 단기국채선물<br>　할인수익률 = 10%<br>② 매입 계약수 = 10<br>③ 계약액 = 975만 달러 |
| 손익계산 | 현물시장 손실(이자증가)<br>① 3월 이자 = 20만 달러<br>② 6월 이자 = 25만 달러<br>　손실 = 5만 달러 | 선물시장 이익<br>① 3월 매도액 = 980만 달러<br>② 6월 매입액 = 975만 달러<br>　이익 = 5만 달러 |

6월 실효이자비용 = 6월 현물이자 - 선물매매이익 = 25만 - 5만 = 20만 달러
　　　　　　　 = 3월 현물이자 - 헤지순이익 = 20만 - 0 = 20만 달러

ㄴ. 금리 하락 위험에 대한 매입헤지 : 매입헤지는 현물의 매도 포지션을 가지고 있는 경우 예기치 않은 현물 가격의 상승에 따라 발생하는 손실을 줄이기 위하여 선물에 대해 매입 포지션을 취하는 것을 말한다. 매입헤지에 있어서 헤저는 헤지기간이 종료된 후 현물을 매입하면서 동시에 선물계약을 매도해서 선물의 매입 포지션을 상

쇄시키려는 의도를 갖는다. 금융기관이나 기업은 흔히 장래 발생할 자금유입을 예상하고 이의 투자수익을 확보하기 위하여 선행 헤지(anticipatory hedge)를 수행한다. 이 경우의 손실은 투자수익률의 하락(채권 가격의 상승)에 의해 발생하며 이러한 금리 하락 위험은 금리선물의 매입을 통하여 헤지할 수 있다.

    ㄷ. 스트립헤지(strip hedge)와 스택헤지(stack hedge) : 스트립헤지란 헤지해야 할 대상의 금리 포지션이 장기간에 걸쳐 존재할 때 이 기간 동안 유로달러선물을 동일 수량만큼 매입 또는 매도하여 전체적으로 균형화하는 헤지기법을 말한다. 즉, 스트립은 단순히 2개 이상의 연속적인 결제월물을 시리즈로 매입 또는 매도하는 기법으로서 해당 스트립기간 동안의 수익률을 고정시킬 수 있는데 선도금리계약(FRA)이나 T-bill선물 등을 이용하여 이러한 헤지 목적을 달성할 수도 있다. 시카고상업거래소(CME)의 유로달러선물을 이용하여 스트립헤지를 할 경우에는 10년 만기의 금리까지 금리 변동 위험을 관리할 수 있다. 스트립헤지를 할 때 유효금리 또는 목표금리(target rate)를 스트립 금리(strip rate)라고 말하며 장래 수익률 곡선의 변동과 상관없이 목표금리를 확정시킬 수 있다.

    그리고 스택헤지(stack hedge)란 헤지 대상물의 가액 전체 규모에 해당하는 근월물(nearby delivery month)을 일괄 매입(매도)한 후 이월(rollover)될 때까지 해당 기간 경과분만큼을 제외한 나머지를 차기 근월물로 치환하는 스택엔 롤링헤지(stack & rolling hedge)이다. 이를 근월물 스택헤징이라 한다.

## 예시

    A회사는 1년간 변동금리(90일 Libor 기준)로 2,500백만 달러를 차입하였다. 차입일은 2××0년 12월 31일이고 만기일인 2××1년 12월 31일에 원금이 상환되며 이자는 매 분기 말에 지급된다. 따라서 A회사는 금리 상승 위험을 회피하기 위하여 유로달러선물의 2××1년 3월물 25개, 6월물 25개, 9월물 25개를 각각 매도하여 스트립헤지를 한 후 매 분기마다 해당 결제월물을 재매입하여 청산하면 된다. 이 때 1년 차입금리에 대해 3개 결제월만 사용하는 것은 최초 확정금리기간을 제외해야 하기 때문이다. 반면에 스택헤지의 경우에는 75계약 전부를 근월물인 2××1년 3월물로 매도한다. 그리고 매 분기마다 기존의 결제월물 전부를 재매입하다 청산함과 동시에 잔여물량을 차기 근월물로 매도하여 치환한다. 예를 들어 2××1년 3월 이자지급 시에는 3월물 75계약 매입 및 6월물 50계약을 매도하면 된다. 이를 요약하면 〈표 2-10〉과 같다.

    즉, 3개월 이상의 금리위험 노출을 커버하기 위한 방법으로 스트립헤지는 연속적인 결제월을 각

표 2-10 스택헤지와 스트립헤지

| 구분 | 결제월 | 1/4분기 | 2/4분기 | 3/4분기 |
|------|--------|---------|---------|---------|
| 스택헤징 | 첫 번째 근월물(3월물)<br>두 번째 근월물(6월물)<br>세 번째 결제월(9월물) | 75계약 | 50계약 | 25계약 |
| 스트립헤징 | 첫 번째 근월물(3월물)<br>두 번째 근월물(6월물)<br>세 번째 결제월(9월물) | 25계약<br>25계약<br>25계약 | 25계약<br>25계약 | 25계약 |

각 모두 거래하는 반면, 스택헤지는 한두 개의 결제월을 순차적으로 집중적인 거래를 하여 포지션을 구성한다. 선물시장의 유동성 문제 때문에 일반적으로 근월물 스택을 이용하지만 장래의 수익률 곡선에 대한 전망에 따라서 원월물(deferred delivery month) 스택을 이용하기도 하며, 스트립/스택처럼 양자를 혼용하는 방법도 있다. 그러나 중장기 금리 변동 위험을 헤지할 때 유동성이 높은 결제월까지는 스트립을 이용하고 나머지는 원월물로 스택하는 것이 일반적이다. 이를 롤링 스트립(Rolling Strip) 헤지라고 부른다.

❷ 장기금리선물 헤지

금리 하락에 따른 채권 가격의 상승 위험에 노출되어 있을 때에는 금리선물의 매입을 통해서, 금리 상승에 따른 채권 가격의 하락 위험에 노출되어 있을 때에는 금리선물의 매도를 통해서 금리 변동 위험을 헤지할 수 있다. 그러나 중장기채권의 경우 금리 변동에 따라 현물과 선물의 가격 변동이 각각 다른 양상을 보이기 때문에 헤징효과를 높이기 위해서는 정확한 헤지비율(hedge ratio)을 산출해야 한다. 여타 상품과는 달리 금리상품은 종류가 다양하기 때문에 금리선물을 이용하는 헤지에서는 대상현물과 선물이 상이한 대체헤징(cross hedging)이 주류를 이루게 된다. 상품선물, 통화선물, 주가지수선물에서는 소위 포트폴리오 헤지모형이라고 불리는 회귀분석을 이용하여 헤지비율을 산출하는 것이 일반적이다. 그러나 장기금리선물의 경우에는 그 특수성 때문에 듀레이션을 이용한 가격 민감도 헤지모형 등이 개발되어 실무에서 이용되고 있다. 어느 방법을 이용하든지 채권선물 헤지의 기본원리는 보유하고 있는 채권 포트폴리오의 가치변동이 선물 포지션의 가치 변동과 같게 선물 헤지규모를 정하는 것이다.

$$\text{현물 채권 포트폴리오의 가치 변동} = \text{선물 포지션의 가치 변동}$$

$$Q(h) \times \Delta C = \$100{,}000^* \times \Delta F \times HR$$

여기서, $\Delta Q(h)$ : 현물 포트폴리오 가액

$\Delta C$ : 현물 가격 변동

$\Delta F$ : 선물 가격 변동

$HR$ : 선물 헤지비율

\* T-Bond선물의 계약단위 : \$100,000

즉, $HR = \dfrac{Q(h) \times \Delta C}{100{,}000 \times \Delta F}$

## (3) 주가지수선물을 이용한 헤지

선물거래의 가장 중요한 기능인 위험관리는 주가지수선물거래에 있어서도 매우 중요한 기능으로 작용한다. 특히 증권시장의 경우 가격 변동성이 매우 높고 항상 위험을 수반하기 때문에 이러한 위험을 효과적으로 관리하는 수단이 절실하게 요청되는 것이다.

헤지거래란 현물시장의 포지션에 노출된 가격 변동 위험을 회피하기 위하여 선물시장에서 반대되는 포지션을 취하는 거래를 말한다. 이때 한 포지션의 손실(이익)이 다른 포지션의 이익(손실)으로 상쇄된다.

헤지거래는 주식의 가격 변동 위험을 베이시스 변동이라는 보다 작은 위험으로 바꾸는 것이다. 주가지수선물을 이용한 헤지거래의 경우 위험을 회피하려는 현물 주식 및 포트폴리오가 대상 주가지수와 일치하지 않기 때문에 교차헤지(cross hedge)방법을 선택할 수밖에 없다. 따라서 주가지수선물을 이용한 헤지거래에는 베이시스위험 뿐만 아니라 현물과 선물 사이의 상관관계 변동 위험을 수반한다.

헤징을 정확히 수행하기 위해서는 주가지수의 가격 변동에 대한 보유 포트폴리오의 가격 변동의 상관관계를 나타내는 베타(beta)값을 정확히 파악하는 것이 중요하다. 그리고 헤징 수행 시 중요한 의사결정 중의 하나는 보유 포트폴리오의 얼마를 헤징하느냐 하는 것인데 이는 투자목적과 시장 상황, 보유 포트폴리오의 베타 등을 고려하여 결정한다.

헤징에 필요한 주가지수선물 계약단위수는 다음과 같이 구한다.

$$\text{필요 선물계약 단위수}$$

$$= \frac{\text{보유 포트폴리오 가치} \times \text{희망 헤지비율}}{\text{선물 가격} \times \text{선물계약 승수}} \times \text{보유 포트폴리오 베타}(\beta)$$

위 식에서 분모는 선물계약 1단위의 가치를 의미하고 분자는 보유 포트폴리오 중 헤지 부분의 가치를 의미한다. 보유 포트폴리오의 베타를 곱하여 주는 이유는 보유 포트폴리오의 베타가 1 이외의 값을 가질 경우에는 주가지수의 움직임과 괴리가 발생하므로 이를 조정해 주어야 하기 때문이다. 만약 포트폴리오의 베타가 1.5라면 주가지수가 1% 하락할 때 포트폴리오의 가치는 1.5% 하락하므로 1.5단위의 주가지수를 매도해야만 헤징이 가능하다.

그리고 포트폴리오의 베타는 포트폴리오를 구성하는 개별주식의 베타를 가중 평균하여 계산할 수 있다.

### 예시 1

투자자가 6월 17일 현재 3개의 주식으로 구성된 포트폴리오를 보유하고 있다. 향후 주식 가격이 하락세를 보일 것으로 예상되어 S&P 500 주가지수선물을 매도하여 가격 하락 위험을 헤지하려고 한다. 6월 17일 현재 포트폴리오를 구성하는 개별 주식의 베타 값과 S&P 500 현물지수 및 선물 가격이 아래와 같을 때 선물 매도 헤지비율을 계산해 보자.

① 포트폴리오의 구성

A주식(베타 : 0.7) = 20백만 달러

B주식(베타 : 1.5) = 50백만 달러

C주식(베타 : 1.2) = 30백만 달러

합 계                     1억 달러

포트폴리오의 베타를 구하면 1.25($= 0.7 \times 0.2 + 1.5 \times 0.5 + 1.2 \times 0.3$)이다.

② September S&P 500 지수 선물가격 = 448.0

$$\text{선물 매도 헤지비율} = \frac{100,000,000}{448 \times 500(\text{거래승수})} \times 1.25 = 558.04(\text{약 } 558) \text{계약 매도}$$

현물 포트폴리오를 주가지수선물계약으로 헤지할 경우에 발생하는 위험은 크게 두 가지를 생각할 수 있다. 하나는 헤지대상 현물의 가치 변동과 현물지수 변동 간에 차이 발생이 불가피한데 이를 추적오차(tracking error)라고 부른다. 다른 하나는 현물지수와 선물지수의 변동폭

괴리에서 오는 베이시스 위험(basis risk)이다.

예시 2

매입헤지

어떤 투자자가 앞으로 한달 후인 3월 14일에 $1,000,000에 상당하는 포트폴리오를 구입하고자 한다. 그러나 주식시장의 활황으로 한달 후에는 S&P 500주가지수가 지금의 790 포인트에서 5% 상승할 것으로 예측된다. 한편 구입할 예정인 포트폴리오의 추정 베타는 1.2이고 헤징에 이용하려는 6월물 S&P 500 선물 가격은 800 포인트이다.

이 경우에 향후 주가 상승에 대비한 최적 계약수는 3계약[($1,000,000×1.2)/(800×$500)]이 된다. 실제로 1개월 후 S&P 현물지수와 선물지수가 〈표 2-11〉과 같이 각각 829.5와 840으로 동일하게 5%씩 상승하고 포트폴리오의 시가총액은 베타가 1.2이므로 6% 상승하여 $1,200,000으로 되었을 때 이러한 매입헤징거래를 통하여 손익이 전혀 없는 완전한 헤지가 이루어지게 된다.

만약 이 기간 동안 현물시장의 변동과 선물시장의 변동이 일치되지 않았을 경우 또는 포트폴리오의 가격 변동이 그 포트폴리오의 베타와 무관하게 이루어진 경우에는 완전한 헤지가 불가능하게 된다.

예를 들어 현물시장의 지수가 40포인트까지 올라 830이 되었으나 만기가 1개월 가까워진 6월물 선물의 가격은 이에 근접하여 835가 되었다고 하면 선물거래에서의 이익이 $52,500밖에 나지 않으므로 $7,500(5포인트×$500×3계약)의 손실을 보게 된다. 하지만 헤지하지 않은 상태에서의 총 기회 손실 $60,000에 비해서는 위험을 대폭 줄일 수 있다.

표 2-11  매입헤지의 예

| 일자 | 현물시장 | 선물시장 |
|---|---|---|
| 2월 14일 | 포트폴리오 시가총액 $1,000,000<br>S&P 500 지수 790 | S&P 선물 가격 800×$500=$400,000<br>3계약 매입 포지션 |
| 3월 14일 | 포트폴리오 시가총액<br>$1,060,000(6% 상승)<br>S&P 500 지수 829.5(5% 상승) | S&P 선물 가격 840×$500=$420,000<br>3계약 반대 매도 |
| 손 익 | 기회 손실 : -$60,000 | 이익 : (840-800)×$500×3계약=<br>$60,000 |
| 합 계 | 순손실=순이익=0 | |

## 예시 3

매도헤지

현재 투자자가 위와 같은 포트폴리오($1,000,000)를 보유하고 있으며 앞으로 한달 뒤 주식시장의 침체로 주가지수가 10% 하락할 것으로 예상된다고 하자. 이 경우에는 S&P 500 선물을 매도하고 한 달 후 반대매매를 통하여 결제하면 포트폴리오의 보유로 인한 손실을 줄일 수 있다. 이러한 거래를 매도헤지라고 한다.

예를 들어 1개월 후에 S&P 500의 현물지수가 10% 하락하여 711이 되고 이에 따라 포트폴리오의 가격도 12% 하락한 $880,000이 되었으며 선물 가격은 이보다 조금 더 낮은 8%의 하락율을 보여 736 포인트가 되었다고 가정한다면 이러한 매도헤지의 결과는 〈표 2−12〉에 요약되어 있는 바와 같이 순손실이 $24,000만큼 발생하게 된다. 그러나 선물시장을 이용하지 않았을 때의 손실($120,000)보다 훨씬 적은 결과를 가져오게 된다.

**표 2−12  매도헤지의 예**

| 일자 | 현물시장 | 선물시장 |
|------|----------|----------|
| 2월 14일 | 포트폴리오 시가총액 $1,000,000<br>S&P 500 지수 790 | S&P 선물 가격 800×$500=$400,000<br>3계약 매도 포지션 |
| 3월 14일 | 포트폴리오 시가총액 $880,000<br>S&P 500 지수 711 | S&P 선물 가격 736×$500=$368,000<br>3계약 반대 매입 |
| 손 익 | 손실 : −$120,000 | 이익 : $(800-736)\times\$500\times3$계약 $=$ $96,000 |
| 합 계 | 손실＝$24,000 | |

위의 예에서 보는 바와 같이 현물가치와 선물가치의 가격차이(Basis)가 변동하거나, 보유하고 있는 포트폴리오의 가격 변동이 베타계수에 의한 예상과 다를 때에는 완전한 헤지를 실행할 수 없다. 또한 선물시장과 현물시장의 유동성이 원활하지 못하여 원하는 대로 매입 또는 매도가 불가능한 경우에도 헤지거래에 어려움이 따른다.

## 1) 단순 투기거래

투기(speculation)란 자산의 예상되는 가치 변동에서 이익을 추구하면서 예상이 빗나갔을 때 입을 수 있는 잠재적 손실도 감수하는 형태의 경제적 행위로 정의한다.

선물거래는 대상현물의 가치에 비하여 현물시장에서의 신용거래보다도 낮은 증거금 수준 (일반적으로 10% 이내)을 요구하기 때문에 현물거래에 비하여 손익 확대(leverage) 효과가 크다. 즉 일반적으로 수익률은 위험에 비례하여 시장 전반에 대한 예상이 맞을 때는 높은 수익률을 얻을 수 있으나 반대의 경우 역시 큰 손실을 입을 수 있기 때문에 선물거래를 투기목적으로 할 때는 반드시 이점을 충분히 고려하여 의사결정을 해야 한다.

선물시장에서 구체적인 투기거래방법은 대상 선물계약의 종류 수에 따라 크게 단순 투기거래와 베이시스 거래, 스프레드 거래와 같은 복합 투기거래로 나눌 수 있다.

단순 투기거래는 한 종류의 선물계약을 거래대상으로 삼는 전략을 말하는 것으로서 장래의 선물 가격 변화를 추정하여 가격 상승이 예상되면 선물계약을 사고, 가격 하락이 예상되면 선물계약을 팔아서 추후 가격 변동 발생 후에 청산 또는 반대거래를 통하여 이익을 얻으려는 전략이다. 즉, 싸게 사서 비싸게 팔거나, 비싸게 판 후 싸게 사 갚으려는 목적의 단순형태의 거래이다.

이 거래는 해당 포지션을 취하면서 동시에 반대포지션을 취하지 않기 때문에 선물 가격의 변동폭이 그대로 거래손익으로 나타나므로 높은 수익이 기대되는 만큼 손실을 입을 위험도 높은 거래전략이라고 할 수 있다.

## 2) 복합 투기거래

### (1) 베이시스 거래

앞에서 설명한 캐리모형(carry model)에서 이론적인 선물 가격과 현물 가격의 차이를 캐리 (carry)라고 정의하였다. 그런데 베이시스는 실제 선물 가격과 현물 가격 간의 차이이다.

정의에 따라 선고형(先高型) 일반상품에서는 베이시스가 음의 값을 가지며 선저형(先低型) 상품에서는 양의 값을 가진다. 실무적으로 베이시스는 선물과 현물의 가격 차이에 대한 절대치로 사용하고 있다. 베이시스의 변동을 분류하는 방법은 강화(strengthen) 또는 약화(weaken)로 구분하는 방법과 절대값을 기준으로 축소 또는 확대로 구분하는 방법이 있다. 베이시스가 강화되었다는 것은 앞에서 정의한 베이시스의 수치가 음에서 양의 값으로 변하거나 같은 부호 내에서 값이 커질 경우를 말한다. 반대로 양의 값에서 음의 값으로 변하거나 값이 적어질 경우를 약화되었다고 한다.

그런데 베이시스가 이론 가격차인 캐리와 다를 경우 선물시장은 불균형 상태라 할 수 있다. 이때는 무위험 차익거래의 기회가 발생한다. 이를 현물과 선물 간의 차익거래(arbitrage)라 하는데 일체의 비용이나 위험이 없이 현물과 선물을 동시에 반대포지션으로 매매하였다가 일정기간, 즉 선물의 만기까지 가서 각각의 포지션을 정리하여 이익을 얻는 거래이다.

그러나 현실적으로 현물거래든 선물거래든 수수료와 세금이 발생하며 매입호가(bid)와 매도호가(ask) 간의 차이가 있어 포지션을 취할 당시 가격이 달라질 수도 있고 언제든지 거래가 가능할 정도로 시장 유동성이 풍부한 것도 아니다. 이론적으로 소액(예를 들어 1.25센트)의 차익거래기회가 있다고 하더라도 현실적으로는 거래수수료 등이 감안되어야 하므로 베이시스와 캐리의 차이, 즉 이론 가격과 실제 가격의 차이가 이러한 비용보다 커야 차익거래의 기회가 발생하게 된다.

차익거래기법은 두 거래대상 중 상대적으로 싼(저평가) 것을 매입하고 동시에 상대적으로 비싼(고평가) 것을 매도하는 것으로서 두 가지 유형으로 나누어진다. 만약 실제 선물 가격이 고평가되어 있고 상대적으로 현물 가격이 저평가되어 있는 경우에는 고평가된 선물을 매도하고 저평가된 현물을 매입하는 매수차익거래(cash & carry)를 하면 된다. 이와는 반대로 실제선물 가격이 이론 선물 가격보다 낮은 경우는 선물이 저평가되어 있다고 볼 수 있어 선물을 매입하고 동시에 현물을 매도하였다가 선물의 만기에 가서 처분하면 된다. 차익거래기회가 발생하면 수많은 차익거래자들이 동시에 그 기회를 포착하여 그러한 거래가 집중되므로 시장은 다시 선물 가격과 현물 가격 간의 적정가치만큼의 차이를 유지하도록 조정된다.

베이시스 거래가 가장 활발한 시장은 채권선물시장과 주가지수선물시장이다. 채권선물시장에서는 채권현물을 매입하고 선물을 매도하는 베이시스 매입거래(long the basis)와 채권현물을 매도하고 선물을 매입하는 베이시스 매도거래(short the basis)가 있다. 베이시스의 크기가 확대될 것으로 예상되면 베이시스 매입거래를 택하며, 반대로 축소될 것으로 예상되면 베이시스 매도거래를 할 수 있다. 채권선물의 베이시스 매입거래에서 현물매입비용은 Repo거래(채권을 담보로 자금을 차입)를 통하여 조달하며, 베이시스 매도거래에서 현물매도수익은 Reverse

Repo(채권을 담보로 자금을 대출) 형태로 운용된다.

채권선물시장에서 단기적으로 베이시스 변동에 가장 큰 영향을 미치는 변수는 시장금리, 특히 선물만기까지 적용되는 T-bill 수익률이다. 채권선물시장은 양의 보유시장으로서 시장금리가 하락하면 현물 채권 조달비용이 감소하므로 베이시스가 확대된다. 따라서 단기금리의 하락이 예상될 때에는 베이시스 매입거래를 하고 반대로 상승 예상 시에는 베이시스 매도거래를 할 수 있다.

## (2) 스프레드 거래

외환거래 등 일반적인 금융거래에서 말하는 스프레드는 매입가(bid)와 매도가(ask, offer)의 차이를 의미한다. 그러나 선물시장에서의 스프레드는 특정 선물의 실제 가격과 또 다른 선물의 실제 가격의 차이를 말한다.

따라서 동일 상품 내에서 결제월을 달리한 선물 가격 간의 차이인 결제월 간(inter-delivery) 스프레드와 다른 상품으로써 결제월이 동일한 선물 가격 간의 차이인 상품 간(inter-commodity) 스프레드가 있다.

결제월을 달리한 선물 가격 간에도 이론적으로 결제기간 차이만큼의 캐리가 반영되어야 한다. 실제로 시장에서는 선물이 결제월별로 개별 상품이 되고 각각의 수급에 의해 가격이 결정되므로 베이시스와 같이 스프레드도 이론적인 캐리값과 다르게 형성되는 것이 일반적이다.

시장에서는 이러한 스프레드의 움직임을 예상하여 이익을 취하려는 거래자들이 많이 있는데 이러한 거래자를 스프레더(spreader)라 한다.

그리고 스프레드 거래란 스프레드의 변동을 예상하여 동시에 선물을 사고 다른 선물을 파는 전략이다. 서로 반대되는 두 종류의 선물계약 포지션에서 한쪽은 이익이 발생하고 다른 쪽은 손실이 발생하게 되는데 이때 그 크기를 서로 다르게 하여 이익을 얻으려는 거래이다.

위험 측면에서 보면 단순 투기전략이 한 포지션만을 취함으로써 예상이 어긋나 손실이 발생할 때에는 절대 가격 변동액 전체에 대한 손실 위험을 보게되지만 스프레드 거래에서는 두 가지 선물의 가격 차이, 즉 스프레드 변동액만큼의 손실 위험으로 크게 축소된다. 따라서 이 거래전략은 투기거래전략 중에서도 상대적으로 보수적인 투자자들에게 적절하며 실제 거래 시 요구되는 증거금 수준도 단순 투기거래에 비해 낮게 책정되어 있다.

❶ 결제 월간 스프레드(Inter-delivery spread) : 이는 결제 월간 스프레드의 변동을 이용하는 거래로서 대상현물이 동일하며 만기가 서로 다른 두 선물을 동시에 매입 매도하는

전략이다. 상품 내(intra-commodity) 또는 달력(calendar), 시간(time) 스프레드라고도 일컫는다. 상대적으로 만기가 가까운 선물계약(근월물)을 매입하고 만기가 먼 선물계약(원월물)을 매도하는 것을 강세 스프레드(bull spread)거래 또는 매입 스프레드(long spread)거래라하며, 반대로 근월물을 매도하고 원월물을 매입하는 것을 약세 스프레드(bear spread)거래 또는 매도 스프레드(short spread)거래라 한다.

강세 스프레는 원월물에 비하여 더 빨리 상승하는 근월물의 가격 변화, 즉 스프레드가 강화(strengthen)될 것으로 예상할 경우에 이용한다. 그리고 약세 스프레드는 근월물을 매도하고 원월물을 매입하여 원월물에 비하여 더 빨리 하락하는 근월물의 가격 변화, 즉 스프레드가 약화(weaken)될 것으로 예상하는 경우에 사용한다.

## 예시

○○년 11월 12일 현재 December T-Bond 가격은 120-23이고 March T-Bond 가격은 120-14로 형성되어 있다. 그 결과 December/ March Spread가 9/32이다. 금융시장에서는 자금경색현상에 따라 향후 금리가 상승할 조짐을 보이고 있다.

이에 따라 펀드 매니저 A씨는 T-Bond 선물을 매도하려고 생각하였으나 예상이 빗나갈 경우 위험이 크고 증거금에 대한 부담이 계약당 2,800달러로 부담이 너무 크기 때문에 스프레드 거래를 이용하기로 하였다(스프레드 거래의 증거금은 계약당 450달러). 선물중개회사를 통하여 Dec/Mar Spread 100계약을 9틱에 매도하였다(시장금리가 상승하여 채권가격이 하락하는 경우 근월물의 가격 하락폭이 원월물보다 더 커서 스프레드가 축소되기 때문에 스프레드 매도거래를 함).

그 다음날 예상과 같이 금리가 상승하여 December T-Bond는 120-06, March T-Bond는 119-31로 가격이 하락하였다. 그 결과 Dec/Mar Spread가 7틱으로 축소되어 이 가격에 스프레드 포지션을 청산하였다.

거래이익 = $(9-7) \times 31.25^* \times 100 = \$6,250$

\* 최소호가 거래금액

증거금 투자액 대비 수익률 = 13.9%

❷ 상품 간 스프레드(inter-commodity spread) : 서로 다른 상품이면서도 경제적으로 관련되어 가격상으로 연관된 두 상품에 대해 만기가 같은 각각의 선물계약을 대상으로 동시에 한쪽을 매입하고 다른 쪽을 매도하는 전략이다.

동일한 만기에 대해서 두 상품 간의 가격 변동 양상이 서로 차이를 나타낼 것으로 예상될 때 그 차이(spread)로부터 이익을 얻으려는 전략이다. 동일한 만기를 갖는 두 선물계약에 대해 상대적으로 가격 상승폭이 크거나 가격 하락폭이 작으리라고 판단되는 선물계약을 매입하고 반대로 상대적으로 가격 상승폭이 작거나 가격 하락폭이 큰 계약을 매도한다.

| NOB 스프레드 거래 전략 | |
|---|---|
| 금리 수준 예상에 따른 거래 | 수익률 곡선 기울기 변화에 따른 거래 |
| ① 장단기금리가 동일하게 상승 예상 ⇒ NOB 매입<br>② 장단기금리가 동일하게 하락 예상 ⇒ NOB 매도 | ① 수익률 곡선이 더욱 가파르게 될 것으로 예상 ⇒ NOB 매입<br>② 수익률 곡선이 더욱 완만해질 것으로 예상 ⇒ NOB 매도 |

ㄱ. NOB 스프레드 거래 : NOB(Notes over Bonds) 스프레드 거래는 중기채권인 T-note 선물과 장기채권인 T-Bond 선물의 가격 차이를 이용하는 거래이다. 이는 장기채권이 단기채권에 비해 시장 수익률의 변동에 대해 가격 변동폭이 크다는 특성을 이용하는 거래전략이다. 일반적으로 시장금리가 상승할 때에는 장기채 가격이 단기채 가격보다 더 많이 하락하기 때문에 단기채 매입, 장기채 매도 전략을 선택한다. 반대로 시장금리가 하락할 때에는 장기채 가격이 단기채 가격보다 더 많이 상승하기 때문에 단기채 매도, 장기채 매입 전략을 선택하는데, 이러한 거래전략을 선물에 적용한 것이 NOB 스프레드 거래이다.

NOB 스프레드 거래는 수익률 곡선의 변동을 이용하는 거래전략이다. 만약, 수익률곡선이 위쪽으로 가팔라진다면 장기금리선물의 가격이 단기금리선물의 가격보다 많이 하락하게 되므로 T-note선물을 매입하고, T-Bond선물을 매도하는 NOB 스프레드 매입거래를 하여야 한다. 반대로 수익률 곡선의 기울기가 더욱 완만해진다면 T-note선물을 매도하고 T-Bond선물을 매입하는 NOB 스프레드 매도거래에 의하여 이익을 얻을 수 있다.

> **! 예시**
>
> 스프레드 거래자는 향후 금리 하락 추세가 지속될 경우 T-note선물보다는 T-Bond선물의 가격 상승폭이 더 클 것으로 예측한다. 이에 따라 T-Bond선물을 74-16의 가격으로 매입함과 동시에 T-note선물을 82-16의 가격으로 매도하기로 결정하였다. 몇 개월 후 예상대로 T-note선물에 비해서

T-Bond선물의 가격 상승폭이 더 크게 된다면 이익을 얻게 될 것이다. 이와 같이 NOB 스프레드 매도거래 시에는 스프레드가 약화되면 순이익이 발생한다.

| 구분 | T-note선물 | T-Bond선물 |
|------|-----------|-----------|
| 현재 | 82−16($82,500)의 가격으로 매도 | 74−16($74,500)의 가격으로 매입 |
| 미래 | 83−16($83,500)의 가격으로 매입 | 77−16($44,500)의 가격으로 매도 |
| 결과 | 손실 : 1−00($1,000) | 이익 : 3−00($3,000) |
| | 순이익 : 2−00($2,000＝64틱×$31.25) | |

ㄴ. TED 스프레드 : TED 스프레드 거래는 T-bill선물과 유로달러(ED)선물의 가격 차이를 이용하여 이익을 얻으려는 거래전략이다. T-bill은 미국 정부에서 발행하는 무위험 채권인 데 반해 유로달러예금은 유러자금시장의 신용위험을 포함하고 있기 때문에 T-bill보다는 채무불이행 위험이 상대적으로 높다. 따라서 국제적으로 신용위기가 고조될 때에는 T-bill금리보다 유로달러금리가 더 크게 상승하므로 T-bill선물 가격보다 유로달러선물 가격이 더 많이 하락한다. 이 경우 TED 스프레드(T-bill선물 가격에서 유로달러선물 가격을 차감한 값)가 확대된다. 이러한 상황에서는 TED 스프레드 매입(T-bill선물 매입, 유로달러선물 매도)거래를 이용하여 이익을 획득할 수 있다.

반대로 국제금융시장의 완화기에는 T-bill금리와 유로달러금리가 다 같이 하락하지만 유로달러금리의 하락폭이 커서 TED스프레드는 축소된다. 이 경우에는 TED 스프레드 매도(T-bill선물 매도, 유로달러선물 매입)거래를 할 수 있다.

### 예시

○○년 11월 10일 현재 March Eurodollar선물의 가격은 94.71, T-bill선물의 가격은 95.12이다. 그 결과 March TED 스프레드가 41베이시스 포인트(bp)이다. TED스프레드 확대를 예상하여 TED 스프레드를 100개 매입하였다. 매입 가격은 41bp이었다.

11월 12일이 되어 March ED는 94.57로 하락하고 March T-bill은 95.00으로 하락하여 March TED가 43bp로 확대되었으나 더 이상 늘어날 것으로 예상되지 않아 TED스프레드 포지션을 매도 청산하였다.

거래이익＝2×25*×100＝$500

* 최소호가 거래금액

| | | |
|---|---|---|
| 11월 10일 | March T-bill 매입 95.12<br>March ED 매도 94.71 | March TED 매입 41bp |
| 11월 12일 | March T-bill 매도 95.00<br>March ED 매입 94.57 | March TED 매도 43bp |

# chapter 03

# 옵션거래

옵션 가격 이론

## 1 옵션의 가격

옵션 가격에 대한 설명의 편의를 위하여 옵션의 기초자산을 배당금이 없는 주식옵션을 가정하고 사용될 기호를 다음과 같이 정의한다.

$S$ : 현재 시점의 옵션 기초자산 가격

$X$ : 행사 가격

$r$ : 무위험 이자율

$t$ : 만기일까지의 잔존기간

$\sigma$ : 옵션 기초자산의 가격 변동성

$S_T$ : 만기일의 옵션 기초자산 가격

$C$ : 콜옵션의 가격

$P$ : 풋옵션의 가격

유럽식 옵션과 미국식 옵션을 구분할 필요가 있을 경우에는 미국식 옵션의 가격을 $C_a$ 또는 $P_a$로 표시하기로 한다.

## 1) 내재가치와 시간가치

옵션의 가치는 내재가치(Intrinsic Value)와 시간가치(Time Value)로 구성된다. 옵션의 내재가치는 옵션이 행사될 경우에 가지게 되는 가치로서 옵션 기초자산의 가격과 행사 가격에 의해서 결정된다. 즉, 콜옵션의 내재가치는 기초자산의 현시가에서 콜옵션 행사 가격을 뺀 차액으로 만약 이 차이가 0이거나 0보다 작을 때는 내재가치가 0이 된다. 풋옵션의 경우에는 풋옵션의 행사 가격에서 기초자산의 현시세를 뺀 차액이 내재가치가 되며 이 때에도 이 차이가 0이거나 0보다 작으면 내재가치는 존재하지 않는다. 그런데 옵션은 내재가치를 얼마나 가지고 있는가에 따라 내가격(ITM : in−the−money) 옵션, 등가격(ATM : at−the−money) 옵션, 외가격(OTM : out−of−the−money) 옵션 등으로 구분된다. 이를 표로 나타내면 다음과 같다.

|  | 콜옵션 | 풋옵션 |
|---|---|---|
| 내가격(ITM) 옵션 | $S > X$ | $S < X$ |
| 등가격(ATM) 옵션 | $S = X$ | $S = X$ |
| 외가격(OTM) 옵션 | $S < X$ | $S > X$ |

한편 옵션의 가격과 내재가치와의 차이를 시간가치라고 하는데 옵션이 시간가치를 가지는 이유는 옵션 기초자산의 가격이 향후 보다 유리하게 형성될 가능성이 있기 때문이다. 즉 시간가치는 현재 내재가치가 없는 ATM 옵션 또는 OTM 옵션의 경우, 향후 기초자산의 가격이 변화하여 내재가치를 가지게 될 가능성에 대한 가치이며, 현재 내재가치가 있는 ITM 옵션의 경우에는 내재가치가 증대될 가능성에 대한 가치를 말한다.

옵션의 내재가치와 시간가치를 보다 명확히 이해하기 위해 다음의 예를 살펴보기로 한다. 옵션 기초자산은 S&P 500 주가지수이고 현재 S&P 500 주가지수가 445라고 할 때 각각의 행사 가격에 따른 옵션의 가격이 〈표 3−1〉과 같다고 하자.

〈표 3−1〉에서 행사 가격이 435인 콜옵션의 프리미엄은 12.65이다. 그런데 이 중에서 이 옵션을 매입하여 당장 권리를 행사할 경우에는 이익은 10(= 445 − 435)에 불과하므로 나머지 2.65는 옵션만기일에 다다를 때까지 주가지수가 상승하여 보다 유리한 가격 상태에서 옵션을

표 3-1 옵션 가격의 예

| 행사 가격 | 435 | 440 | 445 | 450 | 455 |
|---|---|---|---|---|---|
| 콜옵션 프리미엄 | 12.65 | 10.63 | 7.20 | 5.50 | 2.60 |
| 풋옵션 프리미엄 | 2.70 | 5.54 | 7.10 | 10.41 | 12.45 |

표 3-2 내재가치와 시간가치

| 행사 가격 | | 435 | 440 | 445 | 450 | 455 |
|---|---|---|---|---|---|---|
| 콜옵션 | 내재가치 | 10 | 5 | 0 | 0 | 0 |
| | 시간가치 | 2.65 | 5.63 | 7.20 | 5.50 | 2.60 |
| 풋옵션 | 내재가치 | 0 | 0 | 0 | 5 | 10 |
| | 시간가치 | 2.70 | 5.54 | 7.10 | 5.41 | 2.45 |

행사할 수 있는 가능성에 대한 가치라고 할 수 있다. 즉 행사 가격 435인 콜옵션의 내재가치는 10이고 나머지인 2.65는 시간가치인 것이다.

한편 행사 가격이 450인 콜옵션의 경우에는 현재 주가지수가 행사 가격보다 낮기 때문에 내재가치가 없다. 그럼에도 불구하고 이 옵션은 시장에서 5.50의 가격에 거래되고 있는데 이는 옵션만기일에 다다를 때까지 주가지수가 상승하여 이 옵션이 내재가치를 갖게 될 가능성에 대해 지불하는 가격이다. 즉 행사 가격 450인 콜옵션은 내재가치는 0이지만 5.50의 시간가치를 지불하는 가격이다. 〈표 3-1〉의 옵션들에 대한 내재가치와 시간가치를 구분하여 나타내면 〈표 3-2〉와 같다.

〈표 3-2〉에서 콜의 경우 행사 가격 450, 455콜은 지금 당장 권리를 행사할 아무런 이유가 없으므로 내재가치는 영(0)이다. 이와 같이 내재가치가 없는 옵션을 OTM 옵션이라 하고, 반면에 행사 가격 435, 440콜과 같이 내재가치가 존재하는 옵션을 ITM 옵션이라 한다. 풋의 경우에는 435, 440풋은 OTM 옵션, 450, 455풋은 ITM 옵션이다. 콜옵션은 시장 가격에 비해 행사 가격이 낮을수록, 풋옵션은 시장 가격에 비해 행사 가격이 높을수록 ITM의 정도가 커진다. ITM 옵션의 가치는 내재가치와 시간가치의 합으로써 구성되는 데 반하여 OTM 옵션은 내재가치 없이 시간가치만 가지며, 시간가치의 경우 옵션이 만기일에 가까이 다가갈수록 그 크기가 감소하여 결국 만기일에 이르러서는 시간가치는 소멸되고 오직 내재가치만이 그 옵션의

가치를 결정짓는다. 한편 445콜이나 풋은 시장 가격과 행사 가격이 같기 때문에 내재가치가 0 이지만 특별히 ATM(At-the-money) 옵션이라고 부른다.

특이할 만한 사실은 옵션의 시간가치가 행사 가격과 시장 가격이 가장 근접한 ATM 옵션에서 제일 크고 ITM이나 OTM으로 갈수록 작아지며 시장 가격과 행사 가격의 차가 매우 큰 Deep ITM이나 Deep OTM 옵션의 경우에는 시간가치가 거의 0에 가깝게 되어 옵션의 총가치는 내재가치에 접근한다는 것이다. 이는 시간가치는 만기가 되기 전에 보다 유리한 가격에서 옵션을 행사할 수 있는 기회, 즉 내재가치의 증대 가능성의 가치를 반영하므로 콜옵션의 경우 시장 가격이 행사 가격보다 아주 낮다면(Deep OTM) 어느 정도 시장 가격이 상승하여도 내재가치가 발생할 가능성이 희박하며, 반대로 시장 가격이 행사 가격보다 아주 높다면(Deep ITM) 이미 지불한 프리미엄에는 내재가치가 상당 부분 포함되어 있다. 이는 주어진 시장 가격 상승에 따른 내재가치 증가율이 작기 때문이다.

이제 시장 가격의 변화에 따른 옵션 프리미엄의 변화를 보면 콜옵션의 경우는 시장 가격의 상승에 따라 프리미엄이 증가하나 내재 가치의 상승에서 비롯된 시간 가치는 오히려 줄어든다. 〈그림 3-1〉은 이러한 관계를 잘 보여준다.

풋옵션의 경우에 시장 가격에 따라 프리미엄은 증가한다. 즉 일정한 가격에 매도할 수 있는 권리의 가치가 시장 가격이 낮아질수록 높아진다. 그러나 이러한 프리미엄의 증가는 내재 가치의 상승에서 비롯된 것으로 시간가치는 오히려 줄어든다. 〈그림 3-2〉는 이러한 관계를 잘 보여준다.

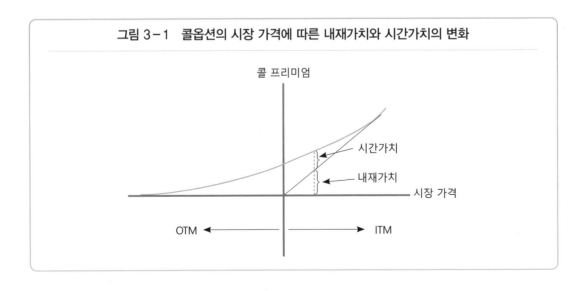

그림 3-1 콜옵션의 시장 가격에 따른 내재가치와 시간가치의 변화

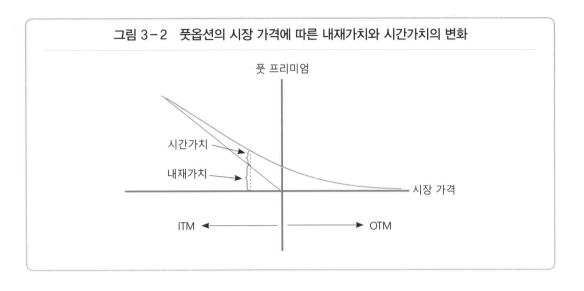

그림 3-2  풋옵션의 시장 가격에 따른 내재가치와 시간가치의 변화

## 2) 옵션의 가격 범위

### (1) 콜옵션의 가격 범위

옵션의 가치평가모형을 설명하기 전에 옵션의 가격이 움직일 수 있는 범위를 이해하는 것이 필요하다. 우선 배당금이 없는 유럽식 콜옵션의 경우에 옵션의 가격 범위를 살펴보기로 한다.

첫째, 옵션의 가치가 0보다 작을 수는 없다. 왜냐하면 옵션은 유리한 경우에만 행사되는 권리이기 때문이다. 이와 같은 관계를 식으로 표시하면 식 (3−1)과 같다.

$$C \geqq 0 \qquad\qquad (3-1)$$

둘째, 콜옵션의 가치는 그 기초주식의 가치보다 클 수는 없다. 콜옵션은 기초주식을 살 수 있는 권리이기 때문에 이러한 권리가 주식 그 자체의 가격보다 더 높은 가치를 가질 수는 없는 것이다.

$$C \leqq S \qquad\qquad (3-2)$$

만일 상황이 위의 조건에서 벗어나게 되면, 주식을 매입하고 콜옵션을 매도함으로써 무위험 수익을 얻게 되는 차익거래를 할 수 있다.

셋째, 콜옵션의 가격은 기초자산인 주가에서 행사 가격의 현재가치를 차감한 값보다 크다. 즉,

$$C \geqq S - e^{-rt} X \qquad\qquad (3-3)$$

이러한 관계는 차익거래의 기회가 존재하지 않는다는 가정하에서 얻어지는데 이를 살펴보기 위하여 다음과 같은 두 가지 투자방법을 비교해 보기로 한다.

투자방법 A : 기초주식을 매입하여 보유하는 전략
투자방법 B : 콜옵션을 매입하고 동시에 행사 가격의 현재가치와 같은 금액($e^{-rt}X$)의 채권을 매입하여 만기까지 보유하는 전략

만약 만기 시에 주가가 행사 가격보다 높이 상승하면 투자방법 B의 투자수익은 투자방법 A의 투자수익과 동일한 $S_T$가 된다. 왜냐하면 채권투자로부터 행사 가격과 같은 금액이 확보되고 콜옵션 투자로부터 옵션을 행사하여 ($S_T - X$)만큼의 이익을 얻을 수 있기 때문이다. 그러나 만약 만기 시의 주가가 행사 가격보다 낮을 경우에는 투자방법 B의 투자가치가 투자방법 A보다 항상 크게 된다. 왜냐하면 투자방법 B는 주가가 아무리 하락한다 하더라도 항상 무위험 채권의 투자에서 행사 가격($X$)만큼의 금액을 확보할 수 있는 반면 투자방법 A의 경우에는 주가는 행사 가격보다 낮으므로 행사 가격과 같은 금액을 확보할 수 없게 되기 때문이다. 이를 표로 나타내면 다음과 같다.

| 투자<br>방법 | 투자 시의 가치 | 만기 시의 가치 | |
|---|---|---|---|
| | | $S_T \leqq X$ | $S_T > X$ |
| A | 주식 매입($S$) | $S_T$ | $S_T$ |
| B | 채권 매입($e^{-rt} X$) + 콜매입($C$) | $X$ | $X + (S_T - X) = S_T$ |

즉, 투자방법 B의 투자수익이 투자방법 A의 투자수익보다 항상 크거나 같기 때문에 단순히 주식을 매입해서 보유하는 것보다는 콜옵션과 무위험 채권을 보유하는 것이 더 유리하다. 그

러므로 투자방법 A보다 투자방법 B의 초기 투자금액이 더 커야 한다. 즉,

$$C + e^{-rt} X \geqq S, \quad \text{or} \quad C \geqq S - e^{-rt} X \tag{3-4}$$

한편 만기 이전에도 언제든지 권리행사가 가능한 미국식 옵션의 가격은 유럽식 옵션의 가격보다 높은 것이 일반적이다. 그러나 배당금이 없는 경우의 콜옵션은 미국식 옵션이라 해도 유럽식 옵션과 동일한 가격을 갖는다. 이는 배당금이 없을 경우에는 만기 이전에 조기에 콜옵션을 행사하는 것이 최선의 전략이 아니다. 주가가 $50일 때 행사 가격이 $40, 만기가 1개월, 무위험이자율 10%인 배당이 없는 주식의 미국식 콜옵션을 예로 들어보자. 이 경우 만약 주가가 과대평가되어 있어서 향후에 하락할 가능성이 있다고 생각한 투자자는 옵션의 권리를 행사할 수도 있다. 하지만 이 경우 투자자는 옵션을 행사하는 것보다 옵션을 매도하는 것이 더 유리하다. 왜냐하면 옵션을 행사할 경우 얻을 수 있는 이익은 $10에 불과한 반면 시장에서 이 옵션의 가격은 $10보다 클 것이기 때문이다. 식 (3-4)에 의하면, 이 콜옵션의 가격은 사실상 $10.33 $\left[ = 50 - e^{-0.1 \times \frac{1}{12}} \cdot 40 \right]$ 보다 커야 함을 알 수 있다.

따라서 배당이 없는 경우 미국식 옵션이라 해도 옵션을 행사할 이유가 없게 되어 유럽식 옵션과 동일한 가치를 갖게 된다.

이상에서의 콜옵션의 가격 범위를 바탕으로 기초자산의 가격과 콜옵션의 가격과의 관계를 나타내면 〈그림 3-3〉과 같다.

그러나 주식에 배당금이 존재할 경우에는 미국식 콜옵션은 조기 행사할 유인이 존재한다.

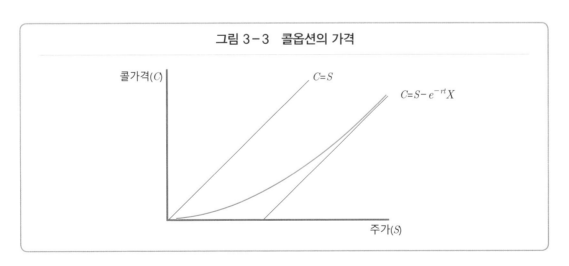

그림 3-3　콜옵션의 가격

주식의 배당금이 존재할 경우 주가는 이를 반영하여 배당 기준일 이후에 하락하므로 (배당락) 옵션의 내재가치 또한 이에 상응하는 만큼 하락하게 된다. 옵션을 보유하고 있는 사람은 배당 기준일에 자신의 권리를 행사함으로써 이러한 내재가치의 하락을 막을 수 있지만 동시에 옵션이 지니고 있는 시간가치를 포기해야만 한다. 따라서 만기일 이전의 권리행사는 배당금의 크기와 시간가치의 크기에 의해서 결정되며 미국식 옵션의 가격은 유럽식 옵션의 가격보다 높게 된다.

## (2) 풋옵션의 가격 범위

풋옵션의 가격도 콜옵션의 경우와 같이 일정한 범위 내에서 결정된다. 여기서도 우선 배당금이 없는 유럽식 옵션의 경우를 살펴보기로 한다. 첫째, 풋옵션의 가격은 0보다 커야 한다. 왜냐하면 풋옵션도 콜옵션과 마찬가지로 유리한 경우에만 행사되는 권리이기 때문이다. 둘째, 풋옵션의 가격은 행사 가격보다 낮다. 풋옵션은 보유자에게 행사 가격으로 주식 1주를 매도할 수 있는 권리를 부여하는 옵션이므로 주가가 아무리 낮아진다 하더라도 결코 행사 가격보다 더 높은 가치를 지닐 수는 없다. 따라서,

$$P \leq X \tag{3-5}$$

그런데 유럽식 풋옵션의 경우 만기에만 행사할 수 있다. 그러므로 만기 이전에 행사할 수 없는 유럽식 풋옵션의 가치는 행사 가격에 대한 현재가치보다 더 낮게 되는 것이다.

$$P < Xe^{-rt} \tag{3-6}$$

만일 그렇지 않다면 차익거래자는 옵션을 발행하고 그 수입을 무위험 이자율로 투자함으로써 무위험 수익을 얻을 수 있다.

셋째, 풋옵션의 가격은 행사 가격을 무위험 수익률로 할인한 현재가치에서 기초주식의 가격을 차감한 값보다 크다. 즉,

$$P \geq e^{-rt} X - S \tag{3-7}$$

식 (3-7)을 유도하기 위해서 다음과 같은 두 가지 투자방법을 비교해 보기로 한다.

투자방법 A : 기초주식을 매입하여 보유하는 전략

투자방법 B : 풋옵션을 매도하고 동시에 행사 가격의 현재가치와 같은 금액$(e^{-rt}X)$의
채권을 매입하여 만기까지 보유하는 전략

이러한 포트폴리오를 구성할 경우 포트폴리오의 가치는 〈표 3−3〉과 같다.

표 3−3　**가격 범위**

| 투자<br>방법 | 투자 시의 가치 | 만기 시의 가치 | |
|---|---|---|---|
| | | $S_T \leq X$ | $S_T > X$ |
| A | 주식 매입$(S)$ | $S_T$ | $S_T$ |
| B | 채권 매입$(e^{-rt}X)$+풋매도$(-P)$ | $X-(X-S_T)$ | $X$ |

　만약 만기 시에 주가가 행사 가격보다 낮다면 투자방법 A는 투자방법 B의 투자수익 $S_T$와 같게 된다. 왜냐하면 채권투자로부터 행사 가격과 같은 금액이 확보되고 풋옵션을 매도한 것으로부터 $(X-S_T)$만큼의 손실이 발생하기 때문이다. 그러나 만기 시의 주가가 행사 가격보다 높게 되는 경우에는 투자방법 B의 투자가치가 투자방법 A의 투자가치보다 항상 작게 된다. 왜냐하면 투자방법 B는 주가가 아무리 상승한다 하더라도 행사 가격 $(X)$만큼의 금액만 확보할 수 있는 반면 투자방법 A는 행사 가격보다 높은 주식의 가격을 얻을 수 있기 때문이다. 즉 만기 시에 투자방법 A의 투자가치가 투자방법 B의 투자가치보다 항상 크거나 같기 때문에 투자방법 A의 현재가치가 B의 현재가치보다 더 커야 한다. 즉,

$$S \geq e^{-rt}X - P \tag{3-8}$$

　식 (3−8)로부터 풋옵션 가격의 하한인 식 (3−7)이 유도된다.

　한편 미국식 풋옵션의 경우에는 배당이 없다 하더라도 조기 행사하는 것이 유리할 수 있다. 실제로 풋옵션이 충분한 ITM 상태에 있다면 투자자는 옵션을 조기에 행사하는 것이 유리한 경우가 있다. 설명의 편의상 극단적인 상황의 예를 가정해 보기로 한다. 행사 가격이 $10이고 현 주가가 제로(0)인 경우 투자자는 풋옵션의 권리를 즉각 행사함으로써 $10의 이익을 얻게

된다. 만일 투자자가 행사를 보류한 채 기다렸다면 주가가 제로(0) 이하로 내려가는 것은 불가능하기 때문에 $10 이상의 이익은 커녕 옵션을 조기 행사함으로써 얻어지는 이익 $10에도 미치지 못하게 될 것이다. 더욱이 현재 $10의 이익을 얻는 것이 나중에 $10의 이익을 얻는 것보다 더 나은 것은 말할 나위도 없다. 따라서 이러한 경우 투자자는 풋옵션의 권리를 당연히 조기 행사하는 것이 유리하다. 따라서 조기 행사가 언제든지 가능한 미국식 풋옵션의 가격 하한선은 식 (3-7)이 아니라 풋옵션의 내재가치보다 크게 된다. 즉,

$$Pa \geq X - S \tag{3-9}$$

이상의 설명에 기초하여 미국식 풋옵션과 유럽식 풋옵션의 가격을 나타내면 〈그림 3-4〉와 같다.

즉 $r > 0$ 일 때, 주가가 충분히 하락한 상황이라면 투자자가 미국식 풋옵션을 조기행사하는 것이 최선의 전략일 수 있으며, 조기행사가 최적일 때 풋옵션의 가치는 $X - S$가 된다. 그러므로 〈그림 3-4〉의 (a)에서 풋의 가치를 나타내는 곡선은 주가 $(S)$가 충분히 작아진 순간을 기점으로 풋의 내재적 가치, $X - S$으로 수렴한다. 그림에서는 풋옵션을 조기 행사하는 것이 바람직한 여러 가지 상황들이 있기 때문에 미국식 풋옵션의 가치는 항시 유럽식 풋에 비해 높을 수 밖에 없다. 〈그림 3-4〉의 (b)는 유럽식 풋옵션의 가격을 보여주고 있다. 유럽식 풋옵션의

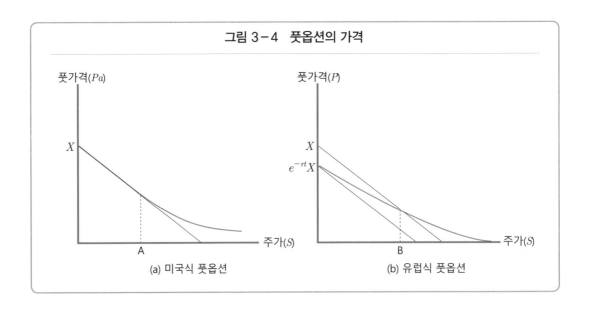

그림 3-4 풋옵션의 가격

(a) 미국식 풋옵션

(b) 유럽식 풋옵션

가격은 내재가치보다 작은 경우도 있다. 주가가 매우 낮은 경우 즉, B보다 작은 경우에는 풋옵션의 가격이 내재가치보다 작게 된다.

## (3) 풋-콜 등가(Put-Call Parity)

같은 기초주식에 대해 발행된 옵션으로 만기와 행사 가격이 같은 콜옵션과 풋옵션의 가격 사이에는 일정한 관계식이 성립한다. 이러한 관계식을 풋-콜 등가라고 한다.

풋-콜 등가관계를 도출하기 위하여 다음과 같은 투자를 생각해 본다. 주식 1주를 매입하고 동시에 이 주식을 기초자산으로 하는 풋옵션 하나를 매입하고, 콜옵션 1주를 발행하여 하나의 포트폴리오를 구성한다고 하자. 이 포트폴리오는 만기에 관계없이 일정한 수익을 보장해 준다. 만기에서의 주가가 행사 가격보다 높은 경우와 낮은 경우로 구분하여 각 상태에서의 수익(payoff)을 보면 다음과 같다.

| 포트폴리오 구성 | 만기에서의 수익(payoff) | |
| --- | --- | --- |
| | $S_T < X$ 일 경우 | $S_T > X$ 일 경우 |
| 주식 매입($S$) | $S_T$ | $S_T$ |
| 콜옵션 발행($-C$) | 0 | $-(S_T - X)$ |
| 풋옵션 매입($P$) | $X - S_T$ | 0 |
| $S + P - C$ | $X$ | $X$ |

즉 위와 같은 포트폴리오를 구성하면 만기에 주가에 관계없이 포트폴리오의 가치는 항상 $X$가 된다. 다시 말하면 위와 같이 주식과 옵션을 적절히 결합함으로써 위험이 전혀 없는 무위험 포트폴리오를 구성할 수 있으며 이 무위험 포트폴리오의 수익률은 시장이 균형 상태에 있다면 무위험 이자율과 같아야 한다. 그렇지 않다면 차익거래가 가능하기 때문이다. 그러므로 기초주식과 콜옵션, 그리고 풋옵션 간에는 다음과 같은 관계가 성립해야 한다.

$$(S + P - C)e^{rt} = X \tag{3-10}$$

식 (3-10)을 정리하면 다음과 같은 풋-콜 등가식을 구할 수 있다.

$$P = C - S + e^{-rt} X \tag{3-11}$$

이와 같은 풋-콜 등가식은 유럽형 옵션의 평가에서 콜옵션의 가치를 안다면 이 등가식에 의해 풋옵션의 가치를 추정할 수 있기 때문에 상당히 유용하게 사용될 수 있다. 예를 들면 행사 가격과 주가가 같은 ATM 옵션의 경우에는 콜옵션의 가격이 풋옵션의 가격보다 커야 한다. 이는 식 (3-11)을 정리하면 쉽게 보일 수 있다. 즉 식 (3-11)을 다시 정리하면 식 (3-12)와 같이 나타낼 수 있다.

$$C - P = S - e^{-rt} X \qquad\qquad (3-12)$$

식 (3-12)에서 ATM 옵션의 경우라면 $S = X$이고 따라서 식 (3-12)는 다음과 같이 쓸 수 있다.

$$C - P = S - e^{-rt} S \qquad\qquad (3-13)$$

식 (3-13)의 우변은 이자율 $r$이 아닌 한 항상 0보다 커야 한다. 따라서 ATM의 경우 콜옵션의 가치가 풋옵션의 가치보다 커야 한다.

한편 옵션 기초자산이 선물인 경우 풋-콜 등가식은 선물 보유비용 모형으로부터의 관계식인 $F = e^{rt} S$를 이용하면 다음과 같이 나타낼 수 있다.

$$P = C - e^{-rt}(F - X) \qquad\qquad (3-14)$$

따라서 선물옵션의 경우에는 ATM에서 콜옵션과 풋옵션의 가격이 같아야 함을 알 수 있다. 이러한 풋-콜 등가식이 성립하지 않으면 차익거래가 가능한데 이에 대해서는 컨버전과 리버스 컨버전에서 설명하기로 한다.

## 2 옵션 가격결정 모형

옵션은 결코 간단한 상품이 아니기 때문에 옵션의 가격결정 과정을 체계적으로 이해하기 위해서는 그 기초가 되는 몇 가지 개념들로부터 출발하여야 하는데 이것은 블랙-숄즈(Black-Scholes)에 의해 처음으로 정형화된 모습을 갖추었다.

1973년 블랙-숄즈 모형이 처음으로 소개된 이후 이의 단점을 보완하고자 여러 다른 모형들이 시도되었으나, 아직까지도 블랙-숄즈 모형은 옵션 거래자들 사이에 가장 널리 쓰이는 옵션모형으로 남아있다. 그 뒤 1979년에 Cox-Ross-Rubinstein에 의해서 CRR 모형이 개발되었다. 이 모형은 블랙-숄즈 모형보다 늦게 발표된 것이지만 옵션 가격의 기본개념을 이해하는 데는 더욱 편리한 모형이다. 또한 블랙-숄즈 모형이 유럽식 옵션 가격결정 모형인 데 반하여 CRR 모형은 만기 이전에 행사할 수 있는 미국식 옵션의 가격결정 과정을 설명하는 데에도 유용하여 널리 이용되고 있다. 따라서 여기서는 블랙-숄즈 옵션모형보다 뒤에 개발된 모형이지만 옵션 가격결정 과정의 이해를 돕기 위하여 CRR 모형을 먼저 설명하기로 한다.

## 1) CRR(Cox-Ross-Rubinstein) 모형

CRR 모형은 옵션 기초자산의 가격이 일정한 비율로 오르거나 내리는 이항분포(binomial distribution)에 따른다는 가정하에서 개발된 옵션 가격 평가모형이다. 옵션 기초자산이 주식일 경우 주가가 이항 분포에 따른다는 것은 매 거래기간마다 주가는 단지 한번 변화할 수 있는 기회가 주어질 뿐임을 의미한다. 이때 이항 확률분포는 두 개의 상황만을 허용한다. 즉 주가는 일정한 비율로 오르거나 혹은 일정한 비율로 내리게 되는데, 이때 주가가 상승 또는 하락할 확률은 이항 확률분포에 의해서 결정된다.

이제 옵션 기초자산이 주식인 경우에 간단한 예를 가지고 단기간(one-period) 모형에서 주식의 콜옵션 가격이 어떻게 결정되는지를 살펴보고 이를 다기간(multi-period) 모형으로 일반화시키기로 한다.

## (1) 단기간(one-period) 모형

현재의 주가가 $S$인 어떤 주식에 대하여 콜옵션이 발행되었다고 하자. 이때 이항 분포에 따르는 주식의 오르는 비율을 $u$로, 내리는 비율을 $d$로 표현한다면 한 기간 후의 주식 가격과 행사 가격이 $X$인 주식의 콜옵션 가격은 다음과 같이 나타나게 된다.

| 기초자산 가격 | 옵션시장 |
|---|---|
| 현재의 가격 1기 후의 가격 $S \begin{cases} \text{상승 시}: S_u = (1+u)S \\ \text{하락 시}: S_d = (1-d)S \end{cases}$ | 현재의 가격 만기 시의 가치 $C \begin{cases} \text{상승 시}: C_u = Max[0, (1+u)S-X] \\ \text{하락 시}: C_d = Max[0, (1-d)S-X] \end{cases}$ |

예를 들어 현재의 주가는 100이고 오르는 폭이 10% 그리고 내리는 폭이 8%라고 하면 $u=0.1$, $d=0.08$이 되며 행사 가격이 100인 콜옵션의 가격과 주가의 변화를 표시하면 다음과 같다.

| 주식 가격 변동 경로 |
|---|
| $S=100 \begin{cases} S_u = (1+0.1)100 = 110 \\ S_d = (1-0.08)100 = 92 \end{cases}$ |

| 콜옵션 가격의 변동 경로 |
|---|
| $C \begin{cases} C_u = Max[0, S_u - X] = Max(0, 110-100) = 10 \\ C_d = Max[0, S_d - X] = Max(0, 92-100) = 0 \end{cases}$ |

이제 콜옵션의 가치를 결정하기 위하여 주식 가격이 상승하든지 하락하든지 관계없이 항상 콜옵션과 동일한 투자수익률을 낳게 해주는 포트폴리오를 구성하기로 한다. 이렇게 구성되는 포트폴리오의 현재가치가 콜옵션의 가치와 같지 않다면 차익거래의 가능성이 있으므로 콜옵션의 가격은 구성된 포트폴리오의 가치와 같아야 한다. 이 과정을 설명하기 위해 어떤 주식 $h$ 주와 정부 공채 $B$만큼을 동시에 보유하는 포트폴리오를 구성하기로 한다. 이 포트폴리오의 현재가치는 $hS+B$가 되는데 주식 가격의 등락에 따라 1기 후에 이 포트폴리오의 가치는 다음과 같이 변하게 될 것이다.

| 포트폴리오의 가치 |
|---|
| 현재가치 1기 후의 가치 $hS+B \begin{cases} \text{상승 시}: (1+u)hS + (1+r)B \\ \text{하락 시}: (1-d)hS + (1+r)B \end{cases}$ |

따라서 주식 가격의 등락에 관계없이 포트폴리오의 가치와 옵션의 가치가 동일하게 되는 그런 주식수 $h$와 정부공채 투자액 $B$는 다음의 연립방정식으로부터 얻을 수 있다.

$$(1+u)hS+(1+r)B=C_u \qquad (3-15)$$

$$(1-d)hS+(1+r)B=C_d \qquad (3-16)$$

$$h=\frac{C_u-C_d}{(u+d)S}, \quad B=\frac{(1+u)C_d-(1-d)C_u}{(u+d)(1+r)} \qquad (3-17)$$

식 (3-17)의 $h$와 $B$는 1기 후, 즉 콜옵션의 만기에 주가의 등락에 관계없이 포트폴리오의 가치와 콜옵션의 가치를 동일하게 해주는 값이다. 따라서, 만일 무위험 차익거래 기회가 없다면 현재에도 포트폴리오의 가치와 옵션의 가치가 동일해야 하므로 아래와 같은 수식이 성립되고 $h$와 $B$의 값을 대입함으로써 오늘 현재의 옵션 가격을 산정할 수 있다. 즉

$$
\begin{aligned}
C &= hS + B \\
&= S\frac{C_u-C_d}{(u+d)S}+\frac{(1+u)C_d-(1-d)C_u}{(u+d)(1+r)} \\
&= \left[\frac{(r+d)}{(u+d)}C_u+\frac{(u-r)}{(u+d)}C_d\right]/(1+r)
\end{aligned} \qquad (3-18)
$$

만약 $p=\dfrac{r+d}{u+d}$ 로 정의하면 위의 수식을 식 (3-19)와 같이 나타낼 수 있다.

$$C=\{(p\cdot C_u)+(1-p)C_d\}/(1+r) \qquad (3-19)$$

식 (3-19)는 단일기간에서의 이항 콜옵션 가격을 결정하는 수식인데 이때 콜옵션 가치는 $u$, $d$, $S$, $X$와 $r$의 값을 알면 구할 수 있다. 이상과 같은 결과는 옵션의 가격결정과 관련하여 몇 가지 중요한 사실을 시사해 주고 있다.

첫째, 옵션의 가치는 주가가 상승 또는 하락할 확률과는 무관하게 결정된다는 것이다. 즉, 투자자들이 옵션 가격을 결정하는 다른 변수에 대해 동일한 예측을 하고 있다면, 주가가 오르거

나 내릴 확률에 대해 서로 다른 예측을 하고 있더라도 콜옵션의 균형 가격은 존재할 수 있다.

둘째, 옵션의 가치는 투자자들의 위험선호도에 관계없이 결정된다는 것이다. 앞의 식을 도출하는 데 있어서 투자자들의 행동과 관련하여 필요한 가정은 보다 많은 부(wealth)를 선호한다는 것뿐이다. 따라서 투자자가 위험을 회피하든 선호하든 동일한 가격을 도출할 수 있다.

셋째, 옵션의 가치를 설명하는 확률변수는 기초주식의 가격뿐이라는 것이다. 즉 옵션의 가치는 시장 포트폴리오와 같은 다른 자산이나 포트폴리오의 가치와는 무관하다.

마지막으로 $p$의 수치가 0과 1 사이에 있으므로 확률로서 해석 응용할 수 있다는 점이다. $p$의 값은 1보다 클 수가 없다. $p$가 1보다 크기 위해서는 $r > u$이어야 한다. 그러나 이는 무위험 이자율이 주가가 상승할 경우의 수익률보다 큼을 의미하는 것인데 이러한 주식은 존재하지 않는다. 왜냐하면 주식의 최대수익률이 무위험 이자율보다 작다면 어느 투자자도 가격이 하락할 위험마저 존재하는 주식에 투자하려 하지 않을 것이기 때문이다. 그러므로 $u > r$이라는 조건이 성립되어야만 주식이 투자대상물이 되며 이러한 조건하에서는 $p$는 1을 초과할 수 없게 된다. 또한 $r$과 $u$와 $d$가 플러스(+) 수치인 한 $p$는 0보다 작을 수가 없으므로 $p$는 0과 1 사이의 수치를 갖게 되는 것이다. 따라서 $p$를 헤지확률(hedge probability) 또는 위험중립 확률(risk neutral probability)이라고 한다.

콜옵션의 가치를 계산하는 단계를 정리하면 다음과 같다.

❶ $s$, $u$, $d$, $x$를 이용하여 $C_u$와 $C_d$를 구한다.

$$C_u = Max[0, (1+u)X - X]$$
$$C_d = Max[0, (1-d)S - X]$$

❷ 헤지확률 $p$를 구한다.

$$p = \frac{r+d}{u+d}$$

❸ 현재 시점의 옵션 가격은 만기에 가능한 두 상황에 대한 발생확률로 가중하여 이를 현재 가치로 할인함으로써 얻어진다. 즉 주가가 상승할 경우 콜옵션의 가치를 $p$의 확률로 가중하고 주가가 하락할 경우 콜옵션의 가치를 $(1-p)$의 확률로 가중한 후 무위험 이자율로 할인하면 된다.

## (2) 다기간(multi-period) 모형

앞에서 설명한 단기간 이항식 옵션 가격 모형 산정방법을 다기간 모형으로 확장하기로 한다. 단기간 상황에서 주가는 상승 또는 하락하는 두 개의 상황만이 존재하였지만 한 기간을 더할 경우에 주가는 아래 그림에서와 같이 세 개의 상황이 존재하게 되고 3기에는 4개의 상황이 존재하게 된다. 1기에 주가가 상승하였을 경우에 2기의 주가는 상승 또는 하락할 수 있으며 상승하면 $S_{uu}=S(1+u)^2$가 되고 하락하면 $S_{uu}=S(1+u)(1-d)$가 된다. 반대로 1기의 주가가 하락한 경우와 동일해지며, 하락 시에는 $S_{uu}=S(1-d)^2$이 된다. 이와 같은 논리로 각각의 주가에 상응하는 3기의 콜옵션의 가치는 다음과 같다.

$$C_{uuu}=Max[0,\ S(1+u)^3-X]$$
$$C_{uud}=Max[0,\ S(1+u)^2(1-d)-X]$$
$$C_{udd}=Max[0,\ S(1+u)(1-d)^2-X]$$
$$C_{ddd}=Max[0,\ S(1-d)^3-X]$$

앞에서 사용했던 예를 가지고 만기가 3기인 콜옵션 가격이 결정되는 과정을 단계별로 설명하기로 한다.

| 현재 | 1기 | 2기 | 3기 |
|---|---|---|---|
| $S=100$ | $S_u=110$<br>$S_d=92$ | $S_{uu}=121$<br>$S_{vd}=101.2$<br>$S_{dd}=84.64$ | $S_{uuu}=133.1$<br>$S_{uud}=111.32$<br>$S_{udd}=93.104$<br>$S_{ddd}=77.869$ |

주가가 3기 동안 위와 같이 변동할 때 이에 따른 콜옵션 가격은 단기간 모형에서의 가격결정 과정이 만기에서부터 거꾸로 반복되면서 얻어질 수 있다. 이를 그림으로 나타내면 다음과 같다.

| 현재 | 1기 | 2기 | 3기 |
|---|---|---|---|
| $C$ | $C_u$ <3단계><br>$C_d$ | $C_{uu}$ <1단계><br>$C_{ud}$ <2단계><br>$C_{dd}$ | $C_{uuu}=33.1$<br>$C_{uud}=11.32$<br>$C_{udd}=0$<br>$C_{ddd}=0$ |

1단계 : $C_{uu}$는 헤지확률 $P=0.7778$을 이용하여 $C_{uuu}$와 $C_{uud}$의 값을 이용하여 구한다.

$$C_{uu} = \frac{0.7778(33.1) + 0.2222(11.32)}{1.06} = 26.661$$

2단계 : 같은 방법으로

$$C_{ud} = \frac{0.7778(11.32) + 0.2222(0)}{1.06} = 8.306$$

3단계 :

$$C_u = \frac{0.7778(26.661) + 0.2222(8.306)}{1.06} = 21.304$$

이와 같이 축차적으로 계속하면 오늘 콜옵션의 가치 $C$는 16.91이 된다. 이는 결국 만기 시의 여러 가지 가능한 옵션의 가치를 각각의 위험중립적 확률로 가중평균한 값이다. 이상의 이항과정에 의한 콜옵션 모형을 만기가 $n$기인 경우로 일반화시켜서 수식으로 표현하면 식 (3-20)과 같다.

$$C = \sum_{j=0}^{n} \frac{n!}{j!(n-j)!} p^j (1-p)^{n-j} Max[0, \ (1+u)^j(1-d)^{n-j} \cdot S - X] / (1+r)^n \tag{3-20}$$

이때 $j$는 $n$기간 동안에 주가가 상승한 횟수를 나타낸다. 따라서 식 (3-20)에 앞의 콜옵션 가격을 나타내면 다음과 같다.

$$C = \frac{(0.778)^3(33.1) + 3(0.7778)^2(0.2222)(11.32) + 0 + 0}{1 + 0.06^3} = 16.91$$

## 2) 블랙-숄즈 옵션 가격 모형

앞에서 설명했듯이 이항식 옵션 가격 산정방식은 현재 가격과 행사 가격에다 이항 분포에서 얻어지는 확률을 가중치로 주어 옵션의 가격을 산정하는 방법이었다. 이와 거의 동일한 논리를 이용하여 1973년에 Fischer Black과 Myron Scholes가 물리학의 열확산속도를 계산하는 공식(heat diffusion equation)을 응용하여 옵션 가격을 산정하는 방법을 제시하였다. 이 블랙-숄즈 옵션 평가모형도 이항 평가모형의 경우와 마찬가지로 주식과 옵션으로 구성되는 무위험 포트폴리오의 개념에서 출발한다. 그러나 실제로 이 모형을 도출하기 위해서 사용된 수학적 접근방법은 매우 복잡하므로 여기서는 그 결과만을 설명한다. 블랙-숄즈 옵션 평가모형은 다음과 같은 가정 아래 얻어진다.

❶ 기초자산의 거래가 불연속적(discrete)이 아니라 지속적(continuous)으로 이루어지므로 항상 가격의 변동이 일어나고 있다.

❷ 기초자산의 일일 가격 변동치가 로그 정규분포(lognormal distribution)를 따른다.

❸ 옵션 잔존기간 동안 무위험 이자율이 변하지 않는다.

❹ 가격의 변동성은 옵션의 잔존기간 동안 고정되어 있다.

❺ 옵션 잔존기간 동안 주식배당금이나 쿠폰지불금 같은 배당금의 지불이 없다.

❻ 옵션의 행사는 단지 만기일에만 할 수 있는 유럽식 옵션의 가격을 산정한다.

이러한 가정하에 블랙-숄즈 옵션 가격결정 모형에 의한 콜옵션 가격은 식 (3-21)과 같이 표현할 수 있다.

$$C = S \cdot N(d_1) - e^{-rt} X \cdot N(d_2) \qquad (3-21)$$

$$\text{여기서 } d_1 = [\ln(S / X) + (r + \sigma^2 / 2)t] / \sigma\sqrt{t}$$
$$d_2 = d_1 - \sigma\sqrt{t}$$
$$N(d) = \text{표준 정규분포의 누적확률}$$

한편 풋옵션의 가격은 식 (3-22)와 같다.

$$P = e^{-rt} X \cdot N(-d_2) - S \cdot N(-d_1) \qquad (3-22)$$

여기서 $N(-d_1)$ 정규분포의 대칭성을 이용하면 $1-N(d_1)$이 되고 따라서 $N(-d_2)=1-N(d_2)$이다.

이제 이러한 블랙-숄즈 옵션 가격결정 모형을 이용하여 실제로 옵션 가격을 계산하는 것을 예를 들어 설명하기로 하자. 현재 주가($S$)가 $42이고 무위험 이자율($r$)이 10%라고 할 때 만기일까지 6개월이 남은 행사 가격($X$)이 $40인 옵션의 가격을 구하기로 한다. 이때 변동성은 연 20%라고 가정한다. 그러면 $t$는 0.5가 되고

$$d_1 = (\text{In}1.05 + 0.12 \times 0.5) \, / \, 0.2(0.5)^{\frac{1}{2}} = 0.7693$$
$$d_2 = 0.7693 - 0.2(0.5)^{\frac{1}{2}} = 0.6278$$

다음으로 누적확률의 값은 표준 정규분포의 면적을 제곱하는 표로부터 쉽게 구할 수 있다.

표에 의하면 $N(0.7693) = 0.7791$, $N(0.6278) = 0.7349$이고 $N(-0.7693) = 0.2209$, $N(-0.6278) = 0.2651$이다. 따라서 콜옵션과 풋옵션의 가치는 각각 다음과 같다.

$$C = 42(0.7791) - 40e^{-(0.1)(0.5)}(0.7349) = 4.76$$
$$P = 40e^{-(0.1)(0.5)}(0.2651) - 42(0.2209) = 0.81$$

## 3) 미국식 옵션의 가격결정 과정

미국식 옵션의 경우 만기 이전에 옵션을 행사할 수 있는 권리의 경제적 가치를 설명할 수 있는 모형이 필요하다. 이를 위해서는 거래가 이산적(discrete)으로 일어나는 모형이 개념의 이해뿐 아니라 계산의 간편성에서도 유용하기 때문에 여기서는 앞에서 설명했던 이항옵션모형을 사용하여 미국식 통화옵션의 가격결정 과정을 설명하기로 한다. 일반적으로 배당금이 없는 콜옵션은 미국식 옵션이라 하더라도 만기 이전에 행사할 유인이 없다. 따라서 만기 이전에 행사할 유인이 존재하는 통화옵션을 가지고 설명을 진행하기로 한다. 우선 유럽식 통화 콜옵션의 가치를 결정하기 위하여 앞에서와 같이 환율의 변동과 관계없이 항상 통화옵션과 같은 투자수익률을 보장해주는 포트폴리오를 구성한다. 옵션의 기초자산이 영국 파운드화라고 하

고 달러화 표시 정부공채 B와 $h$만큼의 파운드화를 보유하는 포트폴리오를 생각하기로 한다. 이때 이항 분포에 따르는 파운드화의 오르는 비율을 $u$로, 내리는 비율을 $d$로 표현하고 달러화에 대한 이자율을 $r_d$, 파운드화에 대한 이자율을 $r_f$라고 하면 파운드화 환율의 변동에 따라 이 포트폴리오의 가치는 다음과 같이 변하게 된다.

$$h_S + B \begin{cases} (1+u)(1+r_f)h_S + (1+r_d)B \\ (1-d)(1+r_d)h_S + (1+r_d)B \end{cases}$$

주식옵션의 경우와 다른 점은 파운드화를 매입하여 보유하는 동안 $r_f$만큼의 이자가 지급된다는 것이다. 이제 파운드 가격의 등락에 관계없이 포트폴리오의 가치와 옵션의 가치가 동일하게 되는 $h$와 $B$는 다음의 연립방정식으로부터 얻을 수 있다.

$$(1+u)(1+r_f)h_S + (1+r_d)B = C_u \tag{3-23}$$

$$(1-d)(1+r_f)h_S + (1+r_d)B = C_d \tag{3-24}$$

따라서

$$h = \frac{C_u - C_d}{(u+d)(1+r_f)h_S}, \quad B = \frac{(1+u)C_d - (1-d)C_u}{(u+d)(1+r_d)} \tag{3-25}$$

위에서 얻은 $h$와 $B$로부터 통화콜옵션의 가치를 구하면

$$\begin{aligned} C &= h_S + B \\ &= \frac{1}{1+r_d}\left[\frac{(r_d - r_f) + d(1+r_f)}{(1+r_f)(u+d)}C_u + \frac{u(1+r_f) - (r_d - r_f)}{(1+r_f)(u+d)}C_d\right] \end{aligned}$$

만약 $r^* = \dfrac{r_d - r_f}{1 + r_f}$ 로 정의하고 정리하면 위의 식은 다음과 같이 다시 쓸 수 있다.

$$C = \frac{1}{(1+r_d)}\left[\frac{r^* + d}{u + d}C_u + \frac{u - r^*}{u + d}C_d\right] \qquad (3-26)$$
$$= \frac{1}{(1+r_d)}[p^* C_u + (1 - p^*)C_d]$$

이때 헤지확률은 $p^* = \dfrac{r^* + d}{u + d}$ 이다.

> ! 예시

현재 파운드 환율($S$)이 1.4이고 $r_d = 9\%$, $r_f = 13\%$, $u = 7\%$, $d = 12\%$일 때 행사 가격이 1.4인 만기 2기의 콜옵션 가격은?

(풀이)

---

**파운드화의 변동 경로**

$$S = 1.4 \begin{cases} S_u = 1.498 \begin{cases} S_{uu} = 1.6028 \\ S_{ud} = 1.3182 \end{cases} \\ S_d = 1.232 \begin{cases} S_{dd} = 1.0842 \end{cases} \end{cases}$$

---

이때 헤지확률 $p^* = \dfrac{(0.09 - 1.13)\,/\,1.13 + 0.12}{0.07 + 0.12} = 0.4453$ 이므로 콜옵션의 가치 $C$는 다음과 같이 계산된다.

$$C_{uu} = Max(S_{uu} - X,\ 0) = 0.2028$$
$$C_u = \frac{(0.2028)(0.4453)}{1 + 0.09} = 0.8029$$
$$C = \frac{(0.8029)(0.4453)}{1 + 0.09} = 0.3386$$

이제 만기 이전에 행사할 권리를 가진 미국식 옵션의 가격결정 과정을 살펴보기로 한다. 미국식 옵션에서 만기 이전에 옵션을 행사할 것인지 여부는 잔존기간(Life time) 동안 매 거래 시점마다 보유하고 있는 옵션의 가치와 내재가치를 비교하여 결정하는 데 옵션의 가치가 내재가치보다 적다면 옵션은 행사된다. 따라서 매 거래 시점에서 미국식 옵션의 가치는 다음과 같이 결정된다.

| | 콜옵션 | 풋옵션 |
|---|---|---|
| 만기 이전 | $Max\,[S-X,\ C_{alive}]$ | $Max\,[X-S,\ P_{alive}]$ |
| 만기 | $Max\,[S_T-X,\ 0]$ | $Max\,[X-S_T,\ 0]$ |

$C_{alive}$, $P_{alive}$는 매 시점에서 이항 옵션모형에 의해 계산된 옵션의 가치를 나타낸다.

일반적으로 만기 이전에 옵션을 행사하게 되는 경우는 이자율이 옵션의 시간가치에 미치는 영향이 클 때에 발생한다. 만약 파운드 콜옵션을 보유하고 있을 때 파운드화의 이자율이 달러화의 이자율에 비해 높은 수준이라면 만기 이전에 행사할 가능성이 높아진다. 옵션의 내재가치가 높을수록(deeper-in-the-money), 기회비용(만기이전에 행사하여 얻을 수 있는 파운드화의 이자소득)의 가치가 점차 커질 것이기 때문이다. 따라서 만기 이전에 옵션을 행사하게 된다. 앞의 예에서 유럽식 콜옵션의 가치는 매 거래 시점마다 다음과 같다.

| 유럽식 콜옵션의 가치 | | |
|---|---|---|
| 현재 | 1기 | 2기 |
| $C=0.03386$ | $C_u=0.0829$<br>$C_d=0$ | $C_{uu}=0.02028$<br>$C_{ud}=0$<br>$C_{dd}=0$ |

위의 표에서 1기 후 현물 가격이 1.498로 올랐을 경우 유럽식 옵션의 가치는 0.0829이다. 그러나 이때 미국식 옵션의 가치는 0.098이 된다. 따라서 미국식 옵션 $C_a$의 가치는 유럽식 옵션의 현재가치 보다 높은 0.04의 가치를 갖게 된다.

| 미국식 콜옵션의 가치 | | |
|---|---|---|
| 현재 | 1기 | 2기 |
| $C_a=0.040$ | $Max(S_u-\mathrm{X},\ C_u)=0.098$<br>$C_d=0$ | $C_{uu}=0.02028$<br>$C_{ud}=0$<br>$C_{dd}=0$ |

이와 같이 매 거래 시점마다 이항 옵션 모형에서 얻어진 유럽식 콜옵션의 가치와 옵션의 내

재가치를 비교하여 옵션의 내재가치가 크면 이 값으로 대체하는 과정을 반복하여 미국식 옵션의 가치를 결정하게 된다. 이렇게 결정된 미국식 옵션의 가치는 당연히 유럽식 옵션의 가치보다 높다.

## 3 변동성(Volatility)

옵션 가격을 결정하는 데에는 옵션 기초자산의 가격, 행사 가격 만기까지의 잔존가격, 이자율 그리고 옵션 기초자산의 변동성 등 다섯 가지 요인이 이용되는 것을 살펴보았다. 즉, 이들 다섯 가지 변수를 옵션 가격 모형에 일정한 값으로 입력하면 옵션 가격을 계산해 낼 수 있다. 그런데 문제는 다른 요인들은 모두 입력할 값을 쉽게 찾을 수 있으나 변동성에 대해서는 모든 사람이 동의하는 값을 찾는 것이 쉽지 않다는 것이다. 따라서 같은 옵션모형(예를 들면 블랙-숄즈 옵션모형)을 사용한다 하더라도 이용자들이 변동성에 대하여 어떤 값을 입력했는가에 따라 다른 옵션 가격을 계산해 내게 된다. 결국 옵션 가격결정 모형을 이용할 때 가장 중요한 것은 가격 변동성을 알아내는 일이다. 그러므로 옵션 가격결정 모형을 이용하여 옵션 가격을 산출하기 위해서는 변동성의 변화방식을 어떻게든 파악하고 예측하여 옵션 가격결정 모형에 대입하여야 한다.

옵션 가격 모형에 의한 이론 가격과 시장 가격과의 관계는, 첫째로 변동성이 과대평가된 옵션은 시장 가격이 이론 가격에 비해서 과대평가되고, 변동성이 과소평가되면 옵션의 시장 가격도 이론 가격에 비해 과소 평가되는 경향이 있다. 둘째로 주식옵션의 경우 만기일까지의 잔존기간이 긴 옵션의 시장 가격에 내재된 변동성은 잔존기간이 짧은 것에 비해 크다. 특히 잔존기간이 길어서 이 기간 중에 새로운 정보를 얻을 수 있을 것이라는 기대가 되는 경우 이러한 현상은 더욱 현저하다.

변동성을 추정하는 중요한 목적은 첫째로 변동성의 변화에 대해 옵션 가격이 얼마나 민감하게 반응하는가를 평가하여 옵션을 포함한 최적의 포트폴리오를 구성하는 것이며, 둘째로 여러가지 옵션 가격결정 모형의 전제가 되는 시장의 옵션 가격이 정당하게 평가되고 있는가를 판단하여 이에 대응하는 적절한 옵션 포지션을 유지하는 것이라고 할 수 있겠다.

이제 옵션 가격결정 모형에 사용하는 가격 변동성을 추정함에 있어서 실제적으로 가장 많이 사용되는 두 가지 방법을 소개하기로 한다. 그 하나는 과거 옵션 기초자산 가격의 변화로부터 $\sigma$를 추정하는 역사적 변동성 추정(historical volatility estimates) 방법이고 다른 하나는 옵션 가격을 이용하여 그 옵션 가격이 대표하는 가격 변동성, 즉 내재된 변동성(implied volatility)을 추정하는 방법이다.

## (1) 역사적 변동성(Historical Volatility)

이는 과거의 가격 자료를 이용하여 변동성을 구하는 방법이다. 〈표 3−4〉는 1983년 9월 한 달동안 파운드화의 일별 시가, 고가, 저가, 종가를 나타내고 있는데 이를 이용하여 역사적 변

**표 3−4    British Pound의 일일 가격 변동**

| Date | Open | High | Low | Close |
|------|------|------|------|-------|
| 9/01 | 1.5025 | 1.5025 | 1.4905 | 1.4980 |
| 9/05 | 1.4940 | 1.4965 | 1.4940 | 1.4965 |
| 9/06 | 1.4995 | 1.5005 | 1.4975 | 1.4975 |
| 9/07 | 1.4943 | 1.5030 | 1.4943 | 1.5020 |
| 9/08 | 1.4917 | 1.4930 | 1.4917 | 1.4920 |
| 9/09 | 1.4949 | 1.4945 | 1.4940 | 1.4945 |
| 9/12 | 1.5057 | 1.5057 | 1.4965 | 1.4965 |
| 9/13 | 1.4938 | 1.4947 | 1.4938 | 1.4945 |
| 9/14 | 1.4922 | 1.4945 | 1.4905 | 1.4945 |
| 9/15 | 1.4940 | 1.4990 | 1.4940 | 1.4985 |
| 9/16 | 1.4998 | 1.5020 | 1.4998 | 1.5020 |
| 9/19 | 1.5005 | 1.5145 | 1.5005 | 1.5145 |
| 9/20 | 1.5105 | 1.5105 | 1.5040 | 1.5040 |
| 9/21 | 1.5065 | 1.5065 | 1.5025 | 1.5025 |
| 9/22 | 1.5032 | 1.5032 | 1.4995 | 1.5025 |
| 9/23 | 1.5015 | 1.5020 | 1.4995 | 1.5015 |
| 9/26 | 1.5039 | 1.5050 | 1.5035 | 1.5047 |
| 9/27 | 1.4975 | 1.4990 | 1.4975 | 1.4990 |
| 9/28 | 1.4990 | 1.5020 | 1.4990 | 1.5020 |
| 9/29 | 1.4993 | 1.5025 | 1.4950 | 1.4950 |
| 9/30 | 1.4960 | 1.4970 | 1.4960 | 1.4960 |

동성을 추정하기로 한다.

가장 보편적으로 사용되는 방법은 종가의 수익률을 이용하여 표준편차를 구하는 방법이다. 우선 가격 자료로부터 종가의 수익률을 구한다. 즉, $t$시점의 수익률 $R_t$는 다음과 같이 계산된다.

$$R_t = \ln(S_t/S_t - 1), \text{ 이때 } S_t = t\text{시점의 종가}$$

이 수익률의 평균과 분산은 다음과 같이 계산된다.

$$m = \frac{1}{T}\sum_{t=1}^{T} R_t$$
$$S_2 = \frac{1}{(T-1)}\sum_{t=1}^{T} (R_t - m)^2$$

이때 $T$는 표본의 수로서 앞의 예에서는 20이다. 이와 같은 방법으로 평균과 분산을 구하면 $m = -0.0006$, $S_2 = 0.0000125$이다. 따라서 표준편차 $s = \sqrt{s_2} = 0.003536$이 된다. 그런데 이때 표준편차 $s$는 일반수익률을 이용하여 구해졌기 때문에 옵션 가격 모형에 사용하기 위해서는 이를 연률로 환산하여야 한다. 따라서 우리가 원하는 변동성, $\sigma = \sqrt{365} \times s = 0.06757$, 즉 6.76%이다.

또 다른 방법은 일별 고가와 저가를 이용하는 방법이다. 이 방법에 의하면

$$s = \frac{0.627}{T}\sum_{t=1}^{T} \ln(H_t / L_t)$$
$$\text{여기서, } H_t = t\text{기의 고가}$$
$$L_t = t\text{기의 저가}$$

따라서 이를 연률로 환산하면 $\sigma = 0.06222$로서 6.2%이다.

## (2) 내재변동성(Implied Volatility)

앞에서 살펴본 바와 같이 옵션 가격은 $S$, $X$, $r$, $t$, $\sigma$의 함수로서 이상의 5가지가 주어지면

옵션 가격이 계산될 수 있다. 즉 $C = f(S, X, r, t, \sigma)$이다. 그런데 내재된 변동성의 추정방법은 위의 식에서 알려진 옵션 가격을 이용하여 미지수 $\sigma$를 찾는 것이다.

예를 들어 XXX회사의 주가$(S) = 100$, 이자율$(r) =$ 연 12%인 경우에, 행사 가격$(X) = 100$, 만기$(t) = 90$일 후인 이 회사 주식의 옵션이 시장에서 5라는 가격으로 거래되고 있다면, 이 시장 가격 5를 계산하기 위해 사용된 옵션 기초자산의 변동성$(\sigma)$을, 예를 들어 25%였다면 이를 내재변동성이라 한다. 이때 A가 추정한 XXX회사 주식의 가격 변동성이 20%였다면 A는 이 옵션의 가격을 5보다 낮은 가격으로 계산했을 것이며, 따라서 A는 이 옵션이 고평가되어 있다고 생각하고 이 옵션의 매도를 고려할 수 있을 것이다. 반대로 B가 XXX회사 주식의 가격 변동성을 30%로 추정했다면 B는 이 옵션의 가격을 5 보다 높은 가격으로 계산했을 것이며, 따라서 B는 이 옵션이 저평가되어 있다고 생각할 것이다. 따라서 내재변동성 25%는 시장 참가자들이 평가한 XXX회사의 가격 변동성 추정치이다. 이 내재된 변동성은 옵션 기초자산의 위험(risk) 정도에 대한 여러 시장참가자들의 평가를 대변해 준다는 점에서 많이 이용되고 있다. 그런데 옵션 기초자산이 동일하고 만기가 같은 경우라도 행사 가격이 다르거나 또는 콜옵션이냐 풋옵션이냐에 따라 그 옵션의 내재변동성은 같지 않은 것이 일반적이다. 다음의 표는 미국의 주가지수 선물옵션의 가격과 내재변동성을 보여 주고 있다. 만기가 동일한 옵션들로서 440−460의 행사 가격을 가진 콜과 풋들인데 각 옵션의 내재변동성은 다르게 나타나고 있다. 이와 같이 동일하지 않은 내재변동성의 정보는 옵션들의 가치에 대한 상대비교를 가능하게 해준다. 즉 아래의 예에서 보면 행사 가격이 445로 동일한 콜옵션과 풋옵션의 경우 그 내재변동성은 각각 14.12%(콜)와 13.26%(풋)인 것으로 나타나, 콜옵션이 풋옵션에 비해 상대적으로 시장에서 과대평가되어 거래되고 있음을 보여 주고 있다.

그러나 내재된 변동성의 계산방법은 컴퓨터를 이용하지 않고서는 계산해 낼 수 없는 단점이 있다. 즉 $\sigma$가 $S$, $X$, $r$, $C$, $t$변수들의 함수인 것은 알지만 $\sigma$가 이들의 일반방정식인 폐쇄해(Closed−form)로 표현되지 못하기 때문에 비선형함수의 해를 구하는 수치 최적화 방법으로 컴퓨터를 이용하여 구해야 한다.

또 한 가지는 여러 가지의 행사 가격을 가진 표본으로부터 계산된 변동성이 일치된 값을 갖지 못하는 경우가 많다는 것이다. 즉 시장에는 만기일은 같으나 상이한 행사 가격에 의해 서로 다른 옵션 가격이 존재하기 때문에 이 옵션 가격에서 산출되는 내재변동성은 일반적으로 다르다. 이론적으로 일치되어야 함에도 불구하고 이러한 현상이 발생하는 원인을 ① 거래비용의 존재, ② 시간에 따라 변동이 일정하지 않을 수 있는 가능성, ③ 옵션 기준 가격 분포에 대한 시장의 일치되지 않은 인식 등 때문이다.

따라서 실제적으로는 대표되는 내재변동성을 구하기 위하여 여러 가지 상이한 행사 가격으로부터 구해진 여러 개의 내재변동성들을 가중평균하여 사용하는 것이 일반적이다. 이때 가중치를 얻는 적절한 방법이 많은 논문에서 제시되고 있는데 공통적인 현상은 ATM 옵션의 가중치를 가장 크게 한다는 점이다. 이는 ATM 옵션의 가격이 가장 높을 뿐 아니라, ATM 옵션의 경우가 변동성의 변화에 대한 옵션 가격의 변화가 가장 민감하기 때문이다.

| OPTION | 옵션 프리미엄 | 내재변동성 |
|---|---|---|
| 440.00 CALL | 7.00 | 15.54% |
| 445.00 CALL | 3.80 | 14.12% |
| 450.00 CALL | 1.50 | 12.43% |
| 455.00 CALL | 0.50 | 11.99% |
| 460.00 CALL | 0.15 | 12.07% |
| 430.00 PUT | 0.85 | 17.71% |
| 435.00 PUT | 1.40 | 16.00% |
| 440.00 PUT | 2.55 | 14.97% |
| 445.00 PUT | 4.25 | 13.26% |
| 450.00 PUT | 6.50 | 9.40% |

## section 02 | 옵션투자기법

옵션이 여타 금융상품과 비교하여 지니는 장점 중의 하나는 기초자산 또는 다른 옵션과 결합하여 무수히 많은 투자기법을 창출해 낼 수 있어서 투자자가 원하는 다양한 형태의 이익을 제공할 수 있다는 점이다. 옵션을 이용한 투자기법에는 옵션 기초자산과 콜옵션 또는 풋옵션을 이용하는 단순한 투자기법부터 여러 종류의 옵션을 동시에 이용하는 복잡한 기법에 이르기까지 대단히 많은 기법이 존재한다.

따라서 옵션투자전략에서는 선물에서는 불가능한 독특한 투자전략이 가능하게 된다. 선물의 경우에는 시세가 상승할까, 하락할까 하는 전망에 기초를 둔 전략, 즉 시세의 추세에 기초한 전략밖에 세울 수 없으나 옵션의 경우에는 여러 가지 옵션의 결합을 이용하면 시세의 상승, 하락뿐 아니라 장세가 횡보할 경우에도 유용한 투자전략의 수립이 가능하다. 뿐만 아니라 향후 장세의 상승 또는 하락의 폭인 변동성에 기초를 둔 전략도 가능한 것이 옵션투자전략의 큰 특징이다. 이렇게 다양하고 복잡한 옵션투자기법에 대하여 자세히 설명하는 것은 어려우므로 이 장에서는 투자자들에게 가장 많이 알려져 있고 실제로 거래자들에 의해 주로 사용되고 있는 투자기법들을 중심으로 설명하고자 한다.

## 1 단순투자기법

단순투자기법은 향후 옵션 기초자산 가격의 추세를 예상하여 다른 포지션과 결합되지 않은 채 단순히 콜옵션 또는 풋옵션을 매입하거나 매도하는 전략이다. 이와 같이 다른 포지션과 관계없이 옵션을 거래하기 때문에 옵션을 매도할 경우에는 큰 위험에 노출될 수 있으나 옵션 매입의 경우에는 헤지의 역할이 가능하다.

### (1) 콜옵션 매입(Long Call)

콜옵션의 매입자는 옵션 기초자산의 가격이 행사 가격을 초과하게 될 경우 이익을 보게 되나 그 반대로 기초자산의 가격이 행사 가격 이하로 하락하게 되면 지불한 프리미엄만큼 손해를 보게 된다. 투자자가 콜옵션을 매입하여 만기까지 보유할 경우 이익은 다음과 같이 표현된다.

$$\pi = Max(S_T - X, \, 0) - C \qquad\qquad (3-27)$$

$$S_T \times T = X + C \qquad\qquad (3-27)$$

따라서 만기 시 옵션 기초자산의 가격이 행사 가격에 콜 프리미엄을 더한 가격 이상이 되어

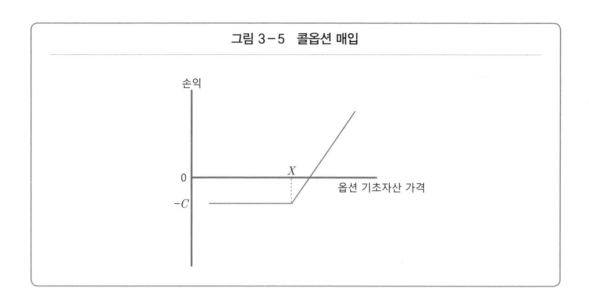

그림 3-5  콜옵션 매입

손익

0

-C

X

옵션 기초자산 가격

야만 이익이 가능하게 된다. 콜옵션 매입의 만기 시 손익도는 〈그림 3-5〉와 같다.

즉, 콜옵션의 매입은 옵션 기초자산 가격의 상승이 예상되는 강세시장(bull market)에 유리한 투자전략이다. 이 거래의 레버리지 효과는 매우 커서 시장이 예상대로 강세를 보일 경우에는 높은 수익률을 얻을 수 있다.

한편 콜옵션의 매입은 헤지에도 유용하게 사용될 수 있다. 예를 들어 어느 연금관리자가 앞으로 3개월 후에 주식을 매입할 자금이 마련된다고 하자. 이때 연금관리자가 구입 예정인 주식포트폴리오의 가격 상승을 예상하여 매매 이전에 최고 매입 가격을 확정짓기를 원한다면 콜옵션을 매입함으로써 이를 달성할 수 있다. 즉 헤지 시점에 행사 가격 100인 주식 콜옵션 프리미엄이 1이라고 하면, 주식을 매입하려는 최고 매입 가격을 행사 가격 100에 콜옵션 프리미엄인 1을 합하여 101로 확정지을 수 있다.

즉, 3개월 후 주식의 가격이 행사 가격 보다 높다면 이 투자자는 콜옵션을 행사하여 주식을 행사 가격인 100에 매입할 수 있게 된다. 주가가 상승할 경우 콜옵션을 매입하지 않았다면 주식 매입을 위해 지불해야 할 높은 가격, 즉 기회손실을 콜옵션을 매입함으로써 회피할 수 있게 된다. 일종의 보험에 가입한 것과 동일한 효과를 가지는 데 이 보험을 얻는 데 따른 비용은 콜옵션 프리미엄이다. 따라서 실제로 주식을 구입하는 데 소요된 비용은 콜옵션 프리미엄이다. 그리고 소용된 비용은 101이 된다. 한편 주식 가격이 행사 가격 이하일 경우에는 주식을 시장에서 매입함으로써 이 투자자는 101보다는 낮은 가격으로 주식을 매입할 수 있게 된다.

표 3 - 5 3개월 후 주식 매입 가격

| $S_T \geqq 100$일 때 | | $S_T < 100$일 때 | |
|---|---|---|---|
| 콜옵션 행사 | 100 | 주식 매수 | $S_T$ |
| 콜옵션 프리미엄 | 1 | 콜옵션 프리미엄 | 1 |
| 실제 주식 매입 비용 | 101 | 실제 주식 매입 비용 | $S_T+1$ |

결국 이 투자자는 향후 주식 가격이 얼마가 되든지에 관계없이 항상 101 이하의 가격으로 주식을 구입할 수 있게 되어 사전에 최고 매입 가격을 결정할 수 있게 된다.

## (2) 콜옵션 매도(Short Call)

투자자가 옵션 기초자산을 보유하지 않은 상태에서 콜옵션을 매도하는 것을 무방비 콜 (naked call or uncovered call)이라고 한다. 이는 이 투자방법에 수반하는 위험이 대단히 크다는 것을 의미한다. 콜옵션의 매도인은 후에 옵션 매입자의 요청에 의해 행사 가격에 옵션 기초자산을 인도할 의무가 있으므로 해당 옵션 기초자산을 보유하지 않은 경우, 손실이 매우 클 가능성이 있다. 따라서 일반적으로 중개회사들은 투자자가 충분한 자산을 보유하지 않은 경우 이 기법의 사용을 제한한다.

콜옵션 매도에 의한 이익은 콜옵션 매입의 경우와 정반대가 된다.

$$\pi = -Max(0, S_T - X) + C \qquad (3-28)$$

콜옵션 매도에 따른 만기 시 옵션 기초자산 가격의 손익분기점은 행사 가격에 콜옵션 프리미엄을 더한 가격이고 옵션 기초자산의 가격이 이 손익분기점 보다 낮아야만 이익을 얻을 수 있다. 따라서 향후 시장이 약세시장(bear market)이 될 것이라는 예상하에서 유용한 투자전략이다. 시장의 약세에 대한 확신이 높을수록 ITM에 가까운 옵션을 매도하여 높은 옵션 프리미엄을 이익으로 남기고자 한다. 콜옵션 매도의 만기 시 손익도는 〈그림 3-6〉과 같다.

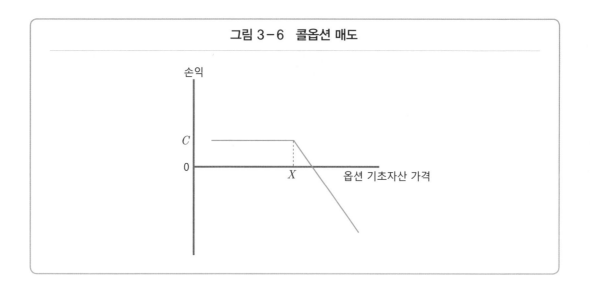

그림 3-6  콜옵션 매도

### (3) 풋옵션 매입(Long Put)

풋옵션의 매입자는 옵션 기초자산의 가격이 행사 가격보다 낮을 때 이익을 보게되나 그 반대로 옵션 기초자산의 가격이 행사 가격 이상으로 상승하게 되면 지불한 옵션 프리미엄만큼 손해를 보게 된다. 투자자가 풋옵션을 매입하여 만기일까지 보유할 경우의 손익은 다음 식으로 표시된다.

$$\pi = Max(X - S_T, 0) - P \qquad (3-29)$$

따라서 만기 시 옵션 기초자산의 가격이 행사 가격에서 옵션 프리미엄을 뺀 가격 이하가 되어야만 이익이 가능하게 된다. 즉 풋옵션의 매입은 옵션 기초자산의 가격 하락이 예상되는 약세시장(bear market)에 유리한 투자전략이다. 풋옵션의 매입의 만기 시 손익도는 〈그림 3-7〉과 같다.

한편 풋옵션의 매입은 헤지에도 유용한 방법으로 최저 매도 가격을 미리 결정하는데 사용되고 있다. 예를 들어, 연금관리자가 상당량의 주식을 보유하고 있는데 3개월 후에 이를 매도해야 하는 경우를 가정해보자. 이 경우 연금관리자는 풋옵션을 매입함으로써 가격 하락에 의한 기회손실을 헤지할 수 있다. 즉 헤지 시점에 행사 가격이 100인 주식 풋옵션 프리미엄이 1이라고 하면, 주식을 매입하려는 투자가는 최저 매도 가격을 행사 가격 100에서 풋옵션 프리

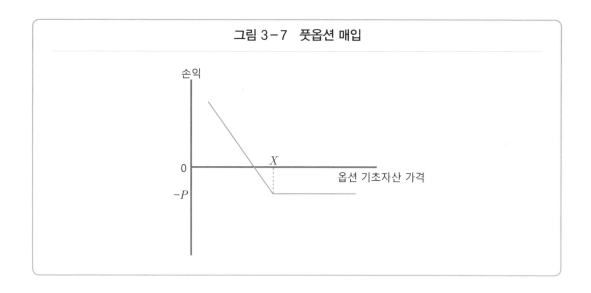

그림 3-7  풋옵션 매입

손익

0

-P

X

옵션 기초자산 가격

표 3-6  3개월 후 주식 매도 가격

| $S_T \geqq 100$일 때 | | $S_T < 100$일 때 | |
|---|---|---|---|
| 주식 매도 | $S_T$ | 풋옵션 행사 | 100 |
| 풋옵션 프리미엄 | 1 | 풋옵션 프리미엄 | |
| 실제 주식 매도 가격 | $S_T - 1$ | 실제 주식 매도 가격 | 99 |

미엄인 1을 뺀 99로 확정지을 수 있다.

즉 3개월 후에 주식 가격이 행사 가격보다 낮다면 이 투자자는 풋옵션을 행사하여 주식을 실제로는 99의 가격에 매도한 것이 된다. 반면에 주식 가격이 행사 가격 보다 높았다면 주식을 시장에서 직접 매도함으로써 주식의 매도 가격을 최저 99 이상으로 확정지을 수 있게 된다. 이때에도 주식의 최저 매도 가격을 확정짓기 위해서 지불한 옵션 프리미엄은 일종의 보험료로 생각할 수 있다.

### (4) 풋옵션 매도(Short Put)

옵션 기초자산의 가격이 행사 가격 이하로 크게 하락할 경우 풋옵션 매도자는 행사 가격으로 옵션 기초자산을 매입할 의무를 가지므로 큰 손실을 보게 될 가능성이 있다. 따라서 옵션 기초자산의 매도 포지션(short position)이 없는 상태에서 단순히 풋옵션을 매도하는 투자방법은

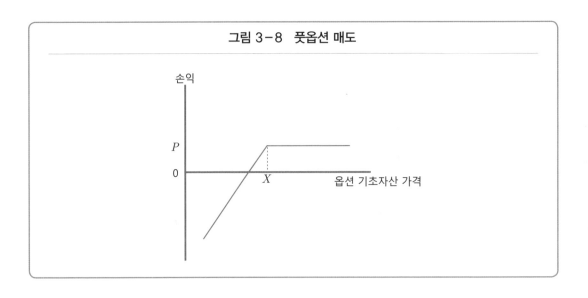

그림 3-8 풋옵션 매도

손익

$P$

$0$

$X$

옵션 기초자산 가격

위험이 매우 높다.

풋옵션 매도에 따른 이익을 식으로 표시하면 다음과 같다.

$$\pi = -Max(0, \ X - S_T) + P \qquad\qquad (3-30)$$

따라서 풋옵션 매도자는 옵션 기초자산의 가격이 행사 가격에서 옵션 프리미엄을 뺀 가격보다 높아야만 이익을 얻을 수 있다. 즉 풋옵션 매도는 향후 시장이 약세를 보이지 않을 것이란 예상하에서 유용한 투자전략이다. 이때 시장의 강세에 대한 확신이 높을수록 ITM에 가까운 옵션을 매도하여 높은 옵션 프리미엄을 이익으로 남길 수 있다. 풋옵션 매도의 만기 시 손익도는 〈그림 3-8〉과 같다.

### 2 헤지거래

### 1) 정태적 헤지

헤지포지션(hedge positon)은 옵션 기초자산과 옵션을 결합함으로써 불리한 가격 변동에서 오는 손실을 줄이려는 거래를 말한다. 예를 들어 기초자산을 매입한 상태에서 콜옵션을 발행하거나 풋옵션을 매입함으로써 기초자산 투자에서의 손실을 옵션에서의 이익으로 보충할 수 있다. 반대로 기초자산을 공매한 경우에는 콜옵션을 매입하거나 풋옵션을 발행함으로써 옵션 기초자산 투자에서의 손실을 줄일 수 있는 것이다. 이러한 헤지거래의 가장 대표적인 것은 옵션 기초자산을 보유한 상태에서 이용하는 보증된 콜(covered call)과 보호적 풋(protective put) 방법이 있다. 그리고 이 두 전략의 장점을 모두 이용하는 펜스(Fences)가 있다.

## (1) 보증된 콜(Covered Call)

기초자산을 보유한 상태에서 해당 콜옵션을 매도하는 것을 보증된 콜이라 한다. 기초자산의 매입 포지션을 가지고 있는 투자자는 가격이 하락할 경우 손실을 입게 될 위험에 노출되게 된다. 이 때 콜옵션을 매도하면 기초자산의 가격 하락에 따른 손실의 일정 부분을 헤지할 수 있다. 한편 무방비 콜(naked call)과는 달리 보증된 콜은 옵션 기초자산의 가격이 상승하여 콜옵션이 행사되더라도 보유하고 있는 기초자산을 인도함으로써 의무를 이행할 수 있으므로 가격 상승에 따른 위험이 제거된다.

그러나 콜옵션이 발행되지 않았다면 기존에 보유한 기초자산의 가격이 상승할 경우 이 투자자는 이익을 얻었을 것이다. 결국 보증된 콜은 강세시장에서 기초자산 매입 포지션의 가격 상승에 따른 이익의 기회를 일정 수준으로 한정하고 대신에 기초자산 가격 하락에 따른 손실의 일정 부분을 헤지하는 거래기법이다.

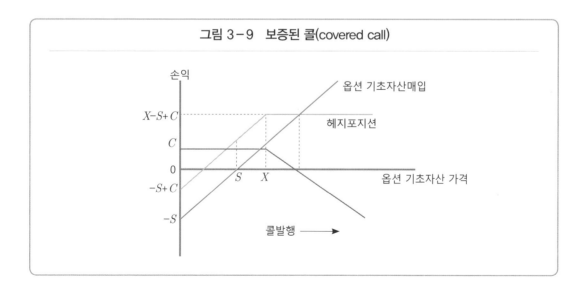

그림 3-9  보증된 콜(covered call)

〈그림 3-9〉에서 보면 기초자산의 가격이 행사 가격 이상으로 상승하면 이익이 일정 수준으로 고정되지만 가격이 옵션 프리미엄 이상 하락하지 않는 한 이익이 발생하게 된다. 따라서 이 전략은 시세의 움직임이 크지 않을 경우 특히 장세의 약보합세를 예상할 때 유용한 헤지전략이다.

## (2) 보호적 풋(Protective Put)

기초자산을 보유하고 있는 투자자가 기초자산 가격의 하락에 대비하는 방법으로는 콜을 매도하는 보증된 콜 전략이 있지만, 이 경우 기초자산 가격이 상승하면 권리행사에 의해 기초자산을 인도하여야 한다. 따라서 강세시장에서 보증된 콜은 기초자산 가격 상승의 혜택을 잃어버리는 약점을 가진다. 이와 같은 약세시장에서 기초자산 가격 하락의 위험으로부터 보호받으면서도 강세시장에서 기초자산 가격 상승의 혜택을 그대로 누릴 수 있는 방법이 보호적 풋이다.

보호적 풋은 기초자산의 매입 포지션과 동시에 풋옵션을 매입하는 전략이다. 보호적 풋은 보험을 드는 것과 비슷한 효과를 가져다 준다. 보험이란 보험기간 동안 어떤 재난이 발생하면 손실의 전부 또는 일부를 보상받을 수 있으며 사고가 발생하지 않으면 단순히 보험료만큼의 손해를 보게 된다. 보호적 풋 전략은 기초자산의 매입에 대한 보험과 같다. 즉 기초자산의 가격이 행사 가격 이하로 떨어지게 되는 약세 시장에서는 풋옵션을 행사함으로써 기초자산 하락에 따른 손실을 일정 수준으로 고정시킬 수 있다. 이것은 보험금을 타는 것과 같은 효과이다. 반면에 강세시장에서는 기초자산 가격이 상승하기 때문에 보험기능은 필요 없고 다만 기초자산 가격 상승에 따른 이익이 이미 지불한 옵션 프리미엄 즉 보험료만큼 감소될 뿐 가격 상승에 따른 혜택을 그대로 누릴 수 있게 된다. 따라서 보호적 풋 전략은 포트폴리오 보험(portfolio insurance)의 대표적인 방법으로 이용되고 있다. 이를 그림으로 보면 〈그림 3-10〉과 같다.

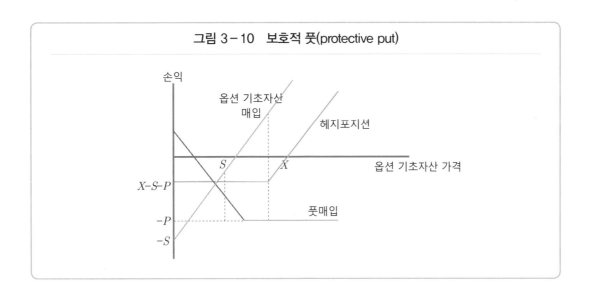

그림 3-10 보호적 풋(protective put)

## (3) 펜스(Fences)

앞서 서술한 두 가지의 기본적인 헤지전략은 각기 서로 다른 장·단점을 갖고 있다. 보호적 풋매수는 약세장에서 주가 하락의 위험을 회피하고 강세장에서는 주가 상승의 이익을 누릴 수 있는 반면, 옵션 매수에 따른 프리미엄의 지출이 수반된다.

이에 반해 보증된 콜매도는 옵션 프리미엄의 수입으로 그만큼 손익분기점을 낮출 수 있지만 주가 하락의 위험은 그대로 남아 있는 단점이 있다. 따라서 투자자는 두 전략의 장점을 동시에 얻을 수 있는 펜스를 선호한다.

가장 전형적인 펜스는 낮은 행사 가격($K_1$)의 외가격 풋옵션을 매수하고 높은 행사 가격($K_2$)의 등가격 콜옵션을 매도하는 포지션이다. 이때 콜매도 포지션의 경우 주가지수가 상승하면 프리미엄 수입으로 손실을 어느 정도 줄일 수 있고 주가지수가 하락하면 매도한 콜옵션은 외가격 옵션이 되어 가치가 상실된다. 또 풋매수 포지션에서는 주식시장이 강세장이면 더욱 외가격 옵션이 되어 옵션가치가 없어지고, 약세장일 경우에는 매수한 풋옵션이 내가격 옵션이 되면서 옵션 행사의 이익이 생기게 된다. 결국 주식시장의 상황에 따라 펜스의 전체적인 손익은 다음과 같다.

첫째, 강세장에서는 주식 포트폴리오의 가치가 상승하는 반면 콜매도 포지션에서 손실이 발생하므로 서로 상쇄되고 최초의 순수입만이 확보된다.

둘째, 약세장일 경우에는 주식 포트폴리오의 가치가 하락하지만 풋매수 포지션에서 이익도

이와 비례하여 증가하므로 작은 규모의 순손실로 고정된다.

펜스의 손익구조는 풋-콜 패리티에 의해 강세 풋 스프레드와 유사함을 알 수 있다. 즉 $-P = (S - X \cdot e^{-rt}) - C$이므로 주식 포트폴리오의 보유와 등가격 주가지수콜옵션의 매도는 합성된 등가격 풋옵션 매도와 같아진다. 그러므로 이러한 합성 등가격 풋옵션 매도와 외가격 풋옵션 매수는 합성된 강세 풋 스프레드 포지션이 된다.

> 합성 등가격 풋옵션 매도＋외가격 풋옵션 매수＝합성 강세 풋 스프레드

### (4) 헤지전략의 비교

주식 포트폴리오를 보유하고 있을 때 투자자는 주가 하락 위험을 회피하기 위하여 우선적으로 주가지수선물 매도, 보호적 풋옵션 매수, 보증된 콜옵션 매도를 고려하는데 이들은 시장 상황에 따라 다음과 같이 우선순위를 매길 수 있다.

첫째, 향후 주식시장의 약세에 대한 확신이 있는 경우에는 선물을 매도하는 것이 위험을 최소화할 수 있다. 선물로써 완전헤지(Perfect hedge)를 할 경우에는 무위험이자율의 수익이 보장되기 때문에 주가 하락 시 가장 우월한 헤지전략이 된다.

둘째, 주식시장이 보합세를 이루어 주가지수의 큰 변화가 없을 경우에는 보증된 콜옵션 매도가 가장 유리하다. 세 가지 헤지전략 중 유일하게 최초 프리미엄의 순수입이 발생하기 때문이다.

셋째, 주식시장이 예상과 달리 크게 상승할 경우에는 보호적 풋옵션 매수 포지션이 주가지수 상승의 이익을 향유할 수 있기 때문에 가장 유리한 헤지전략으로 선호된다.

이와 같이 시장이 어떤 상황으로 변하던지 상관없이 여타 헤지방법보다 항상 우월한 방법은 없다는 것을 알 수 있다. 주식시장이 큰 폭으로 상승(bullish)하면 보호적 풋매입-보증된 콜매도-선물매도 순으로 헤지방법이 바람직하다. 그러나 반대로 주식시장이 크게 하락(bearish)하면 선물매도-보호적 풋매입-보증된 콜매도 순이며, 주식시장이 변동하지 않고 안정적(neutral)이면, 보증된 콜 매도-선물 매도-보호적 풋매입 순임을 알 수 있다. 그러면 시장 상황에 대한 예상이 좀 더 복잡한 경우에 헤지방법을 선택하는 방법을 살펴보자. 예를 들어 시장 상황이 하락세(bearish)에서 안정적(neutral)인 상황으로 변할 것으로 예상된다면, 두 가지 상황, 즉 하락장세와 안정에서 각 상황별 우선순위의 합을 구하고 이것을 이용하여 가장 유리한

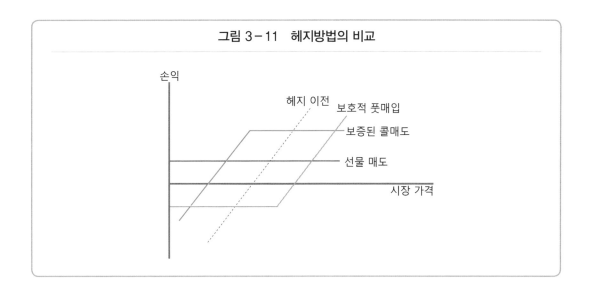

그림 3-11　헤지방법의 비교

헤지방법을 판단할 수 있다.

## 2) 동태적 헤지

정태적 헤지전략을 이용하여 당초 목표한 헤지효과를 거두기 위해서는 헤지기간 동안에 옵션의 계약수를 탄력적으로 변화시켜 헤지성과를 달성하는 이른바 동태적 헤지(Dynamic Hedging)전략의 활용이 요구된다. 대표적인 동태적 헤지전략으로는 델타헤지와 포트폴리오보험이 있다.

### (1) 델타헤지(Delta Hedge)

델타헤지란 일정기간 주가지수 변화에 영향을 받지 않는 포트폴리오를 구축하기 위하여 보유한 주식 포트폴리오와 함께 옵션을 지속적으로 변화시켜 주식 포트폴리오의 손익과 옵션포지션의 손익이 서로 상쇄되게끔 하는 동태적 헤지 방법이다.

이러한 헤지 포트폴리오의 델타는 0이므로 델타헤지란 결국 헤지기간 동안에 지속적으로 델타중립적(delta neutral)인 포지션을 만드는 과정을 의미한다.

옵션의 델타는 기초자산의 가격에 대한 옵션 가격의 변화율로 정의한다. 예컨대 콜옵션의 델타가 0.5(등가격 옵션)라고 가정하자. 이는 주가지수(KOSPI 200)가 변화하였을 때 옵션 가격은 주가지수 변화의 50%만큼 변한다는 것을 나타낸다. 만약 주가지수가 80.00일 때 지수와 연동하는 주식 포트폴리오를 1억 매수하였다면 이를 주가지수 옵션으로 헤지하기 위해서는 다음과 같은 식에서 적정 옵션 매도 계약수를 산출할 수 있다.

$$
\begin{aligned}
&\text{옵션 계약수(보증된 콜매도 혹은 보호적 풋매수)} \\
&= \text{포트폴리오 베타}(\beta_P) \times \frac{\text{포트폴리오 가치}}{\text{지수가치}} \times \frac{1}{\text{델타}} \\
&= 1 \times \frac{1억}{80.00 \times ₩250,000} \times \frac{1}{0.5} = 10
\end{aligned}
$$

여기서 (1/델타)을 헤지비율(Hedge Ratio)이라 말한다(델타의 역수).

헤지 후 주가지수가 하락하였다면(72.00) 주식 포트폴리오는 가치가 하락하여 손실이 발생하지만 옵션 포지션에서 동일한 크기의 이익이 생기므로 전체적으로 가치 변화가 없다.

델타헤지를 수행함에 있어서 문제점은 델타중립이 단기간에만 유지된다는 점이다. 이는 시간이 경과함에 따라 옵션 델타값이 변하기 때문이다. 그러므로 헤지성과를 거두기 위해서는 델타를 지속적으로 조정해야 한다. 델타헤지를 수행하는 데는 풋옵션을 탄력적으로 매도하거나 콜옵션을 매수할 수 있다.

첫째, 보호적 풋매수를 통하여 델타헤지를 할 경우에는 주가지수가 제한된 범위 내에서 움직일 때 헤지효과가 높다. 주가지수의 변동이 심하면 볼록성(convexity)에 따라 헤지포지션에서 순이익이 발생하기 때문이다. 따라서 주가지수가 상승하면 풋의 델타가 증가하므로 헤지비율을 낮추고, 역으로 주가지수가 하락하면 헤지비율을 높이는 과정을 지속적으로 반복함으로써 헤지효과를 극대화 할 수 있다.

한편 보호적 풋매수 포지션은 시간 소멸 효과가 부정적으로 작용하기 때문에 풋매수의 델타헤지는 단기간, 제한된 주가지수 변동에 적절한 헤지전략이다.

둘째, 보증된 콜매도를 이용한 델타헤지의 경우, 주가지수의 급격한 변동은 손실이 발생하여 불리하게 작용하는(concavity : 오목성) 반면, 시간 소멸 효과는 이익을 제공하는 작용을 한다. 그러므로 주가지수가 상승하면 콜옵션의 델타도 증가하므로 헤지비율을 낮추고, 역으로 주가지수가 하락할 경우에는 헤지비율을 높임으로서 헤지효과를 극대화할 수 있다. 그리고 시간이 경과함에 따라 콜옵션의 가치가 하락하는 시간 소멸 효과는 이익확보 차원에서 이용한다.

보호적 풋매수 델타헤지와 보증된 콜매도 델타헤지의 장단점을 요약하면 위 표와 같다.

| | 볼록성 | 시간 소멸 효과 |
|---|---|---|
| 풋매수 델타헤지 | + | − |
| 콜매도 델타헤지 | − | + |

## (2) 포트폴리오 보험(Portfolio Insurance)

포트폴리오 보험은 1980년대 미국의 Leland와 Rubinstein에 의해 제안된 선물을 이용한 옵션복제기법(Option Replication Strategy)으로써 주식투자의 수익성과 보장성을 동시에 달성하려는 자산운용전략이다. 즉, 풋매수 델타헤지의 장점인 볼록성을 유지하면서 시간가치가 소멸하는 부정적 효과를 제거하기 위하여 주가지수선물의 탄력적 매매를 이용한 합성 풋매수포지션을 말한다.

주가지수선물을 이용하면 옵션과 달리 시간이 경과함에 따라 가치가 하락하는 시간 소멸 효과가 없게 된다. 그러므로 포트폴리오 보험의 과제는 주가지수선물 계약수를 어떻게 조정하여 합성 풋매수 포지션을 복제하느냐이다.

그러므로 포트폴리오 보험은 주식 포트폴리오 매수＋주가지수선물 매도＝보호적 풋옵션 매수를 달성하기 위하여 주가지수가 상승하면(강세장) 풋옵션의 델타가 증가하므로 헤지비율을 낮추기 위해 선물 계약수를 감소시키고(환매), 역으로 주가지수가 하락하는 약세장에서는 선물계약수를 증가시키는(추가 순매도) 과정을 반복하는 것이다. 다시 말해서 주가 하락 시에는 선물 매도 포지션을 늘려 주식 포트폴리오의 손실을 선물 포지션의 이익으로 상쇄하고 주가 상승시에는 선물 포지션을 청산하여 주식 포트폴리오에서 발생하는 이익을 그대로 유지하기 위한 전략인 셈이다.

주가지수선물을 이용한 포트폴리오 보험은 볼록성을 유지하면서 시간 소멸 효과를 제거했다는 특성을 갖고 있다. 또한 선물시장의 유동성이 높아 거래가 신속하게 이루어지고 거래비용이 낮다는 장점이 있다. 그러나 앞서 지적한 바와 같이 선물의 시장 가격이 이론 가격과 차이를 보이면 포트폴리오 보험의 효과는 감소한다.

스프레드 포지션(spread position)은 동일한 기초자산을 대상으로 하는 옵션 중에서 행사 가격 또는 만기일이 서로 다른 동일한 종류(콜 또는 풋)의 옵션을 각각 같은 단위로 매입 또는 매도하는 전략을 말한다. 즉, 행사 가격이 다르거나 또는 만기일이 서로 다른 옵션을 하나는 매입하고 다른 하나는 매도하는 것인데 이때 두 개 옵션의 가격 차이를 스프레드라 한다. 스프레드 포지션은 시장 가격의 변화가 예상대로 될 때 이익을 얻고, 반면에 예상이 빗나갔을 경우 손실을 작게 하려는 전략이다. 스프레드 거래는 사용되는 옵션의 형태에 따라 콜 스프레드와 풋 스프레드로 구분되고 그 방법에 따라 다시 수직 스프레드(vertical spread), 수평 스프레드(horizontal spread) 그리고 나비형 스프레드(butterfly spread) 등으로 구분된다.

먼저 대표적인 스프레드 거래의 고유명칭에 대해 설명하면 수직 스프레드는 가격 스프레드(price spread) 또는 머니 스프레드(money spread)라고도 일컬어지는데 보통 신문지상에 발표되는 옵션 가격표의 형태에서 그 이름이 연유되었다. 즉, 수직 스프레드는 하나의 행사 가격을 가진 옵션을 매입하고 다른 조건은 똑같으나 행사 가격이 다른 옵션을 매도하는 투기방법이다.

수평 스프레드는 시간 스프레드(time spread, or calendar spread)라고도 하며, 이것은 만기의 차이를 이용한 스프레드 거래이다. 이 옵션투자전략에서는 투자자가 특정한 만기를 가진 옵션을 매입하고 다른 조건은 같지만 만기가 다른 옵션을 매도하게 된다. 예를 들어 행사 가격 100인 만기 3월의 콜옵션을 매입하고 행사 가격이 100인 만기 6월의 콜옵션을 발행하는 것으로 표에서 두 옵션이 서로 수평적으로 위치한 데서 그 이름이 연유한다.

## 1) 수직 스프레드(Vertical Spread)

수직 스프레드는 다시 각기 다른 행사 가격의 콜옵션을 이용한 수직콜 스프레드와 풋옵션을 이용한 수직풋 스프레드로 나뉘어진다. 또한 이 방법들이 상승세의 시황에 유리하냐 아니면 하락세의 시황에 유리한가에 따라서 수직강세 스프레드(vertical bull spread)와 수직약세 스프레드(vertical bear spread)로 세분된다.

## (1) 수직강세 스프레드(Vertical Bull Spread)

행사 가격이 높은 옵션을 발행하고 행사 가격이 낮은 옵션을 매입하는 전략으로서 이 스프레드 거래는 옵션 기초자산의 가격이 오르는 강세시장(bull market)에서 이익을 얻게 된다. 콜옵션의 경우를 생각해 보면 행사 가격이 낮은 콜옵션의 행사로부터 얻는 이익이 행사 가격이 높은 콜옵션이 행사되었을 때 발생하는 손실보다 더 크기 때문이다. 약세시장(bear market)에서는 두 콜옵션이 모두 행사가치가 없기 때문에 이 스프레드 거래는 손실을 입는다. 따라서 이와 같은 스프레드 거래를 강세 스프레드(bull spread)라고 부른다.

그러면 스프레드 거래의 이익 형태가 어떻게 나타나는지를 살펴보기로 한다. 예를 들어 주식 가격이 강세를 보인 것으로 예상됨에 따라 투자자가 행사 가격이 $98인 주식에 대한 콜옵션을 $2에 매입하고 동시에 행사 가격 $100짜리 콜옵션을 $1에 발행하였다고 하자. 이 스프레드 거래에서 발생하는 최대의 손실은 두 콜옵션 프리미엄 차이인 $1이다. 이것은 주가가 $98 이하로 낮아져서 두 콜옵션이 모두 행사가치가 없는(out-of-the-money) 상태가 되는 경우 일어난다. 한편 이 스프레드 거래에서 얻는 최대 이익은 주가가 $100 이상이 되어 두 콜옵션이 모두 행사될 때의 이익으로서 두 행사 가격의 차이와 콜옵션 가격 차이의 합이 된다.

주가가 두 행사 가격 사이에 있을 때의 이익은 주가 수준에 따라 다르다. 이 영역에서는 행사 가격이 낮은 콜옵션은 행사되지 않기 때문이다. 그러므로 이 스프레드 거래의 만기에서의 이익은 주가 수준에 따라 달라지며 다음과 같이 나타낼 수 있다.

여기서, $X_1$ : 낮은 행사 가격 (98)
$X_2$ : 높은 행사 가격 (100)
$C_1$ : 행사 가격이 낮은 콜옵션의 가격 (2)
$C_2$ : 행사 가격이 높은 콜옵션의 가격 (1)

즉, 수직강세 콜 스프레드의 손익구조는 다음과 같다.

최대 손실＝옵션 가격차＝$1
최대 이익＝행사 가격차－옵션 가격차＝$2－$1＝$1
손익분기점＝낮은 행사 가격＋옵션 가격차＝$98＋$1＝$99

| | $S_T \leqq 98$ | $98 < S_T \leqq 100$ | $100 < S_T$ |
|---|---|---|---|
| 98 콜 매입 | 0 | 행사함 : $(S_T - X_1)$ | 행사함 : $(S_T - X_1)$ |
| 100 콜 매도 | 0 | 0 | 행사당함 : $-(S_T - X_2)$ |
| 스프레드 | $C_2 - C_1$ | $C_2 - C_1$ | $C_2 - C_1$ |
| 거래이익 | $C_2 - C_1$ | $(S_T - X_1) + (C_2 - C_1)$ | $(X_2 - X_1) + (C_2 - C_1)$ |

이 스프레드 거래를 그림으로 나타내면 〈그림 3 - 12〉와 같다.

한편 풋옵션을 사용할 경우 행사 가격이 높은 옵션을 발행하고 행사 가격이 낮은 옵션을 매입하면 강세시장에서 이익을 얻게 된다. 예를 들어 행사 가격 $98인 풋옵션을 $1에 매입하고 동시에 행사 가격 $100짜리 풋옵션을 $2에 발행하였다고 하면 이 스프레드 거래의 이익은 다음과 같다.

| | $S_T \leqq 98$ | $98 < S_T \leqq 100$ | $100 < S_T$ |
|---|---|---|---|
| 98 풋 매입 | 행사함 : $X_1 - S_T$ | 0 | 0 |
| 100 풋 매도 | 행사당함 : $S_T - X_2$ | 행사당함 : $S_T - X_2$ | 0 |
| 스프레드 | $P_2 - P_1$ | $P_2 - P_1$ | $P_2 - P_1$ |
| 거래이익 | $(X_1 - X_2) + (P_2 - P_1)$ | $(S_T - X_2) + (P_2 - P_1)$ | $(P_2 - P_1)$ |

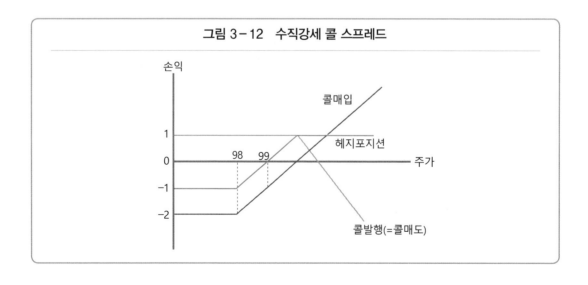

그림 3 - 12   수직강세 콜 스프레드

이 스프레드 거래에서의 최대 이익은 주가가 $100 이상으로 높아져 두 옵션 모두 행사 가치가 없는 상태에서 나타난다. 이때 최대 이익은 두 옵션의 가격 차이이다. 한편 이 거래에서 최대 손실은 주가가 $98 이하로 낮아져서 두 옵션이 모두 행사될 때 나타난다. 주가가 두 행사 가격 사이에 있을 때의 손익은 주가 수준에 따라 다르게 나타난다. 이는 행사 가격이 높은 풋옵션은 행사를 당하지만 행사 가격이 낮은 풋옵션은 행사되지 않기 때문이다. 따라서 수직강세 풋 스프레드의 손익구조는 다음과 같이 정리할 수 있다.

최대 손실＝행사 가격의 차이－옵션 가격차＝$2－$1＝$1

최대 이익＝옵션 가격차＝$1

손익분기점＝높은 행사 가격－옵션 가격차＝$100－$1＝$99

이를 그림으로 나타내면 〈그림 3－13〉과 같다.

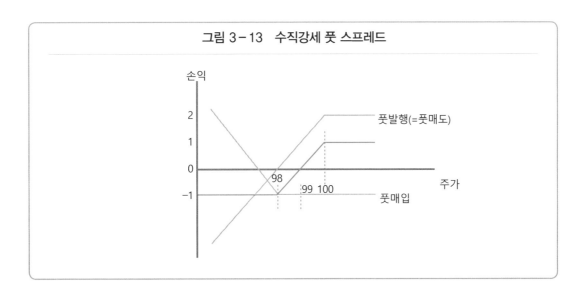

그림 3－13 수직강세 풋 스프레드

## (2) 수직약세 스프레드(Vertical Bear Spread)

앞의 수직강세 스프레드와는 반대로 행사 가격이 높은 옵션을 매입하고 행사 가격이 낮은 옵션을 발행하는 전략으로 약세시장에서 이익을 기대할 수 있다. 예를 들어 행사 가격이 $98인 콜옵션을 $2에 발행하고 행사 가격이 $100인 콜옵션을 $1에 매입하였다고 할 때 스프레드 거래에 따른 만기 시의 손익은 다음과 같다.

| | $S_T \leqq 98$ | $98 < S_T \leqq 100$ | $100 < S_T$ |
|---|---|---|---|
| 98 콜 매도 | 0 | 행사당함 : $-(S_T - X_1)$ | 행사당함 : $-(S_T - X_1)$ |
| 100 콜 매입 | 0 | 0 | 행사함 : $(S_T - X_2)$ |
| 스프레드 | $C_2 - C_1$ | $C_2 - C_1$ | $C_2 - C_1$ |
| 거래손익 | $C_2 - C_1$ | $(X_1 - S_T) + (C_2 - C_1)$ | $(X_1 - X_2) + (C_2 - C_1)$ |

여기서, $X_1$ : 낮은 행사 가격

$X_2$ : 높은 행사 가격

$C_1$ : 행사 가격이 낮은 콜옵션의 가격

$C_2$ : 행사 가격이 높은 콜옵션의 가격

이 거래에서 최대 이익은 주가가 $98 이하로 낮아져 두 옵션 모두 행사 가치가 없을 때의 이익으로서 두 옵션의 가격차이다. 반면에 최대 손실은 주가가 $100 이상이 되어 두 옵션이 모두 행사될 경우에 나타난다. 한편 주가가 두 행사 가격 사이에 있을 경우의 손익은 주가 수준에 따라 다르게 나타난다.

최대 손실＝행사 가격차－옵션 가격차＝$2－$1＝$1

최대 이익＝옵션 가격차＝$1

손익분기점＝낮은 행사 가격＋옵션 가격차＝$98＋$1＝$99

한편 수직약세 풋 스프레드 거래는 행사 가격 $98인 풋옵션을 $1에 매입하고 동시에 행사 가격 $100인 풋옵션을 $2에 발행하여 구성하며 이때의 손익은 다음과 같다.

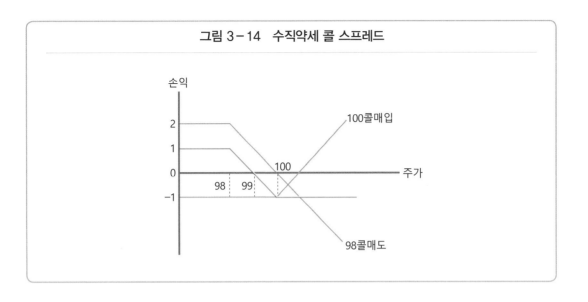

그림 3-14   수직약세 콜 스프레드

| | $S_T \leqq 98$ | $98 < S_T \leqq 100$ | $100 < S_T$ |
|---|---|---|---|
| 98 풋 매입 | 행사함 : $X_1 - S_T$ | 0 | 0 |
| 100 풋 매도 | 행사당함 : $S_T - X_2$ | 행사당함 : $X_2 - S_T$ | 0 |
| 스프레드 | $P_2 - P_1$ | $P_2 - P_1$ | $P_2 - P_1$ |
| 거래손익 | $(X_1 - X_2) + (P_2 - P_1)$ | $(X_2 - S_T) + (P_2 - P_1)$ | $(P_2 - P_1)$ |

여기서, $X_1$ : 낮은 행사 가격

$X_2$ : 높은 행사 가격

$P_1$ : 행사 가격이 낮은 풋옵션의 가격

$P_2$ : 행사 가격이 높은 풋옵션의 가격

즉 최대 손실＝옵션 가격차＝$1

최대 이익＝행사 가격차－옵션 가격차＝$2－$1＝$1

손익분기점＝높은 행사 가격－옵션 가격차＝$100－$1＝$99

이를 그림으로 나타내면 〈그림 3-15〉와 같다.

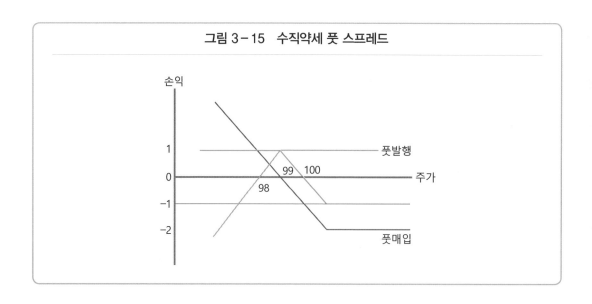

그림 3-15  수직약세 풋 스프레드

## 2) 수평 스프레드(Horizontal Spread)

수평 스프레드는 행사 가격의 차이를 이용하는 수직 스프레드와는 달리 만기의 차이를 이용하는 투자기법이다. 따라서 이를 시간 스프레드(time spread)라고도 한다. 이 거래는 특정한 만기를 가진 옵션을 매입하고 다른 조건은 같지만 만기가 다른 옵션을 발행하는 옵션거래전략을 말한다. 만기가 다른 두 옵션을 만기가 긴 옵션의 만기까지 같이 보유할 수는 없으므로 수평 스프레드의 분석은 가격 스프레드의 경우보다 좀 더 복잡해진다.

수평 스프레드에서 사용되는 두 옵션의 행사 가격은 같으므로 어느 시점에서나 행사 가치는 같다. 따라서 수평 스프레드로부터의 이익은 두 옵션의 시간가치의 차이가 어떻게 변화하느냐에 달려 있는 것이다. 옵션의 시간가치는 만기일이 가까워질수록 그 가치가 상대적으로 급속히 감소하게 되는 특성이 있다. 수평 스프레드는 이 점을 이용하여 일반적으로 만기일에 가까이 있는 옵션을 매도하고 만기일이 멀리 있는 옵션을 매입하는 형태를 취한다.

즉 만기가 긴 옵션의 시장가치가 하락하기 전에 만기가 짧은 옵션의 시장가치가 급격히 감소하는 것을 이용하는 것이다. 따라서 상대적으로 시간가치의 비중이 큰 ATM 옵션을 이용하여 가격 변동이 심하지 않은 경우에 유용한 투자전략이다.

다음의 거래를 생각해 보자. 만기가 3개월 남은 ATM 콜옵션의 가격이 $6이고 만기가 6개월 남은 같은 행사 가격의 콜옵션 가격이 $7.50이라고 하자. 이때 어떤 투자자가 향후 3개월 동안 시장에서 가격 변동이 미미하리라고 예상하여 만기가 짧은 옵션을 매도하고 만기가 긴 옵션을 매입하는 수평 스프레드를 구성한 경우에 예상대로 시장 가격의 변화가 없었다고 가정하고 스프레드의 변화를 살펴보자.

위의 거래에서 거래 시점에 두 옵션의 스프레드는 1.50이었다. 즉 두 옵션 모두 ATM 옵션이므로 시간가치만 가지고 있는데 만기가 긴 옵션의 시간가치가 더 커서 이 수평 스프레드를 구성하는데 $1.50의 비용이 소요된다. 이후 시장 가격의 변화가 없다면 시간이 경과함에 따라 두 옵션의 가치는 점점 감소하게 된다. 그러나 만기가 짧은 옵션의 시간가치가 훨씬 빠르게 감소하므로 두 옵션의 스프레드는 점점 커지게 된다. 결국 3개월이 지나서 만기가 짧은 옵션이 만기에 다다랐을 때 아직도 ATM 상태라면 이 옵션은 가치가 없을 것이다. 그러나 만기가 긴 옵션은 3개월의 잔존기간이 남아 있으므로 $6의 시간가치를 가지게 된다. 따라서 이 시점에서의 스프레드는 $6이 되며 이 투자자는 증가된 스프레드만큼의 이익을 얻게 된다. 즉 투자 시점에 이 거래에는 $1.50의 비용이 소요되지만 3개월 후에는 두 옵션 포지션을 청산함으로써 $6을 수취할 수 있으므로 이 투자자는 수평 스프레드 거래로부터 $4.50의 이익을 얻게 된다. 이를 그림으로 보이면 〈그림 3-16〉과 같다.

즉, 수평 스프레드는 ATM 옵션의 시간가치 감소(time value decay)의 상대적 변화 차이를 이용하는 거래이다.

그러나 만약 시장의 가격이 예상과는 달리 크게 하락하였을 경우에는 두 옵션이 모두 OTM

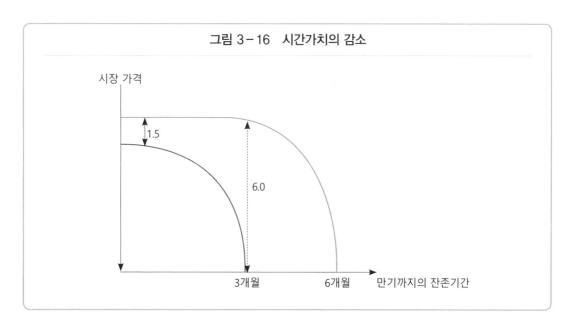

그림 3-16    시간가치의 감소

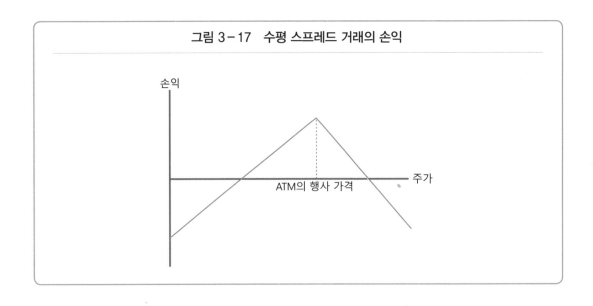

그림 3-17  수평 스프레드 거래의 손익

| | | 시간의 경과 | | | |
|---|---|---|---|---|---|
| | | 거래 시점 | 1개월 후 | 2개월 후 | 3개월 후 |
| 옵션 가격 | 만기가 짧은 옵션 | 6 | 5 | 3 | 0 |
| | 만기가 긴 옵션 | 7.50 | 7.25 | 6.75 | 6 |
| 스프레드 | | 1.50 | 2.25 | 3.75 | 6 |

옵션이 되면서 상대적으로 시간가치가 두 옵션 모두 크게 작아지게 되고 두 옵션 사이의 스프레드도 작아지게 될 것이다. 또한 가격이 크게 상승한 경우에도 두 옵션이 모두 ITM 옵션이 되면서 두 옵션 모두 시간가치가 크게 감소하게 되어 시간가치의 차이인 스프레드도 역시 작아지게 된다. 따라서 시장 가격의 변동이 큰 경우에는 오히려 이 거래는 손실을 보게 된다.

즉, 이 거래의 손익은 매 시점마다 옵션 가치 평가모형을 사용하여 시간가치를 추정하여야 두 콜 프리미엄의 차이에 의한 스프레드를 알 수 있게 된다. 이를 바탕으로 만기가 가까워졌을 때의 이익형태를 나타내면 〈그림 3-17〉과 같은 모양이 된다.

수평 스프레드는 옵션 만기의 차이를 이용하여 구성하는데 앞에서 설명한 대로 만기가 긴 옵션을 매입하고 만기가 짧은 옵션을 매도하는 방법을 수평 스프레드의 매입(long time spread)이라고 하며 반대로 만기가 짧은 옵션을 매입하고 만기가 긴 옵션을 매도하는 방법을 수평 스프레드의 매도(short time spread)라고 부른다. 앞에서 살펴본 바와 같이 수평 스프레드 매입은 옵션 기초자산 가격의 변동이 그리 크지 않을 경우에 이익 가능성이 큰 투자전략이다. 따라서 옵션 기초자산 가격의 변동 가능성이 큰 경우에는 수평 스프레드의 매도전략을 이용하는 것이 유리하다.

## 3) 나비형 스프레드(Butterfly Spread)

수직 스프레드는 시장의 강세 또는 약세에 따른 전망에 기초하여 구성되는 투자전략인데 반하여 나비형 스프레드는 시장의 변동성 또는 시장에서 가격 움직임의 폭이 크냐 작으냐 하는 전망에 기초한 투자전략이다. 그런데 시장의 변동성 전망에 기초한 스트래들 또는 스트랭글과 같은 투자전략들은 일반적으로 예상이 빗나갈 경우 손실의 위험이 매우 높다. 이에 반하여 나비형 스프레드는 변동성에 기초한 투자전략임에도 불구하고 예상이 빗나갈 경우 손실의 위험이 한정된다는 점이 특징이다. 이러한 특징은 나비형 스프레드가 약세 스프레드와 강세 스프레드를 합한 것과 동일하게 구성되기 때문에 나타난다. 이와 같이 나비형 스프레드 거래의 속성은 변동성 스프레드이지만 그 손익의 구조는 가격 스프레드와 유사하다. 나비형 스프레드에는 보통 행사 가격이 다른 세 종류의 옵션이 사용된다. 예를 들어 위와 같은 세 종류의 콜옵션이 있다고 하자.

이때 나비형 스프레드 거래는 콜옵션 1을 매입하고 콜옵션 2를 발행하는 강세 스프레드 거

|  | 행사 가격 | 콜 프리미엄 |
|---|---|---|
| 콜옵션 1 | $X_1 = 98$ | $C_1 = 2$ |
| 콜옵션 2 | $X_2 = 100$ | $C_2 = 1$ |
| 콜옵션 3 | $X_3 = 102$ | $C_3 = 0.5$ |

|  | $S_T \leqq 98$ | $98 < S_T \leqq 100$ | $100 < S_T \leqq 102$ | $102 < S_T$ |
|---|---|---|---|---|
| 98콜 매입<br>100콜 2개 매도<br>102콜 매입<br>스프레드 | 0<br>0<br>$2C_2 - C_1$<br>$- C_3$ | 행사함 : $S_T - X_1$<br>0<br>$2C_2 - C_1 - C_3$ | 행사함 : $S_T - X_1$<br>행사당함 : $2(X_2 - S_T)$<br>0<br>$2C_2 - C_1 - C_3$ | 행사함 : $S_T - X_1$<br>행사당함 : $2(X_2 - S_T)$<br>행사함 : $S_T - X_3$<br>$2C_2 - C_1 - C_3$ |
| 거래손익 | $2C_2 - C_1 - C_3$ | $(S_T - X_1) +$<br>$(2C_2 - C_1 - C_3)$ | $2X_2 - (S_T + X_1) +$<br>$(2C_2 - C_1 - C_3)$ | $2X_2 - (S_T + X_1)$<br>$+ (2C_2 - C_1 - C_3)$ |

래와 콜옵션 2를 발행하고 콜옵션 3을 매입하는 약세 스프레드의 결합으로 이루어진다. 즉 행사 가격이 가장 높은 옵션과 가장 낮은 옵션을 매입하고 중간 행사 가격을 가진 옵션을 2개 매도하여 구성한다. 이에 따른 거래이익은 다음과 같이 나타난다.

옵션 기초자산의 가격이 가장 낮은 행사 가격보다 낮아지면 모든 콜옵션은 행사가치가 없어지고 따라서 투자자는 스프레드 구성을 위해 지불한 옵션 프리미엄만큼 손실을 보게 된다. 옵션 기초자산 가격이 가장 높은 행사 가격보다 높아지면 콜옵션은 모두 행사 가치가 있으며, 이때 매입한 옵션으로부터 얻게되는 이익을 매도한 옵션 2개로부터의 손실로 상쇄되고 결국 스프레드 구성에 따른 옵션 프리미엄만큼의 손실이 발생한다. 한편 옵션 기초자산 가격이 가장 낮은 행사 가격과 가장 높은 행사 가격 사이에 있을 경우에 스프레드의 손익은 옵션 기초자산 가격에 따라 다르게 나타난다. 이 스프레드 거래의 최대 이익은 시장 가격이 중간 행사 가격과 같을 때 나타난다.

$$\begin{aligned}
\text{최대 이익} &= (\text{중간 행사 가격} - \text{낮은 행사 가격}) - \text{지불한 옵션 프리미엄} \\
&= (\$100 - \$98) - (\$2 - \$2 - \$0.5) \\
&= \$1.50 \\
\text{최대 손실} &= \text{지불한 옵션 프리미엄} = \$0.50 \\
\text{손익분기점(가격 상승 시)} &= \text{중간 행사 가격} + \text{최대이익} = \$100 + \$1.50 \\
&= \$101.50 \\
\text{손익분기점(가격 하락 시)} &= \text{중간 행사 가격} - \text{최대 이익} = \$100 - \$1.50 \\
&= \$98.50
\end{aligned}$$

나비형 스프레드의 이익 형태를 그림으로 나타내면 〈그림 3-18〉과 같다. 이 그림에서 알 수 있는 바와 같이 나비형 스프레드는 주가의 변동이 미미할 때 이익을 얻을 수 있다. 그러므로 이 거래전략은 주가 변동의 방향은 확실히 알 수 없으나 주가 변동이 크지 않을 것으로 예상될 때 주로 사용되는 투자전략이다.

위에서 설명한 스프레드 거래는 나비형 스프레드의 매입(long butterfly spread)이라 칭하는데 이는 이 스프레드를 구성할 때 옵션매도로부터 수령한 옵션 프리미엄보다 옵션 매입에 따른 옵션 프리미엄이 더 커서 순비용이 발생하기 때문이다. 나비형 스프레드의 매도(short butterfly spread)는 나비형 스프레드 매입과 정반대로 구성되며 그 손익도도 정확히 반대이다. 따라서

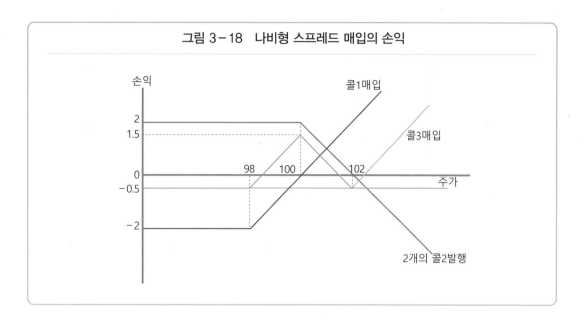

그림 3-18   나비형 스프레드 매입의 손익

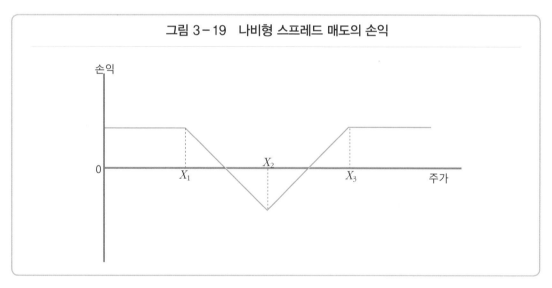

그림 3-19   나비형 스프레드 매도의 손익

주가의 변동이 크리라고 전망될 때 사용되는데 스트래들이나 스트랭글의 매도에 비하여 손실과 이익의 폭이 매우 작기 때문에 차별적으로 이용되고 있다.

**4    콤비네이션(Combination)**

콤비네이션(combination)은 동일한 옵션 기초자산에 대해서 발행된 서로 다른 형태의 옵션, 즉 풋옵션과 콜옵션을 동시에 매입하거나 혹은 동시에 발행하는 것이다. 콤비네이션 거래는 앞에 설명한 수직 스프레드 거래와는 달리 시장의 변동성에 대한 전망에 기초하여 구사되는 투자전략이다. 따라서 시장에 시세가 상승하느냐 하락하느냐 하는 방향보다도 가격 움직임이 얼마나 크냐 하는 변동성에 더 관심이 크다. 콤비네이션 중에서 가장 널리 사용되는 투자방법으로는 스트래들(straddle), 스트랩(strap), 스트립(strip), 스트랭글(strangle), 거트(gut) 등이 있다.

### (1) 스트래들(Straddle)

스트래들은 같은 옵션 기초자산에 대해 발행된 만기일과 행사 가격이 같은 콜옵션과 풋옵션을 이용하는 투자방법으로서 콜옵션과 풋옵션을 동시에 매입하는 것을 스트래들의 매입이라 하고 두 옵션을 동시에 발행하는 것을 스트래들의 매도라고 한다. 이때 스트래들의 매입은 두 옵션 가격의 합만큼의 지출을 필요로 한다. 그러므로 스트래들의 매입으로부터 입을 수 있는 최대한의 손실은 두 옵션이 모두 행사 가치가 없을 때 생기며, 이때의 손실은 $-(C+P)$이다.

만약 만기에서의 옵션 기초자산 가격이 행사 가격보다 높으면 콜옵션의 행사로부터$(S_T-X)$의 이익을 얻으며, 풋옵션은 행사 가치가 없다. 그러므로 스트래들 매입의 총 이익은 $(S_T-X)-(C+P)$가 된다. 그러므로 이 영역에서의 옵션 기초자산 가격의 상승과 함께 정비례하여 이익이 증가한다.

한편 옵션 기초자산 가격이 행사 가격보다 낮으면 콜옵션은 행사 가치가 없지만 풋옵션은 $(X-S_T)$의 이익을 가져다 주기 때문에 총익은 $(X-S_T)-(C+P)$가 된다. 이 영역에서는 옵션 기초자산 가격의 하락과 정비례하여 이익이 증가한다.

> 최대 손실＝콜옵션 프리미엄＋풋옵션 프리미엄
> 상방 손익분기점＝행사 가격＋두 옵션 가격의 합
> 하방 손익분기점＝행사 가격－두 옵션 가격의 합

이를 그림으로 나타내면 〈그림 3-20〉과 같다.

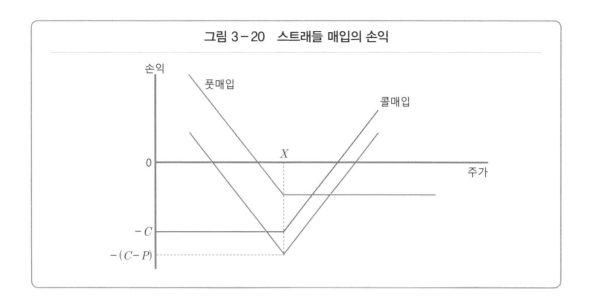

그림 3-20  스트래들 매입의 손익

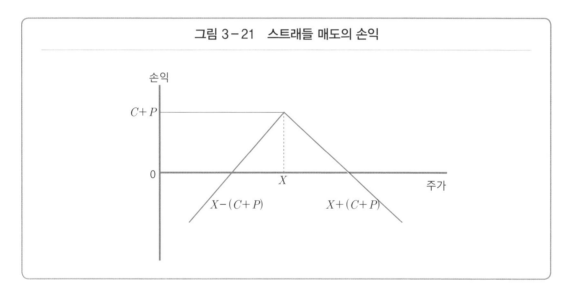

그림 3-21  스트래들 매도의 손익

스트래들의 매입은 옵션 기초자산 가격의 상승 또는 하락에 관계없이 그 변동폭이 클수록 이익 가능성이 커지는 투자기법이므로 옵션 기초자산 가격이 어느 방향으로 움직일 지에 대해서는 확신이 없으나 그 가격의 변동이 클 것으로 예상될 때 유용한 투자전략이다. 따라서 대부분의 스트래들 매입거래는 ATM의 옵션을 이용하여 이루어진다. 그러나 가격이 상승하면서 변동폭이 클 것으로 예상되면 낮은 행사 가격의 옵션을 이용하고 가격이 하락하면서 변동폭이 클 것으로 예상되면 높은 행사 가격의 옵션을 이용할 수 있다.

스트래들의 매도는 스트래들 매입과 정반대의 손익구조를 가지므로 시장 상황에 대한 예상도 정반대일 때 사용한다. 따라서 시장에서 옵션 기초자산의 가격이 크게 변동할 가능성이 작으면서 횡보할 것이 예상되는 경우에 유용한 전략이다. 즉, 시장 가격이 안정적일 때 수취한 옵션 프리미엄의 수익을 확보할 수 있게 된다. 그러나 스트래들 매도는 예상 이익의 최대폭이 한정되어 있는 반면에 가격이 급변할 경우 가능한 손실의 폭은 무한하므로 장기간 보유하기에는 매우 위험한 투자전략이다. 〈그림 3-21〉은 스트래들 매도의 손익도를 나타내고 있다.

### (2) 스트랩(Strap)과 스트립(Strip)

콤비네이션에는 스트래들의 약간 변형된 형태로서 풋과 콜의 결합 비율을 조정한 스트랩과 스트립이 있다. 스트랩은 두 개의 콜옵션과 하나의 풋옵션을 결합하는 투자방법이고 스트립은 두 개의 풋옵션과 하나의 콜옵션을 결합하는 투자방법이다. 이들의 이익형태는 스트래들과 비슷하다. 앞서 설명한 바와 같이 스트래들은 옵션 기초자산의 가격 변동의 방향은 확실히 알 수 없으나 옵션 기초자산의 가격 변동의 정도가 클 것으로 예상될 때 매입한다. 큰 폭의 옵션 기초자산의 가격 상승과 마찬가지로 큰 폭의 옵션 기초자산의 가격 하락으로부터도 똑같은 이익을 얻을 수 있다.

그런데 만약 옵션 기초자산의 가격이 상승할 가능성이 하락할 가능성보다 더 크다고 생각한다면 옵션 기초자산의 가격이 오를 때 더 큰 이익을 얻기 위해서는 콜옵션을 더 많이 매입하는 것이 유리하다. 스트랩이란 이러한 옵션거래전략 중에서 특별히 하나의 풋옵션과 두 개의 콜옵션을 결합한 것이다. 반대로 옵션 기초자산 가격이 내릴 가능성이 더 크다고 생각될 때는 콜옵션보다는 풋옵션을 더 많이 매입하는 것이 유리한데, 하나의 콜옵션과 두 개의 풋옵션을 결합한 것을 스트립이라고 한다. 〈그림 3-22〉는 스트래들과 스트랩, 스트립의 손익형태를 비교하여 보여주고 있다.

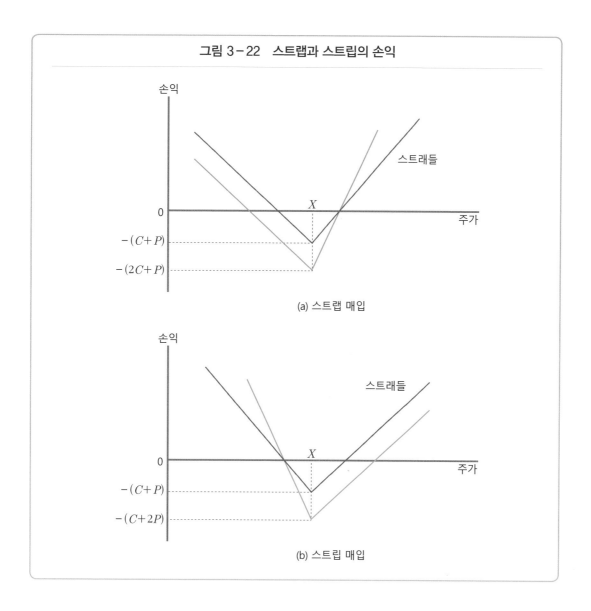

그림 3-22    스트랩과 스트립의 손익

(a) 스트랩 매입

(b) 스트립 매입

## (3) 스트랭글(Strangle)과 거트(Gut)

스트래들의 변형으로서 만기일은 같으나 행사 가격이 다른 콜옵션과 풋옵션을 동시에 매입 또는 발행하는 전략으로 스트랭글과 거트가 있다. 스트래들의 매입은 주로 ATM 옵션들을 이용하는데 스트랭글은 ATM 옵션에 비하여 옵션 프리미엄이 작은 OTM 옵션을 이용하는 투자 방법이다. 즉, 스트랭글의 매입은 행사 가격이 높은 OTM 콜옵션과 행사 가격이 낮은 OTM 풋옵션을 매입하는 투자방법이다. 이렇게 함으로써 옵션매입 비용을 줄일 수 있는 장점이 있다. 그러나 이익을 실현할 수 있는 가격 범위는 스트래들의 경우보다 좁아진다.

스트랭글 매입에 따른 최대 손실은 두 옵션이 모두 행사가치가 없을 때로서 옵션 기초자산의 가격이 풋옵션의 행사 가격과 콜옵션의 행사 가격 사이에 있게 될 경우에 나타난다. 반면에 기초자산 가격이 콜옵션 행사 가격보다 높게 되면 콜옵션 행사로 인하여 이익은 옵션 기초자산 가격의 상승과 함께 정비례하여 증가하게 된다. 또한 옵션 기초자산 가격이 풋옵션 행사 가격보다 낮게 되면 풋옵션 행사로 인해 옵션 기초자산 가격의 하락과 함께 정비례하여 이익이 증가하게 된다.

> 최대 손실＝콜옵션 프리미엄＋풋옵션 프리미엄
> 상방 손익분기점＝콜옵션 행사 가격＋두 옵션 가격의 합
> 하방 손익분기점＝풋옵션 행사 가격－두 옵션 가격의 합

스트랭글 매입을 그림으로 보면 〈그림 3-23〉과 같다.

〈그림 3-23〉에서 두 옵션의 행사 가격 차이가 클수록 옵션 매입비용은 작게 되지만 이익의 가능성도 역시 작아지게 된다. 따라서 스트래들 보다 매우 보수적인 투자전략이다.

스트랭글의 손익구조와 매우 유사한 투자전략으로서 거트가 있다. 스트랭글은 OTM 옵션

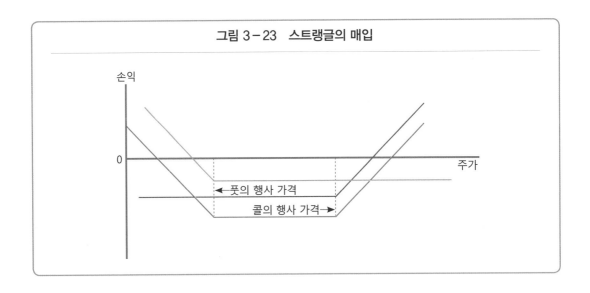

그림 3-23  스트랭글의 매입

을 이용하여 구사되는데 반하여 거트는 ITM 옵션을 이용하여 구성된다. 즉, 행사 가격이 낮은 콜옵션과 행사 가격이 높은 풋옵션을 동시에 매입하는 방법을 거트라고 한다. 거트 매입에 따른 최대 손실은 옵션 기초자산의 가격이 두 옵션의 행사 가격 사이에 있는 경우에 나타난다. 이때 손실은 옵션 매입에 따른 매입비용이 아니라 옵션 매입비용에서 행사 가격의 차이를 뺀 만큼이다. 왜냐하면 이 영역에서는 두 옵션 중 적어도 한 옵션은 행사가치가 있기 때문이다. 반면 옵션 기초자산 가격이 콜옵션 행사 가격보다 낮거나 풋옵션 행사 가격보다 높을 때에는 스트랭글 매입과 같은 손익형태를 취하게 된다.

> 최대 손실=두 옵션 가격의 합－행사 가격의 차
> 상방 손익분기점＝풋옵션 행사 가격＋최대 손실
> 하방 손익분기점＝콜옵션 행사 가격－최대 손실

〈그림 3-24〉는 거트매입의 손익도를 나타내고 있다.

거트의 손익은 스트랭글의 손익과 매우 유사하다. 단지 스트랭글을 구성하는 비용이 거트를 구성하는 비용에 비하여 적게 든다는 점이 다르다. 왜냐하면 스트랭글은 OTM 옵션을 이용하는데 반하여 거트는 ITM 옵션을 이용하기 때문이다. 따라서 스트랭글의 레버리지 효과가 훨씬 크다. 그런 반면 거트의 최대 손실은 스트랭글의 최대 손실보다는 작은 것이 일반적이어

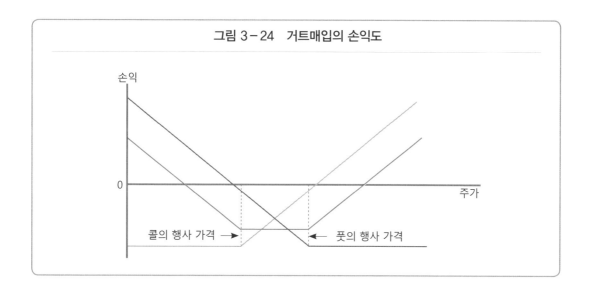

그림 3-24  거트매입의 손익도

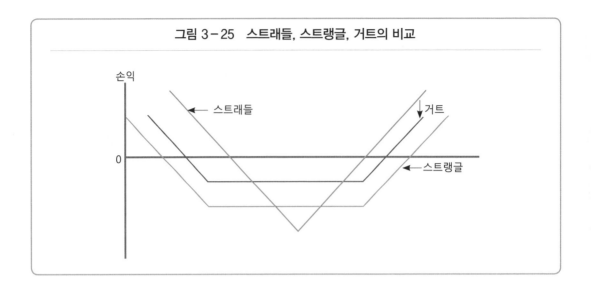

그림 3-25   스트래들, 스트랭글, 거트의 비교

서 손익분기점의 범위가 스트랭글에 비해 좁다. 이 점이 거트 구성비용이 스트랭글 구성비용보다 큼에도 불구하고 거트가 이용되는 이유이다. 이를 스트래들의 경우와 함께 비교하면 〈그림 3-25〉와 같다.

## 5   차익거래(Arbitrage Trading)

옵션 차익거래전략(option arbitrage trading strategy)이라 함은 옵션 가격이 순간적으로 불균형을 이룰 경우 위험부담이 전혀 없이 이익을 볼 수 있는 투자전략을 말한다. 옵션거래에서는 만기일이나 행사 가격에 따라 또는 풋옵션과 콜옵션의 차이에 따라 다차원적(multi-dimension)인 가격 불균형이 흔히 발생한다. 가격 불균형이 계속되는 시간은 길지 않지만 이 짧은 사이에 차익거래전략을 이용하여 이익을 얻을 수가 있다.

여기서는 대표적인 차익거래전략인 콘버전(conversion)과 리버스 콘버전(reverse conversion)을 설명키로 한다. 위의 방법들은 옵션과 옵션 또는 옵션과 옵션 기초자산 등을 결합한 합성 포지션(synthetic position)을 이용한 전략이다. 그런데 초단기적으로 발생하는 차익거래의 기회는 전문적인 딜러들 외에는 이용하기가 어렵다. 또한 이 투자전략을 위해 옵션 기초자산을 결합해야 할 경우에는 옵션과의 동시거래가 가능해야 차익거래의 달성이 용이하다. 따라서 이러한 종류의 차익거래는 현물옵션보다는 옵션과 옵션 기초자산의 동시거래가 용이한 선물옵션 거래에서 사용되는 것이 일반적이다. 이제 이러한 차익거래 방법을 설명하기 위해 먼저 옵션과 옵션 기초자산을 이용하여 얻을 수 있는 합성 포지션에 대하여 설명하기로 한다. 이때 주로 사용하는 옵션이 선물옵션이므로 옵션 기초자산은 선물을 가정하기로 한다.

## 1) 합성 포지션(Synthetic Position)

### (1) 합성선물(Synthetic Futures)

같은 행사 가격과 만기를 가진 콜옵션과 풋옵션을 결합하면 선물 포지션을 얻을 수 있다. 즉, 콜옵션을 매입하고 풋옵션을 발행하게 되면 이 두 가지 옵션 포지션이 대표하는 손익은 마치 선물을 매입한 경우와 동일하게 한다. 따라서 이를 합성선물 매입 포지션이라고 한다.

예를 들어 만기가 30일 남은 주가지수선물옵션이 있다고 하자. 이때 행사 가격이 100인 콜옵션의 가격이 1.50이고 풋옵션의 가격이 1.00일 때 이 콜옵션을 매입하고 풋옵션을 매도하면 이는 마치 주가지수 선물을 매입하는 것과 동일하게 된다.

즉, 콜을 매입하고 풋을 매도하면 만기 시에는 이 포지션은 주가지수선물의 가격에 관계없이 손익이 $(S_T - 100)$으로 고정된다. 이는 주가지수선물을 마치 100, 즉 행사 가격에 매입한 것과 동일한 손익이다. 그러나 이 포지션을 구성하기 위해서 이 투자자는 콜옵션 매입에 따른 비용으로 1.50을 지불하고 풋옵션 매도에 따라 1.00을 수취하여 0.50의 현금순지불이 발생하였다. 따라서 합성된 선물 포지션의 실제 매입 가격은 행사 가격에다 이 현금흐름만큼 비싸게 매입한 것과 같다. 즉, 합성선물 가격＝행사 가격＋포지션 구성 시 순지불금액＝100＋0.50＝100.50이다. 그런데 이때 순현금흐름의 이자비용까지를 감안한다면 정확한 합성선물 매입 가격은 다음과 같이 나타낼 수 있다.

$$\text{합성선물 매입 가격} = X + e^{rt}(C - P) \tag{3-32}$$

이를 그림으로 나타내면 〈그림 3 – 26〉과 같다.

| | $S_T \leqq 100$ | $S_T > 100$ |
|---|---|---|
| 100 콜옵션 매입 | 0 | $(S_T - 100)$ |
| 100 풋옵션 매도 | $-(100 - S_T)$ | 0 |
| 만기 시 손익 | $(S_T - 100)$ | $(S_T - 100)$ |

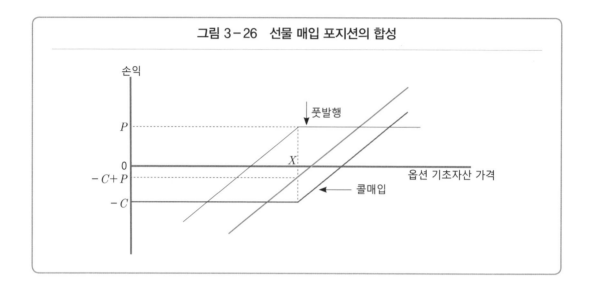

그림 3-26 선물 매입 포지션의 합성

한편 선물의 매도 포지션은 그 선물에 대한 콜옵션을 매도하고 행사 가격과 만기가 같은 풋옵션을 매입하여 합성할 수 있다. 앞의 예를 가지고 이를 살펴보면 다음과 같다.

| | $S_T \leqq 100$ | $S_T > 100$ |
|---|---|---|
| 100 콜옵션 매도 | 0 | $-(S_T - 100)$ |
| 100 풋옵션 매입 | $(100 - S_T)$ | 0 |
| 만기 시 손익 | $(100 - S_T)$ | $(100 - S_T)$ |

즉, 이 포지션의 만기 시 손익은 $(100 - S_T)$로서 마치 100의 행사 가격에 선물을 매도한 것과 동일하다. 그러나 이때에도 이 포지션을 구성하기 위해 발생한 순현금흐름을 감안하면 합성된 선물 매도 포지션의 매도 가격은 행사 가격에서 순현금흐름만큼 싸게 매도한 것과 같다. 따라서 합성선물 매도 가격은 다음과 같이 나타낼 수 있다.

합성선물 매도 가격$=X-e^{rt}(C-P)$    (3−33)

이를 그림으로 나타내면 〈그림 3−27〉과 같다.

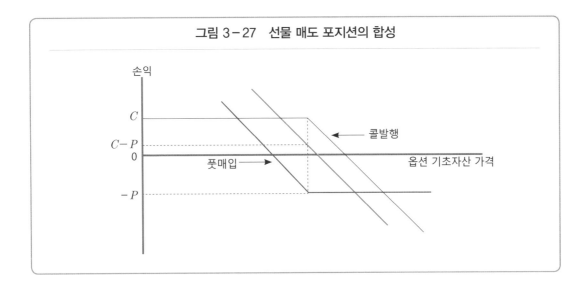

그림 3−27   선물 매도 포지션의 합성

## (2) 합성옵션(Synthetic Options)

앞에서 콜옵션과 풋옵션을 결합하여 옵션 기초자산을 합성하는 방법을 설명하였는데 거꾸로 옵션 기초자산과 어느 한 옵션을 결합하면 다른 종류의 옵션을 합성할 수도 있다. 즉, 옵션 기초자산과 콜옵션을 결합하면 풋옵션을 합성할 수 있으며 옵션 기초자산과 풋옵션을 결합하면 콜옵션을 합성해 낼 수 있다. 이를 설명하기 위해 다음과 같이 주가지수 선물과 이에 대한 옵션의 시장 상황을 가정한다.

| | |
|---|---|
| 5월만기 주가지수 선물 가격 | 100.20 |
| 행사 가격 100인 5월물 주가지수선물 콜옵션 가격 | 1.50 |
| 행사 가격 100인 5월물 주가지수선물 풋옵션 가격 | 1.00 |
| 이자율은 4%이고, 옵션만기까지의 잔존기일은 20일 | |

❶ 콜옵션 매입 합성(Synthetic Long Call) : 주가지수선물을 매입하고 풋옵션을 매입하면 콜옵션의 매입 포지션을 합성할 수 있다. 이 포지션의 만기 시의 손익을 살펴보면 다음과 같다.

|  | $S_T \leqq 100$ | $S_T > 100$ |
|---|---|---|
| 100 풋옵션 매입 | $100 - S_T$ | 0 |
| 주가지수선물 매입 | $S_T - 100.20$ | $S_T - 100.20$ |
| 만기 시 손익 | $(100 - 100.20)$ | $(S_T - 100.20)$ |

만기시 이 포지션의 손익은 행사 가격이 100이고 프리미엄이 0.20인 콜옵션 매입의 손익과 동일하다. 그런데 이 포지션을 구성하기 위해 거래 시점에 풋옵션 매입비용으로 1.00을 지불하였으므로 주가지수 선물과 풋옵션을 이용하여 구성된 합성콜옵션 가격은 다음과 같다.

$$\text{합성콜옵션 가격} = P + e^{-rt}(S - X)$$
$$= 1.00 + e^{-0.04 \times \frac{20}{360}}(100.20 - 100) \fallingdotseq 1.1996 \tag{3-34}$$

❷ 풋옵션 매입합성(Synthetic Long Put) : 풋옵션의 매입 포지션을 합성하기 위해서는 콜옵션을 매입하고 주가지수 선물을 매도하면 된다. 이렇게 구성된 포지션의 만기 시 손익을 보면 다음과 같다.

|  | $S_T \leqq 100$ | $S_T > 100$ |
|---|---|---|
| 100 콜옵션 매입 | 0 | $S_T - 100$ |
| 주가지수선물 매도 | $-(S_T - 100.20)$ | $-(S_T - 100.20)$ |
| 만기 시 손익 | $100.20 - S_T$ | $100.20 - 100$ |

만기 시 이 포지션의 손익은 행사 가격이 100인 풋옵션의 매입과 동일한 형태이다. 다만 손익도가 수직이동된 것이 다를 뿐이다. 그런데 이 포지션을 구성하기 위해 거래 시점에서 콜옵션 매입비용으로 1.50을 지불하였으므로 합성풋옵션 가격은 다음과 같이 나타낼 수 있다.

$$\text{합성풋옵션 가격} = C + e^{-rt}(S - X)$$
$$= 1.50 + e^{-0.04 \times \frac{20}{360}}(100.20 - 100) ≒ 1.16996 \tag{3-35}$$

한편 콜옵션 매도 포지션의 합성(synthetic short call)은 콜옵션 매입 포지션 합성의 정반대로서 풋옵션을 매도하고 옵션 기초자산을 매도함으로써 만들 수 있다. 또한 풋옵션 매도 포지션의 합성도 풋옵션 매입 포지션 합성의 정반대로서 콜옵션을 매도하고 옵션 기초자산을 매입함으로써 구성할 수 있다. 이를 요약하면 다음과 같다.

**합성 포지션 구성방법**

① 합성콜 매입＝풋 매입＋옵션 기초자산 매입

② 합성콜 매도＝풋 매도＋옵션 기초자산 매도

③ 합성풋 매입＝콜 매입＋옵션 기초자산 매도

④ 합성풋 매도＝콜 매도＋옵션 기초자산 매입

⑤ 합성옵션 기초자산 매입＝콜 매입＋풋 매도

⑥ 합성옵션 기초자산 매도＝콜 매도＋풋 매입

## 2) 콘버전(Conversion)과 리버스 콘버전(Reverse Conversion)

콘버전은 콜옵션의 가격이 풋옵션의 가격보다 상대적으로 과대평가되어 있을 때 이용하는 차익거래 방법이다. 즉, 상대적으로 과대평가되어 있는 콜옵션을 매도하고 콜옵션의 매입 포지션을 합성하여 그 차익을 순 이익으로 남기는 투자전략이다. 앞의 합성 포지션을 설명할 때 사용했던 주가지수선물 및 옵션의 예를 사용하여 콘버전과 리버스 콘버전을 설명하기로 한다.

식 (3−35)에 의하면 합성 콜옵션의 가격은 1.20이다. 그런데 시장에서 실제로 거래되는 콜옵션의 가격은 1.50이므로 이 옵션은 과대평가 되어 있다. 따라서 과대평가된 콜옵션을 매도하고 상대적으로 과소평가되어 있는 풋옵션을 이용하여 콜옵션이 매입 포지션을 합성하기로 한다. 이렇게 구성된 콘버전의 만기 시 손익을 살펴보면 다음과 같다.

| | $S_T \leqq 100$ | $S_T > 100$ |
|---|---|---|
| 100 콜 매도 | 0 | $-(S_T-100)$ |
| 100 풋 매입 | $(100-S_T)$ | 0 |
| 주가지수선물 매입 | $(S_T-100.20)$ | $(S_T-100.20)$ |
| | $-0.20$ | $-0.20$ |

즉, 콜옵션을 매도하고 풋옵션을 매입하고 주가지수선물을 매입하여 구성한 콘버전은 만기 시에 주가지수 선물 가격에 관계없이 항상 0.20의 손실이 발생한다. 그러나 이 콘버전을 구성할 때의 현금흐름을 보면 콜매도로부터 1.50의 수익이 발생하고 풋옵션 매입으로 1.00의 지출이 발생했으므로 0.50의 순수입이 있게 된다. 이 거래는 거래 시점에 0.50의 수입이 있으며 만기 시에는 0.20의 손실이 발생하므로 옵션 기초자산 가격에 관계없이 항상 0.30의 이익이 발생하게 된다.

이와 같은 0.30의 이익은 합성콜옵션의 가격으로부터 예상한 이익이다. 즉, 합성콜옵션의 가격이 1.20이므로 콘버전은 콜옵션을 마치 1.20에 매입한 것과 동일한 포지션을 합성하고 실제로 콜옵션을 1.50에 매도하였으므로 항상 0.30의 이익이 보장되는 것이다. 일반적으로 이자비용을 무시한다면 콘버전의 순이익은 다음과 같다.

$$\text{콘버전 순이익} = (C-P)-(S-X)$$

이를 그림으로 보이면 〈그림 3－28〉과 같다.

한편 리버스 콘버전은 리버설(reversal)이라고도 칭하는데 문자 그대로 콘버전과 정반대의 차익거래전략으로 풋옵션 프리미엄이 콜옵션 프리미엄보다 상대적으로 높을 때 이용하는 방법이다. 즉, 과대평가 되어 있는 풋옵션을 매도하고 합성풋 매입 포지션을 구성하는 것이다. 이를 위하여 선물 매도 계약과 함께 콜옵션을 매입하며 동시에 그와 동일한 행사 가격의 풋옵션을 매도하는 것이 리버스 콘버전이다. 콜옵션을 매입하고 옵션 기초자산을 매도하게 되면 이는 마치 풋옵션을 매입한 경우와 동일하게 된다. 이때 차익거래 이익은 다음과 같다.

$$\text{리버스 콘버전 순이익} = (P-C)-(X-S)$$

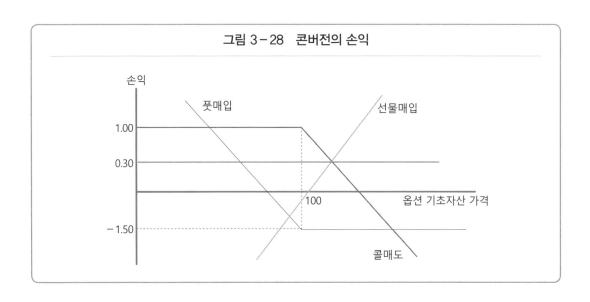

그림 3-28 콘버전의 손익

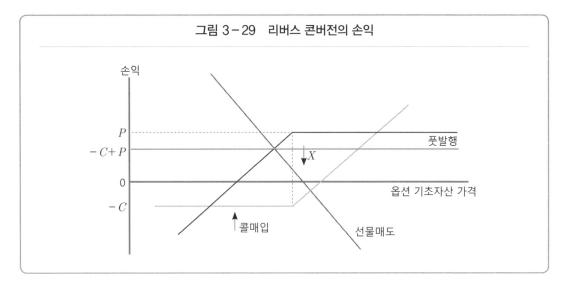

그림 3-29 리버스 콘버전의 손익

**6** **옵션 포지션 관리지표**

옵션의 가치는 시장 전반에 존재하는 많은 경제적인 요소에 의해 영향을 받기 때문에 경험
이 많은 전문가마저도 놀랄 정도로 변화가 심하다. 또한 순간적인 결정을 요구하는 것이기 때

문에 옵션의 거래자들은 개별 옵션의 가치뿐만 아니라 복합 옵션의 포지션에 대해서까지 시장조건의 변화가 미치는 영향을 인식해야 한다. 다행히도 이론 가격결정 모형은 이론 가격을 산출해 내는 것 이외에도 시장 상황이 변함에 따라 변화하게 되는 옵션가치의 방향과 크기를 추정하는데 유용한 정보인 델타, 감마, 쎄타, 베가, 로우 등의 지표를 산출해 준다. 옵션 거래자들은 시장 상황이 변함에 따라 이러한 지표들이 어떻게 변하는지를 주시하면서 옵션 포지션의 위험을 관리한다.

## (1) 델타(Delta)

어떤 옵션이든지 옵션 기초자산의 가격이 증가한다면 콜옵션의 가격은 증가하고 풋옵션의 가격은 감소한다. 이와 같이 기초자산의 가격이 변동할 때 이에 상응하는 옵션 가격의 변화를 나타내는 수치를 델타라고 한다. 즉 옵션델타가 1이라고 하면 기초자산의 가격이 1원 움직일 때 옵션 가격 역시 1원이 움직임을 나타내며, 옵션델타가 0.5라고 하면 기초자산의 가격이 1원 움직임에 따라 옵션 가격은 0.5원 움직임을 나타낸다.

델타는 다음과 같이 정의된다.

$$\text{델타} = \frac{\text{옵션 가격의 변화분}}{\text{옵션 기초자산 가격의 변화분}}$$

콜옵션 델타는 0과 1 사이의 값을 가진다. 콜옵션의 가격은 옵션 기초자산 가격이 상승하면 항상 증가하게 되므로 델타값이 0보다 작을 수는 없다. 반면 옵션 가격은 이론적으로 옵션 기초자산의 가격보다 더 크게 변동할 수 없으므로 델타는 1을 초과할 수 없게 된다.

Deep OTM 콜옵션의 가격은 기초자산의 가격 변화에 크게 민감하게 반응하지 않는다. 따라서 콜옵션 델타는 0에 가까우며 Deep ITM 콜옵션의 가격은 거의가 내재가치로 구성되어 있기 때문에 기초자산의 가격 변화와 밀접한 관계를 가지고 있다. 즉, 옵션델타가 1에 가깝다.

풋옵션 델타와 콜옵션 델타와의 다른 점은 풋옵션 델타는 마이너스 수치이고 콜옵션 델타는 플러스 수치인 점뿐이고 그 외 델타가 갖고 있는 기본 의미는 동일하다. 따라서 풋옵션의 델타는 0과 −1사이의 값을 가지며 Deep OTM 옵션의 델타는 0에 가깝고 Deep ITM 옵션의 델타는 −1에 가까운 값을 가진다.

풋옵션 델타가 마이너스 수치인 까닭은 기초자산의 가격과 풋옵션의 가격이 서로 부

(negative)의 상관관계를 갖고 있기 때문이다. 예를 들어 기초자산의 가격이 1원 상승하면 풋옵션의 가격은 델타치만큼 하락하게 되는데 이는 기초자산의 가격이 상승함에 따라 행사 가격에 매도할 권리를 부여하는 풋옵션의 가치가 상대적으로 하락하기 때문이다.

델타는 OTM 옵션이 ITM 옵션이 되거나 ITM 옵션이 계속하여 ITM 옵션으로 남아있을 확률로서 이해되기도 한다. 델타의 부호를 무시하면, 옵션이 Deep OTM상태에서 정반대의 ITM으로 옮겨감에 따라 그 델타 값은 0에 근사한 값에서 1에 근사한 값으로 바뀌어 가는데 이러한 현상은 확률로서 설명이 가능하다. 기초자산이 Deep OTM상태에 있을 때는 기초자산의 가격이 다소 유리하게 변화하여 OTM의 상태가 이전보다 약간 덜해지더라도 실제 옵션 가격의 변동은 기초자산 가격 변동분의 극히 적은 부분에 그칠 것이다.

그 이유는 이 옵션이 현상태에서 ITM으로 바뀌기 위해서는 기초자산의 가격이 매우 큰 폭으로 변화하여야만 하는데 그 확률은 매우 낮기 때문이다. 한편 ATM상태의 옵션은 OTM으로 바뀔 확률이나 ITM으로 바뀔 확률이 똑같으므로 델타의 값은 0.5를 가진다. 반면 Deep ITM 상태의 옵션은 선물 가격이 갑자기 크게 움직여서 그 옵션을 OTM으로 만들 확률은 지극히 낮고 계속 ITM으로 남아있을 확률이 절대적이므로 델타의 값은 1에 가깝다. 델타의 값이 1에 가깝다고 함은 기초자산의 가격변화가 옵션 프리미엄에 거의 그대로 반영된다는 것을 의미한다.

옵션델타 수치는 옵션을 이용하여 옵션 기초자산을 헤지하려 할 때 헤지비율을 결정하는데 유용하게 사용된다. 즉, 기초자산에 대한 옵션 포지션의 완전헤지를 만들기 위해 필요환 옵션과 옵션 기초자산의 적정 비율을 찾는데 바로 델타를 이용하게 된다. 기초자산은 항상 1의 델타를 가지며 따라서 적정 헤지비율은 1을 옵션델타로 나눔으로써 얻어진다. 만약 어떤 옵션이 At−the−money에 있다면 델타는 0.5이며 따라서 헤지비율은 2(=1/0.5)가 된다.

즉 델타가 0.5인 옵션의 경우에는, 기초자산 하나를 매도하고 이 옵션을 2계약 매입하면 기초자산의 가격 변동에 따른 위험을 완전히 제거할 수 있다. 이는 기초자산을 매도하였을 경우 가격이 1원 증가하면 1원의 손해를 보지만 델타가 0.5인 콜옵션 2계약은 각 계약당 0.5원의 이익을 봄으로써 기초자산가격 변동에 따른 1원의 손실을 완전히 상쇄해 줄 수 있기 때문이다. 같은 방법으로 0.4의 델타를 가진 옵션은 2개의 기초자산 매도에 대해 5개의 옵션계약 매입이 필요하게 된다(1/0.4=5/2). 이렇게 유용한 델타의 값은 기초증권의 가격과 시간의 함수가 되어 단순하지 않고 계속 변화하기 때문에 완전 헤지를 유지하기 위해서는 포지션이 자주 조정되어야 한다.

한편 다수의 옵션을 결합한 옵션 포지션의 경우, 포지션델타는 각 옵션의 가치를 보유한 옵션수량을 가중한 값으로 기초자산 가격의 움직임에 대해 옵션 포지션이 얼마나 노출되고 있는가를 설명한다. 만일 기초증권이 주식이라면 주가가 상승하면 포지션델타가 0보다 큰 것이 바람직하고 주가가 하락하면 포지션델타가 0보다 작은 것이 바람직하다. 또한 포지션델타가 0인 경우를 중립포지션이라 하는데 이 포지션은 주가의 움직임에 무관하기 때문에 주가의 움직임이 불확실할 때 포지션을 보호받을 수 있다.

그러나 이러한 중립포지션을 유지하는 것은 실제적으로 불가능하다. 왜냐하면 거래비용과 시장 개장시간의 제약조건 때문에 시시각각으로 변하는 변화 요인에 따라 계속적으로 옵션 포지션을 조정하는 것이 현실적으로 어렵기 때문이다. 따라서 이러한 현실 제약조건 아래서 포지션의 위험을 관리할 때 중요한 추가 정보를 제공해 주는 것이 다음에 설명하는 감마, 쎄타, 베가이다.

**! 예시 1**

델타가 0.5인 등가(ATM) 콜옵션을 3계약 보유하면 전체 포지션의 델타가 1.5가 되어 포지션의 가치는 대상자산 가격 변동률의 1.5배씩 변동하게 된다. 이 포지션의 위험을 상쇄하려면 델타가 −0.5인 ATM 풋옵션을 3계약 매수하면 총 델타가 0이 되므로 완전헤지가 가능하게 된다.

**! 예시 2**

어떤 포트폴리오가 다음과 같이 구성되어 있을 경우

포트폴리오 구성 : June ED선물 2계약 매도*, 95.50 April call(델타=0.4) 5계약 매입, 96.00 June put(델타=−0.65) 10계약 매도, 95.00 June call(델타=0.6) 10계약 매도
(* 선물 매도 포지션의 델타=−1, 선물 매입 포지션의 델타=+1)
이 포트폴리오의 델타 값을 계산하면 다음과 같다.

$$\text{Portfolio의 델타} = -2 + (0.4 \times 5) - (-0.65 \times 10) - (0.6 \times 10) = 0.5$$

따라서 ED선물 가격이 1틱 상승(하락)하면 이 포트폴리오의 가치는 0.5틱 증가(감소)한다.

## (2) 감마(Gamma)

옵션의 델타는 해당 옵션의 상태에 따라 그 값이 변화한다. 이미 언급한 바와 같이 어떤 옵

션이 OTM상태에서 ITM상태로 변화하여 갔다면 그의 델타 값도 0.5보다 작은 숫자에서 0.5보다 큰 숫자로 변화하여 갔을 것이다. 다시 말해서 델타 값은 고정불변이 아니고 기초자산의 가격이 변화함에 따라 함께 변화한다는 것이다. 이러한 델타 값의 변화 속도를 나타내는 거래지표를 감마라고 한다.

감마를 정의하면 델타 값의 변화분을 옵션 기초자산 가격의 변화분으로 나눈 것이 된다.

$$감마 = \frac{델타의\ 변화분}{옵션\ 기초자산\ 가격의\ 변화분}$$

이제 어떤 콜옵션의 감마가 0.003이고 델타가 0.50일 때 옵션 기초자산 가격의 변화가 델타 값을 얼마만큼 상승시키는가를 계산하여 보기로 한다. 예를 들어, 옵션 기초자산 가격이 30포인트 상승하였다면 델타의 변화분은 0.09이다. 즉,

$$델타\ 변동분 = 감마 \times 옵션\ 기초자산\ 가격\ 변동$$
$$= 0.003 \times 30$$
$$= 0.09$$

따라서 새로운 델타 값은 0.59(=0.5+0.09)로 얻어진다.

감마의 값이 특별히 중요한 의미를 갖는 것은 포지션델타를 일정한 범위 내에서 관리하고자 하는 거래자들에게서이다. 즉, 경험이 많지 않은 거래자에 대해서는 옵션의 포지션델타가 일정 수준을 넘지 않도록 요구하는 경우가 흔히 있다. 만약 어떤 거래자에게 포지션델타의 한도가 5로 주어져 있다면 이 거래자는 포지션의 델타뿐 아니라 감마에 대해서도 잘 살펴보아야 한다. 왜냐하면 현재의 포지션델타가 한도 내에 있다 하더라도 포지션감마가 크다면 옵션 기초자산 가격이 변했을 때 포지션델타가 한도를 벗어날 가능성이 있기 때문이다. 예를 들어 어떤 거래자가 델타가 0.3이고 감마가 0.05인 콜 옵션을 10개 매도했다면 이 거래자의 포지션델타는 −3이고 이는 이론적으로 옵션 기초자산을 3개 매도한 것과 동일하다. 가령 이 거래자가 평소 5개나 그 이하의 옵션 기초자산 거래에 익숙해 있다면 상기의 포지션은 아직 자신이 관리할 수 있는 위험한도 이하에 있는 것이다. 그러나 만약 시장에서 옵션 기초자산 가격이 10포인트 상승한다면 이 거래자의 포지션델타 변동은 −5[=포지션감마(−0.5)×기초자산가격 변동(10

포인트)]가 되어 새로운 델타포지션은 −8이 될 것이다. 이 새로운 델타포지션은 평상시 관리할 수 있는 위험한도를 초과하는 것이 된다.

따라서 이러한 경우가 발생하지 않도록 하기 위해서는 사전에 감마포지션을 감안하여 포지션을 관리하여야 한다.

이와 같이 감마는 사전적으로 델타를 관리해 주는 역할을 하므로 델타중립포지션에도 중요하게 이용된다. 즉, 델타 중립적인 포트폴리오를 유지하고자 하는 거래자는 기초자산의 가격 변동에 따른 델타 값의 변화에 직면하게 되고 따라서 계속하여 중립포지션을 유지하기 위해서는 새로운 델타 값에 맞게 포지션 자체를 계속 조정하여야 한다. 이때 감마의 절대치가 작다면 델타의 변화는 매우 느리게 일어나고 포트폴리오의 델타중립포지션을 유지하기 위한 포트폴리오의 조정은 상대적으로 드물게 발생한다.

그러나 감마의 절대치가 크다면 기초증권 가격의 변화에 대해 델타는 매우 민감하게 변하게 되고 오랫동안 델타중립포지션을 일정하게 유지한다는 것은 매우 어렵게 된다.

한편 Deep OTM인 옵션의 델타는 0에 가깝기 마련이고 기초자산의 가격이 변화해도 델타는 크게 변하지 않기 때문에 감마의 값도 매우 작다. 감마의 값은 ATM에서 제일 커지고, ITM의 상태가 커질수록 다시 작아진다. 델타의 경우와 달리 콜매입과 풋매입 포지션은 동일한 플러스의 감마 값을 지니는데 이는 기초자산의 가격이 상승함에 따라 양 포지션의 델타 값이 공히 증가하기 때문이다.

## (3) 베가(Vega)

옵션의 가치는 변동성에 의해서도 크게 영향을 받는다. 일반적으로 변동성은 시간에 따라 변하는 것으로 인정되고 있는데 베가는 옵션 기초자산의 변동성에 따른 옵션 가치의 변화를 나타내며 흔히 카파(Kappa)라고도 불린다. 베가를 수식으로 표현하면 다음과 같다.

$$\text{베가} = \frac{\text{옵션 가격의 변화분}}{\text{변동성의 변화분}}$$

모든 옵션은 변동성이 증가함에 따라 가치가 증가하기 때문에 콜이나 풋에 대한 베가는 항상 양의 숫자이다. 만약 어떤 옵션이 0.5의 베가를 가지고 있다면 이는 매 1%의 변동성 증가에 대하여 옵션의 가치가 0.5씩 증가된다는 것을 나타낸다. 이 옵션의 이론가치가 5.25이고 변동성이 15%라면 이 옵션은 변동성이 16%로 증가함에 따라 이론가치가 5.75가 될 것이고, 변동성이 14%로 내려가면 이론가치는 4.75가 될 것이다. 베가의 절대치가 크다면 변동성의 작은 변화에도 옵션의 가치가 크게 변하는 것을 의미하고 절대치가 작다면 변동성의 변화가 상대적으로 옵션의 가치에 적은 영향을 미친다는 것을 뜻한다. 따라서 베가는 옵션의 레버리지를 직접적으로 측정하는 단위라고 할 수 있다.

### (4) 쎄타(Theta)

옵션의 가치는 만기까지의 잔존기간에 의해서도 영향을 받는다. 그러나 앞서 살펴본 델타와 감마는 이러한 시간의 요소를 전혀 고려하지 않고 있다. 다시 말하면 기초자산의 가격이 변하지 않더라도 만기일이 가까워지면 옵션 가치가 변화하게 되는데 쎄타는 옵션 가치가 시간이 감에 따라서 얼마나 빨리 잠식되는가를 나타낸다.

옵션은 시간이 지남에 따라 그 유용성이 감소하는 자산인데 쎄타는 기초자산의 가격이 불변인 상태에서 하루가 지날수록 가치잠식이 어떤 비율로 일어나고 있는가를 측정한다.

따라서 쎄타는 옵션보유에 대한 비용의 정도 혹은 옵션 매도에 따른 이익의 정도를 나타낸다고도 볼 수 있으며, 시간가치가 클수록 쎄타도 크다. 쎄타를 수식으로 표현하면 다음과 같다.

$$\text{쎄타} = \frac{\text{옵션 가격의 변화분}}{\text{시간의 변화분}}$$

즉, 쎄타는 하루당 옵션 가치의 상실 포인트로 주어지는데 쎄타 0.25를 가진 옵션은 다른 시장조건이 변하지 않는다면 하루가 경과함에 따라 옵션의 가치가 0.25 감소한다는 것을 의미한다. 즉 이는 옵션의 당일 가치가 2.75였다면 내일은 0.25가 줄어든 2.50이 될 것이며 모레는 2.25가 된다는 것이다.

그런데 시간은 한 방향으로만 흐르고 쎄타는 가치의 손실을 의미하기 때문에 일반적으로 음의 숫자로 표시하는 것이 관례이다.

만일 포지션감마가 음(negative)의 값을 가진다면 포트폴리오의 가치는 옵션 기초자산 가격이 안정적일 때 상승하는 반면 옵션 기초자산 가격이 크게 변동할 경우에는 하락하게 된다. 반대로 포지션감마가 양(positive)의 값을 가지면 옵션 기초자산 가격이 크게 변동할 때 포트폴리오의 가치가 상승하게 된다.

감마가 양이면 옵션 기초자산의 가격이 변하기만 하면 유리하므로 손실 위험이 없으며 쎄

표 3-7   옵션 관련 지표

| | 델타포지션 | 감마포지션 | 쎄타포지션 | 베가포지션 |
|---|:---:|:---:|:---:|:---:|
| 옵션 기초자산 매입 | + | 0 | 0 | 0 |
| 옵션 기초자산 매도 | − | 0 | 0 | 0 |
| 콜옵션 매입 | + | + | − | + |
| 콜옵션 매도 | − | − | + | − |
| 풋옵션 매입 | − | + | − | + |
| 풋옵션 매도 | + | − | + | − |

표 3-8   시장 상황과 옵션 포지션

| | |
|---|---|
| 델타포지션 Positive | 기초자산의 가격 상승 시 유리 |
| Negative | 기초자산의 가격 하락 시 유리 |
| 감마포지션 Positive | 기초자산의 가격이 크게 변할 때 유리 |
| Negative | 기초자산의 가격이 변할 때 불리 |
| 쎄타포지션 Positive | 기초자산의 잔존기간이 줄어듦에 따라 유리 |
| Negative | 기초자산의 잔존기간이 줄어듦에 따라 불리 |
| 베가포지션 Positive | 기초자산의 변동성이 상승할 때 유리 |
| Negative | 기초자산의 변동성이 하락할 때 유리 |

타도 양의 값을 갖는 한 위험이 존재하지 않는다. 왜냐하면 시간은 한쪽으로만 흐르는 것이어서 옵션의 잔존기간은 줄기만 할 뿐이기 때문이다. 그런데 〈표 3-7〉에서 보는 바와 같이 옵션의 감마와 쎄타는 항상 반대 부호를 갖고 있다.

따라서 큰 양(+)의 감마포지션은 큰 음(−)의 쎄타 포지션과 연관 있고 반대로 큰 음(−)의 감마는 큰 양(+)의 쎄타 포지션과 동행한다. 즉, 모든 옵션 포지션은 시장의 움직임과 시간의 소멸 간에 상충관계(trade-off)가 있다는 것을 의미한다.

옵션 기초자산 가격의 움직임은 거래자의 양(+)의 감마포지션에 도움을 주지만 시간의 경과는 오히려 손해를 끼치게 된다. 따라서 동시에 두 개의 이득을 취하는 것은 불가능하다.

## (5) 로우(rho)

옵션의 가치는 이자율에 의해서도 영향을 받는다. 로우는 이자율의 변화에 대한 옵션가치의 변화를 나타낸다. 옵션가치를 결정하는 다른 요인들과는 달리 이자율의 변화가 옵션 가격에 미치는 영향은 매우 미미하다.

$$\text{로우} = \frac{\text{옵션 가격의 변화분}}{\text{이자율의 변화분}}$$

이자율이 상승하면 행사 가격의 현재가치를 감소시키기 때문에 콜옵션의 경우 만기에 지불할 금액의 현재가치가 감소하고, 풋옵션의 경우 만기에 받게 될 금액의 현재가치가 감소하게 된다. 따라서 이자율 상승은 콜옵션의 가치는 증가시키며, 풋옵션의 가치는 감소시키게 된다. 즉 콜옵션의 로우는 양의 값을 가지며, 풋옵션의 로우는 음의 값을 가진다.

## section 03 우리나라의 주요 옵션거래제도

### 1 KOSPI 200 지수옵션

KOSPI 200 지수옵션시장은 1997년 7월에 개설된 이후 한국 장내 파생상품 중에서 가장 많은 거래량을 기록하고 있는 시장이다. 또한 전 세계적으로 장내 파생상품 중에서 단일 품목으로는 상위권의 거래량을 기록하고 있다. KOSPI 200 주가지수옵션은 KOSPI 200 주가지수를 기초자산으로 하는 유럽형 옵션으로 만기일에만 권리행사가 가능하다. 그리고 만기결제는 현금결제방식을 취하고 있으며, 거래승수는 계약당 25만이다. 상장결제물은 비분기월 4개 및 분기월 7개(3, 9월 각 1개, 6월 2개, 12월 3개)가 상장된다. 최종 거래일은 각 결제월의 두 번째 목요일(공휴일인 경우 순차적으로 앞당김)이다. 최종 결제일은 최종 거래일의 다음 거래일이며, 결제방법은 현금결제이다. 〈표 3−9〉는 KRX KOSPI 200 지수옵션의 상품내역을 소개하고 있다.

표 3-9　KRX KOSPI 200 지수옵션

| 구분 | 내용 |
|---|---|
| 거래대상 | KOSPI 200 지수(유가증권시장본부 발표) |
| 거래단위 | KOSPI 200×25만(거래승수) |
| 결제월 | 매월 |
| 행사 가격 | • 각 결제월의 최초 상장 시 행사 가격 설정방법<br>　－비분기월 및 3월, 9월물 : ATM, ATM+/－ 120포인트 범위 및 5포인트 간격<br>　－6월 및 12월물: ATM, ATM+/－ 120포인트 범위 및 10포인트 간격<br>• 지수 변동에 따라 항상 ATM 기준으로 아래 행사 가격수가 유지되도록 추가 설정<br>　－최근 3개 근월물(3개월 이내) : ATM+/－ 80포인트 및 2.5포인트 간격<br>　－제4~8근월물(1년 이내) : ATM+/－ 120포인트 및 5포인트 간격<br>　－최종결제월이 가장 나중에 도래하는 3개월물(3년 이내) : ATM+/－ 120포인트 및 10포인트 간격<br>• 최종 거래일 도래로 신규 결제월 상장 시 결제월 순서에 따라 상기와 같이 행사 가격 추가 설정 |
| 최소호가단위 | 프리미엄 10 이상 : 0.05 포인트(12,500원＝25만×0.05)<br>프리미엄 10 미만 : 0.01 포인트(2,500원＝25만×0.01) |
| 거래시간 | 09:00~15:45(최종 거래일 09:00~15:10) |
| 최종 거래일 | 각 결제월의 두 번째 목요일(공휴일인 경우 순차적으로 앞당김) |
| 최종 결제일 | 최종 거래일의 다음 거래일 |
| 결제방법 | 현금결제 |
| 가격제한폭 | 기준 가격 ① ±8%, ② ±15%, ③ ±20% 단계적 적용 |
| 단일 가격경쟁거래 | 개장 시(08:30~09:00) 및 거래 종료 시(15:35~15:45) |
| 필요적 거래중단<br>(circuit breakers) | 현물 가격 급변 시 선물거래 일시 중단 및 단일가 거래 |

출처 : www.krx.co.kr

## 2　주식옵션

KRX에는 2002년 1월 개별 주식옵션을 상장(삼성전자, SKT, 국민은행, POSCO, 한국전력, KT, 현대자동차 7종목)하였고, 지속적인 개별 주식옵션을 추가 상장하여, 2022년 9월말 기준 42개의 종목이 거래되고 있다. KRX의 주식옵션은 최종 거래일에만 권리행사가 가능한 유럽형 옵션이다.

승수는 1계약당 10이고, 현금결제방식을 택하고 있다. 〈표 3-10〉은 KRX 주식옵션의 상품내역을 소개하고 있다.

아울러, 거래소는 투자자의 다양한 수요를 충족시키고자 결제주기가 주단위인 코스피200 위클리옵션과 거래승수가 5만인 미니코스피200옵션도 상장하고 있다.

**표 3-10** KRX 주식옵션

| | |
|---|---|
| **거래대상** | 삼성전자, POSCO, NAVER, LG화학, 현대차 등 42개 기업(2022년 9월말 기준) |
| **거래단위** | 주식 가격×10(거래승수) |
| **결제월** | 비분기월 중 2개, 분기월 중 4개 |
| **상장결제월** | 1년 이내의 6개 결제월 |
| **행사 가격** | • 행사 가격의 수 : 9개<br>• 행사 가격의 간격 : 권리행사 간격의 수준 및 잔존만기에 따라 달리 적용<br>• 권리행사 간격의 간격폭 |

| 권리행사 간격의 수준 | 연속 3개 결제월 | 그 밖의 결제월 |
|---|---|---|
| 5,000원 이하 | 100원 | 200원 |
| 5,000원 초과~10,000원 이하 | 200원 | 400원 |
| 10,000원 초과~20,000원 이하 | 500원 | 1,000원 |
| 20,000원 초과~50,000원 이하 | 1,000원 | 2,000원 |
| 50,000원 초과~100,000원 이하 | 2,000원 | 4,000원 |
| 100,000원 초과~200,000원 이하 | 5,000원 | 10,000원 |
| 200,000원 초과~500,000원 이하 | 10,000원 | 20,000원 |
| 500,000원 초과~1,000,000원 이하 | 20,000원 | 40,000원 |
| 1,000,000원 초과 | 50,000원 | 100,000원 |

| | |
|---|---|
| **최소호가단위** | • 옵션 가격(프리미엄) 수준에 따라 상이함 |

| 옵션 가격 | 호가가격단위 |
|---|---|
| 1,000원 미만 | 10원 |
| 1,000원 이상~2,000원 미만 | 20원 |
| 2,000원 이상~5,000원 미만 | 50원 |
| 5,000원 이상~10,000원 미만 | 100원 |
| 10,000원 이상 | 200원 |

| | |
|---|---|
| **거래시간** | 09:00~15:45(최종 거래일 09:00~15:20) |
| **최종 거래일** | 각 결제월의 두 번째 목요일(공휴일인 경우 순차적으로 앞당김) |

| 최종 결제일 | 최종 거래일의 다음 거래일 |
|---|---|
| 권리행사 | 최종 거래일에만 가능(European형) |
| 결제방법 | 현금결제 |
| 가격제한폭 | 기준 가격±10%, ±20%, ±30% (기초자산 기준 가격 각 단계에 해당하는 옵션이론 가격으로 확대) |
| 단일 가격경쟁거래 | 개장 시(08:30~09:00) 및 거래 종료 시(15:35~15:45) |
| 필요적 거래중단<br>(circuit breakers) | 현물 가격 급변 시 주식옵션 거래 일시 중단 |

출처 : www.krx.co.kr

01 개시증거금 $30,000를 내고 March S&P 500선물 5계약을 450.00에 매도하였다. 유지증거금은 계약당 $5,000이라고 할 때 만약 당일 종가가 453.00이 되었다면 추가 증거금 납부액은? (단, S&P 500 선물계약 1point＝$500)

① $5,000　　　　　　　　　　　② $2,500

③ $7,500　　　　　　　　　　　④ 추가로 납부하지 않아도 됨

02 다음 각 상황별 금리 변동 위험에 대해 금리선물을 이용한 헤징(hedging)방법 중 옳지 않은 것은?

① 장래 채권에 투자할 예정 → 금리선물 매도

② 장래 변동금리로 차입할 예정 → 금리선물 매도

③ 현재 채권에 투자 → 금리선물 매도

④ 현재 고정금리 조건으로 차입 → 금리선물 매입

03 만약 10%의 쿠폰(coupon)을 지급하는 채권의 현물 가격이 $100일 때 그 채권을 대상으로 하는 채권선물(계약만기:6개월)의 가격이 이론 가격보다 높은 $99로 형성됨에 따라 투자자가 매수차익(cash & carry)거래를 통하여 $1의 차익을 얻을 수 있었다면 이 투자자는 대략 몇 %(연율)로 자금을 차입하였을까?

① 6%　　　　　　　　　　　　② 7%

③ 8%　　　　　　　　　　　　④ 9%

---

해설

01　③ 30,000－(453－450)×500×5＝$22,500 → 유지증거금(5,000×5＝$25,000) 이하로 내려갔기 때문에 $7,500 (30,000－22,500)만큼의 추가 증거금을 납부해야 함

02　① 장래 채권에 투자할 예정인 경우 투자수익률의 하락위험, 즉 채권 가격의 상승 위험에 노출됨→따라서 금리선물을 매입(long hedge)하여야 위험을 제거할 수 있음

03　① $1의 차익을 획득하였다면 이 채권선물의 이론 가격은 $98(＝$99－$1)임
　　채권선물의 이론 가격＝채권현물 가격－(쿠폰수입－단기차입금리)
　　　　　　　98＝100－(100×0.10×0.5－100×단기차입금리×0.5)
　　위 식에서 단기차입금리(연율)＝0.06

04 다음과 같이 구성되어 있는 포트폴리오의 가치를 기초자산의 시장 가격 움직임에 무관한 델타 중립포지션(delta neutral position)으로 만들려면?

> 포트폴리오 구성
>
> 95.50 April Call(델타=0.5) 8계약 매입
>
> 96.00 June Put(델타=-0.4) 5계약 매도
>
> 94.00 April Call(델타=0.6) 5계약 매도

① 97.50 April Call(델타=0.3) 10계약 매도

② 95.50 April Call(델타=0.5) 8계약 매입

③ 96.00 June Put(델타=-0.4) 5계약 매도

④ 97.50 April Put(델타=-0.5) 10계약 매입

05 향후 금리가 대폭 상승할 전망인 경우에 채권을 보유하고 있는 포트폴리오 관리자가 선택할 수 있는 가장 적절한 금리위험 헤지(hedge)방법은?

① 금리선물 매도　　　　　　　② 금리 콜옵션 매도

③ 금리 풋옵션 매입　　　　　　④ 금리 풋옵션 매도

06 다음 중 T-bond 불 스프레드(bull spread) 거래는?

① 행사 가격 92 콜 1계약 매입, 90 풋 1계약 매도

② 행사 가격 88 풋 1계약 매입, 90 콜 1계약 매도

③ 행사 가격 90 풋 1계약 매입, 88 풋 1계약 매도

④ 행사 가격 88 콜 1계약 매입, 90 콜 1계약 매도

---

**해설**

04　① 포트폴리오의 델타값=$(0.5 \times 8)+[(-0.4) \times (-5)]+[0.6 \times (-5)]=4+2-3=3$
따라서 델타중립포지션, 즉 포트폴리오의 델타값을 0(=3-3)으로 만들기 위해 Call(델타=0.3) 10계약을 매도함

05　① 금리가 크게 상승할 경우에는 금리선물을 매도하는 것이 가장 적절한 방법임

06　④ bull spread 거래는 행사 가격이 낮은 옵션을 매입하고 높은 옵션을 매도하는 거래임(call, put에 상관없음)

07  다음 중 베이시스의 축소에 따라 헤징손실이 발생하는 경우는?

① 달러금리가 파운드금리보다 높은 Negative Carry 시장에서 파운드선물 매도헤징 (selling hedging)

② 파운드금리가 달러금리보다 높은 Positive Carry 시장에서 파운드선물 매입헤징 (buying hedging)

③ 엔금리가 달러금리보다 높은 Positive Carry 시장에서 엔선물 매입헤징(buying hedging)

④ 달러금리가 엔금리보다 높은 Negative Carry 시장에서 엔선물 매입헤징(buying hedging)

08  미국의 A회사가 3개월 후에 엔화표시 수출대금을 수취할 예정인 경우에 이용할 수 있는 환위험 헤지방법을 모두 고르면?

> ㉠ 엔자금을 차입하여 달러화를 매입해 은행에 예치
> ㉡ 3개월 만기 엔선물(¥ Futures) 매도
> ㉢ 엔시세 하락 위험에 대비하여 미리 엔자금을 차입하여 은행에 예치
> ㉣ 3개월 만기 엔 선물환 매도

① ㉠, ㉢                          ② ㉡, ㉣
③ ㉠, ㉡, ㉣                      ④ ㉠, ㉡, ㉢

---

**해설**

07  ④ 베이시스가 축소가 될 때 Negative Carry시장, 즉 선물 가격이 현물 가격보다 높은 상황에서 매입헤지(buying hedging)를 하면 손실이 발생, 매도헤지를 하면 이익이 발생하나 Positive Carry시장, 즉 선물 가격이 현물 가격보다 낮은 상황에서는 매입 헤지(buying hedging)를 하면 이익이 발생, 매도헤지를 하면 손실이 발생함

08  ③ 이 경우에는 환율의 하락 위험이기 때문에 매도헤지를 하여야 함. 그리고 ㉣의 Buy and Sell JPY(¥) Swap과 엔(¥) 현물 환 매도는 Swap 헤지방법이며 ㉠의 경우는 money market hedge 방법으로서 적절하나 ㉢은 환율 하락 위험에 대한 헤지방안 이 될 수 없음(3개월간 엔화를 차입하여 3개월간 은행에 예치하는 방법은 3개월 후에 여전히 환위험이 남게 됨)

09 현재 국제외환시장에서 영국 파운드 현물환율이 $1.5000, 3개월 만기의 파운드 선물환율이 1.4850, 3개월 만기 미국 달러 예금금리가 8%(연율)라면 차익거래 기회가 발생하지 않는 3개월 만기 파운드 예금금리(연율)는?

① 4%

② 8%

③ 12%

④ 14%

10 다음 중 통화선물과 콜옵션을 이용한 매입헤징의 특징에 대한 설명으로 옳지 않은 것은?

① 선물 매입헤징의 목표는 헤징손익을 제로(0)로 가깝게 하는 것

② 가격의 대폭 상승이 확실할수록 선물 매입헤징보다는 콜옵션 매입헤징이 유리함

③ 선물 매입헤징의 경우 만기 매입단가가 일정함

④ 콜옵션 매입헤징의 경우 최대 매입단가가 고정됨

11 만약 16%의 표면금리(coupon)를 지급하는 채권의 현물 가격이 $100이고 그 채권을 대상으로 하는 장기금리선물(선물의 만기:6개월)의 가격이 $99로 형성되어 있다면 투자자가 8%(연율)로 자금을 차입할 수 있을 경우 차익거래를 이용하여 얼마의 무위험 차익을 얻을 수 있을까?

① $2

② $1

③ $4

④ $3

해설

09 ③ 스왑 포인트=선물환율−현물환율=$1.4850−$1.5000=−$0.015, −0.015=1.5000×(0.08−파운드금리)/4
여기서 파운드 금리를 구하면 12%(스왑 포인트가 디스카운트(−)이기 때문에 파운드화는 고금리 통화이어야 함, 즉 달러금리보다 높아야 함)

10 ② 가격의 대폭상승이 확실할수록 콜옵션 매입헤징 보다는 선물 매입헤징이 유리함. 그 이유는 옵션을 이용한 매입헤징에서는 프리미엄이 지급되기 때문에 선물매입 헤징보다 불리함

11 ④ 장기금리선물의 적정 가격=100−(표면금리 8−차입금리 4)=$96 따라서 선물 가격이 고평가되어 있기 때문에 선물매도 & 현물매입(매수차익거래) 거래전략을 통하여 $3(99−96)만큼의 무위험 차익을 얻을 수 있다.

12  S주식 100개를 보유하고 있는 투자자가 주가 변동 위험을 헤지하기 위하여 선택할 수 있는 가장 적절한 헤지방법은? (단, S주식을 기초자산으로 하는 콜옵션의 델타는 0.25이며 풋옵션의 델타는 − 0.25)

① 풋옵션 400개 매입               ② 풋옵션 25개 매입
③ 콜옵션 400개 매입               ④ 콜옵션 25개 매입

13  행사 가격이 100인 콜옵션을 한 개 매수하는 동시에 행사 가격 110인 콜옵션을 두 개 매도하는 스프레드 거래에서는 시장 가격이 다음 중 어느 범위에서 형성될 때 가장 큰 이익을 기대할 수 있는가?

① 100과 비슷한 수준일 때          ② 100보다 낮을 때
③ 110과 비슷한 수준일 때          ④ 100보다 낮거나 120보다 높을 때

14  다음 중 주가지수선물과 현물을 동시에 반대방향으로 매매하는 차익거래에 수반되는 위험과 가장 관계가 적은 것은?

① 추적오차(Tracking Error)         ② 체계적 위험(Systematic Risk)
③ 주문위험(Execution Risk)         ④ 시장충격 비용(Market Impact Cost)

---

**해설**

12  ① 가격의 하락 위험을 헤지하기 위해서는 풋옵션을 매입하는 것이 가장 적절한 방법임. 헤지비율은 1/델타이기 때문에 4이다. 따라서 400개의 풋옵션을 매입해야 함

13  ③ 이 거래는 비율 수직 스프레드(Ratio Vertical Spread) 거래이기 때문에 시장 가격이 두 옵션의 행사 가격 중 높은 행사 가격(110)과 비슷한 수준에 형성될 때 이익이 가장 크게 나타남

14  ② 체계적 위험은 시장위험으로서 차익거래에 관련되어서 발생하는 위험은 아님

**15** 현재 주식 포트폴리오를 보유하고 있을 때 그 포트폴리오의 가치를 일정 수준 이하로 하락하는 것을 방지하고 대세 상승 시에는 이를 따라갈 수 있도록 하는 포트폴리오 보험(Portfolio Insurance) 전략에 해당되는 거래방법을 있는 대로 고르면? (단, 다음의 헤지거래를 한 번만 한다고 가정)

| | |
|---|---|
| ㉠ 주가지수 풋옵션 매입 | ㉡ 주가지수 콜옵션 매도 |
| ㉢ 무위험 채권 매입 | ㉣ 주가지수 선물 매도 |

① ㉠

② ㉠, ㉡

③ ㉠, ㉡, ㉣

④ ㉡, ㉢, ㉣

**16** 주식 포트폴리오의 자산가치 하락을 피하기 위하여 주가지수선물을 매도하는 경우에 적정 매도선물계약수를 결정하는 데 필요한 사항을 있는 대로 고르면?

㉠ 주가지수에 대한 포트폴리오 베타
㉡ 선물 가격에 대한 주가지수 베타
㉢ 주가지수선물계약 가치
㉣ 포트폴리오의 자산가치

① ㉠, ㉡

② ㉠, ㉢, ㉣

③ ㉡, ㉢, ㉣

④ ㉠, ㉡, ㉢, ㉣

---

**해설**

15 ① 헤지거래를 한 번만 한다고 가정하는 경우는 풋옵션을 매입하는 방법만이 대세상승시 포트폴리오의 가치가 증가한다.

16 ④

17  KOSPI 200 선물계약(선물 가격＝120)을 이용하여 180억 원 상당의 주식 포트폴리오에 대한 헤지거래를 실시하기 위해 계산한 적정 매도선물계약수가 660계약이라면 포트폴리오의 베타값은?

① 0.9                    ② 0.8                    ③ 0.7                    ④ 0.6


18  현재 만기가 3개월 남은 주가지수 선물 가격은 116.00, 현물지수는 114.00이고 금리가 14%(연율), 주가지수를 구성하는 종목에 대한 배당률 2%(연간)일 때 확실한 이익을 획득할 수 있는 거래전략은?

① 매수차익거래                      ② 매도차익거래
③ 스프레드 거래                      ④ 선물매수거래


19  다음 중 정상시장에서 주가지수선물을 이용하는 스프레드 거래(Spread Trading) 전략에 대한 설명으로 맞는 것을 있는 대로 고르면?

> ㉠ 스프레드가 축소될 것으로 예상하면 근월물 매수와 원월물 매도
> ㉡ 스프레드가 확대될 것으로 예상하면 근월물 매수와 원월물 매도
> ㉢ 스프레드가 확대될 것으로 예상하면 근월물 매도와 원월물 매수
> ㉣ 차익거래에 비해 적은 자본투입으로 동일한 효과를 얻을 수 있음

① ㉠                                ② ㉡, ㉣
③ ㉠, ㉢, ㉣                         ④ ㉠, ㉡, ㉢

17  ① 베타값＝[18,000,000,000 ÷ (120×250,000×660)]＝0.909

18  ② 이론선물 가격＝114.00×[1＋(0.14－0.02)÷4]＝117.42
    따라서 선물이 저평가상태이므로 선물을 사고 현물을 파는 매도차익거래를 실시하여야 이익을 얻을 수 있음

19  ③ ㉢만 틀림(스프레드가 확대되면 근월물은 매도하고 원월물을 매입하여야 이익이 남)

**20** 다음 중 헤징거래의 기본개념을 설명한 내용 중 맞는 것을 있는 대로 고르면?

> ⊙ 현물 가격과 선물 가격이 동일한 방향으로 일정한 관계를 유지하며 움직이기 때문에 헤징이 가능하다.
> ⓒ 매도헤징(short hedging)은 현물에서 매도 포지션(short position)을 보유하고 있을 때 가격 변동 위험을 피하기 위하여 선물에서 현물과 동일한 포지션을 취하는 거래이다.
> ⓒ 정상시장에서 주가지수선물을 이용하여 매도헤지를 하였을 때 베이시스가 확대되면 헤지 후 이익이 발생한다.
> ② 헤징은 절대 가격 변동 위험을 베이시스 변동 위험(Basis Risk)으로 대체하는 것이다.

① ②
② ⊙, ②
③ ⊙, ⓒ, ②
④ ⊙, ⓒ, ②

**21** 은행 간 외환시장에서 미국 달러화와 일본 엔화의 선물환율이 122엔이라면 통화선물 가격은?

**22** 표면금리가 12%인 채권이 현물시장에서 $100에 거래되고 있으며 단기 시장이자율이 6%일 때 선물계약 만기까지 6개월(t = 0.5년)이 남아 있을 경우에 이 채권의 예상 선물 가격은?

**23** March 98 − 00 T-Bond선물 콜옵션에 대해 기초자산의 시장 가격이 100 − 00이라면, 이 옵션을 행사할 경우에 얼마의 이익을 보게 되는가?

---

**해설**

20 ② <틀린 것>
ⓒ 헤징은 선물과 현물의 반대 포지션을 취함
ⓒ 정상시장에서 주가지수선물을 이용하여 매도헤지를 하였을 때 베이시스가 확대되면 헤지 후 손실이 발생한다.

21 그 역수인 0.8197달러(100엔당)로 표시됨. 엔화의 경우에는 100엔을 기본단위로 하여 미달러로 표시

22 $F = \$100[1 - (-0.06 + 0.12) \times 0.5] = \$97$

23 2 − 00(즉 $2,000)

24 옵션 기초자산의 현시세가 98-00이거나 또는 그보다 낮을 때에는 March 98-00 T-Bond 선물 콜옵션의 내재가치는?

25 한 투자자가 보유하고 있는 주식 포트폴리오의 현재가치가 10억 원이고, 베타가 1.25라고 하자. 만기가 3개월 남은 KOSPI 200 주가지수선물의 가격은 250.00이다. 이 투자자가 KOSPI 200 주가지수선물을 이용하여 앞으로 2개월간 보유주식 포트폴리오의 가격 하락 위험을 헤지하려고 할 때, 매도해야 하는 선물 계약수는? (단, KOSPI200주가지수선물의 계약승수는 25만 원)

26 현재 S&P 500 주가지수가 450일 때 행사 가격이 440인 S&P 500 주가지수 콜옵션의 프리미엄이 13.65라면 시간가치는?

27 콜옵션의 델타가 0.5(등가격 옵션)이고 주가지수가 80.00일 때 지수와 연동하는 주식 포트폴리오를 20억 원 어치 매수하였다면 이를 주가지수옵션으로 헤지하기 위한 적정 옵션 매도 계약수는? (단, 지수 1포인트=500,000원)

28 행사 가격 $98인 주식에 대한 콜옵션을 $2에 매입하고 동시에 행사 가격 $100짜리 콜옵션을 $1에 발행하였을 경우에 이 스프레드 거래에서 발생하는 최대의 손실은?

해설

24  0

25  $\dfrac{10억\ 원}{250 \times 25만\ 원} = 1.25 = 16$

26  시간가치 = 프리미엄 − 내재가치 = $13.65 - (450 - 440) = 3.65$

27  옵션 계약수(보증된 콜매도 혹은 보호적 풋매수)

$$= 포트폴리오\ 베타(\beta_P) = \dfrac{포트폴리오\ 가치}{지수가치} \times \dfrac{1}{델타} = 1 \times \dfrac{20억}{80.00 \times 250,000} \times \dfrac{1}{0.5} = 200$$

28  두 콜옵션의 프리미엄 차이($1)

29 행사 가격 $98인 풋옵션을 $1에 매입하고 동시에 행사 가격 $100짜리 풋옵션을 $2에 발행
   하였을 경우에 최대 이익, 최대 손실, 손익분기점을 계산하면?

30 어떤 포트폴리오가 다음과 같이 구성되어 있을 경우에 이 포트폴리오의 델타 값을 계산하
   면?(선물 매도 포지션의 델타 = -1, 선물 매입 포지션의 델타 = +1)

---

### 포트폴리오 구성

June ED선물 4계약 매입, 95.50 April call(델타=0.5) 5계약 매도, 96.00 June put(델타 = -0.6) 10계약 매도, 95.00 June call(델타=0.4) 10계약 매도

---

31 콜 옵션의 감마가 0.004이고 델타가 0.50일 때 옵션 기초자산 가격이 40포인트 상승한다
   면 델타는 얼마만큼 상승하는가?

---

해설

29 최대손실=행사 가격의 차이-옵션 가격차=$2-$1=$1, 최대 이익=옵션 가격차=$1, 손익분기점=높은 행사 가격-옵션
   가격차=$100-$1=$99

30 Portfolio의 델타=4+[0.5×(-5)]+[(-0.6)×(-10)]+[0.4×(-10)]=3.5

31 델타 변동분=감마×옵션 기초자산 가격 변동=0.002×40=0.08

part 04

# 파생결합증권
# 평가·분석

certified research analyst

# chapter 01

# 파생결합증권의 개요

**파생결합증권의 정의**

자본시장법에서 파생결합증권은 투자계약증권과 함께 새로 도입된 증권개념이다. 파생결합증권의 정의는 '기초자산의 가격, 이자율, 지표, 단위 또는 이를 기초로 하는 지수 등의 변동과 연계하여 미리 정하여진 방법에 따라 지급금액 또는 회수금액이 결정되는 권리가 표시된 것'(법 제4조 제7항)이다.

자본시장법은 파생결합증권 개념을 통해 타인의 노력과 무관하게 외생적 지표에 의해 수익이 결정되는 증권을 새로 포함하고 있다. 기존 증권거래법상 유가증권 기초자산의 개념이 열거주의에 의해 새로운 기초자산이나 유형의 증권에 대응할 수 없었던 반면에, 파생결합증권은 기초자산의 범위를 확대하여 금융투자상품, 통화, 일반상품, 신용위험, 그밖에 자연적, 환경적, 경제적 현상 등에 속하는 위험으로서 평가가 가능한 것으로 매우 포괄적으로 정의하고 있다(법 제4조 제10항).

대표적 파생결합증권으로는 ELW, ELS/DLS, ETN이 존재한다.

❶ ELW(Equity Linked Warrant, 주식워런트증권)는 특정 주가 또는 주가지수의 변동과 연계해 미

리 정해진 방법에 따라 만기 시 주권의 매매 또는 현금을 수수하는 권리가 부여된 파생결합증권이다.

❷ ELS(Equity Linked Securities, 주가연계증권)/DLS(Derivatives Linked Securities, 기타파생결합증권)은 주식시장에서 거래되는 주권의 가격이나 주가지수의 변동과 연계(ELS)하거나, 이자율/환율/원자재/신용위험 등을 기초로 하는 지수의 수치 또는 지표에 연계(DLS)하여 증서의 가치에 해당하는 금전의 지급청구권을 표시하는 파생결합증권이다.

❸ ETN(Exchange Traded Note, 상장지수증권)은 기초지수 변동과 수익률이 연동되도록 증권회사가 발행한 파생결합증권으로 주식처럼 거래소에 상장되어 거래된다.

파생결합증권은 일반적인 금융상품(채권, 주식 등)에 파생상품이 결합된 복합금융상품의 형태인 경우가 많으나 물리적으로 명확히 구분할 수 없는 경우가 대부분이다.

또한 파생결합증권에 속하였으나 2013년 5월 자본시장법 개정으로 발행과 동시에 투자자가 지급한 금전 등에 대한 이자, 그 밖의 과실에 대하여만 해당 기초자산의 가격·이자율·지표·단위 또는 이를 기초로 하는 지수 등의 변동과 연계된 증권, 즉 파생결합사채는 파생결합증권이 아닌 채무증권으로 재분류되었다. 파생결합사채는 투자자에게 원금이 보장되면서 기초자산의 변동과 연계하여 이자가 변동하는 채무증권이라고 할 수 있다. 현재 파생결합사채는 ELB, DLB라고 불리고 있다.

## section 02 파생결합증권의 발행

### 1 파생결합증권의 취급인가

자본시장법에서는 금융투자업 인가(변경인가 포함)를 받지 아니한 금융투자업(투자자문업 및 투자일임업을 제외) 영위를 금지(법 제11조)하고 있으며, 일부 파생결합증권(사업자금 조달을 목적으로 하는 등 시행령 제7조 제1항 각 호의 요건을 모두 충족) 이외는 파생결합증권의 발행을 투자매매업으로 보

표 1-1　파생결합증권 관련 인가업무단위

| 인가업무단위 | 금융투자업의 종류 | 금융투자상품의 범위 | 투자자의 유형 | 최저 자기자본(억 원) |
|---|---|---|---|---|
| 1-1-1 | 투자매매업 | 증권 | 일반투자자 및 전문투자자 | 500 |
| 1-1-2 | 투자매매업 | 증권 | 전문투자자 | 250 |
| 1-3-1 | 투자매매업 | 장외파생상품 | 일반투자자 및 전문투자자 | 900 |
| 1-3-2 | 투자매매업 | 장외파생상품 | 전문투자자 | 450 |

고(법 제7조)[1] 있으므로 금융투자회사가 ELS·DLS, ELW, ETN 발행을 영업으로 하기 위해서는 해당 인가를 받아야 한다.

자본시장법의 진입규제방식은 고객과 채권·채무관계에 있거나 고객의 자산을 수탁하는 경우 인가제를, 그 외에는 등록제를 적용하고 있다. 파생결합증권의 경우 투자자와 발행자가 채권·채무관계에 있게 되므로 발행을 위해서는 인가를 받아야 한다.

자본시장법의 인가업무단위는 금융투자업, 금융투자상품, 투자자라는 3가지 사항을 구성요소로 하는 금융기능을 중심으로 정해지는데, 파생결합증권의 발행은 금융투자업 분류로는 투자매매업, 금융투자상품은 증권과 장외파생상품, 투자자는 일반투자자 또는 전문투자자로 분류된다. 이와 관련하여 자본시장법 시행령 별표 1(인가업무 단위 및 최저자기자본)에서는 파생결합증권의 발행은 증권에 대한 투자매매업(인가업무단위 1-1-1 또는 1-1-2)과 함께 장외파생상품에 대한 투자매매업(1-3-1 또는 1-3-2) 인가를 받은 경우로 한정하고 있다.

## 2　파생결합증권의 발행 구분

### (1) 공모·사모 발행 정의

파생결합증권의 발행방법은 공모와 사모로 구분될 수 있다. 통상 공모란 증권을 발행하는 방법의 하나로 청약대상의 인원수 여하에 따라 사모와 구분하여 왔다.

자본시장법에서는 공모라는 용어 대신 '모집과 매출'이라는 용어를 사용하고 있다. 모집은 '대통

---

[1] 자본시장법 제7조에서는 금융투자업의 적용 배제대상을 열거하고 있다.

령령으로 정하는 방법에 따라 산출한 50인 이상의 투자자에게 새로 발행되는 증권의 취득의 청약을 권유'하는 것을 말하며, 매출이란 '대통령령으로 정하는 방법에 따라 산출한 50인 이상의 투자자에게 이미 발행된 증권의 매도의 청약을 하거나 매수의 청약을 권유하는 것'을 말한다.

사모는 '새로 발행되는 증권의 취득의 청약을 권유하는 것으로서 모집에 해당하지 아니하는 것'으로 정의하고 있다.

## (2) 증권신고서

파생결합증권의 모집과 매출을 위해서는 공시규제를 따라야 한다. 기본적으로 파생결합증권의 발행자는 증권신고서를 작성하여 제출한다. 증권신고서의 기재사항은 모집 또는 매출에 관한 일반사항, 증권의 권리내용, 투자위험요소, 기초자산에 관한 사항이다.

파생결합증권 중 증권시장이나 해외 증권시장에서 매매거래되는 지분증권이나 지분증권과 관련된 증권예탁증권의 가격이나 이를 기초로 하는 지수의 변동과 연계하여 미리 정하여진 방법에 따라 증권의 매매나 금전을 수수하는 거래를 성립시킬 수 있는 권리가 표시된 파생결합증권은 한국거래소로부터 그 증권이 상장기준에 적합하다는 확인을 받은 상장예비심사결과 서류가 필요하다. 그 밖의 첨부서류로서 예비투자설명서, 간이투자설명서가 필요하다.

파생결합증권의 증권신고서는 수리된 날로부터 15일(영업일)이 경과한 후에 효력이 발생한다. 파생결합증권의 발행기간을 단축하고 발행 편의를 도모하기 위해서는 일괄신고서를 이용할 수 있다. 일괄신고서는 발행인이 당해 발행인의 실체와 증권발행내용에 관한 사항과 일정 기간 동안의 모집·매출 예정 물량을 금융위원회에 일괄하여 사전에 신고하는 것을 말한다. 신고 후 수리된 경우에는 그 기간 중에 실제 발행하는 경우 발행금액·가격 등 모집의 조건에 관한 일괄신고 추가 서류만을 제출하면 즉시 증권을 모집·매출을 할 수 있다.

일괄신고서의 발행 예정기간은 일괄신고서의 효력 발생일로부터 2개월 이상 1년 이내의 기간이 된다. 일괄신고서를 이용할 수 있는 법인의 자격요건(자본시장법 시행령 제121조 제4항)은 다음과 같다.

① 최근 1년간 모집 또는 매출실적이 있으면서
　ㄱ. 최근 1년간 사업보고서와 반기보고서를 제출한 자
　ㄴ. 최근 1년간 업무보고서를 제출한 금융투자업자
② 최근 사업연도의 재무제표에 대한 회계감사인의 감사의견이 적정 또는 한정일 것
③ 최근 1년 이내 금융위원회로부터 증권발행을 제한받은 사실이 없을 것

그리고 일괄신고서를 제출한 경우 발행예정기간 중 3회 이상 그 증권을 발행하여야 한다(자본시장법 시행령 제121조 제3항).

한편, 2019년 해외금리연계 DLF 사태에 따른 후속조치로 '2020년 4월 6일부터 금융감독원의 행정지도로 파생결합증권 중 일괄신고서 제출 대상이 제한되었다. 동 행정지도는 공모 고난도 파생결합증권은 원칙적으로 일괄신고서 제출을 금지하되, 오랫동안 반복적으로 발행된 것으로서 기초자산이 국내 증권시장 및 해외주요시장(「금융투자업규정시행세칙」 <별표 5> 중 <표 2>의 적격시장)의 주가지수 또는 이를 구성하는 개별종목만으로 이루어지고 손실배수가 1 이하인 파생결합증권에 한하여 허용하였다. 이후 2021년에 동 행정지도와 동일한 내용으로 자본시장법 시행령(제121조 제1항) 및 「증권의 발행 및 공시 등에 관한 규정」이 개정·시행되어 규제가 유지되고 있다. 따라서 ELS는 고난도 금융투자상품에 해당하더라도 손실배수가 1 이하 이면 주요 주가지수(코스피200, S&P500, EuroStoxx50, HSI, NIKKEI225 등) 또는 해당 지수에 포함되어 있는 종목들을 기초자산으로 하여 일괄신고서 제출이 가능하지만, DLS는 주식 또는 주가지수 이외의 기초자산을 포함하므로 일체의 고난도 DLS가 일괄신고서 제출이 불가능하다.

「금융투자업규정시행세칙」 <별표 5> 중

**표 1-2  적격시장 및 유동성 인정지수**

| 국 가 | 적격시장(증권시장, 선물·옵션시장) | 유동성 인정지수 |
|---|---|---|
| 한국 | 한국거래소(KRX) | • KOSPI200<br>• KOSPI100<br>• KOSDAQ150 |
| 미국 | 뉴욕증권거래소(New York Stock Exchange)<br>NASDAQ(National Association of Securities Dealer Automatic Quotation, Inc.)<br>미국증권거래소(American Stock Exchange)<br>시카고상품거래소(Chicago Board of Trade)<br>시카고상업거래소(Chicago Mercantile exchange)<br>시카고옵션거래소(Chicago Board Options Exchange) | • Dow Jones Industrial Average<br>• Nasdaq Composite Index<br>• S&P 500 |
| 일본 | 동경증권거래소(Tokyo Securities Exchange)<br>오사카증권거래소(Osaka Securities Exchange) | • TOPIX Index<br>• Nikkei 225 |

| | | |
|---|---|---|
| 독일 · 스위스 | 유럽선물거래소(EUREX) | • EURO STOXX 50 |
| 영국 | 런던증권거래소(London Stock Exchange) | • FTSE 100<br>• FTSE mid-250 |
| 독일 | 도이치증권거래소(Deutche Borse AG) | • DAX |
| 프랑스 | 파리증권거래소(Euronext Paris) | • CAC 40 |
| 홍콩 | 홍콩증권거래소(The Stock Exchange of Hongkong Ltd.)<br>홍콩선물거래소(Hongkong Futures Exchange Ltd.) | • Hang Seng 33<br>• Hang Seng Index<br>• HSCEI |
| 싱가포르 | 싱가폴증권거래소(Singapore Exchange) | • Straits Times Index |
| 호주 | 호주증권거래소(Australian Securities Exchange) | • S&P ASX 200 Index |
| 캐나다 | 캐나다증권거래소(Tronto Stock Exchange) | • S&P TSX 60 |
| 스위스 | 스위스증권거래소(SWX Swiss Exchange) | • SMI |
| 벨기에 | 벨기에증권거래소(Euronext Brussels) | • BEL 20 |
| 오스트리아 | 오스트리아증권거래소(Vienna Stock Exchange) | • ATX |
| 스웨덴 | 스웨덴증권거래소(Stockholm Stock Exchange) | • OMX |
| 네덜란드 | 네덜란드증권거래소(Euronext Amsterdam) | • AEX Index |
| 스페인 | 스페인증권거래소(Madrid Stock Exchange) | • IBEX 35 |

# chapter 02

# ELW

**기본 개념**

## 1   개요

　주식워런트증권(이하 ELW)은 개별 주식 및 주가지수 등의 기초자산을 만기 시점에 미리 정하여진 가격으로 사거나 팔 수 있는 권리를 나타내는 옵션(콜옵션, 풋옵션)으로서 자본시장법상 증권의 한 종류인 파생결합증권이다.

　거래소에서 요구하는 일정 요건을 갖출 경우 유가증권시장에 상장되므로 일반투자자도 기존 주식계좌를 이용하여 주식과 동일하게 매매할 수 있다. 다만, 주식과 달리 ELW는 개인 투자자에 대한 기본예탁금 제도가 있어서 개인 투자자가 ELW를 신규로 거래하기 위해서는 최소 1,500만 원 이상의 기본예탁금을 예탁하여야 한다. 이는 한국거래소 「유가증권시장 업무규정」(제87조의2 제1항) 및 시행세칙(제111조의3 제1항)에서 ELW 중개회사에게 고객의 투자목적, 투자경험, 신용상태 등을 감안하여 고객별로 차등하여 현금 또는 대용증권으로 기본예탁금을 받도록 하되, 최초 계좌개설 시에는 2단계(1,500만 원 이상~3,000만 원 미만) 또는 3단계(3,000만 원 이상)로 기본예탁금을 정하도록 하고 있기 때문이다. 아울러 ELW는 적정성원칙이 적용되는 파생결합증권이므로 투자성향 등록 및 투자성향에 따른 적정성 확인을 통하여야 거래가 가능하다.

## 2 특징

### (1) 레버리지 효과

적은 투자금액으로도 큰 수익을 얻을 수 있는 레버리지 효과는 ELW의 가장 큰 특징이라고 할 수 있다. 레버리지 효과가 큰 ELW 거래는 실물자산에 직접 투자할 때보다 적은 투자금액으로 높은 수익을 올릴 수 있다.

ELW의 레버리지 효과는 높은 수익을 달성할 수 있게 하지만 때로는 더욱 큰 손해를 입게 만든다.

ELW의 주요 특징인 레버리지 효과를 측정하는 투자 지표로는 뒤에서 설명하는 기어링(gearing)과 유효 기어링(effective gearing)이 있다. 기어링과 유효 기어링은 기초자산 가격의 움직임에 해당 ELW의 가격이 얼마나 더 민감하게 변하는지를 계량화하여 레버리지 효과의 정도를 나타내는 지표라고 할 수 있다.

### (2) 한정된 손실 위험

ELW의 투자위험은 투자원금으로 한정되어 있다. 같은 고위험 레버리지 상품인 장내파생상품의 선물이나 옵션 매도와 달리 ELW는 파생결합증권으로서 투자자가 옵션의 매입만 가능하기에 손실은 원금에 해당하는 프리미엄에 한정된다.

### (3) 위험의 헤지

ELW 매수를 통해 보유자산 가격이 원하지 않는 방향으로 움직임에 따라 발생할 위험을 회피하고 보유자산의 가치를 일정하게 유지할 수 있다.

### (4) 양방향성 투자수단

기초자산인 주식이 상승할 때는 콜 ELW, 하락할 때는 풋 ELW에 투자하면 되므로 ELW는 시장 상황에 따른 투자수단을 제공한다.

### (5) 유동성의 보장

상장 ELW의 중요한 특징은 유동성 공급자(Liquidity Provider : LP)의 존재이다. LP는 관련 규정이 정하는 바에 따라 해당 ELW에 대한 매수 또는 매도호가를 제공함으로써 투자자의 원활한 거래를 돕는다.

### 3 　주식옵션과의 차이점

상장 ELW는 장내파생상품인 주식옵션(주가지수옵션 포함)과 상당히 유사하다. 이는 ELW 거의 대부분이 콜과 풋옵션 구조로서 주식옵션과 같기 때문이다. 그러나 상품의 법적 성격, 발행주체, 운영원리 등에서 〈표 2-1〉과 같이 두 상품은 구별된다.

**표 2-1** ELW와 주식옵션 비교

| 구분 | ELW | 주식옵션 |
|---|---|---|
| 법적 특성 | 파생결합증권 | 파생상품(장내) |
| 발행주체 | 일반투자자 및 전문투자자를 대상으로 증권과 장외파생상품 투자매매업 인가를 받은 금융투자회사 | 포지션 매도자(개인도 매도 가능) |
| 의무 이행자 | 발행자 | 매도 포지션 보유자 |
| 계약이행보증 | 발행자의 자기신용 | 거래소의 결제이행보증 |
| 유동성 공급 | 1개 이상의 유동성 공급자 | 시장의 수요와 공급 |
| 기초 자산 | 주가지수<br>• 코스피200, 코스닥150, 니케이225, 항셍지수<br><br>개별주식<br>• 코스피200 구성종목 중 거래소가 분기별 공표 50종목<br>• 코스닥150 구성종목 중 거래소가 월별 공표 5종목 | 주가지수<br>• 코스피200, 코스닥150<br><br>개별주식<br>• 유통주식수 200만주 이상, 소액주주수 2,000명 이상, 1년간 총거래대금 5,000억 원 이상인 상장 보통주식 중 거래소 선정*<br>* 2022. 9월말 기준 42종목 |
| 거래기간 | 3개월~3년*<br>* 상장신청일 기준 잔존권리행사기간 | 결제월제도에 따름 |
| 표준화 | 원칙적으로 비표준상품이나, 거래소는 "주식워런트증권 상장심사기준"에서 표준화 요건(현금결제/유럽식, 잔존만기 3월~1년 등)을 제시·충족토록 하고 있음 | 표준화된 조건 |
| 결제수단 | 현금 또는 실물 | 현금 |

## 4 경제적 기능

### (1) 투자수단의 다양화

파생결합증권으로서 ELW는 투자자에게 새로운 투자수단을 제공하고 있다. ELW는 옵션의 특성상 레버리지 효과를 갖고 있으면서도 규격화된 장내 옵션에 비하여 증권으로서 발행자가 구조와 기초자산을 상대적으로 자유롭게 선택할 수 있으므로 투자자에게는 다양한 투자수단이 적시에 제공된다고 하겠다.

## (2) 저비용 소액투자

ELW는 옵션이면서도 파생결합증권이기 때문에 장내파생상품시장에서 거래되는 옵션에 비하여 거래에 수반되는 비용이 저렴하고 절차가 단순하다. 특히 장내 옵션거래에 수반되는 증거금 예탁 등의 복잡한 절차가 필요 없으며, 소액투자가 용이하다.

## (3) 가격 효율성 증대

ELW의 등장으로 ELW시장, 주식시장 및 장내 옵션시장 간에 다양한 형태의 차익거래가 증가하여 균형 가격 성립이 촉진되고 가격 효율성도 증대하게 된다.

## 5 ELW의 종류

### (1) 권리 종류에 따른 분류

❶ 콜 ELW : 만기에 기초자산을 발행자로부터 권리행사 가격으로 인수하거나 그 차액(만기평가가격－권리행사 가격)을 수령할 수 있는 권리가 부여된 ELW로, 기초자산 가격 상승에 따라 이익이 발생한다.

❷ 풋 ELW : 만기에 기초자산을 발행자로부터 권리행사 가격으로 인수하거나 그 차액(권리행사 가격－만기평가 가격)을 수령할 수 있는 권리가 부여된 ELW로, 기초자산 가격 하락에 따라 이익이 발생한다.

### (2) 구조에 따른 분류

❶ 기본구조(plain vanilla option) : 일반적인 특징만 가진 유러피안 콜옵션과 풋옵션 구조를 말한다.

❷ 이색옵션(exotic option)

ㄱ. 디지털옵션 : 기본적인 유러피안 콜, 풋과 달리 기초자산의 가격 상승이나 하락에 비례하여 수익이 상승하지 않고 일정 수준 도달 시 미리 정해진 수익으로 확정지급하는 옵션이다.

ㄴ. 배리어옵션 : knock－out 또는 knock－in 옵션이라고 불리는 배리어옵션은 기초

자산 가격이 미리 정해진 수준, 즉 배리어에 도달하게 되면 옵션의 효력이 없어지거나(knock-out) 새로 발생하는(knock-in) 형태를 갖는다.

## 6 권리행사

### (1) 권리행사의 결정

ELW 보유자는 권리행사일에 기초자산의 만기평가 가격과 행사 가격을 비교하여 내재가치가 있는 경우 이익을 취할 수 있다. 반면, 만기에 기초자산 가격이 불리하게 움직일 경우 행사권리를 포기할 수 있는데, 그때 ELW 매수금액만큼 손해를 보게 된다.

### (2) 내재가치

내재가치는 ELW의 권리를 행사함으로써 얻을 수 있는 이익을 의미한다.

> 콜 ELW의 내재가치 = (기초자산 가격 - 권리행사 가격) × 전환비율

콜 ELW의 경우 기초자산 가격에서 권리행사 가격을 뺀 부분이 내재가치가 된다.

> 풋 ELW 내재가치 = (권리행사 가격 - 기초자산 가격) × 전환비율

풋 ELW의 경우에는 반대로 권리행사 가격에서 기초자산 가격을 뺀 부분이 내재가치가 된다.

### (3) 자동 권리행사

자동 권리행사는 권리행사 만기일에 ELW 보유자가 권리행사로 인해 이익이 발생한다면 보유자가 권리행사를 신청하지 않아도 자동적으로 권리행사가 되도록 함으로써 보유자의 이익을 보호하는 제도로서 현금결제방식의 ELW에만 적용되고 있다.

발행자와 ELW 보유자 간 최종 결제방식은 현금결제와 실물 인수도결제의 두 가지 방법이 있다. 현금결제는 만기일에 지급금액을 현금으로 지급하는 방식을 말하며, 실물 인수도결제는 만기일에 실제로 실물을 행사 가격에 사거나 팔 수 있도록 하는 방식을 말한다. 현재 상장된 ELW는 거래소의 "주식워런트증권 상장심사기준"(유가증권시장 상장규정 시행세칙 <별표 2의4>) 중 표준화 요건에 따라 현금결제방식을 채택하고 있다.

현금결제 시 만기지급금액의 지급일은 권리행사일(만기일)로부터 2일째 되는 날이다. 콜(풋) ELW의 보유자가 권리행사 시에 기초자산 가격이 행사 가격보다 높은(낮은) 경우, 자동 권리행사를 통해 그 가격의 차액을 현금으로 수령한다.

## section 02　가격결정요인과 투자지표

### 1　가격결정요인

ELW 가격을 결정하는 요인으로는 기초자산 가격, 권리행사 가격, 변동성, 만기까지의 잔존 기간, 금리, 배당 등 6가지이다.

(1) 기초자산 가격

다른 결정요인이 동일하다면 콜 ELW의 경우 주가가 상승하면 만기에 수익을 올릴 가능성이 높아지기 때문에 해당 ELW 가격이 상승한다. 풋 ELW는 주가가 하락하면 가격이 상승한다.

(2) 권리행사 가격

콜 ELW의 경우 행사 가격이 높을수록 만기에 기초자산 가격이 행사 가격 이상이 되어 수익을 올릴 가능성이 낮아지기 때문에 해당 ELW 가격은 낮아진다. 풋 ELW의 경우에는 행사 가격이 높을수록 수익 가능성이 높아지기 때문에 ELW 가격은 상승한다.

## (3) 변동성

변동성은 기초자산 가격이 만기까지 얼마나 크게 변동할 것인가를 계량화하여 수치화한 변수이다. 기초자산 가격의 변동성이 커진다는 것은 주가가 크게 변동하여 상승 또는 하락할 가능성이 높다는 것을 의미한다. 즉, 변동성이 증가하면 유러피안 콜 또는 풋 ELW는 기초자산 가격이 행사 가격 이상(콜 ELW의 경우)이나 이하(풋 ELW의 경우)로 움직일 가능성이 커지므로 변동성 이외의 가격결정요인이 같은 상황에서는 가격이 상승한다.

❶ 역사적 변동성(historical volatility) : 역사적 변동성은 과거 일정기간 동안의 기초자산 수익률의 표준편차이다. 따라서 역사적 변동성은 기초자산의 가격이 과거에 어떻게 움직였는지를 측정한 것이다. 역사적 변동성은 구하기 쉬운 장점이 있는 반면, 미래의 변동성에 대한 정확한 예측으로 볼 수 없다는 단점이 있다. 현실적으로는 변동성에 대한 적절한 기준치를 산정하는 것이 어려우므로 역사적 변동성이 많이 사용된다.

$$\text{역사적 변동성의 정의} : \sigma = \sqrt{\frac{\sum_{t=1}^{N}(\mu_i - \bar{\mu})^2}{N-1}}$$

$$\text{여기서, } \mu_i = \ln\left(\frac{S_i}{S_{i-1}}\right), \quad S_i\text{는 } i\text{시점의 기초자산 가격}$$

옵션 가격결정 모델을 이용하여 ELW 가격을 계산할 때 역사적 변동성을 사용하는 이유는 객관적인 공식에 의하여 산출되고, 관찰구간을 변경하거나 다양한 통계적 추정기법을 동원하여 용도에 맞는 적절한 실현 변동성 값을 추출할 수 있다는 장점 때문이다.

단점으로는 과거 변동성을 미래 변동성의 예측치로 사용하기 위해서는 미래 기초자산 가격 추이가 과거와 동일한 패턴을 지속한다는 비현실적인 전제가 있어야 한다. 또한 적절한 관찰 구간의 폭을 결정할 수 있는 객관적인 기준이 모호하다는 점과 단순 역사적 변동성의 경우는 관찰 구간 내의 모든 가격 변화 정보가 동일한 크기만큼 반영되므로 최근 시장 상황의 변화를 충분히 반영하지 못할 수 있다.

❷ 내재변동성(implied volatility) : 내재변동성은 ELW 가격 모형을 블랙–숄즈 모형으로 가정하고 시장의 ELW 가격에서 역으로 모형에 내재된 변동성을 추출한 것이다. 내재변동성은 역사적 변동성의 한계를 극복하고 현재가격에 반영된 정보를 활용한다는 점에서 많이 활용되고 있다. 블랙–숄즈 모형은 이상적인 모형으로서 비현실적인 가정에 기초하는 한계를 갖지만, 일반적으로 시장참여자는 블랙–숄즈 모형을 수용한 상태에서 각자의 관점에 따라 추정한 기초자산의 미래 변동성을 입력하여 ELW 가격을 결정하고 있다. 따라서 ELW 시장 가격으로부터 역으로 계산된 내재변동성은 ELW 가격과 대등한 거래의 지표로 사용되며, 특정 기초자산의 미래 변동성에 대한 시장참여자의 예측 또는 기대를 반영하는 수치로 볼 수 있다.

내재변동성의 장점은 내재변동성은 시장 가격에서 추출된 변동성으로서 ELW 시장을 가장 충실하게 반영하는 변동성이라고 할 수 있다. 그러나 내재변동성은 개별 ELW에 대한 수치이므로 동일한 기초자산을 기반으로 하는 동일 구조의 ELW라 하더라도 그 값이 다를 수 있어 기초자산 고유의 특성으로 보기 힘들다. 그리고 각 시장참여자는 변동성에 대해 일반적으로 서로 다른 시각을 갖고 있으며, 이 값이 반드시 해당 기초자산의 미래 실현 변동성과 같을 필요는 없다.

## (4) 잔존만기

ELW의 가격은 내재가치와 시간가치로 구성된다.

> ELW 가격 = 내재가치 + 시간가치

내재가치는 현재 시점에 옵션을 행사한다고 가정했을 때 ELW가 갖는 가치를 말한다. 시간가치란 만기까지의 잔존기간 동안 기초자산 가격 변동 등에 따라 얻게 될 기대가치이다. 만기일까지의 잔존기간 동안에 얻을 수 있는 이익과 회피할 수 있는 위험에 대한 기대가치이므로, 시간가치는 만기일에 근접할수록 감소하여 0에 근접한다.

ELW의 잔존만기가 증가할수록 상대적으로 만기도래 시까지 해당 ELW의 이익실현 기회가 늘어나므로 수익 창출의 가능성이 높아져 ELW의 가격이 상승한다. 반대로 시간이 경과하여 잔존만기가 감소하면 기초자산 가격의 변화가 없어도 ELW의 가격이 점차 감소한다. 이러한 현상이 ELW 투자 시 유의해야 할 시간가치의 소멸이다.

### (5) 금리

금리가 인상되면 주식의 보유비용이 증가하게 된다. 콜 ELW 매수자는 직접 주식을 매수하는 것이 아니므로 이러한 보유비용 증가로 인하여 상대적으로 유리한 상황에 놓이게 된다. 따라서 ELW를 매수할 때 보유비용 증가를 감안하여 더 높은 가격을 지불해야 주식을 매수하는 것과 동일한 조건을 갖게 된다.

주식을 매도하는 경우 금리가 인상되면 주식 매도로 창출된 현금으로부터 발생하는 이자수익이 증가하게 된다. 그러나 풋 ELW 매수자는 실제로 주식을 매도하는 것이 아니므로 이러한 이자수익이 발생하지 않는다. 따라서 이와 같은 이자수익 증가를 감안해 더 낮은 가격에 매입하여야 주식을 매도하는 것과 동일한 조건을 갖게 된다.

### (6) 배당

현금배당률이 증가하면 주식을 매입할 경우 배당수익 증가로 인해 주식의 보유비용이 감소한다. 하지만 주식 매입 효과를 갖는 콜 ELW는 배당수익을 받을 수 없기 때문에 그만큼 낮은 가격에 거래가 되어야 한다.

반대로 주식을 매도하는 경우에는 매도된 주식으로부터 배당수익을 얻을 수 없으므로 주식 매도대금에서 발생하는 이자수익이 배당수익만큼 감소한다. 하지만 주식 매도 효과를 갖는 풋 ELW는 이와 같은 이자수익 감소가 없으므로 더 높은 가격에 매입하여야 한다.

이상의 내용을 요약하면 이론(블랙숄즈 모델)적으로 가격결정요인이 ELW의 가격에 미치는 영향은 다음의 표와 같다. 하지만 발행 이후 만기 이전에 시장에서 거래되는 실제 거래가격은 이러한 가격결정요인 이외에도 시장상황, 시장수급 및 세제 등 여러 요인을 복합적으로 반영하여 결정된다.

**표 2-2** 가격결정요인이 ELW 가격에 미치는 영향

| 가격결정요인 | Call ELW | Put ELW |
|---|---|---|
| 기초자산 시장가격 ↑ | ↑ | ↓ |
| 행사가격 ↑ | ↓ | ↑ |
| 변동성 ↑ | ↑ | ↑ |
| 잔존만기기간 ↓ | ↓ | ↓ |
| 배당수익률 ↑ | ↓ | ↑ |
| 이자율 ↑ | ↑ | ↓ |

## 2 투자지표

### (1) 전환비율(conversion ratio)

전환비율은 만기에 ELW 1증권을 행사하여 얻을 수 있는 기초자산의 수이다. 예를 들어 전환비율이 0.2인 ELW 1증권으로는 해당 기초자산의 1/5에 대해서만 권리를 행사할 수 있다. 즉 ELW 5개가 있어야 권리행사 시 기초자산 하나를 살 수 있다.

### (2) 프리미엄(premium)

프리미엄은 ELW의 시간가치를 현재 기초자산 가격 대비 백분율로 표시한 값이다. 프리미엄은 ELW가 행사될 가능성, 즉 시간가치가 기초자산 가격에서 차지하는 비율을 의미하므로, 동일한 조건을 가진 ELW를 비교할 때 프리미엄이 높은 ELW는 더 많은 값을 지불하는 것이라고 해석할 수 있다.

$$프리미엄 = \frac{ELW\ 가격 - 내재가치}{기초자산\ 가격} \times 100$$

$$콜\ ELW의\ 내재가치 = (기초자산\ 가격 - 권리행사\ 가격) \times 전환비율$$

$$풋\ ELW의\ 내재가치 = (권리행사\ 가격 - 기초자산\ 가격) \times 전환비율$$

## (3) 손익분기점(break-even point)

콜(풋) ELW 투자자가 ELW에 투자한 자금을 회수하기 위해서는 잔존만기 동안 기초자산 가격이 행사 가격 이상(이하)으로 상승(하락)해야 한다. 행사 가격과 함께 ELW에 투자한 금액을 고려한 ELW 투자자의 손익분기점은 다음과 같다.

> 콜 $ELW$ 손익분기점 = 행사 가격 + $ELW$ 가격/전환비율
> 풋 $ELW$ 손익분기점 = 행사 가격 − $ELW$ 가격/전환비율

## (4) 자본 지지점(capital fulcrum point : CFP)

자본 지지점은 손익분기점의 이해를 기초로 도출한 기술적 지표이다. 자본 지지점은 기초자산과 ELW의 수익률이 같아지는 시점까지 도달하기 위해 필요한 기초자산의 연간 기대상승률을 의미하는 것으로서 보다 정교한 손익분기점의 측정방식이라고 할 수 있다. 즉, 동일한 투자원금으로 기초자산 또는 ELW 중 어느 것을 보유하더라도 만기일의 최종 실현가치가 같게 되는 기초자산의 연간 기대수익률을 의미한다.

자본 지지점을 식으로 나타내기 위하여 우선 ELW 기초자산의 연간 수익률이 $CFP$, 만기는 $T$, ELW의 행사 가격은 $X$라고 가정하면 만기 시점의 기초자산($S_T$)과 ELW($ELW_T$) 가격은 아래와 같다.

$$S_T = S_0 \times (1 + CFP)^T$$
$$ELW_T = S_0 \times (1 + CFP)^T - X$$

CFP는 기초자산의 만기까지의 연간 수익률이면서 동시에 ELW 투자의 만기까지의 연간수익률이므로, 전환비율을 1로 가정하면 아래와 같이 계산된다.

① 기초자산의 만기가격 : $S_0 \times (1 + CFP)^T$
② Call ELW의 만기수익 : $S_0 \times (1 + CFP)^T - X$, 전환비율 1 가정
③ Call ELW의 초기 투자비용 : $ELW_0$

Call ELW의 만기까지 연간 투자수익률이 CFP이므로 ②와 ③에서 ④가 성립

④ $S_0 \times (1+CFP)^T - X = ELW_0 \times (1+CFP)^T$

④ 식을 정리하면, $(1+CFP)^T \times (S_0 - ELW_0) = X$이므로,

Call ELW의 $CFP = \left( \dfrac{X}{S_0 - ELW_0} \right)^{\frac{1}{T}} - 1$이고,

동일한 방법으로 계산하면

Put ELW의 $CFP = \left( \dfrac{X}{S_0 + ELW_0} \right)^{\frac{1}{T}} - 1$이다.

자본 지지점은 투자시 몇 가지 용도로 활용될 수 있다.

첫째, 만기구조가 서로 다른 개별 ELW의 자본 지지점을 계산함으로써 ELW 간 비교가 가능하다. 예를 들어 자본 지지점이 10%인 ELW A와 15%인 ELW B가 있다면, ELW A는 기초자산이 10%만 올라도 기초자산에 직접투자한 것과 동일한 수익률을 얻을 수 있지만, ELW B는 기초자산이 15% 올라야 직접투자와 동일한 수익률을 얻게 된다. 이러한 관점에서는 ELW A가 ELW B에 비하여 매력적이라고 할 수 있다.

둘째, 자본 지지점은 주식과 ELW 중 한 가지에만 투자해야 할 경우 양자 간 비교를 하는데 쓰일 수 있다. 만약 기대수익률이 자본 지지점보다 높을 경우 ELW에 투자하는 것이 합리적이다.

### (5) 패리티(parity)

패리티는 행사 가격과 기초자산 가격의 상대적 크기를 나타낸 것으로, 1을 중심으로 1이면 등가격(at-the-money), 1보다 크면 내가격(in-the-money), 1보다 작으면 외가격(out-of-the-money)이 된다.

콜 $ELW$ 패리티 = 기초자산 가격/행사 가격
풋 $ELW$ 패리티 = 행사 가격/기초자산 가격

## section 03 시장구조

### 1 발행 및 상장제도

#### (1) 증권신고

ELW는 파생결합증권으로서 ELW의 발행을 위해서는 발행시 마다 매번 증권신고서를 제출하거나 발행 예정기간(일괄신고서의 효력발생일로부터 2개월 이상 1년 이내의 기간)에 대한 일괄신고서를 사전에 제출한 후 실제 발행시마다 일괄신고서 추가서류만 제출할 수 있다. 증권신고서와 일괄신고서는 해당 신고서가 수리된 날부터 15영업일이 경과되어야 효력이 발생하는 점은 동일하지만, 일괄신고서 추가서류의 경우 기 효력이 발생한 상황이므로 증권신고서와 달리 ELW 발행시 효력발생을 위해 별도의 기간을 대기할 필요 없이 신속한 진행이 가능하다.

#### (2) 상장절차

ELW의 상장절차는 주식의 신규 상장절차와 동일하나, 일반 주식과 달리 특정한 주식의 가격 및 주가지수의 변동과 연계하여 권리를 행사하는 상품으로서 주식의 신규 상장에 적용하는 재무상태, 영업이익요건 등 기업내용에 대한 심사가 불필요하다. 상장심사기간을 단축하

표 2-3  ELW 발행 및 상장절차

| 일자 | 업무내용 | 비고 |
|---|---|---|
| T | 상장예비심사 청구 | 발행사→거래소 |
| T+2 | 상장예비심사 승인 | 거래소→금융위, 발행사 |
| T+3 | 증권신고서 및 사업설명서 제출<br>(일괄신고서 제출기관은 추가 서류 제출) | 발행사→금감원 |
| T+4 | 발행 및 발행실적 보고<br>ELW 주금납입 및 예탁<br>신규상장 신청 | 발행사→금감원<br>발행사→예탁결제원<br>발행사→거래소 |
| T+5 | 신규상장 승인 | 거래소→금감원, 예탁결제원, 발행사 |
| T+6 | ELW 신규상장 | |

고 상장심사 제출서류도 이미 제출한 경우에는 생략하고, 변동사항이 있을 경우에만 제출하도록 하여 상장절차를 간소화하였다.

## (3) 발행조건

ELW의 발행조건은 기본적으로 발행 증권사가 자율적으로 정할 수 있지만, 투자자 보호 및 거래편의 제고 등을 위해 거래소와 발행 증권사가 어느 정도 발행조건을 표준화하고 있다.

결제방식은 만기 시점에 주권을 인수도하게 되는 실물인수가 필요 없는 현금결제방식을 채택하였다. 그리고 투자자가 별도로 권리행사 신고를 하지 않아도 만기 시점에 내재가치가 있는 종목은 권리행사를 한 것으로 간주되는 자동 권리행사를 채택하고 있다.

또한 권리행사방식은 유러피언 형식을 채택하여 만기 시점에만 권리행사가 가능하다. 만기평가 가격은 개별 주식 ELW의 경우 최종 거래일을 포함한 직전 5 매매거래일 종가의 산술평균 가격을 사용하고, 국내 주가지수 ELW의 경우에는 최종 거래일 주가지수 종가를 사용한다.

기초자산은 자본시장법상 유가증권시장, 코스닥시장 및 해외시장의 주식, 주가지수가 가능하다. 그러나 유가증권시장 상장규정에서는 상품의 안정성 확보와 가격 조작 방지 등의 투자자 보호를 위해 상장할 수 있는 ELW의 기초자산을 제한하고 있다. 유가증권시장에서는 KOSPI 200 구성종목 중 거래대금 상위 100위 이내, 일평균거래대금 100억 원 이상인 종목 가운데 감안하여 분기별로 선정된 종목(50개) 또는 해당 종목의 바스켓, KOSPI 200 지수가 포함되고, 코스닥시장에서는 코스닥150지수 구성종목 중 거래소가 따로 정하는 방법에 따라 매월 공표하는 종목(5개) 또는 해당 종목의 바스켓 및 코스닥 150지수가 포함된다. 외국 증권시장 중에서는 우리나라와 거래시간이 유사한 일본의 NIKKEI 225, 홍콩의 HSI로 한정되어 있다.

**표 2-4  ELW 기초자산 현황**

| 기초자산 구분 | 개별주식 | 주가지수 |
|---|---|---|
| 국내 기초자산 | ① KOSPI 200 구성종목 중 거래대금을 감안하여 분기별로 선정된 종목(50개) 또는 해당 복수종목의 바스켓<br>② KOSDAQ 150 구성종목 중 거래소가 정하는 방법에 따라 매월 선정된 종목(5개) 또는 해당 복수종목의 바스켓 | ① KOSPI 200 지수<br><br>② KOSDAQ 150 지수 |
| 해외 기초자산 | | 일본 NIKKEI 225 지수<br>홍콩 HSI 지수 |

### (4) 모집 또는 매출요건

자본시장법상 모집은 신규로 발행되는 증권의 취득 청약을 권유하는 것으로, 권유받는 자의 수가 50인 이상일 것으로 하고 있으며, 매출은 이미 발행된 증권의 매도매수의 청약을 권유하는 것으로 청약을 권유받는 자의 수는 원칙적으로 50인 이상으로 정하고 있다. 그러나 현실적으로 ELW는 발행물량의 100%를 LP가 청약하고 있다. 따라서 발행사는 LP 중 1개사 이상과 거래소에서 정한 유동성 공급 제출의무와 제출방법의 내용을 포함하는 유동성 공급 계약을 체결하거나 발행자가 직접 유동성 공급 업무를 할 경우에는 거래소에 유동성 공급 계획서를 제출해야 한다.

발행총액은 10억 원 이상이어야 하고, 상장 신청일 현재 잔존권리 행사기간이 3개월 이상이면서 3년 이내이어야 한다.

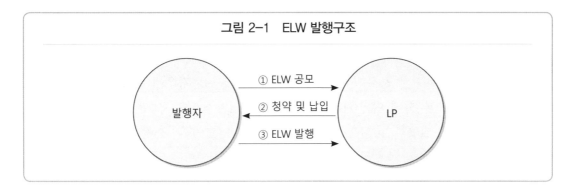

그림 2-1 ELW 발행구조

발행자 ① ELW 공모 → LP
② 청약 및 납입 ←
③ ELW 발행 →

### (5) 추가 상장 및 변경 상장

ELW의 추가 상장은 시장에서 투자자에게 인기가 있어 상당 수량 이상 매출을 올린 종목의 추가적인 시장 수요가 예상될 때 발행사가 신속하게 물량을 공급하는 제도이다. 상장신청일 현재 발행물량의 80% 이상이 시장에 매출되어 있어야 하고, 잔존권리 행사기간이 1개월 이상 남아 있어야 한다. 그 외에 발행인, 기초자산, 모집 또는 매출요건, LP 지정 등의 요건은 신규상장 신청 시 심사요건과 동일하다. 추가 상장의 발행총액은 신규상장 시 발행총액 이내이어야 한다.

변경 상장은 발행사가 이미 발행한 ELW의 종목 또는 수량을 변경하는 제도이다. 예컨대 발행 회사명이 바뀌어 종목명을 바꾸는 경우 만기 전에 권리행사가 가능한 아메리칸 형식의

ELW에서 일부 수량의 행사로 인한 발행수량에 변동이 생기는 경우 등이다. 유러피안 형식의 ELW가 발행되고 있는 국내에서는 사명변경으로 인한 변경 상장이 일반적이다.

## (6) 상장폐지

❶ 발행인 요건 : 발행 증권사의 증권과 장외파생상품을 대상으로 하는 투자매매업 인가가 취소되거나 영업이 정지되어 주식워런트증권 관련 업무 수행이 불가능한 경우, 순자본비율이 100%에 미달한 경우, 최근 사업연도의 재무제표에 대한 감사인의 감사의견이 부적정 또는 의견거절인 경우, 법률에 따른 해산 사유(합병, 분할, 분할합병에 따른 해산 사유는 제외한다)가 발생한 경우, 주식워런트증권 상장법인이 발행한 어음이나 수표가 최종부도로 처리되거나 은행과의 거래가 정지된 경우 등의 경우에 ELW는 상장폐지된다. 다만, 거래소는 ELW 발행인의 순자본비율이 100%에 미만인 경우에도 발행인이 제출한 ELW 매수계획이 적정하고 투자자 보호를 위하여 필요하다고 인정하는 경우에는 3개월 이내에서 거래소가 정하는 기간 동안 상장폐지를 유예할 수 있다.

❷ 기초자산 요건 : 주식워런트증권의 기초자산인 주권이 상장폐지 되는 경우 해당 ELW도 동일하게 상장폐지된다. 주가지수를 기초로 하는 ELW의 경우에 주가지수를 산출할 수 없거나 이용할 수 없게 되는 경우(단, 지수 산출의 단절 등 일시적인 중단은 제외) 또는 주가지수의 산출기준이 변경된 경우(단, 관련 법령의 변경 등 불가피한 사유가 존재하고 투자자 보호에 문제가 없다고 거래소가 인정하는 경우는 제외) 해당 ELW가 상장폐지된다.

❸ 권리행사 : 주식워런트증권의 권리행사기간만료, 권리행사완료, 권리행사조건의 달성으로 권리행사내용이 확정된 경우 또는 최종거래일이 도래한 경우 ELW는 상장이 폐지된다.

❹ 유동성 공급 : 유동성공급계약을 체결한 유동성공급자가 없게 된 날(직접 유동성공급을 하는 발행인이 유동성공급을 할 수 없게 된 날 또는 유동성공급자가 교체기준에 해당하게 된 날을 포함)부터 1개월 이내에 다른 유동성공급자와 유동성공급계약을 체결하지 않거나 발행인이 유동성공급계획을 제출하지 않은 경우 해당 ELW는 상장폐지된다.

❺ ELW의 전부 보유 : ELW의 발행인 또는 유동성공급자가 해당 ELW를 전부 보유한 사실이 확인되고 전부보유일부터 1개월 동안 거래가 없거나 전부보유일부터 직전 1개월 동안의 누적거래량이 상장증권수의 100분의 1에 미달(단, 상장 후 2개월이 경과되지 않은 종목은 제외)하는 경우 해당 ELW는 상장폐지된다.

❻ 신고의무 위반 : ELW 발행증권사는 ELW를 상장한 이후 해당 사유가 발생하면 거래소에 신고하여야 할 의무가 있는데, 고의, 중과실 또는 상습적으로 신고의무를 위반한 경우에는 해당 ELW는 상장폐지된다.

## 2 유동성 공급자제도

ELW는 발행인이 직접 유동성공급자로서 한국거래소에 유동성공급계획을 제출하거나, 유동성공급자 중 1사 이상과 유동성공급계약을 체결하여 한국거래소에 유동성공급 계약을 제출하여야 한다.

ELW의 유동성공급자는 증권 및 장외파생상품에 대하여 투자매매업 인가를 받은 한국거래소의 결제회원으로서 순자본비율이 150% 이상이어야 하며, 거래소의 매 분기 유동성공급자 평가결과 2회 연속 최저 등급을 받은 경우에는 1개월 이상 경과하여야 하며, 3회 연속 최저 등급을 받거나, 유동성공급업무 관련 증권관계법규 및 거래소 업무관련규정 위반으로 형사제재, 영업정지 또는 거래정지 이상의 조치를 받으면 1년 이상 경과하여야 유동성공급업무를 할 수 있다.

# chapter 03

# ELS/DLS

기본 개념

## 1 개요

ELS/DLS는 각각 2003년과 2005년에 국내에 도입되었는데, 상품설계가 매우 유연하여 다양한 지급구조 및 기초자산의 선택이 가능하다는 장점을 가지고 있다. 더욱이 저금리가 지속되고 저축은행과 같은 고수익 예금의 안정성이 사라지자 ELS/DLS는 추가 수익을 기대할 수 있는 유력한 대체투자수단으로 인식되었다. 비록 ELS와 DLS는 그 기초자산이 다르지만 상품구조는 유사한 경우가 많다.

## 2 특징

### (1) 전환사채, 신주인수권부사채와의 비교

ELS는 주식을 기초자산으로 하는 다른 금융상품인 전환사채(Convertible Bond : CB), 신주인수

표 3-1　ELS, CB, BW의 비교

| | ELS | CB, BW |
|---|---|---|
| 옵션 형태 | 다양한 형태의 옵션 | 주식전환권, 신주인수권 |
| 이자지급 | 특정한 지급주기와 형태를 따를 필요 없음 | 전환권 및 신주인수권 행사 이전에는 고정적인 이자 지급 |
| 발행동기 | 투자자의 위험선호도에 따른 맞춤형 설계 | 기업체의 자금조달 |
| 발행기관 | 해당 업무단위를 취득한 금융투자회사 | 개별 기업 |

권부사채(Bond with Warrant : BW)와는 기본적으로 내재되어 있는 옵션의 형태, 고정적인 이자지급 여부, 발행동기와 주체에서 〈표 3-1〉과 같이 구분된다. ELS는 정형화된 옵션구조 및 이자를 갖고 있을 필요가 없으므로 아주 다양한 형태의 구조로 발행되는 투자자의 위험선호도에 따른 맞춤형으로 설계된 파생결합증권이라고 할 수 있다.

## (2) ELS, ELD, ELF의 비교

주가지수 및 개별 주식에 연동되어 수익이 지급되는 금융상품으로는 주가연동예금(Equity Linked Deposit : ELD)과 주가연계펀드(Equity Linked Fund : ELF)가 존재한다. 2002년 하반기부터 은행권이 판매하기 시작한 ELD는 정기예금으로 분류되고 있어 예금자 보호를 받을 수 있는 장점이 있다. 실제, 운용은 투자원금의 일부분을 원금이 보장될 수 있는 이자율의 정기예금에 넣은 뒤 나머지 돈으로 주가지수옵션 등 파생상품에 투자하는 형태로 이루어진다. 따라서 반드시 원금이 보전되면서 주가지수의 변동에 따른 추가적인 수익을 얻는 형식으로 주가연계상품의 초기단계에서 크게 호응을 받았다.

ELF는 자산운용사가 운용하는 집합투자기구(투자신탁, 투자익명조합, 투자회사 등 다양한 형태가 가능하나, 투자신탁이 가장 일반적임)의 집합투자증권(집합투자기구에 대한 출자지분으로 투자신탁의 경우 수익권을 의미)으로, 자산의 대부분을 안정적인 채권에 투자하고 동 채권에서 발생하는 이자발생액만큼을 ELW나 기타 옵션에 투자하여 원금보존을 추구하거나 최대 손실액을 원금 일부에 국한되도록 설계된 증권(투자신탁 형태의 집합투자기구가 일반적이므로 일반적으로 수익증권)이다.

그러나 대다수의 ELF는 증권사가 사모로 발행하는 ELS에 펀드자산의 대부분을 투자하는 형태이다. 이 경우 집합투자재산의 운용제한에 따라 동일 종목의 파생결합증권에 집합투자기구 자산총액의 100분의 30을 초과하여 투자할 수 없으므로(자본시장법 시행령 제80조 제1항 제2호) 일반적으로 ELF는 4개 발행사의 ELS를 편입하고 있다. 이러한 ELS펀드는 실제 운용사의 별도

표 3-2  ELD, ELS, ELF의 비교

|  | ELD | ELS | ELF |
|---|---|---|---|
| 발행기관 | 은행 | 증권사 | 집합투자기구 |
| 투자형태 | 정기예금 | 파생결합증권 | 수익증권 |
| 예금보호 | 보장 | - | - |
| 원금보장 | 100% 보장 | 사전 약정 | 보장 없음 |
| 만기수익률 | 사전 약정수익률 | 사전 약정수익률 | 실적배당 |

운용이 필요하지 않아 수익증권으로 재포장될 경우 불필요한 운용수수료가 발생될 가능성이 있지만, 발행 증권사의 판매망 확보 차원에서 사모 ELS로 발행하여 증권회사, 은행 등 대규모 판매사를 통하여 개인투자자에게 공모펀드로 팔리거나 사모 유가증권의 직접투자가 어려운 보험, 신협, 새마을금고 등 제2금융권 기관투자자의 맞춤형 사모펀드로 소화되고 있다.

2009년 이후에는 ELS를 투자자의 요청에 따라 신탁에 편입하여 운용하는 ELT(ELS신탁)와 랩(Wrap)에 편입하여 운용하는 ELS랩의 형태도 많이 활용되고 있으며 특히, ELT의 경우에는 은행 신탁고객 계정 등을 활용한 거래가 크게 성장하면서 2011년에는 전체 ELS 시장에서 가장 큰 수요처로 급부상한 바 있다. 다만, 2019년 DLF 사태에 따른 개선방안으로 신탁(ELT)을 통한 고난도 금융투자상품 판매를 중지하되, 기초자산이 5개 대표 주가지수(KOSPI200, S&P500, Eurostoxx50, HSCEI, NIKKEI225)이고 공모로 발행되었으며 손실배수가 1이하인 ELS에 한하여 2019년 11월말 기준 각 은행별 신탁재산에 편입된 공모 ELS·DLS 잔액 이내로 신탁을 통한 판매를 유지하고 있다.

## 3  시장구조

ELS의 발행시장은 ELS가 파생결합증권으로 분류되므로 일반적인 증권의 발행시장과 전체적으로 동일하다고 할 수 있다. 차이점은 다른 증권과 달리 ELS는 발행사가 자금조달목적으로 발행하기보다는 다양한 위험선호도를 갖고 있는 투자자에게 위험을 이전하고 그 대가를 받는 형태이다.

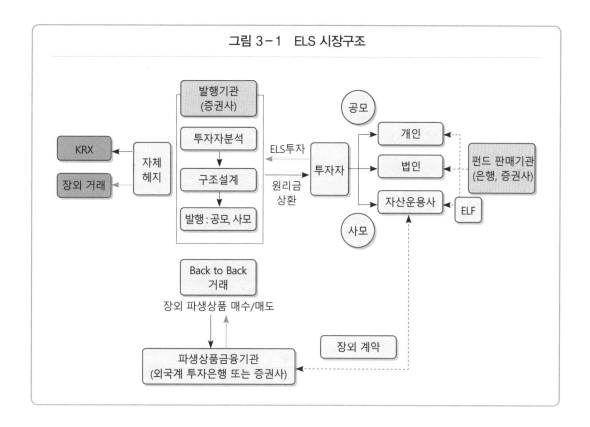

그림 3-1   ELS 시장구조

따라서 잠재적인 투자자의 위험선호도를 파악하여 거기에 알맞는 상품을 발행하는 것이 무엇보다 중요하며, 발행을 통해 들어온 투자금은 대부분 상환금을 준비하는 목적으로 사용되고 있다.

상환금을 준비하는 방법으로는 첫째, 외국계 금융기관으로부터 동일한 상품을 매입하는 방법이 있으며, 이를 '백투백 헤지(back-to-back hedge)'이라고 부른다.

둘째, 현물주식, 장내 파생상품, 장외 파생상품의 매매를 통하여 ELS의 지급구조(pay-out)를 복제하는 헤지방법이 있으며, 이를 '자체 헤지'라고 부른다.

## 1 유러피안구조

### (1) Bull Spread

Bull Spread ELS는 행사 가격이 낮은 콜옵션을 매입하고 높은 행사 가격의 콜옵션을 매도하는 구조이다. 초기 투자한 원금이 만기 시 주가가 낮은 행사 가격(〈그림 3-2〉에서 행사 가격 ①) 이상이고 높은 행사 가격(〈그림 3-2〉에서 행사 가격 ②) 미만이면 원금과 낮은 행사 가격 콜옵션의 현금흐름을 지급받는다. 주가가 낮은 행사 가격 이하이면 원금만 돌려받으며, 주가가 높은 행사 가격 이상이면 원금과 고정 금액을 돌려받게 된다.

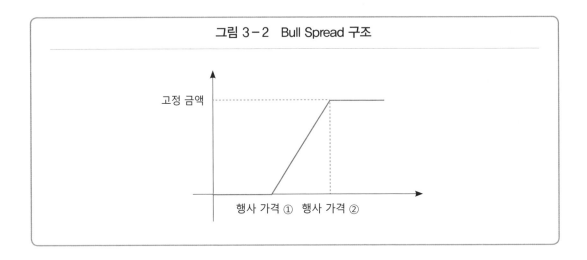

그림 3-2 Bull Spread 구조

### (2) Reverse Convertible

Reverse Convertible ELS는 풋옵션의 매도를 통한 수수료 수익을 추가로 획득할 수 있지만 원금손실 가능성이 있는 구조이다. 만기 시 기초자산의 가격이 풋옵션의 행사 가격 이상으로 상승하면 원금과 프리미엄을 합한 금액을 돌려받으며, 행사 가격 이하이면 원금에서 풋옵션의 현금흐름을 뺀 나머지를 돌려받게 된다.

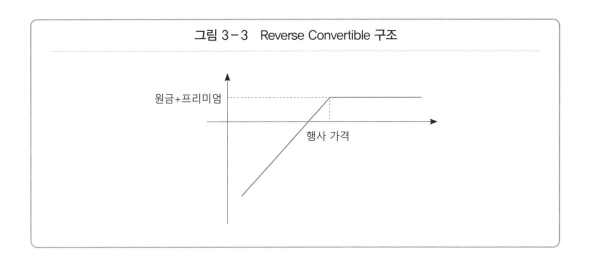

그림 3-3  Reverse Convertible 구조

원금+프리미엄

행사 가격

## 2  배리어구조

### (1) Up-and-Out Call with Rebate

Up-and-Out Call with Rebate 구조는 두 개의 배리어옵션인 Up-and-Out 콜옵션과 Knock-in 리베이트의 결합으로 구성되어 있다. 만기까지 기초자산의 가격이 배리어 수준 이상으로 올라간 적이 있으면 원금과 리베이트 금액을 수취하며, 배리어 수준 이상으로 올라간 적이 없으면 원금과 콜옵션의 현금흐름을 수취한다.

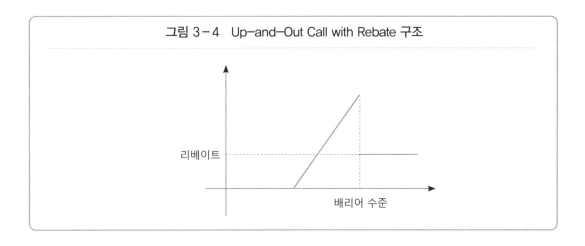

그림 3-4  Up-and-Out Call with Rebate 구조

리베이트

배리어 수준

## (2) Down-and-Out Put

Down-and-Out Put 구조는 만기까지 기초자산의 가격이 배리어 수준 이하로 내려간 적이 있으면 원금만 지급되며, 배리어 수준 이하로 내려간 적이 없으면 원금과 함께 풋옵션의 현금흐름을 수취하는 구조이다.

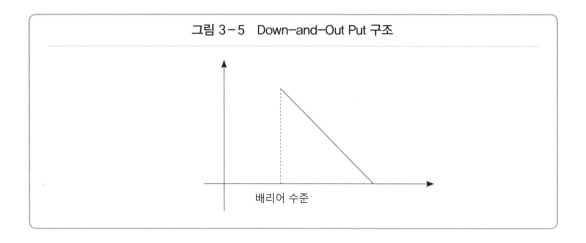

그림 3-5  Down-and-Out Put 구조

## (3) 양방향구조

양방향구조 ELS는 동일한 행사 가격의 유러피안 콜옵션과 풋옵션으로 구성되는 Straddle 전략을 훨씬 저렴한 배리어옵션으로 구성한 상품이다. 만기까지 기초자산의 가격이 높은 배

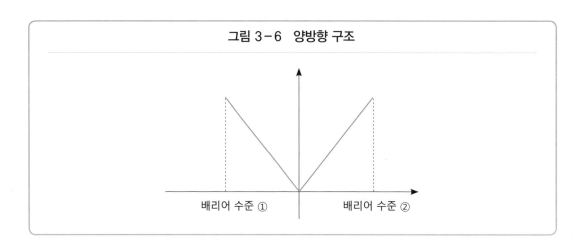

그림 3-6  양방향 구조

리어 수준(〈그림 3-6〉에서 배리어 수준 ②) 이상으로 상승한 적이 없으면 원금과 콜옵션의 현금흐름이 지급되며, 만기까지 낮은 배리어 수준(〈그림 3-6〉 중 배리어 수준 ①) 이하로 하락한 적이 없으면 풋옵션의 현금흐름이 지급된다. 그러나 만기 시점에서 어느 한쪽의 배리어 수준을 hitting하거나 콜옵션이나 풋옵션의 효력이 사라지고 다른 쪽 옵션의 외가격 상황이 되거나, 양쪽 배리어 수준 모두를 hitting하면 원금만 돌려받게 된다.

## 3 조기상환구조

### (1) 기본구조

2003년 말부터 등장한 초기 조기상환 ELS는 통상 만기가 2년이나 3년으로 설계되었으며, 발행 후 6개월 단위로 기초자산의 주가가 기준 가격 또는 기준지수 대비 상승하며, 사전에 약성한 수익을 액면금액과 함께 투자자에 지불하고 계약이 종료되는 형태이다. 만약 6개월 후 조기상환 시점에 주가가 기준 가격 이하가 되면 다음 조기상환 시점까지 다시 6개월을 기다려야 하며, 계속 조기상환이 실패하면 만기 시점의 가격에 따라 상환금액이 결정된다.

만기 시점에 기초자산의 주가가 기준지수 이상이면 그동안의 누적수익을 액면금액과 함께 돌려주며, 주가가 기준지수 미만이지만 행사지수 이상이면 액면금액만 돌려주며, 행사지수 이하로 주가가 하락하면

$$액면금액 \times 만기지수/행사지수$$

만큼만 투자자에 돌려주므로 원금손실이 발생하게 된다.

조기상환구조는 저금리 상황에서 원금보장형 구조의 설계가 어렵게 되면서 좀 더 매력적인 추가 수익을 투자자에게 제시하고자 만기를 장기화하고 원금보장성을 약화시킨 상품이다. 그리고 다양한 장외 파생상품을 사용하여 조기상환과 원금보장구간을 상품에 삽입함으로써 만기의 장기화와 원금비보장의 단점을 보완할 수 있게 설계되었다.

❶ 조기상환금액 : 발행 후 6, 12, 18개월 후의 기초자산의 주가가 기준지수 대비 상승한 경

우 연 8%의 수익을 지급하면서 중도 상환(만기 2년)

❷ 만기상환금액(조기상환이 발생하지 않은 경우)

ㄱ. 기준지수 ≤ 만기지수 : 연 8%의 수익 지급[액면＋액면×16%]

ㄴ. 행사지수 ≤ 만기지수 ＜ 기준지수 : [액면] 지급

ㄷ. 만기지수 ＜ 행사지수 : [액면×만기지수/행사지수]의 금액 지급

## (2) Step Down ELS 구조

주식시장이 침체기에 접어들면 상승형인 조기상환 ELS는 조기상환이 이루어지지 않게 되는 문제가 발생한다. 이러한 문제점을 고려하여 나타난 상품이 Step Down ELS이다. Step Down ELS는 기존의 조기상환조건이 같았던 것에 비하여 매 조기상환 시점마다 일정 비율씩 조기상환 기준지수를 완화함으로써 조기상환의 가능성을 높였다. 2006년 이후 현재까지 시장에서 거래되는 ELS의 대부분은 Step Down 구조가 대표적이다.

❶ 조기상환금액

발행 후 6, 12, 18, 24, 30개월 후의 기초자산의 주가가 모두 최초 기준 가격의 90%(6개월), 90%(12개월), 85%(18개월), 85%(24개월), 80%(30개월) 이상인 경우 : 3%×N(원 미만 절사, N은 해당 차수)

❷ 만기상환금액(조기상환이 발생하지 않은 경우)

ㄱ. 기초자산의 주가가 모두 최초 기준 가격의 80% 이상인 경우 : [액면×118%] 지급

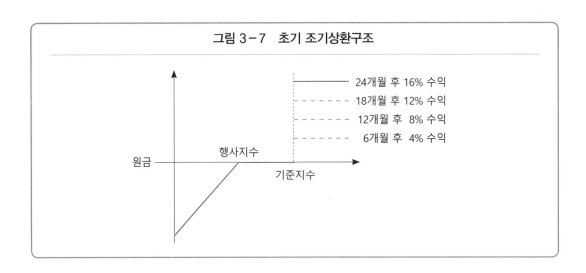

그림 3-7   초기 조기상환구조

ㄴ. 발행일 이후 기초자산의 주가가 하락 한계 가격(60%) 이하로 하락한 적이 없고 기초자산의 만기 가격이 모두 80% 이상이 아닌 경우 : [액면×118%] 지급

ㄷ. 발행일 이후 기초자산의 주가가 하락 한계 가격(60%) 이하로 하락한 적이 있고 기초자산의 만기 가격이 모두 80% 이상이 아닌 경우 : [액면×만기평가 가격/기준 가격]의 금액 지급

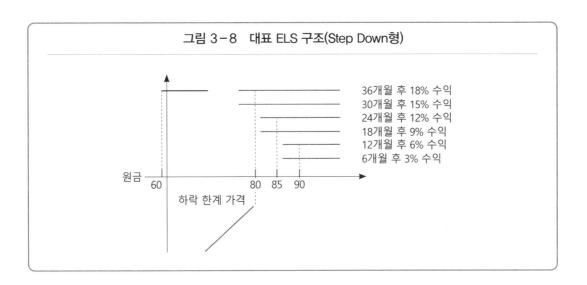

그림 3-8  대표 ELS 구조(Step Down형)

# chapter 04

# ETN

**기본 개념**

## 1    개요

ETN(상장지수증권)은 기초지수 변동과 수익률이 연동되도록 증권회사가 발행하는 파생결합 증권으로서 주식처럼 거래소에 상장되어 거래되는 증권이다. 발행회사인 증권회사는 투자수 요가 예상되는 다양한 ETN을 상장시켜 투자자가 쉽게 ETN을 사고 팔 수 있도록 실시간 매 도·매수호가를 공급하며, 상장 이후에는 투자에 도움이 될 수 있도록 상품 관련 주요 공시정 보 및 투자참고 지표를 제공한다. 거래소는 투자자 보호를 위하여 ETN 상품의 상장 적합성을 심사하고 원활한 유동성 공급을 위해 LP를 평가 관리하며 적정 가격이 형성되도록 공시 및 시 장조치 업무를 수행한다. 그러므로 투자자는 쉽고 편하게 증권시장에서 결정된 시장 가격으 로 실시간 매매를 할 수 있다.

ETN은 2006년 6월 6일, Barclays 은행이 뉴욕증권거래소에 일반상품지수를 벤치마크지수 로 하는 2개의 상품, 'Dow Jones—AIG Commodity Index Total Return ETN'과 'GSCI Total

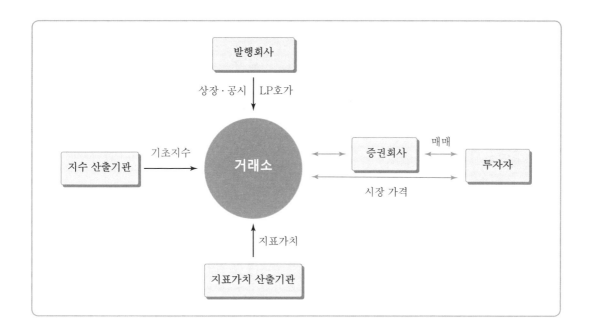

Return Index ETN'을 상장함으로써 자본시장에 본격적으로 등장하였다.

ETN을 일반적으로 정의하면 금융기관이 1년에서 20년 이하의 만기동안 이표 없이 사전에 정의된 벤치마크지수에 연동된 수익을 투자자에게 지급하고, 자신의 신용으로 발행하면서 별도의 담보나 보증을 받지 않는 선순위 무보증 채권(senior and unsecured note)이라고 할 수 있다.

## 2 특징

### (1) 신상품에 대한 접근성

통상적으로 개인이 일반상품이나 파생상품이 결합된 포트폴리오에 투자하는 것은 어렵다고 할 수 있다. 무엇보다 일반투자자가 에너지, 곡물 등의 원자재 상품에 직접 투자할 수 있는 수단이 거의 없으며 파생상품을 이용하여 다양한 전략을 구사하고 싶어도 장내파생상품의 경우는 일정 금액 이상의 증거금이 필요하고 장외파생상품의 경우 개인은 거래 자체가 불가능한 경우가 많다. ETN은 발행사가 일반투자자로부터 직접투자에 비해서는 상대적으로 저렴한 수수료를 대가로 받고서 다양한 자산에 투자가 가능하도록 하였다는 점에서 강점을 가지고 있다.

### (2) 유연성과 신속성

공모펀드 형식의 간접투자상품도 ETN과 마찬가지로 여러 가지 다양한 투자상품을 제공하지만 유연성과 신속성에 있어서 ETN에 비해 열등한 상황이다. ETN은 채권형식으로 발행되기에 일반적인 공모펀드의 신규 발행에 비하여 신속하고 유연한 구조로 발행할 수 있다.

### (3) 추적오차 최소화

공모펀드와 비교해서 ETN이 추적오차에 대해 자유롭다는 점은 ETN의 주요한 장점으로 볼 수 있다. 비록 모든 ETN 상품이 추적오차가 없는 것은 아니지만 원칙적으로 발행사가 제시한 가격을 보장한다는 측면에서 운용의 결과를 투자자에게 돌려주는 간접투자상품과는 차이가 있다. 특히 기초자산이 일반상품이거나 복잡한 구조의 벤치마크 지수는 정확히 복제하기가 용이하지 않으므로 이런 상품군에서는 ETN의 장점이 부각될 수 있다.

### (4) 유통시장

ETN이 거래소 상장을 통해 유통시장이 존재한다는 점도 다른 금융상품에 비해 차별화된 장점이다. 일반 공모펀드 투자자의 경우 원하는 시점에 가입하거나 이익을 실현하는 것에 제약이 있는 반면 ETN은 거래소에서 매매를 통해 새로 투자하거나 매도할 수 있어 유리하다고 할 수 있다. 거래소 상장은 유동성뿐만 아니라 투자자의 접근성을 높여 준다는 면에서도 ETN의 장점이라고 할 수 있다.

### (5) 가격 투명성

가격 투명성도 ETN의 주요한 장점이다. ETN은 벤치마크 지수가 명확히 설정되어 있어서 내재가치 산정 어려움이 다른 금융상품에 비해 매우 작다. 일반적으로 ETN의 내재가치는 벤치마크 지수에서 사전에 정의된 수수료를 차감함으로써 쉽게 산출된다. 또한 내재가치를 나타내는 참조 가격을 거래시간에는 연속적으로 공시하도록 함으로써 투자자가 쉽게 가격 정보를 조회할 수 있다. 더욱이 ETN은 거래소에서 거래되는 상품으로써 종가가 산출되고 있으며 장중에도 매매에 따른 가격 정보가 존재한다.

## 3 기초지수

### (1) 기초지수의 의미

ETN이 투자 대상으로 삼고 있는 것은 기초지수이다. 지수는 주식, 채권, 파생상품, 금과 같이 특정 자산 가격의 흐름을 종합적으로 나타낸 지표이다. ETN의 지표가치(ETN 1증권 당 실질가치)가 발행일의 기준가로부터 기초지수의 일일 변화율에 일할 계산된 제비용, 분배금 등을 가감하여 산출(SECTION 03 참고)되므로, 제비용이나 분배금 등이 없다고 가정하면 기초지수의 일일 변화율은 ETN 지표가치의 일일 변화율과 같다.

### (2) 지수 구성 특징

투자자에게 ETF(상장지수펀드)와 ETN은 매우 유사한 구조로 두 상품시장을 명확히 구분하는 것은 용이하지 않다. 이에 따라 국내 ETN 시장은 ETF 시장과 직접적 경쟁을 지양하기 위해 기초지수의 차등을 두고 있다.

ETF는 기초지수가 주식을 기초로 하는 경우 최소 10종목 이상으로 지수를 만들어야 하는데 반하여, ETN은 전략지향적 상품의 특성을 반영하여 좀 더 다양한 지수 개발이 가능하도록 5종목(해외증권시장 거래 종목만으로 구성되는 경우 3종목) 이상이면 되도록 하고 있다. 지수선물과 주식으로 ETN의 기초지수를 구성하는 경우에는 지수선물 구성종목이 이미 구성종목수 요건을 충족하므로 주식은 1종목 이상이면 가능하다.

지수 구성종목에 있어 ETN이 ETF에 비해 요건이 완화된 반면, KOSPI 200 등 시장대표 지수나 반도체, 자동차 등 섹터지수형 상품은 이미 ETF 시장만으로도 투자자에게 많은 상품이 제공되고 거래비용이 인하되는 등 경쟁이 치열하기 때문에 굳이 ETN 상품이 신규로 진입할

**표 4-1** ETF와 ETN 기초지수 비교

| 구분 | ETF | ETN |
|---|---|---|
| 투자대상 | 기초자산 가격, 지수 | 기초자산 가격, 지수 |
| 기초지수 구성종목 수 (주식으로 구성된 경우) | 10종목 이상 | 5종목(해외증권시장 상장 주식으로만 구성되는 경우 3종목) 이상 |
| 핵심 시장 영역 | 주식, 채권 상품 (지수 산출기관의 기존 지수 활용 중심) | 전략형/구조화/변동성 상품 (맞춤형 지수 등 신규 개발지수 활용 중심) |

필요가 없다고 거래소는 판단하고, 그간 이러한 시장대표 지수나 섹터지수를 단순히 추종하는 ETN의 출시를 제한하였으나, "ETF·ETN 시장 건전화 방안"(금융위, 2020.5월)에서 코스닥 150, KRX300등 국내 시장대표 지수 ETN 출시 허용을 발표하였으며, 실제로 2021년 10월 코스피200, 코스닥150을 기초로 하는 ETN이 출시되었다.

## (3) 레버리지·인버스 지수

ETN의 기초지수는 ETN이 목표로 하는 주요 투자전략 또는 투자대상을 지수화한 것으로, 기초지수가 동 투자전략 또는 투자대상을 양의 1배를 초과하여 추적하거나 음의 배율로 추적하는 경우 이를 각각 레버리지 ETN, 인버스 ETN이라고 한다. 일례로 "OO 레버리지 WTI원유 선물 ETN"은 기초지수가 WTI원유 선물가격의 일일수익률의 2배를 추적하는 레버리지 2배 상품이고, "OO 인버스 2X 구리 선물 ETN"은 기초지수가 구리 선물가격의 일일수익률의 음의 2배를 추적하는 인버스 2배 상품이다.

ETN의 기초지수에 대한 구체적인 사항은 일괄신고추가서류 또는 투자설명서 상의 "기초자산에 관한 사항"에서 확인할 수 있으며, 기초지수는 주요 투자전략 또는 투자대상 이외에도 이자 수익이나 이자 비용 등 다른 항목을 가감하여 산정되기도 한다. 한 가지 주의할 점은 레버리지 또는 인버스 ETN은 기초지수 자체가 주요 투자전략 또는 투자대상을 레버리지 또는 인버스 배율로 추적하도록 산정되고, ETN은 기초지수를 1배로 추적한다는 점이다.

이러한 주요 투자전략 또는 투자대상에 대한 기초지수의 추적 배율은 종전에는 기초자산과 무관하게 ±2배까지의 정수배(±1배, ±2배)만 가능하였으나, 한국거래소의 유가증권시장 상장 규정 시행세칙 및 유가증권시장 업무규정 시행세칙 개정(2022. 10. 20일 시행)으로 소수점 배율 (±0.5)과 채권형 ETN의 경우 3배율(±3)까지 허용되었다.

---

**4** **시장참가자**

## (1) 발행회사

발행회사는 ETN 시장에서 중추적인 역할을 하는 회사로서 투자수요에 맞는 ETN을 기획하고 발행하는 업무, 마케팅 활동, 만기 또는 중도상환 시 지수 수익률을 투자자에게 지급하고, 이를 위해 자산을 운용(헤지)하는 활동, 그리고 중요한 사항이 발생했을 때 신고·공시함으로써 투자자에게 고지하는 업무 등 일체를 담당한다. ETN 상품은 무담보 신용상품으로 발행회사의 재무안정성 및 신용도가 가장 중요하므로 거래소는 상품 상장 시 발행회사의 재무 안정성, 업무 적격성 등을 엄격하게 심사한다.

## (2) 유동성 공급자

금융투자상품은 원하는 시점에 원하는 수량만큼을 사고 팔 수 있는 것이 매우 중요한데, 이렇게 원하는 시점에 원하는 수량을 적정한 가치에 사고 팔 수 있기 위해서는 유동성이 보장되어야 한다. 한국거래소는 ETN 시장을 개설하면서 투자자가 원활하게 매매거래를 할 수 있도록 유동성 공급자(Liquidity Provider, LP) 제도를 도입하고 있다. 유동성 공급자는 발행된 ETN을 최초로 투자자에게 매도(매출)하는 한편, 상장 이후 지속적으로 유동성 공급호가를 제출한다.

ETN의 유동성공급자 제도는 ELW와 유사하면서 유동성공급자의 요건 등은 조금씩 차이가 있다. ELW와 마찬가지로 ETN의 발행인이 직접 유동성공급자로서 한국거래소에 유동성공급계획을 제출하거나, 유동성공급자 중 1사 이상과 한국거래소「유가증권시장 상장규정 시행세칙」제123조의4에 따른 유동성공급계약을 체결하여 한국거래소에 유동성공급 계약을 제출하여야 한다. 아울러 ELW와 마찬가지로 ETN의 유동성공급자는 증권 및 장외파생상품에 대하여 투자매매업 인가를 받은 한국거래소의 결제회원으로서 순자본비율이 150% 이상이어야 하며, 유동성공급업무 관련 증권관계법규 및 거래소 업무관련규정 위반으로 형사제재, 영업정지 또는 거래정지 이상의 조치를 받으면 1년 이상 경과하여야 한다.

한편, '20년 중 발생한 WTI원유선물 ETN의 괴리율 확대 및 투자자 손실 등에 따른 후속조치에 따라 ETN의 유동성공급자 평가 부분은 강화되었다. 이에 따라 평가 주기가 단축(분기 → 월별)되었으며, 의무 위반수준에 비례하여 ETN 신규상품에 대한 유동성공급자 업무 수행기간을 제한(1~6개월)하고 있다.

**표 4-2  평가등급별 신규 유동성공급자 자격 정지기간**

| 항목 | | 종전(분기평가) | 현행(월평가) |
|---|---|---|---|
| 두 번째 낮은 등급 | | – | 1개월 |
| 최저 등급 | 1회 | 3개월 | 2개월 |
| | 2회 연속 | 6개월 | 3개월 |
| | 3회 연속 | 12개월 | 6개월 |

아울러 ETN의 유동성공급자의 원활한 유동성 공급을 위하여 최소 유동성 보유의무가 도입되었다. 이에 따라 ETN 유동성공급자는 상장증권총수에 따라 일정 수량 이상의 ETN을 보유하여야 한다.

**표 4-3** 유동성공급자의 최소물량 보유기준

| 상장증권총수 | 최소 보유수량 |
|---|---|
| 1,000만 증권 이하 | 상장증권 총수의 20% |
| 1,000만 증권~5,000만 증권 이하 | Max(2,000,000증권, 상장증권 총수의 15%) |
| 5,000만 증권~2억 증권 이하 | Max(7,500,000증권, 상장증권 총수의 10%) |
| 2억 증권 초과 | 20,000,000증권 |

### (3) 지수 산출기관

ETN은 지수 수익률을 지급하는 상품이므로 ETN 투자에는 기초지수의 움직임이 무엇보다 중요하다. 발행회사는 지수 산출기관과 지수 사용에 관한 계약을 맺고 이를 이용해 ETN을 상장할 수 있다. 지수 산출기관은 지속적으로 실행 가능한 전략을 합리적으로 설계하고, 객관적인 자료와 기준을 마련하여 지수를 산출해야 하며, 투자자는 이러한 기초지수에 대한 정보를 어려움 없이 볼 수 있어야 한다. ETN 지수 산출기관은 상장기간 동안 안정적으로 지수를 산출, 관리할 수 있는 전문성과 독립성을 갖추어야 한다.

### (4) 기타 시장참가자

일반 사무관리회사는 ETN의 사무처리를 위해 발행회사로부터 일부 업무를 위탁 받아 수행하는 곳으로 현재는 예탁결제원에서 해당 업무를 담당한다. 예탁결제원에서는 매일 장 종료 후 ETN의 지표 가치를 계산하고 거래소와 코스콤을 통해 공시하고 있으며, 여기서 산출된 지표 가치는 다음 날 코스콤을 통해 산출·발표되는 실시간 지표 가치의 기준이 된다. 한국예탁결제원은 또한 매일 세금 부과의 기준이 되는 과표기준 가격의 계산 업무도 수행한다.

## 1 발행제도

ETN은 신용등급, 재무안정성 등이 우수한 증권회사가 발행하되, 유동성공급자를 제외한 개인이나 기관의 청약은 허용하지 않고 유동성공급자에게 일괄하여 배정하는 형태로 발행(간주 공모)하므로 유동성공급자(일반적으로 발행사)가 발행물량을 전액취득 후 한국거래소를 통하여 일반투자자에게 매출함으로써 ETN의 거래가 시작된다. 이러한 간주 공모방식의 발행 형태는 ELW도 동일하다. ETN은 신규상장 후 시장수요에 따라 추가 발행이 가능하고, 일정 규모 이상을 모아 중도상환도 가능하다. ELW와 ETN은 파생결합증권으로서 거래소에서 투자자가 직접 거래하도록 발행되는 경우에는 고난도 금융투자상품에 해당하지 아니하므로, 최대 원금손실 가능금액과 무관하게 일괄신고서 제출이 가능하다. 이 경우 일괄신고서를 통하여 일정기간 동안의 모집·매출 예정 물량을 금융위원회에 일괄하여 사전에 신고하고, 신고가 수리된 경우에는 그 기간 중에 실제 발행하는 경우 발행금액, 가격 등 모집의 조건에 관한 일괄신고 추가서류만을 제출하면 즉시 증권을 모집·매출을 할 수 있다. 아울러 일괄신고서를 제출하기

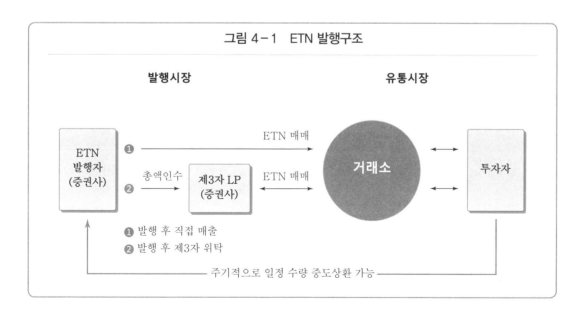

그림 4-1   ETN 발행구조

위한 발행인의 요건 및 일괄신고서 제출에 따른 발행예정기간 중 3회 이상 발행의무도 앞서 파생결합증권에서 설명한 것과 동일하다.

## 2  상장제도

### (1) 상장절차

ETN 상장절차는 기본적으로 주식의 신규상장절차와 동일하다. 상장 적합성 심사를 위해 주식과 같이 신규상장 신청 전에 상장예비심사를 받아야 하고, 거래소는 상장예비심사신청서를 접수한 날부터 15 영업일 이내에 상장예비심사결과를 통지한다.

### (2) 상장요건

거래소 시장에 ETN을 상장하기 위해서는 ETN을 발행하는 증권회사에 대한 요건과 추적하는 지수에 대한 요건, 그리고 그 밖에 상장 상품으로서 필요한 요건을 갖추어야 한다.

❶ 발행회사의 자격 : ETN을 발행하기 위해서는 매우 높은 수준의 신용도와 재무건전성 등 엄격한 자격요건을 충족해야 한다. 이는 ETN이 발행자의 신용으로 발행하는 상품이기

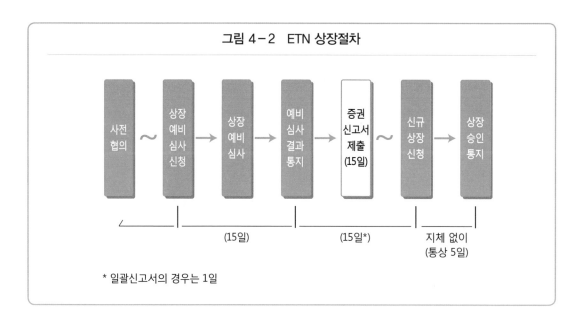

그림 4-2   ETN 상장절차

사전협의 ~ 상장예비심사신청 → 상장예비심사 → 예비심사결과통지 → 증권신고서제출(15일) ~ 신규상장신청 → 상장승인통지

(15일)    (15일*)    지체 없이 (통상 5일)

* 일괄신고서의 경우는 1일

때문에 발행자의 재무요건 등을 엄격하게 제한하여 신용위험을 최소화하기 위함이다. ETN 시장 발행자 요건은 다음의 조건을 충족해야 한다.

ㄱ. 증권 및 장외파생상품 매매업 인가를 받은 금융투자업자

ㄴ. 자기자본 5,000억 원 이상

ㄷ. 신용등급 AA - 이상

ㄹ. 순자본비율 150% 이상

ㅁ. 최근 3사업연도의 개별재무제표와 연결재무제표에 대한 감사인의 감사의견이 모두 적정

❷ 기초지수 요건 : ETN의 기초지수가 되기 위한 조건은 다음과 같다.

ㄱ. KRX 시장에서 거래되는 기초자산 가격의 변동을 종합적으로 나타내는 지수

ㄴ. 외국거래소 시장 등 거래소가 인정하는 시장에서 거래되는 기초자산 가격의 변동을 나타내는 기초지수

ㄷ. 기초지수에 국내외 주식 또는 채권이 포함되는 경우 주식, 채권 각각 최소 5종목 이상, 동일 종목 비중 30%이내로 분산될 것(단, 국채, 통안채, 지방채 등으로만 구성된 지수의 경우 3종목 이상이면 가능하며, 이 경우 동일 종목 비중 30% 이내 요건은 미적용. 또한 지수가 해외증권시장에서 거래되는 종목만으로 구성되는 지수인 경우에는 구성종목의 수는 3종목 이상으로 하며, 하나의 구성종목의 비중은 50%를 초과하지 않아야 함)

❸ 발행규모와 발행한도 : 소규모 ETN의 난립을 방지하고, 충분한 유통수량을 확보하기 위해 신규 상장하는 ETN은 발행원본액(상장증권수×최초발행 시 상장지수증권의 증권당 지표가치)이 최소 70억 원 이상이고, 발행 증권수가 10만 증권 이상이어야 한다. 또한, ETN 발행자가 과도한 신용위험에 노출되는 것을 방지하기 위해 ETN 발행자는 자기자본의 50%까지만 ETN을 발행할 수 있도록 제한을 하고 있다.

❹ 만기, 지수 이용계약 및 유동성 공급계약 : ETN은 1년 이상 20년 이내의 만기로 발행할 수 있다. ETN은 공모로 발행되어야 하는데 청약절차를 거치지 않고 발행사 또는 유동성 공급자가 전량 보유한 상태에서 상장 이후 매출이 시작되는 간주모집을 이용한다. 또한, ETN은 지수와 연동된 상품이므로 기초자산인 지수 정보가 실시간으로 투자자에게 공표되고 지수를 이용할 수 있도록 발행자는 지수에 관한 법적 권한을 가진 기관과 지수 사용계약을 체결해야 하고 원활한 유동성 공급을 위해 유동성 공급계약을 체결하거나 자신이 직접 유동성을 공급하여야 한다.

## (3) 추가 상장과 변경 상장

추가 상장은 시장에서 투자자에게 인기가 있어 상당 수량 이상 매출이 일어난 종목의 추가적인 시장 수요가 예상될 때 발행회사가 신속하게 물량을 공급하는 제도이다. ETN을 추가 상장하는 경우에도 발행회사의 자격, 지수요건, 유동성 공급자에 관한 요건 등은 충족하여야 하지만, 유동성 공급자의 보유물량 소진으로 인한 유동성 부족으로 ETN이 기초지수와 동떨어진 가격으로 거래되는 것을 막기 위해 상장요건 중 발행한도는 적용되지 않는다.

변경 상장은 상장법인이 이미 발행한 ETN의 종목명을 바꾸거나 중도상환 및 증권 병합·분할에 따라 수량을 변경하는 제도이다. 발행회사명이 바뀌어 종목명을 바꾸는 경우, ETN 증권 병합·분할 또는 만기 전에 투자자가 보유한 일정 수량 이상의 ETN을 장외에서 발행 회사를 상대로 중도상환을 청구하여 발행수량이 변경되는 경우에 변경 상장이 발생한다.

## (4) 상장폐지

거래소는 다음과 같은 상장폐지 기준에 해당할 경우 투자자 보호를 위하여 만기 이전이라 하더라도 해당 종목을 상장폐지한다.

❶ 발행회사 자격요건 미달 : 발행회사의 증권 또는 장외파생상품 투자매매업 인가가 취소되거나 영업 정지로 상장지수증권 관련 업무를 수행하는 것이 불가능하게 되는 등 정상적 업무 수행이 불가능한 경우

❷ 기초지수 요건 미달 : ETN 기초자산의 가격 또는 지수를 산출할 수 없거나 이용할 수 없게 되는 경우, 그리고 지수의 산출기준이 변경되는 경우 상장폐지된다.

❸ 유동성 공급 능력 부족 : 발행회사가 유동성 공급을 할 수 없게 되거나 유동성 공급계약

표 4-4 **ETN 진입 및 퇴출요건**

| 구분 | 진입요건 | 퇴출요건 |
|---|---|---|
| 인가 | 인가 | 인가 취소 |
| 자기자본 | 5,000억 원 이상 | 2,500억 원 미만 |
| 신용등급 | AA− 이상 | 투자적격등급(BBB−) 미만 |
| 순자본비율 | 150% 이상 | 100% 미만 3개월 지속 또는 50% 미만 |
| 감사의견 | 최근 3사업연도 개별 및 연결재무제표 모두 적정 | 최근 사업연도 개별 또는 연결재무제표 부적정 또는 의견거절 |

표 4-5 ETN 발행사의 거래소 신고사항

| 구분 | | 신고사항 |
|---|---|---|
| 정기보고 | 일일보고 | 증권당 지표 가치 |
| | 분기보고 | 분기 업무보고서 금융위 제출에 따라 순자본비율을 금융위에 제출한 경우 |
| 비정기 보고 | | 이익분배 결정사항(분배금 지급기준일부터 3일전까지) |
| | | 발행회사(보증인)의 신용등급 변경 또는 순자본비율 기준 미달 |
| | | 상장지수증권의 상장폐지 사유가 발생한 경우 |
| | | 유동성 공급 관련하여 계약의 체결·변경·해지, 유동성 공급시스템 장애 등이 발생한 경우 |
| | | 가격 또는 지수 산출기준이 변경되거나 산출이 중단(중단해소)된 경우 |
| | | 구성 비중이 5%를 초과하는 종목이 지수에서 교체되는 경우 |
| | | 괴리율이 기준을 초과한 경우 |
| | | 사무관리회사가 변경된 경우 |

을 체결한 LP가 없게 되는 경우, 그 날로부터 1개월 이내에 다른 LP와 유동성 공급계약을 체결하지 않거나 발행회사가 직접 유동성 공급계획서를 제출하지 않는 경우

❹ 상장규모 및 거래규모 부족 : ETN 종목의 해당 반기 말 현재 발행원본액과 지표가치금액(상장증권수×해당일 상장지수증권의 증권당 지표가치)이 모두 50억 원에 미달하거나, 반기 일평균 거래대금이 500만 원에 미달하는 경우에는 소규모 종목 난립 방지를 위해 관리종목으로 지정한 후 다음 반기말에도 동일 기준에 미달하면 상장폐지 된다.

❺ 신고의무 위반 : ETN 발행회사는 ETN 상장 이후 중요한 내용을 투자자가 알 수 있도록 규정에서 정하는 사유가 발생하면 거래소에 신고해야 할 의무가 있다. 그럼에도 고의·중과실 또는 상습적으로 신고의무를 위반하는 경우에는 상장이 폐지된다.

## 3 유동성 공급자 제도

### (1) 유동성 공급자

유동성 공급자(LP)는 원활한 거래를 지원하는 시장참가자로서 시장에 주문이 충분하지 않아 매도, 매수주문의 가격 차이가 크게 확대되어 있는 경우 이 가격 차이를 좁히기 위해 매도,

매수 양방향의 주문을 일정 수량 이상 제출할 의무가 있다.

유동성 공급자의 역할은 ETN을 발행한 증권회사 또는 제3의 증권회사가 담당한다. LP는 매수와 매도 양쪽 방향으로 최소 100증권 이상씩 호가를 제출해야 한다.

## (2) 가격 괴리 조정 기능

LP의 또 다른 기능은 ETN 시장 가격이 지표 가치에서 벗어나는 현상인 가격 괴리가 발생하지 않도록 하는 것이다. ETN 정규시장 거래시간 동안 실시간으로 제공되는 실시간 지표 가치(Intraday Indicative Value, IIV)를 기준으로 매도호가가 매우 높거나 매수호가가 매우 낮게 되면 ETN 시장 가격은 실시간 지표 가치에 비해 훨씬 높거나 매우 낮은 수준에서 형성될 가능성이 높고 그 결과 괴리율은 크게 벌어질 수가 있다. LP는 상시적으로 실시간 지표 가치 근처에서 호가를 제출하기 때문에 ETN 시장 가격의 비정상적 형성을 막는 역할을 수행한다. 간혹 비정상적으로 가격이 형성(단일가 매매 시간대에 주로 그러한 현상이 나타난다)된다 하더라도 LP가 호가를 제출함으로써 비정상적 가격이 오래 지속되지 못하도록 한다. 거래소는 ETN의 괴리율(%)[(종가-증권당 지표가치)×100/증권당 지표가치]이 3%(해외 기초자산의 경우 6%)를 초과하지 않도록 유동성 공급호가를 제출토록 하고 있다.

한편 거래소는 가격괴리가 크게 발생하지 않도록 LP들로 하여금 정규시장의 매매거래 시간 중에 최우선호가를 기준으로 한 호가스프레드비율(호가스프레드/매수호가 가격, 호가스프레드=매도호가 가격-매수호가 가격)이 일정 수준 이하에서 유지되도록 규제를 한다. ETN이 국내기초자산만 추적하는 경우 호가스프레드비율은 2%이내, 해외기초자산(해외기초자산을 일부 포함한 경우를 포함)을 추적하는 경우 호가스프레드비율은 3%이내로서 발행사가 거래소에 신고한 비율 이내로 유지하여야 하며, 동 범위를 초과하는 때(매도호가 또는 매수호가의 어느 일방 또는 양방에 호가가 없는 경우를 포함)에는 그 때부터 5분 이내에 유동성공급호가를 제출하여야 한다.

## (3) 호가제출 예외사항

LP는 일정한 기준에 의해 호가를 제출해야 하는 의무가 있을 뿐이지, 투자자들이 원하는 가격 수준에 반드시 호가를 제출해야 한다거나 거래를 체결시켜야 하는 의무가 있는 것이 아니다. 특히 LP가 호가를 제출할 의무가 없는 경우도 있다. 오전 단일가매매 호가접수시간(08:00~09:00), 증권시장 개시 후 5분간(09:00~09:05) 그리고 오후 단일가매매 호가접수시간(15:20~15:30)에는 LP가 호가를 제출하지 않아도 된다. 한편, 09:05~15:20 사이라도 호가스프레드 비율이 해당 ETN의 상장 시 거래소에 신고한 비율 이하이면 호가를 제출하지 않아도 된다.

이는 가격 괴리가 발생하지 않도록 하는 것이 LP 기능이라는 측면에서, 현재 시장에서 형성된 호가 스프레드 비율이 크지 않으면 LP가 개입하여 호가를 제출하지 않아도 된다는 의미이다. LP의 호가 제출 의무가 없는 오전 단일가 매매 호가접수시간(08:00~09:00)과 오후 단일가 매매 호가접수시간(15:20~15:30)은 ETN 시장 가격이 비정상적으로 형성되기가 쉬운 시간대이다. 이 시간대에는 기초지수의 흐름을 알기 어렵고 LP도 호가 제출 의무가 없기 때문에 투자자의 주문실수 등으로 ETN 가격이 기초지수와 상관없이 크게 상승하거나 크게 하락할 수 있다.

## section 03 투자지표와 투자위험

### 1 투자지표

#### (1) 일일 지표 가치(Indicative Value : IV)

일일 지표 가치는 ETN 1증권당 실질가치로 ETF의 순자산가치(NAV)와 유사한 개념이다. 일일 지표 가치는 발행일 기준가로부터 일일 기초지수 변화율에 일할 계산된 제비용, 분배금 등을 가감하여 산출한다.

지표 가치는 투자자가 발행자에게 중도상환을 요청할 경우 중도상환 기준가(당일 지표 가치 – 중도상환 수수료(증권사 자율))로 활용 가능할 뿐만 아니라 당일 시장 가격과의 괴리율((ETN종가 – 지표 가치)/지표 가치)의 판단기준이 된다. 산출은 매 영업일 장 종료 후 이루어지며 예탁결제원 등 일반 사무관리회사가 산출을 담당한다.

$$\text{T일 지표 가치} = \{\text{T-1일 지표 가치} \times \frac{\text{T일 최종 인덱스 가격}}{\text{T-1일 최종 인덱스 가격}}\} - \text{제비용} \pm \text{분배금}$$

## (2) 실시간 지표 가치(Intraday Indicative Value : IIV)

실시간 지표 가치는 하루에 한번 발표되는 일일 지표 가치를 보완하기 위해 실시간으로 변하는 ETN의 가치 변화를 나타낸다. 실시간 지표 가치의 산출은 전일 지표 가치에 당일 장중 기초지수 변화율을 반영하여 산출한다. 산출주기는 기초지수 산출주기와 동일하게 하되 최대 15초 이내로 설정한다.

## (3) 괴리율

괴리율은 ETN 시장 가격과 지표 가치의 차이를 나타내는 지표이다. 일반적으로 발행회사의 신용위험이 부각되거나 유동성 공급이 원활하지 않을 때 높아진다.

$$괴리율(\%) = \frac{(\text{시장 가격} - \text{지표 가치})}{\text{지표 가치}} \times 100$$

---

## 2 투자위험

### (1) 발행회사 신용위험

ETN은 신탁재산을 별도 보관하는 ETF와 달리 무보증·무담보 일반사채와 동일한 발행자 신용위험을 가진다. ETF에 비해 추적오차의 위험이 적은 반면, 발행회사의 채무불이행 위험으로부터 자유롭지 않다고 할 수 있다.

비록 거래소가 ETN 발행 자격을 제한하고 상장 이후에도 발행회사에 적정한 재무요건을 요구하는 등 신용위험을 관리하기 위해 노력하지만 리만사태처럼 갑자기 신용위험이 부각되는 경우 ETN 투자자는 기초지수의 성과와 상관없이 투자금의 상당 부분을 손해 볼 위험에 처할 수도 있다.

### (2) 기초자산 가격 변동 위험

ETN은 기초자산인 추적대상지수를 따라 움직이는 인덱스 상품이기 때문에 지수가 하락하면 손실이 나타날 수 있는, 원금이 보장되지 않는 상품이다.

물론 지수 구성종목에 분산투자하기 때문에 개별 주식 투자에 비해 기업 고유의 위험은 줄일 수 있지만 시장 전체의 변동에 따른 지수 하락 위험은 피할 수 없다.

ETN의 지표가치 또는 실시간 지표가치는 일반기업의 주가처럼 향후 전망과 같은 미래의 가치가 현재의 가격에 반영되는 상품이 아니라 단순히 기초지수의 변동에 따라 결정된다.

## (3) 유동성 부족 위험

ETN은 거래소에 상장되어 거래되는 상품이며, 유동성 공급자가 원활한 거래를 지원한다. 그러나 유동성 공급자는 일정한 규칙에 따라 호가를 제시할 의무가 있을 뿐 투자자가 원하는 가격으로 반드시 호가를 제출하거나 거래를 체결시켜야 하는 의무가 있는 것은 아니다. 호가가 충분하게 제시되어 있지 않은 종목의 경우 투자자가 원하는 가격에 즉각적으로 거래하지 못할 가능성을 배제할 수 없다.

한편, 시장에서 투자자에게 인기가 있어 상당 수량 이상 매출이 일어난 종목은 추가 상장을 통해 신속하게 물량을 공급해 ETN이 지표 가치에 근접하여 거래될 수 있도록 한다. 그런데 이 추가 상장이 신속하고 원활하게 일어나지 않으면 ETN의 가격이 왜곡될 위험이 있다.

실제로 미국 ETN 시장에서 2012년 2월 크레딧스위스(Credit Suisse)가 자사가 발행한 ETN상품인 TVIX에 대해 추가 발행을 중단하여 가격이 급격하게 상승했다가 추가 발행을 재개하면서 다시 급락한 사례가 있다. 한편, 시장에서 투자자에게 인기가 있어 상당수량 이상 매출이 일어난 종목은 추가상장을 통해 신속하게 물량을 공급해 ETN이 지표가치에 근접하여 거래될 수 있도록 하는 데, 이 추가상장이 신속하고 원활하게 일어나지 않으면 ETN의 가격이 왜곡될 위험이 있다. 국내 ETN 시장은 추가상장에 제약이 없도록 제도적으로 뒷받침하고 있지만 발행의 주체는 증권회사이기 때문에 이러한 위험을 완전히 제거할 수는 없다

## (4) 단기거래 비용증가 위험

ETN은 주식처럼 증권시장에서 거래되며, 특히 국내 주식형 ETN의 경우 매도할 때 증권거래세가 면제되는 장점이 있어 단기 투자에 이용될 가능성이 높다. 하지만 ETN의 매매를 위해서는 증권회사를 거쳐야 하기 때문에 매매가 빈번할 경우 증권회사에 지불하는 위탁수수료 부담이 커지게 된다. 따라서 ETN 단기 거래시 위탁수수료 비용이 증가해 투자 수익률에 좋지 않은 영향을 미칠 수 있다.

## (5) 상장폐지 위험

일반 기업의 주식처럼 ETN의 경우도 일정 요건에 미달하면 상장폐지 될 수 있다. 다만, ETN은 일반 주식의 상장폐지처럼 투자금 대부분의 손실을 보는 것은 아니다. 발행회사의 부도 발생이 아닌 경우에는 상장폐지 되더라도 ETN 발행회사가 최종 거래일의 지표 가치에 해당하는 금액은 투자자에게 지급한다. 그럼에도 투자기간 동안 손실이 발생했다면 상장폐지와 함께 손실이 확정되고 이를 만회할 기회가 사라진다. 또한 계속 투자하고 싶은 투자금액을 다른 상품에 다시 투자 해야 하는 불편함이 있을 수 있다.

ETN은 만기가 되어 상장폐지되는 경우 외에도, 발행회사의 자격 유지, 기초지수 요건, 유동성 공급자 요건, 규모요건 등을 충족하지 못하거나, 발행회사가 중요한 공시의무를 위반하는 경우에 상장폐지될 수 있다. ETN은 증권회사가 신용으로 발행하는 상품이기 때문에 ETF 등 다른 상품에 비해 발행회사의 자격 유지 요건은 높다고 할 수 있다.

## (6) 일별 복리화 효과 위험

ETN은 기초지수가 목표로 하는 주요 투자전략 또는 투자대상(이하 "투자대상등"이라 함)의 누적수익률이 아니라 일별수익률에 연동하므로, 추적 배율이 1배가 아닌 ETN을 2일 이상 보유하는 경우 보유기간 동안 ETN의 누적수익률은 투자대상등의 누적수익률에 추적 배율을 곱한 값과 차이가 날 수 있다. 간단히 말하면, 원유선물 2배 레버리지 ETN의 10일간 누적수익률은 원유선물 가격의 10일간 누적수익률의 2배와 다를 수 있다는 것이다. 이러한 현상은 일별수익률 복리화 효과에 따른 것으로 ETN의 투자자가 유의하여야 할 사항이다.

일별 복리화 효과 위험을 이해하기 위하여 ETN의 기초지수 및 지표가치의 구성을 단순화하는 가정을 하면, $T$일의 투자대상등의 종가 $P_T$와 기초지수의 종가 $I_T$의 관계는 식①과 같다.

《단순화를 위한 가정》
- 기초지수는 투자대상등으로만 구성(즉, 이자수익, 이자비용 등 타 항목은 0으로 가정)
- 지표가치는 기초지수의 일별수익률만을 반영(즉, 제비용, 분배금 등은 0으로 가정)

$$(I_{t+1}/I_t - 1) = K \times (P_{t+1}/P_t - 1), \quad K : \text{추적 배율} \qquad \cdots\cdots ①$$

식①은 기초지수가 투자대상등의 일별수익률의 $K$배를 추적한다는 것을 의미하며, $(P_{t+1}/P_t - 1)$은 투자대상등의 일별수익률으로서 이를 $r_{t+1}$이라고 쓰면, $P_1 = P_0(1+r_1)$, $P_2 = P_1(1+r_2)$, $P_3 = P_2(1+r_3)$, $\cdots$, $P_n = P_{n-1}(1+r_n)$ 이므로

$$P_n = P_0(1+r_1)(1+r_2)(1+r_3)\cdots(1+r_n)$$

따라서 투자대상등의 보유기간 누적수익률은 식②가 된다.

$$(P_n/P_0 - 1) = (1+r_1)(1+r_2)\cdots(1+r_n) - 1 \qquad \cdots\cdots ②$$

식①에서 $(P_{t+1}/P_t - 1)$을 $r_{t+1}$로 대체하면, 기초지수도 아래와 같이 정리가 가능하다. $I_1 = I_0(1+K\times r_1)$, $I_2 = I_1(1+K\times r_2)$, $I_3 = I_2(1+K\times r_3)$, $\cdots$, $I_n = I_{n-1}(1+K\times r_n)$이므로

$$I_n = I_0(1+K\times r_1)(1+K\times r_2)(1+K\times r_3)\cdots(1+K\times r_n)$$

따라서 기초지수의 보유기간 누적수익률은 식③이 된다.

$$(I_n/I_0 - 1) = (1+K\times r_1)(1+K\times r_2)\cdots(1+K\times r_n) - 1 \qquad \cdots\cdots ③$$

식②, ③에서 간단하게 2일간의 누적수익률을 계산해 보면, 투자대상등의 2일간 누적수익률은 식④가 되고, 기초지수의 2일간 누적수익률은 레버리지 2배($K=2$) ETN의 경우 식⑤, 인버스 1배($K=-1$) ETN의 경우 식⑥이 된다.

$$(P_2/P_0 - 1) = (1+r_1)(1+r_2) - 1 = 1 + r_1 + r_2 + r_1 \times r_2 - 1 = r_1 + r_2 + r_1 \times r_2 \qquad \cdots ④$$
$$(I_2/I_0 - 1) = (1+2r_1)(1+2r_2) - 1 = 1 + 2r_1 + 2r_2 + 4r_1 \times r_2 - 1 = 2r_1 + 2r_2 + 4r_1 \times r_2 \qquad \cdots ⑤$$
$$(I_2/I_0 - 1) = (1-r_1)(1-r_2) - 1 = 1 - r_1 - r_2 + r_1 \times r_2 - 1 = -r_1 - r_2 + r_1 \times r \qquad \cdots ⑥$$

식④, ⑤, ⑥을 비교해 보면, 일별수익률 $r_1, r_2$ 중 어느 하나도 0이 아니면, ⑤ $\neq 2\times$④, ⑥ $\neq -1\times$④이 된다.

따라서 2일간의 누적수익률에서는 투자대상등의 일별수익률 $r_1$, $r_2$ 중 어느 하나도 0이 아니면, 기초지수의 누적수익률이 투자대상등의 누적수익률에 추적 배율을 곱한 값과 반드시 차이가 남을 알 수 있다.

같은 방식으로 3일간의 누적수익률을 계산하면 아래와 같고, 마찬가지로 $r_1$, $r_2$, $r_3$ 중 어느 하나도 0이 아니라고 가정하자.

$$
\begin{aligned}
(P_3/P_0-1) &= (1+r_1)(1+r_2)(1+r_3)-1 \\
&= 1+(r_1+r_2+r_3)+(r_1 \times r_2+r_2 \times r_3+r_3 \times r_1)+r_1 \times r_2 \times r_3-1 \\
&= (r_1+r_2+r_3)+(r_1 \times r_2+r_2 \times r_3+r_3 \times r_1)+r_1 \times r_2 \times r_3 \quad \cdots\cdots \ ④' \\
(I_3/I_0-1) &= (1+2r_1)(1+2r_2)(1+2r_3)-1 \\
&= 1+(2r_1+2r_2+2r_3)+(4r_1 \times r_2+4r_2 \times r_3+4r_3 \times r_1)+8r_1 \times r_2 \times r_3-1 \\
&= (2r_1+2r_2+2r_3)+(4r_1 \times r_2+4r_2 \times r_3+4r_3 \times r_1)+8r_1 \times r_2 \times r_3 \quad \cdots\cdots \ ⑤' \\
(I_3/I_0-1) &= (1-r_1)(1-r_2)(1-r_3)-1 \\
&= 1+(-r_1-r_2-r_3)+(r_1 \times r_2+r_2 \times r_3+r_3 \times r_1)-r_1 \times r_2 \times r_3-1 \\
&= -(r_1+r_2+r_3)+(r_1 \times r_2+r_2 \times r_3+r_3 \times r_1)-r_1 \times r_2 \times r_3 \quad \cdots\cdots \ ⑥'
\end{aligned}
$$

다만, 이 경우에는 $(r_1 \times r_2+r_2 \times r_3+r_3 \times r_1)=-(r_1 \times r_2+r_2 \times r_3+r_3 \times r_1)$인 경우 $⑥'=-1 \times$ $④'$가 되고, 이는 $(r_1 \times r_2+r_2 \times r_3+r_3 \times r_1)=0$을 의미한다. 즉 $r_1(r_2+r_3)=-r_2 \times r_3$이면 ETN의 누적수익률과 투자대상등의 누적수익률에 추적 배율을 곱한 값이 일치한다. 일례로, $r_1=20\%$, $r_2=-10\%$, $r_3=20\%$인 경우, 위 식은 성립한다.

따라서 3일 이상의 기간에서는 일별수익률 $r_1$, $r_2$, $r_3$ 중 어느 하나도 0이 아니더라도, 기초지수의 누적수익률이 투자대상등의 누적수익률에 추적 배율을 곱한 값과 같은 경우도 발생할 수 있으므로 양자는 "다를 수 있다"는 점에 주의할 필요가 있다.

다음의 Case 1~3은 일별 복리화 효과의 위험을 강조하는 차원에서, 레버리지 2배 ETN의 누적수익률이 투자대상등의 누적수익률의 2배 보다 작은 사례를 제시하였다.

Case 1)

| 일자 | 투자대상등 | | | 기초지수(2배 레버리지) | | |
|---|---|---|---|---|---|---|
| | 종가 | 일별수익률 | 누적수익률 | 종가 | 일별수익률 | 누적수익률 |
| 1 | 100.00 | | | 100.00 | | |
| 2 | 88.00 | −12.00% | | 76.00 | −24.00% | |
| 3 | 105.60 | 20.00% | 5.60% | 106.40 | 40.00% | 6.40% |

– 투자대상등의 2일 누적수익률＝5.6%, 투자대상등의 2일 누적수익률×2＝10.12%

– 2배 레버리지 기초지수의 2일 누적수익률＝6.4%

∴ 투자대상등의 2일 누적수익률×2＞2배 레버리지 기초지수의 2일 누적수익률

Case 2)

| 일자 | 투자대상등 | | | 기초지수(2배 레버리지) | | |
|---|---|---|---|---|---|---|
| | 종가 | 일별수익률 | 누적수익률 | 종가 | 일별수익률 | 누적수익률 |
| 1 | 100.00 | | | 100.00 | | |
| 2 | 88.00 | −12.00% | | 76.00 | −24.00% | |
| 3 | 101.20 | 15.00% | 1.20% | 98.80 | 30.00% | −1.20% |

– 투자대상등의 2일 누적수익률＝1.2%, 투자대상등의 2일 누적수익률×2＝2.4%

– 2배 레버리지 기초지수의 2일 누적수익률＝−1.2%

∴ 투자대상등의 2일 누적수익률×2＞0, 2배 레버리지 기초지수의 2일 누적수익률＜0

Case 3)

| 일자 | 투자대상등 | | | 기초지수(2배 레버리지) | | |
|---|---|---|---|---|---|---|
| | 종가 | 일별수익률 | 누적수익률 | 종가 | 일별수익률 | 누적수익률 |
| 1 | 100.00 | | | 100.00 | | |
| 2 | 88.00 | −12.00% | | 76.00 | −24.00% | |
| 3 | 100.00 | 13.64% | 0.00% | 96.73 | 27.27% | −3.27% |

– 투자대상등의 2일 누적수익률＝0%, 투자대상등의 2일 누적수익률×2＝0%

– 2배 레버리지 기초지수의 2일 누적수익률＝−3.27%

∴ 투자대상등의 2일 누적수익률×2＝0, 2배 레버리지 기초지수의 2일 누적수익률＜0

상기 Case 1~3에서 Case 1은 투자대상등의 누적수익률의 2배와 레버리지 2배 ETN의 누적수익률이 모두 양수인 경우, Case 2는 투자대상등의 누적수익률의 2배는 양수인데, 레버리지 2배 ETN의 누적수익률은 음수인 경우, Case 3은 투자대상등의 누적수익률의 2배는 0(zero)임에도 레버리지 2배 ETN의 누적수익률은 음수인 경우이다.

아울러 일별 복리화 효과에 따라, 레버리지 2배 ETN의 누적수익률이 투자대상등의 누적수익률의 2배 보다 큰 경우도 발생할 수 있다. 다음의 Case 4~5는 그러한 예시이다.

Case 4)

| 일자 | 투자대상등 | | | 기초지수(2배 레버리지) | | |
|---|---|---|---|---|---|---|
| | 종가 | 일별수익률 | 누적수익률 | 종가 | 일별수익률 | 누적수익률 |
| 1 | 100.00 | | | 100.00 | | |
| 2 | 110.00 | 10.00% | 10.00% | 120.00 | 20.00% | 20.00% |
| 3 | 120.00 | 9.09% | 20.00% | 141.82 | 18.18% | 41.82% |

- 투자대상등의 2일 누적수익률=20%, 투자대상등의 2일 누적수익률×2=40%
- 2배 레버리지 기초지수의 2일 누적수익률=41.82%
- ∴ 투자대상등의 2일 누적수익률×2<2배 레버리지 기초지수의 2일 누적수익률

Case 5)

| 일자 | 투자대상등 | | | 기초지수(2배 레버리지) | | |
|---|---|---|---|---|---|---|
| | 종가 | 일별수익률 | 누적수익률 | 종가 | 일별수익률 | 누적수익률 |
| 1 | 100.00 | | | 100.00 | | |
| 2 | 90.00 | −10.00% | −10.00% | 80.00 | −20.00% | −20.00% |
| 3 | 80.00 | −11.11% | −20.00% | 62.22 | −22.22% | −37.78% |

- 투자대상등의 2일 누적수익률=−20%, 투자대상등의 2일 누적수익률×2=−40%
- 2배 레버리지 기초지수의 2일 누적수익률=−37.78%
- ∴ 투자대상등의 2일 누적수익률×2<2배 레버리지 기초지수의 2일 누적수익률

이상과 같이 Case 1~5를 통하여 투자대상등의 가격 변화가 일별 복리화 효과에 따라 기초지수에 다양한 형태로 영향을 미칠 수 있음을 알 수 있다.

## (7) 롤오버 위험

ETN의 기초지수가 목표로 하는 투자대상등이 선물인 경우, ETN도 롤오버 효과가 발생할 수 있다. 이에 선물의 롤오버 효과를 설명하고자 한다.

선물은 만기가 있기 때문에 선물에 장기 투자하기 위해서는 투자대상인 근월물의 만기가 도래하는 경우 이를 차월물로 교체하여 만기를 연장하는 데, 이를 롤오버(Roll-Over)라고 한다. 선물을 롤오버하는 경우 만기가 짧은 근월물과 만기가 긴 차월물간의 가격 차이에 의해 비용(부의 효과) 또는 수익(양의 효과)이 발생할 수 있으며 이를 롤오버 효과라고 한다.

롤오버 효과에 대한 이해를 위하여 다음과 같이 롤오버가 하루에 발생한다고 가정한 단순한 사례를 생각해 보자.

투자자 A가 1월초에 3월물 선물을 계약당 50$에 10계약을 매수한 후, 2월말에 동 3월물을 계약당 20$에 전량 매도하고, 5월물을 계약당 25$에 8계약을 매수하여 롤오버를 한 경우, 3월말 평가시점에서 5월물 가격이 계약당 40$이면, 투자자 A의 선물 포지션은 500$에서 320$로 감소하였고 그 결과 동기간 누적수익률은 −36%가 된다. 동 사례에서 투자자는 선물의 가격만을 기준으로 해서, 매수 시점의 50$과 평가 시점의 40$을 비교하여 누적수익률을 −20%라고 잘못 판단할 수가 있는데 이는 중간의 롤오버를 고려하지 못했기 때문이다. 실제로 선물을 추적하는 투자전략의 경우 이러한 착오를 하기 쉬우며, 롤오버 위험이란 이와 같이 단순히 기초자산의 가격을 기준으로 한 누적수익률과 실제의 누적수익률간 차이가 발생할 수 있음을 의미한다.

| 시점(거래) | 1월초 (3월물 매수) | 2월말 (롤오버) | | 3월말 (5월물 평가) |
|---|---|---|---|---|
| | | 3월물 매도 | 5월물 매수 | |
| 계약당 가격($) | 50 | 20 | 25 | 40 |
| 계약수 | 10 | 10 | 8 | 8 |
| 계약가치 | 500 | 200 | 200 | 320 |
| 누적수익률 | | −60% | −60% | −36% |

이번에는 상기 사례를 다음과 같이 기호를 써서 생각해 보자.

"$P_{3월물, 1월초}$"1월초, 3월물 매수 가격, "$Q_{3월물, 1월초}$"를 1월초, 3월물 매수 수량, "$P_{3월물, 2월말}$"를 2월말, 3월물 매도 가격, "$P_{5월물, 2월말}$"를 2월말, 5월물 매수 가격, "$N_{5월물, 2월말}$"를 2월말, 5월물 매수 수량, "$P_{5월물, 3월말}$"를 3월말, 5월물 평가가격이라고 하면, 1월초 매수한 계약가치는 $P_{3월물, 1월초} \times Q_{3월물, 1월초}$가 되고, 3월말 평가시에는 3월물을 모두 매도하고 5월물만 보유하므로 3월말 평가가치는 $P_{5월물, 3월말} \times N_{5월물, 2월말}$이 된다. 따라서 누적수익률 $R$은 다음과 같이 계산된다.

$$R = \frac{평가시계약가치}{최초계약가치} - 1 = \frac{P_{5월물, 3월말} \times N_{5월물, 3월말}}{P_{3월물, 1월초} \times Q_{3월물, 1월초}} - 1$$

그런데, 롤오버 과정에서 매도한 3월물과 매수한 5월물의 계약가치는 같으므로 $N_{5월물, 2월말}$은 다음의 관계가 성립한다.

$$P_{3월물, 2월말} \times Q_{3월물, 1월초} = P_{5월물, 2월말} \times N_{5월물, 2월말}$$

$$\Rightarrow N_{5월물, 2월말} = \frac{P_{3월물, 2월말} \times Q_{3월물, 1월초}}{P_{5월물, 2월말}}$$

$N_{5월물, 2월말}$을 $R$에 대입하면, 누적수익률 $R$은 다음과 같이 정리될 수 있다.

$$R = \frac{P_{5월물, 3월말} \times P_{3월물, 2월말} \times Q_{3월물, 1월초}}{P_{3월물, 1월초} \times Q_{3월물, 1월초} \times P_{5월물, 2월말}} - 1$$

$$= \frac{P_{3월물, 2월말}}{P_{3월물, 1월초}} \times \frac{P_{5월물, 3월말}}{P_{5월물, 2월말}}$$

이 경우 롤오버를 고려한 누적수익률은 수량을 고려하지 않고 월물간의 가격만으로 산정할 수 있고, 동 수익률은 롤오버 시점의 두 월물간 가격 차이로 인한 불연속 구간을 제외하고 각 월물내 가격 변화를 이용하여 계산한 결과이다. 동 사례에서 누적수익률을 이에 따라 계산하면 아래와 같고, 이는 앞서 수량을 감안하여 평가한 누적수익률과 동일함을 알 수 있다.

$$\frac{P_{3월물, 2월말}}{P_{3월물, 1월초}} = \frac{20}{50} = 0.4, \quad \frac{P_{5월물, 3월말}}{P_{5월물, 2월말}} = \frac{40}{25} = 1.6$$

$$R = 0.4 \times 1.6 - 1 = 0.64 - 1 = -0.36$$

다만, 실제 선물의 롤오버는 상기 사례와 같이 하루만에 근월물과 차월물을 교체하는 것이 아니라 일반적으로 일정 롤오버 기간 동안 근원물과 차월물을 순차적으로 교체하므로 그 계산 과정이나 결과는 보다 복잡하고 다를 수 있다.

앞서 언급한 바와 같이, ETN의 경우에도 목표로 하는 투자대상등이 선물인 경우 롤오버 효과가 발생할 수 있는데, 이는 ETN의 기초지수가 선물의 롤오버를 반영하여 투자대상인 근월물의 만기가 도래하기 전에 차월물로 롤오버하는 방식으로 산정되기 때문이다. ETN의 투자설명서 또는 일괄신고추가서류 중 "Ⅳ. 기초자산에 관한 사항"에서는 롤오버 일정, 기초지수의 롤오버에 따른 근월물과 차월물의 비중 조정 기준 등이 구체적으로 명시되어 있다.

01  다음 상품 중 파생결합증권인 것은?

① 주식워런트(ELW)                    ② 원자재투자수익증권

③ 주가연동예금                        ④ 기업어음


02  다음 중 파생결합증권에 대한 설명으로 옳은 것은?

① 다른 금융투자상품을 기초자산으로 하는 파생결합증권을 발행할 수는 없다.

② 파생결합증권 기초자산의 종류는 투자자 보호를 위해 한정적으로 열거하고 있다.

③ 탄소배출권과 같은 환경적 위험 등은 기초자산으로 편입되어 있지 않다.

④ 파생결합증권은 타인의 노력과 무관하게 외생적 지표에 의해 수익이 결정되는 증권이다.


03  다음 중 파생결합증권의 발행과 관련해서 적절하지 않은 것은?

① 파생결합증권의 발행을 위해서는 증권신고서를 작성하여야 한다.

② 파생결합증권의 증권신고서는 수리된 날로부터 15일 경과 후 효력이 발생한다.

③ 파생결합증권은 일괄신고서를 이용할 수 없다.

④ 거래소에 상장되는 파생결합증권은 상장예비심사를 받아야 한다.


해설

01  ① ELW는 대표적 파생결합증권이다.

02  ④ 파생결합증권의 기초자산은 포괄적으로 정의하고 있다.

03  ③ 발행기간을 단축하고 발행 편의를 도모하기 위해 파생결합증권은 일괄신고서를 이용할 수 있다.

**04** 다음 중 ELW에 대한 설명으로 옳은 것은?

① ELW의 만기 시점에 거래소가 결제이행을 보증한다.

② 현금결제방식의 ELW는 자동적으로 권리가 행사된다.

③ ELW는 장내 파생상품으로 분류된다.

④ 일반투자자도 ELW를 발행할 수 있다.

**05** 다음 중 기초자산과 ELW 각각의 만기수익률을 같게 만드는 기초자산의 연간 기대수익률을 의미하는 ELW의 투자지표는?

① 델타                      ② 자본 지지점

③ 기어링                 ④ 손익분기점

**06** 다음 중 기초자산의 변화율에 따른 ELW의 가격 변화율을 의미하는 ELW의 투자지표는?

① 기어링                 ② 자본 지지점

③ 유효 기어링          ④ 손익분기점

**07** 다음 중 ELS, ELD 및 ELF에 대한 설명으로 옳지 않은 것은?

① ELD는 은행에서 발행되는 금융상품이지만 예금자보호법의 대상에는 속하지 않는다.

② ELF는 자산운용사에서 운용하는 수익증권으로써 원금은 보장되지 않는다.

③ ELS는 증권사에서 발행하는 증권이다.

④ ELD는 원금이 보장되는 구조이다.

---

**해설**

04  ② 현금결제 ELW는 자동 권리행사를 채택하고 있다.

05  ② Capital Fulcrum Point(CFP)라고 불린다.

06  ③ effective gearing이라고 불린다.

07  ① ELD는 정기예금으로 예금자 보호대상이다.

**08** 다음의 신종 조기상환형(일명 HiFive 또는 6chance) 구조에 대한 설명으로 옳지 않은 것은?

① 신종 조기상환형 구조의 주가 상승형에서는 조기 상환결정 시점에서의 주가가 기준가격보다 높은 경우 조기상환이 발생한다.

② 신종 조기상환형 구조는 만기까지 조기상환이 발생하지 않은 경우 항상 원금을 지급한다.

③ 신종 조기상환형 구조에서 기초자산이 2개 이상인 경우에는 주로 낮은 수익률의 기초자산을 기준으로 현금흐름이 발생한다.

④ 신종 조기상환형 구조에서 기초자산이 2개 이상이 경우에는 기초자산 간 수익률의 상관관계가 가격에 영향을 미치게 된다.


**09** 다음의 ELS에 대한 설명으로 적절하지 않은 것은?

① ELS 발행 증권사의 back—to—back 거래는 신용위험이 없다.

② ELS의 헤지가 현물주식의 가격에 영향을 미칠 수 있다.

③ ELS가 펀드에 직접 편입될 수 있다.

④ ELS의 구조는 정형화되어 있지 않다.


**10** 다음의 ETN 특징에 대한 설명으로 적절하지 않은 것은?

① ETN은 신상품에 대한 접근성이 뛰어나다.

② ETN은 신용위험에서 자유롭다.

③ ETN은 공모펀드에 비해 발행이 신속하다.

④ ETN은 기초지수와의 추적오차를 최소화 할 수 있다.


---

**해설**

08  ② 일반적으로 knock—in put option의 가치에 따라 원금손실이 발생할 수 있다.

09  ① back—to—back 거래는 거래상대방위험이 일반적으로 높다.

10  ② 발행회사의 채무불이행 위험으로부터 자유롭지 않다.

**11** 다음의 ETN 상장에 대한 설명으로 적절하지 않은 것은?

① 신속한 상장을 위해 ETN의 심사기간은 15일로 설정하고 있다.

② ETF의 상장심사기간은 ETN 심사기간 보다 길다.

③ ETN 발행사의 영업용 순자본비율은 300% 이상이어야 한다.

④ ETN의 발행총액은 최소 200억 원 이상이어야 한다.


**12** 다음 중 ETN의 기초지수에 대한 설명으로 적절하지 않은 것은?

① 섹터지수를 기초지수로 설정할 수 있다.

② 원자재상품지수를 기초지수로 활용할 수 있다.

③ 주식을 기초로 하는 지수의 경우 동일 종목은 30% 이내이어야 한다.

④ 국채를 기초로 하는 지수는 편입종목이 3종목 이상이어야 한다.


**13** 다음 중 ETN의 투자지표에 대한 설명으로 옳은 것은?

① 일일 지표 가치에는 수수료가 포함되어 있지 않다.

② 실시간 지표 가치는 최대 30초 이내로 산출해야 한다.

③ 일일 지표 가치의 산출은 거래소가 담당한다.

④ 중도상환기준가는 지표 가치에 중도상환을 공제하여 산출한다.

---

해설

11  ③ ETN 발행자 요건은 영업용 순자본 비율이 200% 이상이어야 한다.

12  ① 섹터지수는 제외한다.

13  ④ 중도상환기준가(당일 지표 가치 – 중도상환 수수료)

정답 01 ① | 02 ④ | 03 ③ | 04 ② | 05 ② | 06 ③ | 07 ① | 08 ② | 09 ① | 10 ② | 11 ③ | 12 ① | 13 ④

금융투자분석사 II

금융투자전문인력 표준교재
# 금융투자분석사 2

**2024년판 발행** 2024년 2월 15일

**편저**　금융투자교육원
**발행처**　한국금융투자협회
　　　　　서울시 영등포구 의사당대로 143  전화(02)2003-9000  FAX(02)780-3483
**발행인**　서유석
**제작 및 총판대행** ㈜ 박영사
　　　　　서울특별시 금천구 가산디지털2로 53, 210호(가산동, 한라시그마밸리) 전화(02)733-6771  FAX(02)736-4818
**등록**　　1959. 3. 11. 제300-1959-1호(倫)
**홈페이지**　한국금융투자협회 자격시험접수센터(https://license.kofia.or.kr)


**정가** 23,500원

**ISBN** 978-89-6050-740-1　14320
　　　　978-89-6050-738-8(세트)